개정 5판

Understanding Korean Public Enterprises

한국 공기업의 이해

이 상 철

개정5판에서는 다음 내용에 중점을 두고 정리하였다.

첫째, 공기업의 지속 가능 경영이 가능하도록 공기업 스스로의 경영 혁신을 전제로 한 적정한 요금정책이 무엇인지를 중점적으로 살펴보았다.

둘째, 최근 「**공공기관의 운영에 관한 법률**」 개정을 통하여 공공기관 분류 기준을 재설정함에 **따라 이의 변화를 반영하였다.**

셋째, 공기업 운영과 관련된 이론적인 배경에 대한 설명을 핵심적인 내용에 초점을 두고 대폭 줄여서 간략하고 쉽게 설명하였다.

도서출판 대영문화사

개정5판 머리말

공기업은 독립채산에 따른 자기 수익을 전제로 정부의 정책적 과제를 수행하는 조직이다. 사회·경제적으로 많은 정책적 어려움을 안고 있었던 역대 정부에서 공기업을 지나치게 정부의 정책 수단으로 활용한 점은 비판되어야 한다. 이제부터라도 공기업이 안정된 수익의 기반 위에서 본연의 사회·경제적 기능을 다할 수 있도록 공기업의 설립 목적에 맞는 운영 기본 방향 수립과 정책운용에 관심을 모아야 한다.

이런 맥락에서 개정5판에서는 다음 내용에 중점을 두고 정리하였다.

첫째, 공기업의 지속 가능 경영이 가능하도록 공기업 스스로 경영 혁신을 전제로 한 적정한 요금정책이 무엇인지를 중점적으로 살펴보았다. 새 정부에서 강조하고 있는 '일 잘하는 정부'의 일환으로 '일 잘하는 공공기관'을 실천하는 방법으로, 공공기관의 성과뿐만 아니라 혁신과 조직의 효율성을 향상하기 위해 팀제가 어떻게 실행되어야 하는지에 대해서 살펴보았다. 물가안정에 희생된 비합리적인 공공요금의 문제점과 이를 개선할 수 있는 공공요금 방식도 함께 살펴보았다.

둘째, 최근 「공공기관의 운영에 관한 법률」 개정을 통하여 공공기관 분류 기준을 재설정함에 따라 이의 변화를 반영하였다. 특히, 직원의 수가 300명 이하인 공공기관을 '기타 공공기관'으로 재분류한 점을 감안하여 이와 관련된 내용들을 새롭게 정리하였다.

셋째, 개정4판까지 가능하면 공공기관 운영의 정책과 관련된 이론적인 배경을 최대한 살리려고 했으나, 많은 독자들께서 지나치게 전문적이고 이해하기 어렵다는 반응이 있어 개정5판에서는 핵심적인 내용을 남기고 대폭 줄였다.

다시 보면 늘 미비한 점이 많이 있음에도 불구하고 지속적인 관심을 보내 준 독자들께 감사의 말씀을 드리며, 오류와 새롭게 정리해야 할 사항에 대해서는 기탄없는 지적이 있기를 바란다.

2024년 1월

연구실에서 이상철

개정4판 머리말

사회적 가치를 기치로 내세운 문재인 정부의 공공기관 정책방향은 공공기관의 진정한 설립목적이 무엇인지에 대한 관심을 제고하는 계기가 되었다.

사회적 가치 제고의 일환으로 시행된 공공기관 비정규직의 정규직화와 위험 및 재해 예방을 위한 특단의 정책적 노력은 불가피하게 공공기관의 인력 및 예산의 대폭적인 증대를 가져왔다. 한시적으로 시행되었지만 청년 실업 대책의 일환인 '공공기관 인력의 자율화 정책'은 공공기관 인력의 팽창을 가져왔고, 이러한 흐름은 불가피하게 공공기관의 재무건전성을 훼손하는 결과를 초래할 우려가 있다. 공공기관 인력은 2015년까지 30만 명에 못 미치던 것이 2020년 현재 41만 명으로 늘어났다. 지방출자출연기관의 수는 2015년 618개에서 2020년 현재 742개로 증가하였다. 2020년 기준으로 관련 법률에 의해 정부가 공식적으로 지정한 공기업의 숫자만 1,489개(중앙정부 공공기관 340개, 지방공기업 407개, 지방출자출연기관 742개)에 달하고 있다. 이러한 공공기관에 종사하고 있는 인력 규모도 어느새 54만여 명에 이르고 있다.

최근 강조되고 있는 공공기관의 사회적 가치는 독립채산성을 기조로 하고 있는 공공기관의 확고한 기업성의 바탕 위에서 진행되어야 한다. 그러나 공공기관의 공익성과 수익성 조화에 대한 문제점은 곳곳에서 나타나고 있다. 중앙정부 산하 공공기관보다는 지방공공기관에서 더 크게 나타나고 있다. 저자가 행정안전부의 '지방공공기관 설립 심사위원장'을 맡아 그 실상을 보게 되면서부터 그 문제점의 심각성을 실감하고 있다. 자치권의 확대는 지방자치단체의 지방공공기관 설립권을 부여하게 되었고, 결과적으로 지방행정기관에서 하던 일들을 새로이 지방출자출연기관을 비롯한 지방공공기관을 설립하여 수행하게 함으로써 공공부문의 확대는 새로운 사회 문제로 등장하고 있다. 이러한 현실을 감안하여 개정4판에서는 공공기관의 사회적 가치를 기업성과 어떻게 조화할 수 있을까에 초점을 두고 수정하였다.

그 밖에도 개정4판에서 중점을 둔 내용을 정리하면 다음과 같다.

첫째, 종전에는 국가공기업인 공공기관 위주의 자료와 통계를 가지고 한국공기업을 소개하였지만 개정4판에서는 가능하면 지방공공기관, 즉 지방공기업과 지방출자출연기관을 포함하여 설명함으로써 우리나라 공기업이 가지고 있는 전체 특징을 볼 수 있도록 하였다.

둘째, 2020년 국회를 중심으로 공기업·준정부기관 감사자격을 신설하고, 2021년부터 시행하도록 법제화한 점에 대한 의의를 살펴보았다. 이번 감사자격과 관련된 「공공기관의 운영에 관한 법률」 개정은 그간 공공기관 임원의 정치적 임명과 관련한 문제점을 정치권 스스로 해결하려고 시도했다는 점에서 상당히 고무적인 측면이 있다. 감사직 외에도 사장, 상임이사, 비상임이사 등에서도 이와 같은 발전적인 제도 개선을 통한 공공기관 경영과 견제에 우수한 인재를 영입할 수 있는 가능성을 보여 주는 사례라고 판단되어 상세하게 소개하였다.

셋째, 공공기관 평가제도의 변화에 따라 변경된 평가방법을 중심으로 수정하여 정리하였고, 새롭게 도입되고 있는 경영평가단의 평가 결과에 대한 공공기관운영위원회 경영평가소위원회를 중심으로 시행되고 있는 '이의신청'제도를 소개하였다.

넷째, 우리나라의 전체 노조 조직률(10.7%)에 비해 현저히 높은 공공기관의 노조 조직률(67.0%)과 자체 수익률이 높은 대규모 공공기관 유형일수록 노조 조직률이 높은 현실이 시사하는 의미를 살펴보았다. 또한 국가공기업보다 먼저 도입된 지방공공기관 노동자이사제 운영에 관한 조례를 소개하였다.

다섯째, 최근 공공기관의 부채관리가 새롭게 문제가 될 수 있다는 점을 실증자료를 활용해서 살펴보았다. 수년 간 500조 원대에서 안정적으로 관리되어 오던 공공기관의 부채가 2019년에는 525.1조 원으로 크게 상승하였다. 주거복지 로드맵, 한국판 뉴딜로 인한 일자리 창출, 안전관리 강화에 대한 적극적인 투자 등이 그 원인으로 판단된다.

여섯째, 공기업의 구조를 설명하는 데 핵심적인 역할을 하고 있지만 독자들이 이해하는 데 어려움을 호소하고 있는 주인-대리인 이론과 이와 관련된 기초 이론에 대해서 사례 중심으로 수정하였다.

일곱째, 공기업 설립과 관련된 이론이 너무 복잡하게 전개되고 있어, 이를 삭제하려고 시도하였다가 공기업을 주제로 학위논문을 준비하고 있는 대학원생들이 참고사항으로 두는 것이 좋겠다는 의견을 제시하여 본문보다는 각주로 옮겨 정리해 두었다.

코로나19로 인해 충분한 시간을 가지고 대학에 있는 동안 마지막이라고 생각하고 개정작업에 임하였지만 여전히 많은 미비점이 있으리라 생각된다. 독자들의 질책을 기대하면서 독자들이 주신 의견과 아이디어를 바탕으로 계속해서 수정해 나가고자 한다. 바쁜 일과 중에서도 이 책 개정에 필요한 자료 수집과 확인에 도움을 주신 기획재정부 공공정책국 강준이 사무관을 비롯한 관계자들께 감사의 말씀을 드린다.

2021년 1월

연구실에서 이상철

제3판 머리말

우리나라에서 넓은 의미의 공기업이라고 할 수 있는 공공기관은 규모 면에서 국가 경제에서 차지하는 비중 이상으로 사회적으로 미치는 영향이 매우 크다. 심각한 수준에 달하고 있는 청년실업 문제 해결을 위한 공공기관의 임금피크제, 부채 및 방만 경영을 치유하기 위한 제반 개혁 조치들은 민간기업 및 사회 전반적으로 적지 않은 파장을 몰고 오고 있다.

국제적으로도 공기업을 둘러싸고 있는 환경은 급격히고 변하고 있다. OECD에서는 2005년 처음으로 제정한 '공기업 지배구조 가이드라인'을 10년만인 2015년 전면적으로 개정하였다. 여기서는 시장에서 민간기업에 비하여 우월적 지위를 갖기 쉬운 공기업의 권한 남용을 방지하기 위한 경쟁중립성(competitive neutrality)과, 지배주주인 정부 중심의 공기업 의사결정에서 공기업의 자율성과 소수주주들의 권리를 보장하는 민주적 책임경영을 확보할 수 있는 조치들을 강조하고 있다.

우리나라에서는 이러한 공기업의 독특한 지위와 국내·외적 환경변화를 반영하여 '공공기관 선진화', '공공기관 합리화', '공공기관 정상화'라는 이름으로 적지 않은 노력을 기울여 왔지만 아직도 공공기관 기능조정 등 많은 개혁과제를 안고 있다.

이번 세3판에서는 지금까지 공기업 개혁의 핵심 내용과 앞으로의 과제를 중심으로 수정했다.

첫째, 공기업 소수주주 보호의 이론적 배경이 되고 있는 턴넬링 문제(tunneling problem)를 소개하였다. 이 이론은 그간 공기업에서 발생하고 있는 정보의 비대칭성 문제를 설명하기 위한 주인-대리인 이론이나 청지기 이론보다 한 단계 더 적실성이 있는 것으로 평가되고 있다.

둘째, 2012년 이 책을 전면 개정한 이후 「공공기관의 운영에 관한 법률」의 개정 내용과 정부의 공기업 개혁 내용을 반영했다. 우리나라 GDP의 65%에 달하고 있는 공공부문 부채의 핵심으로 등장하고 있는 공공기관 부채문제의 실체를 분석해서 추가했다.

셋째, 1984년 도입된 공기업 경영평가제도는 30년의 역사 속에서 공기업 개혁의 중요한 역할을 다해 왔다. 그러나 공기업 평가의 필요성에 대해서는 많은 사람들이 인정하고 있지만 그 방법과 방향에 대해서는 적지 않은 논란이 있는 것도 사실이다. 이번 제3판에서 공기업 평가제도의 주요한 변화 내용과 향후 발전 방향을 제시했다.

넷째, 「지방자치단체 출자·출연 기관의 운영에 관한 법률」 제정에 따라 지방공기업 관리 방향과 그 변화를 정리했다.

그 밖에도 임금피크제와 같은 공기업의 현안과 개혁 과제들을 관련 장에서 설명하였다.

초판과 개정판을 낸 후 독자들의 많은 요구가 있었다. 지면상 또는 저자의 역량부족으로 모두 소화하지 못했음을 미안하게 생각하면서, 감히 이번 제3판에 대한 독자들의 변함없는 관심이 있기를 기대한다.

2016년 5월

연구실에서 이상철

개정판 머리말

2007년 발간된 『한국 공기업의 이해』는 현재 우리나라 공기업 관리의 근간이 되고 있는 「공공기관의 운영에 관한 법률」 제정에 즈음하여 급하게 책을 발간하다 보니 내용 전개에 적지 않은 문제점이 발견되었다.

저자가 그동안 기획재정부 '공공기관운영위원', 국방부 '군 책임운영기관', 부산광역시 지방공기업 평가단장 등 공기업과 관련된 실무적인 일에 참여하면서 지금까지 실정법 및 규정을 잘못 해석한 부분도 있었다는 것을 알게 되고는 하루라도 빨리 개정판을 내야겠다고 생각했었다. 이번 개정판에서는 초판의 근본적인 체제는 유지하되 개정된 법령을 중심으로 전면적으로 내용을 수정했다.

첫째, 초판 발행 이후 「공공기관의 운영에 관한 법률」과 「동법 시행령」을 비롯하여 공기업과 관련된 많은 법 · 규정들이 제 · 개정되어 이를 대폭 수정 · 정리했다. 새롭게 도입된 '군 책임운영기관', '자율형 기관장 평가' 등을 소개했다.

둘째, 최근 한국전력공사의 정전 사태와 관련하여 공기업의 적정요금을 어떻게 설정할 것인가에 초점을 두고 공기업의 경영 개선을 유도하면서 적정한 투자보수율을 보장할 수 있는 '혁신 · 성과가격(Revenue using Incentives to deliver Innovation and Output: RIIO) 방식' 등 공기업 요금 결정 부문을 새롭게 손질했다.

셋째, 확대 시행되고 있는 공기업 감사위원회제도에 대해서 크게 보완하고, 금년 개정된 「상법」에서 도입하고 있는 집행이사제도의 공기업 적용 가능성을 검토했다.

넷째, 세계화에 직면한 공기업의 현실과 관련하여 최근 그 역할이 확대되고 있는 싱가포르 테마섹, 그리고 중국투자공사(CIC) 등의 각국 국가지주회사의 위상과 역할을 소개했다.

그 밖에도 내용이 중복되는 부분은 과감하게 정리했고, 특히 저자의 논문에서 인용한 내용들 중에서 다소 내용이 어렵게 느껴지는 부분은 모두 삭제했다. 이 책을 '공기업론' 수업 교재로 활용하는 분들로부터 초판은 학부에서 사용하기에는 너무 어렵다는 반응을 참고하여 이를 해결하고자 많은 노력을 했다. 그러나 초판은 다소 중복되고 어려운 부분이 있다고 하더라도 나름대로 내용이 풍부하여 강점이 있다고 생각한다. 대학원 등에서 공기업을 전공하는 학생들은 초판의 내용 중, 특히 각주 부분을 꼼꼼하게 읽어 보면 공기업 연구에 적지 않은 연구 소재를 발견할 수 있을 것으로 기대한다.

지금까지 저자는 공기업 관리의 기초 이론을 민영화와 경영평가를 강조하는 '대리인(agent) 이론'에 근거를 두고 전개해 왔다. 그러나 최근에 전 세계적으로 확산되고 있는 시장실패의 현상을 목격하면서 주인-대리인 이론과 대치되는 '청지기(stewardship) 이론'에 더 많은 관심을 가지게 되었다. 따라서 개정판에서는 공기업 관리에서 청지기 이론의 의미가 무엇이며, 이를 공기업 인력관리에서 어떻게 흡수해야 할 것인지에 관심을 가지고 전반적인 논리를 전개했다.

개정판이라고 내어놓았지만 저자의 마음은 더욱 무겁게 느껴진다. 최근 공기업의 환경이 워낙 급하게 바뀌고 있기 때문에, 이에 부응하여 책을 수정해 나가는 것이 거의 불가능하다는 생각도 든다. 초판에 많은 관심을 보여 주신 독자 여러분께 진심으로 감사의 말씀을 드리며, 개정판에 대해서도 변함 없는 지도 편달이 있기를 기대한다.

2012년 1월

금정산 자락 연구실에서 이상철

초판 머리말

처음 이 책을 쓸 때에는 '준정부조직론'이나 '준정부기관론'이라고 명명하려 했다. 그러나 '준정부조직'이라는 용어는 국가마다 정의하는 방법이 다르고, '준정부기관'이라는 용어는 최근 제정된 「공공기관의 운영에 관한 법률」에서 일정한 범위를 정해 좁은 의미로 사용하고 있어 이 책에서 의도하는 '정부와 시장 사이에 존재하는 공·사 혼합(public · private hybrid) 조직'을 지칭하는 의미로 사용하기에는 어려운 점이 있었다.

공기업이라는 용어에 대해서 미련을 버리지 못한 또 다른 이유는 오랜 기간 우리나라 대학에서 공기업이라는 이름으로 강의되어 오고 있으며, 실무에서도 공기업이라는 용어를 선호하고 있기 때문이다. 이런 점을 종합적으로 고려하여 '협의의 공기업 개념'은 실정법인 「공공기관의 운영에 관한 법률」과 「지방공기업」에서 규정하고 있는 '국가공기업'과 '지방공기업'으로 정의하고, 좀 더 '광의의 공기업 개념'은 '준정부조직'이라는 의미로 사용했다.

이 책에서는 공기업의 용어를 사용할 때마다 '협의의 공기업', '광의의 공기업'이라고 설명하지는 못했다. 꼭 필요하여 명시적으로 국가 또는 지방공기업을 정의한 경우를 제외하고는 일반적 의미의 공기업, 즉 넓은 의미의 준정부조직을 뜻하는 것으로 이해해 주기 바란다. 공기업 강의를 담당하면서 공기업의 실체(entity)를 어떠한 틀로 분석하고 설명해야 할까를 항상 고민해 왔다.

최근 공기업을 비롯한 준정부조직에 대한 관심이 높아지면서 행정학뿐만 아니라 인접 사회과학 분야에서도 준정부조직을 보는 관점이 다양하게 제시되고 있다. 저자는 정치경제학에서 출발한 '주인-대리인 이론'과 법학에 기초를 둔 '행정주체론'에 바탕을 두고 공기업조직을 '행정주체(administrative entity)', '경영주체(managerial entity)', '생산주체(productive entity)'로 나누어 접근하는 것이 의미가 있을 것으로 판단했다.

공기업 '행정주체'는 정부가 공기업을 어떻게 감독·규제할 것인가에 초점을 둔 공기업에 대한 정부의 역할에 관한 주제, 즉 '공기업 소유구조'에 관한 문제이고, '경영주체'는 공기업을 관리할 경영진을 어떻게 구성할 것인가를 주제로 한 '공기업 지배구조'에 관한 문제이며, '생산주체'는 공기업의 실질적인 재화나 서비스를 생산하는 조직과 재무관리 시스템, 그리고 노조를 비롯한 인력관리를 중심으로 한 '공기업 경영체제'에 관한 문제에 초점을 두고 있다.

공기업 조직관리 연구의 최대 화두인 공기업의 책임경영과 경영효율성을 높이기 위한 방안으로 시장성이 있는 공기업은 민영화하여 공기업 평가를 시장에 맡기고, 민영화가 어려운 공기업에 대해서는 공기업과 관련된 이들 핵심 3자, 즉 행정주체인 정부, 경영주체인 공기업 경영진, 생산주체인 공기업 노조와 직원들이 사전에 명확하게 설정된 규칙에 의해 제각기 자기의 역할을 다하고, 그 결과에 대해 책임을 지도록 제도화하는 방법이 바람직하다고 생각한다.

따라서 이 책은 우리나라 공기업 경영의 책임성과 효율성 문제를 공기업을 구성하고 있는 세 가지의 기본 주체, 즉 '행정주체', '경영주체', '생산주체'라는 기본 틀에서 설명하고자 노력했다. 공기업을 이러한 세 가지 주체론에서 접근한다면 우리나라 공기업의 체제 분석과 관리상의 문제 해결 방법을 어느 정도 체계적으로 정리할 수 있으리라 기대된다.

이러한 기본 설계에 따라 제1편은 공기업의 기초 이론으로 공기업의 의의, 생성원리, 이념과 법적 체계를 중심으로 서술했다.

제2편은 공기업 행정주체의 역할을 주제로 하여 공기업의 민영화, 경영평가, 공기업 통제를 중심으로 설명했다.

제3편은 공기업 경영주체의 구성을 주제로 하여 공기업의 지배구조를 중심으로 설명했다.

제4편은 공기업 생산주체의 역할을 주제로 하여 공기업의 조직 · 인사 · 재무관리를 중심으로 설명했다.

이 책에서는 되도록이면 외국의 이론보다는 우리나라의 공기업 현실과 관련된 문제와 그 해결 방안을 담아 보려고 노력했다. 이러한 이유 때문에 이 책의 제목을 『한국 공기업의 이해』로 했다. 우리나라는 많이 변했다. 급속한 경제 성장만큼 사회적으로 부정적인 측면도 지적되고 있지만 다방면에서 많이 발전했다. 특히, 우리나라의 공기업 관리제도는 그동안 많이 변했고 발전했다. 우리 내부적으로도 공기업에 대해 많은 자료가 축적되었고, 외국에서도 우리나라 공기업 관리제도를 벤치마킹하고 있다는 점에 대해 자부심을 느낀다. 이러한 측면에서 이 책은 가능한 한 우리나라의 사례를 중심으로 공기업을 설명하려고 노력했다.

이 책을 쓰게 된 직접적인 동기는 사실상 저자의 『공기업 이해』를 읽고 있는 독자들로부터 개정판을 조속히 발간했으면 좋겠다는 성화에서 비롯되었다. 최근 「정부투자기관 관리기본법」과 「정부산하기관 관리기본법」이 폐지되고, 「공공기관의 운영에 관한 법률」이 제정되는 등 공기업과 관련된 학문적·실무적 환경이 대폭 바뀐 데 따른 당연한 요구라고 생각한다. 그러나 개정판으로는 변화된 내용을 담을 수 없어 새롭게 이 책을 쓰게 되었다. 시간에 쫓긴 나머지 저자는 이 책의 체제와 내용에 대해서 충분한 시간을 가지고 정리하지 못했고, 새로운 용어에 대해서도 전문가의 자문 없이 임의로 번역하거나 필요한 원문을 그대로 인용하기도 했다. 그러나 인용된 자료의 원천을 대부분 주에서 밝혀 두었다. 참고가 되기를 바라고 미진한 부분은 앞으로 계속 수정·보완해 나가고자 한다. 독자 여러분의 기탄없는 질책과 의견을 기대한다.

이 책은 저자와 함께 수년에 걸쳐 학술진흥재단의 과제를 함께 해온 장철영, 고수정, 권영주, 노인만, 허만용 박사의 도움으로 빛을 보게 되었음에 감사드리며, 이분들의 학문적 발전을 위해 저자가 해야 할 일을 찾아보려고 한다.

아들 수홍, 수학에게는 작은 하나라도 이루려면 남다른 숨은 노력이 있어야 함을 보여 주고 싶었다.

끝으로, 어려운 출판 여건에도 불구하고 이 책의 출간을 흔쾌히 허락해 준 대영문화사 임춘환 사장님께 깊은 감사를 드린다.

2007년 1월

이상철

차례

PART 2 공기업의 행정주체

PART 4 공기업의 생산주체

PART 01

공기업의 기초 이론

개관

'공기업의 기초 이론'에서는 공기업의 의의, 생성 원리와 성장, 이념과 법적 체계를 주요 내용으로 한다.

정부와 시장 사이에 존재하는 수많은 공·사 혼합조직의 일반적인 특징과 생성 원리를 정리하고, 지금까지와는 다른 방식으로 공기업을 분류하여 보았다. 아울러, 우리나라에서 「공공기관의 운영에 관한 법률」이 제정된 것을 계기로 우리나라의 실정법 체계에서 공기업이 차지하고 있는 위상을 재점검했다.

이에 제1편 '공기업의 기초 이론'은 제1장 '공기업의 의의', 제2장 '공기업의 생성 원리와 성장', 제3장 '공기업의 이념 및 법적 체계'로 구성했다.

CHAPTER 01

공기업의 의의

제1장 '공기업의 의의'에서는 정부와 시장 사이에 존재하는 공기업의 실체(entity)가 무엇인가를 중점적으로 살펴보고자 한다. 공기업의 실체적 특징과 관련하여 공기업의 개념과 형태를 새롭게 정의하고 분류한다.

제 1 절 | 공기업의 특징과 실체

1 공조직과 사조직

행정학이나 경영학을 전공하는 학자들은 조직이 실질적으로 존재하는 형태를 규명하기 위해 '조직유형론'을 발전시켜 왔다. 에치오니(A. W. Etzioni)를 비롯한 많은 조직론 학자들은 수많은 조직을 총괄적으로, 그리고 원칙적으로 분류하는 기준을 찾는 데 관심을 보여 왔다. 그러나 이러한 관심과 노력에도 불구하고 조직의 유형을 한마디로 구분할 수 있는 기준을 제시하지는 못했다.

공조직과 사조직의 구분도 예외는 아니다. 공조직의 특성과 사조직의 특성이 혼재하고 있는 현대 조직이론에서 이 두 조직을 구분하는 것은 사실상 불가능한 일인지도 모른다. 왜냐하면, 공조직의 고유 브랜드인 공익성 추구는 민간부문인 기업 이익의 사회적 환원에 의해서 희석되고 있으며, 사기업의 특징인 비용 절감을 통한 생산성 향상은 공공부문의 효율성을 추구하는 신공공관리론(New Public Management:

NPM)의 대두로 의미를 잃어버렸다.

윌슨(Woodrow Wilson)은 1887년 「행정연구(The Study of Administration)」라는 논문에서 행정은 입안된 정책을 집행하기 때문에 기업 경영과 같아야 한다고 하여 공사행정일원론(公私行政一元論)을 주장했다. 반면에, 최근에는 행정조직보다 큰 대규모 기업들이 등장한 결과 사조직에게도 사회적 책임이 요구됨에 따라, 공조직에서 개발되어온 조직의 책임성과 고객에 대한 대응성의 주제들을 사기업에서도 벤치마킹하고 있다.

그러나 조직유형론에서 언급하고 있는 공조직과 사조직을 구분하는 이론적 기준은 다음과 같다.

먼저, 소유권이다. 공조직은 소유권이 공공부문에 있으며 이전이 불가능하고, 사조직은 소유권이 민간부문에 있으며 이전이 가능하다는 것이다. 예를 들면, 조직의 출자 형태가 공조직과 사조직을 구분하는 기준이라고 하고 있다(김병섭 외, 1994).

다음으로, 각 조직이 추구하는 근본 이념이 다르다. 공조직과 사조직은 '공공성'과 '기업성'이 구분 기준이 될 수 있다는 것이다. 조직의 설립 목적, 조직의 구조, 조직의 자원 등을 총체적으로 고려하여 개인적 · 사적 이익보다 공적 이익이 우선시되는 경우에는 공조직, 공적 이익보다 개인적 · 기업적 이익이 우선시되는 경우에는 사조직이라는 것이다. 극단적으로 '공공성'을 추구하는 공조직을 '행정기관'이라고 보고, 반면에 극단적으로 '기업성'을 추구하는 사조직을 '사기업'이라고 했을 때 그 가운데 존재하는 '공공성'과 '기업성'을 동시에 추구하는 조직들을 생각할 수 있다.

그림 1-1 공조직과 사조직의 존재 형태

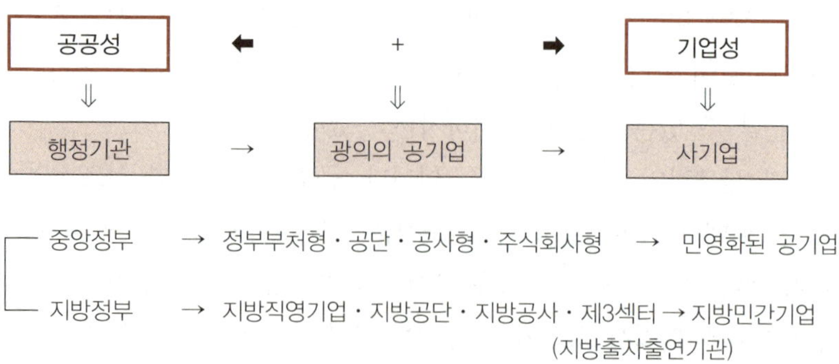

그림 1-2 기업 · 공기업 · 정부 그리드(grid)

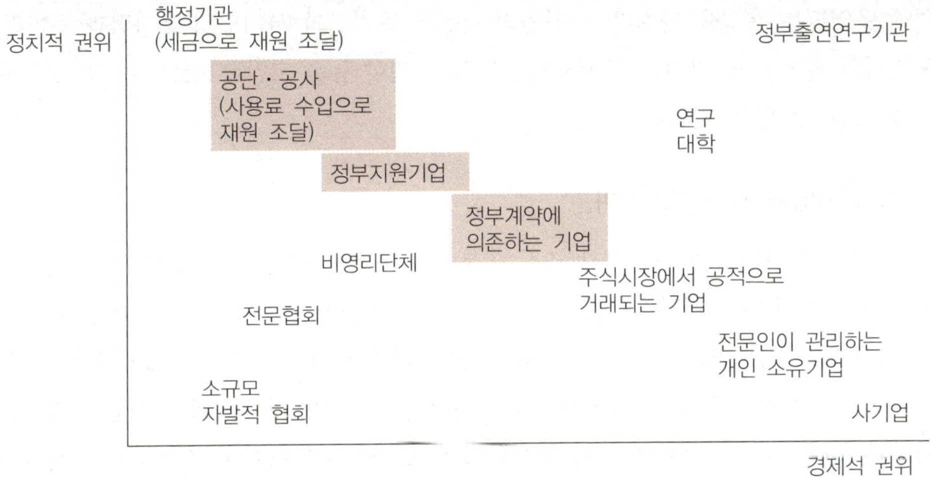

자료: 기획재정부(2011f)에서 수정.

이런 논리를 확장해 보면, [그림 1-1]에서 보는 것처럼 '공공성'과 '기업성'을 연결하는 연속선(continuum)상에 어떤 형태의 조직이라도 배치할 수 있다. 행정기관과 사기업 사이의 조직을 '넓은 의미의 공기업'이라고 한다.

보즈먼(Bozeman, 1984)은 [그림 1-2]에서 보는 바와 같이 경제적 권위(economic authority)를 기초로 한 사기업과 정치적 권위(political authority)를 근간으로 하는 행정기관(정부) 사이에 '공단 · 공사', '정부지원기업', '정부계약기업' 등 '넓은 의미의 공기업'들이 존재함을 보여 주고 있다.

2 공기업과 사기업

일반 조직을 기업으로 한정하여 정의한다면 '기업(enterprise)'의 기본 속성, 즉 '기업성(entrepreneurship)'의 기본 요소인 '생산'과 '이윤'을 생각하게 된다. 시대의 흐름에 따라 기업에 대한 강조점이 다소 변화되었지만 '생산'과 '이윤'이라는 두 가지 기본 요소는 여전히 변하지 않고 있다. 따라서 기업의 개념은 "이윤 추구를 목적으로 하는 생산경제의 단위", 또는 "자본과 노동 등 생산요소를 투입하여 이를 부가가치의 중간재와 최종 상품으로 바꾸는 전환 단위"로 정의하고 있다(박종희 외, 2005).

공기업도 기업인 이상 이러한 개념의 범주에서 벗어날 수 없다. 다만, 공기업은 목적으로서의 '공공성'에 추가하여 수단으로서의 '기업성'이라는 두 가지 지배 원리에 의해 운영되는 특성을 가진다. 공기업의 특질은 공기업과 사기업의 유사점과 차이점, 공기업의 장・단점, 그리고 공・사기업의 접근 경향 등을 고찰함으로써 좀 더 명확하게 파악할 수 있을 것이다.

1) 공기업과 사기업의 차이

공기업과 사기업을 막론하고 조직은 부여된 목표를 달성하기 위하여 협동적으로 집단 노력을 하는 유기체적 집합체로서 전문화・계층제・분업과 조정・비정의성 등을 특징으로 하는 관료제적 성격을 띠고 있다. 따라서 계획 수립・통제・리더십・의사 전달・인사관리 등의 관리・기술적인 측면에서 본다면 공기업과 사기업은 별다른 차이가 없다. 그러나 공기업과 사기업 간에는 조직의 지배구조와 이에 따른 의사결정 과정상의 내부구조 측면에서 적지 않은 차이점이 있다.

첫째, 사기업의 소유자는 개인 또는 사업적 임의단체이지만, 공기업은 공법적 강제단체인 국가 또는 지방자치단체가 그 소유자이다. 따라서 공기업은 정당・이익단체・의회・국민 등의 통제와 감독을 직접적으로 받게 되는 정치적 성격을 내포하는 데 반해, 사기업은 그러한 정치적 제약에서 독립하여 운영할 수 있다.

둘째, 공기업은 성격상 독점성을 지니고 있는 경우가 많아 경쟁성이 없거나 극히 제한되어 있지만, 사기업은 독점성을 지니기 어렵고 따라서 법적인 규제를 덜 받는 편이다.

셋째, 공기업은 영리추구보다는 공공의 이익을 그 기본 목적으로 하고 있지만, 사기업은 영리를 최고의 지도 이념으로 한다.

넷째, 시장에 대한 노출 정도에서 공기업과 사기업은 차이가 있다. 공기업은 사기업에 비해 시장에 대한 노출 정도가 낮다. 이는 공기업 자체수입보다는 국가예산에 의존 또는 연결하여 필요로 하는 자원을 획득하는 경향이 높다는 것을 의미한다. 이로 인해, 공기업은 비용 절감이나 운영상의 능률 또는 효율성을 추구하려는 노력을 덜 기울이게 된다는 비판을 받기도 한다.

즉, 사기업의 경우에는 자본 위험을 기업 그 자체가 부담하지만, 공기업의 자본 위험은 공기업만이 아니라 국가 또는 지방자치단체도 부담하게 된다. 물론 형식상으로는 공기업 스스로 이를 부담하지만, 공기업이 부담하지 않을 경우에는 공기업 자체

표 1-1 행정기관 · 공기업 · 사기업의 비교

구분	행정기관	공기업	사기업
생존 목표	공익 추구	공익 추구	사익 추구
목표의 수	다수	다수	단일
주변 환경	복합적	독점적 · 경쟁적	경쟁적
산출물 성격	공공재	공공재 · 사적재	사적재
설립 근거	헌법 · 정부조직법	특별법 · 상법	상법
활동 준칙	정치성	정치성 · 경제성	경제성
정부 통제	강	중	약
운영자율성	약	중	강
조직상 제약	강	중	약
인사상 제약	강	중	약
예산상 제약	강	중	약
투자의 결정	정치적 결단	정치적 · 경제적 판단	경제적 판단
이윤의 귀속	국민	국민/소비자	주주
소유의 주체	국민	국민/정부	개인
가격의 결정	무상(수수료)	정치성 + 합리성	경제적 합리성

자료: 이승배(1995: 13)에서 정리.

의 시장적 파산보다는 국가 또는 지방자치단체가 이에 대한 책임을 진다는 것이다.

이 밖에도 공기업은 행정기관 또는 사기업과 비교할 때 몇 가지 차이점을 발견할 수 있는데, 이를 요약하면 [표 1-1]과 같다.

2) 공기업과 사기업의 장 · 단점

공기업과 사기업의 차이점은 공기업의 장점과 단점을 비교해 봄으로써 더욱더 선명하게 이해할 수 있다.

먼저, 공기업의 장점을 살펴보면 다음과 같다.

첫째, 공기업은 자금력이 부족한 사기업에 비해서 자본 조달이 쉽다. 즉, 공기업은 국가 또는 지방자치단체가 출자하므로 자본 조달 능력이 크며, 자본을 증자하는 경우에도 저리로 공채를 발행하거나 또는 융자를 받을 수 있다. 또한 공기업이 사업에 실패하여 결손이 생긴 경우라 하더라도 국가나 지방자치단체로부터 결손을 보전하기 위한 공적인 원조나 무상대부를 기대할 수 있다.

그리고 공기업 중에서도 특별히 정부기업은 직접적인 국영 또는 공영사업이므로 비과세되고, 공단 및 공사형 공기업이나 주식회사형 공기업인 경우에도 조세가 감면되는 예가 많다. 이는 공기업 비효율성의 원인이 되기도 하지만, 국가적으로 필요한 기간산업이나 필수적 공공 서비스를 지속적으로 생산할 수 있는 기초가 되는 것이다.

둘째, 공기업은 일반적으로 독점적인 기업으로 운영되고 있어 이러한 독점적 지위에서 오는 장점도 적지 않다. 예를 들면, 공기업이 필요한 자재의 구매나 생산물의 판매에서 우선권이 부여된다. 전시와 같이 원료나 반제품 또는 완제품 등의 공급이 한정되어 있을 때에는 우선권을 부여받을 수 있다.

풀러(Fuller, 2002)는 [표 1-2]에서 보는 바와 같이 전 세계적으로 일어나고 있는 공공부문의 민영화를 비롯한 신자유주의적 의제(neoliberal agenda)에 대해 역설적으로 캐나다 공기업(Crown Corporation)의 사례[1])를 중심으로 공기업의 강점을 경제적

표 1-2 공기업의 강점

공기업의 경제적 이득
- 자연독점 사업일 경우 최상의 효율적인 자원 이용을 가능케 함.
- 기초 서비스의 지속적인 공급과 저렴한 가격을 보장함.
- 값비싼 필수 인프라를 구축할 때 최적의 비용 절감 수단임.
- 공유자원으로부터 얻을 수 있는 이득의 균등한 배분을 가능케 함.
- 장기적인 연구·개발 투자를 가능케 함.
- 혁신적인 기업적 전략과 장기적인 성장을 추구하게 함.
- 지역 물품 사용과 양질의 숙련 일자리를 제공함.
- 지역 발전을 도모하고 지역 책임성을 확보케 함.

공기업의 사회적 이득
- 공기업이 아니라면 제공할 수 없는 기초 서비스를 이용할 수 있도록 보조된 요금을 책정함.
- 기초 서비스에 누구나 접근할 수 있도록 사회·정책적 보장 제도를 강구함.
- 사회적으로 소외 그룹에 대해 균등 고용 기회를 제공함.
- 공기업은 정부가 필요로 하는 사회적 프로그램을 수행할 수 있도록 이익금 일부를 정부에 지원함.

공기업의 환경적 이득
- 공기업은 전략적 의사결정을 할 때 경제적 이득과 환경비용을 동시에 고려함.
- 공기업은 환경 문제에 책임질 수 있는 기술을 연구·개발하는 분야에 집중 투자가 가능하도록 함.

자료: Fuller(2002: 9).

1) 풀러(S. Fuller)는 BC Hydro, Insurance Corporation of British Columbia(ICBC), BC Ferries, BC Liquor Distribution Branch의 성과를 사기업과 비교하여 사회적 가치와 효율성 측면에서 공기업의 우월함을 예시하고 있다.

측면, 사회적 측면, 환경적 측면에서 설명하고 있다. 그는 공기업이 가지는 이러한 강점을 공기업이 가지는 세 가지 기본선(triple bottom line)이라고 한다(Fuller, 2002: 6).

한편, 풀러는 공기업이 가지고 있는 단점을 다음과 같이 지적한다.

첫째, 무엇보다도 정치적 간섭을 배제할 수 없다는 점이다. 대표적 공기업의 하나인 정부기업은 의회에 대해 책임을 지는 정부의 통제 속에 놓여 있으므로, 의회제도 및 정당의 성패에 따라 관리자가 빈번히 교체되어 경영정책의 일관성과 계속성을 유지할 수 없는 단점을 가지고 있다.

둘째, 공기업은 국가 또는 지방자치단체의 법령이나 예산에 의해 구속을 받으므로, 기업 경영상 자유재량의 범위가 좁다. 정부기업의 경우, 공기업의 경영에 필요한 자금을 매년 의회가 승인한 예산에 따라야 할 뿐만 아니라, 각 지출의 합법성에 대해 회계감사가 이루어져 신축성 있는 재정 활동을 방해하여 기업의 경제성이나 능률성을 자극하지 못하는 원인이 되기도 한다.

셋째, 비합리적이며 전례답습적인 예산집행과 운영 방식은 공기업의 경영 부실을 가속시키기도 한다. 이러한 공기업의 비생산적인 운용은 궁극적으로 이들 조직의 소유권을 가지고 있는 정부재정의 부실과 직결된다. 공기업의 방만한 운용은 공공부문의 부실을 초래하고 이는 정부자산 운용의 총체적 부실을 가져오게 된다(김준기, 1999: 30).

넷째, 공기업의 재무관리와 관련하여 공기업의 복잡한 자본 조달 경로는 자본구조를 불건전하게 하는 원인이 되어 외채의존도를 심화시킴으로써, 과중한 지급 이자율을 부담케 하는 결과를 초래한다. 또한 정치적인 요금 결정 방식과 비합리적인 감가상각과 자산재평가 방식은 가공 이익을 증대시키기도 한다. 이러한 전반적인 재정 운용상의 문제점은 공기업의 큰 약점으로 작용하고 있다.

다섯째, 공기업의 인사관리와 관련하여 경영진의 경영 전문성 부족을 문제점으로 지적할 수 있다. 경영진의 정치적 임명은 공기업 경영의 합리화를 방해하고, 또한 관리층 직원을 공기업의 규제기관인 주무부서 행정기관으로부터 전입한 외부인사로 충원하여 상위직으로 승진이 어려워진 기존 공기업 직원들의 사기를 떨어뜨리는 요인으로 작용하기도 한다.

마지막으로, 공기업은 정부조직이 아니기 때문에, 누구에 의해 통제를 받고 누구에게 책임을 져야 하는가에 대한 경영의 책임성(accountability)의 귀속이 가장 큰 문제점으로 지적되기도 한다.

3) 공기업의 특질

공기업은 사기업에 비해 목적으로서의 '공공성'과 수단으로서의 '기업성'이라는 두 가지 지배 원리에 의해 운영된다. 공기업의 공공성은 넓은 의미로서 공적 소유, 공적 주체, 공적 목적, 공적 서비스, 공공규제로 이해해야 하며, 이에 비해 기업성은 독립 채산성과 생산성을 포함하는 개념으로 구성된다.

공기업의 공공성을 보장하기 위한 제도적 장치가 바로 민주적·공공적 통제이다. 다만, 공기업에 대한 통제를 지나치게 강화하는 경우에 공기업은 자율성을 상실하게 되어 기업성을 저해하게 되므로, 그 한계를 어디에 둘 것이냐 하는 것이 실질적으로 문제가 된다. 궁극적으로 각 국가의 이데올로기나 정치·경제적 사정에 따라 그 정도를 달리한다.

그러나 일반적으로 공공성 확보 장치로서의 통제는 공기업 운영의 기본 방향을 정부의 정책에 일치시키는 정도에 제한하고, 공기업의 대내적 운영 문제에 대해서는 충분한 자율성이 보장되어야 한다는 점이 강조되고 있다. 또한 기업성이란 공기업이 정부가 출자하고 관리하는 사업을 사기업처럼 경영하는 것을 말한다. 이러한 측면에서 오늘날 세계적으로 주식회사 형태의 공기업이 발달하고 있음은 지극히 당연한 일이라 할 것이다(안용식, 1996: 66-67).

결국, 이와 같이 공기업은 '목적으로서의 공공성'과 '수단으로서의 기업성'이 서로 양립하면서 상호 균형과 조화를 이루어 나가는 것이다.

4) 공기업과 사기업의 접근 현상

일반적으로 공조직과 사조직을 획일적으로 구분하는 것은 어렵기 때문에, 공기업과 사기업의 명백한 한계를 설정하는 것이 어렵다는 것은 앞에서 설명한 바와 같다.

사실상 대규모 사기업의 발달, 독점적 사기업의 출현, 사기업에 의한 일반 대중의 필수품 또는 국가 경영의 주요 산업 담당, 사기업의 정치성이나 영향력의 증대, 사기업의 사회적 책임 강조 등으로 인해 '사기업(私企業)의 공공화(公共化)' 현상이 심화되고 있다.

또한 공기업에서도 사기업 경영 기법의 도입, 사기업 조직 원리의 채택, 사기업 경영 능력의 활용 등 '공기업(公企業)의 사기업화(私企業化)' 경향이 두드러지게 나타나고 있다. 이런 측면에서 본다면, 결국 공기업과 사기업의 구분은 질적·절대적 차이라기보다는 양적·상대적 차이로 보아야 할 것이다.

이와 같은 공·사기업의 접근 현상이 심화됨에 따라 공기업의 지도 이념인 공공성과 기업성에 대한 인식도 달라지고 있다. 즉, 종래에는 공공성과 기업성은 상호 대립 관계에 있다고 보았으나, 현재에는 상호 보완 관계라고 보는 것이 보편적 흐름이다. 즉, 종래에는 공기업의 공공성 때문에 기업성이 저하된다는 고정 관념에 사로잡혀 있었다. 하지만, 공기업의 효율적 경영이 확보되어야 공기업의 공공성도 달성될 수 있다는 측면에서 볼 때 공공성과 기업성은 상호 보완적인 지도 이념이라고 할 것이다. 비효율적 경영으로 적자를 내는 공기업은 정부, 국민, 종업원 모두에게 부담을 주게 되어 결국 공공성을 해치게 된다. 공기업의 공공성으로 인해 기업성이 저하된다거나, 혹은 기업성 추구 때문에 공공성에 지장이 있다고 하는 종전의 고정적인 인식은 공공성과 기업성 및 양자의 상호 관련성에 대한 이해 부족에 그 원인이 있다고 할 수 있다.

3 공기업의 실체

공기업과 사기업의 실체(entity)를 공공성과 기업성이라는 이념적인 차원보다는 구조적 특징에서 접근하는 것이 너 현실적이다.

공기업과 사기업을 구분하는 기준으로 흔히 경영학 분야에서는 [그림 1-3]에서와 같이 '소유구조(ownership structure)', '지배구조(governance structure)', '경영구조(management structure)'를 제시하고 있다(정갑영 외, 1996).

여기서 '기업 소유구조'는 기업의 주식 분포 및 구성 체제를 말하고, '기업 지배구조'는 기업이 경영진 선발 및 통제 체제를 말하며, '기업 경영구조'는 기업의 부가가치 활동을 지탱해 주는 조직과 사람의 체제, 즉 기업조직·예산·인사관리, 노사관계,

그림 1-3 공기업과 사기업의 구분 기준

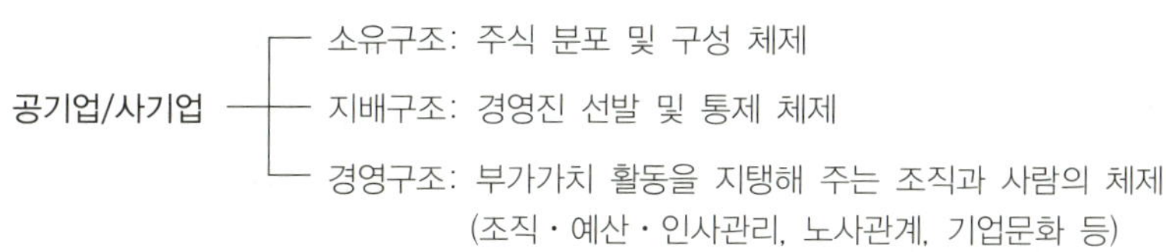

기업문화 등을 말한다.

공기업과 사기업의 구분 기준인 '기업 소유구조'의 경우, 정부나 이에 준하는 공공기관이 소유권을 가지고 있으면 공기업, '기업 지배구조'의 경우, 정부나 이에 준하는 공공기관이 조직의 경영진을 선발하는 권한을 가지고 있으면 공기업, '기업 경영구조'의 경우, 정부나 이에 준하는 공공기관이 조직의 부가가치 활동을 지탱해 주는 조직이나 인력의 체계에 영향을 주고 있으면 공기업이며, 그렇지 못할 경우에는 사기업이라는 것이다.

그러나 이러한 분류 기준은 어디까지나 선언적인 것이며, 실질적으로 정부나 이에 준하는 공공기관이 어느 정도 그 기업을 소유하고, 얼마만큼 지배하며 경영구조에 얼마나 영향을 미쳐야 공기업이라고 해야 하는지에 대한 명확한 기준은 없다.

공기업과 사기업의 구분 기준을 주인-대리인 이론에 적용해 본다면, '소유구조'는 공기업의 주인인 국민과 위임인인 정부의 공기업 소유권에서 기인하는 감독·통제 문제가 주된 쟁점이 되고 있다. '지배구조'는 공기업 경영에 대해 주인이나 위임인에게 경영책임을 지는 공기업 경영진 구성에 관한 문제이고, '경영구조'는 공기업에서 직접적으로 생산을 담당하고 있는 공기업 내부의 조직과 예산, 그리고 인력관리가 중점을 이루고 있다.

이러한 3자의 관계를 이 책에서는 '행정주체론'의 기본 논리를 원용하여 공기업의 '행정주체(administrative entity)', '경영주체(managerial entity)', '생산주체(productive entity)'라고 명명하여 설명하고자 한다. 이러한 공기업의 주인-대리인에 관련된 핵심 3자(정부, 공기업 경영진, 공기업 노조 및 직원)의 견제와 균형이 바로 '공기업의 실체(entity of public enterprise)'라고 할 수 있다.

물론 공기업의 '행정주체'인 정부는 공기업의 소유구조뿐만 아니라 공기업 경영과 생산을 담당하는 '경영구조'와 '지배구조'에 직·간접적으로 영향을 미칠 수 있고, 또한 거꾸로 공기업의 '지배구조'와 '경영구조'를 담당하는 공기업 경영 및 생산주체도 행정주체에게 영향을 미칠 수 있다. 또한 공기업의 행정주체, 경영주체, 생산주체는 논리적으로 [그림 1-4]에서 보는 바와 같이 서로 중복(overlap)되는 부분이 있어 세 주체의 역할을 명확하게 구분하는 것이 어려운 것도 사실이다. 가령, 공기업의 상임이사는 CEO와 더불어 기관의 경영책임을 맡고 있는 경영주체이지만, 본부장 또는 실장으로서 한 부문의 용역과 서비스 생산을 맡고 있는 생산주체이기도 하다. 그러나 세 주체가 제각기 맡고 있는 주된 기능과 역할은 분명히 차이가 있기 때문에, 이러한

그림 1-4 공기업의 실체

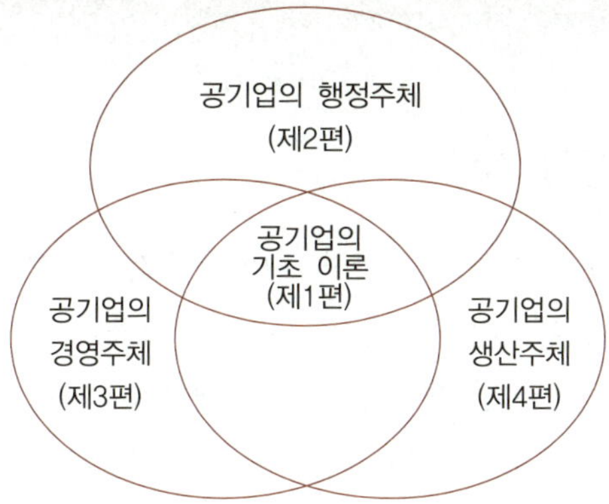

세 주체별로 접근하는 것이 공기업의 실체를 파악하는 데 도움이 될 것이다.

이 책은 기본적으로 공기업의 실체를 이와 같은 '행정주체', '경영주체', '생산주체'라는 시각에서 전체적인 틀을 구성했다. 하지만, 이 책에서 불가피하게 일부 주제에 대해서는 세 주체를 중복해서 설명할 때도 있음을 밝혀둔다.

제1편 공기업의 기초 이론에서는 공기업의 의의, 공기업의 생성 및 성장과 관련한 이론, 공기업의 이념 및 법적 체계를 중심으로 구성했다.

제2편 공기업의 행정주체에서는 정부의 공기업 관리정책의 핵심인 공기업의 민영화와 공기업의 경영평가, 그리고 공기업에 대한 정부의 일반적인 통제 방법을 다루고 있다.

제3편 공기업의 경영주체에서는 공기업의 실질적인 경영책임과 관련한 공기업의 내·외부 지배구조 문제와 공기업에 대한 또 다른 경영관리 방식인 국가지주회사를 주된 내용으로 구성했다.

제4편 공기업의 생산주체에서는 공기업의 조직구성, 인사 및 노사관리, 예산 및 회계관리를 중심으로 설명했다.

제 2 절 | 공기업의 개념

1 공기업 용어 사용의 혼란

우리나라에서 적어도 공기업과 유사한 공익적 목적을 가지고 설립되고, 정부로부터 출연금이나 보조금 또는 정부위탁수입 등 국민 세금에 직·간접적으로 의존하여 재화나 서비스를 제공하고 국민 생활에 밀접한 영향을 미치고 있는 '넓은 의미의 공기업'은 얼마나 될까? 이런 조직을 우리는 준정부조직이라고 하는데, 어느 국가를 막론하고 준정부조직의 대표적인 기관은 공기업이다.

일반적으로 공기업을 사기업과 구분하는 기준으로 '목적으로서의 공공성'과 '수단으로서의 기업성'을 동시에 가지고 있는 조직이라고 한다면, 공익적 목적에 따라 설립되고 정부에서 위탁받은 수익사업으로 운영되거나 운영재원의 일부를 정부로부터 지원을 받고 있는 준정부조직은 모두 넓은 의미에서 공기업이라고 할 수 있다. 이런 맥락에서 때로는 넓은 의미에서 준정부조직을 총칭하는 용어로서 공기업이라고 하기도 한다.

따라서 '광의의 공기업'이라고 부르고 있는 '준정부조직'이란 "정부 행정기관이 설립하고 감독하는 정부 산하의 공익기관이나 법인·단체, 그리고 이러한 공공기관이 또다시 설립하고 감독하는 기관이나 법인·단체"를 의미한다.

우리나라에서는 공기업이라는 용어를 필요에 따라 너무 자의적으로 사용하는 경향이 있다. 특히, 언론기관에서는 부정적인 의미에서 공기업을 비판할 때 공기업을 공공기관·산하기관·준정부기관·준정부조직과 같은 의미로 사용하고 있다. 이러한 측면에서 보면, 광의의 공기업은 일반적으로 사용하는 공공기관과는 다소 차이가 있는 개념이다. 가령, 대법원(2006)은 공공기관을 "공동체 전체의 이익에 중요한 역할을 하는 기관"이라고 최광의로 해석하여, 사립학교도 「공공기관의 정보공개에 관한 법률」에서 규정하는 공공기관에 포함시키고 있다.2) 그러나 사립학교는 설립이 공공부

2) 대법원은 "대학은 국비 지원이 일시적이라고 할지라도 공공기관의 성격을 지닌다"라고 한다. 대법원은 계명대의 한모 교수가 계명대 총장을 상대로 "특별업무추진비의 지출 내역 등을 공개하라"며 낸 정보공개청구소송 상고심에서 "정보를 공개하라"는 원심을 확정했다. 대학 측은 "국비 지원이 아닌 학교 법인이 조달한 비용을 공개할 의무가 없다"며 정보 공개를 거부했으나, 재판부는 "교육

문이 아니라 민간부문에 의해 이루어졌다는 점에서 엄밀한 의미에서는 공기업과 다르다고 하겠다.

우리나라에서 흔히 '광의의 공기업'과 유사하게 사용되는 '공공기관'에 대해 각각의 실정법에서 해당 법령에 명확하게 해당 기관을 지정함으로써 혼란을 방지하고자 노력하고 있다. 「공공기관의 운영에 관한 법률」과 「국가회계법」에서는 「공공기관의 운영에 관한 법률」 제4조부터 제6조에 걸쳐 규정하고 있는 "일정 요건을 갖춘 기관 중에서 기획재정부장관이 지정 · 고시한 기관"을 공공기관이라고 하고, 「국가균형발전특별법」과 「공공기관 지방이전에 따른 혁신도시 건설 및 지원에 관한 법률」에서는 중앙행정기관과 「공공기관의 운영에 관한 법률」에 따라 고시한 기관 및 그 밖의 공공단체 중 대통령령으로 정하는 기관을 말한다고 규정하고 있다.[3)]

2 공기업과 유사한 용어

공기업의 개념을 좀 더 분명하게 정의하기 위해서는 공기업과 유사한 관련 용어들을 먼저 살펴볼 필요가 있다.

1) 공익기업

공익기업(public utilities)은 전기 · 수도 · 가스 · 전신전화 · 철도 등과 같이 그 서비스가 국민 생활에 필수불가결할 뿐만 아니라 독점적인 성격이 짙은 사업에 종사하는 기업을 말한다.

많은 나라에서는 공익사업을 공기업으로 운영하고 있지만, 반드시 공익기업이 공기업인 것은 아니다.[4)] 미국 등에서는 민유 · 민영(民有 · 民營)인 공익기업이 얼마든지 있다.[5)] 우리나라에서는 상하수도는 지방공기업, 전기와 가스 및 철도는 공기업,

---

의 공동성, 공 · 사립학교의 동질성 등을 고려하면 국비 지원이 일시적이라고 할지라도 공공기관의 성격을 지닌다"고 판시했다(중앙일보, 2006.9.12).

3) 그 밖에도 「공공감사에 관한 법률」, 「공공기록물 관리에 관한 법률」, 「공공기관의 정보공개에 관한 법률」, 「국가정보화 기본법」, 「국가 통합교통체계 효율화법」, 「공공기관의 개인 정보보호에 관한 법률」 등에서 해당 법의 성격에 맞도록 별도의 공공기관에 대한 제각각의 정의를 가지고 있는데, 일부 법령에서는 지방공기업과 정부출연기관을 포함해 「초 · 중등교육법」과 「고등교육법」 및 그 밖의 다른 법률에 따라 설치한 각급 학교까지도 공공기관의 범주에 넣고 있다(기획재정부, 2011f).

4) 전화사업은 대표적인 공익사업이지만 많은 나라에서 사기업에서 운영한다.

5) 미국에서는 전력사업이 대부분 민간기업에 의해서 운영된다.

그리고 전화는 민간기업이 공급하고 있다.

기업의 사회성과 공공성이라는 측면에서 보면 공기업의 본질은 공익기업과 동일한 성질을 지니며, 학자에 따라서는 양자를 동일한 개념으로 파악하기도 한다. 미국의 경제학자인 클레멘스(E. W. Clemens)는 공익사업의 네 가지 의무로서 ① 모든 국민에게 봉사해야 하는 의무, ② 공공 수요에 대해 적절하게 봉사할 의무, ③ 합리적 비율로 봉사할 의무, ④ 불공정한 차별을 두지 않고 공평하고 공정한 봉사를 할 의무를 열거하고 있다.

2) 사회적 기업

사회적 기업(social enterprise)은 협의와 광의의 개념을 다르게 사용하고 있다. 협의로는 취약계층에게 사회 서비스나 일자리를 제공하여 지역주민의 삶의 질을 높이는 등의 사회적 목적을 추구하면서 재화 및 서비스의 생산 등 영업활동을 수행하는 기업이라고 하고, 광의로는 주주나 소유주를 위한 이윤극대화를 추구하기보다는 우선적으로 사회적 목적을 추구하면서 이를 위해 이윤을 사업 또는 지역공동체에 다시 투자하는 기업을 말한다(기획재정부, 2011f).

사회적 기업은 원래 기업의 공공성 내지 사회성을 강조한 표현이다. "모든 기업은 공기업이다"라고 말할 경우, 이러한 시각을 잘 표현하고 있다. 기업의 사회적 책임을 강조하는 이러한 사회적 기업의 개념은 모든 기업의 정부의 공적 통제의 논리적 기반을 제공하고 있다. 여기서 공적 통제란 기업 내·외적 의사결정 시에 정부가 경영자, 소유자에게 영향을 미칠 수 있는 권한을 말한다.

3) 사회화 기업

사회화 기업(socially owned enterprise)은 사회주의 경제 체제에서 국민 전체가 공적으로 소유하는 기업을 말한다. 사회화 기업은 정부에서 소유권을 가지고 있거나 국민주 형태로 지분을 가지고 있다. 사회화 기업은 모두 공기업이다.

4) 국유화 기업

국유화 기업(nationalized enterprise)은 일반 사기업을 정부 소유 기업으로 전환한 것을 말한다. 일반적으로 정치적 이념이나 목적에서 국유화하는 것이 대부분이고,[6]

6) 제2차 세계대전 이후 많은 신생 국가가 과거 식민 국가들이 자국에 설립한 기업을 인수한 사례와

때로는 사회적으로 비중이 있는 기업이 도산의 위기에 있을 때 소유 합리화 목적에서 활용된다.[7)]

3 광의의 공기업 개념 구성

흔히, 준정부조직 또는 넓은 의미에서 공기업이라고 부르는 행정기관이 아닌 공조직의 범위와 개념에 대해서 학문적으로나 국제적으로 명확하게 개념화된 기준은 없다. 페리와 레이니(Perry & Rainey, 1988)는 조직의 소유권(ownership) · 재원(funding) · 사회통제 양식(mode of social control)을 기준으로 [표 1-3]과 같이 정부와 민간 사이에 존재하는 조직을 여섯 가지로 유형화하기도 했다.

표 1-3 준정부기관의 유형

		소유권	재원	사회적 통제	사례
정부	행정부 국(Bureau)	공공	공공	정치 체제 (Polyarchy)	통계청
준정부 (정부 + 민간)	준정부기관 (Government Corporation)	공공	민간	정치 체제	연금공단
	정부지원기업(Government Sponsored enterprise)	민간	공공	정치 체제	PBC(Patrolmen's Benevolent Association)
	규제기업 (Regulated enterprise)	민간	민간	정치 체제	전력기업
	정부기업 (Government enterprise)	공공	공공	시장	인쇄국
	공기업 (State-owned enterprise)	공공	민간	시장	Airbus
	정부계약기업 (Government Contractor)	민간	공공	시장	Gruman
민간	순수 민간기업 (Private enterprise)	민간	민간	시장	IBM

자료: Perry & Rainey(1988).

영국의 노동당 정부, 프랑스의 사회당 정부에서 정치 이념에 따라 많은 사기업을 국유화한 사례 등을 그 예로 들 수 있다.

7) IMF 때 자산관리공사를 통해 많은 금융기관이 공기업화되었고, 1980년대 우리나라의 기계 제조회사인 현대양행이 공기업인 한국중공업으로 전환된 사례가 있다. 이는 파산을 막기 위한 잠정적인 조치였다.

우리나라에서는 2007년 「공공기관의 운영에 관한 법률」이 제정되기 전까지는 이런 유형의 조직을 두고 일컫는 용어가 매우 다양했다. 실질적으로 정부기관 내에서도 부처마다 다르게 부르고 있었다. '공공단체', '공공기관', '산하기관', '산하단체', '계열기관', '분권기관', '공공법인', '공익법인', '공익단체', '특수법인' 등으로 매우 혼란스럽게 사용하고 있었다. 이는 우리나라의 준정부조직 기관들이 다양한 명칭만큼이나 복잡하고 방만하게 설립·운영되고 있었음을 반증하고 있다고 할 것이다(전국경제인연합회, 2001).

그렇다면, 어디까지를 '광의의 공기업', 즉 '준정부조직'이라고 할 것인가? 아쉽게도 이렇게 다양한 모습으로 존재하고 있는 기관들 중 이론적으로 어디까지를 '광의의 공기업'이라고 단정할 명확한 기준은 없었다. 이것이 이들 기관의 명칭은 물론이고, 업무 영역과 관련한 준정부조직의 경영관리상의 난맥상을 초래한 근본 원인이기도 했다.

이러한 복잡한 현실 속에서도 이를 정비해 보려는 노력이 전혀 없었던 것은 아니다. 우리나라에서는 학문적 연구 목적에 의해서라기보다는 행정관리 목적인 실무적 필요에 의해 부분적으로 유사 공공조직에 대한 조사와 정비 노력이 있어 왔다. 다양한 형태를 지닌 이러한 '광의의 공기업'인 '준정부조직'에 대해 우리나라에서는 이들 조직의 관리 필요성이 있을 때마다 일정한 범위를 정해 법령을 제정하거나 지침을 만들어 관리해 왔다.[8] 구체적으로 정부투자기관과 정부출자기관 관리를 위해 「정부투자기관 관리기본법」과 「공기업 경영구조 개선 및 민영화에 관한 법률」을 제정했고, 정부출연연구기관의 효율적인 관리를 위해 「정부출연연구기관 등의 설립·운영 및 육성에 관한 법률」을 제정했으며, 정부산하기관의 자율적인 책임경영 체제를 구축하고 성과 지향적인 경영관리시스템을 확립하기 위해서 「정부산하기관 관리기본법」을 제정해 운영하기도 했다.

이와 같이 정부 각 부처의 필요에 따라 수시로 제정되어 온 다양한 관련법들은

8) 2000년도 초기 구(舊)기획예산처에서 정부투자기관 13개, 정부출자기관 7개, 정부출연기관 102개, 보조기관 30개를 '경영혁신 관리대상기관'으로 지정하여 관리한 적이 있다. 이는 다분히 정부 주무부서에서 관리의 편의를 위해 작위적으로 범위를 설정한 것이다. 따라서 많은 기관이 정부의 통제를 벗어나려고 노력했고, 실질적으로 이러한 정부의 관리 범위에서 제외된 기관은 상당한 정치적 고려가 깔려 있었다. 가령, KBS와 같은 기관은 언론기관이라는 이유만으로 그 대상에서 제외되었는데, 사실상 이 기관이 경영혁신 대상에서 제외되어야 할 이유는 없었다. 이러한 점들이 이들 기관의 경영효율성과 책임성을 저해하는 요인으로 작용하기도 했다. 더 자세한 내용은 이상철(2003)을 참조하기 바란다.

이러한 준정부조직을 일의적으로 정의하는 것을 더욱 어렵게 만든 원인이 되기도 했다. 즉, 한마디로 정의할 수 없는 이들 기관의 명칭을 법령에서는 '준정부조직'이라는 용어보다는 '정부산하기관'과 '정부산하단체', 또는 맹목적으로 '공기업', '공공기관'이라는 용어를 더 많이 사용해 온 것이다.

이러한 이유 때문에 우리나라에서는 광의의 공기업인 준정부조직을 분류할 때 이들의 전통적인 분류 방식인 정부납입자본금 비율과 상업성·시장성 등의 규범적 기준에 의해서 연역적으로 분류하기보다는, 임의적으로 실정법에서 해당 기관의 성격과 특징을 기준으로 유사한 기관을 한 그룹으로 묶어 분류하는 방법을 택해 왔다. 이와 같은 경험적·귀납적 방법은 학문적·논리적 측면에서 비논리적이라는 비난의 단초를 제공했다.

이러한 논란은 2007년 「공공기관의 운영에 관한 법률」을 제정하면서 일단의 결실을 거두게 된다. 동법에서는 이들 기관을 앞에서 설명한 소식의 소유구조와 지배구

그림 1-5 광의의 공기업 개념 구성

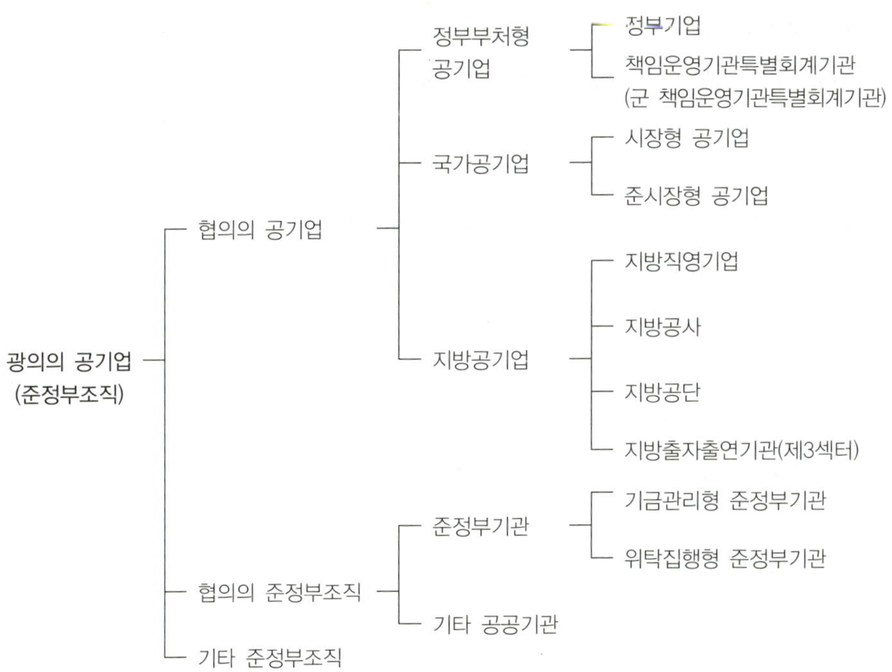

조 및 경영구조를 고려하여 비교적 논리적인 방법으로 연역적인 기준을 제시하여 분류하고 있다. 광의의 공기업에 대응하는 공공기관을 일정한 기준에 의하여 체계적으로 분류한 것은 의미가 있지만, 제시한 기준에 해당되는 공공기관이 모두 적용되는 것이 아니라 정부에서 해당 공공기관의 관리의 종합적인 효율성 및 편의성을 고려하여 지정하거나 때로는 해제하기도 한다. 즉, 동법에서는 광의의 공기업에 해당하는 공공기관에 대해서 일정 요건을 갖춘 기관 중에서 기획재정부장관이 공공기관운영위원회의 심의 · 의결을 거쳐 지정 · 고시하도록 하고 있다(공공기관의 운영에 관한 법률 제4조).

따라서 이 책에서는 불가피하게 [그림 1-5]에서 보는 바와 같이 협의의 공기업 개념과 광의의 공기업 개념을 구분하여 정의하기로 한다.

1) 광의의 공기업

이 책에서 정의하고 있는 '넓은 의미에서의 공기업'은 협의의 공기업인 국가 및 지방공기업뿐만 아니라 행정기관 중에서 정부기업이나 책임운영기관과 같이 '기업적으로 운영되는 행정기관'과 정부의 공적 지원과 통제를 받는 '준정부조직'을 포함하는 의미로 사용했다.[9] 여기서 '준정부조직'이란 '정부가 투자 혹은 출자 · 출연 · 보조금을 지원했거나, 업무의 일부를 위탁함으로써 정부의 공적 통제를 받고 있지만 어느 정도의 운영 자율성을 갖춘 일체의 기관 · 법인 · 단체'를 총칭하는 말이다. 이러한 성격의 조직은 대부분 관련 특별법에 의해 설립되었으며, 적지 않은 조직이 민법에 의한 사단 및 재단의 형태를 띠고 있다. 지방공기업의 경우에는 관련 특별법이나 민법 외에도 조례의 근거를 가지고 있다.

넓은 의미에서 공기업인 준정부조직이 되기 위해서는 기본적으로 '공적 기능(public function)의 수행', '공적 지원 자금과 자체수익의 혼합적 사용(mixed spending of public money and self revenue)', '운영의 독립성(some independence from directly elected politician)'은 기본적으로 갖추어야 한다(Flinder & Smith, 1999).

그렇다면, '광의의 공기업'인 '준정부조직'과 '공공기관'은 어떤 차이가 있는가?

일반적으로 수행하는 임무에 공공성이 있고, 정부에서 예산 및 인력의 지원을 받

9) 한국은행이 작성하는 국민 계정은 나라 경제의 총체적인 모습(flow and stock)에 대한 체계적인 정보를 알리기 위한 목적으로 만들어지는 데, 여기에 '일반정부(general government)'라는 개념이 사용된다. 준정부조직(quasi government organization)은 이에 포함되는 개념이다(김명식, 2005).

는 기관은 모두 공공기관이라고 한다. 사법기관에서는 공공기관(公共機關, public institution)을 "공동체 전체의 이익에 중요한 역할을 하는 기관"이라고 정의했다(대법원, 2006). 이러한 공공기관에 대한 규정은 정부 지원이나 운영의 독립성보다는 기관의 수행 임무에 초점을 둔 해석이다. 즉, 기관의 수행 임무가 공공성을 가지고 있으면 모두 '공공기관'이라고 하는 것이다.

이 책에서는 '광의의 공기업'과 '준정부조직', 그리고 일반적으로 일컫는 '광의의 공공기관'을 특별하게 언급한 경우가 아니면 동일, 또는 유사한 개념으로 사용하기로 한다.

2) 협의의 공기업

'협의의 공기업'은 위에서 설명한 광의의 공기업 중에서 실정법으로 정부기업으로 지정하거나 명시적으로 공기업으로 지칭한 경우를 말한다.

[그림 1-5]에서 보는 바와 같이 '협의의 공기업'은 크게 '책임운영기관특별회계기관'을 포함한 정부기업인 '정부부처형 공기업'과, 「공공기관의 운영에 관한 법률」에서 규정한 상업성과 시장성을 갖춘 '국가공기업', 그리고 「지방공기업법」에서 규정하는 '지방공기업'으로 나눌 수 있다.

'정부부처형 공기업'은 정부 각 부처에서 수행하는 예산 사업 중에서 기업 형태의 특별회계로 운영하는 '정부기업'과, 정부 각 부처에서 지정한 책임운영기관이나 국방부에서 지정하는 군(軍)책임운영기관 중에서 특별히 '책임운영기관특별회계기관'으로 지정한 사업을 말한다. '정부기업'에는 소관 부처에서 일반회계와 달리 특별회계로 수행하는 우편사업, 우체국예금사업, 양곡관리사업 및 조달사업이 있고(정부기업예산법 제1조, 제2조), 책임운영기관특별회계기관에는 국립병원이나 군(軍)수도통합병원과 같이 실정법에서 정부기업으로 지정하거나 「정부기업예산법」 준용을 명시한 기관의 사업을 말한다(책임운영기관의 설치·운영에 관한 법률 제2조 및 군 책임운영기관의 지정·운영에 관한 법률 제5조).

'국가공기업'은 [표 1-4]에서 보는 바와 같이 공공기관 중에서 핵심 역할을 하고 있는 총수입 중 자체수입이 차지하는 비중(자체수입/총수입)이 50% 이상인 기관을 말한다.

그 중에서 '시장형 공기업'은 자체수입 비중과 자산 규모가 큰 기관이기 때문에, 민간 대기업과 같은 자율성을 보장하여 국제경쟁력을 갖춘 기업으로 육성함으로써,

표 1-4 공공기관의 분류 기준

유형	분류 기준
국가공기업(상업성 > 공공성)	• 자체수입/총수입 ≥ 50%
① 시장형	• 자체수입/총수입 ≥ 대통령이 정하는 기준 이상(85/100), 자산 2조 원 이상
② 준시장형	• 나머지 국가공기업
준정부기관(상업성 < 공공성)	• 자체수입/총수입 < 50%
③ 기금관리형	• 중앙정부 기금을 관리하는 기관
④ 위탁집행형	• 나머지 준정부기관

자료: 「공공기관의 운영에 관한 법률」 제5조 및 「동법 시행령」 제7조.

향후 민영화 검토 시 우선 추진할 필요가 있는 기관을 말한다. '준시장형 공기업'은 공기업 중에서 시장형 공기업이 아닌 기관을 말한다.

'지방공기업'은 「지방공기업법」에서 지방자치단체가 자체의 조직을 활용하여 직접경영하는 방식인 지방직영기업과 지방자치단체가 공사·공단을 만들어 간접경영하는 방식인 지방공사 및 지방공단, 그리고 「지방자치단체 출자·출연 기관의 운영에 관한 법률」에서 규정하고 있는 제3섹터형 지방출자출연기관을 말한다.

요약하면, '협의의 공기업'은 「정부기업예산법」상의 '정부기업', 「책임운영기관의 설치·운영에 관한 법률」상의 '책임운영기관특별회계기관', 「군 책임운영기관의 지정·운영에 관한 법률」상의 '군 책임운영기관특별회계기관', 「공공기관의 운영에 관한 법률」상의 '국가공기업'과 「지방공기업법」상의 '지방직영기업', '지방공사', '지방공단' 및 「지방자치단체 출자·출연 기관의 운영에 관한 법률」상의 '제3섹터형 지방출자출연기관'을 지칭한다.[10)]

3) 협의의 준정부조직

'협의의 준정부조직'은 '광의의 공기업' 중에서 '상업성'과 '시장성'을 강조하는 '협의의 공기업'과는 달리 '공공성'에 더 큰 비중을 두는 기관을 포괄하는 개념이다.

이러한 정의에 따르면, 「공공기관의 운영에 관한 법률」에서 규정한 '협의의 준정부조직'은 '준정부기관'과 '기타 공공기관'으로 분류할 수 있는 데, '준정부기관'은 총수입 중 자체수입이 차지하는 비중이 50% 미만인 공공기관을 말한다. 구체적으로 '준정

10) 자세한 것은 제3장 참조.

부기관'은 업무의 시장적 가치보다는 공익적 가치가 큰 공공기관이라고 할 수 있다. '준정부기관'은 '기금관리형 준정부기관'과 '위탁집행형 준정부기관'으로 세분한다. '기금관리형'은 국민 부담으로 조성된 기금 재원을 관리하는 기관이고, '위탁집행형'은 정부의 정책사업을 위탁받아 대행하는 기관으로서 좀 더 강한 공공성을 필요로 한다.

그리고 '기타 공공기관'은 「공공기관의 운영에 관한 법률」에서 지정・고시한 공공기관 중에서 '국가공기업'과 '준정부기관'을 제외한 기관을 말한다. 「공공기관의 운영에 관한 법률」에서 기타 공공기관을 지정하는 실익은 이들 기관도 국가공기업이나 준정부기관을 포함한 모든 공공기관에게 요구되는 경영공시(동법 제11조), 고객헌장과 고객만족도 조사(동법 제13조), 공공기관의 기능과 규제에 관한 점검(동법 제14조) 및 경영혁신(동법 제15조)에 대한 의무 규정을 적용받게 된다는 것이다.

4) 기타 준정부조직

이상에서 설명한 '협의의 공기업'과 '협의의 준정부조직'은 통칙법의 근거를 가지고 있다. 그러나 '기타 준정부조직'은 정부의 공적 지원과 통제를 받지만 통칙법의 근거를 가지고 있지 않기 때문에, '협의의 공기업'과 '협의의 준정부조직'에 포함되지 않는 공공기관을 말한다. '중앙정부 소속 기타 준정부조직'은 통칙법보다는 기관 설립법이나 설립 관련법에 근거하여 창설되고, '지방정부 소속 기타 준정부조직'은 조례에 의해 설립되는 경우가 대부분이다. 통칙법인 「공공기관의 운영에 관한 법률」의 적용에는 제외되어 있지만, 「방송법」에 의한 한국방송공사, 「한국교육방송공사법」에 의한 한국교육방송공사와 지방자치단체의 조례에 의하여 설립되는 일부 출자출연기관들이 기타 준정부조직에 해당한다. 지방출자기관은 지방자치단체의 지분이 100분의 10 이상이면 「지방자치단체 출자・출연 기관의 운영에 관한 법률」을 적용받기 때문에 넓은 의미의 지방공기업에 속하지만, 그 이하의 지분을 가진 지방출자기관은 여기서 말하는 '기타 준정부조직'에 해당한다.

이상에서 설명한 광의의 공기업, 즉 준정부조직 개념의 구성 요소를 정리하면 [표 1-5]와 같다.

표 1-5 광의의 공기업 개념 구성 요소

- '광의의 공기업(준정부조직)'
  '협의의 공기업'+'협의의 준정부조직'+'기타 준정부조직'
- '법 적용 공공기관'
  「공공기관의 운영에 관한 법률」상의 '국가공기업'+'준정부기관'+'기타 공공기관'
- '협의의 공기업'
  「정부기업예산법」상의 '정부기업'+「책임운영기관의 설치 · 운영에 관한 법률」 및 「군 책임운영기관의 지정 · 운영에 관한 법률」상의 '군 책임운영기관특별회계기관'+「공공기관의 운영에 관한 법률」상의 '국가공기업'+「지방공기업법」상의 '지방공기업'
- '협의의 준정부조직'
  「공공기관의 운영에 관한 법률」상의 '준정부기관'+'기타 공공기관'
- '국가공기업'
  「공공기관의 운영에 관한 법률」에 규정된 (자체수입/총수입)의 비율이 50% 이상인 공공기관(시장형 공기업+준시장형 공기업)
- '광의의 지방공기업'
  「지방공기업법」에서 규정한 '지방직영기업'+'지방공단'+'지방공사'+「지방자치단체 출자 · 출연 기관의 운영에 관한 법률」에서 규정한 제3섹터형 '지방출자출연기관'
- '준정부기관'
  「공공기관의 운영에 관한 법률」에 규정된 (자체수입/총수입)의 비율이 50% 미만인 공공기관(기금관리형 준정부기관+위탁집행형 준정부기관)
- '기타 공공기관'
  「공공기관의 운영에 관한 법률」에서 지정 · 고시한 공공기관 중에서 '국가공기업'과 '준정부기관'을 제외한 기관
- '기타 준정부조직'
  '협의의 공기업'과 '협의의 준정부조직'에 포함되지 않는 정부(지방정부)의 지원과 통제를 받는 공공기관

4 협의의 공기업 개념 구성

1) 공기업의 개념 요소

지금까지는 광의의 공기업이라고 할 수 있는 준정부조직에 중점을 두고 설명했으나, 여기서는 순수한 이론적 의미의 공기업에 대한 개념 요소를 살펴보고자 한다.

사실상 공기업은 분석 목적이나 그 활용도에 따라 여러 가지로 정의할 수 있으나, '공(公)+기업(企業)'의 용어 자체에서 유래하는 '공공성(public interest)'과 '기업성(entrepreneurship)'이라는 양대 요소를 축으로 하여 설명할 수 있다.

공기업에서 공공성의 개념은 공공에 의한 소유 또는 통제를 그 기본 요소로 하고, 기업성의 개념은 사업주체의 자율성 및 사업주체가 생산 · 공급하는 재화와 서비스의 시장성을 그 기본 요소로 하고 있다. 따라서 공기업의 구체적 개념 요소는 공공성에서 기인하는 '공공 소유', '공적 통제', 기업성에서 유래하는 '자율성', '시장성' 등의 개념적 요소의 조합에 따라 정의할 수 있다.

2) 학문적 특성에 따른 공기업 개념 정의

협의의 공기업 개념은 학문 분야에 따라 다소 다르게 정의되고 있는데, 먼저 각 학문 분야에 따라 정의되고 있는 공기업의 개념을 중심으로 학제적(interdisciplinary)인 입장에서 소개하면 다음과 같다.

먼저, 미국을 중심으로 한 경제학자들은 공기업을 "공공단체가 소유하거나 지배하며 그 생산물이 시장에 판매되는 생산주체(productive entity)"라고 정의하고 있다. 존스(L. P. Jones)는 "첫째, 생산주체라 함은 물품이나 서비스를 생산해 독자적 예산을 지니고 있는 식별 가능한 의사결정 단위(identifiable decision-making unit)를 말하고, 둘째, 소유란 공공단체의 지분율이 직접 또는 간접으로 10% 이상인 경우를 말하며, 셋째, 통제란 최고관리층의 임명권을 통해 내부 의사결정 과정(internal decision-making process)에 참여할 수 있는 힘을 말하고, 넷째, 생산물을 판매한다는 것은 매상액으로 경상비의 50% 이상을 충당할 수 있는 경우를 의미한다"고 하고 있다(Jones, 1975: 23). 이와 같은 경제학적인 측면에서 본 공기업의 정의는 논란의 여지가 많다. 소유를 공공단체 지분율의 10% 이상인 경우를 지칭한다고 하는 것은 '소유를 수반하지 않는 지배(control without ownership)'의 경우를 공기업으로 인정하는 문제가 있다.

일본을 중심으로 공기업의 개념을 경영학적인 측면에서 파악한 학자들은 공기업을 "국가 또는 지방자치단체와 같은 공공단체에 의해서 소유되는 기업, 또는 공공단체에 의해 출자되는 경영 · 경제의 소유 기구"라고 정의하고 있다. 이러한 개념은 공기업의 개념을 소유 단위라고 규정한 데서 비롯된 것으로 해석된다.[11] 소유주체설은 국가 또는 지방자치단체가 소유하는 기업을 공기업이라고 함으로써, 사인(私人)이 소

11) 새티주(Satizew)는 공기업을 "하나 또는 여러 개의 공공단체의 결정적 · 계속적인 지배 하에 있는 기업"이라고 정의하고 있다. 새티주가 공기업의 개념을 소유주체설에 입각하여 파악하고 있다(占部都美, 1968: 51).

유권을 가진 기업에 공공단체가 일부 출자로 참가하는 공·사 혼합기업(mixed owned corporation)을 설명하는 데 약점을 가지고 있다.

그 밖에도 학문적 특성에 따른 공기업의 개념 정의를 살펴보면, 법률학자들은 공기업을 "국가 또는 지방자치단체가 직접적으로 사회적 공공복리를 위해 경영하는 기업"이라고 정의하고 있다. 이와 같은 법률학적인 측면에서 본 공기업의 개념은 공기업의 목적인 공공성의 이념 구현을 중점 가치로 다루고 있다. 따라서 이러한 입장은 국가나 공공단체의 재정 작용 그 자체가 목적인 전매사업을 공기업에 포함시킬 수 없는 약점을 가지고 있다.

행정학적 입장에서 공기업이란 일반적으로 "국가 또는 지방자치단체가 수행하는 사업 중 기업적인 성격을 지닌 것"으로 정의한다. 이와 같이 행정학적인 측면에서는 일반적으로 공기업을 국가 또는 지방자치단체가 수행하는 사업 중에서 수익성을 띠는 것으로 정의하고 있다.[12] 즉, 공기업은 생산주체로서 국가 또는 지방자치단체와 같이 독자적 예산을 지니고 있는 식별 가능한 의사결정의 주체여야 하고, 서비스를 생산하여 물품이나 서비스에 대한 반대급부가 경상비의 50% 이상을 차지하는 기업적 성격을 갖추어야 한다. 그러나 이러한 정의에 따르면, 독자적인 의사결정의 주체라고 볼 수 없고, 기업적 성격이 약한 양곡관리사업과 같은 정부기업은 공기업의 범위에 포함하기 어려운 약점이 있다.

다양성을 띠고 있는 공기업에 대한 정의를 학제적인 입장에서 살펴보았는데, 이러한 내용들은 공기업의 개념을 크게 소유에 중점을 두느냐, 아니면 지배에 중점을 두느냐, 즉 '소유주체설'과 '지배주체설'에 따라 공기업의 개념을 정의할 수 있을 것이다.

'소유주체설'은 국가 또는 공공단체가 '소유'하는 기업을 공기업이라 함으로써 공기업의 범위를 국가나 공공단체가 전액 출자한 기업을 중심으로 이해하고 있다. 따라서 '소유주체설'에 의하면, 사인이 소유한 기업에 공공단체가 일부 출자로 참가하고 공익적 차원에서 의사결정에 참여하는 공·사 혼합기업을 설명하는 데 어려움이 있다.

이에 반해, '지배주체설'은 국가 또는 공공단체가 '지배의 주체'인 기업을 공기업이

---

12) 이러한 개념 규정은 첫째, 국가 또는 지방자치단체가 소유를 통해 지배하는 기업이라는 점을 강조하고, 둘째, 공기업의 이념 면에서 공공성 이념보다는 기업성 이념을 강조한 개념이며, 셋째, 공기업을 하나의 기관(institution)으로 파악하는 기관형성론적인 개념 규정이라고 할 수 있다(유훈, 1985: 15).

라고 함으로써 국가나 공공단체가 전액 출자한 기업뿐만 아니라 사인이 출자에 참가하는 공·사 혼합기업이라도 국가나 공공단체의 지배가 결정적·계속적이면 공기업의 범위에 포함시킨다.

우리나라는 주식회사의 형태를 지닌 공사도 공기업의 범주에 포함시키고 있으므로, '지배주체설'의 입장에서 공기업을 정의하고 실체를 분석하는 것이 일반적인 경향이라고 하겠다.

3) 협의의 공기업 개념 정의

유훈(2002)은 '협의의 공기업'을 "국가 또는 지방자치단체가 수행하는 사업 중에서 기업적 성격을 지닌 것"이라고 했다.

윤성식(2003)은 공기업을 협의의 의미로 해석할 때 두 가지 개념적 요소가 필요하다고 한다. 그는 공기업의 핵심적 두 가지 요소를 '공공통제'와 '기업성'에 두고 있다. 즉, 공기업의 요건은 첫째, 정부의 통제를 받는다는 것과, 둘째, 재화나 용역을 생산하여 기업처럼 대가를 받고 판매를 해야 한다는 것이다. 즉, 공기업은 '목적으로서의 공공성'과 '수단으로서의 기업성'을 가지고 있어야 한다고 한다.

공기업에 대한 정부 통제는 기본적으로 공기업에 대한 정부 지분이 50% 이상이면 통제가 가능한 것으로 생각하지만, 지분이 50% 미만이더라도 정부가 통제할 수 있는 공기업이 얼마든지 있다. 캐나다의 BRIC(British Columbia Resources Investment Corporation)는 정부 소유 지분이 5%인데도 공적 통제가 가능하다. 왜냐하면, 법령으로 개인은 1%까지 기관은 3%까지 소유 지분을 제한하고 있기 때문이다(윤성식, 2003). 그리고 민간주주들이 서로 연합하여 정부의 통제권에 도전할 염려가 있기 때문에, 주주가 상호 연합하는 경우에는 주주들에게 주식을 매각하도록 지시할 수 있으며, 이를 따르지 않을 경우에는 BRIC가 강제로 주식을 매입할 수 있는 근거를 마련하고 있다(Stanbury & Thomson, 1992: 219). 이런 맥락에서 영국에서는 공기업을 민영화할 때 황금주(golden share)와 같은 특별주 제도를 활용하였고,[13] 프랑스에서는 안정 주주

13) '황금주'라고 불리는 영국의 특별주 제도는 국가기간산업의 민영화를 추진하면서 국가 이익에 적대적인 기업이나 외국 자본에 의해 해당 공기업의 경영권이 인수되는 등의 부작용이 발생하는 것을 막기 위해서 경영권에 대한 감시 장치로 도입한 것이다. 황금주는 정부가 보유하고 있는 단지 액면가 1파운드에 불과한 주식으로 평상시 주주총회에서 의결권 행사는 금지되어 있으나, 민영화된 기업의 임원 선임, 정관 변경 및 경영권 이전과 관련한 문제에 대해서 정부가 거부권을 행사할 수 있는 특별한 권한을 부여하는 제도이다. 황금주는 영향력 행사 기간이 제한된 것(time limited spe-

제[14] 등을 통해 공기업의 경영권 방어를 위하여 노력하고 있다.

기업성의 판단도 공기업의 공공통제 요소와 마찬가지로 그렇게 간단하지는 않다. 일반적으로 수익의 50% 이상을 조직의 자체 수익에 의해서 충당하고 있으면 공기업이라고 정의하고 있으나(유훈, 2002), 기계적으로 수익 비율에 따라서 판단할 문제는 아니다.

조직의 수입이 어느 정도 조직의 고유 목적에 의한 산출과 관련이 있으면서, 공기업 경영에서 자율성이 부여되는 독자적인 기업조직의 실체(entity)를 가지고 있으면 공기업이라고 할 수 있다(Gray & Short, 1884). 즉, 정부부서와 별도의 조직을 가지고 있고 조직 경영을 총괄적으로 책임질 수 있는 관리자가 있으면 공기업으로 보아야 한다는 것이다.

이상의 내용을 종합하면, 협의의 공기업에 적용되는 다음과 같은 몇 가지 개념적 구성 요소를 추출할 수 있다.

첫째, 중앙정부나 지방정부가 설립해야 한다. 이들 행정기관에서 설립한 기관이 다시 설립한 기관 · 법인 · 단체도 포함된다(공공부문에 의한 설립).

둘째, 설립에 관련된 공공부문의 지배권에서 유래하는 공적 통제가 있어야 한다(공공부문의 통제권).

셋째, 공기업은 기업(enterprise)의 속성을 지닌 실체(entity)로서 기본적으로 요구되는 자율적인 의사결정권을 가지고 있어야 한다(자율적 의사결정권).

넷째, 자기 수익 능력을 가진 생산주체여야 한다(자기 수익 능력을 가진 생산주체). 이렇듯 협의의 공기업에 요구되는 최소한의 개념적 구성 요소는 '공공 소유', '공적 통제', '자율성', '시장성'으로 요약할 수 있다.

공기업의 '공공소유와 공적 통제'는 공공 수요의 충족과 공공복리의 증진이라는 공기업이 가지고 있는 이념적 기초에서 유래하는 개념 요소이다. 즉, 공기업의 사회적 이념에는 국가의 재정 · 경제적 목적뿐만 아니라 공적 수요의 충족 및 공공복리의

---

cial share)과 영구적으로 행사할 수 있는 것으로 구분되는 데, 전자의 경우는 민영화된 기업이 민간부문에 적응할 기간 동안 경영권을 보호하기 위한 것이고, 후자는 국가안보상 외국 투자자의 인수를 방지하고자 할 경우에 사용되는 것이다. 영국에서는 50여 개의 민영화 기업에 특별 황금주 제도를 도입했다가 1996년 BT가 MIC를 인수 · 합병하는 데 지장을 준다는 이유로 1997년 특별주 제도를 폐지했다.

14) 공기업을 민영화할 때 기관투자가들에게 일정 비율의 지분을 배분하여 일정 기간 동안 공기업의 경영권이 민간기업에게 넘어가는 것을 방지하고 있다.

증진이라는 광범위한 사회적 목적까지 포함하는 것이다.

공기업의 '자율성과 시장성'은 공기업을 수익적으로 경영해야 한다는 것을 의미한다. 비록 공기업이라 할지라도 최소한 적자 경영은 하지 않아야 한다는 요구가 공기업의 기업성 개념 요소이다. 공기업은 공공성을 해치지 않는 범위 내에서 기업성이 달성되어야 한다. 즉, 공기업의 기업성은 공공성과의 조화를 위해 공공성을 저해하지 않는 범위 내에서 정당화될 수 있는 것이다. 이렇게 볼 때 공공성과 기업성은 본래 상호 대립되고 상충되는 개념이긴 하지만, 양자는 상호 의존적·보완적인 성격이 있음을 간과해서는 안 될 것이다.

이와 같은 공기업은 [그림 1-6]에서 보는 바와 같이 공공성과 기업성에 기초를 두고, 소유주체와 독립된 실체(separate entity)로 존재하면서 생산 활동을 전개하는 기업조직을 말한다. 공기업은 기업조직과 공적 소유권이 결합됨으로써 정부로 하여금 정치 과정을 통한 통제를 가능케 하는 제도라고 할 수 있다.

따라서 좁은 의미에서의 공기업은 "공공부문에서 설립하고 공공부문이 소유·통제권을 행사할 수 있으며, 기관 스스로 자율적 의사결정권과 자기 수익 능력을 가진 생산주체"라고 할 것이다. 이는 어디까지나 공기업 개념 구성을 위한 이론적인 정의이고 이를 좀 더 현실적인 의미로 재해석한다면, "공기업은 재화나 서비스를 생산·판매하는 생산주체(productive entity)로서 중앙정부 또는 지방자치단체 등의 공적 주체가 소유하거나 통제(또는 지배)하는 기업"이라고 할 수 있다.

그림 1-6 공기업의 개념 구성

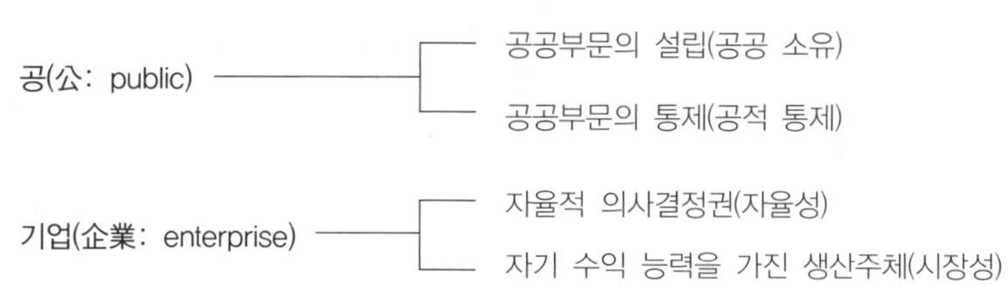

제 3 절 | 공기업의 형태적 분류

1 공기업의 분류 방법

앞에서 살펴본 이론적이나 실정법적 공기업 분류 방식 외에 공기업 운영의 주된 이념이 무엇이냐에 따라 공기업의 업무와 활동 범위를 구체화하는 공기업의 형태 분류방법이 있다.

일반적으로 많이 이용되고 있는 것은 '경영 자율성'의 정도를 기준으로 한 공기업 분류 방법이다. 즉, [표 1-6]에서 보는 바와 같이 정부의 통제가 강하여 공기업을 경영 자율성이 낮은 '정부기업(순수행정기관, 행정집행기관)'과 정부의 통제가 약하여 공기업을 경영 자율성이 높은 '법인체 공기업'으로 크게 나누고, 또 법인체 형태의 공기업을 각각 '정부전액출자기업(공공 법인형)'과 '공・사 혼합기업(일반 회사형)'으로 세분하는 방법을 말한다.

이론적인 경영 자율성의 정도를 근간으로 하여 현실적인 실정법에 의해서 존재하는 기관 구성의 특징에 따라 [표 1-7]에서 보는 바와 같이 '공기업의 조직 형태'에 따른 '정부부처형 공기업(정부기업 또는 행정기업)', '공사형(공단・공사형) 공기업', '주

표 1-6 경영자율성에 의한 공기업 분류

분류		공기업 종류	경영자율성
공기업	정부기업(행정기업)	순수행정기관(정부기업)	약
		행정집행기관(책임운영기관)	
	법인체 공기업	공공법인형(공단・공사형)	강
		일반회사형(주식회사형)	

표 1-7 조직 형태에 따른 공기업 분류

분류	공기업 종류	조직 형태
공기업	정부부처형 공기업(정부기업)	정부조직법상의 행정기관 형태
	공사형 공기업(공단・공사형 공기업)	특별법상의 공법인 형태
	주식회사형 공기업	상법상의 사기업 형태

식회사형 공기업'으로 구분하는 것이 일반적이다.[15]

2 정부부처형 공기업

'행정기업(administrative enterprise)' 또는 '정부기업(government enterprise)'이란 정부의 완전한 소유나 책임하에 기업을 설립하거나, 혹은 민간으로부터 흡수해 직접 운영하는 체제를 의미한다. 정부기업은 비록 재화나 용역을 생산하는 하나의 생산 단위로 존재하지만 독립된 법인이 아니기 때문에, 정부로부터 떨어져서 독립적으로 자신을 대표할 권한은 없다.

그것은 어디까지나 정부조직의 한 구성 부분이며, 모든 생산시설은 정부 소유로 되어 있다. 정부기업 형태는 세계적으로 우편사업을 필두로 하여 철도·전신전화에 이르기까지 광범위하게 적용된다. 그러나 최근에는 많은 정부기업이 독립법인 형태인 공사로 전환되거나 민영화되고 있다.

영국과 미국에서 전통적으로 정부기업으로 운영되던 우편사업이 1970년 전후에 법인인 공사로 바뀌었으며, 일본에서도 대표적 정부기업이었던 철도, 전매, 전신전화 사업이 1950년을 전후하여 정부기업에서 공사로 전환되었다.

우리나라에서도 정부기업은 공기업 중에서 가장 오랜 역사를 지닌 공기업 형태이다. 그러나 우리나라에서도 많은 정부기업이 공사 형태로 전환되었다. 1973년 방송사업에서부터 2005년에 이루어진 철도사업이 대표적인 예이다. 우리나라의 정부기업을 관리하는 실정법은 「정부기업예산법」이다. 이 법에서는 '기업 형태로 운영하는 정부사업', 즉 '정부부처의 형태를 지닌 공기업'을 '정부기업'이라 부르고 있다. 우리나라에는 「정부기업예산법」에 의한 우편사업특별회계, 우체국예금특별회계, 양곡관리특별회계, 조달특별회계가 있고, 「책임운영기관의 설치·운영에 관한 법률」 및 「군 책임운영기관의 지정·운영에 관한 법률」에 의한 책임운영기관특별회계기관이 있다.[16] 책임운영기관특별회계기관에서는 기관 운영에 필요한 재정수입의 전부 또는 일부를

---

15) 이런 분류법을 프리드먼(M. Friedman)과 핸슨(A. H. Hanson) 분류라고 하는데, 유훈 교수도 이 방법을 준용하고 있다(유훈, 1985: 35-42).

16) 「책임운영기관의 설치·운영에 관한 법률」 제30조 '책임운영기관특별회계기관의 사업은 「정부기업예산법」 제2조에도 불구하고 정부기업으로 본다. 「군 책임운영기관의 지정·운영에 관한 법률」 제27조 "군 책임운영기관은 일반회계로 운영하되, 일반회계에 별도의 군 책임운영기관 항목을 두고, 「책임운영기관의 설치·운영에 관한 법률」의 책임운영기관특별회계기관에 준하는 예산 운영상의 자율성을 보장하여야 한다."

자체적으로 확보할 수 있는 사업을 효율적으로 운영할 수 있다(책임운영기관의 설치 · 운영에 관한 법률 제4조, 제27조).

그 밖에도 「지방공기업법」에 의해 지방정부가 소유 · 관리하고 있는 상수도, 하수도, 공영개발 등은 지방정부의 또 다른 부처형 공기업이다.

1) 우정사업

'우정사업'이란 우편, 우편환, 우편대체, 우체국예금 및 우체국보험에 관한 사업과 이에 부대되는 사업을 말한다. 현재 산업통상자원부가 주무부처로 되어 있다(우정사업 운영에 관한 특별법 제2조).

우리나라의 종래 통신사업은 통신사업과 우정사업으로 나뉘어 있었는데, 통신사업은 한국통신이 이 업무를 가지고 독립했기 때문에, 현재 정부부처에는 우정사업만 남아 있다. 다른 나라와 마찬가지로 우리나라에서도 최초의 부처형 공기업은 바로 정부기업인 우편사업이었다.

2) 양곡관리사업

우리나라의 양곡관리사업은 쌀 생산과 공급의 안정을 위해 정부가 양곡을 매입 · 관리 · 보관 · 판매하는 것을 말한다. 농산물 안정기금, 양곡관리기금 등과 같이 우리나라 주곡에 대한 안정 기능을 담당하고 있는 이 사업은 현재 농림축산식품부에서 담당하는 부처형 공기업이다.

3) 조달사업

우리나라의 조달사업이란 정부가 필요로 하는 물자의 구매 · 관리, 내외자조달사업, 시설공사계약, 비축사업 등을 말한다. 공공기관에서 필요로 하는 물자를 효율적으로 관리하는 것을 목적으로 하는 조달사업은 현재 조달청에서 담당하고 있는 부처형 공기업이다.

4) 책임운영기관

우리나라에서 '책임운영기관'이라 함은 정부가 수행하는 사무 중 공공성을 유지하면서도 경쟁 원리에 따라 운영하는 것이 바람직한 사무에 대해 책임운영기관의 장에게 행정 및 재정상의 자율성을 부여하고, 그 운영성과에 대해 책임을 지도록 하는 행정기관을 말한다. 기존에는 책임운영기관을 기관의 사무 성격에 따라 '행정형 기관'과 '기업형 기관'으로 구분하였다. '행정형 기관'은 사업적 · 집행적 성질의 행정 서비스를 제공하고 성과측정 기준의 개발 및 성과측정이 가능한 사무를 다루는 행정기관을 말하고, '기업형 기관'은 기관 운영에 필요한 재정수입의 전부, 또는 일부를 자체 확보할 수 있는 사무를 취급하는 행정기관을 지칭한다. 2011년 「책임운영기관의 설치 · 운영에 관한 법률」 개정을 통해 '기업형 책임운영기관'을 '책임운영기관특별회계기관'으로 명칭을 변경했다.

'책임운영기관특별회계기관'은 소속책임운영기관의 재정수입 중 자체수입의 비율이 2분의 1 이상에 해당하는 등 독립적 운영 가능성이 높아 책임운영기관특별회계로 운영할 필요가 있다고 인정되는 경우에 설치된다.

이러한 성격의 국방부 산하 정부기업을 '군 책임운영기관'이라고 하며, 별도 법률에 의해 운영되고 있다. 부대 및 기관의 수된 업무가 사업석 · 집행적 성질의 국방 서비스를 제공하고, 성과측정 기준의 개발과 성과측정이 가능한 업무에 해당하는 경우, 국방부장관은 기획재정부장관과의 협의와 군 책임운영기관운영위원회의 심의를 거쳐 군 책임운영기관으로 지정할 수 있다(군 책임운영기관의 지정 · 운영에 관한 법률 제5조). 책임운영기관에 대해서는 제3장에서 다시 사세하게 살펴보기로 한다.

이상에서 설명한 우리나라 정부부처형 공기업의 일반적인 특징은 [표 1-8]과 같이 정리할 수 있다.

표 1-8 정부부처형 공기업의 특징

① 정부부처형 공기업의 설립 근거는 중앙정부인 경우에는 「정부조직법」, 지방정부인 경우에는 「지방공기업법」 및 「지방자치단체 조직에 관한 조례」에 의한다.
② 정부부처형 공기업은 행정기관이므로 개별적인 당사자 능력을 가지지 않는다.
③ 정부부처형 공기업의 예산은 특별회계로 운영되며, 의회의 승인을 얻어야 집행할 수 있다.
④ 의회의 통제와 「감사원법」의 적용을 받고 있다.

5) 정부부처형 공기업에 대한 평가

법인의 형태를 갖춘 공기업에 비해 정부기업, 즉 정부부처형 공기업은 생산품의 종류나 수량이 급변하지 않는 일정한 재화나 서비스를 제공하는 데 적합한 공기업 조직 형태이다. 왜냐하면, 공사나 주식회사형 공기업에 비해 조직의 안정성은 강한 반면, 기업 경영에 필요한 창의력이나 탄력성은 상대적으로 약하기 때문이다. 우리나라에서 방송사업, 통신사업, 철도사업을 공사화한 것이나, 담배전매사업을 아예 민영화한 것은 이러한 정부부처형 공기업의 한계를 개선하기 위한 발전적 전환이라 할 수 있다.

그러나 최근에는 정부부처형 공기업에게도 법인 형태의 공기업 못지않게 독립적 책임 운영이 요구되고 있다. 정부부처형 공기업은 최소한의 조직 안정성을 유지하면서, 예산 운영 및 채용·승진·훈련 등 인사행정이 제도의 취지에 맞게 독립적·합리적으로 운영되어야 할 것이다.

책임운영기관의 증가는 시대적 변천에 따른 당연한 결과로 해석되나 민영화된 공기업과 같이 가시적 효과를 거둘 수 있을지는 미지수이다. 다만, 행정기관으로 머물러 안주하고 있던 기관들을 책임운영기관 평가라는 경쟁의 장(場)으로 끌어들여 움직이게 한 것은 의미가 있다고 하겠다.

3 공사형(공단 · 공사형) 공기업

공사형 공기업(public corporation or government corporation)이란 공공성(공익성·민주성)과 기업성(능률성)을 가장 잘 조화시킨 독립적인 특수법인의 형태를 띤 공기업을 말한다.

정부부처형 공기업은 「정부조직법」에 의해 설립되며, 주식회사형 공기업은 주로 「상법」에 의해 창설되는 데 비해, 공사형 공기업은 일반적으로 특별법에 의해 설립된다. 민간의 지분을 인정하지 않는 이러한 조직은 반드시 특별법에 의해서 설립된다고 하여 OECD에서는 법정기업(statutory corporation)이라고도 한다. 우리나라에서 기관 설립을 위한 특별법에 따라 100% 정부의 재산 출연이나 자본 출자에 의해 설립된 기관은 전형적인 공사형 공기업에 해당한다. 우리나라에서는 과거에 특별히 재산 출연에 의한 공기업을 공단형 공기업, 자본금 출자에 의한 공기업을 공사형 공기업으로 부르기도 했으나(공단·공사형 공기업), 발생주의 회계가 보편화되면서 공단·공사의 의미가 희석됨으로써 국제적으로 공사형 공기업 또는 단순히 공사(public corporation)로 통일되어 불리고 있는 것이 일반적인 추세이다.

공사 제도는 20세기의 새로운 기업 형태로서 민주국가의 공기업에서 필수적으로 요구되는 민주성과 능률성이라는 두 가지 원칙을 조화롭게 달성하기 위해서 생겨난

제도이다.[17] 처음에는 영·미법계 여러 나라에서 시작했으나 제2차 세계대전 이후 일본과 같은 대륙법계 국가뿐만 아니라 개발도상국에서도 많이 활용하고 있는 제도이다. 공사는 영국·프랑스 등의 국유화 기업과 같이 명확한 정치철학에 따라 설립된 것도 있지만,[18] 일반적으로 국가의 경제 발전을 위한 기초 산업을 육성하기 위해 설립되었다.

우리나라의 전액 정부출자기관인 한국토지주택공사 또는 한국도로공사 등이 대표적인 공사형 공기업이다. 「공공기관의 운영에 관한 법률」상 준시장형 공기업에 해당하는 한국토지주택공사는 법정자본금 35조 원 중 납입자본금은 정부가 약 29.0조 원(86.6%), 산업은행 약 3.7조 원(11.2%), 수출입공사가 0.7조 원(2.2%)을 출자하고 있다. 「동법」상 위탁집행형 준정부기관인 한국환경공단은 기본재산 787억 원 중 정부출연 83억 원(10.5%), 기본재산편입 686억 원(87.1%), 수증재산 18억 원(2.3%)으로 구성되어 있다(알리오, 2023).

공사형 공기업은 [표 1-9]와 같은 특징을 지니고 있다.

표 1-9 공사형(공단·공사형) 공기업의 특징

① 공사형 공기업은 특별한 목적을 위해 설립과 관련된 「특별법」에 의해 설립·운영된다.
② 공사형 공기업은 전액 정부 출연·투자를 원칙으로 한다. 우리나라의 공사 중에는 정부출자 비율이 100% 미만인 공기업들이 간혹 있으나, 이것은 편의상 정부 외에 산업은행과 같은 공공기관이 출자한 것으로 되어 있기 때문이다.
③ 공사형 공기업은 정부가 그 운영에 대해서 최종적인 책임을 진다. 따라서 공사의 결산상 이익금은 정부에 납부하게 할 수 있고 손실은 정부가 보전할 수 있다.
④ 공사형 공기업은 정부에서 임명한 임원이 경영을 담당한다.
⑤ 공사형 공기업은 법인으로서의 당사자 능력을 지닌다.
⑥ 공사형 공기업은 원칙적으로 일반행정기관에 적용되는 예산·회계 및 감사 관계 법령의 적용을 받지 않는다. 다만, 우리나라의 공사형 공기업들은 일반행정기관에 적용되는 감사 관계 법률인 「감사원법」의 적용을 받는다.
⑦ 대부분의 경우에 공사의 직원은 공무원이 아니며, 그 직원의 임용과 보수에 관한 규정은 자체적으로 제정할 수 있다.

17) 초기 공사형 공기업은 1908년 영국에서 설립된 런던항만청(The Port London Authority), 1927년 영국방송공사(BBC), 1933년 미국의 TVA, 이탈리아의 산업부흥공사(IRI)가 대표적이다.
18) 영국의 노동당 정부가 1947년 여러 개로 분산되어 있던 민영 석탄회사들을 하나의 공기업으로 국유화한 British Coal Corporation이 대표적인 예이다.

4 주식회사형 공기업

주식회사형 공기업은 혼합기업(mixed enterprise)이라고도 한다. 사기업의 창의력·신축성을 유지하면서 정부에서 출자를 통해 특별히 관리하는 공기업의 경영 형태라고 할 수 있다.

주식회사형 공기업이 설립되는 이유는 첫째, 정부가 국가적인 견지에서 중요 기업체를 도산 상태에서 구제하기 위해 그 기업체의 주식을 정부가 매입하는 경우, 둘째, 발전도상국의 경우 정부에서 기술과 자본을 제공하는 선진국가의 사기업과 제휴하여 새로운 기업체를 설립하고자 하는 경우, 셋째, 해당 공기업이 독립채산성만 가능하면 곧바로 민영화하여 민간기업 형태로 전환이 가능한 경우, 넷째, 사기업의 창의적인 아이디어를 정부에서 특별히 보호해 줌으로써, 이를 국책사업으로 수행하고자 하는 경우 등을 들 수 있다. 우리나라에서는 한국전력공사가 대표적인 주식회사형 공기업이다.

한국전력공사의 경우, 법정자본금 6조 원에 납입자본금의 비율은 정부 18.2%, 산업은행 32.9%, 국민연금 5.9%, 외국인 14.2%, 기타 28.8%로 구성되어 있다(한전, 2023).

주식회사형 공기업은 대체로 [표 1-10]과 같은 특징을 지닌다고 할 수 있다.

표 1-10 주식회사형 공기업의 특징

① 「특별법」 또는 「상법」에 의해 설립·운영된다.
② 혼합기업이라는 명칭에서 보는 바와 같이 국가 또는 지방자치단체와 사기업 또는 사인과의 공동 출자를 원칙으로 한다.
③ 정부는 정부출자분에 대해서만 책임을 진다.
④ 임원은 주주총회에서 선출함을 원칙으로 한다. 「특별법」을 가지고 있는 경우에는 그 법의 규정에 의해 임원을 선출하는 경우가 있다.
⑤ 주식회사의 형태를 지닌 공기업은 법인이므로 당사자 능력을 갖는다.
⑥ 일반적으로 행정기관에 적용되는 예산·회계 및 감사 관계 법령의 적용을 받지 않는 것이 원칙이다. 다만, 우리나라의 경우, 주식회사의 형태를 지닌 공기업도 「감사원법」의 적용을 받고 있다.
⑦ 주식회사의 형태를 지닌 공기업의 직원은 공무원이 아니며, 직원의 인사규정을 자체적으로 제정하여 운영한다.

5 공기업의 형태별 특징과 분류의 한계

이상에서 조직 형태에 따라 정부부처형 공기업, 공사형(공단·공사형) 공기업, 주식회사형 공기업으로 분류하여 각각의 속성을 살펴보았다. 이를 비교 가능한 기준 항목을 중심으로 연속선(continuum)상에서 각각의 특성을 살펴보면 그 차이를 좀 더 명확하게 이해할 수 있다. 즉, 각 항목마다 '정부부처형 공기업'과 '주식회사형 공기업'의 특징 사이의 중간에 '공사형 공기업'이 위치하고 있음을 발견할 수 있다.

첫째, 공기업 설립 근거에서 보면, 정부부처형 공기업은 「정부조직법」에, 주식회사형 공기업은 일반 「상법」 혹은 「특별법」에 근거하고 있는 데 반해, 공사형 공기업은 「특별법」에 근거를 두고 있다.

둘째, 공기업 재원을 마련하는 방법에서 정부부처형 공기업은 정부예산의 하나인 공기업 특별회계에서 관리하고 있는 반면에, 주식회사형 공기업은 출자액의 5할 이상을 정부가 출자하는 것을 원칙으로 하고, 공사형 공기업은 전액 정부출자로 이루어지고 있다.

셋째, 공기업이 지향하는 이념에서도 정부부처형 공기업은 공공성을 강조하고, 주식회사형 공기업은 기업성을 강조하는 반면에, 공사형 공기업은 양자의 중간에서 공공성과 기업성을 함께 추구하는 특징을 지니고 있다.

표 1-11 공기업의 유형 및 특징

구분	정부부처형	공사형(공단 · 공사형)	주식회사형
설립 근거	「정부조직법」	「특별법」	「상법」 또는 「특별법」
재원	정부예산	전액 정부출자(정부출연※)	5할 이상 정부출자
법인격	없음(법인격, 당사자 능력 없음)	있음(법인격, 당사자 능력 있음)	
이념	공공성 > 기업성	공공성 + 기업성	공공성 < 기업성
임 · 직원의 신분	공무원	비공무원	
예산회계 관련 법률	「정부기업예산법」	「공공기관의 운영에 관한 법률」 「공기업의 경영구조 개선 및 민영화에 관한 법률」	
조직구성	단독제(이사회 없음)	합의제(의결기관과 집행기관의 분리 가능)	
예산 성립	단독제(이사회 없음)	합의제(의결기관과 집행기관의 분리 가능)	
조직 특징	행정집행기관형	행정위탁 및 기업형	기업형
정부 및 국회 통제	강	중간	약
자율적 경영	약	중간	강

※ 정부에서 전액 출연한 재산을 기본으로 하여 설립된 공단도 이 분류 기준에 따를 경우 공사형 공기업에 해당함.

그 밖에도 공기업 조직 · 인사 · 예산 등에서도 이와 유사한 특징을 발견할 수 있는데, 이를 정리하면 [표 1-11]과 같다.

다만, 이러한 공기업의 유형별 특징은 어디까지나 이론상의 문제이지 실질적으로는 각각의 특징을 동시에 지니고 있는 공기업이 많이 존재하기 때문에 명확하게 구분하는 것은 어렵다. 특히, 각 유형이 지니고 있는 특징을 복합적으로 가지고 있는 기관들이 계속 생성되고 있어 공기업 유형의 구분을 더욱 힘들게 하는 것이 사실이다.

정리문제

1. 행정기관 및 사기업과 비교하여 공기업이 가지는 특징을 설명하시오.
2. 공기업의 실체(entity)를 공기업의 행정주체 · 경영주체 · 생산주체로 구분하여 설명하시오.
3. 사기업과 비교하여 공기업이 가지는 장 · 단점을 설명하고, 최근에 공 · 사기업의 경영이념 및 운영 방식이 상호 접근하는 이유를 추론하시오.
4. 공기업의 개념을 형성하는 구성 요소를 중심으로 공기업의 의의를 정의하시오.
5. 공기업을 정부부처형 · 공사형 · 주식회사형으로 나누어 각 형태의 특징을 사례를 들어 설명하시오.

CHAPTER 02

공기업의 생성 원리와 성장

앞 장에서 설명한 바와 같이 이 책에서는 '협의의 공기업'과 '광의의 공기업'을 구분하고, '넓은 의미에서의 공기업'은 '준정부조직'과 같은 개념으로 사용했다. 협의의 공기업도 원칙적으로 광의의 공기업에 포함되는 만큼 협의의 공기업과 광의의 공기업이 설립된 원인과 배경은 유사하다고 할 수 있다.

그러나 협의의 공기업 개념에 속하는 순수공기업은 국가의 경제 성장 기능을 강조하는 차원에서 설립되었고, 광의의 공기업 개념에 속하는 준정부조직은 대부분 정부의 정책적 기능을 효율적으로 수행할 목적으로 창설되었다. 따라서 협의의 공기업 설립 배경과 광의의 공기업, 즉 준정부조직의 생성 원리를 구분하여 설명하는 것이 효과적이라고 생각된다.

이 장에서는 비교적 단순하다고 할 수 있는 '협의의 공기업 생성 원리'와 이보다 훨씬 다양하고 복잡하다고 할 수 있는 '광의의 공기업 생성 원리'를 분리하여 설명하였다. 즉, 제1절은 '공기업의 생성 원리'라는 제목으로 협의의 순수 공기업의 설립 배경을 살펴보고, 제2절에서는 '준정부조직의 생성 원리'라는 제목으로 다양한 광의의 공기업, 즉 준정부조직의 창설 배경을 알아보고자 한다.[1)]

---

1) 뒤에서 자세히 설명하겠지만 이 책의 일관성을 위해서는 제2절의 제목을 '준정부조직의 생성 원리'보다는 '광의의 공기업 생성 원리'라고 하는 것이 논리적이다. 그러나 국내 · 외 자료에서 이런 다양한 형태의 광의의 공기업을 설명할 때 공기업보다는 준정부조직이라는 용어를 더 많이 사용하고 있기 때문에 이 장에서는 준정부조직이라고 부르기로 한다.

제 1 절 | 공기업의 생성 원리

1 공기업의 기능과 설립 동기

1) 공기업의 일반적 기능

공기업은 목적으로서의 공공성을 가져야 하고, 수단으로서의 기업성이 보장되어야 한다. 이러한 맥락에서 협의의 순수 공기업을 "국가나 공공단체의 공적 출자와 공적 지배를 받으면서, 공공 수요의 충족과 공공복리를 증진시키기 위해 기업적으로 운영되는 조직"이라고 한다면, 공기업의 기능은 경제적 기능과 사회적 기능으로 크게 나눌 수 있다.

그러나 각 국가의 공기업은 그 국가마다 고유의 실정에 따라 여러 가지 기능을 수행하고 있기 때문에, 그 기능을 두 가지로 일률적으로 정의하기는 어렵다. 국가마다 사회·경제적 배경이 다르고 국가마다 공기업의 기능도 다르지만 공통적으로 적용할 수 있는 공기업의 기능을 정리하면 다음과 같다.

(1) 공기업의 경제적 기능

먼저, 공기업의 국가경제 성장 촉진 기능을 들 수 있다. 주로 개발도상국에서는 공기업을 경제 발전의 수단으로 활용하고 있는데, 그 이유는 다음과 같다.

첫째, 국가경제 발전을 위해 사회간접자본의 확충이 필요하나 외부경제가 큰 사업이기 때문에, 민간부문의 상업적 운영이 불가능하고 정부가 공기업을 통해 운영할 수밖에 없다.

둘째, 민간기업이 참여하기 곤란한 대규모 프로젝트 사업은 공기업으로 설립·운영할 수밖에 없다. 어느 정도 민간경제가 성숙해지면 점차 민영화되는 경향이 있다.

셋째, 민간기업의 도산이 국민경제에 막대한 피해를 줄 수 있기 때문에, 부실기업을 인수하여 공기업화하는 경우도 있다.[2)]

---

2) 1963년 신진자동차(주)를 정부가 인수한 뒤 한국기계공업(주)를 만들었고, 뒤에 민영화되어 대우중공업이 되었다. 1980년 현대양행을 정부가 인수한 뒤 한국중공업을 만들었고, 뒤에 두산에 매각했다. 자세한 것은 제4장 공기업의 민영화 참조.

(2) 공기업의 사회적 기능

첫째, 공기업은 민간기업보다 공공의 기본 수요에 적극적으로 대응할 수 있다. 공기업은 소비자의 개인적 수요뿐만 아니라 공공 수요의 충족을 목표로 삼는 경우가 많다. 보건위생적 관점에서 공공 수요의 충족을 위해 상수도사업 · 하수도사업을 공기업이 수행하게 하거나, 금융정책적 관점에서 중소기업은행을 설립하는 것이 그 대표적인 예이다.

둘째, 정부가 일부 산업의 통제를 원활하게 하도록 공기업을 설립한다. 공기업에 독과점 산업을 수행하도록 함으로써 정부에서는 독과점 통제를 용이하게 할 수 있다. 정부에서 공기업을 설립하여 독과점 민간기업과 경쟁하게 함으로써, 시장경제의 기능을 활성화시키고 나아가 사회적으로 효율적인 자원 배분에 기여하게 한다.

셋째, 공기업은 지역개발 기능을 가지고 있다. 경제적으로 낙후된 지역에서 자발적인 민간기업을 유치하는 일은 어려운 일이다. 이러한 경우 공기업이 지역개발에 선구적인 역할을 함으로써 낙후된 지역주민의 소득을 향상시킬 수 있는 계기를 마련할 수 있다. 우리나라 지방직영기업인 공영개발이 대표적인 사례이다.

넷째, 공기업은 공급가격의 조정을 통해 소득 재분배의 수단으로 활용되기도 한다. 저소득층이나 공장용 설비에 대해 특별히 싼 전력 요금을 부과하는 것이 그 예이다. 또한 세수 확보에 어려움이 있을 경우, 안정적 재정 수입을 확보하기 위해서 공기업을 설립 · 운영하는 경우도 있다. 각국에서 시행하고 있는 전매사업에서 그 예를 찾아볼 수 있다.

그 밖에도 국방상 · 전략상의 이유로 공기업을 설립하는 경우도 있다. 국가의 국방상 · 전략상으로 중요한 의미를 가지는 산업은 외국에서 싸고 좋은 제품을 구입할 수 있다고 하더라도 국가가 공기업을 통해 자체 생산 · 공급하려고 한다. 군수산업은 국가의 안보와 직접적으로 관련되기 때문이다.

공기업의 기능에서 살펴본 바와 같이 공기업은 모든 나라가 공통적으로 반드시 지키는 특별한 사회 · 경제적 영역이 있는 것이 아니라 국가적 필요에 따라 설립 · 활용되고 있다. 아울러, 공기업의 기능도 일률적으로 어떤 것이라고 정의하기보다는 국가적 · 시대적 상황에 따라 나라마다 각기 다른 공기업의 설립 동기를 이해하려고 하는 것이 바람직할 것이다.

2) 공기업의 일반적 설립 동기

공기업은 민간기업이 가지지 못하는 기능을 쉽게 수행할 수 있는 장점이 있기 때문에, 오늘날 선진국과 개발도상국을 막론하고 공기업이 크게 성장해 온 것이 사실이다. 개발도상국에서는 조속한 경제 발전을 위해 공기업이 필요했으며, 선진국에서는 20세기 세계 대공황 이후 자유경쟁시장의 실패를 치유하기 위한 정부 개입의 필요성 때문에 공기업을 설립했다. 즉, 제2차 세계대전 이후 강대국으로부터 독립한 수많은 개발도상국의 경우, 경제 발전 초기 단계에서 민간자본 및 경험의 부족, 사회간접자본의 미비 등을 이유로 공기업의 선도적인 역할을 통한 국가의 경제 성장이 불가피하게 요구되었다.

한편, 사회주의 국가에서는 정치적 이념상 생산 수단의 사회화를 통한 국가자원의 배분을 추구해 왔기 때문에, 그 수단으로서 공기업을 설립 · 운영했다.

이 밖에도 나라에 따라서는 역사적 유산 또는 국가귀속 재산 처리 등을 이유로 공기업을 설립하기도 했다.

(1) 프리드먼의 공기업 설립 동기

공기업 설립 동기에 대해서는 1950년대에 프리드먼(W. Friedman)이 각국 공기업을 비교 연구하여 도출한 공기업 설립 목적에 대한 내용이 전통적으로 가장 많이 인용되고 있다(Friedman, 1954).

그는 공기업 설립 동기를 민간자본의 부족, 국방 및 전략상 고려, 독점적 사업의 통제, 정치적 신조 등에서 찾고 있으며, 1970년대 이후에는 민간자본의 부족과 경제 발전 촉진을 강조하기도 했다(Friedman & Garner, 1970).

민간자본이 부족한 개발도상국에서는 흔히 자유시장의 상거래에서 볼 수 있는 방식인 반대급부 혹은 경제적 보상을 전제로 하지 않고, 국가 주권을 배경으로 한 정부의 일방적 결정에 의한 자원의 동원과 배분이 일어난다. 칠레나 멕시코에서 볼 수 있었던 정부개발공사가 대표적인 사례로 소개되고 있다.

국가자원 중 공공성이 가장 강한 국방 및 전략상의 필요에 의해 공기업이 설립되는 경우는 무수히 많다. 프리드먼은 제2차 세계대전 때 설립된 미국의 국방시설공사를 그 전형적인 예로 들고 있다.

자연독점(natural monopoly) 사업은 막대한 투자비용이 소요될 뿐만 아니라 이러한 비용을 회수하는 데에는 많은 투자 회임 기간이 필요하다. 전력, 상수도, 전화, 가스 등 네트워크산업은 동일 시장 내에 여러 망(網)을 설치하면 불필요한 자원 낭비가 되기 쉬우므로, 단일 시장에 단일 공급이 요청되는 대표적인 자연독점산업이라고 할 것이다.

영국에서는 모든 산업의 국유화를 신조로 하는 노동당이 1945년부터 1951년까지 집권하면서 석탄·광업·철도·전력·가스사업 등을 국유화하였고, 프랑스에서는 제2차 세계대전 이후 패전 독일에 협조한 석탄사업과 르노(Renault) 자동차를 국유화했다.

또한 오늘날 발전도상국 중에서 인도에 특히 공기업이 많은 이유는 인도가 독립 후 사회주의를 표방한 국민회의파(National Congress Party)가 집권한 까닭이다. 인도 최초의 공기업 형태는 바로 영국 정부에 의해 설립된 군수공장이며, 이 군수공장은 1860년 인도 국왕의 통치 아래 동인도회사(East India Company)의 운영 방식을 도입하면서 시작되었다. 최초의 공기업 형태인 인도 군수공장은 인도군수공장서비스(Indian Ordnance Factories Services: IOFS)라는 기구를 통해 '정부부처형 공기업(departmental enterprise)'으로 운영되었고, IOFS의 간부들은 공무원들과 동일한 법적 지위와 근무 조건을 가지고 있었다. 이러한 정치적 역사와 국유화의 배경을 가진 인도에서는 군수공장 이외에도 우편(Indian Posts), 우편 트러스트(Post Trusts), 관개(Irrigation Department), 그리고 철도(Railway) 등이 정부부처형 공기업으로 운영되고 있다.

그러나 정치적 신조에 의한 공기업 설립 동기에 대해서는 반론도 만만치 않다. 실제적으로 정치적 신조나 이념에 의하여 설립되거나 국유화된 공기업은 많지 않고, 궁극적으로 경제적 이유에 의해 공기업이 설립되거나 민간기업이 국유화되었다는 것이다. 영국의 국유화의 이유도 정치적 이유보다는 도산의 위험에 처해 있는 기업을 구제하기 위한 수단으로 공기업을 활용하였다는 것이다(윤성식, 1994: 37).

(2) 우리나라의 공기업 설립 동기

이상에서 설명한 국내·외 공기업 설립 동기와 우리나라의 공기업 설립 동기를 비교하여 살펴보기로 한다.

우리나라는 일차적으로 경제 발전 추진 과정에서 공기업을 국내자본 축적의 수단으로 활용한 대표적인 나라이다.[3] 그간 우리나라 공기업은 정부 주도 경제 성장의 주

3) 우리나라는 1961~1983년 기간 중 23개의 정부투자기관과 정부출자기관을 신설했는데, 이 중 18개

요한 정책 수단으로서 민간부문의 취약한 자본 조달 능력과 경영 능력을 보완해 왔다.

첫째, 대규모 설비 장치산업은 일반 국민이 일상적으로 사용하는 필수불가결한 서비스로서 그 수요 탄력성이 낮고, 생산비용이 체감하는 특성을 지니고 있기 때문에, 우리나라 경제 성장 초기 단계에서는 공급독점이 불가피했다. 이러한 이유로 전력·통신·철도 등 대규모 장치사업 부문에 대해서는 예외 없이 공기업을 설립하여 경제 발전의 선도적 역할을 담당하게 했다.

둘째, 사회·정책적 목적에서 공기업이 설립·운영되었다. 공공재는 모든 수요자에게 적정한 서비스를 합리적 요금으로 차별 없이 안정적으로 공급할 의무가 있다.[4] 집 없는 서민들의 주택 수요를 충족하기 위해서 설립된 초기의 대한주택공사가 그 대표적인 예라 할 수 있다.

셋째, 우리나라의 공기업은 재정적 수요의 충족을 위하여 설립되기도 하였다. 연초 전매 사업을 위해 담배인삼공사를 설립·운영했고, 그 전매이익금은 초기 우리나라의 국가 재정에 적지 않은 기여를 했다.

그 밖에도 우리나라에서는 대한석탄공사와 같이 해방 이전 일본인 소유였던 귀속사업체가 공기업으로 편입되어 운영되기도 했다.

공기업은 전통적으로 '경제 성장 촉진 기능'과 사회적인 '시장실패 치유 기능'으로 설립되어 운영되었지만, 지나치게 공기업의 영역이 확대될 때는 자율적인 시장경제를 침해해서는 안 된다는 우려도 있어 왔다. 공기업이 독점적으로 제공하던 서비스를 민간부문에서 제공할 수 있는 역량을 어느 정도 확보했을 때는 공기업을 민영화하려는 노력이 있었던 것도 사실이다. 시장경제 질서를 근간으로 하는 국가에서 공기업의 설립과 운영은 민간 위주의 경제 운영 방향과 성장에 맞추어 가려는 노력이 지속적으로 있어 온 것이다. 이에 대해서는 제4장 공기업 민영화에서 자세히 살펴보기로 한다.

2 고전적 의미의 공기업 생성 원리

이상에서 설명한 바와 같이 전통적 의미에서의 공기업의 설립 동기는 주로 경제 발전이나 시장실패(market failure)를 치유하는 데 있다.

그러나 신공공관리론(New Public Management: NPM)이 등장하면서부터 시장실

공기업이 제1·2차 경제개발 5개년계획 기간 중 신설되었다(유훈, 2002: 321).

4) 이를 공공재의 강제 서비스 공급 의무(mandatory universal service)라고 한다.

패보다는 오히려 정부실패(government failure)의 치유 또는 민간부문의 경영 효율성 개념을 공공부문에 도입하는 과정에서 '넓은 의미에서의 공기업', 즉 '준정부조직'이 생성되고 있다.

즉, 최근에는 많은 정부 행정기관 조직(governmental department)이 집행기관화(agencification), 준정부조직화(quangocratization), 민영화(privatization), 시장화(market-ization), 상업화(commercialization), 공사화(publication), 기업화(corporatization), 혼합기관화(hybridization), 계약화(contractualization), 자유화(liberalization)하는 과정에서 준정부조직이 생성되고 있다.

이는 모든 공공부문이 정부의 행정적 가치에서 민간기업의 경영적 가치를 강조하는 방향으로 조직이 변형(transformation)되어 가는 조직의 진화(evolution) 현상이라고 할 수 있다.5)

이 책에서는 '경제 발진'이나 '시장실패의 치유'와 같은 전통적인 공기업 기능과 설립 동기를 '고전적 의미의 공기업 생성 원리'라고 하고, '정부실패의 치유' 또는 '민간부문 경영의 효율성 제도의 도입' 과정에서 일어나는 행정기관의 공기업화 또는 준정부조직화를 '현대적 의미의 공기업 생성 원리'라고 정의하여 설명하기로 한다.

1) 공기업과 정치 · 경제 체제

'고전적 의미의 공기업 생성 원리'는 한 나라의 정치 · 경제 체제 속에서 찾을 수 있다.6)

경제 발전을 최우선으로 하는 개발도상국에서 공기업의 첫 번째 기능은 경제 발전 촉진 기능이다. 일반적으로 미국을 비롯한 선진 여러 나라의 경제 발전은 민간기업이 주도적 역할을 담당하고, 정부는 민간자본 형성과 활동에 알맞은 여건을 조성하는 데 중점을 두어 왔다. 그러나 민간자본이 부족한 개발도상국에서는 급속한 발전과 성장을 위해서 정부의 적극적 참여로 국가경제 발전을 선도해야 한다는 견해가 지배적이었다. 즉, 민간 주도의 '자율 발전'이 아닌 정부 주도의 '유도 발전'이 필요하다는 것이다. 이처럼 고전적 의미의 공기업 생성 원리는 그 나라의 정치 체제와 경제 체제

---

5) 행정기관의 진화와 앞에서 언급한 다양한 용어에 대해서는 다음 절과 제4장 공기업의 민영화에서 자세히 설명하기로 한다.

6) 19세기 또는 20세기 전까지 한 나라의 선진화 척도는 '종교와 정치'가 얼마나 분리되어 있는지가 그 척도가 되었다고 한다. 그러나 산업사회가 도래하면서 부터 '경제와 정치'가 얼마나 분리되어 있는가가 그 평가 기준이 된다.

의 상호작용에서 살펴볼 필요가 있다. 한 국가의 자원 동원과 배분 양식은 크게 정치 체제와 경제 체제의 상호작용에 의해 결정되기 때문이다(김수영 외, 1996).[7] 즉, 정치 체제가 경제 체제에 가하는 '통제 수단'과 '통제의 정도'에 따라서 자원의 동원과 배분의 이념적 유형이 결정된다는 것이다.

정치 체제가 경제 체제를 통제하기 위해 동원할 수 있는 수단은 크게 금전적 수단과 비금전적 수단, 즉 국가 공권력에 기초한 수단의 차이에 의해 구분할 수 있다. 금전적 수단이란 정부가 사기업과 같이 자본주로서의 역할을 함으로써 국민경제 운용의 상당한 부분을 담당하는 것을 말한다. 이에 반해, 비금전적 수단이란 정부가 권력을 배경으로 국민경제 운영에 관여하는 것을 일컫는 말이다. 구체적으로 법규의 제정이나 행정작용을 통해 민간부문의 경제 활동을 규제하고 조정하는 것을 의미한다.

그리고 정부의 경제부문에 대한 통제 정도는 크게 직접적 통제와 간접적 통제로 구분할 수 있다. 직접적 통제란 정부가 민간부문의 구체적 경제 활동을 지시와 명령의 형태로 관여하는 것을 의미하며, 간접적 통제란 정부의 정책적 의도를 여러 가지 유인책을 통해 일정한 방향으로 유도해 나가는 것을 뜻한다.

위의 두 변수 사이의 결합을 통해 [표 2-1]과 같은 매트릭스를 얻을 수 있다. 이 매트릭스는 정치 체제와 경제 체제 간의 가능한 상호작용을 가시적으로 보여 준다. 즉, 정부 관여 수단의 금전적 · 권위적 방법과 통제 정도의 직접적 · 간접적 방법에 따라 '흡수작용', '타협작용', '규제작용', '유인작용'으로 나눌 수 있다.

'흡수작용'이란 정부의 완전한 소유나 책임하에 기업을 설립하여 운영하거나, 혹은 민간으로부터 흡수하여 직접 운영하는 체제를 의미한다. 우리나라에서 종전의 철도 · 체신사업이나 현재의 조달 · 양곡사업이 대표적인 예라고 하겠다. 이러한 기업을 통상적으로 정부기업(government enterprise)이라고 한다. 정부기업은 비록 재화나 용

표 2-1 정치와 경제 체제의 상호작용

관여 \ 통제		통제 정도: 직접적	통제 정도: 간접적
관여 수단	금전적 수단	흡수작용	타협작용
	권력 · 권위적 수단	규제작용	유인작용

자료: 김수영 외(1995: 195).

7) 문화 체제는 자원의 동원 및 배분 양식에 간접적 영향을 미치는 매개변수로서의 역할을 할 뿐이다.

역을 생산하는 하나의 생산 단위로 존재하지만, 독립된 법인이 아니기 때문에 정부로부터 독립되어 독자적인 결정이나 그 자신을 대표할 권한은 없다. 그것은 어디까지나 정부 조직의 한 구성 부분이며, 모든 생산시설은 정부 소유로 되어 있다.

'타협작용'이란 자기자본의 50% 이상을 정부 소유로 하여 설립된 법인체(기업)에 의해 운영되는 체제를 뜻한다. 우리나라에선 종전의 정부투자기관과 현행 「공공기관의 운영에 관한 법률」상의 주식회사 형태를 지닌 시장형 및 준시장형 공기업을 예로 들 수 있다. 이 형태의 기업들은 정부의 통제 하에 놓이지만 경제적으로 정부가 완전히 흡수한 형태는 아니다. 정부의 통제권은 이론상으로 오직 대주주의 입장에서 행사하는 것이다. 따라서 정부 보유 주식 이외에는 민간이 투자할 수 있도록 개방되어 있다. 여기서 정부와 민간 사이에 협력과 타협이 존재한다.

'규제작용'은 민간부문의 경제 활동에 대해 정부가 법규의 제정이나 행정적 강제권을 배경으로 직접 통제하는 유형을 의미한다. 예를 들면, 가격통제, 독과점 방지, 공정거래, 노사 분규에 대한 정부의 강제적 조정 등이 이 범주에 속한다. 이 경우, 정부는 국가 안보나 국가경쟁력 확보와 같은 이른바 공익이라는 이름으로 민간기업의 일정한 경제 활동을 직접적으로 통제하고 조정하게 된다.

'유인작용'은 정부가 민간의 경제 활동을 직접적으로 관여하고 통제하기보다는 기업들이 자발적으로 정부가 제시하는 쪽으로 정책적 방향 전환을 할 수 있도록 기업에 자극적인 동기를 부여하는 경제적 · 행정적 환경을 제공하는 것을 의미한다. 정부는 조세정책, 재정정책, 금융정책을 활용하여 시장기구에 간접적으로 영향을 줄 뿐만 아니라, 보조금과 같은 경제적 혜택을 통해서 민간기업의 이윤 동기나 경제 활동의 변화를 유도하게 된다.

2) 유도발전을 위한 공기업 생성

발전도상국의 복잡한 정치 체제와 경제 체제의 상호 관련성 속에서 공기업 생성은 유도발전을 위한 불가피한 조치라고 할 수 있다. 개발도상국에서 유도발전이 필요한 이유는 다음과 같은 몇 가지로 정리할 수 있다.[8]

---

8) 호셀리츠(B. F. Hoselitz)는 경제 발전의 유형을 '자율발전'과 '유도발전'으로 분류하고 있는데, '자율발전'은 민간주도형 발전이며, '유도발전'은 정부주도형 발전을 말한다. 대부분의 개발도상국은 정부의 활동 없이는 개발도상국의 경제 발전을 가로막고 있는 저해 요인을 극복할 수 없다는 것이 공통된 견해이다. 개발도상국의 경제 발전을 위하여 정부가 주도적인 역할을 담당해야 한다는 주장은 뮈르달(K. G. Myrdal) 등에 의해 지지되고 있다(백상기 외, 1996: 149).

먼저, 공업화의 준비 부족이다. 선진국과 달리 개발도상국은 민간자본의 부족과 낮은 공업화 수준 때문에 유도발전이 불가피했다. 또한 자본집약적이며 자본 회임 기간이 긴 사회간접자본은 정부만이 담당할 수 있다. 경제적으로 미치는 영향이 광범위한 사회간접자본의 확장을 위해서는 공기업을 통한 정부의 유도발전이 필요하다.

인구 · 사회학적 측면에서 볼 때 개발도상국의 급속한 인구 증가 상황 속에서 정부의 적극적인 개입 없이는 경제성장률이 인구증가율을 따라가기가 어렵다. 특히, 개발도상국의 보건 혁명으로 인구사망률이 급속히 감소하면서 인구가 급격히 증가하게 되었다. 따라서 인구증가율을 낮추고 경제성장률을 높이기 위한 정부의 적극적인 역할과 노력이 필요하게 되었던 것이다.

그 밖에도 심리적 요인으로서 선진국의 발전을 보고 발전도상국도 성장에 대한 강한 욕구를 가지게 되었다는 점을 지적할 수 있다. 즉, 개발도상국에서는 짧은 시일 내에 경제 발전을 이룩하려는 욕구가 강하게 일어나게 되고, 따라서 개발도상국 국민들은 정부의 적극적이고 주도적인 유도발전 정책을 요구하게 된 것이다.[9)]

이상에서 살펴본 바와 같이 복잡한 정치 체제와 경제 체제의 상호작용 속에 있는 개발도상국의 유도발전 정책에는 공기업이 중심적인 역할을 담당해 왔다. 자본이 빈약하여 민간부문에서는 국민들의 기초 수요조차도 충족하지 못하는 개발도상국에서 공기업을 통하여 민간기업의 유도 성장을 꾀하려는 논리는 핵심적인 전통적 공기업 생성 원리라고 할 것이다.

3) 시장실패 치유를 위한 공기업 생성

공기업의 '경제 발전 기능'이 개발도상국의 공기업 생성 원리라면, '시장실패 치유 기능'은 선진국의 공기업 생성 원리라고 할 것이다. 이런 구분이 명확하게 이분(dichotomy)되는 것은 아니지만 개발도상국과 선진국 공기업 생성 원리의 두 가지 근간을 이루고 있다.

---

9) 우리나라의 공기업도 고도 성장기에 성장 선도부문뿐만 아니라 신산업에서도 그 역할을 수행해 왔다. 실제적으로 공기업 부문의 성장은 전체 경제 성장보다 훨씬 빨랐다. 그 성장 효과는 몇 가지 경험적 사실이 뒷받침해 주고 있다. 첫째, 1963~1972년 간의 고도 성장 기간 중 공기업 부문은 연평균 14.5%로 성장했으며, 이것이 전체 경제성장률 9.5%보다 더 높은 수준으로 나타나 공기업 부문의 성장이 경제 성장의 선도 부문이었음을 나타내 주고 있다. 둘째, 1963~1981년 간 공기업 부문은 국내 총고정자본 형성의 30%를 담당해 왔으며, 주로 자본집약적인 장기개발 투자에 집중되어 국민경제의 확대 재생산에 크게 공헌해 왔으며, 금융중개(financial intermediation)의 약 40%도 공기업 부문에서 이루어져 왔다(송대희, 1992: 36-39).

자본주의 체제는 시장과 가격에 대한 신뢰에서 시작된다. 그러나 미국에서 1930년대에 10년 간 지속된 대공황은 시장의 역할에 대한 근본적인 의문을 가져왔다. 당시 미국의 자유주의 체제에 대해 강한 신념을 가지고 있었던 후버(H. C. Hoover) 대통령의 공화당은 경제 불황에 따른 대량 기업 도산과 실업에 속수무책이었다.[10)]

그러나 1933년 집권한 루스벨트(F. D. Roosevelt) 대통령의 민주당은 사회주의라는 공화당의 비난에도 불구하고, 연금예금보험공사, 주택소유자대부공사, 연방잉여농산물공사, 상품금융공사, 연방주택공사 등의 많은 금융기관을 창설하여 해당 산업의 도산을 막기 위해 노력했고, TVA(Tennessee Valley Authority)를 만들어 실직한 많은 사람을 대규모 토목 및 산림녹화 사업에 투입했다(Dimock, 1961). 이들이 받은 급여는 유효수요로 전환되어 경기 확산으로 이어지는 선순환을 이루게 되었고, 도산 직전의 기업들이 서서히 회생하기 시작했다.

이 과정을 관찰한 케인스(J. M. Keynes)는 1936년 고전적 자본주의 이론을 대폭 수정한 일반이론을 내놓았다. 케인스는 소비와 투자를 자극하기 위해 정부에 더 많은 역할을 부여하는 것이 개인주의에 위협이 될 수 없다고 했다. 이 당시 공기업의 투자자금은 적자로 편성된 연방재정자금에서 나왔는데, 1930~1940년 사이의 연방정부 재정적자는 약 350억 달러로 이는 제1차 세계대전 기간의 적자보다 훨씬 많은 액수였다(박종희 외, 2005).

일본에서 있었던 1990년대의 거품(bubble) 경제에 따른 장기신용은행의 국유화, 우리나라에서 1990년대 말 IMF 위기에서 한국자산관리공사(KAMCO)[11)]를 통한 대우그룹과 기아 등의 해체와 회생 과정에서 많은 공적 자금이 투입되었다. 이러한 일련의 노력은 대표적인 공기업의 시장실패 치유 기능이라고 할 것이다.

3 현대적 의미의 공기업 생성 원리

지금까지 전통적 의미에서의 공기업 생성 원리를 살펴보았다. 그러나 최근에 들

10) 대공황(Great Depression)은 1930년대 미국과 유럽을 중심으로 광범위하게 지속된 전대미문의 경기불황을 말한다. 1929년 10월 미국에서 주가 대폭락과 함께 시작되었으며, 1939년 제2차 세계대전이 발발하면서 끝났다.

11) 1997년 부실채권 처리를 전담하는 배드뱅크로 재탄생한 성업공사가 2000년 '한국자산관리공사'로 명칭을 변경하여, 부실채권정리기금의 관리·운용을 비롯하여 부실기업 지원 및 국유재산의 관리를 담당하고 있다.

어오면서 공기업의 생성은 전통적인 공기업의 생성 및 발전과는 다른 경로를 가지고 있다. 구체적으로 1980년대 이후 정부의 위기를 반영하는 대안적 패러다임의 모색 작업이 국내·외적으로 활발하게 진행되고 있는데, 이러한 추세에 따라 오늘날 정부조직의 세계적 흐름은 전통적인 관료 체제에서 민간 참여와 팀워크를 중시하는 새로운 거버넌스 형태로 나아가고 있다.

기존의 엄격한 관료제를 기반으로 하는 행정기관들이 고객 대응성을 강조하는 탄력적인 조직으로 바뀌고 있다. 즉, 전통적인 관료제(bureaucracy) 조직이 준정부조직제(quangocracy)로 전환하고 있는 것이다. 이는 신공공관리의 영향을 받은 공공부문의 변화를 잘 대변해 주고 있다(Choi, 2002: 133-134). 이러한 새로운 흐름은 행정기관보다 공기업 또는 준정부조직이 좀 더 탄력성을 가지고 효율적으로 운영되는 기관 형태라는 믿음에서 출발한다.

그 밖에도 여러 나라에서 아예 공기업을 민영화하여 사기업으로 변형하거나, 완전 민영화는 아니더라도 사기업의 효율성과 책임성을 강조하는 조직 프로그램들을 도입하는 기관들이 증가하고 있다.[12)]

이러한 현상은 앞에서 살펴본 전통적 의미의 공기업의 설립 동기만으로는 설명하기 어려운 점이 있다. 그렇다면, 이처럼 전통적인 관점에서의 공기업 생성 원리와는 다른 최근의 공기업 생성 현상을 어떻게 설명해야 할 것인가?

고전적 의미의 공기업 설립은 국가 '경제 성장'이나 '시장실패의 치유'를 위한 도구 목적에서 주로 이루어지지만, 현대적 의미의 공기업 생성은 공공부문이 민간부문의 생산성과 효율성을 벤치마킹하기 위해 정부행정기관이나 공기업이 민간기업과 유사한 조직구조와 제도로 변형하는 과정에서 이루어지고 있다. 이는 '시장실패'를 치유하는 목적보다는 오히려 '정부실패'를 보완하기 위한 측면이 강하다고 하겠다.

현대적 의미의 공기업, 즉 광의의 공기업인 준정부조직은 공공부문이 민간부문의 효율성과 고객지향성을 벤치마킹하는 과정에서 일어나고 있다. 이런 넓은 의미의 공기업인 준정부조직은 구체적으로 어떤 경로를 통해 생성되고 있는가?

현대적 의미의 공기업 생성은 [그림 2-1]에서 보는 바와 같이, 첫째, 행정기관이 책임집행기관과 같은 단일목적기관으로 바뀌는 집행기관화, 둘째, 행정기관을 완전 민영화하기 이전의 조치로서 행정기관보다 유연한 조직인 공조직과 사조직의 혼합

---

12) 이를 시장화(marketization)라고 한다. 이는 제4장 공기업의 민영화에서 자세히 설명한다.

그림 2-1 현대적 의미의 공기업 생성 경로

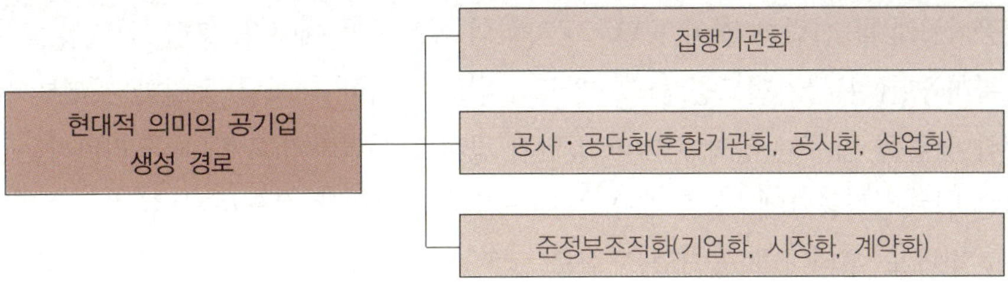

형태인 공단이나 공사로 바뀌는 혼합기관화 · 공사화 · 상업화, 셋째, 공공부문이 민간부문의 운영 시스템을 벤치마킹하는 준정부조직화 형태인 기업화, 시장화, 계약화 방식으로 일어난다고 할 수 있다.[13]

첫째, '책임집행기관'이란 일반적으로 집행기관(executive agency), 특별집행기관(special agency), 특별운영기관(special operating agency), 책임성과기관(performance based organization) 등으로 불리는데, 우리나라에서는 1999년 「책임운영기관의 설치 · 운영에 관한 법률」이 시행되면서 단일목적을 수행하는 많은 기관이 책임운영기관으로 변화했다.[14]

둘째, 현대적 의미의 공기업의 생성 과정은 주로 행정기관을 공사 · 공단화 과정에서 이루어졌다고 할 수 있다. 공단은 그 설립 및 운영 재원을 전액 국가가 부담하고, 사업 자체도 대부분 정부로부터 위임받아 수행한다. 공사의 재원은 전부 국가가 부담하는 경우도 있지만 주식회사형 공기업은 정부가 부분적으로 부담하게 된다. 공사 · 공단화는 대체로 기업성을 상소하는 민간기업과 같은 경영을 기대할 때 활용하는 기관 형태로서 민간부문과 공공부문의 혼합 형태이기 때문에 혼합기관화라고 한다. 소유권이 공공부문에서 민간부문으로 완전히 넘어가는 완전 민영화 이전 단계이기 때문에 상업화(commercialization)라고 하기도 한다. 상업화란 일반적으로 민영화할 공공부문 조직을 완전한 소유 민영화가 이루어지기 전에 일시적으로 공사나 공단으로 운영하는 것을 말한다.[15] 우리나라에서 신공항 건설을 위해 정부 주무부처(전

13) 여기서 사용하고 있는 다양한 개념은 학문적으로 객관화된 일반적인 개념이라기보다는 이 책의 내용을 쉽게 설명하기 위한 조작적 개념이다.
14) 자세한 것은 제1장 제3절의 정부기업 참조.
15) 자세한 것은 제4장 공기업의 민영화 참조.

건설교통부)에서 담당하던 업무를 공법상 재단법인인 '수도권 신공항건설공단'을 만들어 운영하다가, 공항 건설 및 운영을 동일 기관이 책임지고 수행할 수 있도록 '인천국제공항공사'를 설립한 것이 공단·공사화의 대표적인 예이다. 또한 '철도청'을 '철도시설관리공단(현 국가철도공단)'과 '철도공사'로 분리한 것처럼 동일한 정부부서에서 수행하던 일을 업무의 성격에 따라 공단과 공사로 분리하기도 한다. 우리나라는 철도시설관리는 철도공단에, 철도 운영은 철도공사에 분리해 운영하게 했다.

그 밖에도 우리나라 공기업은 실로 많은 변화를 겪어 왔는데, 특히 「공공기관의 운영에 관한 법률」의 제정 이전에 공기업 관리의 통칙법 역할을 한 「정부투자기관관리기본법」의 적용을 받는 기관의 변화가 컸다. 즉, 민영화와 더불어 정부가 더 이상 특수법인으로 존치할 필요가 없다고 판단되는 일부 공기업을 「상법」상의 주식회사 형태로 전환한 것이 그것이다. 대표적으로 「한국담배인삼공사법폐지법률」에 의해 「상법」에 의한 주식회사로 전환된 KT&G, 「한국전기통신공사법폐지법률」에 의해 「상법」에 의한 주식회사로 전환된 KT를 그 예로 들 수 있다. 또한 「공기업 경영구조 개선 및 민영화에 관한 법률」의 적용을 받고 있는 한국가스공사, 한국공항공사, 인천국제공항공사 등은 민영화를 앞두고, '민영화 대상 공기업'으로 바뀐 전형적인 협의의 상업화 과정에 있는 공기업이다. 사실상 우리나라의 공기업은 개별 설립법이나 설립 관련법에 의해 법인격이 부여되므로 설립과 해산이 법률에 정해져 있다. 이런 체제하에 있는 우리나라의 공기업 법인격은 정부의 의지와 방향에 따라 탄력적으로 운영되어 왔다고 할 수 있다.

셋째, '준정부조직화'는 ① 전통적으로 엄격하고 틀에 박힌 경직된 조직인 행정기관이나 이의 직·간접적인 영향을 받고 있는 공기업이 급변하는 행정환경에 신속히 대응할 수 있도록 사기업에서 실시하고 있는 프로젝트팀이나 태스크포스와 같은 융통성 있는 조직으로 바꾸어 나아가는 기업화 과정, ② 이들 공공부문의 조직이 민간부문 조직에서 지향하고 있는 조직의 효율성과 고객 만족도를 강화하기 위해 다양한 제도를 벤치마킹하는 시장화 과정,[16] ③ 행정기관이나 공기업의 소유권은 공공부문에서 그대로 가지면서도 재화나 서비스의 생산과 공급은 민간에게 이관하는 계약화

16) '광의의 시장화'란 광의의 민영화와 같은 개념으로 공공부문의 가치인 행정적 가치가 민간부문의 가치인 경영적 가치로 바뀌는 과정과 현상을 의미하지만, '협의의 시장화'란 공공부문의 조직이 민간부문 조직에서 지향하고 있는 조직의 효율성과 고객 접근성 강화를 위해 다양한 제도를 벤치마킹하는 것을 의미한다. 자세한 것은 제4장 공기업의 민영화 참조.

과정으로 나누어 볼 수 있다. 이를 포괄적으로 '준정부조직화'라고 한다.

제 2 절 | 준정부조직의 생성 원리[17)]

1 준정부조직의 생성에 관한 일반이론

1) 준정부조직의 특성

앞에서 설명한 바와 같이 이 책에서는 협의의 공기업과 광의의 공기업을 구분하고, 넓은 의미에서의 공기업은 준정부조직과 같은 개념으로 사용한다고 했다. 그러나 최근 어느 나라에서나 크게 팽창하고 있는 준정부조직의 생성은 협의의 공기업의 설립과는 다소 다른 배경을 가지고 있다. 이는 준정부조직이 가지고 있는 고유의 속성인 '불멸성', '보편성', '다양성' 등의 특징에서 유래한다.

(1) 준정부조직의 생애주기와 불멸성

준정부조직의 특징을 알아보기 위해서는 먼저 준정부조직의 생애주기(life cycle)를 살펴볼 필요가 있다.

사람은 태어나서 성장하고 수명을 다한 후에는 죽음을 맞이하는 숙명의 생애주기(탄생 → 성장 → 죽음)를 가지고 있듯이, 일반적으로 조직도 [그림 2-2]에서 보는 바와 같이 생성되어 환경에 따라 변형 또는 진화하고, 종국적으로는 소멸하는 일련의 주기(생성 → 변형 · 진화 → 소멸)를 가지고 있다.

그런데 정부의 의지에 의해서 인위적으로 설립된 공기업을 포함한 준정부조직은 시장의 평가에 의해서 자연스럽게 생기고 사라지는 사조직과는 달리 한 번 설립되면 좀처럼 사라지지 않는 속성을 가지고 있다.

---

17) 이 책의 일관성을 위해서는 절의 제목을 '준정부조직의 생성 원리'보다는 '광의의 공기업 생성 원리'라고 해야 하나, 통상적으로 외국자료에서 이런 내용을 설명할 때 공기업보다는 준정부조직인 QUGOS(Quasi-governmental organizations), 준자율적 정부조직인 QUAGOS(Quasi-autonomous governmental organizations), 준자율적 비정부조직인 QUANGOS(Quasi-autonomous non governmental organization)라고 하기 때문에 이 절에서만 준정부조직이라고 한다. 누차 설명했지만 이 책에서는 '넓은 의미의 공기업'과 '준정부조직'을 같은 개념으로 사용했다.

그림 2-2 인간과 공·사조직의 생애주기

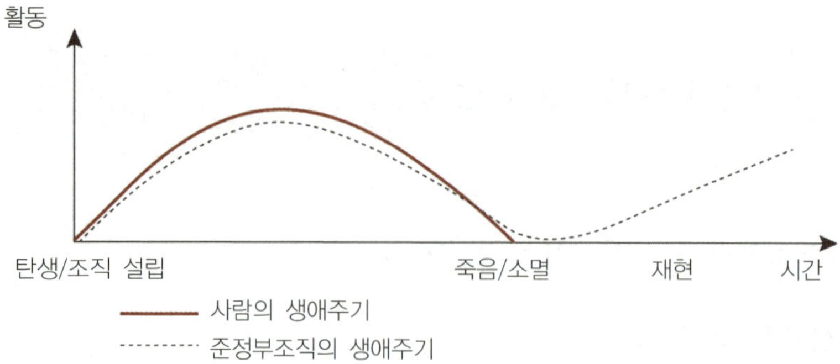

혹여, 일시적 혹은 장식적 목적으로 사라진다 하더라도 또다시 살아나거나(cosmetic cutback) 명칭을 달리하여 재현(reincarnation)하는 속성을 가지고 있다(Flinders, 2005; Pollit, Talbot, Caulfield, & Smullen, 2004).

준정부조직은 설립될 때의 목적을 달성하거나 설립된 후 환경이 바뀌면 자연스럽게 소멸하는 것이 바람직한 일이겠지만, 대부분의 준정부조직은 한 번 생기면 결코 사라지지 않는 속성을 가지고 있다. 이러한 이유 때문에 역사적으로 정부에 의해서 준정부조직을 없애려는 노력, 즉 '준정부조직 죽이기(Quangocide)'는 성공한 적이 없다.[18] "준정부조직의 사활은 왕의 법칙을 따르는 것이 아니라 조직 자신의 법칙을 따른다"고 할 수 있다.[19]

최근 우리나라의 정부에서는 준정부조직 설립 및 운영의 방만성을 치유하기 위해 많은 노력을 기울이고 있다. 특히, 감사원에서는 우리나라 경제 성장 초기인 1960~1970년대에 만들어진 공기업들은 역할과 기능의 재조정이 필요함을 인식하고, 역사적 기능과 목적을 다한 공기업을 정리하기 위해 노력했다(KBS, 2005.11.4; 감사원 보도자료, 2006.4.3). 그러나 준정부조직의 생성·성장·변형·진화의 역사에서 보는

18) History shows that the expected 'quangocide' never happened. Rather, after largely cosmetic cutbacks, the growth of these bodies exploded and is testament to the immortal qualities of QUANGOs(Flinders & Smith, 1999: 28-29).

19) 지동설로 유명한 코페르니쿠스는 『화폐론』(1517)에서 "양질의 주화와 저질의 주화가 함께 유통되면 세공업자들이 양질의 주화를 골라내 은을 녹여 대중들에게 팔아 이익을 챙긴다. 결과적으로 열등 주화가 양화를 몰아내게 된다"고 주장하면서 "화폐는 왕의 법을 따르는 것이 아니라 자신의 법을 따른다"고 했다(이훈범, 2006).

바와 같이 감사원에서 의욕적으로 추진한 '설립 목적을 다한 준정부조직 없애기' 정책은 성공하지 못하였다. 이러한 준정부조직에 대한 정책 방향은 국민들에게 일시적으로 시원하게 들릴지 몰라도 성공을 장담할 수 없을 뿐만 아니라 더 많은 부작용을 가져올 가능성을 내포하고 있다. 일시적으로 없애더라도 다시 태어날 운명을 가진 준정부조직이라면 폐지와 재현에 따르는 거래비용만 추가로 소요될 뿐이다.

그렇다면, 이러한 정부의 수사적(rhetorical)인 정책이 발상된 원인은 무엇일까? 무엇보다도 준정부조직의 특성에 대한 이해 부족 때문이다. 근본적으로 준정부조직만이 가지고 있는 고유한 생성 · 성장 · 변형 · 진화 · 소멸 · 합병 · 재현의 배경에 대한 더 많은 기초 연구가 필요함을 보여 주고 있다고 할 것이다.

(2) 준정부조직의 보편성과 다양성

마르콴드(Marquand, 1999)는 "준정부조직이 존재하지 않는다는 것은 상상할 수가 없다. 준정부조직은 어떻게든 반드시 생성되기 마련이다. 이것이 바로 준정부조직이 다양하게 존재하는 이유이다"라고 했다(Flinders & Smith, 1999).

준정부조직은 세계적으로 어느 국가를 막론하고, 현대 행정 거버넌스에서 정부조직과 더불어 가장 보편적인 기관(ubiquitous agency)으로 성장하고 있다. 그런 만큼 국가마다 준정부조직의 양태는 다양한 모습(diverse type)을 보여 주고 있다.

이러한 준정부조직의 특성에 비추어 볼 때 준정부조직 관리의 핵심은 "그들을 어떻게 제거할 것인가가 아니라 그들로 하여금 무엇을 하게 할 것인가, 그리고 그들과 더불어 우리가 무엇을 할 것인가"에 초점을 두어야 한다(Flinders & Smith, 1999).

2) 준정부조직의 생성 원인에 관한 이론

앞에서 살펴본 바와 같이 전통적으로 협의의 공기업의 생성 원리를 설명하는 논리는 비교적 간단하다. 즉, 경제 발전 추진 과정에서 자본 축적의 한 수단으로 활용되거나 시장실패를 치유하는 하나의 방법으로 활용되었다(윤성식, 2003; 백완기, 2002; 유훈, 2002; 오석홍, 2001; 전신욱 · 윤전학, 1999).

그러나 준정부조직의 생성 원리는 협의의 공기업의 그것처럼 일의적으로 설명하기는 어렵고 복잡한 점이 있다.

플린더스와 스미스(Flinders & Smith, 1999)는 역사적인 고찰을 통해서 준정부조직의 생성 원인을 네 가지로 적시하고 있다. 즉, 첫째, 단일목적조직이 필요할 때, 둘째, 전문가의 역할이 필요할 때, 셋째, 관료제의 규모를 줄일 필요가 있을 때, 넷째, 정치적으로 뜨거운 감자를 행정기관 외부로 위임할 필요가 있을 때(delegation of a political hot potato)[20]라고 한다.

김준기(1999)는 사회의 다원화 현상에 따라 행정부문의 급격한 수요 증가는 이를 해결할 대안적 조직이 필요하게 되었고, 이러한 기능을 수행하기 위해서 새로운 의미의 준정부조직이 성장했다고 한다. 이는 앞에서 설명한 준정부조직 생성의 이론적 측면보다는 실질적 필요성을 강조한 것이라고 하겠다. 이와 같이 준정부조직 생성 원인에 대한 다양한 견해들을 정리하면 다음과 같다.

(1) 준정부조직과 관료정치이론

관료정치이론에 따르면, 전통적인 관료들의 통제주의적 혹은 편의주의적 사고가 새로운 형태의 조직 생성에 중요한 영향을 미치게 되었다고 한다. 후즈(Hoods, 1991)는 관료들의 이기적 행태가 정부의 임무를 완전히 민간에게 위양하는 것보다는 그들의 통제권에서 벗어나지 않는 준정부조직을 선호하게 하는 역할을 했다고 주장한다. 순수한 의미의 정부부문은 줄었지만 그 기능의 일부를 이전함으로써 공적 조직과 사적 조직의 역할을 동시에 수행하는 새로운 의미의 준정부조직 성장을 가져오게 된 배경이 되었다는 주장이다(Mitchell, 1998).

또한 준정부조직의 증가 원인을 관료제적 이익(bureaucratic interest)에서 찾기도 한다. 샐러먼(Salamon, 1995)은 준정부조직에 해당하는 제3자 정부(the 3rd party)를 정부에 적용되는 재정적, 인적 통제를 회피하기 위한 수단이라고 보고 있다. 즉, 정부는 이러한 조직을 활용함으로써 정부에 가해지는 정치적 비판과 공공책임성을 회피하면서도 관료들의 목적을 달성할 수 있다는 것이다.

정부는 제3자 정부를 계약자로 사용할 수 있으며, 적은 정치적 비용으로 정부 팽창을 이룰 수 있다는 것이다. 그린우드(J. Greenwood)와 윌슨(D. Wilson)도 정부관료제가 공공행정의 영역을 직접적인 정치적 통제로부터 멀어지게 하려는 의도에서 준정부조직을 팽창시켜 왔다고 지적하고 있다(임학순, 1993: 99-103).

(2) 준정부조직과 뉴거버넌스

뉴거버넌스 계열의 학자들은 준정부조직의 성장 원인을 혼합조직의 생성에서 설

20) 1976년 영국에서 설립된 인종평등위원회(Commission for Racial Equality)를 그 예로 제시하고 있다.

명하고 있다. 1980년대에 들어서면서 일부 선진국에서는 정책 수립과 집행을 동시에 수행하던 기존의 정부관리 방식에서 벗어나 정부의 역할을 점차 정책 수립에 초점을 둠으로써 정부 몸집을 대폭 줄일 수 있는 계기를 마련하게 된다. 이는 기존의 정부부문에서 수행하던 정책집행 업무를 민간으로 넘기거나, 아니면 정부보다는 좀 더 비용 절감과 효율적인 생산 체제를 갖춘 조직을 만드는 계기가 되었다.

이러한 흐름은 구체적으로 시장부문과 공공부문을 접목한 새로운 공·사 혼합 형태의 조직, 즉 새로운 의미의 준정부조직을 요구하게 되었다는 주장이다(Cornforth, 2005; Jordana & Levi-Faur, 2004; Batley & Larbi, 2004).

(3) 준정부조직과 자원의존 관계이론

자원의존 관계이론은 공·사 혼합조직의 성장을 정부와 시장부문에서 서로의 기능적 한계를 인식하고, 각각의 부문에서 유용한 자원 교환을 통해 서로의 어려움을 극복하기 위해 출발했다고 설명한다. 스탠턴(Stanton, 2004)은 정부관료제 부문의 한계로 인해 시장부문의 도입을 촉진하고, 자발적인 부문의 실패(voluntary sector failure)는 정부부문과의 협력을 정당화시킨다고 주장한다. 이러한 각 부문 간의 필요한 자원을 이용하는 데 있어서 제도적 단점을 합리적으로 극복하려는 과정에서 준정부조직이 생성·성장하게 되었다는 주장이다.

(4) 준정부조직의 자기보호 본능

준정부조직이 성장하게 된 원인을 조직의 자기보호 본능에서 찾는 학자들도 있다. 즉, 이들 조직에 몸담고 있는 구성원들의 자기조직 유지 본능은 원래 조직 설립 목적과는 달리 자기들의 생존 목적을 달성하기 위해 준정부조직 자체의 많은 변형과 변화를 가져오도록 했다는 주장이다. 본래의 목적을 다한 조직이 스스로 소멸을 방지하기 위해서 또 다른 목적을 추가 또는 변경·확대하거나,[21] 기존 준정부조직 구성원들이 자기들의 자리를 지키기 위해 그들의 영향력 속에 있는 자회사와 같은 또 다른 제2차 조직을 만들기도 했다는 것이다. 이러한 현상은 소규모 지방정부 준정부조직이 성장하게 된 직접적인 원인이 되었다는 주장이다(Pollitt & Talbot, 2004).

---

21) 이를 조직의 목표전환(goal diversion)이라고 한다. 미국의 타운센드(Townsend) 조직은 60세에 해당되는 사람에게 연금을 지불하여 퇴직하게 함으로써 미국의 경제적 불황을 극복하는 목표로 설립되었는데, 「사회보장법(Social Security Act)」의 통과로 조직 존폐의 위기에 몰리게 되자 이 조직은 경제적 목적 단체에서 사회운동단체로 탈바꿈하였고, 마지막에는 퇴직자 사교클럽으로 그 목적을 바꾸었다.

현대 정부의 기능 변화와 관련하여 이상에서 언급한 준정부조직이 생성 및 성장하게 된 원인을 포괄적으로 재정리하면 다음과 같다.

첫째, 복지부문 등 확대된 행정 수요를 기존의 정부 기능으로 충분히 대처할 수가 없었기 때문에, 이를 보완할 준정부조직의 창설이 필요했다.

둘째, 확대된 행정 수요에 대응하기 위해 새로운 조직을 설계하더라도, 임무를 완전히 민간에 넘기기보다는 기존 정치권이나 관료들의 통제 속에 두고자 하는 정치인들이나 관료들의 이기적인 정치적 행태 때문에, 준정부조직이 생성되고 성장하게 되었다.

셋째, 기관의 공익적 성격이 강하기 때문에, 민간에 그 임무를 완전히 맡기기가 곤란하여 공공기관에서 좀 더 효율적이고 생산적인 시스템을 갖춘 조직을 탐색하는 과정에서 공적 조직의 목표와 사적 생산 수단을 갖춘 혼합조직이 발생·성장하게 되었다.[22)]

넷째, 단일목적사업이나 정치적으로 뜨거운 감자와 같은 현안을 정부에서 직접 관리하기보다는 전문가에게 위탁하여 업무를 수행하는 것이 효율적일 뿐만 아니라 정치적 부담에서 자유로울 수 있다고 판단될 때 준정부조직이 생성되었다.

다섯째, 정부로부터 공공의 임무를 부여받은 기존의 준정부조직에서는 구성원들이 자신들의 생존을 위한 자구책으로서, 또 다른 하위 조직(subsidiary organization)을 만들고자 노력하는 과정에서 새로운 준정부조직이 생성되었다.

이상에서 정리한 내용을 간단히 표시하면 [그림 2-3]과 같다.

그림 2-3 새로운 의미의 준정부조직 생성 및 증가 원인

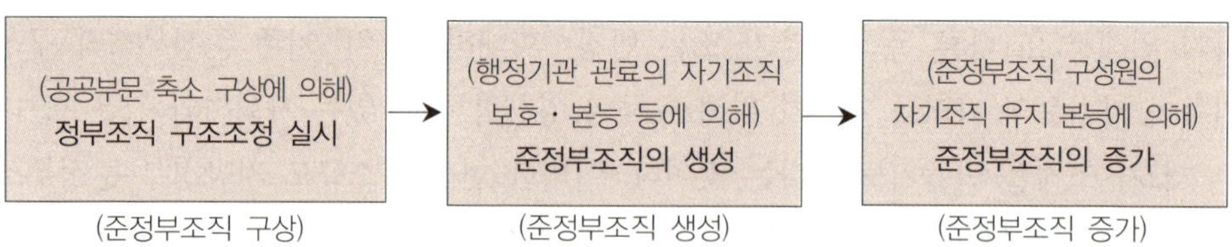

22) 이와 관련하여 영국 준정부조직의 생성과 성장에 관해서는 The Political Economy Research Centre의 「QUANGOs: Why do governments love them?」 내용을 참고.

그 밖에도 지방정부의 준정부조직은 지방자치단체장의 정치적 유인과 의지가 준정부조직의 성장을 가져온 계기가 되었다고 주장되기도 한다. 우리나라에 지방자치제가 도입되고 난 후부터 지방준정부조직이 급속하게 늘어난 것이 이를 간접적으로 입증하고 있다.

2 준정부조직과 혼합조직 이론

현대적 의미에서 준정부조직의 생성 경로를 자세히 살펴보면 대부분이 기존의 행정조직이 변형되어 이루어진 것임을 알 수 있다. 이는 앞에서 설명한 바와 같이 1980년대 이후 행정조직의 생산성과 시장성을 강조하는 신공공관리론이 등장하면서 나타난 현상이다. 이러한 준정부조직은 혼합이론(hybrid theory)이라는 이름으로 널리 연구되고 있다. 변형, 잡종, 이종, 혼성이라고 해석되는 혼합(hybrid)이라는 용어는 주로 hybrid organization(변형조직, 또는 혼성조직), hybrid culture(변형문화, 또는 혼성문화)라는 단어와 결합되어 사용되고 있다. hybrid라는 용어를 조직론적 의미에서 폭넓게 해석해 보면, "기존에 가지고 있던 독특한 문화적·조직적 속성에 새로운 가치(valuc)와 의미(meaning)를 부가하여 새로운 형태의 변형을 만들어내는 것"이라고 정의할 수 있다.

영국에서는 혼합조직을 이 책에서는 준정부조직의 개념으로 사용하는 Qugos, Quagos, Quangos를 포괄한 Non-Departmental Public Bodies(NDPBs), 또는 Wider State Sector로 이해하고, 구체적으로 "공공의 목적을 수행하기 위해 정부의 예산 지원이나 업무수행상 일정한 보호를 받으면서 조직운영에 필요한 비용의 전부 또는 일부를 자기의 생산 활동에 의한 수익에 의존하는 상당한 정도의 자율성을 가진 조직"이라고 규정하고 있다. 영국에서 시작된 공동생산 체제의 대두는 에치오니(A. W. Etzioni)가 주장한 제3섹터와 같이 공공부문과 민간부문이 혼합되어 서로 연장선상에 접근해 가고 있음을 보여 주고 있다(Michael, 1999: 455; Hogwood, 1995). 그뿐만 아니라, 영국의 비영리 조직(Non-Profit Organization: NPO), 자발적 조직(voluntary organization)도 공공부문과 민간부문이 결합된 형태라 할 수 있다(임학순, 1993; McGill & Wooton, 1975; Emmert & Crow, 1988; Hood, 1991).

미국에서는 혼합조직이라는 개념을 공·사 부문의 결합 형태, 즉 정부후원기업(government sponsored enterprise)이라는 이름으로 널리 연구되고 있는데(Koppell,

그림 2-4 조직 혼합화 형태

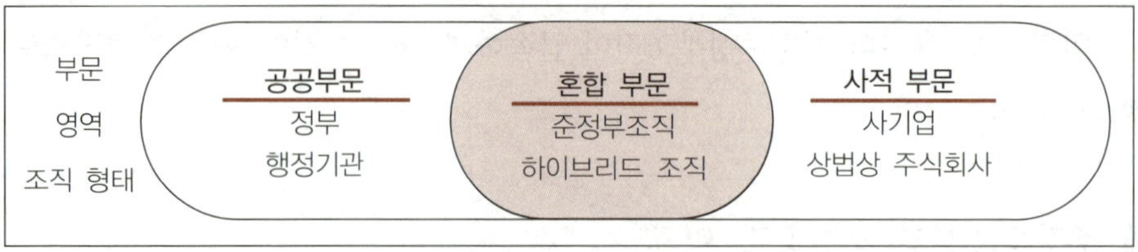

2001: 468; Moe, 2001: 290-291; Walt, 2000: 700; Waaijers, 1999: 122-123), 이러한 흐름은 [그림 2-4]에서 보는 바와 같이 혼합조직론이라는 개념 속에 포함시켜 이해하고 있다.

3 준정부조직의 진화 및 표류

1) 행정조직의 진화 및 표류의 의미

행정기관의 변형은 행정기관의 혼합화, 즉 행정기관이 공·사 혼합조직인 공기업으로 바뀌고 공기업이 민간기업으로 바뀌는 일련의 조직 변형에 의해서 주로 이루어지지만, 이러한 조직의 변화 현상을 '행정조직의 진화(evolution)와 표류(drift)'라는 주제로 설명하기도 한다.

일반적으로는 준정부조직론에서는 표류와 진화라는 용어를 구분하지 않고 사용하고 있다. 행정조직의 표류와 진화 과정이란 "행정조직이 행정기관으로부터 점차 독립성과 기관의 자율성을 확보하는 방향으로 조직의 형태가 변형되어 가는 경향"을 말한다. 예컨대, 행정기관이 특별사업소나 책임운영기관 또는 공기업으로 바뀌거나, 공공부문의 조직이 궁극적으로 민영화되어 사기업화되는 것을 의미한다. 흔히, 영국의 잉글랜드 은행을 대표적인 사례로 들고 있다.[23] 행정조직의 진화와 표류 과정은 앞에서 설명한 행정기관이 공사화, 혼합화, 책임기관화, 준정부조직화, 민영화, 계약화하는

23) Quangos drift refers to the tendency for the degree of independence enjoyed by an organization to increase gradually, and its position to move along to the arm's-length axis, as long as the body enjoys public confidence and there are no major incidents. For example, the movement of sections of departments into agencies and then into contracting-out tasks and then complete privatization. The gradually increasing autonomy and independence of the Bank of England would make an interesting case in point(Flinders, 1999: 8).

과정들을 포괄적으로 표현하는 말이다(Pollit, Talbot, Caufield, & Smullen, 2004).

앞에서 말한 바와 같이 통상적으로 조직의 변형, 진화, 표류라는 용어는 유사한 의미로 사용되지만, 때로는 학문적으로 행정기관의 변형, 진화, 표류를 구분해 사용하기도 한다.

행정조직의 '변형(transformation)'이란 "행정기관이나 준정부조직의 기관 형태가 바뀌는 일반적인 현상을 일컫는 말로서 진화 과정과 표류 과정을 함께 지칭하는 말"이고, '진화(evolution)'는 "행정기관이나 준정부조직이 조직의 자율성이나 기업성을 강화하는 방향으로 발전해 가는 것을 강조한 말"이라고 할 수 있으며, 행정기관이나 준정부조직의 '표류(drift)'는 "행정기관이나 준정부조직의 변형 중에서 행정기관이나 준정부조직이 자율성과 기업성이 정체되거나 때로는 오히려 퇴화(degeneration)하는 방향으로 바뀌는 경우"를 일컫는 말이다. 표류는 진화에 비하여 행정조직이나 준정부조직이 자율성과 기업성 확보 측면에서 바람직하지 못한 부정적인 방향으로 기관의 형태가 바뀌거나, 일시적으로 조직 형태가 방향성 없이 변형되는 것을 특별히 강조하기 위하여 사용한 용어라고 할 수 있다.

여기에서는 [그림 2-5]에서 보는 바와 같이 행정기관이나 준정부조직의 일반적인 변화를 변형이라고 하고, 진화와 표류의 개념을 가능한 한 구분해 사용하기로 한다.

그림 2-5 행정조직의 진화와 표류

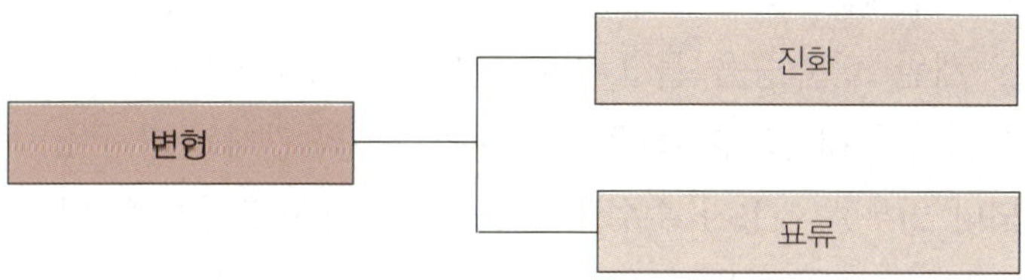

2) 행정조직의 진화 및 표류 과정

(1) 행정조직의 진화 과정

준정부조직을 역사적으로 추적해 보면 대부분이 행정기관 형태에서 변형되어 온 것임은 이미 설명한 바와 같다. 신공공관리론이 대두하면서 대부분의 행정조직이나 준정부조직들은 초기 공공성을 강조하는 기관에서 점차 기업성을 강조하는 기관으로 변형되고 있다.

표 2-3 정부 및 산하기관 성격의 연속성(continuum)

공공성(공익성) ⟷ 기업성(수익성)

기관	행정기관		공법집행기관(공기업)		사법집행기관	
유형 (typology)	정부부처기관 (ministry or department)	책임집행기관 (executive agency)	정부투자기관 (government invested institution)	정부출자기관 (government contributed institution)	민영화된 공기업 (privatized corporation)	사기업 (private enterprise)
정부와의 분리성	약		중		강	
설립법	헌법, 정부조직법		공법		민법	
고객 유형	정부기관 + 개인		공공기관 + 개인		개인	
인적 구성	공무원		준공무원		민간인	
재원 조달	예산		세금 + 수수료 + 판매수익		판매수익	

자료: OECD(2002)를 토대로 정리.

일반적으로 조직이 추구하는 목적이 공공성이 강한지, 기업성이 강한지에 따라 [표 2-3]과 같이 연속선상의 스펙트럼으로 표시할 수 있다. 나라마다 다양한 정부 또는 준정부조직 형태를 지니고 있어 일의적으로 나타내기에는 어려움이 있지만 몇 가지의 기준에 의해 유형화할 수 있다. OECD에서는 이들 기관의 유형을 설립법의 근거를 중심으로 ① 정부부처기관, ② 공법집행기관, ③ 사법집행기관으로 분류하고 있다. 분류 기준 변수에는 ① 정부와의 분리성, ② 설립 법령 근거, ③ 고객 유형, ④ 인적 구성, ⑤ 재원 조달 등을 들고 있다.

정부부처기관이나 책임운영기관은 정부와 불가분의 관계를 가지며, 대부분 정부예산으로 운영되나 일부는 이용자 수수료를 부과해 예산을 조달하며, 인적 관리는 공무원의 인사 원칙에 따라 운영되고, 고객은 정부기관이나 일부 개인 고객이 혼합되어 있다. 예로서, 영국 Executive Agencies, 독일의 Direct Federal Administrations, 미국의 Performance Based Organizations 등을 들 수 있다.

공법집행기관은 공법에 기초하여 설립되었으나 정부부처와 법적으로는 부분적, 혹은 완전한 독립 형태를 유지하고 있다. 주무부처는 간접적 통제를 원칙으로 하며 자체적인 의결기구에 의해 운영 · 관리되고, 서비스 이용 고객은 공공기관과 개인 고객이 혼합되어 있다. 내부 인적 구성은 준(準)공무원의 성격으로 이루어지며, 기관 설립 목적에 따라 독립적이거나 독자적인 다양한 기능을 수행하고 있다. 예산의 조달은 일부 세금이나 서비스 판매 수익으로 조달되며, 사용자의 수수료 수입 등으로 조달하는 것이 일반적이다. 이러한 기관의 예로는 영국의 Non-Departmental Public Bodies (NDPBs), 독일의 Indirect Public Administrations, 뉴질랜드의 Autonomous Crown Entities 등을 들 수 있다.

사법(private law)에 근거한 사법집행기관은 법적으로 정부기관과 공법집행기관과는 완전히 다른 별개의 독립적으로 운영되는 특성을 가지고 있다. 사법에 근거한 기관은 주무부처의 간접적 통제 속에 자체 이사회를 구성하여 운영되고 있으며, 예산은 대부분 서비스 판매이익으로 운영예산을 충당하는 것으로 정의되고 있다. 예로서, 영국의 Quasi Corporations, 독일의 Private Law Administrations 등이 있다.

행정조직의 진화 과정을 우리나라의 실정법적 용어에 비추어 표시하면 [그림 2-6]과 같이 나타낼 수 있다. 공공부문의 조직들이 설립 당시에는 행정기관인 정부부처기관으로 출발했으나, 시간이 지나면서 점차 행정기관→책임운영(집행)기관→특별집행기관→정부투자기관→정부출자기관→민영화 공기업→사기업으로 발전해 나가고 있다.[24)]

그림 2-6 행정조직의 진화 과정

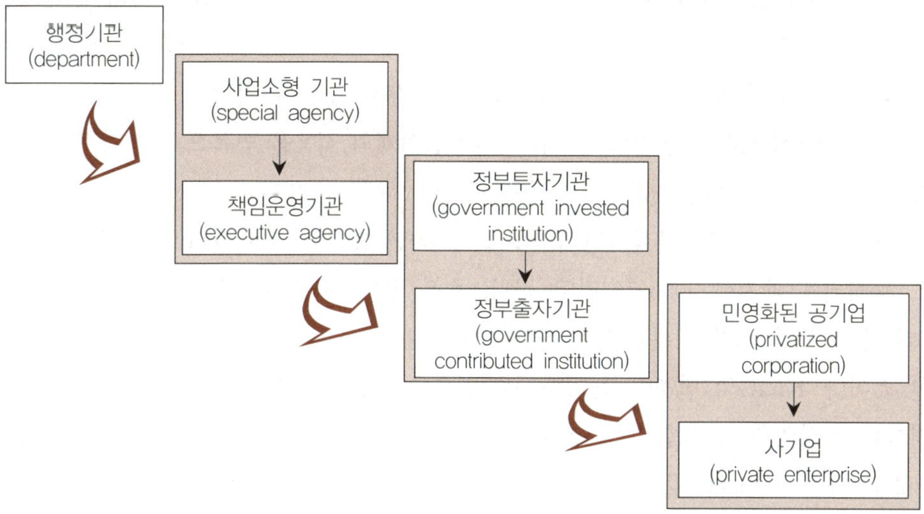

24) 우리나라에서 가장 보편적인 행정조직의 진화 모형은 정부행정기관→공단·공사→민영화 공기업이라고 할 수 있다.

그림 2-7 KT&G의 진화 과정

1948년 7월		1951년 4월		1987년 4월		1989년 10월		1999년 9월		2002년 12월
재무부 전매국	➡	전매청	➡	한국전매공사	➡	한국담배인삼공사	➡	(주)한국담배인삼공사	➡	KT&G
Department		Special Agency		Government created (invested) institution		Government contributed institution		Privatized corporation		Private corporation

우리나라의 경우, 행정기관에서 「상법」상의 사기업으로 진화한 전형적인 조직이 지금은 KT&G로 불리고 있는 한국담배인삼공사이다.

KT&G는 [그림 2-7]에서 보는 바와 같이 1948년 전매국으로 출발했으나,[25] 「기업예산회계법」의 적용을 받는 전매청, 공기업인 정부투자기관, 정부출자기관, 민영화 공기업, 「상법」상의 기업으로 발전했다.

조직이 재무부 전매국(1948) → 전매청(1951) → 한국전매공사(1987) → 한국담배인삼공사(1989) → KT&G(2002)로 바뀌어 감에 따라 직원의 신분은 공무원 → 공사 직원 → 사기업 직원으로 바뀌었으며, 예산은 「전매사업특별회계법」 → 「기업예산회계법」 → 「정부투자기관 관리기본법」 → 「상법」으로 적용 법령이 변화됨에 따라 일반예산과 별도의 특별예산으로 출발해서 이보다 예산 운영의 탄력성이 강한 기업예산회계로, 나아가 예산을 이사회에서 독립적으로 확정할 수 있는 투자기관 예산으로 변경되었다가, 궁극적으로는 사기업과 같이 일반기업회계의 적용을 받음으로써 기관 운영의 자율성을 높일 수 있는 방향으로 진화되었다.

정부에서 KT&G의 공식적인 민영화는 2000년 동일인 지분 한도(7%) 및 담배 제조 독점권을 폐지한 2000년이라고 하나, 정부(정부출자은행) 보유 지분을 매각하고 상호를 바꾸어 조직의 문화를 탈바꿈한 2002년에 실질적으로 민영화되었다고 해야 할 것이다. KT&G의 민영화 연도를 2002년으로 보는 이유는 이 책에서 궁극적인 민영화는 조직의 기능적 합리성(functional rationality) 확보뿐만 아니라 실질적 합리성(substantial rationality)을 확보할 때 이루어진다고 보기 때문이다.[26] KT&G는 조직의

25) KT&G의 행정기관을 1899년 궁내성 내장원 심정과로 볼 수 있으나, 이는 근대적 의미의 행정기관이라 할 수 없기 때문에 1948년 설립된 재무부 전매국을 그 시작점으로 보고자 한다.

26) 자세한 것은 제4장 공기업의 민영화 참조.

효율성을 높이기 위해서는 '행정'보다는 '경영'이, '공무원'보다는 '민간인'이 중심이 되어 조직을 운영해야 한다는 신공공관리론과 뉴거버넌스의 이론적 영향을 받아 조직이 진화한 대표적인 사례라고 하겠다.

(2) 행정조직의 표류 과정

한편, 행정조직 표류 과정의 대표적인 사례로는 한국농어촌공사를 들 수 있는데, 한국농어촌공사는 KT&G가 정부부문에서 민간부문으로 일반적인 진화 과정을 거친 것과 달리 정권과 주무부서, 기관의 이해관계가 상호 복합적으로 작용하여 생성, 변형, 소멸, 재현, 분리, 합병 등의 이합집산을 되풀이하며 [그림 2-8]과 같이 무질서하게 표류해 왔다.

그림 2-8 행정조직의 표류 과정

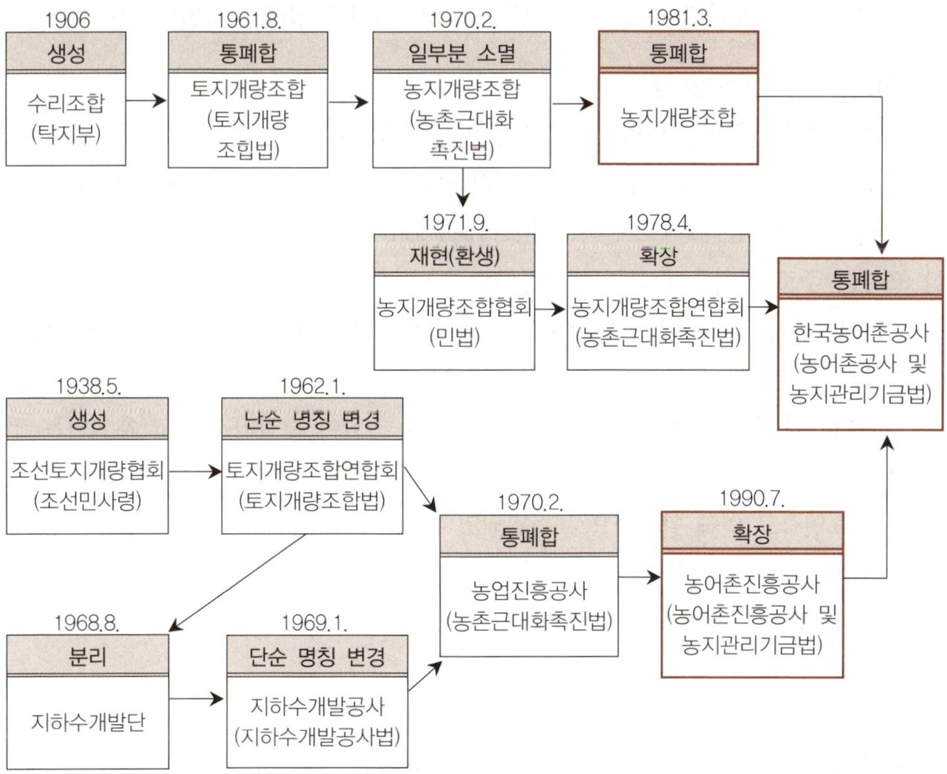

3) 행정조직의 표류 원인과 유형

(1) 행정조직의 표류 원인

우선, 조직적 관점에서 표류의 대표적인 형태인 재현의 문제는 조직 항상성(恒常性, homeostasis)의 현상에서 살펴볼 수 있다. 조직은 생명력을 지닌 유기체(organic system)와 유사하기 때문에, 안정된 상태를 유지하고자 자기 스스로 성장·발전(going-concern)할 수 있는 능력을 가지고 있다. 이러한 조직의 항상성은 준정부조직의 불멸성과 재현에 대한 중요한 이론적 근거가 된다.

조직변동이론에서는 조직 변동의 과정을 생성, 성장 또는 변형, 소멸이라는 진화적 관점에서 설명하고 있다(Hage, 1980). 조직의 생애주기 과정 중 변형의 형태에 해당되는 재현과 합병은 앞서 설명한 준정부조직의 자기 생존 본능으로부터 자극받아 나타나는 현상으로 볼 수 있다. 즉, 조직의 축소·통폐합과 같은 공공부문 개혁의 와중에서도 생존하기 위해 일정 기간 잠복하고 있다가 개혁의 강도가 약할 때 재현하거나, 다른 조직과 통합된 형태 또는 기존 조직과 분리된 형태로 나타나기도 한다.

(2) 행정조직의 표류 유형

행정기관이나 준정부조직의 표류 유형은 구체적으로 몇 가지로 유형화할 수 있다.

통상적으로 행정기관이나 준정부조직의 표류는 재현(reincarnation), 환생(rebirth), 합병(amalgamation), 그리고 번식분리(propagation)의 형태를 띠고 있다. 그런데 이러한 표류는 주로 재현을 중심으로 설명되고 있다. 왜냐하면, 준정부조직 표류의 핵심적인 문제점은 준정부조직의 재현에 있고, 준정부조직의 재현은 준정부조직의 불멸성에서 유래하기 때문이다.

플린더스와 스미스(Flinders & Smith, 1999)는 조직이 소멸되지 않고 재현하는 것을 불멸성이라고 정의하고 있다. 그는 준정부조직 '재현'을 "준정부조직이 외부 환경의 위협 요인으로 인해 일시적으로 소멸되었더라도 환생 혹은 합병과 같은 변형된 형태로 다시 태어나는 것"이라고 정의하고 있다.

이러한 개념을 행정조직의 표류와 관련하여 좀 더 구체적으로 설명하면 다음과 같다.

'재현'은 "기존에 활동하던 조직이 그 모습 그대로가 아니라 변형된 기관 형태로 다시 태어나지만 기존 조직의 목적 사업과 임무를 다시 수행하는 것"을 말하고, '환생'은 "기존에 활동하던 조직이 일시적으로 없어졌다가 그 모습 그대로 다시 태어나는 것"이라고 할 수 있다. '합병'은 "기존에 각기 별도로 활동하던 조직이 하나로 합쳐서 다시 태어나는 것"을 말한다. '번식분리'는 "모체가 되는 조직이 성장과 팽창을 거치면서 조직의 과업과 기능을 분화시켜 별개의 독립된 기관으로 다시 태어나는 것"을 의미한다.

준정부조직이 환경의 위협이 있더라도 소멸되지 않거나, 일시적으로 사라진다 하더라도 환생이나 합병의 형태로 다시 태어나는 사례는 외국과 우리나라 중앙정부 산하 준정부조직에서 흔히 찾아볼 수 있다.

외국의 준정부조직 재현 사례는 영국의 The Physical Training and Recreation과 The Council for the Encouragement of Music and the Arts라는 준정부조직이 The Sports Council과 The Arts Council로 재현한 경우와, 영국 노동부가 The Development Board for Rural Wales, The Land Authority for Wales, The Welsh Development Agency를 폐지했으나, '초준정부조직(super-quango)' 형태인 The Economic Development Agency로 합병하여 재현한 경우를 들 수 있다.

우리나라의 준정부조직 재현 사례는 토지개량조합연합회가 지하수개발단으로 분리된 후 농업진흥공사에 통합되어 재현된 경우가 있다. 이러한 사례들은 외부의 위협으로 인해 일시 소멸되었다가 일정한 기간 동안 잠복한 후 위협이 약해졌을 때 원형을 유지한 채 재탄생하거나, 합병 또는 분리된 형태로 다시 태어나는 경우에 해당된다.

이러한 준정부조직의 재현은 [그림 2-9]에서 보는 바와 같이 원형을 유지한 채 다시 태어나는 '환생형 재현', 다른 조직과 합병되어 환생하는 '합병형 재현', 모체 조직이 여러 개의 하위 조직으로 분리되어 재현하는 '번식분리형 재현'으로 세분화해 볼 수 있다.

그림 2-9 준정부조직의 재현

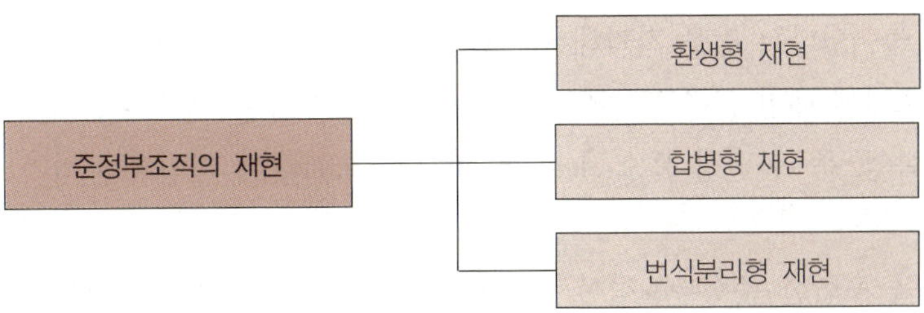

우리나라의 한국전력공사는 1898년 한성전기회사로 출발하여 1904년에는 합작회사인 한미전기로 변경된 후, 1961년에는 조선전업, 경성전기, 남선전기를 통합하여 주식회사 형태인 한국전력주식회사로 운영되어 오다가, 1982년부터 공기업 형태로 변형되었다. 이러한 경우 조직 역할에는 큰 변화가 없으면서 조직의 운영 형태나 방식이 변경되는 것이다. 이러한 단순한 '환생형 재현'이나 '합병형 재현'은 주로 조직의 효율성을 높이기 위한 경제적 논리에 의해 이루어지지만, 정부에서 조직의 통제를 용이하게 하기 위한 정치적 목적에서 조직의 운영 형태나 방식이 변형되는 경우도 적지 않다.

우리나라의 언론공기업인 KBS는 한때, KBS 미디어, KBS 아트비전, KBS 비즈니스, KBS 인터넷(주), KBS 스카이, e-KBS 등의 하위조직을 설립하면서 조직의 업무 영역이나 기능을 팽창시켜 왔다. 이러한 경우를 번식분리형으로 분류할 수 있다. 번식분리형은 모체가 되는 조직이 성장과 팽창을 거치면서 조직의 과업과 기능을 분화시킨 경우라고 할 수 있으며, 대부분 준정부조직의 성장과 팽창은 이러한 '번식분리형 재현' 과정에 의해 이루어졌다고 볼 수 있다.

공기업을 포함한 모든 준정부조직은 고유의 임무를 완수하거나 조직의 환경이 바뀌면 없어지는 것이 사회 전체적인 측면에서 바람직하다고 할 수 있다. 그러나 준정부조직의 불멸성에서 설명한 바와 같이 비록 임무를 다한 조직이라고 하더라도 환생, 합병, 번식분리를 통해 다시 재현되고 있는 것은 문제가 있다. 국가 사회적으로 필요한 조직이 다시 태어나는 것은 불가피한 일이라고 할 수 있으나, 임무나 기능을 다한 준정부조직이 단순히 조직 자체의 생존을 위해 재현하는 것은 바람직하다고 할 수 없다. 이 책에서 준정부조직의 불멸성과 재현을 소개하는 이유는 이러한 부정적 의미의 준정부조직의 표류, 재현을 경계하고자 함이다.

우리나라에서 정부 주도의 구조조정으로 인해 일부 행정기관의 규모나 숫자는 줄어든 반면에, 이들 행정기관의 업무를 위임받아 처리하는 준정부조직의 규모와 숫자는 오히려 늘어났다는 점을 간과해서는 안 될 것이다. 이와 같이 정부 행정기관에 비해 준정부조직에 대한 구조조정이 이루어지지 못한 이유는 바로 이들이 가지고 있는 숙명적인 속성, 즉 '불멸성 요소(element of immortality)'에 기인하는 바가 크다고 할 것이다.

공기업을 포함한 준정부조직이 성장한 것은 사실상 우리나라보다는 선진 외국에서 먼저 이루어져 왔고, 그만큼 이와 관련된 논의도 외국에서 더 깊이 있게 다루어져 왔다.

제 3 절 | 준정부조직의 성장과 문제점

1 외국 준정부조직의 성장

1) 행정기관의 상업화와 준정부조직

전 세계적으로 유행한 신공공관리론과 민영화의 흐름은 행정기관뿐만 아니라 준정부조직을 그 대상으로 하고 있지만, 행정기관을 민영화하는 과정에서 행정기관의 수가 줄어든 것에 비해 오히려 준정부조직이 더 많이 증가하는 현상이 발생하고 있다. 준정부조직이 민영화하여 민간기업으로 전환한 사례도 있지만, 행정기관이 경영효율성을 제고하고자 민간의 효율적인 프로그램을 벤치마킹하는 '시장화 과정'이나, 행정조직을 민영화하는 중간 단계로서 공단・공사화하는 '상업화' 과정에서 더 많은 준정부조직이 생성되고 있는 것이다.

이러한 경향은 전 세계적인 현상이라고 할 수 있는데, 프란스와 샌드라(Frans & Sandra, 1999)는 네덜란드의 사례를 들어 이러한 역설적인 상황을 설명하고 있다. [그림 2-10]은 민영화 물결이 휩쓴 1980~1990년대에는 행정기관인 관료제(bureaucracy) 조직은 줄어든 반면, 준정부조직(quangocracy)은 훨씬 크게 늘어난 것을 웅변적으로 보여 주고 있다.

프란스와 샌드라는 행정기관의 시장화와 상업화 등의 준정부조직화의 이유를 다음과 같이 설명하고 있다.

첫째, 국제화・개방화로 인한 무한경쟁 시대의 도래와 대내적으로 정치적 민주화에 따른 주민 욕구의 분출 등 급속한 행정환경의 변화이다. 이에 탄력적으로 대응하기 위해서 기존의 정부 기능을 전면적으로 재검토하여 비효율적인 기능은 좀 더 생산성을 갖춘 공사・공단으로 바꿀 필요가 있다는 것이다.

둘째, 작은 정부의 지향을 들 수 있다. 시장실패 문제를 해결하기 위해 정부 개입이 지나치게 커짐으로써 사회 전반적으로 비능률이 발생하고, 이를 해결하기 위해 행정기관의 시장화 또는 상업화라는 방안이 모색되고 있는 것이다.

그림 2-10 관료제조직과 준정부조직의 성장

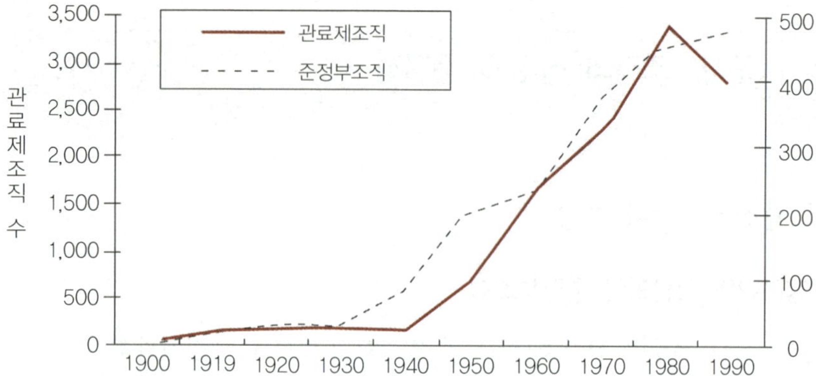

자료: Frans & Sandra(1999).

셋째, 지방행정에 대한 기업화 요구가 지적된다. 과다한 도시 서비스 공급과 이를 충당하기 위한 재원 조달과 세금 증대에 대해 시민들이 반발하게 되자, 도시정부 내 생산성 향상을 위해 기업화를 요구하게 되었다(Papadakis & Coody, 1987).

넷째, 행정 공급 능력의 본질적 한계를 지적할 수 있다. 행정에 의한 직접적인 서비스 공급 방식은 경직성과 운영상의 관료적 속성 때문에, 행정 서비스를 유효·적절하게 제공할 수 없는 한계를 나타냈다. 행정은 자체 체제 유지의 과중 부담이라는 문제를 안고 있어 새로운 접근방법을 모색하지 않으면 안 될 상황에 놓이게 되었다.

2) 외국의 다양한 준정부조직의 유형

국가마다 각기 다른 실증법적 체계와 역사를 가지고 있는 점을 감안한다면 준정부조직에 대해 어느 나라에서나 똑같이 공감할 수 있는 국제적 정의(international definition)를 내리기는 매우 어렵다. 플린더스와 스미스(Flinders & Smith, 1999)는 준정부조직(Quangos)의 일의적인 개념 정의가 어렵다고 하면서도 "준정부조직은 공적 업무를 수행하기 위해서 공적 자금을 소비하지만, 선출직 대표자(elected representatives)들로부터 어느 정도의 독립성을 가진 조직"이라는 공통점을 발견할 수 있다고 한다.[27]

여기서는 각 국가마다 다양하게 존재하고 있는 준정부조직들의 형태를 소개하고, 각 국가별 특징적인 내용을 정리해 보기로 한다.

(1) 준자율적 비정부조직

일반적으로 영국에서는 공공기관(public bodies)을 기관의 독립성과 자율성을 고려하여 다음과 같이 몇 가지로 분류하고 있다. 즉, ① 우리나라의 각부에 해당하는 부처(Ministry), ② 행정기관이면서 집행 업무를 주로 담당하는 집행기관(Executive Agencies), ③ 우리나라의 산하기관과 유사한 비(非)행정부처 공공기관(Non-Departmental Public Bodies), ④ 우리나라의 투자기관이나 출자기관과 유사한 국유산업 및 공기업(Public Corporations) 등으로 나누고 있고, 추가적으로 ⑤ 지방정부기관(Local Government Bodies)으로 분류하고 있다.

그러나 이러한 분류보다는 영국에서는 일반적으로 Quangos라는 용어를 보편적으로 사용해 왔다. 지금까지 세계 각국의 준정부조직을 관리하는 데 모델 역할을 한 것이 바로 영국의 'QUANGOS(Quasi-Autonomous Non Governmental Organizations)', 즉 '준(準)/자율적/비(非)/정부조직'이다. 김준기(2002)는 이를 '준독립적 비정부기구'라고 번역하고 있다. 엄밀히 말하면, 'Quangos'는 행정기관과 유사하지만 행정기관에서 독립되어 자율적으로 운영되는 '비(非)행정기관'을 의미한다.

정부부문이 비대해지는 것을 경계하는 신자유주의 사상이 팽배해 있고, 계약문화의 전통이 주류를 이루고 있는 영국은 큰 조직의 전환 비용 없이 자연스럽게 행정기관과 사조직의 중간 단계 조직을 이용하는 과정에서 Quangos가 생성되었다.

필퍼(Pilfer, 1967)는 경제주체를 정부부문과 시장부문으로 이원화하는 고전적인 분류 방법에 한계를 지적하면서, 이에 대한 반론의 입장에서 처음으로 Quangos라는 용어를 쓰기 시작했다. 그는 Quangos를 국가 거버넌스에서 정치인들이나 관료들이 기존의 경직된 정부조직에 추가적인 기능을 부여하는 것보다는 새로운 공급주체를 찾는 과정에서 자연스럽게 발생한 조직이라고 설명하고 있다. 이는 순수정부 부문에서 다양한 이해관계 집단의 반대를 무릅쓰고 시장 원리를 도입하는 것보다는 공·사

27) Quangos is any body that spends public money to fulfill a public task but with some degree of independence from elected representatives(Flinder & Smith, 1999: 4). 엄밀히 해석하면, 준정부조직인 QUGOS, 준자율적 정부조직인 QUAGOS, 준자율적 비정부조직인 QUANGOS가 조금씩 다른 개념이라고 할 수 있으나, 통상적으로 우리나라에서는 이 세 가지를 합해 '준정부조직'이라고 하고 영어로는 Quangos로 쓰고 있다.

혼합의 중간조직을 만드는 것이 더 용이하다는 현실적 판단 때문이다(Hogwood, 1975). 최근 들어 영국에서는 Quangos라는 용어와 함께 비행정부서 공공기관(Non-Departmental Public Bodies: NDPBs), 또는 '범국가 부문(Wider State Sector)'이라는 용어를 자주 사용하고 있다. '범국가 부문'이라는 용어는 정부부서의 통제 아래서 해당 주무부처의 정책적 · 재정적 지원을 받으면서도 어느 정도의 자율성과 독립성을 가지고 있는 모든 기관을 총괄하는 의미로 사용된다.

(2) 간접행정기관 또는 유사정부조직

준정부조직을 정의할 때 주목할 만한 국가는 이런 유형의 조직이 발달한 덴마크를 비롯한 스칸디나비아의 국가들이다. 이들 국가에서는 영국의 Quangos에 해당하는 기관들을 간접행정기관(indirect public administration)이라고 하고, 좀 더 넓은 의미에서 유사정부조직(semi public organizations)이라고 명명하고 있다(Modeen & Rosas, 1988; Flinders, 1999). 이들 국가에서는 이러한 유형의 조직을 공공부문과 민간부문의 중간에 위치한 회색지대 조직으로 이해하고 있다(Marcussion & Peterson, 1990; Greve, 1995; Flinders, 1999). 공 · 사 혼합된 거버넌스의 준정부조직을 해당 조직 속성이 얼마나 '공공성'을 확보하고 있는가의 기준에 따라 [표 2-4]에서 보는 바와 같이 분류하고 있다.

첫째, 국립은행이나 우체국과 같이 공공성이 가장 강한 특별공적집행기관(special public agencies), 둘째, 공적 소유에 의해 국가의 공적 소유권에 따른 영향과 지배를 받는 공기업(state-owned enterprises and other companies with ownership or in--fluence), 셋째, 예술이나 농업 등 특정 목적을 위해 투자된 기금을 임명직 관리이사

표 2-4 덴마크의 준정부조직

유형	사례	특징
특별공적집행기관	국립은행, 우체국	감소하고 있음
국가공기업	코펜하겐 공항, 덴마크 통신	덴마크식 민영화
공적재단	국립예술원	독립성 보장
자기통제기관	유치원, 민속고등학교	독립성 보장
자발적 조직	적십자사, 난민구호처	사회복지 제공의 새로운 도구
장기 민간위탁	용역업체(청소) Falck(화재, 구급차 서비스)	증가 추세에 있는 사회복지 제공 도구

자료: Greve(1999: 94).

회(governing board)가 독립적으로 운영하는 공적 재단(public foundations), 넷째, 유치원, 사립학교 또는 민속고등학교(folk high school)와 같이 정부에서 자금을 지원받지만 정부로부터 완전히 독립되어 운영되는 자기통제기관(self-governing institution), 다섯째, 적십자(Red Cross)나 난민구호처(Refugee Help)와 같은 비수익적(non-profit)으로 운영되는 자발적 조직(voluntary organization), 여섯째, 화재 · 응급 서비스(fire and ambulance service: Falck)와 같이 국가와 장기적인 계약으로 운영되는 수익적 민간회사(private firms on long-term contract with the state for profit) 등이 있다.[28)]

1980년대 이후 민영화 바람이 불면서 스칸디나비아 국가에서는 사법(private law)의 지배를 받는 국가소유기업(state owned company)이 많이 생겨났다. 그리고 1990년대 이후 행정기관과 일정한 업무의 범위와 이를 수행하는 조건을 정해 업무를 분담하는 계약기관(contracting agency)이 늘어나고 있다. 이들 국가에서는 지방정부를 중심으로 민관합작투자회사(joint-venture corporation)가 증가하고 있는 것도 주목할 만한 현상이다.[29)]

(3) 크라운 조직

캐나다를 중심으로 영연방 국가에서는 공공조직을 통상적으로 크라운 조직(crown organization)이라고 부르면서 기관의 경영자율성(managerial autonomy)의 정도에 따라 행정부서 또는 집행기관(department or agency), 특별운영집행기관(Special Operational Agency: SOA), 등록상표권회사(proprietary),[30)] 공 · 사 혼합기업(mixed enterprise), 투자관리회사(investment management)로 구분하고 있다(Taylor & Warrack, 1998).

이들 6개 유형의 조직을 같은 연속선(continuum)에서 그릴 때, [그림 2-11]에서 보는 바와 같이 좌측에 있는 기관 유형일수록 공익성이 강한 반면에 경영자율성은 약하고, 우측에 있는 기관 유형일수록 경영자율성은 강한 반면에 공익성은 약하다고 하겠다.

---

28) 덴마크의 구급차와 구호 업무는 20세기 초부터 Falck라는 민간회사에 의해서 운영되고 있다(Greve, 1999; Flinders, 1999).

29) 이는 1992년 지방정부가 회사 형태의 상업 활동을 하는 법인에 참여할 수 있는 법이 통과했기 때문이다.

30) Proprietary is a particular company which makes and sells goods protected by a registered trademark.

그림 2-11 경영자율성에 따른 크라운 조직의 분류

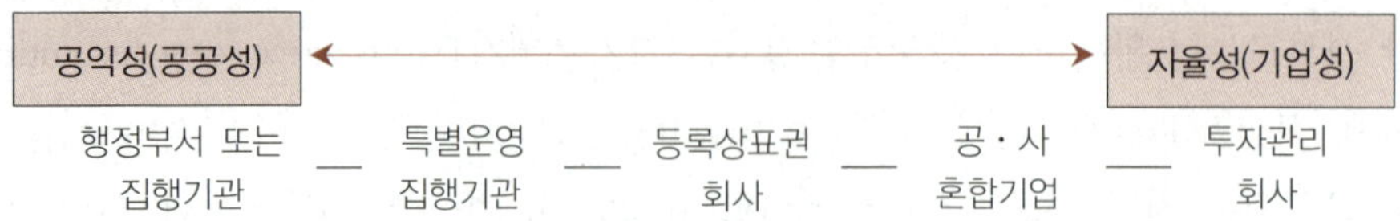

(4) 그림자 조직

정치·경제적 이유로 인해 세계적으로 광의의 공기업 개념인 준정부조직이 가장 발달한 국가 중의 하나는 인도이다. 인도에는 대규모 중앙정부 산하기관뿐만 아니라 중소 단위의 지방정부(state or municipal level) 산하기관까지 다양한 체제로 운영하면서, 이를 그림자 조직(shadow organization)이라고 부르고 있다. 모리스(Morris, 2002)는 이러한 인도 정부 산하기관이 1980년대 이후 나타나기 시작한 정부부문 개혁 과정에서 살아남기 위한 몸부림으로 인해 설립 당시와는 다른 모습으로 변형되어 감을 우려하고 있다.31)

어느 국가에서나 정부 조직을 개혁하고 민영화하는 과정에서 이루어지는 정부와 준정부조직 구성원들 간의 정치적 타협(bargaining)은 변형된 조직과 혼합(fusion)형 조직들을 양산하고 있다. 이러한 문제를 극복하기 위한 방안의 하나로 이 조직들을 민영화하자는 주장이 팽배해지면서 많은 준정부조직은 살아남기 위해 설립 당시의 순수한 조직 형태에서 변질·변형된 조직으로 바뀌어 가고 있다. 이러한 조직의 변화는 크게 두 가지 유형으로 나누어 볼 수 있다.

첫째, 준정부조직이 환경 변화에 스스로 위기 의식을 느끼고 의도적으로 조직 형태를 변형시켜 나가는 경우이다. 이런 조직의 구성원들은 기관 경영상의 비효율성과 불합리성을 찾아내어 스스로 문제점들에 대한 자구책을 마련하는 과정에서 조직의 변형이 자연스럽게 이루어진다.

둘째, 준정부조직을 관리 감독해야 할 임무를 띠고 있는 정부와 이에 대응하는 준정부조직(노조) 간의 정치적 타협 과정에서 조직의 목표 전환이나 대치 등의 변화가 나타나기도 한다.

---

31) 이러한 조직의 변화로 인하여 인도 산하기관의 변형은 첫째, 공사 간의 파트너십(public private partnership)과, 둘째, 공동벤처제(joint ventures) 형태로 나타난다고 한다.

이처럼 준정부조직이 환경 변화에 따라 스스로의 노력에 의해서이든, 아니면 외부의 압력에 의해서이든 많은 변화와 변형을 겪고 있다. 그 중에서도 특히 행정기관이 준정부조직으로 변형되어 가는 과정에서 조직의 경영효율성을 높이는 바람직한 방향으로 나아가지 못하고, 조직구성원들의 이익만을 추구하여 사회 전체적으로 부정적인 결과를 가져오는 준정부조직 형태를 그림자 조직이라고 하기도 한다.

(5) 분권자율기관과 범국가 부문

일부 서유럽 국가에서는 준정부조직에 해당하는 조직을 일컫는 용어로 가장 최근에는 '분권자율기관(Distributed Public Governance Agencies, Authorities and Other Government Bodies)'이라는 용어를 사용한다.

그 밖에도 네덜란드에서는 공공부문을 행정부처, 집행기관, ZBO(독립행정법인 또는 독립경영기관, independent administrative bodies)로 구분하고 있다. 특히, 네덜란드에서 대표적인 준정부조직 역할을 하는 ZBO는 공법 적용을 받는 ZBO, 사법 적용을 받는 ZBO로 구분하고 있다.

그 밖에도 준정부조직은 제3자 정부(third party government), 중간 영역(intermediate sector), 공·사 혼합 영역(mixed public-private sector), 비영리 영역(non-profit sector), 비정부 영역(non-governmental sector), 황혼지대(twilight zone), 회색영역(grey area), 계약 영역(contracted sector) 등 국가마다 관습에 따라 조금씩 다른 의미를 가지고 다양하게 사용되고 있다(김준기, 2002; 송희준, 2002; 임학순, 1993; McGill & Wooton, 1995; Hood, 1991).

2 우리나라 준정부조직의 성장

1) 우리나라 준정부조직의 의의

지금까지 우리나라에서 사용하고 있는 '준정부조직'의 개념은 비(非)행정부처(Non Department)인 공공기관·법인·단체를 포괄하는 '광의의 공기업'이라는 의미로 사용되어 왔다.

우리나라에서도 다양한 행정 수요에 대한 대응이 미흡한 관료적 행정기관이 그 기능상 한계에 직면하면서 다양한 형태의 준정부조직이 창설되어 왔다. 그러나 준정부조직은 외견상 공공성과 수익성이 조화롭게 운영되는 것 같지만 실제로는 경영에 대한 책임 소재가 불분명하고 정부 행정기관 팽창의 은폐 수단으로 그 숫자만 확대되고 있다는 비판이 있다.

2) 준정부조직의 규모

넓은 의미의 공기업에 해당하는 준정부조직은 정부 또는 지방자치단체로부터 어떠한 형태이든 지원과 감독을 받는 모든 조직을 포함한다. 지금까지 우리나라에서 공익적 목적에 따라 설립되고 정부에서 위탁받은 자체 수익사업으로 운영되거나 운영 재원의 일부를 정부, 또는 공공기관으로부터 지원받고 있는 공공적 성격을 띤 준정부기관의 수는 조사 시점과 조사 관점에 따라 다르게 발표되어 왔다(정부혁신지방분권위원회·기획예산처, 2006). OECD나 IMF에서 공기업 또는 준정부조직과 관련된 '정부재정지출'에 대해 원칙적인 범위를 제시하고 있다. 그러나 두 기관이 제시하고 있는 기준이 서로 다르고 나라마다 다른 경제적 환경을 가지고 있기 때문에, 정확한 기관의 숫자나 공공부문의 재정지출 규모를 파악하는 것은 매우 힘든 것이 사실이다.

여기에서는 실정법적 근거를 가지고 있는 우리나라의 중앙정부 산하 공공기관과 지방자치단체 산하 지방공기업과 출자·출연기관을 중심으로 그 규모와 문제점을 살펴보기로 한다.

2007년 「공공기관의 운영에 관한 법률」이 제정되어 완벽하지는 않지만 정부에서 관리 대상인 공공기관을 고시하면서부터 우리나라의 준정부조직의 대표적인 형태인 공공기관의 규모와 현황은 어느 정도 파악할 수 있게 되었다.

[표 2-5]에서 보는 바와 같이 우리나라에서 이들 공공기관이 사용하고 있는 연간 예산 규모는 GDP 대비 30~40%를 차지하고 있다.[32] 정부의 예산이 GDP 대비 20% 내외에 머물고 있는 점을 감안하면 공공기관이 우리나라의 국민경제에서 얼마나 큰 비중을 차지하고 있는지를 알 수 있다. 더욱 중요한 것은 최근 몇 년 간 공공부문의 사회적 가치에 대한 역할 강화로 GDP 대비 정부예산은 지속적으로 증가하고 있는데, GDP 대비 공공기관의 예산도 이에 못지않게 지속적으로 증가하고 있다는 점이다. 우리나라의 경제 개발 초기에 중요한 역할을 했던 공기업이 최근에도 그 역할이 약화되고 있지 않음에 주목할 필요가 있다. 이상에서 설명한 공공기관의 규모에는 KBS나 EBS와 같이 공공기관의 자격을 갖추고 있지만, 「공공기관의 운영에 관한 법률」의 적

32) 2020년 기준 공공기관 예산(731.7조 원)은 정부 일반예산(512.3조 원)의 1.4배, 공공기관과 지방공기업을 합하면(798.5조 원) 1.6배이다.

표 2-5 공공기관의 국민경제적 위치

(단위: 조 원)

구분		'06년	'07년	'08년	'09년	'10년	'11년	'12년	'13년	'14년	'15년	'16년	'17년	'18년	'19년	'20년
공공기관	예산	292.2	301.3	434.0	444.5	464.3	513.2	583.7	580.9	609.2	627.1	665.7	678.9	672.0	678.1	731.7
	(GDP 대비, %)	32.2	30.9	42.3	41.7	39.6	38.5	42.4	40.6	41.0	40.7	38.2	40.0	35.4	35.3	38.1
GDP		909	975	1,024	1,063	1,173	1,333	1,377	1,451	1,485	1,540	1,740	1,836	1,898	1,919	1,919
정부	예산	202.1	201.0	219.9	248.0	255.3	309.6	325.4	342.0	355.8	375.4	386.4	400.5	428.8	476.1	512.3
	(GDP 대비, %)	22.2	20.6	21.5	23.3	21.7	23.0	23.6	23.6	24.0	24.3	22.2	21.8	22.6	24.8	26.7

자료: 기획재정부(2020a)에서 재정리.

용을 받지 않고 별도의 개별 설립법의 적용을 받는 기관은 포함되지 않고 있음을 유념할 필요가 있다.[33] KBS나 EBS도 공공기관의 지정 요건에 따르면, 당연히 공공기관으로 지정되어야 하나 언론기관의 특수성을 이유로 현재는 제외되어 있는 것은 법리적 모순이라는 점을 이미 설명한 바 있다.[34]

한편, 우리나라에서 공기업에 근무하고 있는 임직원의 수는 2023년 현재 공공기관 413.3천 명, 지방공기업 69천 명, 지방출자출연기관 49천 명, 총 531.3천 명으로 이는 우리나라 총경제활동인구(2,860.4만 명) 대비 국가공공기관은 1.4%, 지방공공기관은 0.4%, 이들 모두를 포함하면 1.8%에 해당한다. 2023년 현재 우리나라 정부 공무원이 1,171천 명임[35]을 감안하면 우리나라 공기업에 근무하는 임직원은[36] 정부 공무원의 약 45.4% 수준이다. 이러한 통계 수치를 미루어 본다면, 우리나라 공무원 수의 절

33) 우리나라의 경우, 2020년 기준으로 관련 법률에 의해 정부가 공식적으로 지정한 공기업의 숫자만 1,489개(중앙정부 공공기관 340개, 지방공기업 407개, 지방출자출연기관 742개)에 달하고 있다. 이 분야에 종사하고 있는 인력 규모도 54만여 명에 이르고 있다. KBS, EBS와 같이 법적으로 지정되지 않은 숨어 있는 공기업까지를 포함하면 공기업의 국민경제적 위상과 역할은 실로 막중하다고 할 수 있다.

34) 따라서 KBS와 EBS는 공공기관운영위원회의 경영평가를 받지 않고, 자체적인 기준에 의해 경영평가를 하고 있다.

35) 중앙행정기관 757천 명, 자치단체공무원 388천 명, 그 외 입법부, 사법부, 그리고 헌법재판소 및 선관위 공무원 등 행정부 외 25천 명, 직업군인 20만 명 정도된다(행정안전부, 2023).

36) 국가공공기관 413.3천 명(공기업: 144천 명, 준정부기관: 111.5천 명, 기타 공공기관: 157.6천 명), 지방공기업 68.9천 명, 지방출자출연기관 49천 명이다.

표 2-6 2020년 공공기관 및 지방공공기관의 예산 및 규모

<table>
<tr><th rowspan="2">구분</th><th rowspan="2">단위</th><th rowspan="2">정부</th><th rowspan="2" colspan="3">공공기관</th><th colspan="6">지방공공기관</th></tr>
<tr><th colspan="3">지방공기업</th><th colspan="3">출자출연기관</th></tr>
<tr><td rowspan="3">예산/정원</td><td rowspan="3">조 원/천 명</td><td rowspan="3">512.3</td><td rowspan="3">731.7/411 (340개)</td><td>공기업 (36개)</td><td>274.4/147</td><td rowspan="3">56.5/89 (407개)</td><td rowspan="2">직영 기업 (254개)</td><td rowspan="2">21/15</td><td rowspan="3">10.3/39 (742개)</td><td rowspan="2">출자 기관 (97개)</td><td rowspan="2">2.2/2</td></tr>
<tr><td>준정부기관 (95개)</td><td>333.9/122</td></tr>
<tr><td>기타 공공기관 (209개)</td><td>123.4/142</td><td>공사·공단 (153개)</td><td>35/74</td><td>출연 기관 (645개)</td><td>8.1/37</td></tr>
<tr><td>(GDP 대비)</td><td>(%)</td><td>(26.7)</td><td colspan="3">(38.1)</td><td colspan="3">(2.9)</td><td colspan="3">(0.5)</td></tr>
</table>

주: 한국은행은 코로나19로 한국 2020년 GDP 성장률은 0%를 예상하고 있으므로, 여기서는 2020년 GDP를 2019년 1,919조 원으로 가정함.

자료: 기획재정부(2020a) 및 행정자치부(2020a)에서 재정리.

반도 안 되는 공기업 임직원들이 정부예산보다도 훨씬 더 많은 예산을 운용하고 있음을 알 수 있다. [표 2-6]에서 보는 바와 2020년 현재 공공기관 예산은 731.7조 원, 지방공기업 56.5조 원, 지방출자출연기관 10.3조 원으로서, 정부예산은 512.3조 원의 1.6배에 달한다.

지금까지는 중앙정부 및 지방정부 산하의 공기업의 규모를 설명했을 뿐이지만 지정되지 않은 준정부 조직까지 고려한다면 우리나라에서 공공기관이 차지하는 비중은 훨씬 큰 것을 알 수 있다.[37)]

3) 우리나라 준정부조직의 성장과 역기능

(1) 준정부조직 관리의 난맥상

행정기관이나 사기업과 달리 준정부조직에서 특별히 경영관리상의 심각한 부작용이 일어나는 것은 무엇 때문일까?

준정부조직은 정부의 재정 지원 또는 국민의 부담금에 의해 운영되며, 국민 생활과 밀접한 분야에서 정부의 위탁을 받아 공공 서비스를 제공하는 조직이다. 이들 기관은 전통적인 정부조직과는 달리 주인인 국민, 위임인인 정부, 대리인인 준정부조직

37) 그러나 우리나라 공공부문 고용비중은 8~9%로 추산되며, OECD 평균 18.1%의 절반 미만 수준이다(국민일보, 2019).

이라는 복잡한 다층적 구조를 가지고 있다. 이들 기관은 정부조직과 다른 복잡한 주인-대리인 관계에서 발생하는 정보의 비대칭(asymmetric information)으로 인해 경영 효율성과 투명성이 결여되어 방만 경영이라는 비난을 지속적으로 받아오고 있다. 정권이 바뀔 때마다 정부에서 대대적으로 진행되어 온 '공공기관 정상화' 활동이 이를 잘 대변해 주고 있다고 하겠다.[38]

또한 준정부조직의 팽창은 방만한 경영을 초래하는 원인이 되고 있을 뿐만 아니라 자회사 신설이나 업무 영역 확대로 인해 민간 영역의 침해 사례가 발생하기도 한다. 특히, 공기업이 해야 할 일인지에 대한 논란의 중심에 있는 것이 사행산업이다. 이미 우리나라에는 카지노, 경마와 경정·경륜사업을 국가 및 지방공기업에서 시행하고 있다.[39]

이러한 문제점을 근본적으로 해결하기 위해서는 무엇보다도 준정부조직이 신설될 경우 목적과 필요성에 대해 객관적인 기준을 통하여 심사하는 일출심사(sunrise review)를 강화하고, 또한 환경 변화에 따른 조직에 대한 수요의 변화와 그동안의 성과 등을 종합적으로 분석하여 존속의 필요성을 엄격히 평가하는 일몰심사(sunset review)가 필요하다. 이러한 취지를 반영하여 새롭게 제정된 「공공기관의 운영에 관한 법률」에서는 준정부조직의 무분별한 설립을 방지하기 위해 공공기관운영위원회에서 기관 설립을 엄격하게 심사하도록 규정했다(동법 제7조).

그 밖에도 행정기관이나 준정부기관 등 모든 공공부문에 민간기업의 경영적 가치를 강조하는 방향으로 조직이 변형되어 가는 일종의 조직의 진화 현상이 일어나고 있다. 이러한 공공부문의 조직 변형이 우리가 당초에 기대한 대로 '해당 조직의 자율성, 효율성, 책임성이 증대되고 있는지, 오히려 조직의 역기능이 발생하고 있지는 않는지', 그리고 '사회 전체적인 측면에서 행정기관이 진화함으로써 더 많은 예산과 인력을 투입하고 있지 않는지' 등을 면밀히 분석해 볼 필요가 있다. 소위, '준정부조직의 역설(paradox of Quangos)'의 문제를 점검해야 한다.[40] 여기서 말하는 '준정부조직의

38) 박근혜 정부 때에는 임직원 경조사 시 경조금 지원(중소기업진흥공단), 평균임금에 가족수당·급식비를 포함(방송광고공사)한 사례까지 지적되기도 하였다(기획재정부, 2015).

39) 우리나라에는 국가공기업인 마사회, 강원랜드, 그랜드코리아레저와 3곳(서울, 부산, 창원)의 지방공기업에서 운영하는 경정·경륜사업이 있다.

40) 이 말은 '행정조직 패러독스'에서 유래했다. '행정기관의 역설'이란 선출직 정치인들이 맡고 있는 기관의 행정 책임성과 투명성이 전문 행정인들이 맡고 있는 기관의 그것보다 좋지 않다는 것을 내포하고 있는 말이다. 매슈와 맥코넬(Mathew & McConnel, 1999)은 기본적으로 대의 민주주의 원칙(principles of representative democracy)의 기대와 달리, 선출직이 맡고 있는 정부부서보다 비선출

역설'은 행정기관의 효율성을 높이기 위해 준정부조직을 만들어 행정기관이 수행하던 업무의 일부를 준정부조직에 위임했는데, 행정기관에서 수행하는 것보다 준정부조직이 오히려 비효율적으로 운영됨으로써 발생할 수 있는 부작용을 경계하는 용어이다.

우리나라 준정부 조직의 규모나 기능은 앞에서 살펴본 바와 같이 공식적인 정부조직을 능가하고 있으나, 관리나 통제에는 많은 문제점을 드러내고 있다.

첫째, 준정부조직은 독점적인 정부위탁 업무를 수행하다 보니 조직 경쟁력이 부족하고, 자율적인 책임경영 구축이 어려운 비효율적인 지배구조를 가지고 있다. 특히, 준정부조직의 형태가 표류하는 과정에서 등장하는 비효율적인 지배구조는 이러한 문제점을 더욱 악화시키고 있다.

둘째, 이들 준정부조직은 하나의 유기적인 조직체로서 끊임없이 외부 환경과 교호 작용을 거치면서 변화하게 된다. 설립 당시에는 정부 업무를 위탁하면서 공익적 목적을 가진 순수한 형태로 출발했다 하더라도 시간이 지남에 따라 구성원들의 살아남기 위한 몸부림 속에서 당초의 기관 설립 목표를 변경하거나, 목표 비중이 바뀌는 등의 변질·변형된 조직으로 표류하는 경우가 자주 일어나고 있다.

이러한 현상은 세월이 지남에 따라 해당 기관의 존재 목적이 불명확해지고, 정부의 지원과 관심이 소홀해진 중소 준정부조직에서 더욱 심하게 나타난다. 우리나라의 준정부조직은 이들 조직이 가지고 있는 속성인 정보의 비대칭성, 불멸성, 보편성, 다양성을 고스란히 안고 있다.

(2) 지방 준정부조직의 급격한 성장과 문제점

오늘날 대부분의 국가들은 방만했던 지방행정조직을 효율적으로 구조 조정한다는 명분으로 그 기능을 축소(downsizing)하고 있다. 이러한 지속적 감축관리로 인해 어느 정도 지방정부의 행·재정적 측면에서는 그 결실을 보았다고는 하나, 지방정부 준정부조직의 성장을 꼼꼼히 살펴보면 그러한 결론을 말하기에는 이르다고 판단된다. 지방정부에서 감축관리를 하면서 지방정부가 찾을 수 있었던 해법은 바로 지방정부 기능을 대신하는 준정부조직의 창설이었다.

[표 2-7]에서 보는 바와 같이 우리나라 준정부조직의 성장에서 가장 두드러지는

직이 맡고 있는 독립행정기관에서 수행하는 업무들이 더 투명성과 책임성을 확보하는 경우를 목격할 수 있다고 하면서 이를 역설적이라고 설명했다(The Next Step process has occasionally demonstrated another twist in the paradox: great independence from ministerial control can sometimes lead to great transparency).

표 2-7 2000년 이후 지방공기업 성장 대비표

		2000년	2020년	증감률(%)	특성
지방공기업	지방공사	63	66	▲4.8	소폭 증가
	지방직영기업	175	254	▲45.1	중폭 증가
	지방공단	33	87	▲163.6	대폭 증가

특징은 지방정부 준정부조직인 지방공단이나 지방직영기업이 대폭적으로 증가한 것이다. 지방자치제 실시 이후 지방공기업의 설립은 빠른 속도로 증가하고 있는데, 특히 지방직영기업과 지방공단의 숫자가 크게 늘어나고 있음을 주목할 필요가 있다. 즉, 지방공사는 2000년 63개이던 것이 2020년에는 66개로 소폭(4.8%) 증가했지만, 지방직영기업과 지방공단은 각각 175개에서 254개(45.1%), 33개에서 87개(163.6%)로 대폭 증가했다. 당초 「지방공기업법」의 입법 취지에서는 공·사 혼합 형태인 지방공사의 활성화를 기대했으나 실질적인 결과는 그 반대로 나타나고 있다.

우리나라에서 가장 빠른 성장세를 보이고 있는 지방공단은 사실상 지방정부에서 수행해야 할 업무를 위임 또는 위탁받아 수행하는 전형적인 준지방정부조직들이다. 이는 지방행정기관이 단일목적기관으로 변형한 준정부조직화(quangocracification)라고 할 수 있다. 이러한 행정기관의 변형이 사회 전체적인 측면에서 바람직하다고 할 수 있을 것인가를 짚어볼 필요가 있다.

지방준정부조직의 생성 및 증가에 관한 연구는 국내보다는 국외에서 더 활발하게 진행되고 있다.

에거 3세(Eger Ⅲ, 2005)에 따르면 행정조직의 업무를 준정부조직에 위임하는 현상은 정책 수립 업무를 주로 하는 중앙정부보다는 정책집행 업무의 비중이 큰 지방정부에서 더욱 빈번하게 일어나고 있음을 강조하고 있다. 쓰레기 처리, 생활환경 문제 등 주민의 일상사에서 일어나는 업무를 수행하기 위해서는 지방정부 행정기관에서 직접 업무를 수행하는 것보다는 준정부조직을 만들어 위임하는 것이 주민들의 불만에서 멀어질 수 있기 때문이다.

한편, 모리스와 셰크하(Morris & Shekhar, 2002)는 지방준정부조직의 성장에는 지방자치단체장의 정치적 유인이 크게 작용하고 있다고 주장한다. 정치적으로 투표 유인이 잘못 작동하게 되면 주민들이 불만을 직접적으로 받아야 하는 행정조직보다는 변형된 준정부조직을 선호하게 된다는 것이다. 이러한 지방 준정부조직들은 지방정부

에서 수행하던 공공 업무를 위임 또는 위탁하는 과정에서 구체적인 법적 근거나 체계를 가지지 않고 무분별하게 변형된 조직으로 생성되었기 때문에, 이를 '그림자 조직'이라고도 한다(Roche, 2005).41)

여기서 말하는 '지방정부 그림자조직'은 변형된 준정부조직 중에서도 변형의 체계가 복잡하고 변형 경로가 정형화되지 못해 관리·운영상의 난맥상을 드러내고 있는 기관을 말한다. 지방정부 소속의 준정부조직을 특히 '지방정부 그림자 조직'이라고 하는 이유는 지방정부의 지원을 받아 설립되었지만 세월이 지나면서 지방정부의 지원도 감소되고, 조직의 임무와 목표도 불명확해지면서 조직의 생존 자체를 위해 조직운영이 심하게 왜곡되고 변형되는 현상이 지방 준정부조직에서 더 많이 발생하기 때문이다. 이들 조직이 안고 있는 가장 큰 본질적인 문제는 '생기기만 하고 없어질 줄 모르는 속성'을 가지고 있다는 것이다.

이러한 관리의 난맥상을 안고 있는 준정부조직을 효율적으로 관리하기 위해서 앞으로 준정부조직 개혁 방향을 어디에 초점을 두고 진행되어야 할까?

앞으로 우리의 준정부조직에 대한 관심은 얼마나 많은 기관을 통폐합하고 민영화하느냐에 둘 것이 아니라, 준정부조직이 얼마나 기존의 설립 목적에서 변형되었고, 변형된 준정부조직이 기존의 준정부조직보다 얼마나 효율적으로 운영되느냐에 관리의 초점을 두어야 한다. 지금까지 국민들의 준정부조직에 대한 관심은 사실상 법률 등에 의해 체계적으로 관리되고 있는 대규모 중앙정부 산하 준정부조직에 국한되었다고 할 수 있으며, 이들의 책임경영을 위한 민영화나 조직 통폐합에 집중되어 있었다고 해도 과언이 아니다. 그러나 앞으로 준정부조직 연구의 기본 방향은 [그림 2-12]에서 보는 바와 같이 인위적으로 정부에서 변화를 유도했든(공식적 진화 과정을 거친 준정부조직), 아니면 조직 내 구성원들의 자발적 노력에 의해 변화되었든지(비공식적 표류 과정을 거친 준정부조직)를 막론하고, 이들 변형된 중소 준정부조직들의 체계와 성과, 그리고 내재되어 있는 문제점에 대한 심도 있는 연구가 필요하다.

특히, 우리나라에서 행정개혁의 바람이 크게 불기 시작한 2000년 이후에 지방행

---

41) 지방정부 그림자(shadow) 조직이란 "공공 서비스 제공을 위해 민간조직과 공공조직이 합작하여 창설한 조직 형태로, 지방의 민간위탁(contracting-out) 조직이나 준공공기관(quasi-public agencies)을 포함하는 개념"으로 보고 있다(www.aft.org/pubs-reports/pubemps/shadow_govt.pdf). AFT 보고서에 따르면, 지방정부의 그림자 조직이 성장할수록 관료에 대한 처우 문제와 공공 서비스 공급 문제에서 위협적인 존재로 작용할 수 있다고 지적하고, 지방정부 그림자 조직의 성장을 마치 마피아 조직의 성장과 유사한 형태라고 지적하며, 이를 암적인 존재로 묘사하고 있다.

그림 2-12 준정부조직에 대한 연구 방향

행정기관 → 중앙정부 준정부조직 → 지방정부 준정부조직

행정기관
- 다양한 규모
- 법적 변형
- 국민적 관심 상존

중앙정부 준정부조직
- 대규모 기관
- 제도적 성장 · 변형
- 국민적 관심 점증

지방정부 준정부조직
- 소규모 기관
- 자연발생적 변질 · 변형
- 국민적 관심이 미약

정기관이 단일목적기관으로 변형된 것이 과연 사회 전체적인 측면에서 바람직하다고 할 수 있을 것인가 검토해 보아야 한다.[42]

이상철 외(2006a/2006b)는 지방자치단체 산하 하수종말처리장과 문화예술회관을 사례로 하여 우리나라 지방정부 준정부조직의 표류 전과 후의 경영효율성을 비교 · 측정했는데, 그 결과는 오히려 지방정부 직영 형태가 더 효율적인 것으로 나타났다. 지방정부 행정기관이 지방 준정부조직으로 전환되면 「지방공기업법」에 의해 경영평가를 받아야 한다. 이들 기관의 관리자들이 당장 경영평가를 잘 받아 외부의 지원을 원활하게 확보하기 위해 지나치게 단기 생산성을 강조한 결과, 조직의 장기적인 이익 균형점보다는 단기적인 이익 증대에 초점을 두고 경영하기 때문에, 적기에 필요한 사본적 지출을 회피하는 이른바 역 A-J효과[43]의 문제점이 관찰되기도 했다.

(3) 「지방자치단체 출자 · 출연 기관의 운영에 관한 법률」 제정

이와 같이 지방정부 그림자 조직은 우리나라 준정부조직 관리의 난맥상을 웅변적

---

42) 최근 중앙정부 산하 준정부조직보다도 훨씬 빠른 속도로 성장하고 있는 지방준정부조직을 대상으로 하여 이들 기관이 변형되기 전인 행정기관 형태(department)일 때와 변형 후인 준정부조직 형태(Quagos)일 때, 또는 공단(public authority) · 공사(public corporation)에서 민영화로 전환된 후의 조직효율성을 비교 · 분석함으로써 그 차이를 규명할 수 있다. 예를 들어, 현재 쓰레기 처리업무를 수행하고 있는 행정기관형과 공단형 중 어느 쪽이 더 효율적인가를 자료포락분석(Date Envelop Analysis)을 통해서 분석할 수 있다. 쓰레기 처리업무 기관이 통상적으로 행정기관형 → 공단형으로 진화했을 때, 오히려 원래의 행정기관형이 바뀐 공단형보다 조직운영이 더 효율적이라면 조직 형태를 바꾸지 않는 것이 더 바람직하다. 결론적으로, 앞서 설명한 공단형 지방정부 준정부조직의 패러독스가 규명된다고 할 수 있다(이상철 외, 2006a; 2006b).

43) 적정한 공공요금 인상이 생산비용 증가보다 늦어져서 허용투자 보수율과 시장수익률의 역전 현상으로 인해 적정한 설비 증가와 시설 보수가 이루어지지 못하고, 추후에 더 큰 비용이 요구되는 현상을 역 A-J효과라고 한다. 1970년 후반 미국에서 전력요금 인상이 늦어져 적기의 전력설비 투자가 이루어지지 못해 많은 추가 비용을 치른 사례가 있다. 자세한 것은 제6장의 공기업의 요금정책 중 A-J효과를 참고하기 바란다.

표 2-8 부산광역시 출자·출연기관 현황

	기관명 (설립일)	사업 내용	기구·인력 (정/현원)	지원 내용	설립 근거
출자기관 (2)	(주)벡스코 ('95.12.5)	전시회 개발 및 개최, 국제회의, 행사유치 등	2본부 10실 (83/79)	정부 및 시 출연금, 민행보 및 자체수익금	지자체 출자출연 기관의 운영에 관한 법, 상법, 조례
	아시아드CC(주) ('97.1.10)	아시아드 골프장 운영 등	1실 6팀 (35/32)	출자금, 자체수익금으로 운영	지자체 출자출연기관의 운영에 관한 법, 상법, 조례
출연기관 (17)	부산의료원 ('82.7.1)	지역주민 진료사업	2처 5부 2실 1센터 21진료과 (619/580)	시 출연금	지방의료원법 조례
	(재)부산여성가족개발원 ('08.5.1)	여성·가족 정책개발 양성평등문화 확산	2실 3수탁기관 (20/18)	시 출연금	민법, 조례
	(재)부산연구원 ('92.8.18)	시정연구사업	6실 2센터 (97/89)	시 출연금, 자체수익 등	지방연구원법 민법, 조례
	(재)부산영어방송재단 ('08.9.26)	영어FM방송국 운영	1본부 3팀 (16/16)	시 출연금 및 자체수익 (광고·협찬)	민법, 조례
	(재)부산경제진흥원 ('08.2.1)	중소기업 종합지원 및 일자리 창출	1실 2본부 1센터 1수탁센터 (149/130)	정부·시 출연금·보조금·민간 출연금	중소기업진흥법, 민법, 조례
	부산신용보증재단 ('00.3.1)	중소기업 신용보증 구상채권관리, 경영지도	2본부 2센터 4부 1실 7지점 6팀(104/110)	정부 및 시 출연금, 금융회사 출연금	지역신용보증재단법
	(재)부산디자인진흥원 ('06.6.12)	디자인산업 육성지원	1실(2팀 1TF) 2본부(5팀) (52/43)	시 출연금(민경보, 민자보)	산업디자인진흥법, 민법, 조례
	(재)부산테크노파크 ('99.12.18)	산업기술단지조성, 신기술, 창업보육지원	7단 3실 1부속센터 (180/165)	정부(시) 출연금·보조금, 민간자금, 자체수익 등	산업기술단지법 민법, 조례
	(재)부산정보산업진흥원 ('02.6.29)	정보통신문화콘텐츠 산업 육성진흥	1실 2본부 7부 1팀 (65/62)	정부·시 출연금·보조금, 민간자금 등으로 운영	민법, 조례
	(재)부산복지개발원 ('06.3.24)	복지정책 개발 및 사회복지현안 조사연구	2실 3부 1팀 1지원단 1실무추진단 (28/24)	시 출연금	민법, 조례

부산문화재단 ('09.1.21)	문화예술 활동지원 학예진흥 지원 등	2본부 1센터 1실 10팀 (37/34)	시 출연금 및 민간위탁금	지역문화진흥법 조례
부산국제교류재단 ('05.11.25)	국제교류・협력사업 부산거주외국인 지원	4팀 1센터 (28/23)	시 출연금 및 보조금	민법, 조례
(재)영화의전당 ('11.7.22)	영화의전당 관리 운영 부산국제영화제지원	1처 9팀 1TF (129/116)	시 출연금 및 자체수익금	민법, 조례
(재)부산도시 재생지원센터 ('15.6.23)	도시재생 관련사업 지원 등	1사무국 5팀 2TF(30/22)	시 출연금, 보조금, 자체수익 등	도시재생법 민법, 조례
(재)부산산업 과학혁신원 ('15.7.14)	과학기술정책수립, R&D기획 및 대형사업 유치	3본부 1실 9팀 (59/40)	시 출연금, 보조금, 자체수익금	민법, 조례
(재)부산문화회관 ('16.8.17)	부산문화회관・부산시 민회관 및 부산시립예 술단 관리운영	3본부 10팀 (97/90)	시 출연금, 보조금, 자체수익금	민법, 조례
(재)부산인재평생 교육진흥원 ('16.12.26)	창의인재육성 및 평생교육진흥	1실 1부 3사업단 (22/22)	시 출연금	평생교육법 민법, 조례

자료: 부산광역시(2020).

으로 보여 주는 사례라고 하겠다. [표 2-8]에서 보는 바와 같이 부산시만 하더라도 민법, 조례, 그리고 다양한 설립 관련법에 근거한 출자・출연기관이 있다. 부산의료원(1982년 설립)과 부산연구원(1992년 설립)을 제외하고는 대부분이 지방자치제가 도입된 1995년 이후 설립되었고, 2000년 이후 집중적으로 창설되었음을 알 수 있다.

앞에서 지적한 바와 같은 지방 정치권의 준정부조직의 남설 방지와 효율적인 관리를 위하여 정부에서는 2014년 「지방자치단체 출자・출연 기관의 운영에 관한 법률(약칭: 지방출자출연법)」을 제정하여 엄격하게 법적 정당성을 가지고 관리하도록 하였다. 이 법은 지방자치단체가 출자(出資)하거나 출연(出捐)하여 설립한 기관의 운영에 필요한 사항을 정하여 그 기관의 경영을 합리화하고 운영의 투명성을 높임으로써, 지역주민에 대한 서비스 증진에 이바지함을 목적으로 하고 있다.

이 법에서는 지방공기업과 같은 경영평가(동법 제28조), 경영진단(동법 제30조), 경영공시(동법 제32조)를 실시하도록 하고, '출자・출연 기관 운영심의위원회'를 설치하여 출자・출연 기관의 설립・운영의 타당성, 임원에 대한 해임 또는 해임 요구, 경영실적 평가 대상기관의 선정, 경영진단 대상기관의 선정, 경영진단 결과 필요한 조치 등을 심의・의결하도록 하고 있다(동법 제6조). 이 법은 학계를 중심으로 지속적으로 지적해 온 지방준정부조직의 문제점을 해결하기 위한 단초를 마련하였다고 할 수 있다.

그러나 지방출자출연기관 등 지방준정부조직은 계속해서 늘어나고 있다.[44] 지방출자출연기관은 1999년 141개에 불과하던 것이 2015년 618개, 2023년 현재 850개로 계속 증가하고 있다.

이런 점에 착안하여 윤석열 정부에서는 소규모 인력(10인 이하)으로 운영되는 기관이나 동일 사업 분야에 유사 지방공공기관이 존재하여 통합하여 운영하는 것이 효율적인 경우 통합하고, 설립목적을 달성하였거나 향후 존속 시에도 연속적이고 안정적인 사업이 없다고 판단되는 경우 폐지하는 것을 골자로 하는 지방공공기관 정책 기본방향을 제시하였다(행정안전부, 2022).

앞으로 유사한 업무를 수행하는 준정부조직의 남설을 줄이는 방안을 강구하고, 이미 운영 중인 지방준정부조직이라고 하더라도 실질적인 책임경영이 이루어질 수 있도록 내실 있는 관리가 뒤따라야 할 것이다.

정리문제

1. 공기업의 일반적인 기능을 설명하고, 공기업의 기능과 관련하여 공기업의 설립 동기를 기술하시오.
2. 공기업이 생성되는 이유를 한 나라의 정치・경제의 상호작용과 관련하여 설명하시오.
3. 준정부조직의 생애주기(life cycle)와 관련하여 준정부조직이 행정기관이나 사기업과 다른 특징을 추론하시오.
4. 최근 공공부문에서 책임경영 및 경영효율성 제고를 위한 방안으로 준정부조직이 생성되는 경로를 설명하시오.
5. 준정부조직 성장의 역기능을 적시하고, 이를 해결하기 위한 정책적인 대안을 논술하시오.

---

44) 지방출자출연기관은 ('99년) 141개 → ('03년) 227개 → ('07년) 337개 → ('12년) 492개 → ('15년) 618개 → ('20년) 742개 →('23년) 850개(출연기관 750개, 출자기관 100개)로 증가했다.

CHAPTER 03 공기업의 이념 및 법적 체계

공기업의 기본 이념은 공공성과 기업성이다. 공기업은 기본 이념을 달성하기 위해 경영 목표와 경영 원칙을 가지고 있다.

우리나라의 공기업은 기본 이념인 공공성과 기업성을 달성하기 위해 지속적인 노력을 기울여 왔다. 그 대표적인 사례가 공기업 관련 실정법을 지속적으로 정비해 온 것이라고 할 수 있다.

제1절에서 공기업의 기본 이념 및 이와 관련한 공기업의 경영 목표와 경영 원칙을 살펴보고, 제2절에서 국가 거버넌스상에서 공기업의 법적 위치를 알아본 후, 제3절에서 우리나라 공기업과 관련된 실정법을 체계적으로 살펴보기로 한다.

제 1 절 공기업의 기본 이념

역사적으로 공기업이 각광을 받기 시작한 것은 1936년 케인스(J. M. Keynes)가 '고용·이자·화폐의 일반이론'에서 불황기에는 국가에서 재정자금을 투입하여 수요를 창출해야 한다고 주장하면서부터라고 할 수 있다(박영희 외, 2005).[1] 이때부터 공기업은 불가피하게 정부와 시장 사이에서 자기의 역할을 찾기 시작했다.

1) 그 전까지만 하더라도 1776년에 발간된 스미스(A. Smith)의 『국부론』의 영향을 받아 국가는 시장에 개입하지 않는 것이 최선이라고 믿고 있었다.

공기업을 지탱하는 두 가지 기본 관리 철학인 '공공성(public service)과 기업성(entrepreneurship)의 조화'는 공기업이 처한 정부와 시장의 상호작용(interaction)에서 적정한 균형점을 찾는 데 있다.

1 공기업의 공공성과 기업성

공기업은 공공성과 기업성이라는 두 가지 지배 원리에 의해 운영된다. 공기업은 무엇보다도 국가 또는 공공단체에 의해서 설립되고 지배되므로, 사기업에서는 볼 수 없는 공적 이익을 구현하기 위한 여러 가지 법적인 제약이 따른다. 또한 공기업은 속성이 기업인만큼 공공성뿐만 아니라 기업 조직으로서 갖추어야 할 최소 기준인 이윤 추구라는 기업성도 함께 갖추어야 한다.

1) 공공성의 의의

공기업이 갖고 있는 공공성은 공적 소유 · 공적 지배 · 공공 목적 · 공공 서비스 · 공적 규제의 개념 구성 요소에서 인식되어야 한다. 공적 소유와 지배는 공기업으로 하여금 공공 목적을 우선적으로 염두에 두어 경영하게 하고, 공공 목적을 실현하기 위해서 공기업은 불가피하게 공공 서비스를 제공해야 한다. 따라서 공적 서비스에는 반드시 공적 규제가 따르기 마련이다. 공기업이 사회 · 경제적 정책을 실현하는 도구로서의 기능을 수행해야 한다는 주장은 무엇보다도 공기업이 가지고 있는 공공성을 강조한 것이라고 할 수 있다.

위에서 말한 다섯 가지 공공성을 구성하고 있는 개념 요소들은 서로 개념적 기초와 목적 및 수단의 기능을 수행하고 있다. '목적의 공공성'은 소유의 공공성과 지배의 공공성을 기초로 하고 있으며, '목적의 공공성'을 실현하기 위해서는 서비스의 공공성과 규제의 공공성을 그 수단으로 한다. '목적의 공공성'은 공중 내지 주민의 이익 증진이라는 공기업의 종국적 목적 그 자체를 의미한다.

[그림 3-1]에서 보는 바와 같이 논리적으로 '소유의 공공성'과 '지배의 공공성'을 기초로 하여 '목적의 공공성'이 발생하고, '목적의 공공성'을 실현하기 위해 '서비스의 공공성'과 '규제의 공공성'이 수단으로 존재하게 된다.

그림 3-1 공기업의 공공성 논리 전개

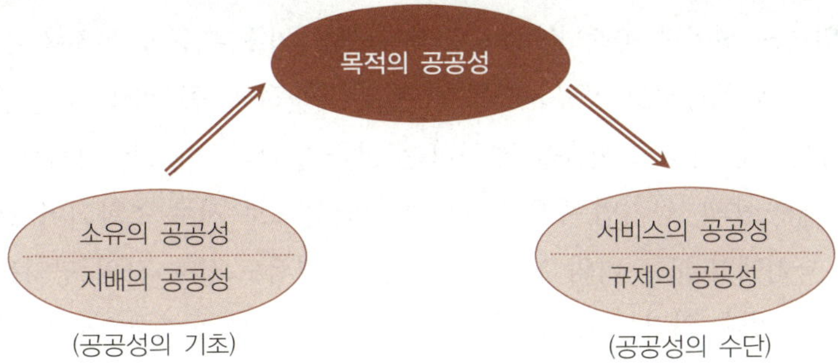

자료: 大島國雄(1984: 35)의 논리를 재구성.

2) 기업성의 의의

공기업도 일반 사기업과 마찬가지로 이윤 추구를 목적으로 활동하는 부가가치 생산 조직이다. 그러기 위해서 공기업은 하나의 기업으로서 기본적으로 요구되는 의사결정의 독립성을 갖춘 생산주체이어야 한다. 생산주체인 공기업의 기업성은 독립채산성과 생산성을 그 개념 요소로 한다.

일반적으로 기업이란 시설·원재료·아이디어를 매개로 다수인의 협동에 의해 고객에게 판매해야 할 상품이나 서비스를 자기 채산에 의해 생산하는 조직을 말한다. 즉, 기업이란 이윤의 극대화를 목적으로 지속적으로 상품이나 서비스를 생산하고 판매하는 생산주체이다. 공기업도 이러한 이윤 획득을 위한 상품이나 서비스 생산을 목적으로 하고 있다. 그러나 공기업의 기업성은 기본적으로 공적 요구와의 결합에 의하여 구체화된다는 점에서 사기업과 차이가 있다. 공기업은 사기업에서 추구하고 있는 철저한 채산성과 능률성이란 장점을 최대한 반영하여 공공성의 실현이 극대화되도록 해야 한다는 논리이다. 따라서 공기업의 기업성을 구성하는 원리로서 독립채산제 원칙이 강조되고 있지만 그 자체가 목적이 될 수는 없다. 공기업의 기업성은 공기업의 공공적 목적을 달성하기 위한 수단으로서의 의미를 가지는 개념이지, 그 자체가 공기업의 목적이 될 수는 없는 것이다.

3) 공기업의 공공성과 기업성의 조화

공기업에서의 공공성과 기업성은 공기업이라는 조직체 내에서 얼핏 보기에는 독립적인 영역을 지니면서 양립되어 있는 것처럼 보이지만, 양자는 서로 영향을 미치면서 보완적 작용을 할 수 있는 관계에 있다.

공기업의 공공성이란 공적 소유와 공적 지배를 기초로 공공 목적을 수행하기 위해 공공 서비스를 제공하고 공공규제를 받는 것을 뜻하며, 공기업의 기업성이란 독립채산성과 생산성을 기초로 이윤을 추구하는 것을 말한다. 따라서 양자는 '공기업 목적으로서의 공공성'과 '공기업 수단으로서의 기업성'으로 서로 조화되어 있다. 즉, 양자는 [그림 3-2]에서 보는 바와 같이 서로 양립하면서도 상호 간의 영역을 존중하는 구조를 가지고 있다. 양자는 대립하기보다는 오히려 서로 협조함으로써 공기업의 시너지 효과를 가져올 수 있는 보완적 관계이다.

공기업의 기업성이 공공성을 침해할 수 없으며, 공기업의 공공성은 그 기업성이

그림 3-2 공기업에서 공공성과 기업성의 조화

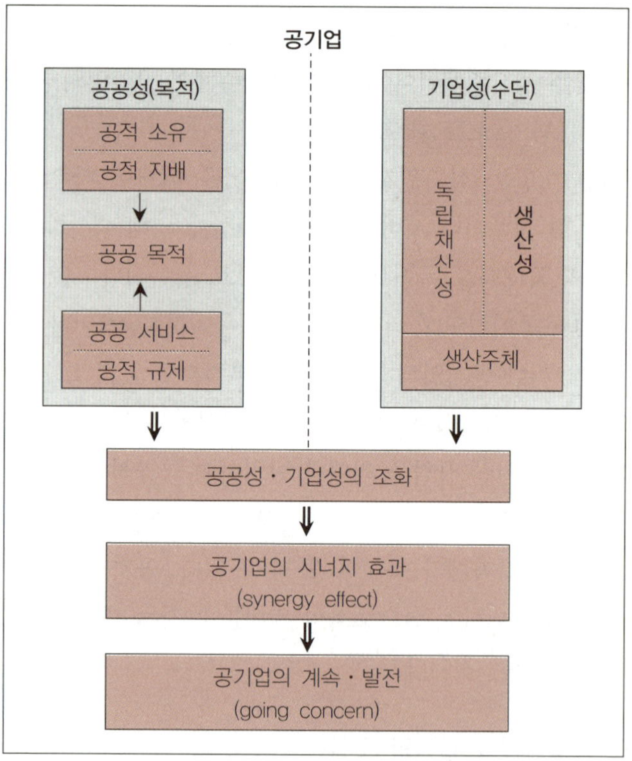

자료: 大島國雄(1984: 35), 안용식(1996: 71), 안광일(1994: 31)을 종합하여 재구성.

달성될 때 이루어질 수 있는 것이다. 적자 상태의 공기업은 공기업의 기업성만 훼손하는 것이 아니라 궁극적으로 공공성에도 많은 악영향을 끼치게 된다. 기업성이 없는 공기업이 도산하게 되면 결국 공기업의 소유 및 지배주체인 정부와 국민의 부담으로 전가될 수밖에 없기 때문이다.

4) 우리나라 공기업의 공공성과 기업성 평가

공기업은 공적 소유권 제도의 특성으로 인해 소유-경영-감독의 세 가지 개별 주체가 분리되어 있기 때문에 공공성과 기업성의 부조화가 발생하고, 나아가 공기업 비효율이 발생하는 원인이 되기도 한다. 이 세 가지 주체 상호 간 이해관계의 불일치를 어떻게 조화롭게 해결할 것인가가 공기업 운영의 비효율을 줄이는 핵심이라고 하겠다.

첫째, 우리나라 공기업의 비효율적 운영의 근본 원인은 공적 소유권 제도에서 기인하는 공적 소유와 감독이 공기업 관리자의 경영자율성을 지나치게 훼손함으로써, 공공성에 비해 기업성이 많이 손상되고 있음이 지적되고 있다. 앞에서 언급한 바와 같이 공기업의 효율성은 공공성과 기업성이 양립하면서도 서로의 영역을 존중하고 조화를 이룰 때 비로소 달성될 수 있는 것이다. 따라서 공기업의 공공성과 기업성의 조화로운 운영으로 조직의 최대 효과를 달성하기 위해서는 두 영역을 담당하는 관계자들의 역할을 명확하게 규정하는 것이 무엇보다도 중요하다.

이런 맥락에서 우리나라 공기업 경영의 효율성을 높이기 위해서는 공기업 소유감독권은 정부에 둔다고 하더라도, 공기업 경영만큼은 공기업 관리자에게 최대한 자율적 운영이 보장되도록 해야 한다. 공적 소유권에서 기인하는 정부의 지나친 공기업에 대한 간섭은 경영자로서의 자질이 있는 사람조차도 충분한 경영 능률을 발휘할 수 없게 하거나 무사안일주의로 빠지게 할 가능성이 높다. 또한 법령과 예산 등에 의해 관리상 많은 제약을 받기 때문에, 공기업 관리자들의 업무 재량이 제한되어 사기업과 같은 경영 활동에 있어서 창의성을 발휘할 수도 없다.

그 밖에도 공기업은 행정기관으로부터의 회계검사와 직무감사를 수시로 받고 있어 업무보고의 번잡으로 인해, 경영 능률이 사기업에 비해 떨어지는 단점도 가지고 있다. 다시 말하면, 공공성을 강조하는 소유·감독기관과 기업성을 강조하는 공기업 경영진 간의 부조화에서 기인하는 많은 문제점을 안고 있는 것이다. 이러한 부작용을 해결하기 위해서는 소유권을 가진 정부의 감독 범위를 일상적인 것보다는 공기업 경영 결과에 한정할 필요가 있다.[2] 공기업의 경영 목표를 분명히 하고 사전에 감독할 업무 범위를 명확히 목록(list)화해야 한다. 그 대신에 공기업의 경영 결과에 대한 사후평가는 엄중하고 철저하게 하여야 한다. 사후 경영평가에 대한 책임은 기관 자체뿐만 아니라 공기업 경영진 개개인에게도 반드시 물어야 한다.

둘째, 공기업 원리에서 볼 때 우리나라 공기업의 또 다른 문제점은 기업성을 지나치게 강조한 나머지 불필요한 부문에까지 공기업의 업무 영역을 확장해 나가고 있다는 점이다. 일부 국가공기업이 자회사를 만들어 방만하게 민간 영역에 진출하거나 지방자치단체에서 지방공기업을 만들어 사행산업에까지 진출하는 것은 공기업의 독립채산성을 확보하기 위한 불가피한 조치라고 하지만 재고되어야 한다. 민간부문이 할 수 있는 영역은 사기업에 맡기는 것이 자본주의 경제 체제의 기본이다. 지나치게 이윤 추구를 강조한다면 공기업의 '목적으로서의 공공성'과 '수단으로서의 기업성'을 모두 잃게 된다. 공기업은 그 지배 원리인 공공성과 기업성이 목적과 수단으로 양립된 관계에서 상호 조화롭게 운영될 때 그 존재 가치가 있다.

2 공기업 경영의 자율성과 책임성

'공공성과 기업성'을 공기업의 기본 원리라고 한다면, '자율성과 책임성'은 공기업 관리의 기본 원칙이다.

현대 산업자본주의 사회는 공기업의 창설을 통해 경제개혁을 실현하기도 하지만, 다른 한편으로는 공기업 자체의 내부 경영개혁이 강력히 요구되기도 한다. 이러한 점은 제2차 세계대전 이후 세계 각국이 당면하고 있는 공통된 과제로서, 공기업 이론가들은 이러한 시대적 과제를 강조하여 현대를 '공기업 혁명의 시대'라고 부르고 있다(大島國雄, 1984: 91-92). 자본주의의 성숙과 함께 생성되어 온 공기업이 자본주의 변화와 함께 자기 혁신을 모색해야 함은 필연적 과제이다. 이와 같은 공기업의 개혁 문제를 논하기 위해서는 공기업의 본질과 경영상의 근본 문제에 관한 논의가 선행되어야 할 것이다.

공기업 경영상의 실제적인 근본 문제는 공기업 경영의 '독립적 자율성(indepen-

2) 프랑스 정부는 공기업과 일종의 계약을 체결하여 정부가 해당 공기업으로 하여금 얻고자 하는 사회·경제적 목적을 분명히 하고, 그 테두리 안에서 공기업에게 철저한 자율성을 부여했다. 이러한 자율성 부여로 인해 공기업인 르노(Renault)가 사기업인 푸조(Peugeot)를 누르고 경쟁에서 이길 수 있는 원동력이 되었다는 평가가 있다(유훈, 1995).

dent autonomy)'과 '공적 책임성(public accountability)'의 문제이다. 공기업에 대한 효과적인 통제는 공기업 경영진의 자율성과 책임성 두 가지를 어떻게 조화시키느냐에 달려 있다.

이를 위해, 공기업의 목표를 사회적 책임성을 완수할 수 있는 방향으로 수립해야 하고, 이러한 목표는 공기업의 자율적인 경영 수단에 의해 추진될 수 있도록 해야 한다. 공적인 사회적 책임성이 있는 공기업의 경영 목표를 자율적인 공기업 경영 원칙으로 달성하는 것이 공기업의 기본 관리 원칙이다.

3 공기업의 경영 목표

공기업의 목표가 무엇인가에 대해서는 여러 가지 학설이 있는데,[3] 그 중 마졸리니(Mazzolini)의 '이윤 목표'와 '도구 목표'가 가장 많이 활용되고 있다. 마졸리니가 제시한 공기업 존립 목표(existential goal)는 공기업의 기본 원리인 '공공성과 기업성', 공기업의 기본 관리 원칙인 '책임성과 독립성'을 가장 잘 표현하고 있어 자주 인용되고 있다.

이윤 목표(profit goal)는 공기업의 기업성과 독립성을 강조하는 것으로(유훈, 1984: 54), 공기업이 적절한 수준의 수입을 유지하여, 정부에 최소한의 보상을 기대하는 것을 의미한다. 도구 목표(tool or instrument goal)는 공기업의 공공성과 사회적 책임성을 강조하는 것으로(유훈, 1984: 54), 이 관점에서 정부는 공기업을 사회·경제적 정책 실현의 도구로 이용한다.

모든 공기업은 이 두 가지 목표를 동시에 추구하고 있는데, 어느 쪽이 더 강조되어야 하는가는 그 나라의 전통이나 상황에 따라 다르다. 공기업을 국유화해야 하는 특수한 정치·경제적 구조조정의 상황에 있는 국가에서는 이윤 목표보다 도구 목표가 중요시된다.

---

3) 사이먼(H. A. Simon)과 엘사스(V. Elsas)는 공기업의 목적이 공공복리 증진에 있다고 하여 '추상적 목적설'을, 리프만(R. Liefmann)과 하이만(E. Heimann)은 공기업의 영리성을 강조하는 '영리목적설'을, 엘리엇(S. Elliot)은 공기업의 활동 내용으로서 서비스 제공이나 상품 생산을 강조하는 '사업목적설'을 주장하며, 롭슨(W. A. Robson)은 공기업의 목적을 모든 공기업에 동시에 적용할 수 있는 단일형으로는 나타낼 수 없다고 하여 '불가지설(不可知說)'을 주장하고 있다(안용식, 1996: 53-56; 안광일, 1994: 22-24).

4 공기업의 경영 원칙

공기업을 통해 실질적으로 이윤 목표와 도구 목표를 달성하기 위해서는 어떠한 경영 원칙에 따라 운영해야 하는가가 중요한 문제로 등장한다. 공기업이 추구해야 할 기본적인 경영 원칙에는 일반적으로 ① 공공 서비스 원칙, ② 공공규제 원칙, ③ 독립채산제 원칙, ④ 생산성 원칙 등이 거론된다(안광일, 1994: 24-26).

1) 공공 서비스 원칙

공기업의 경영 활동은 한 나라 경제에서 산업 기반적인 것, 생활 기반 내지 생활 필수적인 것이 대부분인데, 이것은 국가경제의 기초를 형성하는 것이다. 공기업이 수행하고 있는 경영 활동의 대부분은 일반 사기업이 수행하기에는 적정 범위를 넘어서는 대규모 사업으로 이루어져 있다. 따라서 일정 한도 이하로 분할할 수 없는 대규모 일괄성을 지니고, 때로는 산업 개발이나 지역 개발과 같이 국가의 방향을 제시하는 계획지향성을 띠고 있다.

자본주의 사회에서는 이러한 경제 분야가 사기업에 의해 이루어질 수 없으므로, 공기업에 위임하여 수행하고 있다. 공기업이 제공하는 이러한 서비스를 통칭하여 공공 서비스라고 한다.

2) 공공규제 원칙

공기업에 대한 정부의 통제 근거는 어디까지나 공적 소유에 바탕을 두고 있다. 공기업은 공적 소유에 기초하고 있고, 공기업이 제공하는 서비스가 국민이나 사기업에 지대한 영향을 미치므로, 소유주체인 정부가 공기업 경영 활동의 기본 사항에 대해서 감독하고 통제하는 것은 당연하다. 이를 규제의 공공성 또는 공공규제의 원칙이라 한다.

본래 공기업의 주인은 국민이지만 국민에 의한 직접경영은 불가능하다. 따라서 공기업은 경영자에 의한 대리 경영 형태로 운영된다. 여기서 공공 목적을 확보하는 수단으로서 공기업의 공적 책임에 따른 공공규제가 요구되는 것이다.

3) 독립채산제 원칙

독립된 조직에 의해 생존에 필요한 재원을 스스로 마련하고 처분하는 것을 독립채산제라고 한다. 독립채산제는 다분히 물질적 자극성에 의한 동기유발 제도(incentive system)와 인간의 합리적 가치관에 기초하고 있다(大島國雄, 1985: 74-78). 공기업도 기업 조직이다. 따라서 기업은 자기 성장의 기회가 있을 때 동기가 유발되고, 그 동기는 경제적인 이익이 있을 때 자극될 수 있다.

공기업은 정부로부터 독립한 자주적인 경영 실체로서 독립성(independence)과 자율성(autonomy)을 지녀야 하며, 그러기 위해서는 모든 활동에서 지출을 수입에 의존하는 수지균형성의 원리에 의해 운영되어야 한다. 또한 국민경제의 발전에 순응할 수 있는 확대 재생산의 재원을 스스로 확보할 수 있어야 하고, 이는 조직에 적정한 보상제도(reward system)가 구비될 때 이루어진다.

이와 같이 공기업의 기본적인 경영 방식으로서 자율성 · 책임성 · 물적 자극성 등을 중심 원리로 하는 분권적 재무관리의 개념과 수지균형성 · 수익성 · 가치합리성 등을 중심 원리로 하는 독립적 재무관리의 개념이 유기적으로 결합되어 공기업의 기업성은 비로소 실현될 수 있다(정오근, 1988: 102-103). 일반적으로 독립채산제라고 하면 수지의 채산성에만 치중하는 경향이 있으나 재무적 분권관리가 유기적으로 결합되어 있다는 점을 인식해야 한다.

일반적으로 독립채산제를 달성하기 위한 기본 원칙에는 수지적합의 원칙, 자본의 자기조달 원칙, 이익금의 자기처분 원칙을 그 요소로 하고 있다.

(1) 수지적합의 원칙

수지적합의 원칙은 공기업의 지출에 충당할 수 있는 충분한 수입을 얻을 수 있어야 하지만, 공기업을 유지하는 데 필요 이상의 수익을 얻어서도 안 된다는 것을 뜻한다. 공기업의 수익은 근본적으로 공기업 요금을 어떻게 책정하느냐에 달려 있다. 따라서 수지적합의 원칙은 공기업의 요금 결정의 원리로 작용하기도 한다.

(2) 자본의 자기조달 원칙

자본의 자기조달 원칙은 공기업이 필요로 하는 소요자금을 스스로 조달해야 하는 것을 의미한다. 진정한 독립채산은 원칙적으로 공기업에 소요되는 모든 자본은 공기업 자신이 조달해야 하지만, 이것이 지켜지지 않는다고 하여 자본의 자기조달 원칙이나 독립채산제가 무너졌다고 할 수는 없다. 어느 나라에서나 정부의 대행사업을 하는 공기업에는 정부의 재정자금이 투입되고 있다. 다만, 이러한 정부의 재정지출도 그 사업을 수행하는 공기업의 사업 수입으로 인식되어 독립채산적으로 관리되어야 함을 의미한다.

(3) 이익금의 자기처분 원칙

이익금의 자기처분 원칙이란 공기업의 경영 결과 발생한 이익이 일반회계 등 기타 국고로 전입되지 않고 자주적으로 사용할 수 있어야 한다는 것이다. 이익이 발생하면 자기 스스로 처분할 수 있지만 손실이 발생해도 공기업 자신의 책임이다. 공기업이 이익을 자주적으로 처분할 수 있게 되면, 물적 자극을 통한 효율적 경영을 위한 동기를 부여하게 된다.

4) 생산성 원칙

생산성의 원칙은 공기업이 노동 및 자본의 생산성 향상을 위해 노력해야 한다는 것을 말한다. 공기업은 일반기업과 마찬가지로 부가가치가 있는 상품과 서비스를 생산하는 기업 단위이다. 공기업의 가치적 생산 활동이 이루어지기 위해서는 공기업의 운영에서 실질적인 생산성 향상이 이루어져야 한다.

5) 우리나라 공기업의 경영 목표와 경영 원칙에 대한 평가

자본주의의 발달과 변천 과정에서 자본주의가 안고 있는 경제적 모순을 극복하기 위해 정부는 공기업의 설립을 통해 국민경제에 관여하기 시작했다. 그러나 어느 나라 할 것 없이 양적으로 확대되어 온 공기업이 기대했던 만큼 효율적이지 못했다는 지적을 받고 있다. 이는 근본적으로 공기업의 목표와 경영 원칙과 관련된 당사자들의 역할을 적정하게 정립하지 못한 데에서 기인한다.

우리나라에서 공기업과 준정부기관의 경영 목표는 기관의 자율적 경영을 위해 원칙적으로 이사회에서 수립하도록 되어 있지만(공공기관의 운영에 관한 법률 제17조 제1항 제1호), 그 설정 및 확정 과정을 살펴보면 정부에서 직·간접적으로 관여하고 있기 때문에, 이사회의 역할은 제한적일 수밖에 없다. 이들 기관은 5회계연도 이상의 '중장기 경영 목표'와 '중장기 재무관리계획'을 이사회의 의결을 거쳐 확정한 후 기획재정부장관과 주무기관의 장에게 제출해야 한다. 이때 기획재정부장관은 공기업·준정부기관의 경영환경·경제 여건 및 국가정책 방향 등을 고려하여 공기업의 장에게, 주무기관의 장은 준정부기관의 장에게 각각 경영 목표의 변경을 요구할 수 있다(공공기관의 운영에 관한 법률 제39조의2, 제46조).

공기업의 존립 목적과 그 사회적 책임성 측면에서 본다면 공기업의 경영 목표 수립을 완전히 공기업 자체에게 위임할 수는 없다. 공기업을 국가 정책집행의 한 도구로 생각한다면 공기업의 경영 목표 수립에는 정부의 관여가 있을 수밖에 없다. 그렇다고 공기업의 경영 목표 수립에 정부가 지나치게 관여하는 것은 공기업의 자율적 책임경영을 훼손할 가능성이 크다.

공기업 경영 목표 수립의 또 다른 문제점은 일부 공기업에서 사후 경영평가를 지나치게 의식한 나머지 너무 달성하기 쉬운 경영 목표를 수립하는 경향이 있다는 점이다. 사후 경영평가에서 '경영 목표 달성의 난이도'에 많은 평가 비중을 둠으로써, 공기업 스스로 도전적인 경영 목표를 수립하도록 유인하는 것이 필요할 것이다.

드러커(P. Drucker)는 "공기업의 경영 목표는 적정해야 한다"고 했다. 공기업 경영 목표 수립에 관련자인 정부와 이사회의 참여도 합리적인 적정선에서 이루어져야 한다.

제 2 절 | 국가 거버넌스와 공기업

20세기에 들어오면서 개발도상국은 경제 성장을 유도하는 과정에서, 선진국은 시장실패를 치유하는 과정에서 정부의 역할을 증대하거나, 이를 대신할 공기업을 설립해 왔다. 최근에는 공공부문이 민영화 또는 시장화하는 과정에서 공공부문 상업화(commercialization)의 일환으로 공기업이 생성되기도 했다.[4] 이러한 시대적 흐름과 맥을 같이하여 공기업은 항상 정부와 함께 국가 거버넌스의 한 축을 형성해 왔다고 할 수 있다.

국가는 「헌법」에서 부여받은 국가 권력을 통해 국가 사무를 원활하게 수행하기 위해 여러 가지 조직을 만들고 있다. 이들 조직은 국가 거버넌스의 한 주체(entity)가 되어 일정한 범위 내에서 국가 예산을 집행하고 있다.

4) 자세한 것은 제4장 공기업의 민영화 참조.

1 국가 거버넌스의 주체[5)]

국가를 이끌어 가는 거버넌스의 주체에는 입법부, 행정부, 사법부 등 국가기관과 법인인 지방자치단체, 그리고 행정기관으로부터 일정한 공적 임무를 수탁한 공공법인들이 있다. 공기업을 비롯한 준정부조직도 이러한 국가 거버넌스에서 중요한 역할을 하고 있다. 공기업도 정부조직 형태이거나 일종의 공공법인이기 때문이다. 이러한 국가 거버넌스의 개념과 구성 요소를 실정법 및 공기업과 관련하여 차례대로 살펴보기로 한다.

1) 국가 거버넌스

거버넌스(governance)라는 말은 1990년대에 들어오면서 정부의 정책 결과에 대해서 성과 책임(performance accountability)을 엄격히 하고, 국민들의 국정 참여를 강화할 필요성이 제기되면서 강조되기 시작한 용어이다. 종전의 국가 역할이 정부의 일방적 관리인 governing(통치)이었다면, 최근의 국가 역할은 국민의 참여를 강조하는 governance(협치)라고 할 수 있다.[6)]

[그림 3-3]에서 보는 바와 같이 한 나라의 국가 권력은 주권자인 국민에게 부여된 국민의 권력이 국가에 위임되면서 발생한다. 국가는 국민들이 부담한 각종 자원을 바탕으로 국가기관, 지방자치단체 또는 공기업과 같은 특수법인을 설치함으로써 국가 거버넌스의 주체를 구체화한다. 이들 국가 거버넌스 주체는 다시 행정 서비스의 대상이 되는, 즉 국가 거버넌스의 객체인 국민을 위해서 각종 행정 서비스를 제공하는 순환 관계로 연결되어 있다. 따라서 국가 거버넌스는 현대 민주주의 국가에서 국가의 인적·물적 제공자인 국민들의 참여와 협력이 국정 운영에 절대적으로 필요한 것임을 강조하기 위해, 종전의 국가 통치행위(governing)라는 개념을 대신하여 시대에 맞게 달리 불리는 것이다.

전통적인 의미에서 국가 거버넌스의 주체는 '국가'와 '지방자치단체'라고 할 수 있다. 국가는 한 나라의 시원적(始原的)인 거버넌스 주체로서 다른 거버넌스 주체를 창설할 수도 있다. 국가기관 및 정부와 지방자치단체는 「헌법」에 근거를 두고 「국회법」

---

5) 국가 거버넌스의 내용은 김명식(2005)의 『특수법인론』을 발췌하여 공기업론에 맞도록 정리했다.
6) governance의 용어 해석은 무척이나 다양하다. 일본에서는 협치(協治), 중국에서는 공치(共治)라고 하고, 우리나라에서는 국가경영, 국정관리, 공동관리, 관리구조, 통치구조, 통치 양식, 네트워크 관리, 지배구조, 지배체제 등 다양하게 번역되고 있으며 일반화된 개념 정의는 없다.

그림 3-3 국가 거버넌스

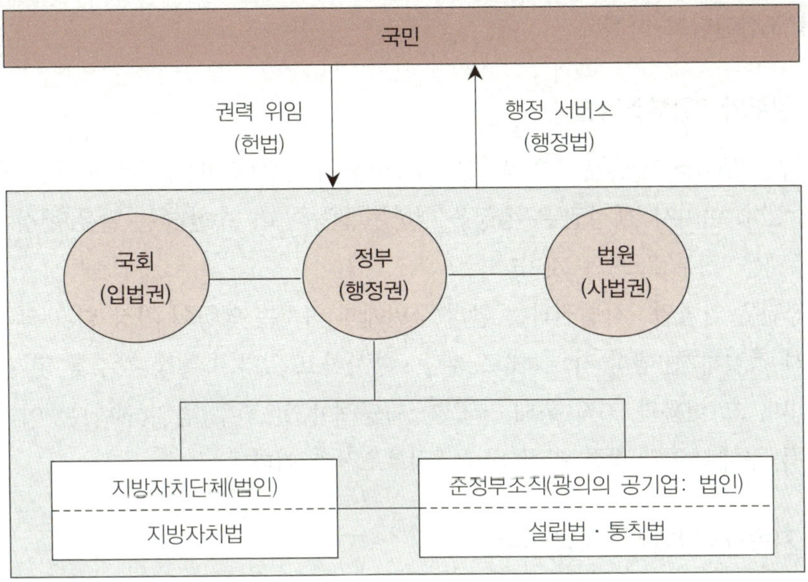

과 같은 국가기관 관련법, 그리고 「정부조직법」과 「지방자치법」에 의해 국가로부터 법인격을 부여받은 법인이다. 또한 정부나 지방자치단체에서 위임한 업무를 수행하는 공기업을 비롯한 많은 준정부조직도 일정한 범위 내에서 설립법, 또는 설립 관련법에 의해 국가 거버넌스의 주체가 될 수 있다.

2) 국가와 「헌법」

국가 거버넌스에서 국가의 통치 또는 거버넌스 권력의 근거는 어디에 있는가?

앞에서 언급한 바와 같이 우리나라에서 국가 거버넌스의 주체인 국가 권력의 원천은 「헌법」에 있다. 대한민국 「헌법」 제2조는 "대한민국의 주권은 국민에게 있고 모든 권력은 국민으로부터 나온다"라고 규정하고 있다. 국민은 대한민국이라는 국가에 총괄적으로 위탁된 공권력을 부여하고 국가는 이 공권력을 견제와 균형의 원리에 맞게 적절히 통치기관에 배분하여 국민 전체를 위해서 사용하라는 것이다. 전제군주 시대에는 군주에게 귀속되었던 절대 권력을 현대 국가에서는 입법권(헌법 제40조), 행정권(헌법 제66조), 사법권(헌법 제101조)으로 나누어 국회, 정부, 법원 등으로 분산시켜 행사하도록 한 것이다. 따라서 국가 거버넌스의 주체는 입법권을 행사하는 국회, 행정권을 행사하는 정부, 사법권을 행사하는 법원을 비롯하여 국가의 모든 행정기관이 포함된다고 하겠다.

3) 정부와 「정부조직법」

「헌법」 제66조 제4항은 "행정권은 대통령을 수반으로 하는 정부에 속한다"고 규정하고 있다. 여기서 '행정권'은 행정을 행하는 권능이고, '속한다'는 말은 행정 권능의 귀속 주체를 '정부'로 보는 것이다.

행정권은 입법권·사법권과는 달리 국민에게 미치는 영향이 가장 넓고 크기 때문에, 다시 적절하게 '행정 각 부처'로 분담·행사하고 있다.[7] 행정 각부를 몇 개로 나눌 것이며, 그 이름과 조직 형태, 부처가 담당해야 할 직무 범위(권한)는 어떻게 할 것인가를 구체적으로 정한 것이 바로 「정부조직법」이다.[8]

4) 지방자치단체와 「지방자치법」

「헌법」은 법인인 지방자치단체로 하여금 지역주민들을 위한 거버넌스의 주체가 되도록 하고 있다. 「헌법」 제117조 제1항은 "지방자치단체는 주민이 복리에 관한 사무를 처리하고 재산을 관리하며 법령의 범위 안에서 자치에 관한 규정을 제정할 수 있도록 함"으로써, 일정 지역 범위 내에서 국가 거버넌스의 주체 역할을 하도록 하고 있다.

「헌법」에 근거를 두고 있는 「지방자치법」 제3조는 "지방자치단체는 법인으로 한다"고 규정하고, 「동법」 제1조는 "이 법은 지방자치단체의 종류와 그 조직 및 운영에 관한 사항을 정하고, 국가와 지방자치단체와의 기본적 관계를 정한다"고 하고 있다.

---

7) 행정기관의 지위에 있는 공무원 뒤에는 그 행위에 대하여 법적 효과(권리 및 의무)의 통일적·계속적인 귀속주체로서 국가가 상정되어 있다. 국가는 실제 업무를 처리하는 담당자가 누구인가에 관계없이 그러한 처분을 행할 수 있는 공권력을 가지고 있으며, 또 행정객체인 국민으로부터 소송이 제기될 경우 단순히 소송 수행자가 아니라 그 소송의 당사자가 되는 추상적인 인격체이다. 그러므로 국가는 법률에 의해 만들어진 법인인 지방자치단체나 공법인과 달리 헌법의 제정과 더불어 존재하는 인격체이므로, 국가 의사는 통일성과 일관성이 있어야 한다. 그래서 행정 각부는 각각 다른 권능을 행사하지만 법인이 아니므로 상이한 처분을 해서는 안 되고, 미리 조정·통합해야 한다. 이 점에서 각기 다른 처분을 할 수 있는 법인과는 근본적으로 다르다고 할 것이다.

8) 그 밖에도 헌법이 위임한 법률에 의해서 개별 법률로 행정기관을 구성하는 경우도 있다. 「검찰청법」, 「공정거래법」 등이 그것이다.

2 국가 거버넌스에서 공기업의 위치

1) 국가 거버넌스에서 공기업의 법적 지위

국가는 「헌법」에서 부여받은 국가 권력을 통해 국가 사무를 수행하기 위한 여러 가지 조직을 만든다. 그 조직은 반드시 공무원으로 구성된 행정기관[9]이어야 할 필요는 없다. 국가사무의 성질과 내용 또는 시대 상황에 따라 별도의 법인을 만들어 업무를 위탁·수행하도록 할 수 있다.

국가가 법인을 설치하는 목적은 전문화되고 다양해지는 국가적 사무를 정부가 모두 감당할 수 없고, 시장경제의 원리에 비추어 민간기관에서 정상적으로 수행하기 어려운 업무가 있으므로, 이들에 대해 공공성을 확보함과 동시에 기업성도 추구하면서 국가의 감독권이 미칠 수 있도록 하기 위함이다.

국가 거버넌스에서 국가가 해야 할 공공성이 있는 사무를 기업적으로 수행할 수 있는 조직이 바로 공기업이다. 공기업은 이러한 이유에서 앞의 [그림 3-3]에서 보는 바와 같이 국가 거버넌스의 한 주체로서 지위를 획득하게 된다.

일반적으로 행정법에서 말하는 행정주체는 행정객체인 국민에 대비되는 개념으로서 순수 국가, 즉 정부를 뜻하는데, 국가의 사무를 위임받은 지방자치단체를 포함한다. 이 중 공기업과 같은 준정부조직을 어떻게 해석할 것인가에 대해 많은 논쟁이 있다. 행정법학계에서는 일반적으로 공공조합(공공사단)·영조물법인·공공재단·공무수탁사인도 행정주체에 포함하고 있다(김남진, 1998; 김동희, 1997; 김성수, 1999; 김철용, 2001). 공기업과 같이 개별 설립 법률로써 법인격을 얻어 창설되는 법인은 국가가 스스로 처리해야 할 사무의 일부를 맡아 처리하면서 예산을 지원받는 국가 거버넌스의 주체이다. 따라서 「민법」이나 「상법」의 규정에 의해 주무장관의 인가 행위로 설치되는 일반법인과는 법적 지위에서 차이가 있다고 할 것이다(김명식, 2005).

2) 공기업 설립 및 운영에 관련된 통칙법

정부나 지방자치단체가 설립하는 공기업 등 각종 준정부조직은 국가 예산의 상당 부분을 집행하고 사실상 국가적 사무를 수행하고 있다. 따라서 설치의 필요성과 타당

9) 행정기관과 유사한 개념으로 행정관청이나 행정청의 개념이 있다. 행정(관)청은 행정기관의 의사표시를 하는 '행정기관의 장'이라고 할 것이다. 예컨대, 세무서에서 행정기관의 지위에 있는 공무원인 직원들은 세무서장을 보좌하여 실무를 처리하지만, 대외 공문서상으로 정당한 효력을 가지고 외부에 표시하는 기관을 대표하는 자는 세무서장이다. 이를 행정(관)청이라고 한다.

성이 엄격히 평가되어야 할 뿐만 아니라 설립 후에도 그 합법성과 정당성이 계속 유지되어야 한다. 따라서 특수법인인 공기업을 비롯한 준정부조직의 설립 과정과 운영 면에서 객관적인 기준과 절차를 규범적으로 정하는 통칙법이 필요하다. 이런 측면에서 우리나라의 지방공기업과 지방자치단체 출자·출연 기관의 설립과 운영을 위한 일반적 통칙법인 「지방공기업법」과 「지방자치단체 출자·출연 기관의 운영에 관한 법률」이 그 역할을 하고 있다.

그러나 우리나라 중앙정부에서 설립한 준정부조직들은 그렇지 못하다. 우리나라 공기업 등 준정부조직의 역할과 설립 배경의 다양성을 고려할 때 「국가공무원법」이나 「정부조직법」처럼 모든 준정부조직에 대해 동일하게 적용할 수 있는 단일 법률을 제정하는 것은 결코 쉬운 일이 아니다. 지금까지 우리나라 공기업 관리의 근간을 이루고 있었던 「정부투자기관 관리기본법」, 「공기업 경영구조 개선 및 민영화에 관한 법률」, 「정부산하기관 관리기본법」 등 대부분의 공기업 운영 통칙법이 분산적으로 관리되어 온 근본적인 이유가 바로 여기에 있다.

이런 측면에서 볼 때 종전의 「정부투자기관 관리기본법」과 「정부산하기관 관리기본법」을 폐지하고, 이 두 가지 실정법을 아우르는 「공공기관의 운영에 관한 법률」의 제정은 상당히 발전된 법적 제도 변화라고 할 수 있다. 그러나 이 법도 일정한 요건을 갖춘 기관 중에서 기획재정부(공공기관운영위원회)에서 지정·고시한 공공기관에만 적용하기 때문에 어느 정도 한계를 가지고 있다.

제 3 절 공기업의 실정법적 체계

공기업은 법률에 의해 생성되고 법률에 의해 폐지된다. 공기업이 법률에 의해 설립되고 운영되는 방법은 설립법 또는 설립 관련법에서 어떻게 규정하느냐에 따라 매우 다양하다. 유사한 공기업을 함께 묶어 규정하는 통칙법에 의해 설립되는 경우에는 어느 정도의 공통점이 있지만, 개별 설립법과 설립 관련법에 의해 생성되는 경우에는 그렇지 못하기 때문이다.

우리나라의 대규모 국가공기업은 대부분 개별법에 의해 설립되었고, 지방공기업은 대부분 「지방공기업법」이라는 통칙법에 의해 설립·운영되고 있다.[10] 그러나 국가공기업의 경우, 설립은 개별법에 의해 이루어지더라도 조직 · 인사 · 재무관리 방법이 유사한 경우에는 통칙법을 별도로 만들어 운영한다. 우리나라 중앙정부 산하 공공기관의 경영관리와 경영평가를 체계적으로 실시하기 위해 「공공기관의 운영에 관한 법률」이라는 통칙법을 만든 것이 대표적인 예이다.

다른 나라에서도 공기업 설립 및 운영과 관련하여 통일된 기준은 없다. 미국의 경우, 개별법의 대표적인 예는 1933년 「TVA법」이고, 통칙법의 대표적인 예는 1945년의 「공사통제법(Corporation Control Act)」이라고 할 수 있다.[11] 영국에서는 1946년 「석탄산업국유화법」에 의해 영국석탄공사가 설립되었고, 1947년 「전력법(Electricity Act)」에 의해 전력사업이 국유화된 적이 있다. 이는 일종의 개별 설립법 또는 설립 관련법의 형태라고 할 수 있다.

1 공기업의 법적 체계

우리나라 정부기업은 정부부처의 계층적 조직의 한 소속기관으로 운영된다. 따라서 정부조직은 「정부조직법」, 인사는 「국가공무원법」의 적용을 받는다. 다만, 예산을 포함한 회계 등 재무관리는 「정부기업예산법」의 적용을 받는다.

「국가재정법」은 국가의 전반적인 재정에 관한 사항을 정함으로써 효율적이고 성과 지향적이며, 투명한 재정 운용과 건전 재정의 기틀을 확립하기 위해 제정되었다. 다만, 정부기업은 행정기관과 달리 기업식 회계제도를 적용하여 공공부문에서도 기업성을 염두에 둔 예산 회계관리 체계를 갖추는 것을 목적으로 하고 있다. 따라서 정부기업의 예산 · 회계 중에서 「정부기업예산법」에 규정이 없는 것은 모법(母法)인 「국가재정법」, 특별회계의 수입 및 지출 등 국고금의 관리에 관해서는 이 법에 규정된 것을 제외하고는 「국고금관리법」의 적용을 받도록 규정하고 있다.

특별히 「책임운영기관의 설치 · 운영에 관한 법률」의 적용을 받는 책임운영기관

---

10) 우리나라에서 「지방공기업법」이라는 통칙법을 가지게 된 것은 다분히 일본의 영향을 받은 것으로 보인다. 일본에는 국가공기업을 통괄하는 통칙법인 「공고의 예산 및 결산에 관한 법률」과 지방공기업을 관리하기 위한 「지방공영기업법」이 있다.

11) 동법에서는 전액투자공사와 혼합투자공사를 구분하고 있다. 전액투자공사는 기업회계식으로 예산을 편성하되 대통령의 재가와 의회의 승인을 얻어야 하고, 혼합투자공사는 자본적 지출에 대해서만 의회의 승인을 받는다. 그 외에 모든 연방공사는 사채의 발행과 기타 채무부담행위에 대해서는 의회의 승인을 받으며, 회계검사원의 상업적 검사를 받고 검사 결과는 의회에 보고해야 한다(박영희 외, 2005).

중에 '책임운영기관특별회계기관'은 「정부기업예산법」의 적용을 받기 때문에, 정부기업으로 분류하고 있다(책임운영기관의 설치 · 운영에 관한 법률 제30조, 정부기업예산법 제2조). 또한 「군 책임운영기관의 지정 · 운영에 관한 법률」에서는 군 책임운영기관은 일반회계에 별도의 군 책임운영기관 항목을 두고, 「책임운영기관의 설치 · 운영에 관한 법률」의 책임운영기관특별회계기관에 준하는 예산 운영상의 자율성을 보장하도록 규정하고 있다(동법 제27조).

정부기업을 제외한 기타 국가공기업은 대부분 개별 설립법에 의해서 창설된다. 다만, 기관 운영은 조직 인사 및 예산 회계 절차와 방법이 유사한 공기업을 함께 묶은 통칙법에 의해서 관리되고 있다. 우리나라에는 공기업과 관련하여 민영화 대상 공기업을 관리하기 위한 「공기업 경영구조 개선 및 민영화에 관한 법률」, 그리고 공기업 · 준정부기관 및 기타 공공기관을 관리하기 위한 「공공기관의 운영에 관한 법률」 등이 대표적인 국가공기업 통칙법이다. 우리나라의 국가공기업 중 주식회사형 공기업은 이상에서 언급한 통칙법 외에도 일반법인 「상법」의 적용을 받도록 되어 있다.

우리나라의 지방공기업은 「지방공기업법」이라는 통칙법에 의해서 설립되고 운영된다. 지방공기업 중 지방공사에 대해서는 「지방공기업법」의 규정이 없는 경우 「상법」의 적용을 받는다. 종전에는 지방공기업 중 민관출자기관에 해당하던 지방 출자 · 출연기관은 새로이 제정된 「지방자치단체 출자 · 출연 기관의 운영에 관한 법률(약칭: 지방출자출연법)」이라는 통칙법에 의해서 관리된다. 출자 · 출연 기관에 대하여 이 법에 규정된 것을 제외하고는 그 성질에 반하지 않는 범위에서 출자기관은 「상법」을 준용하고, 출연기관은 「민법」을 준용한다. 다만, 지방직영기업의 경우, 지방행정기관의 소속, 또는 부속기구로서 그 구성원이 지방공무원이기 때문에, 인사에서는 「지방공무원법」의 적용을 받는다.

이상에서 설명한 우리나라의 공기업과 관련된 실정법 체계를 정리하면 [그림 3-4]와 같다.

그림 3-4 공기업의 실정법 체계

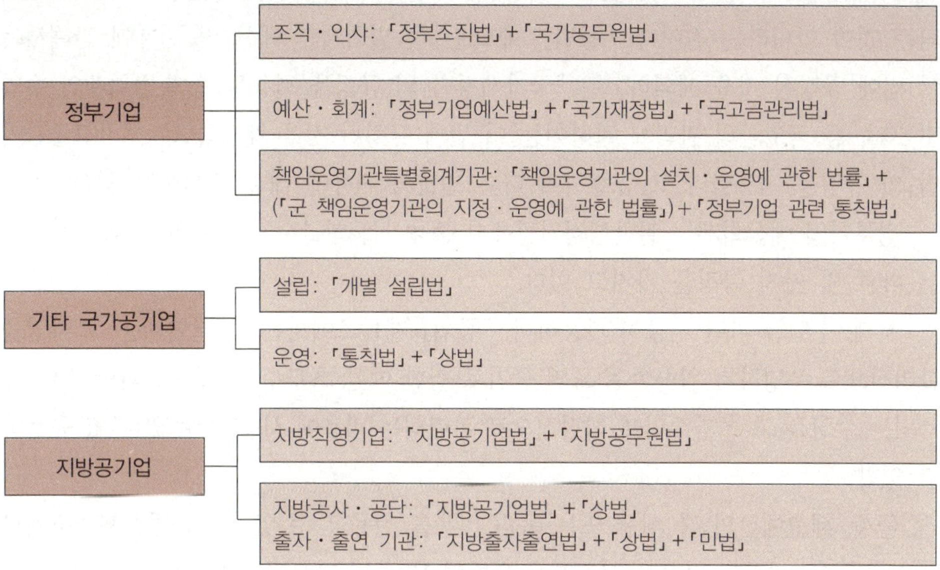

2 정부기업 통칙법

앞에서 살펴본 바와 같이 정부기업은 조직 분야에서 「정부조직법」, 인사 분야는 「국가공무원법」, 예산 · 회계 분야는 「정부기업예산법」과 「국가재정법」 및 「국고금관리법」의 적용을 받는다. 특히, 책임운영기관특별회계기관은 「정부기업예산법」 외에 「책임운영기관의 설치 · 운영에 관한 법률」, 군 책임운영기관은 「군 책임운영기관의 지정 · 운영에 관한 법률」의 적용을 받는다. 여기서는 「정부기업예산법」과 「책임운영기관의 설치 · 운영에 관한 법률」을 중심으로 살펴보기로 한다.

1) 「정부기업예산법」

정부기업 예산회계란 정부기업별로 특별회계를 설치하고, 그 예산 등의 운용에 관한 사항을 규정함으로써 정부기업의 경영을 합리화하고 운영의 투명성을 제고함을 목적으로 한다(제1조). 이 법에서 '정부기업'이란 기업 형태로 운영하는 우편사업, 우체국예금사업, 양곡관리사업 및 조달사업을 말한다(제2조).

정부기업을 운영하기 위해 각 정부사업별 특별회계를 설치한다는 것은 그 사업의 자체수입으로써 그 지출에 충당하는 것을 말한다(제3조). 여기서 유의해야 할 것은 「정부기업예산법」의 적용을 받는 정부기업이라고 해서 「국가재정법」의 적용이 배제되는 것이 아니라는 점이다. 「동법」 제9조는 "특별회계의 예산 및 회계에 관해서는 이 법에 규정된 것을 제외하고는 「국가재정법」의 규정을 적용하고, 특별회계의 수입 및 지출 등 국고금의 관리에 관하여는 이 법에 규정된 것을 제외하고는 「국고금관리법」의 규정을 적용한다"고 규정하여 다른 법률의 적용에 대해 명시하고 있다.

정부기업 예산회계는 일반행정기관에서 준용하는 현금수지 위주의 관청식 회계와는 다른 몇 가지 특징을 가지고 있다.

첫째, 수입금 마련 지출이 가능하다. 「동법」 제19조에서는 "특별회계는 그 사업을 합리적으로 운영하기 위하여 수요의 증가로 인한 예산 초과수입 또는 초과할 것이 예측되는 수입을 그 초과수입에 직접적으로 관련되는 비용에 사용할 수 있다"고 규정하고 있다.

둘째, 세출예산의 각 세항 또는 목의 비용을 전용할 수 있다. 「동법」 제20조에서는 "관계 중앙관서의 장은 예산집행을 위하여 특히 필요한 경우에는 대통령령으로 정하는 바에 따라 세출예산의 각 세항 또는 목의 비용을 전용(轉用)할 수 있다"고 규정하고 있다.

셋째, 이익 및 손실의 자체 처분이 가능하다. 「동법」 제21조에서는 "특별회계는 매 회계연도의 결산 결과 이익이 생겼을 경우에는 이를 적립금 및 잉여금으로 적립하고, 결손이 생겼을 경우에는 적립금 및 잉여금 중에서 결손을 정리한다. 다만, 필요하다고 인정할 때에는 국무회의의 심의를 거쳐 대통령의 승인을 받아 결산의 결과 생긴 적립금 및 잉여금의 전부 또는 일부를 일반회계에 전입할 수 있다"고 규정하고 있다.

2) 「책임운영기관의 설치 · 운영에 관한 법률」

(1) 책임운영기관 도입 배경

책임운영기관이란 중앙 행정부서(department)는 국가사무의 기본 방향잡기(basic steering)에 중점을 두는 반면에, 단순히 집행적인 노젓기(executive rowing) 성격이 강한 업무는 행정집행기관에서 수행하는 것이 국가 차원에서 볼 때 효율적이라는 판단에 기초하고 있다. 일반적으로 집행기관(executive agency)이란 행정 서비스를 제공하는 기관으로서, 보통의 행정기관과 달리 인사와 조직, 예산 등 운영에 많은 자율성을 갖는 기관을 말한다. 자율적인 운영을 통해 행정의 효율성, 생산성과 대국민 서비스를 향상시키는 것을 목적으로 한다. 책임운영기관은 기관장에게 기관 운영의 상당한 자율성을 부여하고, 그 운영 결과에 대해서는 보상 또는 책임을 지도록 하는 점에서 일반행정기관과 차이가 있다.

책임운영기관은 1988년 영국에서 '집행기관(executive agency)'이라는 이름으로 처음 도입되어 행정 서비스의 향상에 성공을 거두고 있으며, 미국의 책임성과기관(Performance Based Organization), 일본의 독립행정법인(Independent Administrative Corporations: IACs), 캐나다의 특별운영기관(Special Operating Agencies: SOAs), 뉴질랜드의 독립사업기관, 그리고 오스트레일리아의 행정지원부 등이 대표적인 유형으로 소개되고 있다. 통상적으로 정부행정기관(department or ministry)을 집행기관으로 바꾸는 것은 단일목적기관화 또는 집행기관화(agencification)라고 하는데, 일종의 상업화라고 할 수 있다(Flinder & Smith, 1999).

근본적으로 책임운영기관은 공공성이 크기 때문에, 민영화하기 어려운 업무를 정부의 행정기관이 직접 수행하기 위해 고안된 제도이다. 다만, 업무의 효율성을 높이기 위해 기관장에게 권한과 자율 운영권을 보장하고, 그 대신 기관 운영성과에 대한 책임을 지도록 한 것이 이 제도의 핵심 내용이다. 따라서 객관적이고 신뢰할 수 있는 성과평가 시스템을 구축하는 것은 책임운영기관의 성공 여부를 결정짓는 중요한 요건 중의 하나라고 할 수 있다.

(2) 일반행정기관 · 책임운영기관 · 군 책임운영기관

책임운영기관의 설치 기준은 첫째, 사업적 · 집행적 성질의 행정 서비스를 제공하고, 성과측정 기준의 개발과 성과의 측정이 가능한 사무를 주로 수행하는 기관, 둘째, 기관 운영에 필요한 재정수입의 전부 또는 일부를 자체 확보할 수 있는 사무를 수행하는 기관으로 되어 있다(동법 제4조).

책임운영기관과 일반행정기관의 특징을 서로 비교해 보면 그 성격을 더 명확하게 이해할 수 있다. 책임운영기관은 일반행정기관과는 달리 ① 기관장을 대내 · 외 공모를 통해 계약직으로 채용하고, ② 장관과 기관장 간에는 사업 및 성과목표 계약을 체결하며, ③ 기관장에게 조직 · 인사 · 예산 등 운영상 자율권을 부여하고, ④ 기관장은 기관 운영성과에 대해 소속 장관에게 책임을 지는 것을 운영 원칙으로 하고 있다.

책임운영기관과 일반행정기관과의 차이점을 정리하면 [표 3-1]과 같다.

그간 우리나라의 책임운영기관 도입 경위를 살펴보면, 1999년 1월 「책임운영기관

표 3-1 책임운영기관과 일반행정기관

구분	일반행정기관	소속책임운영기관	중앙책임운영기관
조직관리	국장 이상: 대통령령 과 단위: 부령(총리령)	소속기관: 대통령령 하부조직: 기본운영규정	조직 관계 법령 준용
정원관리	4급 이상: 대통령령 4·5급 이하: 부령(총리령)	총정원: 대통령령 계급별정원: 부령(총리령) 직급별정원: 기본운영규정	조직 관계 법령 준용
기관장	장관이 인사권 행사	계약직(2~5년)	대통령 임명 (2년: 연임 가능)
직원인사	장관(청장)이 행사	기관장이 행사	중앙행정기관과 동일
성과 상여금	공무원 보수규정	기관장이 별도 책정(소속 장관 승인)	중앙행정기관과 동일

자료: 행정안전부(2011a)에서 발췌 정리.

표 3-2 책임운영기관 및 군 책임운영기관

<table>
<tr><th colspan="2">구분</th><th>소속책임운영기관(47)</th><th>군 책임운영기관(16)*</th></tr>
<tr><td rowspan="2">조사
연구형
(19)</td><td>조사 및
품질관리형
(6)</td><td>국립종자원, 화학물질안전원, 국토지리정보원, 항공교통본부, 국립해양측위정보원, 항공기상청</td><td rowspan="6">국방부 직영(6개): 국군인쇄창('09), 국군수도병원('09), 국군대전병원('11), 국군의학연구소('12), 합동상호운용성기술센터('14), 국방통합데이터센터('14)
육군(2개): 종합정비창('13), 종합보급창('17)
해군(5개): 보급창('09), 1함대정비대대('11), 2함대정비대대('12), 3함대정비대대('13), 정비창('14)
공군(3개): 83정비창('11), 82정비창('12), 종합보급창('13)</td></tr>
<tr><td>연구형
(13)</td><td>국립재난안전연구원, 국립과학수사연구원, 국립소방연구원, 국립생물자원관, 국립수산과학관, 통계개발원, 국립문화재연구소, 국립해양문화재연구소, 국립원예특작과학원, 국립산림과학원, 국립수목원, 국립기상과학원</td></tr>
<tr><td colspan="2">교육훈련형(5)</td><td>국립국제교육원, 국립통일교육원, 한국농수산대학, 해양수산인재개발원, 관세국경관리연수원</td></tr>
<tr><td colspan="2">문화형(8)</td><td>국립중앙과학관, 국립과천과학관, 국방홍보원, 국립중앙극장, 국립현대미술관, 한국정책방송원, 국립아시아문화전당, 궁능유적본부</td></tr>
<tr><td colspan="2">의료형(9)</td><td>국립정신건강센터, 국립나주병원, 국립부곡병원, 국립춘천병원, 국립공주병원, 국립재활원, 국립마산병원, 국립목포병원, 경찰병원</td></tr>
<tr><td colspan="2">시설관리형(4)</td><td>해양경찰정비창, 국방전산정보원, 국가정보자원관리원, 국립자연휴양림관리소</td></tr>
<tr><td colspan="2">기타(2)</td><td>고객상담센터(국세청), 고객상담센터(고용부)</td><td></td></tr>
</table>

* 중앙책임운영기관(1): 특허청.

자료: 행정안전부(2023), 국방부(2020)에서 정리.

의 설치·운영에 관한 법률」을 제정하여 2000년 1월 국립중앙극장 등 9개 부처 10개 기관을 설치했으며, 2023년 현재 [표 3-2]에서 보는 바와 같이 중앙책임운영기관 1개와 소속책임운영기관 47개 등 총 48개의 기관이 책임운영기관으로 운영되고 있다. 경직된 관료조직에서 벗어나 기관운영의 자율성과 효율성을 높이기 위해 책임운영기관은 증가하고 있다. 여기서 소속책임운영기관은 중앙행정기관의 소속기관을 말하고, 중앙책임운영기관은 「정부조직법」에 따른 청(廳)을 말하는 데, 현재 특허청이 중앙책임운영기관이다.

또한 국군이 수행하는 업무 중 국방목표를 효율적으로 달성하기 위하여 경쟁 원리에 따라 운영하는 것이 바람직한 업무에 대하여 군 책임운영기관의 장에게 행정 및 재정상의 자율성을 부여하고, 그 운영성과에 대하여 책임을 지도록 하는 국군의 부대 및 기관을 '군 책임운영기관'이라고 한다(군 책임운영기관의 지정·운영에 관한 법률 제2조). 국방부에서 제시하고 있는 군 책임운영기관의 세부 지정 기준은 [표 3-3]과 같다.

표 3-3 군 책임운영기관의 세부 지정 기준

① 핵심 임무의 수가 적은 것
② 구체적인 성과 목표 수립이 가능할 것
③ 전·평시 업무가 유사할 것
④ 타 부대와 업무 연계가 낮을 것
⑤ 군내 또는 민간과의 성과 비교가 용이할 것
⑥ 조직·인사·재정상 자율권 행사가 용이할 것(부대 규모 측면)
* 추가 고려 요소: 유사부대 확대, 시행착오 최소화, 해당 병과 군 인사 운영의 안정성

자료: 국방부(2010).

「군 책임운영기관의 지정·운영에 관한 법률」에 의거 2009년 국군인쇄창, 국군수도병원, 육·해·공군 보급창 등 5개 기관이 처음 군 책임운영기관으로 지정되어 해마다 외부 평가단에 의한 업무 성과를 평가받고 있다. 그 이후 대상 기관이 지속적으로 확대되고 정비과정을 거쳐 [표 3-2]에서 보는 바와 같이 2020년 현재 인쇄(1), 의료(3), 보급(3), 정비(7), 정보화(2) 등 5개 분야 16개 기관에 이르고 있다(국방부, 2020).

(3) 책임운영기관특별회계기관

책임운영기관의 설치 목적을 원활하게 달성하기 위해 우리나라의 「책임운영기관의 설치·운영에 관한 법률」에서는 특별히 소속책임운영기관의 재정수입 중 자체 수입의 비율이 2분의 1 이상에 해당하는 경우와 소속책임운영기관의 재정수입 중 자체수입의 비율이 2분의 1 미만이지만, 자체수입의 성격, 자체수입 확대의 잠재성 및 기관 운영의 독립성 등을 고려하여 특별회계로 운영할 필요가 있다고 인정되는 경우에는 '책임운영기관특별회계'를 설치할 수 있도록 규정하고 있다(책임운영기관의 설치·운영에 관한 법률 제27조 및 제28조, 동법 시행령 제22조의2). 엄밀한 의미에서 책임운영기관 중에서 '책임운영기관 특별회계기관'은 정부기업이고, 「정부기업예산법」의 적용을 받는다.

2023년 현재 '책임운영기관 특별회계기관'은 [표 3-4]와 같이 13개 기관이다.

표 3-4 책임운영기관특별회계기관

국립중앙과학관, 국립과천과학관, 국립정신건강센터, 국립나주병원, 국립부곡병원, 국립춘천병원, 국립공주병원, 국립마산병원, 국립목포병원, 국립재활원, 국립경찰병원, 국립자연휴양림관리소, 특허청

(4) 우리나라 책임운영기관의 평가

우리나라 책임운영기관에 근무하고 있는 공무원 수는 2022년 현재 1만 명 내외로 파악되고 있다.12) 책임운영기관에 근무하는 공무원 수는 중앙행정기관에 근무하는 공무원 수의 1.6%, 전체 공무원 수의 0.8% 정도에 불과하다. 행정개혁 차원에서 이 제도를 도입한 영국이나 뉴질랜드의 경우에는 전체 공무원의 70~80%에 해당하는 공무원이 우리나라의 책임운영기관에 해당하는 Executive Agency에서 근무하고 있다.

중앙행정기관에서는 정책 기능에 초점을 두고 집행 업무는 책임운영기관에서 처리하도록 하는 책임운영기관 도입의 기본 취지에 비추어볼 때 우리나라의 책임운영기관은 흉내만 낸 제도라는 비난을 면하기 어려울 것으로 보인다. 결과적으로, 지극히 일부 중앙행정기관을 책임운영기관으로 전환하는 데 따른 많은 비용만 지불한 셈이 되고 있다.

12) 2021년 말 현재 책임운영기관 및 종사자는 24개 부처 53개 기관 11,165명으로, 그 중 소속책임운영기관 52개 기관 9,398명, 중앙책임운영기관 1개 기관 1,767명이다(행정안전부, 2022).

책임운영기관이 행정기관의 업무를 정책 수립과 정책집행으로 구분하여 국가사무를 효율적으로 수행하고자 하는 제도의 도입 취지를 살리고, 가시적인 효과를 거두기 위해서는 무엇보다도 책임운영기관의 수를 늘리는 것이 필요할 것이다. 행정안전부에서는 책임운영기관 제도를 확대하고자 노력하고 있고, 최근에 그 숫자가 다소 늘어나고 있지만 근본적인 문제점을 제거하지 않고는 이 제도의 실효성을 살릴 수 있을 만큼의 확대는 어려울 것으로 판단된다.

책임운영기관 제도가 더 이상 확대・발전하지 못하고 있는 근본 이유는 책임운영기관의 설치를 철저하게 주무부서의 판단에 따라 자율적으로 시행하도록 하고 있기 때문이다. 행정안전부장관은 기획재정부 및 해당 중앙행정기관의 장과 협의하여 책임운영기관을 설치하거나 해제할 수 있다. 이 경우, 행정안전부장관은 해당 중앙행정기관의 장의 의견을 존중해야 한다. 또한 중앙행정기관의 장은 소관 사무 중 책임운영기관이 수행하는 것이 효율적이라고 인정되는 사무에 대해서는 책임운영기관의 설치를, 책임운영기관이 그 설치 목적을 달성할 수 없다고 인정하는 경우에는 책임운영기관의 해제를 행정안전부장관에게 요청할 수 있다(책임운영기관의 설치・운영에 관한 법률 제4조). 이런 법령에 따르면, 근본적으로 책임운영기관의 설치 및 해제는 전적으로 주무부서 장관에게 위임되어 있다고 할 수 있다. 책임운영기관의 확대를 위해서는 법령에서 책임운영기관의 설치 및 해제 기준을 명시하고 이를 엄격히 적용함으로써, 그 기준에 해당되는 많은 기관들이 예외 없이 「책임운영기관의 설치・운영에 관한 법률」을 적용받도록 하여야 할 것이다.[13]

우리나라에서 책임운영기관이 확대되지 못하고 있는 또 다른 이유는 지방자치단체에서 책임운영기관 설치에 소극적이기 때문이다. 「책임운영기관의 설치・운영에 관한 법률」에서는 "교육부장관, 행정안전부장관 및 지방자치단체의 장은 이 법의 취지에 따라 지방자치단체에 책임운영기관에 관한 제도를 도입하도록 노력하여야 한다"(동법 제6조)고 규정하고 있다. 소속기관을 많이 가지고 있는 중앙행정기관뿐만 아니라 지방자치단체에서도 요건이 되는 조직들을 책임운영기관으로 전환함으로써, 조직운영의 효율성과 고객만족도를 함께 높일 수 있는 방안을 적극적으로 검토해야 할 것이다.[14] 지방자치단체의 책임운영기관 도입을 위한 노력을 법령에 명시한 것은

---

13) 행정개혁에서 이를 'comply and explain rule'이라고 하는데, 원칙에 따라 rule의 적용을 강제하고 예외적으로 적용하지 않은 때에는 해당 기관에서 이를 충분히 소명해야 하는 것을 말한다.

14) 책임운영기관의 요건인 공공성, 경쟁성, 집행적 사무, 자체수입 확보, 성과관리, 기관장의 경영 책

진일보한 것이기는 하나 강제 조항이 아니기 때문에, 이러한 법적 규정도 원칙 선언에 그칠 가능성이 높다.15)

우리나라에서 책임운영기관의 제도 정착을 위해 그간 노력이 없었던 것은 아니다. 책임운영기관에는 성과 중심의 조직·인사관리를 위한 인센티브 부여 방안을 마련하고, 초과수입 증대와 관련이 있는 자를 위한 '보상적 경비' 지급에 대한 집행지침을 수립하여 기관별로 직원 성과급으로 활용하기도 했다.

그러나 책임운영기관의 합리적 설치 기준의 개선과 확대 노력에도 불구하고, 해당 중앙행정기관의 적극적 협조와 의지 부족으로 외형적인 확대가 이루어지지 않고 있다. 또한 일부 기관의 경우, 책임경영에 대한 기관장의 무관심으로 책임운영기관의 제도적 장점을 제대로 활용하지 못하거나, 소속 중앙행정기관과의 관계에서 이른바 '관행과 눈치'에 의해 실질적인 자율권 행사에 제약이 있는 것으로 알려지고 있다. 지지부진한 책임운영기관의 행정개혁을 두고 민영화 회피 수단으로 활용되고 있다는 주장도 있다. 책임운영기관에 대한 평가도 시행되고 있지만 책임운영기관운영위원회에서 지적되었듯이 책임운영기관 평가에서 우수기관이 매년 반복되는 문제도 있다. 근본적으로 대상 기관들이 적극적이고 자발적으로 평가에 참여할 수 있는 실질적인 동기 유인이 부족한 것도 문제점으로 지적되고 있다(행정자치부, 2006b).

3 국가공기업 통칙법

우리나라에서는 시장성이 강한 공기업이든 정부의 업무를 위탁받은 준정부기관이든, 이를 실정법에서는 공공기관(public institutions)이라는 개념으로 정의하여 「공공기관의 운영에 관한 법률」을 제정하여 운영하고 있다.

1) 「공공기관의 운영에 관한 법률」

이 법은 공공기관의 설치 및 운영의 통칙법 역할을 하고 있는데, 이 법에서는 이

임제 등을 고려할 때 자치단체에서 관리하고 있는 상수도사업을 일차적으로 책임운영기관으로 운영해 볼 필요가 있다. 2018년 행정안전부에서 상수도사업을 지방자치단체 책임운영기관으로 전환하는 것을 검토한 바 있다.

15) 2008년 서울시에서 '역사박물관', '시립미술관', '서울교통방송' 3개 기관을 책임운영기관으로 전환하였다. 다만, 교통방송은 서울시의 한 부서 소속책임운영기관으로 있었으나, 서울시장의 정치적 성향에 따라 제작 자율성 및 방송의 사유화에 관한 논란이 있어 2019년 12월 4일 방송통신위원회의 의결을 거쳐 이를 독립 법인화하였다.

법을 적용받는 '적용 공공기관'과 적용을 받지 않는 '비적용 공공기관'으로 구분하고 있다. 이 법의 적용을 받는 공공기관은 '정부가 출자 또는 출연한 기관', '정부가 정부의 공적 업무나 독점 업무를 위탁한 기관', '정부 소유권이 50% 이상이거나 30% 이상이면서 정부가 인사 등에 실질적인 권한을 행사하는 기관', 그리고 이러한 '공공기관이 재투자한 기관' 중에서 정부가 이 법의 적용 대상기관으로 지정한 기관을 말한다(동법 제4조 제1항). 그러나 위의 기준에 해당되는 모든 기관이 모두 공공기관이 되는 것은 아니고, 정부에서 공공기관운영위원회의 심의·의결을 거쳐 지정·고시해야 이 법의 적용 대상 공공기관이 된다.

특별히 방송공기업인 한국방송공사와 한국교육방송공사를 이 법의 '비적용 공공기관'으로 명시하고 있다(동법 제4조(공공기관) 제3항). 방송공기업을 이 법에서 제외한 것은 많은 문제가 있는 것으로 판단된다. 언론 공기업은 설립법 또는 정관상 그 임무와 역할이 일반 공공기관과는 다른 특수한 점이 있기 때문에, 정부로부터의 경영 독립성을 확보하는 것이 불가피하다고 주장하지만 논리성이 약해 보인다. 왜냐하면, 엄밀한 의미에서 모든 공공기관은 고유의 특수한 목적(single purpose)을 가지고 창설되기 때문에, 이러한 이유만으로 통칙법 적용에서 제외한다는 것은 정당한 이유가 될 수가 없다. 무엇보다도 한국방송공사와 한국교육방송공사는 언론기관이기 때문에, 「공공기관의 운영에 관한 법률」에 의한 경영평가를 받을 경우, 언론의 자유를 침해할 소지가 있어 자체 이사회의 경영평가를 받아야 한다는 논리를 수긍하기 어렵다. 이러한 주장에 따른다면, 우리나라의 경영평가 대상인 공기업과 준정부기관은 모두가 각기 다른 고유 임무를 수행하고 있기 때문에, 동일한 잣대로 평가할 수 있는 기관은 하나도 없다고 해도 과언이 아닐 것이다. 일반적으로 평가는 한 기관을 두고 절대평가하는 것보다는 유사한 기관을 함께 묶어 상대적으로 비교 평가하는 것이 평가의 효과를 제대로 거둘 수 있기 때문이다.

이 법에서는 이와 같이 공공기관의 경영평가를 비롯한 관리의 효율성을 기하기 위해 유사한 특징을 가지고 있는 기관을 [표 3-5]와 같이 분류하여 지정·관리하고 있다.

기관의 규모, 수행하는 사업의 성격 등에 따라 '공공기관' 중에서 '공기업'과 '준정부기관' 및 '기타 공공기관'으로 구분하고 있는데, 해당 기관들의 특성에 따라 정부의 감독 범위와 수준을 달리하고자 하는 목적에서 비롯된 것이다.[16)]

16) 법률에 따라 직접 설립되고 정부가 출연을 했거나, 정부로부터 재정적 지원을 받은 기관을 공공기관으로 지정하고, 직원 정원이 300인, 수입액 200억 원, 자산 30억 원 이상인 공공기관 중에서 공

표 3-5 공공기관의 분류(2023년 현재)

공공기관 계(347)	공기업(32)		준정부기관(55)		기타 공공기관(260)
구분 및 요건	직원 정원이 300인 이상이고, 자체수입액이 총수입액의 2분의 1 이상인 기관		직원 정원이 300인 이상이고, 자체수입액이 총수입액의 2분의 1 미만인 기관		공공기관 중 공기업과 준정부기관을 제외한 기관
	시장형 공기업(13)	준시장형 공기업(19)	기금관리형 준정부기관(11)	위탁집행형 준정부기관(44)	
	자산 규모가 2조 원 이상이고, 총수입액 중 자체수입액이 100분의 85 이상인 공기업	시장형 공기업이 아닌 공기업	「국가재정법」에 따라 기금을 관리하거나 기금의 관리를 위탁받은 준정부기관	기금관리형 준정부기관이 아닌 준정부기관	
대표기관	한국전력공사	한국조폐공사	공무원연금공단	한국장학재단	부산항만공사

2023년 현재 「동법」에서 관리하고 있는 공공기관은 시장형 공기업 13개, 준시장형 공기업 19개, 기금관리형 준정부기관 11개, 위탁집행형 준정부기관 44개, 기타 공공기관 260개로 총 347개이다.

2) 「공기업 경영구조 개선 및 민영화에 관한 법률」

이 법은 앞으로 민영화가 필요한 시장성이 강한 공기업에 대해서 민영화를 조속히 추진하는 한편, 대상 공기업들의 민영화가 완료될 때까지 전문경영인에 의한 책임경영 체제를 정착하기 위해 마련한 특별법이다(동법 제1조). 이 법은 대상 공기업의 조직·주주권 및 민영화를 위한 주식의 매각에 관한 사항에 관해 다른 법률에 우선하여 이 법을 적용하도록 규정하고 있다(동법 제3조). 이 법의 적용 대상 공기업은 1. 「한국담배인삼공사법폐지법률」에 의하여 「상법」에 의한 주식회사로 전환된 한국담배인삼공사, 2. 「한국전기통신공사법폐지법률」에 의하여 「상법」에 의한 주식회사로 전환된 한국전기통신공사, 3. 「한국가스공사법」에 의하여 설립된 한국가스공사, 4. 한국중공업주식회사, 5. 「인천국제공항공사법」에 의하여 설립된 인천국제공항공사, 6.

기업과 준정부기관을 지정하되, 자체수입액이 총수입액의 2분의 1 이상인 공공기관을 공기업이라고 하고, 공기업이 아닌 공공기관을 준정부기관이라고 하며, 다른 법률에 따라 책임경영체제가 구축되어 있거나 기관 운영의 독립성, 자율성 확보 필요성이 높은 기관 등 대통령령으로 정하는 기준에 해당하는 공공기관은 기타 공공기관으로 지정할 수 있다(공공기관의 운영에 관한 법률 제5조, 동법 시행령 제7조, 기획재정부 보도자료, 2023).

「한국공항공사법」에 의하여 설립된 한국공항공사 등이다(동법 제2조).

3) 기타 관련 법률

우리나라에서는 넓은 의미의 공기업인 공공기관을 효율적으로 관리하기 위해 필요에 따라 적지 않은 실정법을 제정하고, 또 불필요할 경우에는 폐지 또는 통합해 왔다. 「공공기관의 운영에 관한 법률」이 제정되면서 통합·폐지된 정부투자기관의 관리를 위한 「정부투자기관 관리기본법」, 정부 각 부처별 산하기관의 합리적 관리를 위한 「정부산하기관 관리기본법」이 대표적이다.

4 지방공기업 통칙법

지방공기업(local public enterprise)은 각국의 정치 이념이나 역사적·사회적 조건, 지방행정의 발달 정도에 따라 다소간의 차이는 있지만, 지방자치단체가 지역주민의 복리 증진을 목적으로 경영하는 공익적 기업을 말한다. 우리나라 지방공기업의 통칙법인 「지방공기업법」에서는 지방공기업이란 "지방자치단체가 직접 설치·경영하거나, 법인을 설립하여 경영하는 기업"이라고 규정하고 있다. [표 3-6]에서 보는 바와 같이 지방자치단체가 직접 설치·경영하는 것을 직접경영이라고 하고, 법인을 설립하여 경영하는 것을 간접경영이라고 한다.

표 3-6 지방공기업의 경영 형태

경영 형태	지방공기업의 유형		자치단체 출자 비율	비고
직접경영	지방직영기업		100%	정부조직 형태
간접경영	지방공단		100%	민간출자 불허
	지방공사	전액출자형	100%	
		제3섹터형	50% 이상	광의의 제3섹터

자료: 행정자치부(2015a).

지방공기업은 [표 3-7]에서 보는 바와 같이 공익성과 기업성에 기초한 독립채산적 경영과 기업회계 기준에 의한 복식부기 예산관리 및 회계 운영, 그리고 수익자 부담 원칙에 의한 재원 조달을 근간으로 하고 있다.

표 3-7 지방공기업의 특징

구분	특징
설립 주체	지방자치단체
사업 영역	주민의 복리 증진을 위한 공익사업으로서 수익성이 있는 사업
경영 원칙	공익성과 수익성의 조화, 독립채산 원칙
예산회계	기업회계 기준에 의한 복식부기 예산관리 및 회계 운영
재원 조달	수익자 부담 원칙
관리책임	직영기업: 관리자 지정, 지방공사·공단: 사장·이사장

자료: 행정안전부(2011a).

그러나 자치단체 소속 공무원을 관리자로 지명하는 직영기업과 민간인을 관리책임자로 하는 간접경영 방식과는 많은 차이가 있다.

1) 지방직영기업

지방직영기업의 직접경영 방식이란 지방공기업을 경영하는 지방자치단체가 자신의 공무원으로 지방공기업에 관한 사무를 직접 처리하는 것을 말한다.[17] 지방직영기업은 자치단체의 국 또는 과의 형태로 운영되고 소속 공무원들은 원칙적으로 「지방공무원법」의 적용을 받는다.

예산은 특별회계이기는 하지만 성립 절차가 일반회계와 같아서 지방의회의 동의를 필요로 하고, 지방행정기관에 소속되어 있으므로 독립된 법인격을 가지지 않는다.

상·하수도, 지역 개발사업과 같이 광역적 지역 수요에 대응하고 있는 직접경영 방식의 경영주체는 각 지방자치단체 및 자치단체조합이며(지방공기업법 제44조), 지방자치단체의 장이 지방직영기업의 관리자를 임명한다. 지방자치단체가 지방직영기업을 설치·경영하고자 할 때에는 그 설치·운영에 관한 기본 사항을 조례로 정하여야 한다(지방공기업법 제5조).

- 지방직영기업: 지방자치단체가 행정기관형으로 직접 운영하는 형태로 대표적인 직접경영 방식
  ※ 상수도, 하수도, 공영개발, 지역개발기금

17) 지방직영기업이라는 용어는 1992년 11월 「지방공기업법」의 개정에 의해 처음으로 도입된 명칭이다. 이는 지방자치단체가 직접경영한다는 뜻을 명확히 하고, 지방공사나 공단과의 차이를 분명히 하기 위해 사용되었다. 또한 「정부기업예산법」에서 정부기업이라는 용어를 사용하고 있으므로, 이에 대칭되는 개념으로 지방직영기업이라는 명칭을 채택한 것으로 보인다.

표 3-8	공단 · 공사 및 지방직영기업 현황(2023)

구분	합계	공사 · 공단			지방직영기업				
		소계	공사	공단	소계	상수도	하수도	공영개발	자동차운송
계	410	158	70	88	252	122	104	25	1
광역	69	46	35	11	23	9	9	4	1
기초	341	112	35	77	229	113	95	21	0

자료: 클린아이(2023).

2023년 현재 직영기업은 [표 3-8]에서 보는 바와 같이 상수도 122개, 하수도 104개, 공영개발 25개, 자동차운송 1개 등 총 252개 사업으로 구성되어 있다.

간접경영 방식이란 지방자치단체가 별개의 공 · 사법상 법인을 설립하여, 그 법인을 통해 지방정부를 대신하여 기업 활동을 행하는 방식을 말한다(지방자치법 제137조, 지방공기업법 제3장, 제4장). 법인의 설립 근거로는 「지방공기업법」, 「민법」, 「상법」, 그리고 「조례」를 들 수 있다.[18] 간접경영에는 지방공단, 지방공사가 있다.

2) 지방공사

지방공사는 법인의 형태로 설립 · 운영되는데 지방자치단체가 단독 또는 공동으로 설립할 수 있으며, 원칙적으로 그 자본금은 설립 단계에서 지방자치단체가 전액을 현금 또는 현물로 출자한다. 필요한 경우에는 자본금의 2분의 1을 초과하지 않는 범위 안에서 설립단체 이외의 자로 하여금 출자하게 할 수 있으며, 그 자본금은 주식으로 분할 · 발행한다(지방공기업법 제53조). 그리고 인구 및 시 규모에 따른 설치 제한을 없애고, 모든 지방자치단체가 지방공사를 설치할 수 있도록 하였다. 다만, 시장 · 군수 · 구청장은 공사를 설립하기 전에 관할 시 · 도지사와 협의하여야 한다(지방공기업법 제49조). 이는 기초자치단체와 광역자치단체가 동일한 업무를 수행하는 지방공사를 중복해서 설립하는 것을 방지하기 위하여 도입한 제도이다.

또한 지방공사에는 사장, 부사장 등의 임원을 두며, 사장은 사장추천위원회에서 추천된 인사 중에서 지방자치단체의 장이 임면한다(지방공기업법 제58조). 그리고 공사는 지방자치단체 장의 승인을 얻어 사채를 발행하거나 외국 차관을 들여올 수 있다(지방공기업법 제68조 제1항).

---

18) 지방자치단체는 공사를 설립하는 경우 그 설립, 업무 및 운영에 관한 기본적인 사항을 조례로 정하여야 한다(지방공기업법 제49조 제2항).

- 지방공사: 지방자치단체가 출자하여 설립한 법인 형태로 운영하는 대표적인 간접경영 방식
  ※ 지하철, 도시 개발

3) 지방공단

지방자치단체는 주민이 필요로 하는 사업을 효율적으로 수행하기 위하여 지방공단을 설립할 수 있으며(지방공기업법 제76조), 지방공단은 자본금의 주식 분할이 허용되지 않는 법인이다(지방공기업법 제76조 제2항).

지방공단을 설립할 수 있는 단체는 지방공사와 같다. 다만, 그 자본금을 전액 지방자치단체가 출연하여야 하고, 지방자치단체 이외의 자의 출자·출연은 인정되지 않는다(지방공기업법 제77조). 임·직원의 명칭은 그 성격상 공사의 경우와는 달리 이사장, 부이사장 등으로 불린다.

우리나라의 「지방공기업법」에는 제3장에 지방공사에 관해 규정하고, 제4장에 지방공단에 관해 규정하고 있으나, 양자의 차이에 대해서는 언급이 없다. 양자는 모두 법인으로 설립되고 지방공사의 규정을 지방공단의 규정으로 대부분 적용하고 있다. 따라서 양자는 구별의 실익이 없다는 지적도 있다(윤성식, 1994: 62). 다만, 이론상으로 지방공단은 지방자치단체 업무의 일부를 위탁받아 처리하는 전형적인 행정 대행방식의 법인이라고 할 수 있다.

- 지방공단: 지방자치단체가 100% 출연한 법인에 의해 운영하는 간접경영 방식
  ※ 시설관리, 환경, 경륜공단

우리나라에는 [표 3-8]에서 보는 바와 같이 2023년 현재 행정안전부에서 관리하고 있는 지방공사 70개와 지방공단 88개가 있다.

4) 지방출자출연기관

우리나라에서는 지방공기업에서 규정하고 있는 지방직영기업, 지방공사, 지방공단 외에 지방자치단체가 지방출자출연기관에 참여할 수 있도록 하고, 이들 기관을 「지방자치단체 출자·출연 기관의 운영에 관한 법률(약칭: 지방출자출연법)」에서 규정하고 있다.[19] 이 법에서는 지방자치단체의 지분 참여가 10% 이상이고, 50% 미만인

제3섹터를 대상으로 하고 있다. 즉, 제1섹터(정부부문)도 아니고, 제2섹터(민간부문)도 아닌 제3섹터로서 민관공동출자기업인 전형적인 혼합기업이다(정장현, 1996: 367-368). 별도의 설립 관련법을 가지고 있는 경우도 있지만, 「상법」에 따른 주식회사(출자법인) 또는 「민법」에 따른 재단법인(출연법인)으로 설립·운영된다. 지방출자출연기관은 지방자치단체가 자본의 일부를 소유해야 하며, 지방자치단체가 주로 이사회의 참여를 통해 기업 및 재단의 관리에 참여하고 있다.

그 밖에도 지방출자출연기관은 ① 지방자치단체는 자기의 출자 또는 출연분에 대해서만 책임을 진다는 것, ② 임원은 주주총회 또는 이사회에서 선출함을 원칙으로 한다는 것, ③ 법인이므로 당사자 능력을 가진다는 것, ④ 그 직원은 공무원이 아니며 직원에 대한 인사규정을 자체적으로 제정할 수 있다는 것 등의 특징을 가지고 있다.

이러한 지방출자출연기관은 지역적인 중요성을 띠는 사기업체를 도산 상태에서 구제하기 위해 그 기업체의 주식을 매입하는 경우에 설립되기도 하고, 지방자치단체가 민간과 협력하여 지역주민의 특수 수요를 충족하기 위하여 설립하기도 한다.

- 출자기관: 「지방출자출연법」 제4조의 사업을 수행하기 위하여 지방자치단체가 자본금의 전액 또는 일부(100분의 10 이상)을 출자하여 설립한 주식회사

※ (주)벡스코

- 출연기관: 「지방출자출연법」 제4조의 사업을 수행하기 위하여 지방자치단체가 재산의 전액 또는 일부를 출연하여 설립한 재단법인

※ 의료원, 연구원, 신용보증재단, 복지재단 등

[표 3-9]에서 보는 바와 같이 2023년 현재 행정안전부에서 지정·고시한 지방출자기관은 100개, 지방출자출연기관은 750개로 총 850개에 이르고 있다.

19) 행정안전부에서는 「지방공기업」에 의한 지방공기업과 「지방출자출연법」에 의한 지방출자출연기관을 통상적으로 '지방공공기관'이라고 부르고 있다.

표 3-9 지방자치단체 출자·출연기관 현황(2023)

시·도	출자·출연 기관 현황		
	계	출자기관	출연기관
총계	850	100	750
서울특별시	68	5	63
부산광역시	32	2	30
대구광역시	21	1	20
인천광역시	25	5	20
광주광역시	20	1	19
대전광역시	19	0	19
울산광역시	14	0	14
세종특별자치시	8	3	5
경기도	149	15	134
강원도	87	12	75
충청북도	41	8	33
충청남도	68	5	63
전라북도	60	8	52
전라남도	83	12	71
경상북도	72	6	66
경상남도	69	16	53
제주특별자치도	14	1	13

이상에서 설명한 지방공사와 지방공단, 그리고 지방출자출연기관의 차이점을 비교해 정리하면 [표 3-10]과 같다.

표 3-10 지방공기업 유형별 차이점

구분	지방직영기업	지방공단	지방공사	지방출자출연기관
개념	지방자치단체가 직접 행정조직 형태로 운영하는 사업	지방자치단체가 100% 출연한 법인 형태로 운영하는 사업	지방자치단체가 50% 이상을 출자한 법인 형태로 운영하는 사업	지방자치단체가 지방자치단체 외의 자와 공동으로 자본금 또는 재산의 10% 이상 1/2 미만을 출자·출연하여 법인을 설립하고 운영하는 사업
성격	행정기관	일종의 공공기관 (불하 불가)	일종의 회사 (불하 가능)	주식회사 또는 재(사)단법인
설립	지방자치단체	설립단체의 단독 설립(민간합작 불가)	설립단체 단독 또는 민간합작 설립 가능(주식)	설립단체와 민간 합작 설립 가능(주식+출연금)
업무 관계	지방자치단체 업무의 일부	특정 사무의 위·수탁(한정성)	독립사업(완전성)	독립된 사업(완전성)
예결산 승인	지방의회	이사회	이사회	이사회
예산 및 비용	특별회계예산+판매수입	출연금+수탁금+수수료수입	자본금+판매수입	자본금(출연금)+수탁금+판매수입+수수료수입
자본 조달	공기업 지방채 발행	민간출사 불가 (공단채 발행)	민간출자 가능 (사채+민간출자)	민간출자(연) 가능 [사채+민간출자(연)]
경영자	지방자치단체장이 임명(관리자)	이사장, 이사	사장, 이사	(이)사장, 이사
해산 시 자본 처리	설립지방자치단체에 귀속	설립지방자치단체에 귀속	출자자에 귀속	출자(연)자에 귀속

자료: 정장현(1996: 385-386), 이상철 외(2001), 행정안전부(2023)에서 정리.

정리문제

1. 공기업의 기본 이념인 공공성과 기업성의 의의를 설명하고, 양자의 관계를 대립적 · 보완적 관점에서 논술하시오.
2. 행정기관 및 사기업과 비교하여, 공기업에 요구되는 경영 목표를 설명하시오.
3. 공기업의 자율성과 책임성을 확보할 수 있는 공기업의 경영 원칙을 설명하시오.
4. 국가 거버넌스상에서 공기업의 위상과 역할을 공기업의 행정주체적인 관점에서 설명하시오.
5. 우리나라 지방공기업의 형태를 지방직영기업 · 지방공사 · 지방공단 · 지방출자출연기관으로 구분하여, 각 형태의 특징을 비교하여 설명하시오.

PART 02

공기업의 행정주체

개관

'공기업의 행정주체'에서는 공기업에 대한 정부의 역할인 정부의 공기업에 대한 관리 감독과 규제 및 통제를 주요 내용으로 한다.

공기업의 행정주체인 정부에서 행사할 수 있는 공기업 관리 감독 방법은 첫째, 정부의 공기업에 대한 소유권에서 기인하는 '공기업의 민영화'와, 둘째, 정부의 강력한 공기업 관리 감독 방법 중에 하나인 '공기업의 경영평가', 셋째, 이들 모든 공기업에 대해 공기업의 공공성 확보를 위해 불가피하게 요구되는 '공기업의 규제 및 통제'가 주류를 이루고 있다.

따라서 제2편 '공기업의 행정주체'는 제4장 '공기업의 민영화', 제5장 '공기업의 경영평가', 제6장 '공기업에 대한 통제'를 주제로 하여 살펴보았다.

CHAPTER 04

공기업의 민영화

제4장에서는 공기업의 책임경영을 확보하기 위한 하나의 수단인 공기업의 민영화에 대해 그 의의와 유형 및 방법 등을 중점적으로 살펴보고자 한다.

우리나라 공기업의 설립 및 민영화 과정에 대한 공과도 시대적으로 구분하여 검토하기로 한다.

제 1 절 | 공기업 민영화의 의의

1 민영화에 대한 정의

민영화(privatization)라는 용어는 1960년대 말 느러커(P. Drucker)에 의해 처음 사용된 이래 다양한 형태로 정의되고 있다. 민영화라는 개념이 공공 서비스를 직접 제공하는 것에 대한 하나의 대안으로 사용되기 시작한 것은 1980년대 초부터이다. 특히, 1979년 영국 보수당 내각이 들어서면서 민영화는 정책의 우선순위를 차지하게 되었으며, 이를 계기로 세계적으로 확산되었다(Kate, 1987). 민영화가 전 세계적으로 확산되면서 그 개념은 국가에 따라 매우 다양하게 사용되었다.

첫째, 각국이 처한 환경의 특수성에 따라 개념이 달라질 수 있다. 특히, 유럽과 미국의 민영화 개념에서 이러한 차이를 발견할 수 있다. 먼저, 1980년대 초 영국을 중심으로 한 유럽 국가들의 민영화는 중앙정부 차원에서 이루어진 공기업 민영화를 가리키는 것으로, 주로 소유권의 전환, 즉 공공부문으로부터 민간부문으로 자산의 소유권이 이전한 매각 개념으로 이해된다. 유럽의 대부분 국가가 그렇듯이, 영국도 상당 부분 국영기업(State Owned Enterprise)을 가지고 있었고, 이러한 정부자산의 매각 방식으로 민영화가 이루어졌다(Donahue, 1989).

반면에, 미국의 경우에는 국영기업의 형태가 많지 않기 때문에, 계약 방식에 의한 민영화가 주로 사용되었다. 즉, 지방정부를 중심으로 공공 서비스에 대한 정부의 전통적 책임은 그대로 유지하면서, 서비스의 수행은 민간부문이 수행하도록 하는 것이다(Donahue, 1989; Bailey, 1987).[1)]

둘째, 학문적 측면에서 학자들의 견해에 따라 민영화의 개념이 달라지기도 했다. 학문적으로 민영화 이론을 가장 잘 체계화했다는 사바스(E. S. Savas)는 1982년 『*Privatizing the Public Sector*』와 1987년 『*Privatization: The Key to Better Government*』에서 민영화란 "공공 서비스의 제공이나 이를 위한 재산의 소유에서 정부의 영역을 줄이고 민간의 영역을 늘리는 것"이라고 정의했다. 그는 민영화의 필요성을 ① 절약과 능률의 확보, ② 작은 정부 구현, ③ 민간 영역의 활성화, ④ 주민결정권의 확대에서 찾고 있다(김중규, 2004: 71).

콜더리(Kolderie, 1986)는 서비스의 생산과 공급을 분리하여 서비스 공급의 민영화는 "서비스의 수요자 · 규제자 · 기준설정자 · 정책결정자로서의 정부 역할을 축소시켜 주민들 자신이 그 서비스의 구입 여부와 대가 지불 여부를 필요에 따라 스스로 결정하는 것"이라고 보았다. 그렇게 함으로써 공공부문의 서비스 공급자로서의 포획(producer capture)과 지대 추구(rent seeking)를 피할 수 있다는 주장이다(Wistrich, 1999: 85).

이상에서 인용한 민영화의 개념은 크게 협의의 관점과 광의의 관점으로 나누어 정리하는 것이 효과적이라고 생각한다.

1) 협의의 민영화

협의의 관점에서 민영화란 공기업의 경영 및 소유 형태 변화, 즉 정부의 소유 및 경영통제 권한을 민간부문으로 이전하는 것을 의미한다.

---

1) 미국에서 민영화의 흐름은 연방정부보다는 주 및 지방정부에서 이루어지고 있다. 적지 않은 주에서 민간에 의해 설립 · 운영되고 있는 교도소를 이용하고 있다. 과거 수년 동안 많은 미국의 지방정부는 최소한도의 공공 서비스 제공과 더불어 균형재정을 도모하기 위해 민영화 정책을 채택했다.

스타(P. Starr)는 "민영화는 공공부문에서 민간부문으로 변화"만을 의미하고, 공공부문 내에서 시장 지향적 조직으로 바뀌는 것은 상업화(commercialization)라고 했다.[2] 가령, 단일목적 행정집행기관(single purpose executive agency)이 공기업(SOE)으로 전환되는 것과 같이 공공부문 내에서 조직 형태가 바뀌는 경우나, 비영리기관이 영리기업으로 바뀌는 것과 같이 비공공부문에서 조직 형태가 바뀌는 것은 민영화라기보다는 '상업화(commercialization)'라고 해야 한다는 입장이다. 스타의 이러한 민영화 정의는 민영화의 협의적 개념을 잘 반영하고 있다고 하겠다.[3]

2) 광의의 민영화

민영화에 대한 광의의 개념은 단순히 공공부문의 소유·경영구조 변화를 넘어서, 기존의 공기업에 의해 유지되어 오던 독점적인 지위를 해소하고, 시장 경쟁 원리를 도입하기 위한 규제 완화와 공공 서비스 기능 및 행정 서비스의 민간위탁까지를 포함하여 정의되어야 한다는 입장이다.

이러한 광의의 민영화 개념은 민영화의 연속성 논리로 쉽게 설명할 수 있다. 민영화의 연속성 논리란 [그림 4-1]에서 보는 바와 같이 정부의 개입이 고도화된 편제(arrangement)에서 낮은 편제로의 변화를 의미하며, 동시에 시장부문이 지배적인 역할을 하는 편제로의 변화를 뜻한다.

이와 같이 공공부문에서 민간부문으로의 이동을 강조하는 광의의 민영화 개념은 시장의 힘(market forces)의 강화를 강조하고 있다. 즉, 시장에 기초한 정책의 입법과 집행은 ① 기존 공공부문을 대체하는 적절한 시장이 민간부문에 존재하거나 창출이

---

2) The first, broader definition of privatization includes all reductions in the regulatory and spending activity of the state. The second, more specific definition of privatization excludes deregulation and spending cuts except when they result in a shift from public to private in the production of goods and services(Starr, 1988).

3) In the definition I am using, privatization refers to shifts from the public to the private sector, not shifts within sectors. Thus the conversion of a state agency into an autonomous public authority or state-owned enterprise is not privatization, though it may well put the enterprise on a commercial footing. This was the objective, for example, of the conversion of the United States Post Office into a public corporation, the United States Postal Service, in 1971. Similarly, the conversion of a private nonprofit organization into a profit-making firm also is not privatization, though it, too, may orient the firm toward the market. Both of these intrasectoral changes might be described as commercialization; in the case of public agencies, commercialization is sometimes a preliminary stage to privatization(Starr, 1988).

그림 4-1 민영화의 연결선(continuum)

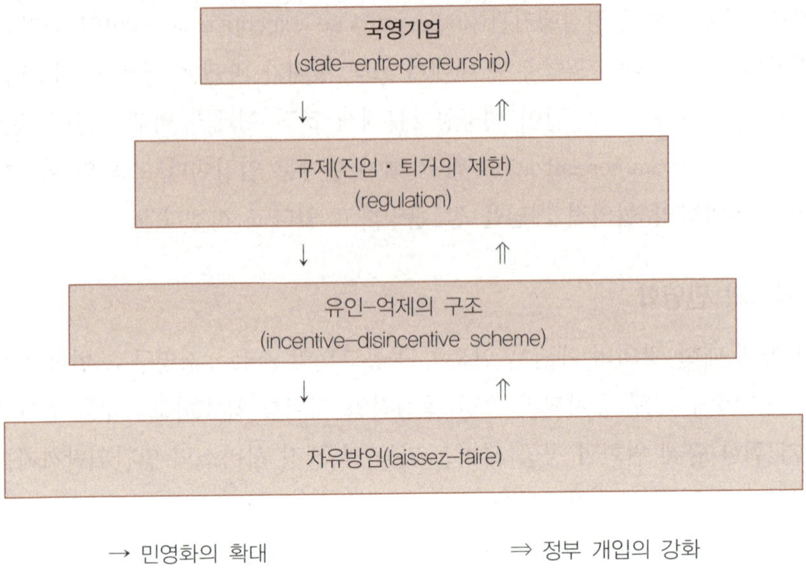

가능하며, ② '시장은 정부보다 더 효율적이다'라는 전제에 기초한다(이상철, 1996: 305-324).

2 민영화와 시장화

1) 민영화와 시장화의 개념

넓은 의미에서 행정기관의 민영화란 행정기관이 시장 지향적 조직으로 전환되는 것을 말한다. 이러한 측면에서 민영화는 광의의 시장화와 유사한 개념이라고 할 것이다.

민영화는 그것이 어떤 이름이든 전 세계적으로 정부개혁의 핵심적인 도구가 되고 있다. 이러한 조직의 변화는 공공행정(public administration)에서 민간경영(private management)으로의 조직 제도(organizational institution)의 틀을 근본적으로 바꾸는 것을 의미한다(Jacobs, 1994). 이러한 조직 제도의 변화는 조직의 구조 · 기능 · 문화의 변화를 암시한다.[4)]

4) This new form suggests structural, functional and cultural changes and similar alterations in

조직의 제도 변화는 정부 행정기관(governmental department)이 단일목적 행정기관(single-purpose organization: agency or public authority)으로 바뀌는 경우,5) 정부 행정기관이나 단일목적기관이 공・사 혼합조직(public-private hybrid organization)으로 바뀌는 과정이나,6) 공・사 혼합조직인 공단 또는 공사(governmental corporation)7)가 민영화 기업(privatized firm)으로 바뀌는 경우 어디에서나 나타난다.

이러한 행정조직이 시장 지향적으로 변화하는 것을 총칭하여 시장화(marketization)라고 부르고 있다. 이러한 측면에서 시장화는 넓은 의미에서 보면 민영화와 같은 의미로 볼 수 있다.

그러나 좀 더 엄격한 의미에서 공공부문의 시장화란 "공공부문이 민간부문의 시장 지향적 관리 방식을 벤치마킹하는 것"을 말한다. 공공부문에서 지향하는 시장화 전략과 노력은 시장성 검정 제도, 성과 중심의 조직인 책임운영기관 제도, 성과급 보수제도나 개방형 계약임용제 및 성과협약 제도, 기업회계 방식인 발생주의 회계제도, 고객과의 관계에서 구체적인 보상관계를 약정하는 시민헌장 제도, 민간기업 벤치마킹 등 실로 다양하다. 민영화가 공기업의 소유 및 지배구조에 중점을 둔 '민유화(民有化)'에 가까운 용어라고 한다면, 시장화는 공기업에서 민간기업의 경영관리 방식을 따라가는 '민간기업화' 또는 '민간화(民間化)'에 가까운 개념이라고 할 것이다.

상업화와 시장화

일반적으로 '상업화'는 '시장화'와 유사한 개념이나, 전자는 행정기관이나 국유재산을 매각(완전 민영화)하기에 앞선 법적인 절차로서 우선 공사 형태나 주식회사 형태로 전환시키는 것을 말하고, 후자는 행정기관 → 단일목적 행정기관 → 공사 → 민영화 공기업과 같이 공공부문이 시장의 특성을 가진 기관으로 점차 진화하는 것을 말한다. 다만, 엄격한 의미에서 시장화란 '덜(less)' 시장화된 공공기관이 '더(more)' 시장화된 공공기관이나 민간기업의 경영관리 방식을 벤치마킹하는 것을 말한다. 반면에, 상업화는 행정기관이나 공공기관을 완전 민영화하기에 앞서 '시장 지향적 조직으로 변화하는 것'을 의미한다.

---

organization(Jacobs, 1994).

5) 이를 단일목적 행정집행기관화(agencification)라고 한다(Flinders & Smith, 1999: 9).

6) 이를 공사 조직 혼합화(hybridization)라고 한다.

7) 우리나라에서 대부분의 공단은 Authority라는 용어를 선호하나[예: 철도시설공단: Korea Rail Network Authority: KRNA)], 공사의 경우에는 Corporation이라는 용어를 선호하고 있다[예: 한국전력공사(Korea Electric Power Corporation: KEPCO)]. 다만, 일부 공사, 예를 들면 부산항만공사는 BPA(Busan Port Authority)라고 부르고 있는데, 이는 뉴욕뉴저지항만공사(Port Authority of New York and New Jersey: PANYNJ)나 SPA(Singapore Port Authority) 등 세계 동종 공기업에서 쓰고 있는 용어의 영향을 받은 것으로 보인다.

시장화는 국가자산의 국유화를 원칙으로 하는 중국에서 민영화보다 선호하는 용어이다(Lee & Wang, 2005).

이러한 넓은 의미의 행정기관 민영화 또는 시장화는 우리나라 KT&G와 KT의 조직 진화(evolution)를 통해 설명하면 쉽게 이해할 수 있다.

KT&G는 [그림 4-2]에서 보는 바와 같이 '중앙정부 행정기관'에서 '외청 행정기관', '공사형 공기업'과 '정부출자기관'을 거쳐 최종적으로 '사기업'으로 민영화되었다.

이에 따라 기관의 예산 수립과 집행은 「전매사업특별회계법」→「기업예산회계법」→「정부투자기관 관리기본법」→「상법」으로 적용 법률이 변하면서 점차 자율성이 강화되어 갔다. 「기업예산회계법」을 적용받게 되면서 일반회계와 다른 예산 운용의 탄력성이 강화되었고, 「정부투자기관 관리기본법」의 적용을 받게 되면서 예산을 기관 이사회에서 독립적으로 편성·집행할 수 있게 되었으며, 민영화되면서 「상법」과 「일반기업회계 기준」을 적용하게 되어 완전한 예산의 자율적 운영이 가능하게 되었다.

직원의 신분은 조직이 변함에 따라 점진적으로 '공무원'→'공사 직원'→'사기업 직원'으로 전환되어 갔다.

KT는 [그림 4-3]에서 보는 바와 같이 1887년 '중앙정부 행정기관'인 조선전보총국

그림 4-2 KT&G의 시장화

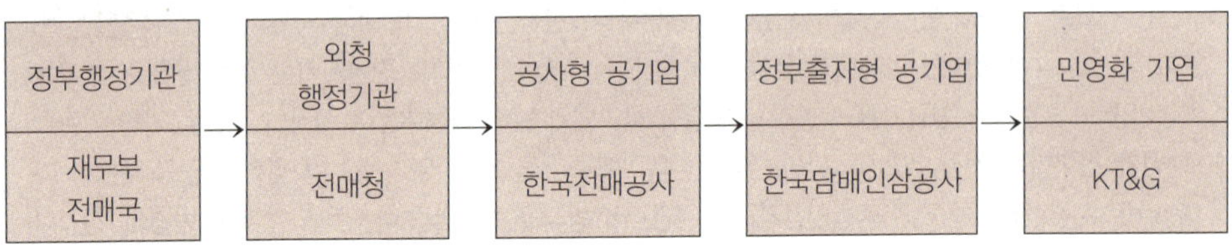

그림 4-3 KT의 시장화

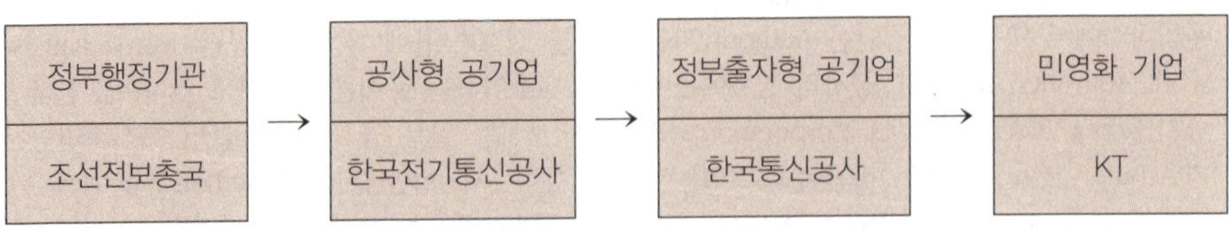

에서 시작되어 '공사형 공기업'인 한국전기통신공사, '정부출자기관'인 한국통신공사를 거쳐 최종적으로 2002년 KT라는 '민영화 기업' 형태로 전환되었다. KT도 위에서 본 KT&G와 마찬가지로 예산의 수립과 집행은 「기업예산 회계법」→「정부투자기관 관리기본법」→「상법」으로 적용 법률이 변하면서 점차 자율성이 확대되어 갔다.

광의의 민영화 또는 시장화에는 행정기관이 단일목적기관으로 전환하는 집행기관화, 행정기관이 준정부조직으로 전환하는 준정부조직화,[8] 행정기관이나 국유재산을 매각하기에 앞선 법적인 절차로서 기관 형태를 우선 공사 형태나 주식회사 형태로 전환시키는 상업화 또는 공기업에 일정한 경영자율성을 부여하는 기업화, 행정기관을 공조직과 사조직의 혼합 형태로 전환하는 혼합기관화 등을 모두 포괄하는 개념이다.

공공조직의 공사 혼합화나 민영화를 포함한 조직의 시장화는 필연적으로 조직의 제도 변화,[9] 즉 일련의 새로운 조직문화적 가치 체계의 도입을 의미한다. 조직문화의 변화는 어떤 조직이 행정기관 부서조직의 특성에서 멀어지고, 궁극적으로 시장 특성에 가까운 조직으로 변화되는 것을 말한다.

2) 정부 행정과 시장 경영의 가치

시장 지향적 조직 변화의 근본적인 사고는 "시장과 경영이 정부와 행정보다는 효율적이다"라는 전제에서 출발한다. 경영은 행정에 비해 화폐가치(Value for Money: VFM)를 중시하고, 이는 조직의 3E(Economy, 경제성; Efficiency, 효율성; Effectiveness, 효과성)의 향상과 밀접한 관계가 있다는 것이다(Bahk, 2001).[10] 여기서 경제성은 비용 절약을 강조하는 개념이고, 효율성은 투입과 산출의 비율을 의미하며, 효과성은 의도된 목적 달성도를 말한다.[11]

---

8) 책임집행기관화(agencification)는 행정기관이 집행기관(executive agency)으로 전환되고, 준정부조직화(quangocratization)란 행정기관이 준정부조직(Quasi Autonomous Non Governmental Organization)으로 바뀌는 것에서 유래했다(Flinders & Smith, 1999: 74-82).

9) '제도'는 조직에 체화되어 구성원들이 자연스럽게 받아들이는 지속적인 가치나 규범을 말한다. The critical term 'institution' is defined as "persistent values and norms which people accept as natural and the structures that embody them in organizations and societies"(Hall, 1986; March, 1984; Peters, 1999).

10) Economy normally refers to obtaining inputs at less cost or reducing wastes. Efficiency represents a relationship between resources(input) used and output produced. Effectiveness corresponds to the extent to which an objective is achieved or a relationship between the intended and actual effect of outputs in achieving the objectives(OECD, 1995).

11) 그러나 통상적으로 효율성은 "적은 투입으로 많은 산출을 의미하는 생산성(productivity)과 목적

그림 4-4 행정과 경영의 가치

[그림 4-4]에서 보는 바와 같이 전통적인 행정적 가치는 관료, 투입, 관계자 지향, 독점성, 유지성, 정치적 유의성을 강조하는 반면에, 경영적 가치는 시장성, 고객 지향성, 경제적 합리성, 산출, 공정성, 발전성 등을 강조한다. 이러한 행정과 경영의 가치체계 구분은 어디까지나 민영화를 설명하기 위한 편의상의 주제일 뿐이고, 실제 공공행정과 사기업 경영은 서로 구분이 힘들 정도로 이념적으로 접근하고 있다.[13]

3 민영화와 실질적 합리성의 제도화

공공조직의 민영화는 해당 기관의 체제 변화와 더불어 궁극적으로 조직의 가치변화를 초래한다. 이러한 조직이 전반적으로 바뀌는 것을 '조직의 제도화(institutionalizing)'라고 한다. 민영화의 궁극적인 목적은 조직의 실질적 변화를 통한 조직의 제도화에 있다.

달성도(degree of goal attainment)를 의미하는 효과성을 포괄하는 개념"으로 사용되기도 한다.

12) 경영에서 고객을 강조하는 의미로 종래에는 '고객 지향(customer oriented)'이나 '고객제일주의(put the customer first)'라는 용어를 사용했으나, 최근에는 고객몰입(customer obsession)이라는 용어를 사용하고 있다.

13) 이에 대한 자세한 내용은 제1장 및 제2장의 공·사기업 접근 현상을 참고하기 바란다.

디마지오와 파월(DiMaggio & Powell, 1991)은 "민영화로 인한 조직의 변화란 새로운 조직 체제는 물론, 조직문화적 가치의 새로운 도입(the introduction of new sets of system and cultural values)을 의미하는데, 이는 조직의 '기능적 합리성(functional rationality)'과 '실질적 또는 근본적 합리성(substantial rationality)'으로 구체화된다"고 한다.

'기능적 합리성'은 조직의 기능과 관련된 '구조', '체제', '목표-수단' 등을 요소로 하고, 반면 '실질적 합리성'은 조직의 문화와 관련된 조직의 '가치 축적(loading of values)'과 '의미의 유형(meaning patterns)'을 그 구성 요소로 한다.[14)]

민영화는 조직의 '기능적 합리성' 요소의 도입뿐만 아니라 '실질적 합리성'이 이루어질 때 완성된다고 할 수 있다. 즉, 민영화 논의의 궁극적 문제는 조직의 정체성(identity)과 의미(meaning)의 형성으로 귀결된다고 할 수 있다(Martin, 1992; 2002). 일반적으로 시간의 흐름에 따라 조직의 가치와 의미 유형이 바뀌어 가고, 결국 새롭게 형성된다. 민영화의 궁극적 목적은 이러한 조직의 의미 유형, 정체성이 바뀌고 정착될 때 완성된다고 할 것이다. 어쩌면 '기능적 합리성'은 민영화 과정에서 '실질적 합리성'을 달성하기 위한 수단에 불과하다고 할 수 있다.[15)]

이상에서 설명한 민영화 과정에서 일어나는 조직의 '기능적 합리성'과 '실질적 합리성'을 간난히 설명하면 [그림 4-5]와 같다.

공기업 민영화는 필연적으로 조직의 제도 변화를 초래하게 된다. 앞에서 설명한 조직의 합리성 측면에서 본다면 공기업의 민영화는 단순히 조직의 기본 틀을 바꾸는 '기능적 합리성'에 머물지 않고, 조직의 문화와 직원들의 태도를 근본적으로 바꾸는 '실질적 합리성'을 확보할 때 이루어진다.

우리나라에서 공기업 민영화 사업의 모델이 되고 있는 것은 앞에서 설명한 전매사업이라고 할 것이다. 우리나라 전매사업의 공식적인 완전 민영화는 동일인 지분 한도(7%) 및 담배 제조 독점권을 폐지한 2000년이라고 한다. 그러나 민영화는 실질적

---

14) 'Functional rationality' concerns the elements of structure, system and goal-means which are placed in a certain context in regard to the transcending function of the system and the parts that belong to it. 'Substantial rationality', on the other hand, is primarily tied to the organizational culture. Elements such as the loading of values and the meaning patterns are at forefront here(Martin, 1992).

15) "Functional rationality within the processes of privatization may serve as one means for achievement of substantial rationality."

그림 4-5 민영화와 조직의 제도화: '기능적 합리성'과 '실질적 합리성'

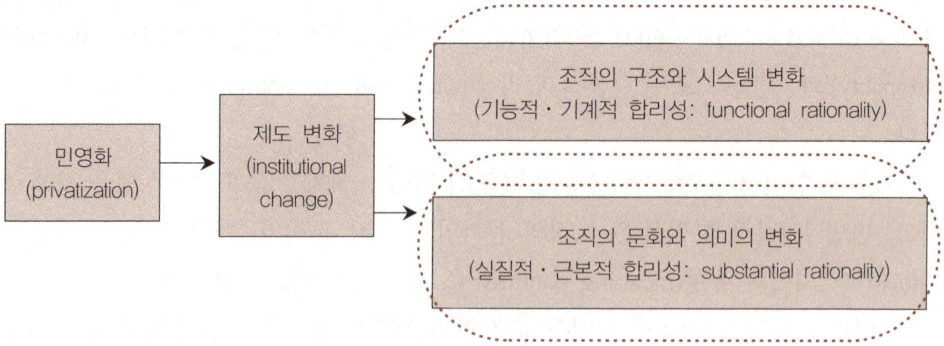

합리성(substantial rationality)을 확보할 때 이루어진다는 조직의 제도와 문화 변화의 기본 개념에 비추어볼 때, 앞서 설명한 바와 같이 정부출자은행(기업은행, 산업은행, 수출입은행)의 지분을 매각하고 상호를 바꾸어 조직의 패러다임을 완전히 바꾼 2002년에서야 실질적인 민영화가 이루어졌다고 해야 할 것이다. 지분 한도 폐지 및 독점권 폐지는 조직구조와 시스템의 변화인 조직의 기능적 합리성에 불과하다. 이 기능적 합리성은 실질적 합리성의 전제가 될 뿐이다.

4 민영화의 근거 이론

공기업의 민영화는 단순한 세계적 조류(trend) 또는 유행(fad)이라는 현실적 이유만이 아니라, 경제학을 중심으로 연구된 몇 가지 이론 및 실증적 근거에 기초를 두고 있다. 먼저, 이 부분에서는 이론적 근거로 제시되는 주인-대리인 이론을 비롯해 재산권 이론, 공공선택론, 구매자-공급자 이론 등을 중심으로 살펴보기로 한다.

1) 주인 - 대리인 이론

주인-대리인 이론(principal-agent theory)은 공기업 경영진과 국민과의 관계를 대리인과 위임자로 보고, 공기업을 민영화시켜야 공기업에 대한 실질적이고 진정한 통제가 이루어진다고 강조한다. 공기업 민영화의 필요성은 여러 가지 측면에서 제기되고 있는데, 주인-대리인 이론은 우선, 소유지배 구조의 특성에서 민영화가 공기업의 비효율성을 완화할 수 있다는 주장이다. 민간기업에서도 주인(principal)인 주주와

그림 4-6 공기업 조직의 주인-대리인 구조

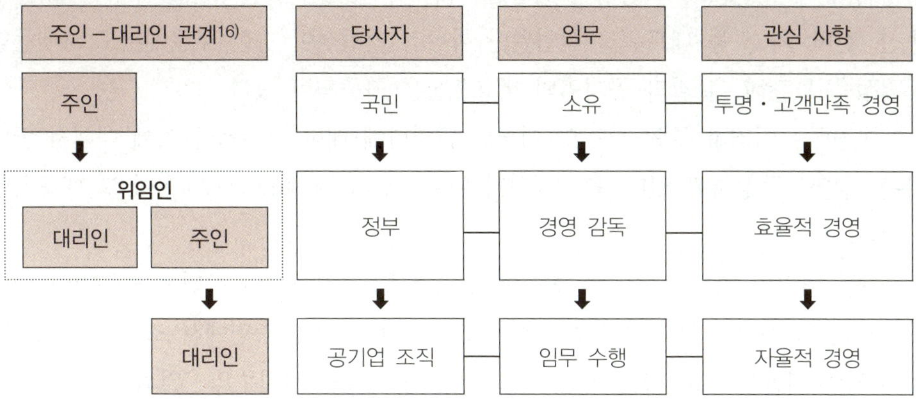

대리인(agent)인 경영자가 다름에 따라 경영자가 주주보다는 자신의 이익을 위해 노력하게 된다는 주인-대리인 문제(principal-agent problem)가 발생하지만, 공기업의 경우에는 이러한 주인-대리인 문제가 사기업보다 훨씬 복잡하게 나타난다. [그림 4-6]에서 보는 바와 같이 공기업의 궁극적인 주인인 국민은 공기업의 투명하고 고객만족 경영을 원하고, 주인인 국민의 공기업 경영감독권을 위임받은 정부는 공기업의 효율적인 경영을 원하지만, 정작 임무를 수행하고 있는 공기업은 자기 편의적 경영을 위한 자율적인 경영을 추구하고자 하기 때문이다.

공기업의 형식상 소유자는 정부이다. 이에 따라 납세자이면서 궁극적으로 공기업의 주인인 국민과 대리인인 공기업 사이에는 '국민-국회-행정부-공기업 사장(경영진)-공기업 직원'에 이르기까지 주인-대리인 관계가 다단계로 발생하게 된다. 공기업의 주인인 국민이 대리인을 통제하기가 매우 어렵게 되어 있기 때문에, 대리인 비용이 민간기업보다 훨씬 높게 나타난다. 이는 공기업 경영자가 누구에게도 책임지지 않거나, 정치권력 또는 정부 담당부서를 포획(capture)함으로써 공기업의 효율성은 저하될 수밖에 없다는 논리이다.

또한 주인-대리인 이론에서는 공기업의 독점성이 대리인 문제를 더욱 증폭시키는

16) 국민-정부 사이에서는 국민이 주인이고 정부가 대리인이며, 정부-공기업 조직 간에는 정부가 주인이고 공기업 조직이 대리인이다. 주인-대리인 관계가 연쇄(chain of principals and agents)적으로 나타나는 중간의 정부는 대리인인 동시에 주인이다. 이런 점을 감안하여 일반적으로 국민-정부-공기업 관계에서는 국민을 주인, 정부를 위임인, 공기업을 대리인이라고 하기도 한다.

요인이 되고 있다고 주장한다. 공기업은 대부분 독점적 상황에서 기업을 운영하므로, 경쟁이 존재하지 않거나 경쟁이 미흡한 여건 속에서 독점적 이윤을 향유하게 된다. 통신, 전력, 가스 등 네트워크 산업뿐만 아니라 기업성이 강한 부문에서도 오랫동안 독점성을 보장해 온 결과 공기업의 비효율성은 가중되어 왔다.

최근에는 이러한 주인-대리인 이론의 민영화에 대한 논리적 근거에 대해서 반대하는 이론도 등장하고 있다. 즉, '청지기 이론(theory of stewardship)'이 그 대표적인 것이다.

주인-대리인 이론은 경제적 접근에 뿌리를 두고 거시적인 측면에서 주인인 국민과 위임인인 정부는 대리인인 공기업을, 그리고 미시적인 측면에서 조직 내 주인 또는 위임인 역할을 하고 있는 관리자는 대리인인 직원을 개인주의·기회주의·이기주의의 측면에서 보고 있다. 반면에, 청지기 이론은 사회학적·심리학적 접근에 뿌리를 두고 대리인들을 친(親)국민, 그리고 신뢰할 만한 가치가 있는 실체로 묘사하고 있다. 주인-대리인 이론에서는 주인과 대리인의 이해 상충성에 중점을 두고 주인의 손실은 대리인에 대한 적절한 통제장치를 마련함으로써 억제될 수 있다고 보지만, 청지기 이론은 주인과 대리인 간에 이해가 공유될 수 있는 원인이 무엇인가를 설명하려고 한다. 청지기 이론에 따르면, 업무의 집행을 책임지고 있는 관리자나 직원들은 조직의 청지기로서, 그들 주인의 이해에 따라 행동할 수 있도록 동기화될 수 있다는 것이다. 청지기 이론에서의 사회 및 인간모형은 친조직적이며 이타적이어서, 주인-대리인 이론에서와 같은 이기주의적 행태보다 더 높은 가치를 발휘하게 된다는 '청지기(충복) 정신'에 근거를 두고 있다. 주인-대리인 이론이 공기업 민영화의 근거 이론으로 인용되는 반면에, 청지기 이론은 공기업 민영화의 반대 이론으로 자주 거론되고 있다. 주인-대리인 이론과 청지기 이론이 가지고 있는 내용의 차이를 정리하면 [표 4-1]과 같다.

표 4-1 주인-대리인 이론과 청지기 이론의 비교

구분		주인-대리인 이론	청지기 이론
인간형		경제적 인간	자아실현적 인간
행위 유형		자기중심적	이타적
심리적 기제	동기부여	경제적 욕구	고차원적 욕구(자아실현)
	정체성	가치몰입 수준이 낮음	가치몰입 수준이 높음
	권력 형태	보상 및 강압성	전문성의 상호존중

상황적 기제	관리철학	개인중심적 통제 중심	조직친화적 신뢰 중심
	리스크 관리	단기적 비용통제 중심	장기적 자율 권능 부여
	관리목표	단기적 비용 절감	장기적 교육
	조직문화	개인주의	집합주의

자료: Davis, Schoorman, & Donaldson(1997)에서 정리.

2) 재산권 이론

재산권 이론(theory of property right)에서는 재산권을 일종의 소유권으로 보고, 공기업이 민영화되면 소유권을 가진 사람은 자산과 이윤에 대한 권리를 가지므로, 당연히 이윤 동기가 증가함으로써 주인의식이 생기게 된다고 주장한다.

공적 소유권은 모든 사회 구성원에게 분산되어 있고 개별 구성원은 자신의 소유권을 행사할 수 없으므로, 기업 경영에 대하여 감독과 통제를 할 유인을 가지지 못하기 때문에, 이러한 분산된 소유권이 공기업 비효율의 근본 원인이라는 것이다(배용수, 2001; 김종희, 2001).

재산권 이론과 맥락을 같이하는 잔여 소득 청구인 이론(residual claimant theory)은 자원의 활용에 부여되는 권리가 자산의 공동 소유로 인하여 제대로 행사되지 않는 것을 경계하는 이론이다. 공공의 소유인 공기업의 경우에는 실질적인 의미에서 잔여 소득 청구인이 존재하지 않으므로, 자원은 비효율적으로 사용된다고 주장한다. 적지 않은 경험적인 증거들이 민간 소유가 정부 소유보다 높은 효율성을 창출한다는 점이 이 이론을 지지하는 중요한 근거가 되고 있다. 잔여 소득 청구인 이론은 민영화의 이점을 다음과 같이 설명한다.

첫째, 민영화 과정은 정치가, 관료집단, 노조, 경영자, 그리고 기타 이익집단들의 역할을 크게 변화시킨다. 민영화로 인한 해당 공기업의 지배구조의 변화는 조직의 목표의 변화를 가져오게 된다. 즉, 민영화된 공기업의 대리인 목적함수는 민영화 전의 사회후생의 극대화라는 모호한 개념에서 민영화 이후의 이윤극대화(maximizing profit)라는 분명한 목적함수를 가지게 된다.

둘째, 민간주주와 자본시장 참여자를 포함한 민간 분야의 감시 체제는 공공 분야의 감시 체제보다 더 효율적으로 작동하게 된다. 이는 금전적 인센티브와 연계된 자본시장 감시 체제의 장점에서 연유한다.

셋째, 기업의 인수・합병(M&A) 가능성 또는 경영권의 탈취 가능성은 경영진들로

하여금 경영상의 X-비효율성(X-inefficiency)을 제거하도록 작동한다.[17)]

넷째, 파산의 가능성은 정부와 민영화된 공기업의 관계를 좀 더 경제적이고 합리적으로 변화하게 한다. 민영화는 구체적으로 민영화된 공기업들에 대해서 정부의 채무 보증이나 손실 보전을 제거하게 한다.

3) 공공선택론

공공선택론(theory of public choice)의 주창자들에 의하면, 정치인과 관료들의 행태는 이윤 동기가 결여되어 있을 뿐만 아니라 예산의 극대화, 위험의 회피, 바람직하지 못한 투자, 불필요한 인원의 유지 등으로 경영의 비효율을 초래하므로, 정부부문 또는 공기업 등 공공부문을 민영화시켜야 한다고 주장한다.

공공선택론자에 따르면, 정치가 및 관료들의 행태는 공익 달성보다는 자기 이해(self-interest)에 의해서 공공부문 직업 안정, 소속 기관의 금전적·부수적 혜택에 더 많은 관심을 두는 일종의 지대 추구(rent seeking) 등의 문제점을 안고 있다고 한다.

4) 구매자-공급자 이론

1980년대 민영화의 큰 흐름은 협의의 공기업인 국가공기업(State Owned Enterprise: SOE)의 소유권 민영화뿐만 아니라, 행정기관이 단일목적을 수행하는 집행기관화, 그리고 행정기관이나 단일목적기관을 공기업화하는 상업화를 촉진했다.

구매자-공급자 이론(purchaser-supplier theory)에 따르면, 정부는 정책결정과 서비스의 구매에 전념하고, 공공 서비스의 생산과 공급은 단일목적 행정집행기관이나 공기업이 전담하는 것이 능률적이라는 논리이다. 이러한 구매자-공급자 이론은 주로 행정기관의 준정부조직화와 상업화의 기초 이론이 되고 있다.

---

17) 일반적으로 경쟁 상대가 없는 독점기업이나 이윤극대화를 추구하지 않는 정부기관 또는 소요비용이 전액 보조되는 공공조직에서는 비용을 최소화하려는 유인이 생기지 않는다. 예를 들어, 이러한 조직에서는 사무실 면적을 필요 이상으로 크게 하거나 심지어는 전기·수돗물 등을 절약하지 않는 등 필요 이상의 자원을 낭비하게 된다. 라이벤슈타인(Leibenstein, 1960)은 미시경제이론이 자원의 배분적 효율성(allocative efficiency)에만 관심을 두고 있으나, 경험적으로 볼 때 배분외적 효율성(nonallocative efficiency)도 중요하다고 했다. 그는 이와 같이 제대로 정의되지 않은 배분외적 효율성을 총칭해 X-비효율성(X-inefficiency)이라고 했다.

5 민영화 논리의 종합적 해석

주인-대리인 이론을 비롯한 지금까지 설명한 공기업 민영화의 이론적 근거를 가지고 공기업 민영화의 논리를 정리해 보기로 하자.

공기업 민영화의 논리적 근거는 공기업은 사기업과 다른 소유구조를 가지고 있다는 점에서 출발한다. 사기업은 [그림 4-7]에서 보는 바와 같이 주인인 주주와 대리인인 기업 경영진 사이에 위임인인 국회나 정부 등이 없기 때문에, 즉 주인에 대한 대리인의 경영책임이 직접적이어서 위임인이 있는 공기업에 비해 효율적이라는 것이다.

이와 같이 시장성이 강한 공기업에 대한 민영화 논리는 사기업과 같이 공기업의 감독·통제권을 원래 주인인 국민에게 되돌려 주는 것을 말한다. 왜냐하면, 사기업에 비해 공기업은 주인인 국민과 대리인인 공기업 사이에 국회, 정부(기획재정부·주무부처) 등과 같은 많은 위임인이 존재하고 있기 때문에, 주인과 대리인 사이의 관리·감독 기능이 비효율적 구조로 흐를 수 있다고 보는 것이다.

이러한 구조에 대해 주인인 국민의 입장에서는 대리인인 공기업이 수행하고 있는 업무를 완전히 알 수 없는 정보의 비대칭성(asymmetric information) 문제가 지적되고, 대리인인 공기업의 입장에서는 너무 많은 위임자에 의한 내재된 계층적 경영간섭

그림 4-7 사기업 소유지배 구조

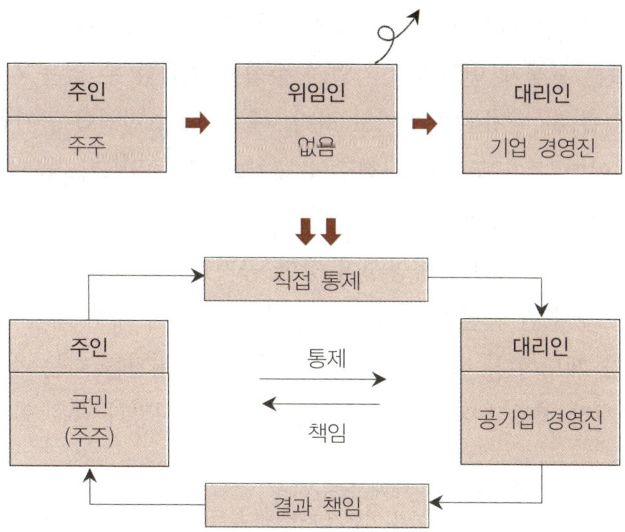

그림 4-8 공기업 민영화에 따른 소유지배 구조의 변화

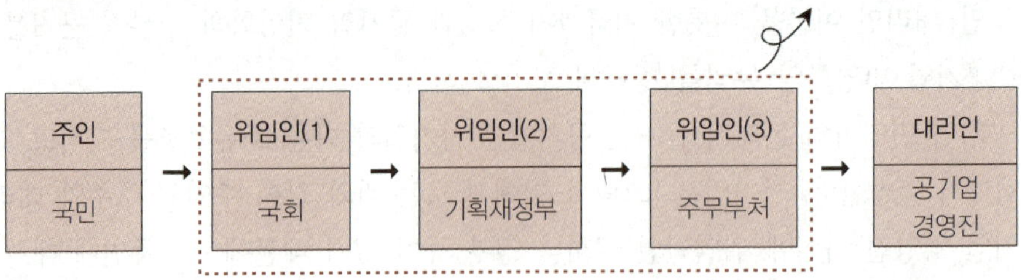

구조(embedded hierarchic intervention structure)의 문제를 호소하고 있다.[18] 이러한 정보의 비대칭성 문제와 계층적인 경영간섭 구조를 해결하기 위해서는 [그림 4-8]에서 보는 바와 같이 위임인 구조를 제거하고, 사기업의 소유 구조와 같이 주인이 직접 공기업을 통제하도록 소유·감독 구조를 바꿀 필요가 있다는 것이다. 궁극적으로 공기업의 소유지배 구조에서 위임인을 제거하여 공기업의 감독 기능을 주인인 국민에게 돌려주는 것을 민영화라고 한다.

공기업의 민영화는 공기업 감독에서 무임승차자에 불과한 일반 국민을 주권을 가진 주주로 전환하게 한다. 결과적으로, 소유권이 주식으로 전환되어 주권을 가진 주주 형태의 국민들을 중심으로 민간기업과 같이 시장을 통해 경영 감독을 하게 된다. 따라서 공기업의 민영화는 공기업의 주식을 매수할 수 있는 국민과 시장이 있어야 한다. 공기업의 민영화는 시장성이 있는 공기업이어야 가능하다는 논리가 이런 이유에서 연유한다. 물론 드물게 민영화할 기업의 주식을 소화할 수 있는 시장이나 국민이 없더라도 민영화를 하는 경우가 있기도 하다. 예를 들어, 민영화 공기업의 주식을 흡수할 능력이 없었던 초기 동구권 사회주의 국가에서는 구매권(voucher)[19]을 국민들에게 무상으로 제공하기도 했다.

그렇다면, 시장성이 약하고 공공성이 강한 공기업, 즉 민영화가 어려운 공기업의 경영책임성 확보를 위한 근본적인 제도는 무엇인가? 이에 대한 개선 대책이 바로 공기업의 경영평가 제도이다. 즉, 모든 기업은 시장에서 평가를 하는 것이 이상적이지만 공공성이나 시장 적응이 어려운 공기업에 대해서는 시장과 같은 인위적인 경쟁 환

18) 정보의 비대칭성 등 대리인 문제에 대해서는 제6장 참조.
19) 동구권 국가에서는 매각에 의한 민영화가 어렵기 때문에, 부득이하게 구매권 제도를 채택하여 일정 연령에 이른 성인과 어린이들을 포함한 모든 시민에게 동일한 구매권을 부여했다(백평선, 2001).

표 4-2 공기업 책임성 제고를 위한 기본 제도

◆ 주인 없는 공기업(an agent without a principal)
⇨ '방만 경영', '비효율적인 감독 · 통제구조'
□시장성이 있는 공기업 ➡ '민영화'(제4장)
□공공성이 강한 공기업 ➡ '경영평가'(제5장)
□공기업을 통한 사회안전망 확보 ➡ '기능적 통제'(제6장)

경을 조성하자는 것이 경영평가의 근본 취지이다. 공기업에 대한 전문성이 있는 평가위원을 중심으로 객관적으로 공기업 경영실적을 평가할 수 있다면 시장 못지않은 효과를 얻을 수 있다.[20]

따라서 공기업의 책임성을 제고할 수 있는 두 가지 기본 제도는 [표 4-2]에서 보는 바와 같이 민영화와 경영평가라고 할 수 있다.

또한 민영화된 공기업이든 아니면 경영평가 대상 공기업이든 산업 규제적인 측면에서 주무부서의 공기업에 대한 최소한의 기능적 통제가 필요하다. 이는 공기업의 공공성을 담보하기 위한 불가피한 조치이다. 이러한 산업 규제적 통제는 사전에 규제 리스트(list)를 법률이나 규정으로 명문화하여, 그 리스트 범위 내에서 규제와 통제가 이루어져야 한다. 이러한 적극적인 리스트 작성 방식은 주무부서에서 공기업에 대한 감독을 빌미로 적정한 기능적 감독을 넘어서서 공기업 일상 업무에 관여하는 것을 방지할 수 있다.[21] 공기업에 대한 규제는 일상적인 업무수행 과정에 대한 간섭보다는 경영 결과에 대한 경영책임을 묻는 것이 바람직하기 때문이다.

공기업의 행정주체로서 정부에서 행사할 수 있는 공기업 관리 방법은 첫째, 소유권에서 유래하는 '민영화', 둘째, 민영화가 어려운 공기업에 대한 '경영평가', 셋째, 이들 공기업에 대한 최소한의 공공성 확보를 위한 '기능적 통제'가 주류를 이루고 있다. 제2편 공기업의 행정주체인 정부-공기업 관계에서는 이들 세 가지가 핵심 주제라고

20) 일반적으로 시장에서도 완전 경쟁 시장이 아닌 이상 정보가 왜곡되는 시장실패는 수없이 발생한다. 이런 측면에서 공기업에 대한 경영평가는 인위적이긴 하지만 일반 시장에 준하는 수준의 정보와 경쟁성을 기대할 수 있다.

21) 주무부서에서 공기업 규제를 적정화하기 위해서 규제 리스트를 만드는 데는 적극적(affirmative or positive) 방법과 소극적(negative) 방법이 있다. 적극적인 리스트 작성 방법은 규제 항목을 목록에 명시적으로 열거하고, 그 외에는 규제에서 모두 제외하는 것을 말하고, 소극적인 리스트 작성 방법은 규제할 수 없는 항목을 명시적으로 사전에 목록으로 작성해 제시하고, 그 외에는 모두 규제할 수 있는 것을 말한다.

할 수 있는데, 이를 각각 장을 달리하여 살펴보기로 한다.

6 민영화의 실증적 근거

공기업 민영화의 실증적 근거는 "국민들이 소비하는 재화나 서비스를 정부, 공기업, 시장 중에서 어느 주체가 생산 공급하는 것이 사회적으로 가장 효율적인가?"라는 의문에서 시작된다.

1) 정부 · 공기업 · 사기업의 선택

정부와 공기업은 공공 목적을 위해서 설립되었고 활동한다는 점에서 공통점을 지니고 있다. 그러나 정부는 그 활동 재원을 주로 예산에 의존하고 있는데 반해, 공기업은 활동 재원의 전부 혹은 많은 부분을 자체수입에 의존하고 있다는 점에서 차이를 보이고 있다. 그리고 수익적 목적에 의해서 설립된 사기업은 자체 운영 재원을 전적으로 시장에 의존하고 있다는 점에서 공기업과 다르다. 이러한 3자 간에 어떤 주체를 선택하느냐 하는 것은 재화나 서비스의 공급 안정성 및 운영의 효율성이 주된 변수의 역할을 하고 있다. 즉, 민영화와 관련하여 최근 가장 많이 비교되고 있는 주제가 공급주체 간의 효율성 문제이다.

2) 공기업과 사기업의 효율성 분석

정부가 국가의 핵심 서비스인 국방이나 외교 등의 업무를 수행한다는 것에 대해서는 크게 바뀐 것이 없으나, 국민들에게 필요한 공공성이 강한 필수 재화나 서비스를 공공부문이 공급해야 하느냐, 아니면 민간부문이 공급해야 하느냐는 국가 또는 시대적 지배 이데올로기에 따라 변해 왔다.

공공부문 중에서도 공기업은 그동안 전력, 전화, 통신, 가스 등 국가 기간 네트워크 산업과 철강, 개발, 도로, 항만 등 국가 SOC 산업에서 국가 경제 발전의 근간을 이루어 왔다. 그러나 민간부문에서 성장한 사기업들이 공기업에 비해 상대적으로 효율적인 경영으로 우수한 경영실적을 내게 되면서부터 공기업의 독점적 시장 지배에 문제가 있다는 비판의 목소리가 나오기 시작했다. 시장론자들은 공기업의 무책임성, 비효율적 경영 등을 이유로 공기업을 민영화하여 사기업과 같은 경쟁 환경을 조성하는 것이 필요하다고 강조한다.

반면에, 공기업의 경영 비효율성에 대한 이러한 비판에도 불구하고, '시장실패'를 방지해야 한다는 이유로 공기업의 존재 목적을 명확히 해야 한다고 주장하는 사람들도 있다. 즉, '시장실패'로 인한 경제적 손실이 사기업이 아닌 공기업으로 인한 '경영 비효율'에 의해 파생되는 경제적 손실보다 크다면(시장실패 손실 > 경영 비효율 손실), 공기업이 존속될 필요가 있다는 것이다.

최근에 와서 이러한 공기업과 시장의 선택 문제는 전 세계적으로 어느 쪽이 더 생산의 효율성을 가져올 수 있느냐가 중요 화두가 되고 있다. 즉, 규범적 · 이념적 접근보다는 양 체제의 생산성 또는 효율성에 대해서 경험적 · 실증적인 논리실증주의(logical positivism) 접근에 초점을 두어야 한다는 것이다.

파커(Parker, 1993)는 영국에서 민영화된 주요 기업들의 실적을 평가한 결과 민영화 이전보다 능률이 향상된 바 있다고 지적한다. 중국의 경우도 1998년 국유기업을 민영화한 후 사상 최대의 수익을 올리고 있다고 한다. 적자를 면치 못하던 기업들의 수익이 연평균 44.2%의 증가를 보였던 것이 단적인 예이다(중국 상무성, 2004; Lee & Wang, 2005). 이는 국유기업에서 민간의 경영기법을 대폭 수용하고 외국 자본의 유입이 가져온 결과라고 보고 있다.[22]

박승록(2002)은 우리나라에서 처음으로 공기업의 경영성과를 민간기업과 비교하여 민영화의 필요성을 제기한 바 있다.[23] 즉, 공기업과 민간기업의 경영성과를 회계적 생산성, 생산주체로서 기업의 효율성 수준, 구조조정 과정에 수반되는 생산성 변화 정도를 민간기업의 그것과 비교하여 공기업의 특성을 발견했다([표 4-3] 참조).

박승록(2002)이 주장하는 민간기업과 비교한 공기업의 경영성과와 생산성 특징을 정리하면 다음과 같다.

첫째, 공기업의 회계적 경영성과는 1인당 또는 자본 단위당 매출 규모가 훨씬 저조함에도 불구하고 낮은 부채 비율로 안정적인 재무 상태를 가지고 있으며, 역시 안정적이고 높은 당기순이익을 실현하고 있다. 이는 공기업이 매출액 달성에는 비효율

22) 중국에서는 '민영화'라는 용어보다는 '시장화'라는 용어를 선호한다. 중국에서는 국유재산을 매각하는 것보다는 민간의 자본 참여, 민간의 경영 기법을 적극적으로 받아들이는 시장화를 국유기업의 경영개혁 방법으로 생각하고 있다.

23) 이 연구는 우리나라 55개 공기업과 공기업이 소속된 산업에 속한 민간기업의 생산성과 효율성 수준 및 생산성 변화 추이를 비교 · 분석한 것이다. 2000년 말 우리나라의 공기업 수는 투자기관 및 출자기관이 26개, 그 자회사가 67로 총 91개였으나, 분석이 가능한 자료를 획득할 수 있는 기관은 55개였다고 한다(박승록, 2002: 13-14, 59).

표 4-3 공기업과 민간기업의 경영성과 및 생산성 비교

평가부문		공기업 특성	종합 평가
회계적 경영성과		• 낮은 부채 비율 • 낮은 인당 매출 및 자본당 매출 • 높고 안정적인 당기순이익	• 높은 매출액 달성에는 비효율적이지만 높은 당기순이익으로 조직 안정성을 유지하고 있음.
절대적 생산 수준	요소 생산성	• 낮은 노동 생산성 • 낮은 자본 생산성 • 높은 자본 장비율	• 요소 생산성에서 절대적 열위에 있음.
	기술적 효율성	• 낮은 기술적 효율성	• 대체로 낮은 기술 효율성을 보이고 있지만 대규모 공기업의 경우에는 높은 기술적 효율성을 나타내고 있음.
동태적 생산성 변화	총요소 생산성 변화	• 민간부문에 비해 다소 높은 총요소 생산성 변화	• 공기업의 절대적 생산성 열위를 극복하기에는 미미한 기술 변화를 보이고 있음.
	기술 변화	• 민간부문에 비해 다소 높은 기술 혁신 달성	
	규모의 경제 효과	• 민간부문에 비해 규모에 대한 비용 수확체감 정도가 낮음.	
	기술적 비효율성 개선	• 민간부문과 대등한 기술적 비효율성 개선	

자료: 박승록(2002: 60)에서 재정리.

적이지만 높은 당기순이익으로 조직의 안정성을 유지하고 있음을 의미한다고 하겠다.

둘째, 공기업의 노동생산성과 자본생산성은 낮은 데 비해, 종업원의 자본 장비율은 상당히 높은 것으로 나타나고 있다. 이는 공기업이 민간기업보다도 많은 자본을 보유하면서도 노동생산성은 그만큼 낮다는 것을 의미한다.

셋째, 공기업의 기술적 효율성 수준도 민간기업에 크게 뒤떨어지고 있다. 여기에 대한 논거로 박승록(2002)은 최근 한국 경제의 주력산업으로 등장하고 있는 반도체, 자동차, 조선 등 주요 산업에 속한 기업들이 분석 대상에서 제외됨에도 민간기업의 효율성이 공기업의 기술적 효율성보다 높게 나타났다는 것을 제시하고 있다. 만약, 이런 민간기업들이 분석에 포함되었다면 공기업과 민간기업의 생산성 격차는 훨씬 크게 벌어졌을 가능성이 높다고 한다.

넷째, 공기업은 민간기업에 비해 동태적 생산성 변화 추세에는 큰 차이를 보이지 않지만, 공기업의 절대적으로 낮은 생산성을 극복하기에는 미미한 기술 변화를 보이

고 있다고 한다.

이러한 분석 결과는 공기업을 민간기업과 비교해 볼 때 절대적인 생산성 및 효율성은 열위에 있으면서, 동태적인 생산성 및 효율성 증대 비율은 민간기업과 같거나 미미한 개선에 그치고 있어, 공기업과 민간부문과의 생산성 격차가 단시간에 좁혀지기 어렵다는 것을 의미한다.

공기업과 민간기업의 생산성 또는 효율성의 차이를 알아보기 위해서는 더 많은 경험적 연구가 필요하겠지만, 이 연구의 결과는 민간기업이 공기업의 생산성 또는 효율성을 앞서고 있다는 것을 보여 준다.

이러한 연구 결과에서 나타난 공기업과 민간기업의 생산성 격차를 바탕으로 민영화 찬성론자들은 공기업이 수행하고 있는 업무에 대해서 공공성이 강한 사업을 제외한 부문에 대해서는 민영화와 시장 규율에 의한 경쟁 메커니즘을 도입하는 것이 바람직하다고 주장하고 있다.

제 2 절 | 공기업 민영화의 찬 · 반 논쟁과 성공 요건

1 민영화의 목적

배용수(2001)는 공기업 민영화의 목적으로 ① 공공부문의 효율성 제고, ② 재정적자의 축소, ③ 작은 정부의 실현, ④ 소비자 선택 기회의 확대를 들고 있다. 특히, 새로운 의미의 '작은 정부(less government)'와 '소비자 신호(customer preference)' 개념을 활용하여 민영화의 목적을 설명하고 있다.

'작은 정부' 개념이 의미하는 정부의 '크기'는 명목적인 규모, 즉 예산 · 인력 · 조직과 함께 실질적인 크기인 공공부문 영향력 행사의 범위와 방법도 포함해야 한다. 따라서 민영화에서는 공공부문의 조직 규모에 대한 진단과 더불어 현재의 틀 안에서 효율성 향상, 즉 공공부문의 영향력 적정성, 구체적으로 정부부문의 영향력 축소도 검토되어야 한다는 것이다.

'소비자 선호'는 인간의 경제 활동에서 질적인 요소를 제약하고 있는 다양성 결여, 개인 선호 무시 등의 개선을 말한다. 최근 세계화 · 도시화 · 지방화에 따라 인간 욕구의 다양성도 더욱 심화되고 있다. 민영화는 공공부문의 영역을 축소시켜 시장의 영역을 확대해 주며, 또한 선택이 확대되면 일반적으로 편익의 배분이 더욱 공정해진다는 논지이다. 따라서 공공 서비스를 민영화하여 시장에서 소비자들의 테스트를 받음으로써, 생산자 위주의 공급에서 소비자 위주의 공급방식으로 전환해 나가는 것을 말한다.

현실적으로 공기업 민영화의 목적은 나라마다 다르며 같은 나라라고 하더라도 시대에 따라 다르다. 주로 1970년대 이후 각국에서 이루어지고 있는 민영화의 목적을 종합적으로 정리하면 다음과 같다.

1) 국민경제에 대한 정부개입 축소

공기업 민영화는 정부의 국민경제에의 개입을 줄이고, 정부 기능을 축소하고자 하는 데 그 중요한 목적이 있다. 프리드먼(Friedman, 1962)은 정부나 공기업을 독점적인 사기업에 비유하여 '공적 독점'이라고 부르고 있다.

좀 더 구체적으로 공기업에 대한 정부개입을 비판한 것은 영국의 대처(M. Thatcher) 수상이다. 그녀는 영국의 공기업들이 무책임한 경영뿐만 아니라 주무부장관 등으로부터 정치적 간섭을 심하게 받아 자율성을 발휘할 수 없으므로, 자율성 제고를 위해서라도 공기업을 민영화해야 한다는 주장을 폈다(Vickers & Yarrow, 1989).

2) 조직관리 능률의 제고

공기업 민영화의 목적을 설명하면서 조직의 능률성 제고를 들지 않는 사람은 아무도 없다. 공기업은 본질적으로 사기업보다 비능률적이며, 기업성이 낮으므로 공기업 민영화가 능률을 제고할 수 있다는 것이다. 공기업은 일반적으로 정책금융의 혜택을 받으므로 자본시장에서 자금 조달을 위해 경쟁할 필요가 없을 뿐만 아니라 파산이나 합병의 우려가 없다. 또한 공기업은 사기업과 같은 민간주주를 만족시킬 필요가 없으므로, 공기업의 관리자들은 부여된 자원을 능률적으로 사용할 유인이 없다는 것이다.

1994년부터 실행에 옮기기 시작한 우리나라의 공기업 민영화도 능률의 제고를 가장 중요한 목적으로 들고 있다. 우리나라에서는 능률의 제고를 강조하기 위하여 '민간에 의한 사업 수행이 좀 더 조직운영에 효율적인 경우에 민영화한다'는 표현을 사용하고 있다(정부투자기관경영평가위원회, 1993: 7).

3) 세입의 증대

공기업 민영화의 목적으로 세입의 증대를 빼놓을 수 없다. 재정적자에 허덕이는 많은 국가들이 공기업 민영화로 세입을 증대하고 재정적자를 감축하려는 노력을 기울이고 있다. 실용적인 측면에서 민영화의 가장 중요한 목적은 재원 조달에 있다고 해도 과언이 아니다.

우리나라에서 1994년부터 실행에 옮긴 공기업의 민영화에서도 세입의 증대에 많은 역점을 두고 있다는 사실을 부인할 수 없다. 정부가 1994년 재정투융자특별회계 세입으로 '유가증권 매각대'로 7,500억 원을 계상했던 것을 보더라도 쉽게 알 수 있다.

4) 자본시장 저변의 확대

종업원 지주제의 확장으로 종업원들의 기업에 대한 애사심을 강화하고 나아가 주식의 광범위한 분산을 통해 자본시장 저변을 확대해 나가자는 것이 공기업 민영화의 주요 목적 중의 하나이다. 이러한 목적은 영국이나 프랑스에서의 민영화에서 두드러지게 나타나고 있으며 어느 정도 성과를 거두었다. 1979년만 하더라도 주식 보유자가 성인 인구의 7%에 지나지 않던 영국에서 공기업의 민영화로 1988년에는 주식 보유자가 성인 인구의 20.5%로 높아졌다는 것이다(Fraser & Wilson, 1988: 14).

이러한 목적은 1988년과 1989년에 걸쳐 이루어졌던 우리나라의 포항제철 · 한국전력을 포함한 7개 공기업을 국민주 방식에 의하여 민영화한 사례에서도 잘 나타나고 있다. 포항제철의 주식은 2만 명의 우리 사주 조합원을 포함하여 322만 2천 명에게 배정되었으며, 한국전력의 경우에는 3만 2천 명의 우리 사주 조합원을 포함하여 660만 5천 명에게 국민주가 배정되었다(공기업민영화추진위원회, 1989).

5) 정부부문 노조 영향력의 억제

보수당 정부에 의한 영국의 민영화는 노동조합, 특히 공공부문 노동조합의 영향력을 억제하는 데에도 그 목적이 있었다. 민간부문 노동조합의 활동이나 임금 인상 요구는 시장기구의 영향을 받으나, 정부부문 노동조합은 이러한 자연적인 여과장치도 없이 임금 인상 요구를 관철시켜 왔으며, 이것은 나아가 공공부문의 재정적 부담을 확대시키는 요인으로 작용했다. 공기업이 민영화되면 공기업에 가해질 수 있는 정치적 압력이 제거될 수 있을 뿐만 아니라 파산의 위협으로 노동조합 측도 부당한 임금 인상을 자제하게 될 것을 기대했다.

우리나라에서도 공기업 노동조합의 영향력이 큰 것이 사실이나,[24] 표면적으로 영국의 경우처럼 공기업 노동조합의 영향력을 억제하기 위해 민영화를 추진하려는 목적을 제시한 적은 없다.

6) 정치적 이득의 획득

비커스와 야로(Vickers & Yarrow, 1989)가 지적하고 있는 바와 같이 영국의 민영화는 보수당에게 정치적 이득을 가져온 것이 사실이다. 공기업 민영화 정책에 의해 처음으로 주식 보유자가 된 서민층들이 보수당의 지지자로 돌아섰다는 연구도 있다. 민영화 정책에 의해 민간에 매각된 소위 '민영화 주식(privatization stocks)'들은 1987년의 선거 기간 중 대처 수상의 승리 여부에 대한 전망에 따라 민감하게 등락하기도 했다. 이러한 사실에 비추어볼 때 영국의 보수당 정부가 정치적 이득을 위해 민영화를 지속했다는 주장이 나오게 되는 것이다.

우리나라의 경우, 정치적 이득을 위해 민영화가 이루어졌다는 표면적 증거는 찾아보기 어렵다. 오히려 한때 많은 관심을 모았던 국민주 방식에 의한 민영화는 이후 주가의 하락으로 인하여 중·하위 소득층의 재산 형성에 도움을 주지 못했다. 민영화가 집권당에 정치적 이득을 가져왔다는 평가를 하기 어렵게 하는 요인으로 작용하고 있다.[25]

2 민영화에 대한 찬·반 논쟁

이상에서 살펴본 바와 같이 공기업 민영화가 과연 민영화에서 기대하고 있는 궁극적인 목적인 공기업 조직의 효율성을 확보하고 공공 서비스의 질과 수준을 개선할 수 있을 것인가? 아니면 미처 예상하지 못했던 부작용은 발생하지 않을까? 여기에는 심각한 찬·반 논쟁이 있다.

민영화의 환경은 경제적·정치적·국제적 환경 변화로 인하여 시장경제와 통제경제 사이에서 끊임없이 변화되어 왔다. 자본주의적 자유경제 체제가 유행할 때에는 공공부문을 축소해야 한다는 목소리가 높아진 반면, 사회주의적인 통제경제 체제가

---

24) 2022년 말을 기준으로 우리나라 노조 조직 대상이 되는 전체 노동자 수는 2,058만 명, 조합원 수 293만여 명으로 노조조직률은 14.2%이다. 공공부문 노조조직률은 70.0%로 전체 노조조직률 14.2%에 비해서 훨씬 높다.

25) 민영화의 목적은 주로 유훈(2002)에서 내용을 발췌하여 정리했다.

유행할 때에는 공공부문의 필요성이 부각되는 등 순환적 이론 경쟁을 반복해 왔다. 이처럼 공공부문의 민간 경제 활동에 개입하는 정도는 마치 경기순환의 파장처럼 주기를 두고 변화해 왔다. 세계적으로 1960~1970년대를 공기업 확장의 시대라고 한다면, 1980~1990년대는 공기업 민영화 시대로 특징지을 수 있다. 1980년 이전 여러 국가에서 기존에 민간부문이 담당하던 공공성을 가진 사업을 정부가 수행하면서 국가의 활동영역을 넓혀 왔다.[26] 그러나 1980년대에 공공부문의 팽창에 따른 비효율적 경영에 대한 비난이 고조되면서 그 방향을 바꾸기 시작했다.[27]

공기업 민영화는 개방 체제의 시대적 조류를 반영하여 생산성 및 효율성 제고를 기대하면서 도입되었다. 그러나 민영화 이후 조직의 효율성이 과연 높아졌는지에 대한 근본적인 물음에서부터 공익사업의 특수성을 무시하고, 공기업을 무비판적으로 민영화하는 것은 무리라고 하는 데 이르기까지 민영화에 대한 반대 목소리도 결코 간과할 수 없다.

1) 민영화 찬성론

공기업 민영화 찬성론자의 주장은 사회·경제적 측면에서 사유재산권(property right)에 바탕을 두고 있다. 민간기업 중심의 경제 운용이 공기업 중심의 경제 운용보다 더 효율적이라는 것이 그 주장의 핵심이다.[28] 이러한 공기업의 경제적 효율성에 대한 주장은 기본적으로 공기업의 낭비와 비효율성은 공기업 민영화로만 해결할 수 있다는 의견에 근거하고 있다.

첫째, 민영화 옹호론자들은 "민영화가 기업 경영 나아가 국민의 경제적 자원 배분의 효율성을 증대시킨다"고 주장한다. 공기업이 독점권 또는 우월적 지위를 이용하여 불공정 거래를 하게 되면 소비자의 선택의 자유를 제한하지만, 민영화하면 경쟁의 범위가 넓어지고, 기업 소유의 분산 효과를 가져오며, 그 결과 개인의 경제적 선택의 자

---

26) 미국에서는 연방정부가 고속도로와 댐 건설 등의 경제적 하부구조를 담당하였다. 또한 주 및 지방정부가 교육으로부터 도로 건설에 이르기까지의 다양한 기능을 수행할 수 있도록 자금을 제공했다. 서유럽이나 중·남미에서도 정부가 기업, 산업, 보건 체제를 국유화했으며, 동유럽에서는 공산주의 체제가 민간부문을 모두 제거하려 했다.

27) 미국에서 레이건(R. Reagan) 정부는 '그대로 있지 말고 원래 상태로 되돌려 놓으라'는 전진 명령을 내렸다. '원상복구'라는 것의 중심 교리는 정부자산 및 공공 서비스의 민영화였다.

28) 이러한 견해는 상당히 오래된 것으로서 스미스(A. Smith)가 『국부론』에서 "상인과 군주처럼 조화되지 않는 특징을 나타내는 경우는 없다"라고 한 데서 잘 드러난다. 스미스는 사람들이 재산을 관리할 때 자신보다는 타인의 재산에 대해 더 낭비적이라는 사실을 간파한 것이다.

유가 증진된다는 것이다.

둘째, 공기업은 사기업에 비해서 인센티브의 결여, 관료주의적 경영, 과잉 규제 등으로 인해 비효율적으로 운영되기 때문에, 민영화를 통해 경영효율성의 제고와 더불어 서비스의 질을 제고할 수 있다는 것이다.

이러한 주장에 대한 논거로 메긴슨, 내시와 반 란덴보(Megginson, Nash, & Van Randenborgh, 1994)의 연구가 있다. 이 연구에 따르면, 1961년부터 1990년까지 18개 국가, 32개 산업에서 민영화된 61개 기업의 효율성이 증가하는 결과를 가져왔다고 분석했다. 에켈과 싱갈(Eckel & Singal, 1997)의 연구는 영국 브리티시항공의 민영화 효과를 비행기 요금과 서비스 질을 중심으로 분석했는데, 그 결과 민영화 이후 브리티시항공의 비행기 요금은 하락하고 서비스 질은 향상하는 등 소비자 잉여가 증가했다고 분석했다(주경태 · 윤성식, 2006: 69).

또한 부바크리와 코셋(Boubakri & Cosset, 1998)은 1980년과 1992년 사이에 민영화된 21개 개발도상국, 32개 산업 중 79개 기업의 분석을 통해 민영화된 기업은 16% 이상의 기업효율성 향상과 70% 이상의 자본투자 증가를 가져왔다고 분석했다. 로린과 바이닝(Laurin & Vining, 2006)은 캐나다의 11개 민영화 공기업의 효율성을 분석하여 노동 및 자본 생산성이 향상되었음을 증명했다.

셋째, 주인-대리인 이론에 따르면 주인인 국민보다는 대리인인 공기업에게 편재된 정보의 비대칭성을 치유하기 위해서는 "공기업의 주인인 국민이 주주가 되어 직접 감시 · 감독하는 민영화가 최상의 방법이다"라고 주장한다.

넷째, 공기업 민영화로 인한 수익 자금을 활용하여 정부 재정의 건전화에 기여할 수 있고, 민영화된 기업의 신규 주식 소유자 증가와 주식 분산으로 자본시장을 확대할 수 있다는 장점이 있다.

다섯째, 민영화는 다른 개혁 정책과는 달리 한번 시행되면 쉽게 되돌릴 수 없기 때문에, 정부 정책의 신뢰성을 증진시키는 매력이 있다. 또한 정부는 민영화 대금으로 다른 사회 · 경제적 프로그램에 사용함으로써 국민들의 사회적 후생을 증진시킬 수 있으며, 공기업 내부적으로는 노조의 보수 인상 요구 등에 대한 대응이 용이하다는 장점이 있다.

2) 민영화 반대론

이상과 같은 민영화 당위론 못지않게 그 반대 논거도 만만치 않다.

첫째, 민영화에 대한 비판론자들은 민영화는 명백하고 절대적인 경제적 명제가 아니라는 것이다. 이들은 민영화는 경제 논리가 아니라 정치적 상황의 논리, 즉 경제적 실증보다 정치적 수사(rhetoric)라고 주장한다.

둘째, 민영화를 경제적 명제(economic proposition)로 보기보다는 상황적 논리(contingent logic)로 보는 관점에서 볼 때 민영화에 대한 찬·반 논쟁은 '민간 대 공공'이라는 이념적 기반인 '소유의 문제(problem of ownership)'가 아니라, '경영의 효율성(efficiency of management)'이라는 좀 더 실용적 기준에 의하여 평가되어야 한다고 주장한다. 이들의 주장에 따르면 민영화는 논리적으로 불가피하게 공공요금 인상을 초래한다고 한다. 민영화된 공기업은 민영화되기 전에 소박하게 사용했던 건물을 민간기업과 같이 화려하게 바꾸려고 하고, 시장 경쟁에서 이기기 위해 전에 없던 광고를 하게 된다. 임직원들의 급여도 민간 수준에 맞추어 인상을 하게 된다. 이런 모든 외형적인 화장 또는 광고 비용(cosmetic or advertisement cost)과 내부 경영관리의 비효율성은 고스란히 생산비용에 부가되어 공공요금 인상으로 전가되는 결과를 초래하게 된다는 것이다. 실증적인 측면에서 민영화된 주요 기업들의 실적을 평가해 보면 민간부문의 경영자들은 이윤 추구라는 기업 목표를 달성하기 위해 요금 차별화 등을 통하여 사회적 후생을 저해하는 행동을 하는 경우도 있다고 한다. 티트머스(R. Titmus)는 앞선 민영화 찬성론들의 근거가 된 실증분석과 다른 결과를 제시하고 있다. 그는 영국의 민간기업이 헌혈사업을 맡고 나서 행정적으로 비용이 더 들었고, 단위당 혈액값은 더 높아졌으며 혈액의 질도 떨어졌다고 한다(김종희, 2001).

다수의 국민에게 필수적인 서비스를 불충분하게 공급할 가능성을 염려하는 주장도 있다. 즉, 공공재의 일반적·보편적 공급 의무를 소홀히 하게 된다고 주장한다.[29] 이는 독점적 공기업이 민영화되어 독점 사기업이 되면 정부의 감독과 통제가 더욱 어려워지게 된다(Zank, 1991). 따라서 공기업 지금까지 수행해 온 공적인 핵심부문(core sector of public enterprise)은 민영화에서 제외되어야 한다고 한다(Ramandham, 1993). 민영화된 기업에서는 종전의 공기업과 달리 필요한 생산비 이하로는 재화나 서비스를 제공하지 않으려고 한다. 정부 또한 시장 원리를 훼손하면서 민영화된 민간기업에

29) 예를 들어, 의료 서비스가 민영화될 경우에 민영화로 인하여 이윤 추구 운영 방식을 택하게 되면, 경제적 약자들에게 필수적인 의료 서비스 기회가 주어지지 않을 수도 있다. 민영화는 이른바 공공재의 '일반공급 의무(mandatory universal service)'를 훼손하게 된다. 이는 정부 재개입을 초래하게 된다. 그 같은 결과는 차라리 정부가 처음부터 서비스를 공급하는 것보다도 더 많은 희생을 치르게 된다는 것이다.

보조금 등 공적 지원을 하지 않음으로써, 공공 서비스의 질과 범위는 악화될 수 있다는 것이다.

셋째, 일반적으로 소유와 경영이 분리되어 있는 대규모 민간기업 조직에서도 주인인 소유자와 대리인인 경영자 사이에는 많은 정보의 비대칭성이 발생한다. 민영화가 된다고 하더라도 그 기업의 경영자들은 주주의 이익을 위해 행동하기보다는 대리인인 자신들에게 편재된 정보를 이용하여 자기 이익에 초점은 둔 경영을 하거나 도덕적 해이에 빠지게 된다.

넷째, 공기업을 민영화할 때 증권시장의 침체로 재정 수익이 기대만큼 이루지지 않거나 오히려 독점화된 민영화 민간기업의 반사 이익만 초래할 가능성이 있다는 점이다. 자본시장에서 일반 투자자를 대상으로 매각하는 것이 바람직하지만, 자본시장이 성숙하지 못한 개발도상국에서는 이를 기대하기가 어렵다. 1980~1990년대 영국과 일본의 민영화 사례를 보더라도 공기업 민영화가 자본시장에 미친 효과가 기대에 미치지 못하고 있다. 매각 대금을 분할 납부하거나 매각 시점의 주식시장이 침체되면 세입 증대에 큰 도움이 되지 않는다. 우리나라의 한국전력과 POSCO의 민영화 사례에서도 기대하는 효과를 거두었다고 하기 어렵다. 우리나라의 민영화에서도 세입 증대와 함께 국민들에게 국가 자본을 적절히 분산하는 데에 그 목적을 두었으나, 주식의 매입자가 장기간 보유하지 않고 단기 차익을 노려 전매하는 경우가 많아 그 효과가 바람직한 방향으로 전개되지 않았다. 또한 우리나라의 전력 및 철강 산업의 독점적 구조는 여전히 지속되고 있다.

민영화로 인하여 국가 독점에서 이름만 바뀐 사적 민간 독점은 대기업의 경제력 집중화만 가속화할 뿐이고, 공공 서비스의 일반적 공급 의무를 망각하여 사회적 불평등을 심화할 가능성이 크다. 스타(P. Starr)는 이윤을 추구하는 민간기업은 종전에 정부부문 생산자들이 수행했던 것 못지않게 공공지출의 확장을 위한 로비에 열정을 기울인다고 한다. 다시 말하면, 민영화는 "공공 자금 또는 위탁된 공적 업무에 의존하는 넓은 부류의 민간 계약자가 민영화로 인해서 반사 이익만을 챙긴다"는 것이다. 즉, 민간기업은 단지 가장 수익성이 높은 사업만을 수행하는 소위 크림 탈취(cream-skimming)와 체리 채집(cherry picking) 행위만을 증가시키고, 반면 공공부문은 가장 비용이 많이 소요되는 부문에만 남게 되어 오히려 공공부문의 재정 부담을 크게 할 가능성이 있다.

다섯째, 공기업의 민영화는 그들의 영향력에서 벗어나는 것을 싫어하는 관료들과 고용승계에 불안을 느낀 노조, 민영화의 당위성을 주장하면서도 선거에서 투표를 의식한 정치권의 경제적인 논리와는 다른 정치적인 이중적 행태(double voting behavior), 공기업을 외국인이나 외국 기업에 매각할 경우 야기될 수 있는 민영화에 대한 반국민 정서 등 현실적인 민영화 반대의 정치적 문제도 결코 간과할 수 없다(Cown, 1990).

또한 민영화된 공기업에 대한 불충분한 경쟁과 약해진 감시 기능으로 인하여 사회적으로 문제도 야기될 수 있다. 스타(P. Starr)는 민영화가 경제적인 측면에서 보면 의미가 있다고 인정하면서도 민영화가 항상 최선의 방법이 아니라고 주장한다. 그는 "어떤 대안을 합리적으로 평가하기 위해서는 항상 정의와 안전, 그리고 시민권에 대해서도 관심을 기울여야 한다"라고 강조한다. 민영화를 경제적 측면뿐만 아니라 정치적·사회적 측면까지 포괄적으로 고려할 것을 주문하고 있다.

결론적으로, 민영화 비판론자들은 공기업 민영화 문제는 단순히 소유주체가 민간부문인가 혹은 공공부문인가가 아니라 공기업 경영주체들이 어떤 여건 속에서 공익에 부합하는 행동을 할 것인가 하는 것이 더 중요한 문제라고 할 수 있다. "어떤 형태의 기업이든 공공의 이익에 부합되도록 경영한다는 책임감이 중요한 것이지 소유의 형태가 중요한 것은 아니다"라는 것이 민영화 비판론자들의 핵심 논리이다.

이상에서 논의한 민영화의 찬·반 논거를 정리하면 [표 4-4]와 같다.

표 4-4 민영화 찬·반 논거

구분	민영화 찬·반 논거
찬성론	① 개인의 경제적 자유(소비자 선호) 증진 및 민간 경제의 활성화 ② 작은 정부 실현 및 공공부문 규모의 적정화로 생산성·효율성 증진 ③ 공공 서비스의 전문성 제고를 통한 서비스 질 향상 ④ 국민과 공기업 사이의 정보의 비대칭성 제거 ⑤ 민영화 수익 자금을 활용한 정부재정의 건전화에 기여 ⑥ 신규 주식 소유자 증가와 주식분산으로 자본시장 확대 ⑦ 민영화 자금을 활용한 유용한 사회적 프로그램 운영 가능 ⑧ 명확한 시장 지향적 정부 정책의 실천으로 국민 신뢰성 확보 ⑨ 노조의 보수 인상 요구 등 일방적인 요구에 대한 대응 용이
반대론	① 민영화의 효과는 경제 논리가 아니라 정치적 상황의 논리임[경제적 실증보다 정치적 수사(rhetoric)의 문제임]. ② 공기업에서는 없던 서비스 광고비 등 화장비용(cosmetic) 증가로 불가피한 공공가격 상승과 저렴하고 안전한 공공 서비스 제공에 제약을 가져옴. ③ 서비스 생산성과 질의 향상은 공공부문에서 민간부문으로 경영주체의 이전으로 이

루어지는 것이 아님(실증적으로 민영화가 효율적이라고 단정할 근거가 없음).
④ 민간의 대기업에도 대리인 경영자의 '정보 비대칭성'과 '도덕적 해이'가 존재
⑤ 증권시장의 침체로 재정 수익이 기대만큼 이루어지지 않아 더 많은 재정 수요가 필요하거나 오히려 독점 민간기업의 반사 이익 초래
⑥ 자본시장의 활성화보다 오히려 민간기업의 독점화 및 경제력 집중화 심화
⑦ 공공 서비스의 일반적 공급 의무 훼손에 따른 사회적 불평등 심화
⑧ 사회 안전망에 대한 민간부문의 책임 소재가 불분명하고, 정부통제가 어려워 국민의 더 큰 신뢰를 잃을 가능성이 있음.
⑨ 고용 불안이나 국부 유출에 따른 노조와 정치권의 반대 증가

3 민영화 찬·반 논쟁에 대한 평가

우리나라에서도 공기업의 민영화 효과에 대해 일반적인 결론을 내리기보다는 사안마다 각각 다르게 평가하고 있다.

이상철 외(2006a/2006b)는 우리나라의 지방정부에서 민영화로 기대할 수 있는 효과를 거두고 있는지에 대해 많은 의문을 제기하고 있다. 지방직영기업에서 처리하던 하수도 업무를 민간으로 위탁하여 수행하는 것이 오히려 사회·경제적으로 비효율적이라고 지적하고 있다.[30] 많은 지방정부에 근무하는 실무자들은 민간위탁된 지방정부 업무를 수행하는 기관들이 단기 이익에 치중한 나머지 장기적인 수지 균형에 관심을 두지 않고 있음을 염려하고 있다. 흔히, 장치산업에서 필요시 적정한 시설 투자를 하지 않음으로써, 미래에는 더 많은 과투자 요인이 발행하게 되는 역 A-J효과(reverse Avech-Johnson)를 염려하고 있다.[31]

그러나 대체적으로 우리나라에서 민영화된 국가공기업은 부분적으로 성공이라고 평가받고 있다. KT, KT&G, POSCO, 국민은행, 한국전력공사 등 민영화한 공기업의 기업 가치가 향상되었을 뿐만 아니라 지배구조가 개선되었다는 평가를 받고 있다. 민영화된 국가공기업의 주가는 종합주가지수(KOSPI)보다 높은 비율로 증가했다.[32] KT&G는 2002년 민영화 이후 지속적으로 추진한 '독립된 이사회 중심의 책임경영제'

30) 이에 대한 자세한 내용은 이상철 외(2006a/2006b) 참조.

31) 역 A-J효과는 우리나라에서 지속적으로 낮은 전력요금을 유지한 결과로 초래된 낮은 예비율로 인해 겪고 있는 정전의 위험성을 생각하면 쉽게 이해할 수 있을 것이다. 자세한 것은 제6장 공기업의 가격정책을 참고.

32) 주주 가치 대상 심사위원회(위원장 최도성 증권연구원장)는 KT&G를 총주주 수익률(Total Shareholder Return: TSR)과 애널리스트, 펀드 매니저 등 시장전문가 설문조사를 종합한 결과 '제2회(2006년) 주주 가치 대상' 수상 기업으로 선정했다.

가 가장 우수한 기관으로 인정받기도 했다.[33]

앞에서 설명한 바와 같이 공기업 민영화에서 기대하는 가장 중요한 효과는 단순한 조직의 '기능적 합리성'뿐만 아니라 '실질적 합리성'을 제도적으로 확보하는 데 있다. 조직구성원들이 민영화된 후 사기업의 조직 분위기(organizational climate)에 하루빨리 적응하고, 기업적 사고(entrepreneurship)를 조속히 정착해 나아가야 한다.

KT&G의 경우는 전형적인 정부에 의한 하향(top-down)식 민영화였지만, 기업의 상호인 KT&G, 즉 Korea Tomorrow and Global에서 암시하는 바와 같이 미래(tomorrow-future) 지향, 세계화 시장(globalized market)을 기업의 CI(Corporate Identity)로 하여 다른 사기업보다 앞선 조직문화로 구성원들의 의식을 바꾸어 가려고 노력하고 있다.[34]

이에 비해, 정부 행정기관이 공단·공사로 바뀌었거나 공단·공사가 민영화되었음에도 불구하고, 조직 풍토나 직원들의 의식이 공무원이나 공단·공사 시절의 그것을 벗어나지 못하는 경우를 종종 목격할 수 있다.[35] 이는 민영화, 엄격히 말하면 상업화 또는 시장화로 인해 조직의 '기능적 합리성'이 바뀌었음에도 불구하고, '실질적 합리성'은 확보하지 못하고 있음을 뜻한다.

이런 맥락에서 백평선(2001)이 우리나라 공기업 민영화의 전체적인 평가와는 별도로 민영화된 개별 기업별 민영화 효과를 비교한 것은 우리나라 공기업 민영화 방향을 수립하는 데 많은 시사점을 던져 주고 있다. 그가 시행한 개별 공기업별 민영화 평가 결과는 KT의 민영화가 한국전력공사의 그것에 비해서 민영화의 효과가 크다고 주장한다. 이는 결론적으로, 시장성이 강한 공기업이 공공성이 강한 공기업보다 민영화의 효과가 크다는 것을 보여 주고 있다고 할 것이다. 한국전력공사가 생산하는 전력은 지역성, 비배제성 등 공공재가 가지는 기본적인 속성을 모두 가지고 있기 때문에, 시장성이 강한 다른 민영화 기업에서 생산하는 재화나 서비스와는 근본적으로 다르다는 점을 고려해야 한다. KT는 완전 민영화된 반면에, 한국전력공사의 50%의 부

33) KT&G는 기업지배구조센터가 선정한 '2006년 지배구조 최우수 기업'으로 선정되었다. 기업지배구조센터는 2002년 6월 증권선물거래소·증권업협회 등이 기업의 자발적인 지배구조 노력과 주주중시 경영을 정착시키기 위해 설립한 비영리사단법인이다. KT&G는 2006년 또다시 '지배구조 최우수 기업상'을 수상함으로써, 2004년과 2005년 이어 3년 연속 '지배구조 최우수 기업'으로 선정되었다.

34) 자세한 것은 Lee(2006) 참조.

35) 지방정부의 행정기관이 지방공단으로 바뀐 환경공단에서 이러한 사례를 발견할 수 있다(이상철, 2011).

분 민영화에 그치고 있다. 이런 점에서 공기업의 민영화를 계획할때에는 시장성이 강한 기관을 중심으로 시행해야 한다는 점이 강조되고 있다. 공기업의 민영화는 조직의 특성이 공공성보다는 시장성이 강하고, 구성원들의 사고가 민영화가 지향하는 시장지향적 방향으로 발전할 수 있는 조직일수록 민영화의 효과가 크게 나타남을 알 수 있다.

4 민영화의 성공 요건

민영화의 근본 이유는 경쟁적 기반을 창출하여 비용 절감을 유도하고, 궁극적으로는 이를 통해 소비자인 국민이 받고 있는 재화와 서비스의 질을 개선하고자 하는 데 있다(이경호 외, 1995: 120-124). 이상에서 설명한 공기업 민영화의 찬·반 논리를 종합하여 공기업 민영화의 성공 요건이 무엇인지를 살펴보기로 한다.

우선, 민영화 정책의 성공적 집행에 요구되는 제반 조건들을 소개하면 다음과 같다. 디후그(DeHoog, 1984)는 민영화의 성공적 집행을 위한 조건으로 "첫째는 환경적 조건이고,[36] 둘째는 행태적 조건이며,[37] 셋째는 조직 내적 조건이다[38]"라고 했다. 넬리스와 셜리(Nellis & Shirley, 1992)는 민영화의 성공 조건으로 시장의 경쟁 여건, 국가의 경제 제도의 두 가지를 제시했다. 피리(M. Pirie)는 영국의 민영화 정책의 성공 요인으로 국가 지도자의 강한 지도력과 정책 의지, 합리적인 정책설계, 민영화 과정에 근로자·소비자·일반 국민 등 다양한 이해관계자들의 참여 보장을 통한 공감대 형성, 민영화에 대한 신념과 동기가 강한 최고경영진의 임명, 외부 전문가집단의 활용, 이해관계 당사자들을 대상으로 한 홍보, 민영화 실행 가능성에 우선순위를 둔 단계적 민영화 전략 등으로 정리하고 있다(곽채기, 2003).

민영화 정책을 성공적으로 집행하기 위해서는 합리적인 민영화 정책의 설계, 민영화 정책의 집행을 담당하는 적절한 기구 구성, 집행 과정에 대한 효과적인 통제, 사회·경제적 상황의 성숙 등에 대한 동태적이고 균형 있는 접근이 필요하다고 할 수 있다. 또한 공기업 민영화 정책의 집행은 경제적 측면에서의 고도의 전문성과 정치적 측면에서의 강력한 추진력이라는 균형 있는 양 날개를 가져야 성공할 수 있다. 만일,

---

36) 이는 민영화에 다수의 경쟁자가 있어 계약 시에 경쟁 체제가 형성되는 것을 말한다.
37) 이는 민영화에 합리적 의사결정자가 존재해야 함을 말한다.
38) 이는 민영화에 정부 내부의 효과적이고 지속적인 평가와 감독이 있어야 함을 말한다.

정치 논리가 경제 논리를 압도하게 되면 민영화 정책은 실패하게 된다(곽채기, 2003).

이와 같은 민영화의 성공을 위한 요건을 종합하여 정리하면 다음과 같다.

첫째, 시장 지향적 경쟁 체제 확립과 규제 완화 분위기의 조성이다. 경쟁 확립의 핵심은 산업의 진입 및 퇴거(entry and exit)의 자유를 확립하는 것이다. 민간 개입을 촉진하기 위해서는 기존의 지배집단이 경쟁 환경을 왜곡할 수 없도록 시장 지향적인 제도적 틀을 마련해야 한다.[39] 민간 투자자들이 자유롭게 투자하고, 자본이전이 쉽게 이루어지며 동시에 자유로운 소득 배분이 이루어지도록 법령이 정비되어야 한다.

규제 완화는 정부에 의해 강제된 제약 조건들을 제거하고, 기업 활동을 민간부문과 공공부문 모두에게 상호 유기적인 기능을 할 수 있도록 맡기는 것을 의미한다. 즉, 일정 영역에 대해 재화와 서비스의 제공을 수요와 공급의 원리, 이윤과 손실, 진입과 퇴거의 자유, 규모의 경제, 고객의 선호, 파산의 위험 등 시장의 일반원칙에 맡기는 것을 뜻한다.

둘째, 조직이 지율직 의사결정 확대와 분권화된 조직 시스템의 확립이다. 분권화의 주요 목표는 단순한 권한이나 권위의 이전만을 의미하지 않는다. 이는 분권화가 의사결정의 자율성 제고라는 측면에서 파악되어야 함을 뜻한다. 분권화된 체제는 공기업의 완전 민영화가 이루어지지 않고, 부분 민영화되거나 정부부처의 한 형태에서 공사형, 또는 주식회사형의 공기업으로 이행할 때 중요한 고려 요인이 된다. 예컨대, 민영화 이후 기업의 경영진이 경영전략과 관계된 제반 사안을 결정할 수 있는 재량권과 자율성을 확보하지 못하고 주무부처나 관계 기관의 영향을 계속적으로 받을 경우 공기업 민영화의 목적은 실질적으로 달성할 수 없다.

또한 민영화된 공기업에서 재화 및 서비스에 대한 소비자 주권을 제대로 행사하지 못하거나 반영되지 못할 경우, 공기업의 독점적 성격은 그대로 존재하게 된다. 또한 소식의 형식적이고 기능적 변화뿐만 아니라 의사결정자의 자율성과 같은 실질적이고 근본적인 경제적인 분권화 체계가 확립되어야 한다. 누차 강조한 바와 같이 공기업의 민영화 효과를 도모하기 위해서는 조직의 구조와 체제를 바꾸는 '기능적 합리성' 확보뿐만 아니라, 조직의 분위기와 환경을 근본적으로 개선하는 '실질적 합리성'

39) 스타(Starr, 1988)는 민영화가 정부의 완전통제에 있는 서비스와 시설물들을 단지 동일한 정도로 민간의 이해에 의해 통제되는 부문으로 이전하는 데 그쳐서는 안 된다고 한다. 따라서 특정 집단의 독점적 지대 추구(rent-seeking) 행위가 발생하지 않도록 반독점적 조치를 마련해야만 한다. 독점적 지위를 획득하려는 특정 집단이 시장 메커니즘을 장악할 수 없도록 정부는 민간부문의 참여를 증대시키고, 경쟁을 확대시켜야 한다고 주장한다.

이 확보되도록 공기업의 체제와 지배구조를 바꾸어야 한다.

셋째, 다양한 이해당사자들의 이익을 수렴할 수 있는 메커니즘 통로 확보이다. 민영화는 정부에 의한 일상적인 관료제 개입을 시장의 법칙으로 대체하게 된다. 또한 국고보조 대신 경쟁을 통해 이윤의 획득을 위한 경영의 자율성을 확보하고, 보호가 아닌 진입의 자유를 보장함으로써 효율성을 확보하여야 한다. 이를 위해서 다양한 이해당사자들은 자기의 이익을 표명하고, 또한 이를 수렴할 수 있는 메커니즘 통로가 확보되어야 한다. 민영화를 시행할 때에는 기존의 규제 위주의 관계 법령을 개정하여야 한다. 이때 민간 이해당사자의 참여로 인해 '손실의 사회화(socialization of loss)'와 '이윤의 사인화(privatization of profits)'를 초래한다는 주장이 나오지 않도록 민영화 과정에 다양한 이해관계자들이 참여를 통하여 균형있는 배분적 정의를 확보할 수 있는 채널을 가지고 있어야 한다.

넷째, 반대 집단에 대한 설득 등 정치적 제약 문제의 극복이다. 민영화의 추진 과정에는 여러 가지 장애 요인이 발생할 수 있다. 이러한 장애 요인은 기존 정부관료제 안에서는 기득권을 유지하려는 세력[40]과 공기업 종업원 층에서 대표적으로 나타난다. 일반적으로 민영화로 인한 혜택을 받게 되는 층은 조직화되지 못한 광범위한 국민인 반면에, 민영화로 인해 불이익을 받게 되는 집단은 기존의 독점적 특혜를 누리고 있는 소수 그룹이며, 이들은 조직화와 정치적 영향력을 발휘하기 용이한 위치에 놓여 있다. 특히, 노조의 경우, 민영화의 과정에서 나타나는 운영의 비효율성을 탈피하고자 시행되는 고용 인력의 감축이나 복지 혜택의 감소, 노조 위상의 약화 우려 등으로 인해 민영화에 강력히 저항하게 된다.

이러한 민영화 장애 요인들을 제거하기 위해서는 개인적·집단적·이념적 차원에서의 제약 조건들을 적절히 관리하고 통제해 나가는 노력이 요구된다. 이를 위해서 민영화의 목표를 명확히 설정하고, 이를 관련자에게 주지시킴으로써 민영화의 지지기반을 확보하는 것이 무엇보다도 중요한 일이다. 민영화 계획을 발표하기 전에 직접 또는 간접적으로 활용할 수 있는 이해관계자를 파악하고 그들을 동원할 필요가 있다. 반면에, 민영화에 반대하는 집단에 대해서는 종업원 신분 보장과 인센티브 및 우리

40) 정부관료제 안에서도 민영화를 추진하는 부서와 공기업을 감독·통제하는 기존 부서 간의 갈등이 존재하게 된다. 이러한 갈등의 주된 원천은 민영화 자체와 관련된 정부관료제 내의 이념적 차이뿐만 아니라 기득권을 유지하려는 조직의 속성과 부서 팽창주의이다. 일종의 관료제의 병리나 역기능적인 속성도 지배적인 요인으로 작용하게 된다. 이는 공기업을 퇴임 이후에도 자신의 지위를 유지하려는 수단으로 활용하려는 관료의 개인적 성향에서 비롯된 경우가 많다.

사주와 같은 소유 지분의 분배 등을 통해 민영화에 대한 정치적 제약을 극복하도록 노력해야 한다. 이러한 노력은 공기업 소유권을 광범위하게 분산시키는 데도 기여하게 된다.

다섯째, 민영화 여건 성숙과 집행 과정의 적실성 확보이다. 완전 민영화는 증권시장을 통한 주식이나 보유 자산의 직접 매각을 통해 이루어진다. 이 경우, 매각 과정에서 공정성과 적실성을 확보하지 못한다면 자산가치가 실제 가치 이하로 평가절하되어 매각되거나, 특정 부문에 대한 특혜로 나타날 가능성이 크다. 또한 집행 과정에서 정책 목표가 제대로 관철되지 않거나 변질될 가능성도 있다. 따라서 이러한 민영화 집행 과정에서 나타나는 문제점을 시정하기 위해 민영화를 수행할 수 있는 국가 능력과 국민경제적 상황에 대한 면밀한 분석이 선행되어야 할 것이다.[41] 민영화는 공기업의 자산을 평가하는 기관, 이를 수용하는 자본시장, 민영화를 추진하는 정부와 관련 이해관계자 간의 충분한 정보 교환이 있을 때 적실성이 확보될 수 있다. 이런 측면을 고려하여 이명박 정부에서는 지연되고 있는 공기업 민영화를 촉진시키기 위하여 전문성을 갖춘 자산관리공사에 위탁하여 출자회사 정리 및 유휴자산 매각을 실행하도록 추진했다.[42]

여섯째, 민영화 이후의 경쟁 환경을 고려한 새로운 민영화된 공기업의 지배구조에 대한 사전 설계가 필요하다. 공기업을 민영화할 때에는 민영화 이후의 공기업이 처하게 될 경쟁 환경, 민영화로 인한 새로운 규제 제도를 고려하여 민영화 이후의 새로운 공기업의 소유-지배구조를 민영화 단계에서 미리 검토해야 한다. 민영화 대상 공기업이 민영화 이후에 계획한 바와 같이 원만하게 작동되기 위해서는 미리 설계한 새로운 공기업의 소유-지배구조와 시장 환경이 조화를 이룰 수 있도록 하여야 한다. 최근 우리나라에서 KB를 중심으로 한 민영화된 은행들의 과다한 이윤 추구로 인한 비판의 핵심에는 민영화된 은행들의 소유 및 지배구조가 민영화 이전에 면밀하게 설

41) 외국에서는 영국을 필두로 이미 국영기업 민영화의 필요성에 대한 논의보다는 오히려 그 구체적인 방법과 민영화 시행상 적실성 확보에 관심의 초점을 두고 있다(Kikeri, Nellis, & Shirley, 1992; Fist, 1996; Spiller & Vogelsang, 1997; Bunchhoz & Halsbeck, 1997; Hallood, 1997; Palokangas, 1997; Massey, 1997).

42) 위탁 대상 선정은 '공공기관 및 주무부처가 매각 위탁을 요청한 경우'와 '3회 이상 유찰 및 최근 6개월 간 매각 미진행 등 현실적으로 자체 매각이 어렵거나 매각 주체의 매각 의지가 낮다고 판단되는 경우'를 기준으로 한다. 이명박 정부에서는 공공기관 선진화 자산 42건(출자지분 28건, 유휴부동산 14건)을 위탁(2011년 8월~2012년 10월, 5차례)받아 2012년 2월 매각착수 후 2015년 12월 말까지 26건(출자지분 16건, 유휴부동산 10건)을 매각 완료했다(한국자산관리공사, 2015).

계되지 못한 데에 기인하고 있다.

민간부문의 역할을 상대적으로 과소평가하여 정부가 민영화 이후에도 특정한 사회적 기능을 수행하기 위해, 또는 기존의 독점적 성격을 그대로 유지하기 위해 규제장치를 그대로 존속 또는 강화하는 것도 경계해야 한다. 공기업 민영화가 성공하기 위해서는 민영화할 공기업에 대해서 민영화 이후의 적절한 새로운 지배구조를 설계하고 이러한 새로운 거버넌스가 원활하게 작동할 수 있도록 변화된 환경을 사전적으로 조성하는 것도 중요하다.[43)]

제 3 절 | 공기업 민영화의 유형과 방법

1 민영화의 방법

공공부문의 역할을 축소하고 민간부문의 기능을 활성화시키려는 넓은 의미의 민영화의 방법과 전략은 다양하다. 민영화의 방법과 전략을 좀 더 분명하게 이해하기 위해 [그림 4-9]와 같이 다양한 공공 서비스의 공급 방식으로 제1부문, 제2부문, 그리고 제3부문의 관계를 먼저 살펴보기로 한다.

넓은 의미에서 공공부문의 민영화라는 개념은 공공부문의 시장화로 설명할 수 있다(Lee & Wang, 2005). 민간부문의 시장에서 이루어지는 경영관리 기법이나 논리가 공공부문에 적용되는 현상을 총칭하여 광의의 민영화 또는 시장화라고 할 수 있기 때문이다.

공공부문의 시장화는 크게 '외부시장화(external marketization)'와 '내부시장화(internal marketization)'로 구분할 수 있다. 외부시장화는 제2부문인 시장을 향한 제1부문인 정부나 제3부문인 공·사 혼합 조직의 외형적인 변화 움직임을 말한다. 내부시장화는 조직 내부 관리측면에서의 변화를 말한다. 정부에서 성과 중심의 조직인 책임운영기관을 도입하거나, 정부 기능을 민간에 넘기되 비용과 책임은 정부가 지는 민간

---

43) 독점공기업이 민영화되는 경우 이윤을 극대화하는 과정에서 가격 상승의 가능성이 크다. 이러한 단점을 극복하기 위해 전력, 통신 등 사업별로 규제위원회가 설립된다. 미국의 독립규제위원회나 공익기업규제위원회 같은 전문규제기관의 설립이 대표적인 사례이다(김용우, 2006).

그림 4-9 제1부문, 제2부문, 제3부문

정부부문 (제1부문)	광의의 제3부문				민간부문 (제2부문)
	공기업		협의의 제3부문		
정부기관	정부기업(정부기업특별회계, 책임운영기관 특별회계기관)	「공공기관의 운영에 관한 법률」상 협의의 공기업 (5할 이상 정부출자법인)	민관공동출자 기업 (일본식 제3부문)	최협의의 제3부문(미국), 공동생산(영국)	시장
←→ 순수공공부문 ←――――	――――	――――→	← 준/자율적/ 정부조직 (Quagos) →	← 준/자율적/비/ 정부조직 (Quangos) →	← 순수민간부문 →
광의의 공공부문			확대된 공공부문		

자료: 김중규(2003: 102)에서 수정.

위탁(contracting-out) 방식이 이에 속한다. 또한 공공부문에 민간기업의 인력 및 예산 관리 기법을 벤치마킹하는 것도 포함된다. 그 외에도, 다양한 내부경쟁 체제, 기피선언권,44) 시민헌장 제도 등도 내부시장화의 예라고 할 수 있다.

2 광의의 민영화 방법

좁은 의미에서 민영화는 흔히 공기업의 소유권 이전에 의한 민영화를 의미하지만, 넓은 의미에서는 행정 기능의 시장 기능 촉신까지 민영화의 범주에 포함한다. 광의의 민영화 방법을 최근에 세계적으로 많이 활용되고 있는 것을 중심으로 정리하면 [그림 4-10]과 같다.

44) 지금까지 관행화되어 왔던 행정조직 간의 무조건적인 협조를 거절할 수 있는 권리로서 공공부문에서 경쟁의 원리에 입각해 거래비용을 고려하여 행동하는 것을 말한다. 예컨대, 행정기관이 모든 물자를 반드시 조달청에 구매 의뢰하지 않고 시장에서 구입해도 되는 권리를 말한다.

그림 4-10 광의의 민영화 방법

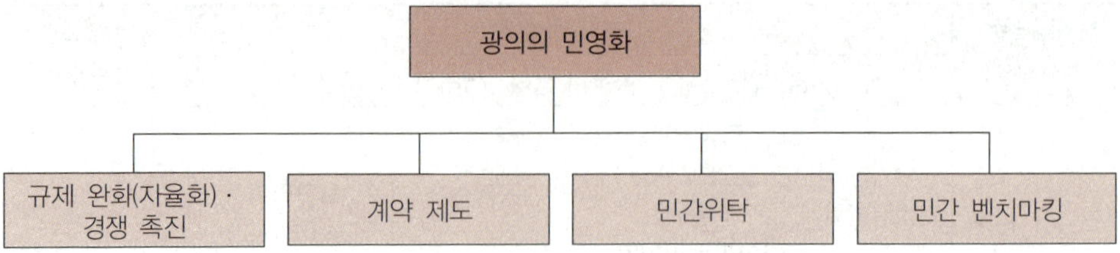

1) 규제 완화(자율화) · 경쟁 촉진

공기업에 대한 경쟁을 제한하는 여러 가지 법적 규제를 제거하거나 완화하고, 현재 정부 또는 공기업이 독점하고 있는 재화나 서비스의 공급을 민간 영역에서도 공급할 수 있도록 허용함으로써 경쟁이 가능하도록 하는 것을 말한다. 정부의 규제 완화(deregulation)는 공기업으로 하여금 일반적으로 상품시장에의 진입 · 퇴출을 자유롭게 하고, 가격에 대한 정부의 규제를 완화하여 시장의 경쟁 원리에 적응하도록 하는 것을 말한다.

자율화는 규제 완화와 유사한 개념으로 정부에서 독점하고 있는 서비스를 민간부문이 공급할 수 있도록 허용하는 것을 말한다. 자율화는 정부개입의 완화를 의미하는데, 궁극적으로 시장의 진입 장벽을 완화하여 시장 경쟁을 도입하는 것을 뜻한다.

2) 계약 제도

계약(contractualization) 제도는 정부가 서비스 제공에 필요한 자금을 공급하거나 경쟁을 통해 선정된 민간업자로 하여금 계약에 의해 서비스를 제공하게 하는 것을 말한다. 계약 제도의 핵심은 소유권 이전 없이 재화 생산의 주체나 자금 조달의 주체를 민영화하는 것을 말한다. 영국과 프랑스와 같은 유럽 국가에서는 주식 매각에 의한 민영화를 선호하는 데 비해, 계약 제도는 미국의 지방정부에서 주로 시행하고 있다. [그림 4-11]에서 보는 바와 같이 계약 제도에는 '독점판매권', '대여 제도', '계약할당 제도' 등이 있다.

그림 4-11 계약 제도의 방법

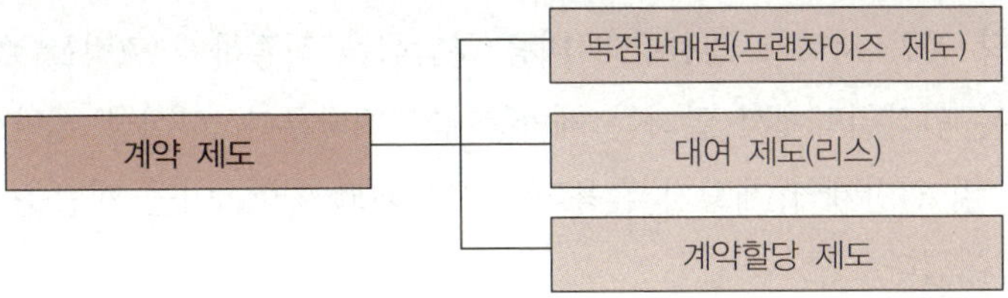

(1) 독점판매권(프랜차이즈 제도)

독점판매권 또는 프랜차이즈 제도(franchising)는 상품 및 재화의 분배나 공급권을 일정한 기간 동안 특정한 사람이나 기관에게 부여하는 제도이며, 대부분의 경우 산업이나 지역별로 배분된다. 지정 또는 허가에 의해 정부가 특정 재화나 서비스의 생산·공급에 대해 일방적으로 민간에게 독점권을 부여하고, 소비자가 서비스의 대가를 요금으로 지불하는 방식이다.

독점판매권은 정부가 공공성을 위해 상품시장을 계속 지배하면서 민간의 경쟁을 통해 서비스를 효율적으로 제공할 수 있는 장점이 있다. 그러나 경쟁자 간의 담합 가능성이 있고, 적정한 계약 기간과 독점 범위를 정하는 것이 어렵다는 단점이 있다. 현실적으로 서비스의 질을 통제하는 것이 쉽지 않으며, 서비스의 수준과 성격을 일일이 계약해야 하는 행정관리상의 어려움이 있다. 전기, 수도, 전화 등 공익사업, 케이블 TV, 도시가스, 공중버스, 공항터미널 서비스 등의 집합적 망(network)사업에서 주로 이루어진다.

(2) 대여(리스) 제도

대여 제도(lease system)는 정부가 기업을 소유하되, 기업이 소유하고 있는 시설 전체를 민간업체에게 빌려주는 제도이다(박종희 외, 2004).

대여 제도는 계약이 만료되면 갱신 또는 재계약할 수 있기 때문에, 상황에 따라 계약 조건을 탄력적으로 운영할 수 있는 장점이 있다. 반면에, 서비스 공급 보증을 위한 고정납입금(fixed charge)으로 인해 재정력이 약한 기업은 관리운영에 한계가 있다.

(3) 계약할당 제도

계약할당 제도란 재화나 용역에 대한 생산을 일정 기간 동안 사기업이 담당하되,

필요한 재원의 일부를 정부가 분담하여 담당하는 것을 의미한다. 따라서 정부와 민간에 의한 계약 방법은 상황에 따라 얼마든지 탄력적으로 운영할 수 있다. 즉, 정부와 계약자가 해당 공공 서비스 생산량과 비용 분담률을 적절하게 조정할 수 있다. 계약 할당 이후에는 민간위탁에서 말하는 계약통제가 뒤따른다. 사실상 계약할당, 계약통제, 민간위탁 및 일반계약 제도가 혼용되어 사용되고 있어, 이들 개념을 엄격하게 구분하는 것은 어렵다.

3) 민간위탁

민간위탁(contracting-out)은 정부와 민간 사이에 계약에 의해 민간이 서비스의 생산 및 공급 활동을 대행하고, 정부는 서비스의 질과 가격에 대한 규제와 비용을 부담하는 것을 말한다.

넓은 의미의 민간위탁에는 [그림 4-12]에서 보는 바와 같이 보조금 지급, 서비스 구매권 제공(바우처 제도), 자원봉사, 행정 서비스 민간 대체 등이 있다.

민간위탁 방식은 공공부문의 비용을 줄이기 위해 주로 이루어진다. 민간위탁에 의한 비용 절감은 민간부문 내 경쟁이 치열할수록 효과적이나, 민간업자는 경쟁에 이기기 위해 싼 가격을 제시해야 하기 때문에, 서비스 질이 떨어질 위험성이 있다. 어떻게 서비스 질을 확보하느냐가 이 제도의 성공 여부를 가름하는 관건이다. 민간위탁은 공공부문의 기능이나 책임이 완전히 이관되는 것은 아니다. 소유권 이전과는 관계없이 재화나 용역에 대한 생산 및 자금 조달을 담당하는 주체에 따라 그 일부를 민간에 넘겨주고 서비스 질은 공공부문에서 통제를 통해 확보해야 하기 때문에 '계약통제'라

그림 4-12 민간위탁의 방법

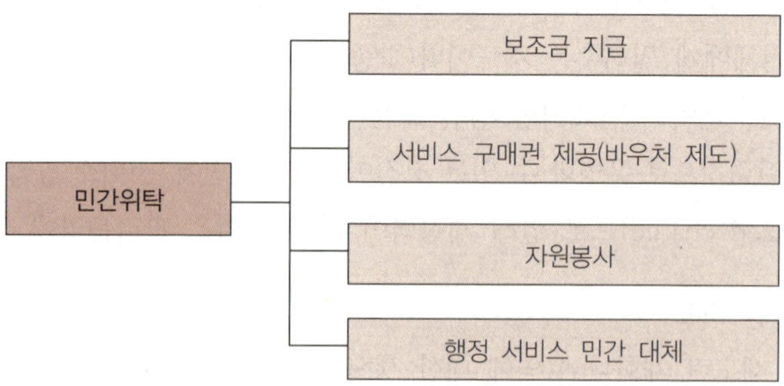

표 4-5 우리나라의 민간위탁

- 우리나라에서 '민간위탁'이란 행정 기능을 민간에게 완전히 이양하지 않고, 행정기관이 그에 관한 권한을 여전히 보유하고 있으면서 민간으로 하여금 해당 행정 기능을 처리하게 하는 계약을 체결하는 제도이다. 이러한 민간위탁에서는 그 위탁 기능이 실질적으로 수탁자의 권한으로 이관되지만, 위탁자가 재화 또는 서비스 제공의 최종적인 책임과 비용 부담을 지기 때문에 수탁자에 대한 지도·감독을 필요로 한다.

- 민간위탁자의 법적 근거
「정부조직법」 제6조에 의하면, "행정기관은 법령이 정하는 바에 의하여 그 소관 사무 중 조사·검사·관리 업무 등 국민의 권리·의무와 직접 관계되지 아니하는 사무를 지방자치단체가 아닌 법인·단체 또는 그 기관이나 개인에게 위탁할 수 있다"고 규정하고 있다.

- 민간위탁의 대상 업무
민간위탁의 대상 업무는 「행정권한의 위임·위탁에 관한 규정」 제11조에 의해 원칙적으로 국민의 권리·의무와 직접 관련되지 아니하는 사무로서 ① 단순사실행위인 행정작용, ② 공익성보다는 능률성이 더 많이 요구되는 사무, ③ 특수한 전문지식과 기술을 요하는 사무, ④ 기타 국민 생활과 직결된 단순 행정사무 등이다.

- 민간위탁의 문제점
우리나라의 민간위탁 추진 과정상 나타난 주요 문제점은 다음과 같다.
① 위탁 대상 업무의 선정 시 그 구체적인 기준이 모호하다는 것이다.
② 수탁기관의 불공정한 업무 처리의 가능성을 방지할 수 있는 감시 체계가 미흡하다.
③ 수탁기관이 위탁 업무를 자율적으로 처리하지 못하고 위임기관의 통제와 지도를 받아 수행함으로써, 행정의 중복성으로 인해 오히려 시간과 비용의 낭비를 가져오는 경우가 많다.
④ 불법 부당한 업무 처리로 인한 고객의 권리 침해를 구제하는 절차가 미흡하다.

고도 한다. 즉, 민간위탁은 행정 서비스의 공급을 관료제 내부에만 의존하지 않고 외부 단체나 인력을 활용하는 제도로서, 여기에는 쓰레기 수거 및 청소 대행, 청원경찰의 공공건물 경비, 연구·조사 업무, 민영 교도소 설립·운영 등이 있다.

민간위탁은 우리나라 지방정부나 공기업에서 가장 많이 활용하고 있는 계약 제도로서, 이를 정리하면 [표 4-5]와 같다.[45)]

(1) 보조금 지급

보조금 지급(granting)은 서비스의 성격 자체는 공공성을 가지고 있으나 공공부문만으로는 서비스나 재화의 생산·공급이 수요에 미치지 못할 경우, 이와 유사한 서비

45) 우리나라에서는 많은 지방정부와 공기업에서 단순한 업무를 중심으로 이 제도를 활용하고 있다. 지방자치단체의 청사 청소 업무, 농수산물유통공사의 창고관리 업무 등이 민간위탁의 대표적인 사례이다.

스를 제공하는 민간부문에 생산보조금을 제공함으로써 이에 기여하게 하는 방식이다. 예컨대, 사립 초·중·고등학교에 대한 보조, 탁아시설에 대한 보조, 사설박물관 운영에 대한 보조, 민간단체의 환경보호운동에 대한 보조 등이 그것이다.

(2) 서비스 구매권 제공(바우처 제도)

증서(서비스 구매권)의 제공(vouching) 또는 바우처 제도는 정부가 서비스 제공에 필요한 자금을 부담하지만, 정부가 특정 사업자로 하여금 서비스 제공을 위한 계약을 맺는 것이 아니고, 사용자에게 서비스를 구매할 수 있는 수단, 즉 보조금 수취권 증서(voucher)를 제공함으로써, 사용자 스스로 서비스를 구입할 수 있도록 하는 것이다. 필요한 서비스 시장은 발달되어 있으나 개인이 구매에 필요한 소득이 부족할 때 적절하다. 정부에서 제공한 보조금 수취권을 보유한 소유자가 가장 경제적인 서비스 제공자에게서 서비스를 받음으로써, 정부의 서비스 제공 비용을 최소화할 수 있다.

증서 또는 구매권의 제공은 보조금의 지급과 유사하지만, 이는 정부보조 대신에 저소득층과 같은 특정 계층의 소비자에게 구매권에 명시된 금액만큼 특정 재화나 서비스를 구매할 수 있는 지불 수단을 제공하는 방식이다. 특정 구매권 수령자에게만 혜택이 돌아가며, 이는 소비자들이 특정 재화나 서비스의 공급자를 자유롭게 선택할 수 있는 기회를 확대시켜 준다는 장점이 있다.

주로 의료·복지나 교육 분야 등 재분배 수단의 정책에서 사용하며, 임차권, 식품구매권, 학교 등록권, 의료보험카드 등이 이에 해당한다.

(3) 자원봉사

자원봉사(volunteering)란 정부가 추진하는 각종 캠페인이나 활동에 그와 관련되는 각종 민간단체(Non Governmental Organization: NGO)를 활용하는 방식을 말한다. 민간복지단체, 방범대, 의용소방대 등을 통한 민간의 자발적인 업무수행은 그 좋은 예라 할 수 있다.

(4) 행정 서비스 민간 대체

행정 서비스의 민간 대체란 정부가 제공하는 서비스를 민간이 만족하지 못할 경우, 민간에 의해 행정 서비스를 받은 다음 정부에게 대금 지불을 요청할 수 있는 권한을 말한다. 영국을 비롯한 자유주의적 이데올로기가 사회 전반을 지배하고 있는 선진 자본주의 국가에서는 모든 국민이 법제화된 공공부문의 기능을 민간부문이 대체

할 권한은 없다고 하더라도 관습적으로 이 권리를 가진다고 보고 있다(배임규, 2006).

4) 민간 벤치마킹

민간 벤치마킹은 공기업을 비롯한 공공부문에서 내부 시장화 중 민간기업의 개방적이고 경쟁적인 인력 및 재무 관리를 벤치마킹하여 도입하는 것을 말한다. 궁극적으로 민간 벤치마킹의 목적은 공공부문에 민간관리 방식을 도입하여 공공조직의 구조와 경영 방식을 연성화·시장화하는 데에 있다.

인사 관리 측면에서는 민간기업에서 시행하고 있는 성과급 보수제도나 성과협약제, 외부 계약임용제, 탄력적 내부 노동시장(전직·전보·파견 등 인력을 내부 경쟁적 모집에서 확보하는 방안)의 도입 등을 들 수 있고, 재무관리 측면에서는 기업회계 방식인 발생주의 회계 방식 등을 들 수 있다.

3 협의의 민영화 방법

협의의 민영화 방법은 공기업을 비롯한 공공부문에 보유하고 있는 주식 및 자산을 매각하는 것을 말한다. 그러나 대부분의 공기업이 규모가 크기 때문에, 이러한 방식에 의한 민영화에는 현실적으로 많은 제약이 따른다.

주식 및 자산의 매각 방법을 여러 가지 관점에서 분류할 수 있으나, 여기에서는 민영화의 형태, 인수자의 특성, 전략 등 몇 가지 기준에 따라 민영화 유형을 살펴보기로 한다.

1) 형태에 의한 분류

주식 및 자산의 매각을 형태에 따라 분류하면 [그림 4-13]에서와 같이 완전 민영화, 부분적 민영화, 증자에 의한 정부 지분율의 저하, 자회사의 매각 등이 있다.

그 밖에 완전 민영화에 앞서 일시적으로 시행하는 과도기적 민영화 방법이 있다.

(1) 완전 민영화

정부가 공기업의 지분을 전부 매각할 때 완전 민영화가 이루어진다. 완전 민영화는 당연히 정부가 경영권을 포기하는 것을 의미하며, 흔히 협의의 민영화라고 하면 이러한 완전 민영화를 지칭한다.

그림 4-13 형태에 의한 분류

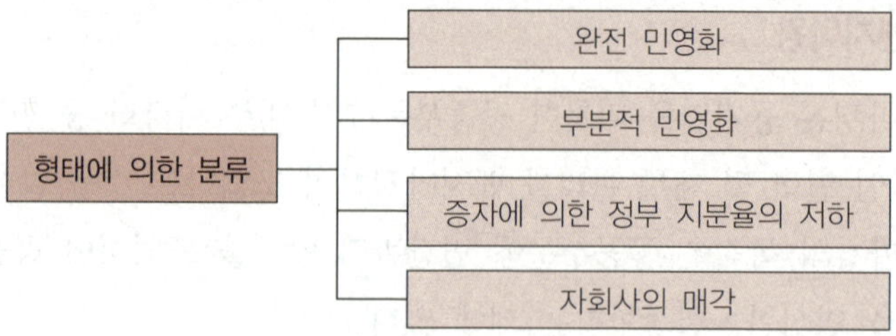

완전 민영화도 여러 가지의 형태가 있다. 소액 주주들에게 분산하여 매각할 수도 있고, 한두 개인에게 공기업의 지분을 완전 이양할 수 있다. 여러 개의 기업이 컨소시엄을 구성하여 공기업을 인수할 수도 있으며, 이러한 컨소시엄에는 종업원과 소액 투자자들도 참여할 수 있다. 비커스와 야로(Vickers & Yarrow, 1999)는 자동차나 항공사업과 같이 경쟁시장에서 운영되는 공기업이 수도사업과 같이 공익성이 강한 사업보다 완전 민영화가 용이하다고 한다.

완전 민영화는 일시에 주식 전부를 매각할 필요는 없다. 단계적으로 주식을 매각한 후에 모든 주식의 매각이 완료되면 완전 민영화가 이루어진다(윤성식, 1998: 575-576).

(2) 부분적 민영화

공기업을 완전히 매각하지 않고 주식의 일부를 매각하는 것으로서, 1980년대 말에 이루어졌던 한국전력공사의 주식 매각이 부분적 민영화의 대표적인 예라 할 수 있다. 부분적 민영화는 정부가 과반수 주식을 보유하면서 경영권을 계속 장악하는 경우가 대부분이다.

(3) 증자에 의한 정부 지분율의 저하

비커스와 라이트(Vickers & Wright, 1988)는 증자에 의한 정부 지분율의 저하를 공기업 민영화의 한 방안으로 들고 있다. 공기업의 증자를 통해 민간 투자가를 참여케 함으로써 사실상 부분적 민영화와 같은 효과를 올릴 수 있다는 것이다. 우리나라 정부는 1994년에 국민은행을 민영화할 때 주식의 본격적인 매각에 앞서 증자에 의해 정부 지분율을 저하시켰다(경제기획원, 1994).

(4) 자회사의 매각

공기업 자회사의 매각을 효과적인 민영화의 한 방법으로 제시하기도 한다(Vickers & Wright, 1988: 3). 1994년부터 시작된 우리나라 공기업 민영화 방안의 핵심도 구(舊)정부투자기관출자회사(자회사)의 민영화에 있었다. 이명박 정부의 공공기관 선진화 계획에서 민영화 대상으로 삼고 있는 대부분의 기관은 한전기술이나 한전 KPS와 같이 자회사가 대부분이었다(기획재정부, 2011).

2) 인수자의 특성에 의한 분류

민영화 인수자의 특성에 의한 분류 방법은 국가 자산의 소득 재분배와 관련이 있기 때문에 많은 논란의 대상이 되고 있다. [그림 4-14]에서 보는 바와 같이 특정인에 대한 주식 매각, 다수인에 대한 주식 매각, 국민주 방식에 의한 주식 매각 등이 있다.

그림 4-14 인수자의 특성에 의한 분류

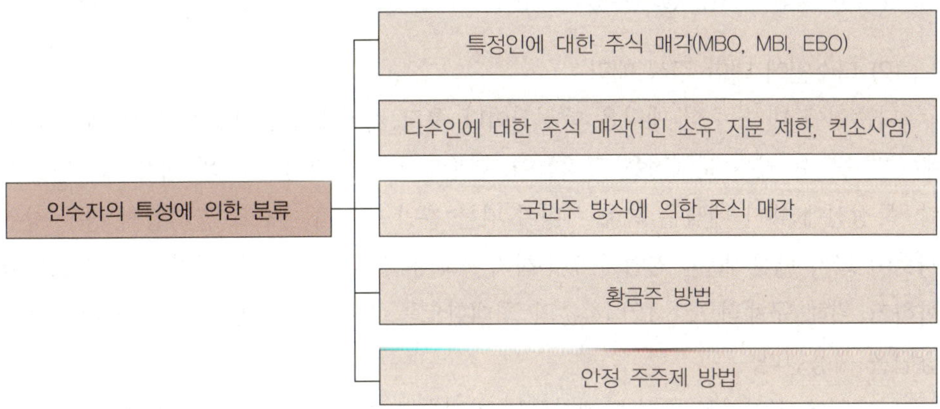

(1) 특정인에 대한 주식 매각

공기업을 특정인이나 특정 기업에게 매각하는 방법이다. 일반 경쟁계약에 의할 수도 있고, 수의계약에 의할 수도 있다. 특정인에 대한 주식 매각 방법으로 사모(private offering) 방식을 들 수 있는데, 사모 방식은 공모 방식과는 달리 일반 대중이 아닌 연고자나 기존의 주주 등 특정 수요자들만을 대상으로 하여 주식을 인수하게 하는 방식이다(곽채기, 2003: 268).[46] 1960년대 말부터 1970년 초에 걸쳐서 이루어졌던 우리나라 민영화에도 이 방식이 사용되었다. 이 방식에 의한 민영화는 소득의 재분배에 역행하며, 경제력 집중을 더욱 심화시킨다는 비판이 있다. 실질적으로 민영화를 할 때 흔히 지적되는 문제점은 대규모 공기업을 민영화함으로써, 경제력이 집중될 수 있다는 점과 증권시장에 지나치게 부담이 된다는 것이다.

그러나 이에 대한 반대 의견도 있다. 지나치게 주식을 분산하여 민영화하면 경영을 책임질 주인이 없어져 경영층의 여러 가지 도덕적 해이 현상이 발생할 수 있으므로, 소위 '주인 있는 민영화'를 시행하기 위해서는 어느 정도의 경제력 집중은 불가피하다고 주장한다. 또한 우량한 기간산업의 주식을 증권시장에 상장시키는 것은 증시에 부담이 되기보다는 오히려 건전한 증권시장 발전에 도움이 된다고 주장한다.

이러한 상반된 주장을 고려하여 증시에 부담을 주지 않으면서, 증시 발전에 기여하도록 매각대금 납입 방법이나 매각 절차를 다양화하여, 상황에 맞는 민영화 방법을 채택하여야 한다. 경제력 집중을 피하고 주인 있는 민영화를 실현하려면 매수자가 누구이며, 이들에게 어느 정도를 구매할 수 있도록 하느냐에 따라 현실적으로 여러 가지 타협된 방안이 검토될 수 있다.

(2) 다수인에 대한 주식 매각

다수인에 대한 주식 매각은 특정인이나 특정 기업에게 공기업이 완전 매각될 경우 초래될 수 있는 문제점을 고려하여, 다수인에게 공기업 주식을 매각하는 방법이다. 특정인에 대한 매각은 특혜 시비가 따를 뿐만 아니라 대규모 공기업의 경우 정부 지분이 크기 때문에, 한 기업이 인수하기 어려운 문제점이 있다. 이러한 문제점을 완화하기 위해 구체적으로 1인 지분의 최대한도를 제한하는 방법이나 컨소시엄 구성 방법을 사용한다.

다수인에게 공기업 주식을 매각하는 방법으로 공모(public offering) 방식을 들 수 있다. 공모 방식은 공기업의 전부 또는 일부의 주식을 다수인의 일반 투자자들에게 매각하겠다는 매각 공고를 한 후 주식시장을 통해 지분을 매각하는 방식이다. 주당

46) 특정인 매각 방법으로는 다음과 같은 방법이 있다. ① 내부 경영자 인수(Management Buy-Out: MBO) 방법: 국영기업을 운영해 오던 기존 경영자층이 공기업을 인수하는 방법이다. ② 외부 경영자 인수(Management Buy-In: MBI) 방법: 각종 금융기관 및 새로운 외부 경영자가 공기업을 인수하는 방법이다. ③ 노동자 인수(Employee Buy-Out: EBO) 방법: 해당 기업의 노동조합에서 공기업을 인수하는 방법이다. MBO 방법이 민영화를 빠르게 할 수 있을 뿐만 아니라 토착기업 및 기업가 육성에도 도움이 되어 정치적 · 사회적 안정에도 기여한다. 동독에서는 이 방법에 의하여 20%가 민영화되었다(백평선, 2001).

가격을 주식 발행 이전에 매각자에 의해 설정된 고정가격에 판매하는 방식을 고정가격 방식(fixed price offer)이라고 하고, 경쟁입찰(tender offer)을 통해 주당 가격을 결정하는 것을 가변가격 방식이라고 한다(곽채기, 2003: 267).

경쟁입찰 방식은 1994년에 있었던 한국통신 주식의 매각이 대표적인 예라고 할 수 있다.

(3) 국민주 방식에 의한 주식 매각

1인당 주식 구매량을 제한하여 가급적 많은 국민들이 민영화된 공기업의 주식을 구매할 수 있도록 저소득 계층의 국민들에게는 시장가격보다 낮은 가격으로 주식을 판매하는 방법으로 구(舊)서독과 우리나라에서 사용된 적이 있다.

포항제철과 한국전력에서 1988년과 1989년에 실시한 국민주 방식(people sales)에 의한 공기업의 민영화는 지금까지 공기업에서 이룩한 경영성과를 국민에게 환원함으로써 중·하위 소득계층의 재산 형성을 지원하고, 주식의 광범위한 분산 보유로 자본시장 저변을 확대시켜 나간다는 데 그 목적이 있었다(송대희·송명희, 1992). 그러나 우리나라에서 시행한 국민주 방식은 매각 후 주가가 하락하여 정부가 기대했던 중·하위 소득계층의 재산형성이라는 소기의 목적을 달성할 수 없었다.

(4) 황금주 방법

황금주(golden sales) 방법이란 민영화 이후 국가 기간산업의 경영권이 외국이나 특정 재벌에 급격히 넘어가는 것을 막기 위해, 단 한 주만 가지고 있더라도 정부로 하여금 공기업 관리자의 임명을 거부할 수 있는 등 특별한 권한을 지닐 수 있도록 하는 방식이다. 황금주는 영국에서 사용된 적이 있으나 자유로운 자본 흐름을 막는다는 이유로, 대부분의 나라에서 금지하거나 지극히 제한적으로 사용하고 있다.

(5) 안정 주주제 방법

안정 주주제 방법이란 기관 투자가들에게 일정 비율의 지분을 배정하고, 이들이 일정 기간 동안 이 지분을 그대로 유지하도록 하는 방법으로 프랑스에서 사용하였다. 다수인에 대한 매각과 황금주의 장·단점을 절충한 방법이라고 할 수 있다.

3) 전략에 의한 분류

공기업 민영화를 정치적 관점에서 고찰하고 있는 파이겐바움과 헤니그(Feigenbaum

그림 4-15 전략에 의한 분류

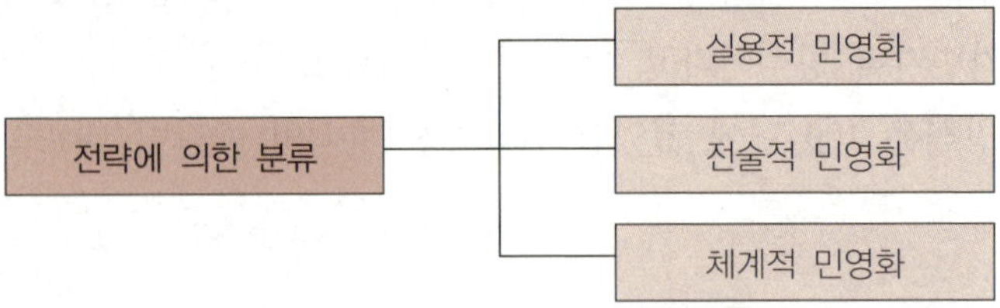

& Henig, 1994)는 [그림 4-15]에서 보는 바와 같이 민영화 전략에 따라 실용적 민영화 · 전술적 민영화 · 체계적 민영화로 분류했다.

(1) 실용적 민영화

정치적 이데올로기로 인한 민영화가 아니라 정부의 재원 조달과 같은 실제적인 필요에서 나온 민영화를 실용적 민영화(pragmatic privatization)라고 부른다. 실용적 민영화가 재정 위기나 방대한 국제 수지 적자와 같은 위기를 극복하기 위한 수단으로 활용된다(Feigenbaum & Henig, 1994).

(2) 전술적 민영화

실용적 민영화가 비정치적인 이유로 이루어진 민영화라고 한다면, 전술적 민영화(tactical privatization)는 집권당 지지자들의 이익도모와 같은 단기적인 정치적 이득을 위해 이루어지는 민영화라 할 수 있다.

실용적 민영화에서는 당면 과제나 실적이 부진한 공기업이 민영화 대상이 되는데 비해, 전술적 민영화에서는 민영화 대상이 정치적 이득에 의해서 이루어지기 때문에, 실적이 우수한 공기업도 민영화될 수 있다(Feigenbaum, Henig, & Hamnett, 1998: 47-50).

(3) 체계적 민영화

정치적 이데올로기에 입각한 국가 발전의 큰 방향에서 이루어지는 민영화를 체계적 민영화라고 한다. 궁극적으로 정부 능력을 감소시킴으로써 정부에 대한 국민의 기대를 낮추는 데 그 목적이 있다고 하겠다. 동유럽 여러 나라의 민영화가 대표적인 예라고 할 수 있다(Feigenbaum, Henig, & Hamnett, 1998).

제 4 절 | 우리나라 공기업 민영화의 과정과 평가

우리나라에서는 경제 발전 초기 단계에서 민간에서 담당하기 어려운 사회간접 분야의 개발을 위해 공기업이 설립되었다. 1963년부터 시작된 경제 개발 초기 단계에서 민간부문의 경영 능력과 재원이 부족할 때 경제 개발 목표를 효율적으로 달성하기 위해 공기업이 설립 · 운영되었다. 경제 개발에 필요한 안정적 에너지 공급을 위해 석유공사, 석탄공사, 광업진흥공사, 한국전력공사 등이 설립되었고, 국민 생활에 필수적인 교통 서비스의 안정적 공급을 위해 대한항공, 도로공사, 항만공사 등이 설립되었다. 그리고 사회 분야별 공공 수요의 충족을 위해 주택공사, 토지개발공사, 수자원공사, 농업진흥공사 등이 설립되었다. 정부 독점에 의한 안정적인 재정수입을 위해 담배인삼공사 등 전매공사가 설립되었다. 특별한 재정 금융적 전략목표를 달성하기 위해 산업은행, 수출입은행, 무역진흥공사 등이 설립되었다.

시장실패를 시정하기 위해 설립된 공기업이 점차 방만하게 성장하면서 적지 않은 문제점이 제기되었다. 이윤극대화에 대한 동기 결여, 관료주의적 경영 형태, 새로운 경영환경 변화에 대한 적응 미흡 등의 문제점이 불거지면서 공기업의 민영화 문제가 대두되기 시작했다. 이런 공기업 경영적인 측면 외에도 사회주의 경제 체제의 붕괴 이후 공기업의 민영화 문제는 하나의 세계적인 흐름이 되기도 했다(Roudinelli, 1998: 149-170).

1 제1단계 민영화(1968~1973년)

공기업의 민영화는 1968년 이후 1970년대 초까지 부실 제조업체를 대상으로 독점 공기업의 경영 부실과 비효율을 타개함으로써 경영합리화, 기술 개발 및 전략산업 육성을 목적으로 추진되었다(이동호, 1995). 정부 주식의 공개 매각과 시중은행에 대한 현물 출자의 복합 방식을 통해 한국기계, 해운공사, 조선공사 등이 1968년에 민영화되었다. 그리고 정부 주식으로 다른 공기업 현물출자를 통해 인천중공업과 대한항공, 그리고 광업제련 등이 1968년에서 1970년에 걸쳐서 민영화되었다. 또한 1973년 관광공사 산하의 워커힐호텔이 선경으로 민영화되었다.

표 4-6 1960~1973년 시기의 공기업 민영화

공기업명	설립 연도	민영화 연도	비고
한국방송공사	1947	1973	1927년 경성방송국, 1947년 공보처 중앙방송국(KBS)으로 편입, 1973년 한국방송공사
한국기계공업(주)	1963	1968	신진자동차(주)가 인수한 뒤 대우중공업이 됨.
대한통운(주)	1961	1968	동아그룹이 소유하다가 CJ 대한통운이 됨.
대한해운공사	1950	1968	대한선주로 변경한 뒤 현재 한진해운(주)
대한조선공사	1950	1968	한진중공업
인천중공업(주)	1962	1968	현대그룹 소유 인천제철
대한철광개발(주)	1965	1968	삼미(주)
대한항공공사	1962	1969	한진그룹 소유 대한항공(주)
한국전력공사	1961	1989	
중소기업은행	1962		
대한석유공사	1962		
대한무역진흥공사	1962		
대한주택공사	1962		주택공사 + 토지공사(2009년)
한국관광공사	1962		
국민은행	1963		민영화(2003년)
호남비료(주)	1963		청산. 공장부지 및 건물은 대우중공업에 매각, 한국화학(현 KC)으로 재창립
한국증권금융(주)	1965		
한국수자원개발공사	1966		
한국광업진흥공사	1967		
한국주택은행	1967		국민은행과 합병(2001년)
농어촌개발공사	1967		
농수산물유통공사	1967		
한국외환은행	1967		2012년 한국외환은행이 하나금융지주에 인수되었으며, 2013년 주식시장에서 상장 폐지
한국투자공사	1968		
포항종합제철	1968	1988	1988년 국민주로 34.1%, 1994년 뉴욕과 런던 증권시장에 30% 상장, 1998~2000년 3차에 걸친 해외 DR 발행 및 포철 자사주(의결권 없음) 매입
한국신탁은행	1968		1976년 서울은행이 한국신탁은행을 합병하여 서울신탁은행으로 재출범, 2002년 하나은행과 합병
한국도로공사	1969		
한국감정원	1969		
한국산업은행	1969		

자료: 백평선(2001: 89)에서 재정리.

이 시기의 공기업 민영화는 정치와 특정 기업과의 결합으로 특혜에 대한 논란이 제기되었다. 대한항공을 인수한 한진그룹이 재계 순위 10위 이내로 진입하게 되었으며, 조선공사, 해운공사, 광업제련 등을 인수한 기업도 재계 순위 변동에 크게 영향을 주었다. 이 시기에 설립되었거나 민영화된 주요 공기업의 현황은 [표 4-6]과 같다.

2 제2단계 민영화(1973~1983년)

1970년대 중반에는 공기업에 대한 민영화가 없었고, 1970년대 말부터 해방 이후 설립된 공기업(금융기관 제외)이 주로 매각 대상이었으며, 정부가 직접 매각하거나 현물출자 방식으로 매각되었다. 특히, 이 시기에 민영화된 4대 은행(한일은행, 제일은행, 서울신탁은행, 조흥은행)의 경우에는 소유권은 민영화했으나, 경영에 대한 통제권은 정부가 여전히 소유하고 있었다. 이 시기에는 [표 4-7]에서 열거한 공기업 이외에도 많은 공기업의 자회사들이 민영화되기도 했다. 1979년에 한국종합화학, 동신화학, 삼영하드보드, 조일, 한국마당, 한국시멘트제조, 풍산금속, 동성철강, 대선조선이 민영화되었고, 1980년에는 한국매일우유, 한국생사, 경주보문호텔, 대한석유공사가, 1982년에는 한국중공업, 대우조선, 온산동세철, 한서식품, 부여유스호텔, 경주조선호텔, 해운대개발, 한성, 한국주택개발, 대한관광, 조선호텔, 대보증권 등이 민영화되었다(백평선, 2001: 90).

표 4-7 1973~1983년 시기의 공기업 민영화

공기업명	설립 연도	민영화 연도	비고
대한재보험공사	1963	1978	
대한석유공사	1962	1980	선경그룹 소유 유공(주)
한일은행	1932	1981	
한국전기통신공사	1948	1981	체신부에서 독립
대한준설공사	1967	1982	
제일은행	1929	1982	
서울신탁은행	1959	1982	
조흥은행	1943	1982	
종합화학	1973		
토지금고	1975		1979년 한국토지개발공사로 개명
한국해외개발공사	1976		

근로복지공사	1977		
중소기업은행	1978		
한국석유개발공사	1979		한국석유시추(주)를 1982년에 설립, 1994년에 통합했고 한국송유관(주)를 1986년 설립해 1994년에 매각, 대한송유관공사에 1994년 출자했으며, 1999년에 한국석유공사로 개명했음.
한국가스공사	1983		

자료: 백평선(2001: 90).

3 제3단계 민영화(1987~1992년)

제3단계 민영화 시기는 '공기업 민영화 추진위원회'를 구성하여 민영화 5개년계획을 세워 실시한 '제1차 민영화 5개년계획'의 실시 시기라고 할 수 있다(백평선, 2001: 91).

1987년 경제기획원은 국민경제 운용 시에 공기업 역할의 재정립, 공기업에 대한 민간 참여 확대를 통한 경영효율성 제고, 일부 공기업의 기능 재정립 필요성 등에 대응하기 위해 대폭적인 공기업의 민영화를 추진하였다(경제기획원, 1987).

이때 민영화 대상 기관으로는 증권거래소, 국민은행, 중소기업은행, 외환은행, 한국감정원, 국정교과서, 한국기술개발 등이었다.

특히, 관련 산업과 국민경제에 미치는 영향이 막대하여 정부가 경영권 행사에 필요한 지분(51%)을 보유할 필요가 있다고 판단되는 한국전력, 한국통신, 포항제철 등 3개 공기업은 부분적 민영화 대상 기관으로 선정했다(경제기획원 심사평가국, 1991). 이들 공기업의 주식 매각 방식으로 국민주 방식 하나만을 활용했다. 국민주에 의한 주식 매각 방식은 공기업 민영화의 제1차적 목적인 경영효율성 제고보다는 정치적 목적이 강하게 가미되었다. 당시 우량 공기업 주식을 국민주로 보급했던 목적은 중·하위 소득층의 재산 형성을 지원하고, 주식의 광범위한 분산 보유로 자본시장의 저변을 확충하는 한편, 국민 다수가 공기업의 주주가 되어 감시자로서 역할을 수행하도록 하는 것이었다. 그러나 이러한 기대 중 어느 것 하나도 제대로 달성되었다고 보기 어렵다(송대희·송명희, 1992).

또한 제3단계 민영화 계획에서는 주식의 일부 매각, 즉 소유권 이전에만 중점을 두었을 뿐 경쟁 도입, 즉 자유화와 규제 완화 문제는 민영화 추진 과정에서 체계적으로 검토하지 못했다. 불완전한 정책설계에 기초한 민영화로 공기업의 경영효율성을 제고하기 어려웠다.

4 제4단계 민영화(1993~1998년)

1993년 신경제 5개년계획 추진위원회 회의에서 김영삼 대통령은 "개혁적 차원에서 정부투자기관 경영쇄신 방안을 마련해 추진하라"고 지시했다. 이 지시에 따라 모든 공기업을 잠재적인 민영화 및 개편 대상 기업으로 상정한 후, '네거티브 리스트(negative list)'를 작성하는 방식으로 민영화 대상 공기업을 선정했다. 1993년 확정된 공기업 민영화 계획에 의하면, [표 4-8]에서 보는 바와 같이 우리나라 전체 공기업(정부투자기관, 정부출자기관, 정부투자기관 자회사) 133개 중 58개 기업이 민영화 대상으로 선정되었다(송대희, 1994; 김재홍 · 이승철, 1994).

표 4-8 신경제 5개년계획의 연도별 민영화 추진계획

구분	1994	1995	1996~1998
투자기관(6)	국민은행, 국정교과서	가스공사	기업은행, 주택은행 담배공사
출자기관(1)	외환은행		
투자기관 출자회사 (29)	새한종금, 한국기업평가, 한국비료, 대한중석, 공영기업, 한국종합기술, 기은전산개발, 부국신용금고, 한성신용금고, 고속도로시설공단, 전화번호부, 토개공 시설공단, 이동통신, 국민은행 출자회사 11개	한국중공업, 남해화학, 한국신화	PC 통신, 담배자판기
지분매각 (22)	기아특수강, 한국증권금융, 럭키금속, 한국종합기술금융, 동부화학, 한외종금, 평화은행, 효성중공업, 아시아나항공, 건설진흥공단, 대동은행, 내장산관광호텔, 연합TV뉴스 등 20개 기관	대우조선	매일유업
통폐합 등 (10)	종합화학, 원진레이온, 주택경제연구원, 주은건설, 한국석유시추, 경주관광개발, 서남관광개발	석공 · 광진공, 인삼수출공사	한국송유관
계	54	7	7

자료: 재정경제원(1995).

당시 민영화 정책과 관련된 기구로는 경제기획원 주관 하에 '정부투자기관 경영평가위원회', '민영화추진 대책위원회', '민영화추진 실무대책반' 등이 운영되었다. 이때의 민영화 정책 추진기구에는 1987년에 비해 민간 전문가의 참여자가 더욱 축소되었고, 노조대표자 내지는 노동 관련 전문가의 참여가 전적으로 배제되었다. 결과적으로, 당초 야심찬 계획과는 달리 김영삼 정부의 공기업 개혁은 지분 매각 22개사, 통폐합 5개사에 그쳤다(재정경제원, 1996).

민영화 추진이 답보 상태에 있는 상황에서 정부는 「공기업의 경영구조 개선 및 민영화에 관한 법률」를 입법화하였다. 이 법률의 시행으로 민영화 대상 공기업인 한국가스공사, 한국중공업 등에 대해서 경제력 집중을 억제하기 위해 1인당 지분 한도가 7% 이하로 제한된 반면, 공기업에 대하여 전문 경영인에 의한 책임경영 체제가 도입되었다.

제4단계 민영화 계획은 소유권의 전부 또는 일부의 민간 이전에도 불구하고, 경영권에 대한 정부의 간섭과 각종 규제로 인해서 경제적 효율성을 개선하지 못했다. 대통령의 지시에 따라 급조된 민영화에 대한 화려한 계획들은 공기업을 다루는 관련 부처와의 면밀한 협의 없이 도출되었다. 공기업의 주무부처 공무원으로 구성된 '민영화추진 실무대책반'을 중심으로 한 부처 이기주의(sectionalism)는 상대적으로 그들의 이해관계가 적은 소규모 공기업들만이 민영화 추진 대상이 되었다. 또한 침체한 자본시장의 여건, 고용 안정에 불안을 느낀 공기업 종사자 등의 반발, 그리고 경제력 집중에 대한 일반 국민의 반대 등 여러 가지 장애 요인에 대한 면밀한 대책 없이 성급하게 시행된 점이 있다.

5 제5단계 민영화(국민의 정부 시기: 1998~2002년)

국민의 정부에서는 다른 정권에 비해 공기업 민영화 정책 실천에 적극적이었고, 제1차 및 제2차에 걸쳐 민영화 계획을 추진했다. 국민의 정부는 1998년 경쟁 원리를 도입하고 책임경영을 정착시켜 공기업의 경영효율을 개선하기 위해 두 차례에 걸쳐 '공기업 민영화 및 경영혁신계획'을 마련했다(기획예산위원회, 1998a).

국민의 정부는 8개 공기업에 대한 정부를 비롯한 공공부문의 소유권을 민간에 이전하는 민영화를 단행했다. 국정교과서와 한국종합기술금융은 경쟁입찰 방식으로 매각하고, 대한송유관공사는 정부 보유 지분을 기존의 민간 주주인 정유사들에 매각했다. 포항제철은 세 차례에 걸친 해외 DR[47] 발행과 자사주 매각을 통해 정부와 산업은행이 보유하고 있던 지분을 모두 매각했다. 한국종합화학은 자산 매각을 위해 수차례의 공개입찰을 하였으나 유찰되어 결국 청산으로 마무리되었다. 한국중공업은 산업은행 및 한국전력이 보유하고 있는 지분 24%를 국내 공모를 통해 매각하고, 2000년 4대 재벌을 제외한 제한경쟁입찰을 통해 경영권을 두산에 이양했다. 한국통신은 해외 DR 발행, 국내 경쟁입찰, 국내 공모 등 다양한 방법을 통해, 2002년 정부 지분을 완전히 매각했다. 담배인삼공사는 1999년 국내 증시 상장을 시작으로 해외 DR과 EB 발행,[48] 국내 공모 등을 통해 정부·국책은행 지분을 전부 매각하여, 2002년 민영화를 완료했다([표 4-9] 참조). 한국전력은 해외 DR 발행을 통해 정부 지분의 일부를 매각하고, 전력산업 구조 개편을 본격화했다. 한전은 발전 부문을 5개 자회사로 분리하고, 수력원자력회사를 제외한 화력발전회사를 단계적으로 매각하기로 했다.

한국가스공사는 1999년 기업 공개를 추진하여 정부 지분과 신주를 공모(38%)하

표 4-9 국민의 정부 민영화 추진 실적

대상 기업	완료 시점	매각 방법	매각 수익	소유·지배 구조	제도 개선·법령 개정
국정교과서	1998.11	경쟁입찰(86.5%)	460억 원	대한교과서	2002년부터 경쟁 체제로 전환
종합기술금융	1999.1	경쟁입찰(10.2%) 증시 매각(2.0%)	116억 원	(주)미래와 사람	KTB법 폐지 (1999.2)
대한송유관	2000.4	투자계획서에 의해 기존 주주 인수(36.8%)	1,669억 원	기존 주주 (정유 4사)	경쟁제한행위 금지 (정관 2001.8)

47) DR(Depositary Receipts), 즉 주식예탁증서는 국내 주식의 국제적 거래를 원활하게 하기 위해 고안된 유가증권이다. 일반적으로 외국 주식을 자국 시장에서 유통시키는 경우, 원주식은 채권의 국외 수송과 언어 관습의 차이로 인한 문제가 발생할 수 있다. 이를 해결하기 위해 수탁은행이 투자자를 대신해서 원주식의 보관에서부터 주주권에 이르기까지 모든 것을 대행하는 것 등의 예탁 계약을 표시하는 증서를 발행, 유통시키는 데 이를 DR이라고 한다.

48) EB는 교환사채(Exchangeable Bond)를 말한다. EB는 회사채 발행 회사가 소유한 다른 유가증권과 교환할 권리를 부여함으로써, 투자자에게 안정성과 투자성을 동시에 보장하는 장점이 있다. 상장법인이 이사회의 결의에 의해 발행하는 회사채의 한 종류이다. 교환사채와 발행 회사가 보유한 제3의 기업 주식과 교환되므로, 교환 시 발행 회사의 자산과 부채가 동시에 감소하는 특징이 있다. 발행 회사가 보유하고 있는 교환 대상 유가증권은 상장 유가증권으로 제한하고 있으며, 증권예탁원에 예탁을 의무화하고 있다.

포항제철	2000.10	해외 DR(18.5%, 3회) 자사주(8.2%, 3회)	2조 7,801억 원	소유 분산	이사회 중심의 전문경영 체제 도입 (정관 2000.3)
한국종합화학	2000.11	3회 유찰, 적자경영으로 조기 청산(2001.12)	-	-	「한국종합화학공업 주식회사법」 폐지 (2001.12)
한국중공업	2000.12	공모(24%) 경쟁입찰(36%)	4,290억 원	두산	-
한국통신	2002.5	해외 매각(44.1%, 3회) 국내 매각(29.5%, 2회)	12조 6,990억 원	소유 분산	「전기통신사업법」 개정 「한국전기통신공사법」 폐지(2000.12) 정관 개정(2002.8)
한국담배	2002.10	해외(39.7%, 3회) 국내(41.9%, 3회)	3조 513억 원	소유 분산	「담배사업법」 개정 (2001.3)

자료: 곽채기(2003).

여 증권거래소에 상장했다. 민영화 이전에 가스산업에 경쟁 여건을 조성하기 위해 설비 및 판매 부분의 가스산업 구조 개편을 추진했다. 그러나 노동조합에서 가스공사를 민영화할 경우, 국부의 해외 유출, 신규 시설 투자로 인한 가스요금 상승을 이유로 강력하게 반대하여 보류되었다.

그 밖에도 임무의 중복으로 비판을 받아 오던 주택공사와 토지공사의 통합안은 국회에서 여야의 의견이 대립되어 사실상 무산되었다.

국민의 정부 민영화는 공기업 소유권을 민간에게 넘기는 적극적인 노력과 더불어 관련 산업구조 조정과 혁신을 동시에 시행한 것이 특징이다.

6 제6단계 민영화(참여정부 시기: 2003~2007년)

참여정부는 국민의 정부에 비해 공기업 민영화에 소극적이라고 평가할 수 있을 것이다. 참여정부는 특히 네트워크 산업을 담당하고 있는 공기업을 단순히 효율성만을 이유로 공공성을 훼손하지 않겠다는 입장이었다. 더구나, 지금까지 추진되어 온 공기업 민영화 정책이 재벌들의 또 다른 민간독점을 초래한다는 우려의 시각이 깔려 있었다.

한국전력공사의 경우, 참여정부에서는 5개 자회사는 당초 계획대로 민영화를 추진하고, 배전 부문은 6개사로 분할한 후 민영화 여부는 추후에 다시 검토하기로 했다. 그러나 매각을 추진 중이던 남동발전의 민영화가 노조의 반대와 매각 입찰 참여 회사들의 인수 포기 선언으로 무산되었다. 철도공사의 경우, 참여정부에서는 당초 철도청을 단계적으로 민영화한다는 계획을 수정하여 지하철공사처럼 공사화하는 것으로 방향을 잡았다. 즉, '정부기업'으로 운영되던 철도청을 기능별로 분리하여 '공사형 공기업'으로 분리한 것이다. 즉, 건설교통부는 철도산업 전반에 관한 정책과 투자를,[49] 한국철도공사(2005년 1월 출범)는 철도 운영을, 국가철도공단(전 한국철도시설공단, 2003년 1월 출범)은 철도시설의 건설 · 관리 · 기술 개발을 각각 담당하도록 했다. 한국가스공사의 경우, 당초 완전 민영화하기로 하였으나 노동조합의 반대로 설비 부문의 민영화를 포기했다. 대한주택공사와 한국토지공사의 통합계획은 노조의 반대와 정부와 정치권의 정치적 목적 등이 통합에 부정적으로 작용하여 두 기관의 경영합리화로 가닥을 잡음으로써 통합은 사실상 이루어지지 못하였다.

이상에서 설명한 국민의 정부와 참여정부의 민영화 방안은 [표 4-10]과 같이 정리할 수 있다.

표 4-10 국민의 정부와 참여정부 민영화 방안

공기업 분야	산업부문	국민의 정부	참여정부
전력	발전	5개 발전 2009년까지 민영화	계획 지연
	배전	2004년까지 6개 자회사 민영화	민영화 재검토
	송전	국영 체제 유지	국영 체제 유지
철도	운영	정부 지분 100% 주식회사 → 민영화	공사화
	건설 · 시설관리	국영 체제 유지	국영 체제 유지
가스	배관설비	민영화	2006년 후 검토
	도입 · 도매	3개 자회사 분할 → 2개 우선 민영화	기존 체제 유지
주공 · 토공	주택 건설 · 택지 개발	통합	기능 조정 · 경영합리화

자료: 박영희 외(2005: 301)에서 수정.

49) 최근 대부분의 선진국에서는 철도 민영화를 통해 적자 운영에 대한 정부의 재정 지원을 줄이는 대신에 시설 개선 및 확장, 신기술 개발 등을 통해 철도가 다른 자동차나 항공과 경쟁할 수 있는 환경을 조성하고 있다(박영희 외, 2005). 실질적으로 우리나라에서 고속도로의 경우 대도시 진입에서 많은 병목 현상이 생기기 때문에, 시내 중심부에 정거하는 철도 수송이 큰 장점이 있다고 한다(김동훈, 한국철도시설공단 기획처장 인터뷰, 2006.7.7).

7 제7단계 민영화(이명박 정부 시기: 2008~2013년)

이명박 정부에서는 2008년 8월 '공공기관의 선진화'라는 이름으로 공공기관 정원, 기관 통폐합, 민영화 및 출자회사 정리, 기능 조정, 경쟁 도입 등의 과제를 수행했다. 이명박 정부에서는 매각 부처별로 매각작업의 공정성 · 투명성을 확보하기가 어려운 점을 감안하여 부처 합동으로 마련한 일관된 원칙 하에서 매각 업무를 추진하려고 노력했다. 이러한 민영화를 추진하게 된 배경에는 공공기관운영위원회가 큰 역할을 했다. 「공공기관의 운영에 관한 법률」 제14조는 "기획재정부장관은 주무기관의 장과 협의한 후 운영위원회의 심의 · 의결을 거쳐 공공기관이 수행하는 기능의 적정성을 점검하고 기관 통폐합 · 기능 재조정 및 민영화 등에 관한 계획을 수립하여야 한다. 주무기관의 장은 수립된 계획을 집행하고, 그 실적에 관한 보고서를 기획재정부장관에게 제출하여야 하며, 기획재정부장관은 보고서의 내용을 분석하여 집행실태를 확인 · 점검한 후 필요한 때에는 운영위원회의 심의 · 의결을 거쳐 원활한 계획집행을 위하여 필요한 조치를 주무기관의 장에게 요구할 수 있다"고 규정하고 있다. 또한

표 4-11 민영화 및 지분 매각 추진 현황

민영화 계획(24개)	매각 완료(7개)	매각 추진 중(17개)
(민영화: 19개) • 산은 · 자회사(캐피탈, 자산운용) • 기은 · 자회사(캐피탈, 신용정보, IBK시스템) • 대한주택보증 • 88골프장, 뉴서울CC • 한국자산신탁, 한국토지신탁 • 경북관광개발 • 한국건설관리공사 • 안산도시개발, 인천종합에너지 • 그랜드코리아레저 • 농지개량 • 한국기업데이타	(4개) • 농지개량 • 한국자산신탁 • 안산도시개발 • 그랜드코리아레저	(15개) • 산은 · 자회사(캐피탈, 자산운용) • 기은 · 자회사(캐피탈, 신용정보, IBK시스템) • 88골프장, 뉴서울CC • 한국토지신탁 • 경북관광개발 • 한국건설관리공사 • 인천종합에너지 • 한국기업데이타 *대한주택보증은 환매조건부 미분양 주택매입 사업이 완료되는 2015년까지 민영화 연기
(지분 일부 매각: 5개) • 인천국제공항공사 • 한국공항공사 • 한국지역난방공사 • 한전기술, 한전KPS	(3개) • 지역난방공사 • 한전기술 • 한전KPS	(2개) • 인천국제공항공사 • 한국공항공사

자료: 기획예산처(2011h).

「동법 시행령」 제18조는 “기획재정부장관은 법 제14조에 따른 원활한 계획집행을 위하여 필요한 경우에는 주무기관의 장과 협의한 후 운영위원회의 심의・의결을 거쳐 국가 및 공공기관이 보유한 재산의 처분을 「금융회사 부실자산 등의 효율적 처리 및 한국자산관리공사의 설립에 관한 법률」에 따른 한국자산관리공사에 위탁할 것을 주무기관의 장에게 요구할 수 있다”고 규정(신설 2011.7.14)하여 민영화의 실효성을 담보하기 위해 노력하였다.

이러한 다양한 노력에도 불구하고 [표 4-11]에서 보는 바와 같이 이명박 정부에서는 24개 민영화 대상 기관 중 7개 기관만 매각(상장)을 완료했다.

대한주택공사와 한국토지공사는 이명박 정부의 강력한 의지에 의해 2009년 2개 기관을 통합하여 한국토지주택공사로 새롭게 출발하였다.

8 제8단계 민영화(박근혜 정부 이후: 2013~현재)

박근혜 정부에서는 공기업의 소유권 이전에 중점을 둔 좁은 의미의 민영화보다는 시장화에 중점을 둔 넓은 의미의 민영화에 초점을 두고 진행되었다. 공공기관의 생산성・효율성을 제고하기 위하여 ‘성과연봉제’를 도입한 것이 대표적인 사례이다. 업무능력・성과와 관계없이 자동으로 올라가는 공기업의 호봉제 임금체계에서는 동기부여가 미흡하고, 생산성 및 경쟁력도 저하되고 있다고 판단한 것이다.

그러나 공공기관의 사회적 가치 구현을 전면에 내세운 문재인 정부가 들어오면서 성과 연봉제는 시행 과정에서 노사 합의 등 절차적 합법성의 부족과 ‘성과연봉제가 저성과자 퇴출로 연계’될 것이라는 우려로 사문화되었다. 문재인 정부에서는 소유권 이전에 의한 민영화에 의해서 공공기관이 감소되었다기보다는 오히려 지방자치단체의 출자출연기관을 중심으로 지방공공기관의 수가 크게 증가하였을 뿐만 아니라 기존의 공공기관에서는 청년 일자리 창출과 비정규직이 정규직으로 전환하면서 직원 수가 대폭 증가하였다.

윤석열 정부에서는 문재인 정부의 공기업 규모의 증가에 따른 다양한 방만 경영 요소를 경계하면서 ‘일 잘하는 공공기관’을 목표로 조직의 슬림화, 직무급제 등 조직의 내부 효율성과 생산성을 향상하기 위한 대안들을 마련했다.

박근혜 정부에서부터 최근의 윤석열 정부에 이르기까지 공기업의 소유권 이전을 전제로 한 민영화 정책(privatization policy)보다는 공기업 유지 정책(holding policy)

을 고수하면서 공기업의 기능과 역할을 강화하거나 내부적인 생산성을 향상하는 좁은 의미의 민영화 또는 시장화 방향으로 전개되고 있다.

9 우리나라 공기업 민영화의 평가와 교훈

우리나라에서는 앞에서 살펴본 바와 같이 1960~1970년대에는 제조업을, 1980년대에는 금융업 등 민간과 경합하는 분야를 민영화했다. 국민의 정부는 포항제철, 한국통신 등 11개 공기업의 민영화를 추진하여 한국전력, 한국가스공사, 한국지역난방공사 등 3개를 제외한 8개 공기업의 민영화를 완료했다. 참여정부에서는 공기업의 민영화에 따른 네트워크 산업의 독점성, 요금 인상 등 공익성 훼손 우려로 민영화를 적극 추진하지 못했다. 2008년 이명박 정부 출범과 더불어 공공부문 효율화를 위해 민영화 추진 필요성이 다시 대두되어, 민영화 대상 공기업 중에 일부를 매각 또는 상장을 완료했다. 2013년 시작된 박근혜 정부에서부터 지금까지는 공기업의 소유권 민영화보다는 공기업의 방만 경영 해소 등 정상화에 초점을 두고, 공기업에 대한 운영 시스템 혁신과 생산성 향상에 초점을 둔 시장화 노력이 진행되고 있다.

공기업 민영화의 근본적인 목적에 비추어볼 때 우리나라의 공기업 민영화는 어떻게 평가되고 앞으로 민영화는 어떤 점을 염두에 두고 추진되어야 할까?

우리나라의 KT 민영화와 관련하여 OECD에서는 회원국 사이에서 통신 시장이 지속적으로 경쟁할 수 있도록 시장을 개방하여 통신 시장을 자유화한 것은 사용자에게 많은 혜택을 주었고, 산업의 전반적 성장으로 이어졌다고 평가하고 있다(최승두, 2004). 그러나 배용수(2004)는 KT와 같은 독점공기업의 민영화가 진입규제의 폐지에 의한 규제 완화를 수반한다고 해도 자연독점의 성격이 강하게 남아 있는 경우에는 상당 기간 유효 경쟁이 이루어지지 못할 가능성이 높기 때문에, 민간으로의 소유 이전과 함께 해당 산업에 대한 실질적인 경쟁 체제를 확립하는 것이 필요하다고 주장한다. 또한 공기업 민영화의 목표는 '성공적 지분 매각'과 '소유와 경영의 분리'라는 두 가지 조건을 모두 충족해야 하기 때문에, 우선 시장가격에 근접한 수준에서 정부 지분을 매각했다고 하더라도 정부에서 실질적으로 경영권을 계속 보유하고 있다면 성공적이라고 할 수 없음을 강조하고 있다.

곽채기(2003)는 우리나라 공기업 민영화는 민영화 방법에 몰두한 나머지 민영화 이후 변화될 공기업의 환경과 지배구조에 관심을 갖지 못하고 진행되었음을 비판하고 있다. 민영화 이후의 공기업이 직면하게 될 경쟁 환경, 즉 민영화로 인한 새로운 규제 제도와 새로운 공기업의 소유-지배구조에 대한 고민이 부족하다는 것이다. 빠른 시간 내에 가시적 성과를 내기 위한 정부에 의한 하향식 민영화 추진이 이러한 공기업의 민영화 이후 성공적인 정착을 방해하고 있다고 주장한다.

우리나라의 공기업 민영화 정책은 가시적인 측면에서 적지 않은 성과가 있었지만, 일부 공기업에서는 노조 등의 반대로 지연되고 있다. 「공기업 경영구조 개선 및 민영화에 관한 법률」의 적용을 받고 있는 한국가스공사와 한국공항공사, 인천국제공항공사의 경우에는 실질적으로 민영화 진행이 이루어지지 않고 있다.

이상에서 언급한 우리나라 공기업 민영화의 문제점을 고려할 때, 염두에 두어야 할 사항은 다음과 같다.

첫째, 시장성이 강해 민영화할 공기업은 틀림없이 계획대로 시행하고, 공공성이 강해 도저히 민영화가 불가능한 공기업에 대해서는 업무 과정에 대한 간섭보다는 경영평가 등을 통해 경영 결과에 대한 책임을 물을 수 있도록 지배구조를 개선해야 한다. 또한 공기업 민영화를 성공적으로 수행하기 위해서는 종합적이고 일관성이 있는 민영화 계획의 수립과 실행을 책임질 권위 있는 정부 내 단일 부서(기구)를 지정(신설)하는 것이 필요하다. 이런 측면에서 현행 '공공기관운영위원회'에서 공기업의 민영화를 종합적으로 추진할 수 있도록 설계한 것은 바람직한 조치라고 할 수 있다.

둘째, 민영화를 수행할 수 있음에도 사실상 민영화가 지연되고 있는 것은 대부분 공기업 임직원들의 비협조적 태도에서 기인하는 경우가 많다. 해당 공기업 노조나 경영진에게 민영화의 당위성에 대한 이해를 구하는 노력과 더불어 민영화를 시행함으로써, 우리 사주 제도와 같이 이들에게 어떤 이익이 있도록 하는 인센티브를 개발할 필요가 있다.

셋째, 민영화로 인해 공공부문의 기능을 민간에 이양한다고 해서 정부의 기본적인 미션을 소홀히 해서는 안 된다. 사회 안전망을 위해 정부의 감독이 필요하고, 사회적 약자 보호를 위해 정부의 역할을 필요로 하는 곳에서는 정부가 지속적으로 임무를 수행해야 한다. 공공부문에 시장 운영 기법을 도입하더라도 공공부문의 본질적 가치인 도덕성, 형평성, 책임성, 민주성 등이 저해되지 않도록 하는 방안을 강구하여야 한다. 공기업 민영화 계획을 수립할 때에는 민영화의 방법뿐만 아니라 공기업 민영화 이후의 지배구조와 효율적인 통제 및 규제 방법도 함께 고려해야 하는 이유가 여기에 있다. 최근 통신 시장의 독과점에 따른 여러 가지 부작용을 보더라도 이런 점을 특히 유념해야 할 것이다.

넷째, 민영화는 성숙된 민주 시민의 역량에 의해 뒷받침될 때 의미가 있다. 과거 우리는 정부 주도의 압축 성장 과정에서 민간의 역량은 무시되어 왔다. 그러나 이제 정보화, 개방화, 민주화의 급속한 진전과 함께 시민의 자율적 능력은 크게 향상되었다. 시민 부재의 사회에서 민영화는 단순한 공급 주체의 변경일 뿐 소비자에게 제공되는 공공 서비스의 품질 향상에 영향을 주지 못한다. 역량 있는 건전한 시민이 있어야 공기업 민영화에 건설적인 의견을 제시하고 민영화된 공기업을 실질적으로 감시 · 감독할 수 있다.

다섯째, 공기업의 민영화는 단순한 공기업의 소유구조나 지배구조를 바꾸는 조직의 '기능적 합리성'뿐만 아니라 근본적으로 조직의 이미지와 분위기, 무엇보다도 직원들의 행동과 태도를 시장적 · 기업적으로 바꾸는 '실질적 합리성'으로 연결되어 나타나야 한다. 조직의 실질적 합리성을 확보하는 것이 공기업 민영화의 궁극적인 목적이다. 또한 민영화되어 기능적 합리성과 실질적 합리성을 갖춘 조직 체계와 조직풍토가 국가 전체에 확산되어 기업성(entrepreneurship)과 시장성(marketability)을 갖춘 국가경제 질서가 확립되어야 한다.

공기업 민영화의 성공 여부는 단순히 국가 소유의 자산을 매각하고, 소유권에 기초한 지배구조를 바꾸는 것만이 아니라 해당 공기업의 생산성 향상과 조직 이미지가 바뀌고, 나아가 국가 전체 경제 질서가 유효한 경쟁에 바탕을 두고 작동될 수 있도록 하는 데 있다.

정리문제

1. 정부와 시장의 연속선(continuum)상에서 공기업 민영화의 광의적 개념과 협의적 개념을 정의하시오.
2. 공기업의 민영화와 조직의 실질적 합리성(substantial rationality)의 관계를 논술하시오.
3. 공기업 민영화의 근거가 되는 이론들을 소개하고, 그 중 주인-대리인 이론의 입장에서 공기업 민영화의 필요성을 설명하시오.
4. 공기업 민영화의 찬 · 반 논쟁을 각각의 장 · 단점을 중심으로 설명하시오.
5. 우리나라 공기업의 설립과 민영화의 과정을 개괄적으로 설명하고 그 공과를 논평하시오.

CHAPTER 05

공기업의 경영평가

공기업은 민간기업이 사용할 자본을 구축(crowd-out)하는 속성을 지니고 있다. 따라서 공기업은 사경제가 진입하기 어려운 영역에 한정하여 진입하는 것이 원칙이다. 이런 측면에서 시장성이 강한 공기업은 민영화하는 것이 바람직하지만 공익성이 강한 공기업은 그렇게 할 수도 없다.

경쟁력이 약한 공기업을 사기업과 같이 경영 능률을 제고하기 위해서는 정부의 공기업에 대한 사전적 경영 간섭을 축소하여 공기업의 경영자율이 보장되어야 할 뿐만 아니라, 엄정한 사후 경영실적 평가가 이루어져야 한다. 공기업은 경영평가를 통해 경영상의 문제점과 경영개선 방안 등을 도출하여 피드백하는 제도적 장치가 마련될 때 합리적 · 효율적으로 운영될 수 있다.

제5장에서는 민영화가 어려운 공기업에 대한 차선의 관리감독 방법인 '공기업 경영평가'에 대해 살펴보기로 한다.

제 1 절 | 공기업 경영평가의 의의

1 공기업 관리 제도

법률에 근거하여 설립된 공기업은 법률이 부여한 고유 기능을 수행할 의무가 있다. 그런데 공기업의 비효율적 경영은 궁극적으로 국민의 경제적 부담으로 전가되므로, 주인인 국민을 대리하여 정부가 체계적이고 효율적으로 관리하는 제도가 필요하다(박석희, 2003).

공기업의 지배구조는 민간기업과 달리 공기업의 소유자인 국민을 대리하여 정부가 공기업의 CEO를 비롯한 주요 의사결정자들을 선발하고, 공기업을 통제 · 감독하는 규제자의 역할도 동시에 수행해야 한다. 이론적으로 공기업의 주인은 국민이라고 하지만, 그들은 대부분이 무임승차자(free rider)에 불과하기 때문에 공기업은 엄격한 의미에서 주인이 없는 기업이다. 이에 따라 공기업은 소유와 경영, 그리고 통제가 원칙적으로 위임자인 정부에 집중된 독특한 구조적 특징을 가지고 있다. 따라서 공기업의 지배구조는 시장의 지배를 받는 사기업과 달리 인위적인 판단에 따라 소유와 경영, 그리고 통제 담당자를 분리하여 지정할 수밖에 없다. 소유권이 국민으로부터 정부에게 위임된 공기업 관리에서 정부는 공기업을 경영할 대리인을 구성해야 하고, 공기업의 소유자나 감독자 입장에서 공기업을 효율적으로 감독 · 통제할 수 있는 메커니즘을 인위적으로 설정해야 한다(강철승, 2006: 6).

이러한 맥락에서 공기업의 효과적인 관리를 위해 지금까지 많은 제도가 개발되어 오고 있으며, 대표적인 것으로 '입법부 및 정부의 직접 통제', '감사원 외부감사', '경영평가', '경영진단', '회계감사' 방법 등을 들 수 있다.

표 5-1 공기업 관리 제도

구분	경영평가	경영진단[1)]	회계감사
목적	사전에 제시된 기준에 따라 실적 평가 → 경영 개선 유도	경영관리 내부에 숨어 있는 문제점 발견 → 합리화 방안 강구	회계 기록의 적정성 여부 판단 → 유용한 정보 제공
속성	강제성/외부성	자율성/내부성/외부성	강제성/외부성
평가자	정부 임명 평가단	공기업 내부 또는 정부 임명 진단반	공기업 임명 공인회계사
평가 주기	일정(1년 또는 1년 이상)	수시	일정(1년)
평가 대상	업무 실적	경영관리 문제 부문 (인사, 조직 등)	재무제표의 적정성
법적 근거	관계 법령	계약	관계 법령
평가 기준	평가지표	동종업계의 표준치, 과거의 시계열 자료	일반적으로 인정된 회계원칙(GAAP), 제회계기준 (IFRS)[2)]

자료: 김용우(2006: 407)에서 수정 · 정리.

과거에는 공기업의 관리 방법으로 주로 '입법부 및 정부 통제'와 '감사원 등의 외부감사'에 의존했으나, 이러한 방법은 공기업의 자율적인 경영을 침해할 가능성이 높기 때문에 최근에는 [표 5-1]에서 보는 바와 같이 '경영평가'와 '경영진단' 등 사후적 관리 방법과 전문성을 갖춘 공인회계사에 의한 '회계감사'가 주로 활용되고 있다.

역사적으로 우리나라의 공기업에 대한 적절한 관리를 위해 끊임없이 노력해 온 것은 사실이다. 엄밀히 말해, 우리나라 공기업 관리 노력은 1962년 「정부투자기관 예산회계법」의 제정까지 거슬러 올라갈 수 있다. 이 법은 주로 재정적 측면에서 공기업의 관리에 초점을 두고 있었다. 1973년에는 다원화된 공기업 감독 체계를 일원화하기 위해 재무부 주도로 「정부투자기관 관리법」이 제정되었다(박석희, 2003: 12). 그러나 이러한 법들은 공기업의 주무부처가 공기업의 업무계획을 직접 심사하고 승인함으로써 사전적 · 직접적인 통제의 틀에서 벗어나지 못했다.

점차 공기업 관리 제도는 공익성 확보에 초점을 둔 직접적이고 사전적인 통제관리에서 기관 운영의 자율성에 초점을 둔 간접적이고 사후적인 관리 체제로 발전해 왔다. 공기업의 자율경영과 사후적인 관리 체제에 가장 큰 영향을 미친 것이 공기업 경영평가 제도이다.

1984년에는 기존의 「정부투자기관 관리법」과 「정부투자기관 예산회계법」을 폐지하고, 「정부투자기관 관리기본법」으로 통합하여 실질적인 경영평가 제도가 정착되면서 정부의 사전적 관여를 대폭 축소했다. 종래 주무부처 등 정부에서 직접 심사 또는 승인하던 주요 정책을 공기업 이사회에서 의결하도록 하는 등 기관의 자율성을 확대하는 대신 경영평가, 감사 등 사후관리를 통해 경영책임을 제고했다. 2004년에는 정부투자기관에 비해 정부산하기관에 대한 통칙법이 없어 관리에 소홀하다는 비판이 제기되면서 「정부산하기관 관리기본법」을 제정하여 정부산하기관에 대한 경영평가, CEO 공개모집제, 경영공시, 고객만족도 조사 등의 새로운 공기업 관리 체제의 틀을 마련했다.

이미 제3장에서 설명한 바와 같이 2007년에는 「정부투자기관 관리기본법」과 「정부산하기관 관리기본법」을 발전적으로 통합하여 「공공기관의 운영에 관한 법률」을

1) 공기업 경영진단은 공기업 내부적으로 경영관리상의 문제점을 찾아내어 개선하는 제도이지만, 우리나라 지방공기업에서는 경영평가 결과 부진한 기관에 대해 감독기관(행정안전부 · 공기업 정책위원회)의 판단에 의하여 강제적으로 시행되고 있다.
2) 일반적으로 인정된 회계 원칙(Generally Accepted Accounting Principles), 국제회계기준(International Financial Reporting Standards: IFRS).

제정했다. 이 법에서는 공공기관에 대한 경영평가 제도와 고객만족도 조사, 경영공시제, 경영혁신 등의 의무가 부과되었다. 공기업 관리 제도의 전반적인 변천 과정은 제7장에서 다시 상세하게 설명하기로 한다.

2 공기업 관리도구로서 경영평가 제도

공기업의 효율적 관리를 위해서는 앞에서 살펴본 바와 같이 다양한 제도를 통한 정부 관여가 불가피하지만, 지나친 정부의 간섭은 공기업의 경영자율성을 저해하여 비효율적 경영을 초래하는 원인이 되기도 한다.

따라서 우리나라에서는 공기업의 경영 개선을 유도하며 공기업이 국민경제적 역할을 효과적으로 수행할 수 있도록 하기 위해, 공기업 경영실적에 대한 평가인 경영평가 제도에 큰 비중을 두고 시행되어 왔다.

여기서는 공기업 경영평가 제도에서 일반적으로 거론되고 있는 경영평가의 개념 및 기능, 필요성, 평가 유형 등 경영평가의 본질적인 문제를 살펴보기로 한다.

1) 공기업 경영평가의 개념과 기능

공기업의 경영평가란 "공기업의 구성원이 주어진 환경 속에서 어느 정도의 성과를 달성했는가를 사전에 설정된 평가지표로 측정하는 것"을 말한다(안광일, 1994).

좀 더 구체적으로 실무적인 입장에서 정의한다면 "일정한 기간 동안에 이룩한 공기업의 실적을 체계적으로 측정·평가하고, 그 결과를 비교하여 경영개선 및 상여금 지급에 반영하는 것"이라고 할 수 있다(박영희 외, 2005: 233).

이러한 공기업 경영평가 제도는 다음과 같은 기능을 수행한다.

첫째, 공기업이 주어진 경영 목표를 달성했는가를 측정하고, 둘째, 그 경영 목표를 얼마나 효율적으로 달성했는가를 평가하며, 셋째, 공기업의 경영개선을 유도하는 피드백, 즉 경영 시정 기능이 있고, 넷째, 경영평가에서 사용하는 평가지표는 공기업의 경영관리 방향을 제시하는 지침(guidance) 역할을 한다.

엄밀한 의미에서 우리나라의 공기업 경영평가 제도는 1968년에 최초로 실시한 바 있고, 1973년부터 인센티브 상여금을 지급하는 제도가 도입되었다. 그러나 그 당시 평가는 체계적이지 못하고 인센티브도 실질적인 차등 없이 지급되었다. 「정부투자기관 관리기본법」이 시행된 1984년 3월 1일부터 비로소 공기업에 대한 본격적인 경영평가가 실시되었다. 한국의 공기업 경영평가 제도는 1984년에 24개 정부투자기관의 경영실적을 평가하면서 시작되었다.

이러한 공기업 경영평가 제도의 초기 시행 단계에서는 몇 가지의 어려움이 있었다. 우선, 공정한 평가지표의 설정이었다. 평가지표는 공정하고 체계적인 평가지표 개발이 무엇보다도 중요한 일이었다. 또한 공기업의 경영성과를 판단하는 데 적정 목표치의 산정도 쉬운 일이 아니었다. 공기업 경영평가의 결과는 해당 공기업 임직원의 인센티브와 관련되어 있으므로, 정부에서는 공기업의 의견을 최대한 수렴하고자 노력하였지만, 평가의 논리적 일관성을 유지하면선 비교 가능한 성과 목표를 개발하는 것이 쉬운 일이 아니었다. 경영평가의 유용성을 높이기 위해서는 공기업 경영에 도움이 될 수 있는 경영 개선안을 제시하여 피드백이 이루어지도록 하여야 하지만, 이 문제는 경영평가를 시작할 때부터 지금까지도 여전히 숙제로 남아 있다.

2) 공기업 경영평가의 필요성

공기업의 경영평가는 PDS(Planning: 계획 → Doing: 집행 → Seeing: 확인)라는 경영관리 과정 중에서 마지막 단계인 확인이라는 환류 과정이라고 보아야 한다. 그러나 경영평가는 경영관리 각 단계에서 그 필요성이 인정되고 있다.

첫째, 공기업 경영평가는 주로 확인 단계에서 이루어지지만 공기업 경영계획 단계에서도 중요한 역할을 한다. 공기업 경영평가의 기능에서 설명한 바와 같이 경영평가 지표는 공기업 경영관리의 바람직한 방향을 설정하는 데 도움을 주고 있다.

둘째, 공기업 경영평가는 공기업 경영집행 단계에서도 중요한 역할을 한다. 공기업 내부의 각 집행 부서에서는 경영평가 기준에 따라 업무를 수행함으로써, 업무 수행의 정당성을 부여받게 된다. 계획 측면에서 경영평가가 주로 공기업 경영진에게 필요한 논리라고 한다면, 집행 측면에서는 주로 공기업 실무진에게 필요한 근거라고 할 수 있다.

셋째, 공기업 경영평가는 경영자율성의 확대와 사후 평가 시스템의 구축에 필요하다. 공기업 경영에서 창의성과 기업가 정신을 촉진하기 위해서는 정부의 사전적 간여나 통제를 최소화해야 한다. 과거에 만연했던 공기업 경영 전반에 걸친 사전적 통제는 공기업 경영에 많은 부정적인 영향을 초래하였다. 이런 측면에서 경영평가에 의한 사후 통제는 경영의 자율성을 보장할 수 있고, 그 결과 공기업의 경영성과를 높이는 데 기여할 수 있다. 즉, 정부의 공기업에 대한 관여를 경영평가 제도로 일원화함으로써 '경영투입 활동'에 대해서는 최대한의 자율성을 부여하고, 반면에 경영성과에 대한 책임을 물어 경영혁신 활동을 촉진할 수 있었다(오연천, 1998: 6).

넷째, 최고경영진의 임면의 기초자료로 활용할 수 있다. 공기업의 경영 활동의 핵심은 환경변화에 부응하는 공기업의 목표와 비전을 설정하고, 이를 적극적으로 추진하는 리더십에 있다. 이러한 이유 때문에 공기업의 CEO 임용과 연계시켜서 경영평가 제도를 운영하는 것이 중요하다. 공기업 최고경영자의 임용에 경영 능력보다 정치적 배경이 작용할 경우에는 경영의 생산성 향상을 달성하기가 어렵다. 우리나라에서 지금은 '기관평가'에 '기관장 리더십 평가'라는 항목으로 편입되어 있지만, 1999년부터 한동안 공기업 경영평가에 '사장경영평가 제도'를 도입한 것도 이러한 맥락에서 이해할 수 있다.

다섯째, 공기업 임직원들에 대한 합리적이고 탄력적인 성과를 배분하기 위해 경영평가가 필요하다. 공기업 경영에서 인센티브의 부여는 경영효율성 확보에 중요한 수단이 된다. 공기업도 기업인 이상 공기업 임직원들이 이윤 동기를 갖고, 업무에 임하도록 하는 시스템을 갖추어야 한다. 따라서 경영평가를 통해 실적이 좋은 공기업과 임직원에게는 성과의 배분이 탄력적으로 이루어져야 경영의 효율성을 기할 수 있다(박영희 외, 2005).

여섯째, 정부는 공기업 경영평가를 통해 무엇보다도 공기업에 대한 적실성 있는 통제를 위한 자료를 확보할 수 있다. 경영평가를 통해 정부는 공기업이 민간기업에서 사용할 자본을 구축(crowd out)하고 있지는 않은지 점검할 수 있다. 공기업의 비효율적인 경영은 전체 국민경제의 자원 배분의 왜곡을 가져올 수 있다. 공기업의 경영평가는 민영화가 어려운 공기업에 대해 방만한 경영을 방지하기 위한 가장 적실성(feasibility)이 높은 통제 수단이라고 할 수 있다.

3) 공기업 경영평가의 유형

그러면, 구체적으로 경영평가 제도에는 어떤 유형들이 있는가?

첫째, 대상 기간을 기준으로 경영평가 제도의 유형을 분류할 수 있다. 즉, 6개월이나 1년을 대상으로 삼는 단기적 경영평가가 있으며, 단기적 평가에 의해 그 성과를 파악할 수 없는 장기경영전략이나, 연구개발 등을 파악하기 위한 장기적 경영평가가 있다. 경영평가 제도는 장기적 관점에서 좀 더 심층적으로 이루어질 필요가 있다. 단기적 경영평가만을 추구하게 되면 공기업 경영에서 근시안적 경영 활동만이 이루어

지게 되어, 전체적으로는 공기업의 지속 가능하고 균형적인 발전을 저해할 소지가 있다.[3)]

둘째, 평가 대상에 따라 '기관평가'와 '경영진 평가'로 구분할 수 있다. 평가 기간 중 얼마만큼 국민경제의 발전이나 경영 목표의 달성에 이바지했는가를 분석하는 공기업 자체에 대한 기관평가와 주어진 경영환경 속에서 경영진의 효율적인 경영 여부를 평가하기 위한 경영진 평가가 있다. 공기업 기관평가와 경영진 평가는 일차적으로 구성원들의 인센티브 적용을 위해서 활용되지만, 기관평가는 공기업 구조조정이나 민영화 자료로 활용되고 있으며, 경영진 평가는 공기업 임원들의 재신임 여부를 묻는 자료로 활용되고 있다.[4)] 경영진 평가는 주어진 경영환경 속에서 경영진의 효율적인 경영 여부를 평가하는 것으로서, 비록 기업 자체가 적자를 내고 있다고 할지라도 경영진의 노력으로 적자폭이 줄어들었다면 경영진에 대해서는 긍정적으로 평가해야 할 것이다(송대희, 1994: 106-107). 또한 공기업 노사관계에서 강경한 노조 활동으로 생산성이 저하되었다면 기관평가에서는 나쁜 결과를 가져오겠지만, 기관장이 노조의 온갖 협박과 회유에도 노사관리의 원칙을 지켰다면, 기관장 평가에서는 좋은 평가를 부여해야 한다. 우리나라는 1999년 개정된 「정부투자기관 관리기본법」에 의해 사장경영평가제를 도입했는데, 사장에 대해 경영성과를 기준으로 재임명의 근거로 활용했다는 점에 매우 유용한 제도적 장치라 할 수 있다.[5)]

셋째, 평가자에 따라 '전문가 평가'와 '고객 평가'로 유형화할 수 있다. 전문가 평가는 공기업 경영평가가 실제로 공기업을 연구하는 대학교수나 공인회계사, 경영진단법인 등의 전문가에 의해 이루어지는 평가를 말한다. 고객 평가는 공기업에 제공하는 재화와 용역에 대해 소비자(국민)들이 얼마나 만족하는가를 평가하는 방법이다. 우리나라의 경우, 1999년 이후 고객 중심의 서비스 경영을 유도하기 위해 정부(기획재정부, 행정안전부 평가) 주관으로 고객만족도 평가를 실시하고 있으며, 그 밖에도 일부

3) 우리나라 지방공기업평가에서 대규모 장치산업으로 이루어진 상수도 및 하수도 평가는 격년제로 시행하고 있다.

4) 프랑스 국영전력공사의 경영평가의 특징은 사업부별 성과측정을 철저하게 하고 있다는 점이다. 프랑스 전력공사는 책임경영제를 위해 정부와의 경영 약정을 기본으로 하여 CEO와 사업본부 간, 사업본부와 예하 사업소 간 계약 방식을 시행하고 있다. 국영 독점기업이면서도 정부와의 경영 약정을 근간으로 하여 사업본부별 특성에 맞춘 책임경영제를 실시하여 내부경쟁을 유도하고 있다. 평가지표는 센터별 경영 목표를 계량화한 것으로 목표 대 실적 평가를 한다(홍영식, 2006).

5) 기관장 평가는 이와 같이 나름대로 기관평가와 다른 의미는 있으나, 평가 절차의 복잡성과 기관평가와의 중복성으로 인하여 지금은 기관평가에서 '리더십'이라는 항목으로 평가하고 있다.

공기업에서는 고객헌장제를 도입하여 고객 불편 사항을 해소하기 위해 노력하고 있다.

제 2 절 | 우리나라 공기업의 경영평가 제도

우리나라 공기업 경영평가 제도는 기획재정부에서 시행하고 있는 '공공기관 경영평가'와 행정안전부에서 관리하고 있는 '지방공기업 경영평가'가 주축을 이루고 있고, 지방자치단체에서 출자출연기관에 대한 평가를 하고 있다.[6)]

2007년 「공공기관의 운영에 관한 법률」이 시행됨에 따라 공공기관에 대해서는 기획재정부에 의해 통합적으로 경영평가가 이루어지고 있다. 1993년 「지방공기업법」이 시행됨에 따라 지방자치단체가 설립한 지방직영기업 · 지방공사 · 지방공단에 대해서는 행정안전부에서 경영평가를 실시하고 있고, 해당 지방자치단체에서 출연한 지방출자출연기관은 「지방출자출연법」에 의해 해당 지방자치단체에서 평가를 시행하고 있다.

다음 절에서부터 우리나라 공기업 경영평가의 주류를 이루고 있는 공공기관 경영평가와 지방공기업 경영평가의 주요한 내용을 차례대로 살펴보기로 한다.

우선, 현행 우리나라에서 시행되고 있는 공공기관과 지방공기업의 경영평가 제도의 기본적인 내용과 특징을 정리하면 [표 5-2]와 같다.

표 5-2 현행 공기업 경영평가 제도

구분	공공기관	지방공기업
근거 법령	「공공기관의 운영에 관한 법률」 제48조 및 「동법 시행령」 제27조, 제28조	「지방공기업법」 제78조 및 제78조의2 「동법 시행령」 제68조
연혁	1984년부터 매년 실시	1993년부터 매년 실시
주관	기획재정부장관(기타 공공기관은 해당 주무부처장관)	행정안전부장관 · 자치단체장
위원회	공공기관운영위원회	지방공기업정책위원회
대상 기관	공기업 · 준정부기관	지방직영기업 · 공사 · 공단 · 출자출연기관

6) 그 외에도 공공기관 중에서 기타 공공기관은 주무부처 장관이, 정부기업으로 운영되고 있는 책임운영기관에 대해서는 행정안전부에서 시행하고 있고, 일부 지방자치단체에서는 지방공기업 CEO에 대해서 기관평가와 별도로 기관장 경영평가를 시행하고 있다.

평가 시기	매년 6월 20일까지 종료	공사·공단은 공인회계사의 회계검사가 완료된 때로부터 통상적으로 4개월 이내 종료(지방직영기업은 다소 탄력적이며 격년제로 시행)
경영평가단	매년 기획재정부와 경영평가단이 협의해 구성	경영평가기관에서 구성(행정안전부 승인)
평가 방법	기관별 절대평가	기관별 절대평가
결과 조치	기관 상여금 차등 임원 해임 건의 평가 결과는 국회와 대통령에게 보고	기관 상여금 차등 인사상 특전, 징계처분 등 경영실적이 부실하거나 경영목표·조직·인력 운영에 문제가 있는 기관은 경영진단 실시

제 3 절 공공기관의 경영평가

우리나라 공기업 경영평가의 근간을 이루고 있는 것은 공공기관 경영평가이다.

공공기관 경영평가의 효시는 1968년에 주무부장관이 경영 목표를 각 투자기관에 시달하고, 각 투자기관은 익년도에 경영실적보고서를 주무부장관에게 제출하여 이 평가 결과를 국무회의에 보고한 때부터 시작되었다.

그러나 이 평가 제도가 지나치게 형식에 치우치자 이를 개선하기 위해 인센티브 제도를 토대로 한 경영평가 제도가 1973년에 도입되었다. 이 역시 공기업의 자율성이 확보되지 못했을 뿐만 아니라 형식적인 상여금 지급 수단으로 인식되어 실효를 거두지 못했다.

비로소 「정부투자기관 관리기본법」에 따라 1984년에 정부투자기관의 자율적인 책임경영제를 도입하고, 이에 기반을 둔 실효성이 있는 인센티브 제도를 시행함으로써 현재의 공공기관 경영평가 제도의 토대가 마련되었다. 이후 「정부산하관리기본법」 등과 같은 법률이 제정되어 평가기관이 확대되었으며, 최근 「공공기관의 운영에 관한 법률」이 제정됨에 따라 오늘날 공공기관 경영평가 제도로 정착하게 되었다.

1 공공기관 경영평가의 의의와 주체

공공기관의 평가는 '기관평가'와 '기관장평가' 및 '상임감사평가' 등이 있는데, 지금은 기획재정부 주관으로 '기관평가'와 '상임감사평가'를 실시하고 있다.

우리나라는 공공기관 경영평가에 관한 사항을 심의·의결하기 위해 '공공기관운영위원회'를 두고, 공공기관의 경영실적을 전문적·기술적인 연구 또는 자문과 더불어 실질적으로 평가를 수행하기 위해 '공공기관경영평가단'을 둘 수 있다.

공공기관 경영평가단은 '① 공기업의 경영 및 기타 관련 분야에 전문지식이 있는 대학의 교수, ② 정부출연연구기관에 소속된 박사학위 소지자 및 이에 준하는 자격이 있다고 인정되는 자, ③ 5년 이상의 실무 경험이 있는 공인회계사·변호사 및 경영자문 업무에 관한 전문가, ④ 공기업의 경영 및 기타 관련 분야에 전문지식과 경험이 풍부하다고 인정되는 자로서 주무부장관이 추천하는 자'로 구성된다(공공기관의 운영에 관한 법률 제48조).

2 공공기관 경영평가의 대상과 절차

우리나라에서 공공기관 '기관평가'는 '공기업'과 '준정부기관'을 대상으로 시행한다. 기타 공공기관에 대해서는 기획재정부의 공기업 및 준정부기관의 평가에 준하여 주무부처별로 시행하고 있음은 이미 설명한 바와 같다.

2023년도 기관평가는 [표 5-3]에서 보는 바와 같이 공기업 유형 32개 기관, 준정부기관 유형 55개 기관으로 총 87개 기관이 그 대상이다(기획재정부, 2022).

경영평가는 매년 1~2월경에 경영평가단을 구성하여 각 피평가기관에서 제출한 경영실적보고서를 중심으로 시행하되, 필요한 경우에는 실사를 통해 평가한다. 최근에는 피평가기관에서 작성한 경영평가보고서뿐만 아니라 감사원의 감사자료와 객관성을 확보할 수 있을 경우에는 언론기관의 보도자료도 경영평가에 활용하고 있다.

평가는 일차적으로 평가기관 및 지표별로 지정된 평가위원의 의견이 많이 반영되지만 평가단 전체의 토론과 합의에 바탕을 두도록 함으로써 평가의 민주성과 객관성을 확보하려고 노력하고 있다.

공기업·준정부기관은 매년 당해 연도의 경영실적보고서 등을 작성하여 다음 연도 3월 20일까지 기획재정부 및 주무부장관에게 제출한다(공공기관의 운영에 관한

표 5-3 공공기관 평가 유형

<table>
<tr><th>구분</th><th colspan="2">유형</th><th>기준</th><th>기관</th></tr>
<tr><td rowspan="3">공기업
(32개)</td><td colspan="2">SOC
(8개)</td><td>사회기반시설(SOC)에 대한 계획과 건설, 관리 등을 주요 업무로 하는 기관</td><td>인천국제공항공사, 한국공항공사, 한국도로공사, 한국수자원공사, 한국철도공사, 한국토지주택공사, 제주국제자유도시개발센터, 주식회사 에스알</td></tr>
<tr><td colspan="2">에너지
(12개)</td><td>에너지의 생산·공급 및 자원개발 등을 주요 업무로 하는 기관</td><td>한국가스공사, 한국석유공사, 한국전력공사, 한국지역난방공사, 대한석탄공사, 한국광해광업공단, 한국남동발전(주), 한국남부발전(주), 한국동서발전(주), 한국서부발전(주), 한국수력원자력(주), 한국중부발전(주)</td></tr>
<tr><td colspan="2">산업진흥·
서비스
(12개)</td><td>특정 분야의 산업진흥 및 대국민 공공 서비스 제공을 주요 업무로 하는 기관</td><td>강원랜드(주), 그랜드코리아레저(주), 주택도시보증공사, (주)한국가스기술공사, 한국마사회, 한국방송광고진흥공사, 한국부동산원, 한국전력기술(주), 한국조폐공사, 한전KDN(주), 한전KPS(주), 해양환경공단</td></tr>
<tr><td rowspan="4">준정부
기관
(55개)</td><td colspan="2">기금
관리형
(11개)</td><td>기금을 관리하거나 기금관리를 위탁받은 기관 중에서 기금관리형 준정부기관으로 지정된 기관(중소형 기관 제외)</td><td>공무원연금공단, 국민연금공단, 국민체육진흥공단, 근로복지공단, 기술보증기금, 신용보증기금, 예금보험공사, 중소벤처기업진흥공단, 한국무역보험공사, 한국자산관리공사, 한국주택금융공사</td></tr>
<tr><td rowspan="3">위탁
집행형
(44개)</td><td>SOC·
안전
(14개)</td><td>위탁집행형 준정부기관으로 지정된 기관 중 SOC 및 안전 관련 업무를 주요 업무로 하며, 직원 정원이 50인 이상인 기관</td><td>국가철도공단, 국토안전관리원, 도로교통공단, 한국가스안전공사, 한국교통안전공단, 한국국토정보공사, 한국농어촌공사, 한국산업안전보건공단, 한국석유관리원, 한국승강기안전공단, 한국원자력환경공단, 한국전기안전공사, 한국전력거래소, 한국해양교통안전공단</td></tr>
<tr><td>산업
진흥
(16개)</td><td>위탁집행형 준정부기관으로 지정된 기관 중 특정 산업진흥을 주요 업무로 하며, 직원 정원이 50인 이상인 기관</td><td>대한무역투자진흥공사, 소상공인시장진흥공단, 우체국금융개발원, 우체국물류지원단, 한국관광공사, 한국농수산식품유통공사, 한국방송통신전파진흥원, 한국산업기술진흥원, 한국산업기술평가관리원, 한국산업단지공단, 한국산업인력공단, 한국에너지공단, 한국연구재단, 한국인터넷진흥원, 한국지능정보사회진흥원, 한국환경산업기술원</td></tr>
<tr><td>국민
복리
증진
(14개)</td><td>위탁집행형 준정부기관으로 지정된 기관 중 국민복리 증진을 위한 대국민 공공 서비스 제공을 주요 업무로 하며, 직원 정원이 50인 이상인 기관</td><td>건강보험심사평가원, 국립공원공단, 국립생태원, 국민건강보험공단, 축산물품질평가원, 한국고용정보원, 한국국제협력단, 한국보훈복지의료공단, 한국사회보장정보원, 한국산림복지진흥원, 한국소비자원, 한국장애인고용공단, 한국장학재단, 한국환경공단</td></tr>
</table>

자료: 기획재정부(2022).

법률 제47조). 기획재정부장관은 공기업 · 준정부기관의 경영실적 평가를 6월 20일까지 종료하고, 그 결과를 국회와 대통령에게 보고한다(동법 제48조). 또한 기획재정부장관은 매년 경영실적보고서와 경영실적 평가 결과를 기초로 하여 공기업 · 준정부기관의 경영 상황 등에 관한 연차보고서를 작성하고, 이를 공표할 수 있다(동법 제49조).

3 공공기관 경영평가의 지표

1) 평가지표의 역할

경영평가지표는 경영평가를 실시할 때 평가 기준의 역할을 하며 공기업 경영의 방향을 제시하는 향도(guide) 역할을 한다.

첫째, 경영평가지표는 실질적으로 기관의 경영성과를 평가하는 기준 역할을 한다. 이것은 경영평가의 명시적인 기능이라고 할 수 있다.

둘째, 경영평가지표가 피평가기관의 운영 방향의 역할을 한다. 이것은 암묵적 기능이라고 할 수 있다. 평가지표는 경영평가의 기준 역할을 할 뿐만 아니라 앞으로 피평가기관이 나아가야 할 경영 방향을 미리 묵시적으로 보여 주는 역할을 한다.

피평가기관의 경영 방향타 역할을 하는 평가지표는 올바른 경영평가의 선결 조건이다(윤성식, 1994: 297).

경영평가지표의 수립 작업은 보통 매년 평가 대상 연도 전년도에 행해지는데, 각 기관별로 제출한 경영 목표를 기획재정부가 경영평가단과 협의하여 결정한다. 과거에 사용되었던 지표 중에서 문제가 있다고 생각되는 지표들을 변경하거나 새로운 지표를 신설함으로써 피평가기관을 좀 더 효율적 방향으로 유도한다.

2) 평가지표의 구성 체계

평가지표는 흔히 기관의 최종 목적을 달성하기 위해 여러 가지 수단이 연계되어 구성된다. 평가지표는 평가 대상 공공기관의 경영실적을 체계적이고 종합적으로 평가할 수 있도록 '경영관리-주요 사업'의 2개 범주로 구성한다.

각 범주별 주요 평가 내용은 다음 [표 5-4]와 같다.

[표 5-4]에서 보는 바와 같이 우리나라 공기업과 준정부기관의 기관평가는 각 기관의 경영관리와 주요 사업의 효율성과 적정성을 체크함으로써, 기관의 최종 목표인 책임경영 달성 여부를 평가하는 체계로 구성되어 있다.

표 5-4 공공기관 평가 범주별 평가내용

평가 범주	주요 평가 내용
경영관리	경영전략, 사회적 책임, 재무성과관리, 조직 및 인적자원관리, 보수 및 복리후생관리
주요 사업	공공기관의 주요 사업별 계획 · 활동 · 성과 및 계량지표의 적정성을 종합적으로 평가

자료: 기획재정부(2022).

(1) 평가지표 구성 및 가중치

평가의 구성은 큰 범위 역할을 하고 있는 '평가 범주'와 작은 범위 역할을 하고 있는 '평가지표', 그리고 구체적인 평가지침인 '평가 항목'으로 구성된다.

또한 평가지표는 피평가기관의 유형이 가지는 특성과 시대적 요청에 따라 중요성을 감안하여 가중치가 부여된다.

[표 5-5]에서 보는 바와 같이 우리나라 공기업 · 준정부기관의 기관 평가 범주는 크게 '경영관리', '주요 사업' 등 두 카테고리로 나누고, 경영관리 범주는 평가 유형별로 4~5개의 평가지표로 구성되어 있으며, 각 평가지표는 구체적인 계량 및 비계량 평가 항목으로 평가된다.

표 5-5 공기업의 지표 및 가중치 기준

범주	평가지표	계	비계량	계량
경영관리 (55)	1. 경영전략	9	8	1
	– 리더십	2	2	
	– 전략기획 및 경영혁신	5	5	
	– 국민소통	2	1	1
	2. 사회적 책임	15	8.5	6.5
	– 일자리 및 균등한 기회	5	3	2
	– 안전 및 재난관리	2	1	1
	– 친환경 · 탄소중립	1.5	1	0.5
	– 상생 · 협력 및 지역발전	4	2	2
	– 윤리경영	2.5	1.5	1
	3. 재무성과관리	20	3	17
	– 재무예산관리	3	3	
	(중장기 재무관리계획)	(1)	(1)	
	– 재무예산성과	11		11
	(재정건전화계획)	(4)		(4)
	(일반관리비 관리)	(3)		(3)
	– 효율성 관리	6		6

	4. 조직 · 인사 · 재무관리 – 조직 및 인적자원관리 일반 – 노사관계	4 2 2	4 2 2	
	5. 보수 및 복리후생 관리 – 보수 및 복리후생 – 총인건비관리	7 4 3	4 4	
	6. 혁신과 소통 – 혁신노력 및 성과 – 국민소통	5 3 2	3 3	2 2
	소계	55	27.5	27.5
주요 사업 (45)	주요 사업 계획 · 활동 · 성과를 종합평가	45	21	24
	소계	45	21	24
합계		100	48.5	51.5
가점	공공기관 혁신계획 실행 노력과 성과 가점	5	5	

자료: 기획재정부(2022).

(2) 계량지표와 비계량지표

평가지표는 크게 '계량지표'와 '비계량지표'로 나뉜다.

계량지표는 '총인건비 인상률'과 같은 비정성적인 항목으로 구성되어 있으며, 비계량지표는 '경영전략 및 리더십', '사회적 가치 구현'과 같은 정성적인 항목으로 구성되어 있다. 1984년에 시행된 1983년도 정부투자기관 경영실적 평가에서는 계량지표의 비중이 70%로 매우 높았으나, 최근에는 [표 5-5]에서 보는 바와 같이 공기업 그룹의 경우, 계량지표의 비중이 51.5% 정도에 머물고 있다. 평가의 객관성을 위해서는 비계량지표보다는 계량지표의 비중을 높이는 것이 바람직하지만, 공공기관의 성격상 계량지표로 평가하기 어려운 공익 요소들이 많이 있어 필요에 따라 해마다 계량지표와 비계량지표의 비중 조정이 이루어진다.

(3) 평가의 방법

계량지표는 개별지표의 특성에 따라 기관별 편람에서 별도로 정한 경우를 제외하고는 '목표 대 실적 평가', '목표부여 평가', '추세치 평가', 'β 분포 평가'를 적용하는 것을 원칙으로 한다. 다만, 설립된 지 3년 미만이거나 평가 연도에 자료의 불연속이 발생하는 등 불가피한 경우에는 다른 평가 방법을 적용하기도 한다. 계량지표가 신설되는 경우 특별한 사유가 없는 한 향후 3년 간 해당 지표를 유지하는 것을 원칙으로 한다.

목표 대 실적평가는 목표가 수치로 설정되고, 실제로 공공기관이 달성한 실적치를 그 목표와 비교하여 목표달성도에 따라 평점이 계산되는 방법이다. 목표달성도가 높을수록 높은 점수를 받으며, 목표달성도가 낮을수록 낮은 점수를 받는다. 목표에는 상향 목표와 하향 목표가 있다. 노동생산성과 같이 높으면 높을수록 좋은 상향 목표가 있는가 하면, 정전율과 같이 낮으면 낮을수록 좋은 하향 목표가 있다. 목표 대 실적 방법은 평가 대상 실적치가 5년 미만인 경우에 주로 적용된다.

$$\text{목표달성도} = \frac{\text{실적}}{\text{목표}},\ \text{상향 목표} = 20 + 80 \times Y,\ \text{하향 목표} = 20 + 80 \times 1/Y$$

Y = 평가년도의 목표달성도

목표부여 평가는 최고 목표와 최저 목표를 설정하여 득점 구간(예: 80~90%, 90~100%, 100~110%, 110~120%)을 설정함으로써, 도전적인 목표 달성 노력을 유도하고 추세치 지표와의 형평성을 제고하기 위해 실시한다. 즉, 당해 연도 실적과 최저 목표와의 차이를 최고 목표와 최저 목표의 차이로 나누어 측정한다. 평가 대상 실적치가 5년 이상 축적되고 신뢰할 만한 경우에는 최고·최저 목표는 5년 간 표준편차를 활용하여 설정하고, 평가 대상 실적치가 5년 미만인 경우 또는 10년 이하 실적치가 있으나 신뢰하기 곤란한 경우에는 최저 목표와 최고 목표는 기준치에 일정 비율을 감안하여 설정한다.

$$20\text{점} + 80\text{점} \times \frac{\text{실적} - \text{최저 목표}}{\text{최고 목표} - \text{최저 목표}}$$

추세치 평가는 과거 수개년의 실적에 기초하여 기대되는 표준치를 계산한 다음 표준치를 얼마만큼 달성했는가에 따라서 점수를 계산한다. 과거에 매년 높은 성장을 한 지표의 경우, 계속하여 높은 성장을 할 것으로 기대하는 만큼 높은 더 많은 성장을 하지 않으면 나쁜 점수를 받게 된다. 과거에 매년 낮은 성장을 한 지표는 계속하여 어려움이 있기 때문에 낮은 성장을 할 것으로 기대되므로, 그다지 높은 성장이 이루어지지 않더라도 좋은 점수를 받는다. 그러므로 이 방법에 의하면, 어느 연도에 실적이 갑자기 매우 좋으면 그 좋은 실적은 추후 연도에 부담으로 작용하게 된다. 반대로, 어느 연도에 실적이 매우 나쁘면 그 나쁜 연도의 실적으로 인해 다음 연도에 유리한 평가를 받을 수 있다. 따라서 어떤 공공기관의 특정 연도의 실적이 지극히 나쁠 경우에는 다음 연도부터 평가 혜택을 볼 수 있도록 별다른 성과 향상을 위한 노력을 하지 않는 부작용이 발생할 수도 있다. 이러한 현상을 '큰 욕조(big bath) 효과'라고 한다(주인기, 1995: 125). 추세치 평가는 평가 대상 실적치가 10년 이상 축적되고 신뢰할 수 있는 경우에 적용된다.

20점 + 80점 × 추세치 방법으로 계산한 득점(백분율)

β **분포 평가**는 추세치 평가의 한 방법인 데 최상 · 최하 · 직전 연도 실적치를 감안하여 기준치와 표준편차를 구하고, 실적치가 기준치로부터 어떤 확률 범위 내에 있는지를 평가한다. 기준치를 계산하고 기준치의 달성 정도를 계산하는 방법에서 추세치 평가와는 차이가 난다. β 분포 평가는 평가 대상 실적치가 5~10년 이하로 축적되고 자료를 신뢰할 만한 경우에 적용된다. 기준치를 Y로 표시하면 이를 계산하는 공식은 다음과 같다.

$$Y = \frac{Y_a + 4Y_m + Y_b}{6}$$

(Y_a: 과거 실적치 중 최하위 실적치, Y_b: 과거 실적치 중 최상위 실적치,
Y_m: 평가 직전 연도 실적치)

비계량지표 평가는 [표 5-6]에서 보는 바와 같이 C등급(보통)을 기준으로 5개 등급(A~E)으로 구분하고, 각각의 기본 등급보다 우수한 성과를 낸 경우 +점수를 부여하여 9등급(A^{+}~E^{0})으로 평가한다. 비계량지표에 대해서는 각 지표별 세부평가 내용 전체를 대상으로 전반적인 운영 실적과 전년 대비 개선도를 고려해 등급을 부여한다.

표 5-6	비계량지표의 등급과 평점
등급	**평점**
A^+	100
A^0	90
B^+	80
B^0	70
C	60
D^+	50
D^0	40
E^+	30
E^0	20

자료: 기획재정부(2022).

(4) 글로벌 경쟁력 평가지표의 도입

대부분의 공공기관은 해당 분야에 독점적으로 공공 서비스를 공급하고 있기 때문에, 국내에서 비교 가능한 기관을 찾기가 어려운 점이 있다. 따라서 2010년 이후에 기획재정부에서는 '공공기관 경영평가 제도'를 개편하여 국제적 비교가 가능한 기관에 대해서는 글로벌 경쟁력 평가지표를 확대해 운영하고 있다. 글로벌 실적 비교 평가지표는 공공기관 경영실적을 자신의 전년도 실적이 아닌 글로벌 우수기업의 실적과 직접 비교 평가하는 지표이다.[7] 그 취지는 충분히 바람직한 것으로 판단되나 기관별 사업의 국제적 비교 가능성, 해외자료 적시성 및 신뢰 가능성, 해외 비교 대상기관의 규모 적정성 등을 면밀히 고려해야 할 것이다.

4 공공기관 경영평가 결과와 활용

각 지표별 평가점수는 지표별 평점에 지표별 가중치를 곱해 산출하고, 비계량지표와 계량지표 평가점수를 합산하여 기관의 종합 평가 결과를 산출한다. 기관의 종합 평가 결과는 6등급[탁월(S)·우수(A)·양호(B)·보통(C)·미흡(D)·아주 미흡(E)]으로 구분하며, 등급 구간은 기관 경영실적 평가 평균점수 및 표준편차 등을 활용해 평가 결과 확정 시에 공공기관운영위원회의 심의·의결로 결정한다.

경영평가 결과는 피평가기관 직원의 성과급 지급의 기준이 된다. 공기업·준정부

7) 인천국제공항공사는 업무효율 평가에서 Global Top 5 공항(히드로, 샤를드골, 프랑크푸르트, 스키폴, 책랍콕)의 자산수익률과 비교·평가한다(기획재정부, 2011i).

기관 경영평가 성과급은 경영평가 결과에 따라 지급하되, 「공기업 · 준정부기관 예산지침」에 따라 편성된 예산 범위 내에서 지급한다(기획재정부, 2022).

기획재정부장관은 경영실적 평가 결과, 경영실적이 부진한 공기업 · 준정부기관에 대해 공공기관운영위원회의 심의 · 의결을 거쳐 임명권자에게 그 해임을 건의할 수 있다(공공기관의 운영에 관한 법률 제48조 제8항). 경영실적 평가 결과 우수한 기관에 대해서는 기획재정부장관 표창을 시행할 수 있고, 부진 기관에 대해서는 경영개선계획을 제출받아 그 이행 상황을 점검할 수 있다(기획재정부, 2022).

5 공공기관 기관장 및 감사 평가

우리나라 공공기관에 대해서는 '기관평가'와는 별도로 '기관장 경영실적 평가'를 실시하였으나 지금은 기관평가 중 '리더십'에서 평가하고 있다.

1) 기관장 계약경영 제도와 기관장 평가

기관장 평가는 기관장 계약경영 제도를 정착하기 위한 방안으로 시행되었다. 기관장 계약경영 제도란 공공기관의 책임경영을 확보하기 위해 기관장과 주무부처 장관이 임기 중 경영계약을 체결하는 것을 말한다. 경영계약의 내용은 '3년 단위의 경영목표'와 '1년 단위의 경영계획서'가 주된 내용을 이루었다(공공기관의 운영에 관한 법률 제46조). '기관장 경영계약서 이행실적 평가'는 기관 경영평가와는 달리 경영계획서를 중심으로 공공기관 기관장의 종합적인 경영관리 능력, 경영 목표의 달성 수준, 경영개선 실적을 종합적으로 점검함으로써, 기관장의 차별적인 역할과 노력을 평가하기 때문에 '기관장 평가'라고 하였다.

2) 상임감사 · 감사위원 평가

공공기관의 상임감사 · 감사위원 평가는 기관장에 비해서 정치권에서 추천된 인사가 많은 만큼 공공기관의 감사들이 공공기관의 감사 시스템을 확립하고, 사회적 책무 위반을 방지하는 등 국민이 체감할 수 있는 감사의 성과 창출 여부를 집중적으로 평가하고자 시행되었다. 2019년부터 임기 중 1회 하던 평가를 매년 시행하고, 평가등급을 3등급에서 6등급으로 세분화하였으며, 감사 평가 결과를 상임감사 · 감사부서 직원 성과급과 연계하였다.

표 5-7 평가 범주 및 주요 평가 내용

평가 범주	주요 평가 내용
감사역량	감사의 전문성 확보, 감사의 윤리성 및 독립성 확보
직무수행성과	내부통제 기능 강화, 감사원 자체 감사 활동 심사결과 반영, 국민권익위원회 청렴체감도 및 부패실태 평가 결과 반영

자료: 기획재정부(2022).

감사 평가지표는 [표 5-7]에서 보는 바와 같이 평가 대상 감사의 경영실적을 체계적이고 종합적으로 평가할 수 있도록 '감사역량－직무수행성과'의 2개 범주로 구성한다.

제 4 절 지방공기업의 경영평가

1 지방공기업 경영평가의 의의

일반적으로 경영평가란 달성하여야 할 목표나 나아가야 할 방향을 사전에 지표로 설정하고, 사후에 결과를 확인하는 사후적 통제의 의미를 지니고 있다. 이런 의미에서 지방공기업의 평가도 공공성과 기업성의 조화에 초점을 두고 평가를 한다. 다만, 지방공기업은 일반 공공기관과는 달리 지역 발전에 기여해야 한다는 특성 때문에, 공익성과 기업성, 그리고 지역성을 함께 고려해야 한다는 특징을 가지고 있다(김두오, 2000: 106).

지방공기업 경영평가는 지방공기업의 설립 목적과 지역적 상황에 맞는 서비스를 지역주민인 고객들에 제공할 수 있도록 경영 결과를 확인 과정이라고 정의할 수 있다. 지방공기업 평가는 기관평가의 한 유형으로 지방공기업의 성과도 중요하지만, 기관의 서비스에 대한 주민 만족도가 특히 강조되는 특징을 가지고 있다.

2 지방공기업 경영평가의 개관

우리나라에서 지방공기업에 대한 경영평가는 1991년 지방공영개발사업을 대상으로 처음 실시하였다. 1992년 지방상수도사업, 1993년 지방공사·공단, 1994년 하수도 사업에 대한 경영평가를 실시한 이래, 이들 개별사업 분야에 대한 경영평가를 실시하고 있다.

1992년 12월 개정된 「지방공기업법」은 경영평가에 관한 규정을 신설하여 지방공기업 경영평가를 법제화했으며, 1995년 3월 행정자치부 훈령인 「지방공기업 경영평가규정」이 제정되어 지방공기업의 경영평가를 실시하는 데 필요한 세부 사항이 구체화되었다. 한편, 「지방공기업법」의 6차 개정(2002.2.25) 및 「동법 시행령」의 개정으로 경영평가 제도가 대폭 강화되었다. 이는 지방공사·공단의 자율경영권의 대폭 확대에 대한 사후적 통제장치를 확보하기 위한 것이다(김두옥, 2000).

3 지방공기업 경영평가의 기준과 유형

지방공기업 경영평가는 지방직영기업인 상·하수도, 지방공사인 도시철도·도시개발·특정 공사, 그리고 지방공단인 시설관리·환경시설관리·기타 공단으로 구분하여 시행하고 있다. 평가 체계는 2023년의 경우, 행정안전부는 광역자치단체 지방공기업을 평가하고, 시·도는 행정안전부에서 하지 않는 기초자치단체 지방공기업을 평가하였다.

4 지방공기업 경영평가의 지표 체계

경영평가지표는 평가 대상 지방공기업의 성과를 쉽게 파악할 수 있도록 「경영관리」 및 「경영성과」 2개의 대분류 지표로 구성한다. 경영관리는 리더십, 경영시스템, 일자리 확대, 사회적 책임으로 구분하며, 경영성과는 주요 사업 성과, 경영효율 성과, 고객 만족 성과로 구성되어 있다.

정성지표와 정량지표의 비중은 도시철도군 및 도시개발군 등 평가 그룹별로 차이는 있으나, 거의 50 : 50으로 이루어져 있다.

5 지방공기업 경영평가 방법

지방공기업 경영평가도 공공기관 경영평가 방법과 유사한 방법으로 진행된다.

계량지표에 대한 평가는 공공기관 경영평가에서와 같이 과거 실적, 추세 등을 고려하여 기준 목표에 따른 달성도를 평가하는 것으로, 원칙적으로 ① 목표 대 실적, ② 목표부여(A), ③ 목표부여(B), ④ 목표부여(편차), ⑤ 단계별 평가 방법 중 지표 성격에 가장 부합된다고 판단되는 하나의 방법을 선택하여 평가한다.

지방공기업의 **목표 대 실적** 평가 방법과 **목표부여(A)** 평가 방법은 공공기관 평가에서 설명한 바와 같다.

목표부여(B) 방법에서는 가중치의 60%는 목표달성도를 평가하고, 가중치의 40%는 전년 대비 개선도를 평가한다. 전년 대비 개선도는 전년도 실적에 일정 비율을 곱한 값을 목표로 부여한 후 목표부여(A)의 방법으로 평가한다.

$$\text{평점} = \text{목표달성도 평점} \times 0.6 + \text{전년 대비 개선도 평점} \times 0.4$$

$$\text{목표달성도 평점} = \frac{\text{실적} - \text{최저 목표}}{\text{최고 목표} - \text{최저 목표}} \times 100\text{점}$$

$$\text{전년 대비 개선도 평점} = \frac{\text{실적} - \text{전년도 실적} \times 50\%}{\text{전년도 실적} \times 110\% - \text{전년도 실적} \times 50\%} \times 100\text{점}$$

목표부여(편차) 방법은 최고·최저 목표를 기준치에 일정 배수의 표준편차를 가감하여 산출하고 이를 바탕으로 목표부여(A) 방식에 따라 산정한다.

	상향지표	하향지표
최고 목표	기준치 + 1 × 표준편차(과거 5년)	기준치 − 1 × 표준편차(과거 5년)
최저 목표	기준치 − 2 × 표준편차(과거 5년)	기준치 + 2 × 표준편차(과거 5년)

단계별 평가는 평가 내용을 수치화·객관화함으로써 계량지표와 같이 평가점수를 명확히 산정할 수 있을 경우 지표별 발생 가능한 실적에 따라 단계를 구분하여 각 단계별로 평가점수를 부여하는 것을 말한다.

비계량지표는 공공기관 평가와 같이 5단계(우수, 양호, 보통, 미흡, 매우 미흡) 절대평가의 방법으로 평가한다.

6 지방공기업 경영평가 결과와 활용

지방공기업 경영평가에서는 경영평가 유형별 경영 수준에 따라 5단계 평가등급인 가(90점 이상), 나(85점 이상), 다(80점 이상), 라(75점 이상), 마(75점 미만)를 부여한다. 경영평가 유형별 등급 결정은 '지방공기업 정책위원회' 심의 결과를 반영하여 행정안전부장관이 결정한다. 행정안전부장관은 원칙적으로 절대점수를 기준으로 하되, 경영평가 유형별 상대적 격차 및 등급별 분포 등을 고려하여 상위 등급 비율을 과다하게 초과할 경우 '지방공기업 정책위원회' 심의를 받아 등급을 조정할 수 있다.

지방공기업 경영평가 결과는 평가급 지급의 기준으로 활용된다. 또한 경영평가 결과 특별한 대책이 필요한 것으로 인정되는 지방공기업에 대해서는 행정안전부장관이 경영진단을 실시할 수 있다. 경영진단 결과 임・직원 해임, 사업규모 축소・조직 개편 등의 경영개선 명령을 조치할 수 있다(행정안전부, 2022).

7 경영평가가 지방공기업에 미친 영향

1) 지방공기업 자율경영에 기여

지방공기업에 대한 평가는 설립 단체인 자치단체와 주무부처인 행정안전부 중심의 사전적 통제에서 사후적인 통제로 전환하는 과정에서 자율경영 및 책임경영을 확보하기 위한 제도적 장치이다.

지방공기업의 경영환경은 경영성과에 의해서라기보다는 지방 정치권의 논리에 따라 이루어지기 쉽기 때문에, 지방공기업 경영평가 제도가 정착하는 데에는 한계가 있다고 주장하는 사람들이 있다. 그러나 지방공기업에서도 자율경영 내지 책임경영의 중요성이 지속 가능 경영의 핵심 요소로 인식되어 가고 있는데, 이러한 진전에는 경영평가 제도가 일정한 역할을 하고 있다고 평가할 수 있다. 설립 단체인 자치단체와 주무부처인 행정안전부의 입장에서는 경영평가 제도가 있다는 것 자체만으로도 경영평가와 연계된 지방공기업 자율경영에 초점을 두고 정책 입안에 관심을 가질 수밖에 없다. 지방공기업의 입장에서도 경영평가에서 책임경영 확보를 위한 노력을 중요한 평가변수로 인식하기 때문에, 자율적 책임경영 기조를 유지하기 위해 이에 자체 역량을 집중하게 한다.

2) 지방공기업 임원인사 개선에 기여

경영평가를 통하여 우수한 성적을 거둔 기관에는 높은 상여금을 제공하고, 부진한 기관에 대해서는 경영진단을 거쳐 임직원을 해임을 할 수 있다. 지방공기업의 최고 경영자의 임용 또는 연임이 경영평가 결과에 따라 이루어진다면, 경영성과의 향상에 많은 기여를 할 것으로 기대된다(김두옥, 2000: 110).

3) 지방공기업 경영혁신에 기여

주민들의 일상적인 요구를 기계적으로 대응하는 지방공기업의 입장에서는 경영혁신에 관심이 소홀해지기 쉽다. 경영평가란 단순히 평가 연도의 경영성과만을 평가하는 데 그치는 것이 아니라, 장기적인 관점에서 경영혁신을 유도하는 장치로서 활용되어야 한다. 경영평기 이후 경영혁신에 대한 경영평가 의견에 대해 관련 자치단체나 해당 기관에서 적극적으로 수용하도록 해야 한다. 경영평가에서 전년도에 지적된 혁신 개선 사항에 대해서 반드시 확인하는 절차를 거치도록 하는 이유도 여기에 있다.

제 5 절 | 고객만족도 조사

1 고객만족도 조사의 의의

고객만족도 조사는 공공 서비스의 품질과 국민의 불만 요인을 객관적으로 파악하여 기관 운영의 개선에 반영하기 위한 것이다. 그리고 공기업이 제공하는 서비스에 대한 만족 정도를 측정하여 공기업 간에 경쟁적 환경을 조성함으로써, 공기업의 고객만족 경영 마인드를 확산하려는 데 그 목적이 있다. 고객만족도 조사의 결과는 경영평가지표 및 서비스 개선을 위한 기초자료로 활용되고, 우수기관에 대해서는 인센티브가 제공된다(박영희 외, 2005: 260-262).

2 공공기관의 고객만족도 조사

정부는 고객만족도 평가를 공공기관 경영실적 평가에 반영하고, 각 기관의 고객

그림 5-1 효율성과 효과성의 성과분석

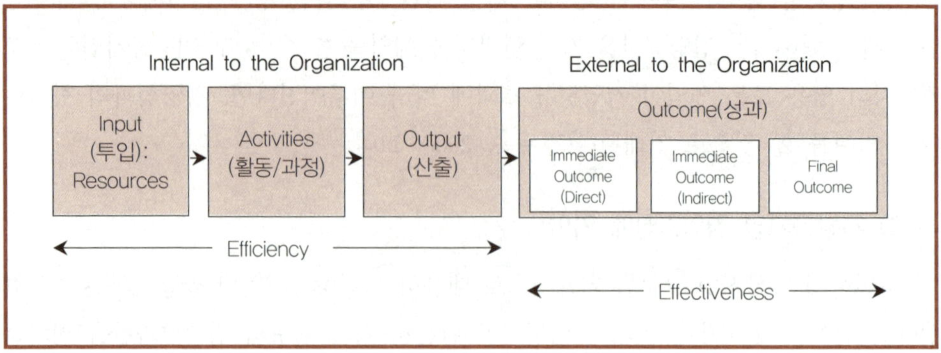

자료: 이승우(2008: 28).

만족 경영을 위한 컨설팅 자료로 활용하도록 하는 한편, 우수 사례(best practice)를 발굴하여 다른 공공기관에 확산시켜 나가고자 한다. 지방공기업에서도 유사한 방법으로 고객만족도 평가를 하고 있다. 여기서는 대표적으로 공공기관 고객만족도 조사를 중심으로 살펴보기로 한다.

일반적으로 공공기관의 경영성과는 [그림 5-1]에서 보는 바와 같이 조직 내적인 효율성 평가 및 조직 외적인 효과성에 대한 분석[8]을 통해 평가된다.

국민들의 공공기관에 대한 고객만족도를 높이기 위한 수단으로 「공공기관의 운영에 관한 법률」에서는 국민에게 직접 서비스를 제공하는 공공기관에 대해 '고객헌장 제정'과 '연 1회 이상 고객만족도 조사'를 의무화하고 있다. 이 경우, "기획재정부장관은 공공기관으로 하여금 고객만족도 조사를 통합하여 실시하게 하고, 그 결과를 종합하여 공표할 수 있다"고 규정하고 있다(동법 제13조).

공공기관의 서비스 수준을 향상시키고 고객만족 경영을 확립하기 위해 우리나라에서는 1999년부터 공공기관 고객만족도 조사 모델로 국가고객만족지수(NCSI)[9]를 사

8) 투입(input) 지표로는 사업추진에 투입된 예산 · 인력 기타 자원 등을 나타낸다. 산출(output) 지표는 사업주체가 생산한 재화와 서비스 등 산출물을 측정하는 도구로 활용되며, process는 사업 진행 과정에서 나타나는 산출물의 양을 나타내는 척도로 공정률과 진척도 등 사업 달성 정도를 표시한다(이승우, 2008: 29).

9) 국가고객만족지수(National Customer Satisfaction Index: NCSI)는 미국 미시간대학교에서 개발한 고객만족도 평가지수로서, 제품이나 서비스를 이용해 본 고객이 직접 평가한 만족 수준의 정도를 측정하여 계량화한 지표이다(박영희 외, 2005: 261).

용했으나, 2004년 준정부기관 고객만족도 조사를 위해 당시 기획예산처가 자체적으로 '공공기관 고객만족도 조사(PCSI)' 모델을 개발하게 되었고, 2007년부터 모든 공공기관에 이 모델을 활용하고 있다. 이 모델은 고객만족도 영향요인 분석(선행요인 분석), 고객만족도 분석(만족모형), 고객만족 성과분석(성과모형)의 3단계 인과관계를 갖도록 설계되었다(기획재정부, 2011f).

2012년부터는 '국민체감도(국민평가)'[10] 조사를 실시하여 경영평가에 반영하고 있다(기획재정부, 2015). 고객만족도 조사가 공공기관에서 생산하는 공공 서비스의 직접적인 이용자를 대상으로 평가하는 것이라면, 국민체감도 조사는 해당 공공기관에서 생산하는 서비스를 직접 이용하지 않더라도 일반 국민으로서 해당 공공기관에 대해서 가지는 호감도와 이미지를 조사하는 것이다. [그림 5-2]에서 보는 바와 같이 공공기관의 궁극적인 평가는 고객, 즉 국민들이 피부로 느끼는 기관에 대한 만족도 또는 기관 이미지에 대한 국민 평판으로 결정된다. 공공기관에 대한 종합적이고 최종적인 의미의 평가라는 점에서 '국민체감도' 조사의 의의를 찾을 수 있다.

제 6 절 | 공기업 경영평가의 문제점과 개선 방안

1 공정한 공통 평가지표 개발 문제

공기업을 비롯한 준정부기관은 제2장에서 언급한 바와 같이 행정기관의 업무를 전문적으로 집행하기 위해 창설된 기관이다. 즉, 공기업은 단일목적의 업무를 효율적으로 수행하기 위해 행정기관에서 설립한 조직이다. 따라서 기관마다 수행하는 임무가 다를 수밖에 없다. 이런 점이 여러 공기업을 동시에 동일한 잣대로 평가하는 것을 어렵게 만들고 있다. 아무리 훌륭한 평가 기준이라고 하더라도 상이한 임무를 수행하는 공기업을 동일 잣대로 평가한다는 것은 불가능할지 모른다.[11]

공기업 경영평가는 궁극적으로 피평가기관들이 수용해야 한다. 피평가기관의 불

10) '국민체감도' 평가는 '국민평가' 등 다른 명칭으로 사용되기도 한다.

11) 2023년부터 시행되는 공공기관 평가에서는 SOC, 에너지 등 유사 업무를 수행하는 공공기관들을 동일 그룹으로 묶어 평가하고자 평가 군(群)을 개선하였다.

만을 최소화하고, 이들의 수용성(acceptance)을 높이는 길은 유사한 업무를 수행하는 피평가기관끼리 모여서 스스로 평가 기준을 수립하여 제시하도록 유도하는 방법이 최선이다. 즉, 정부에서는 평가 방향만 제시하고, 워크숍 등을 통해서 피평가기관 스스로가 서로 간의 의견 조정을 통해 평가 기준을 제시하도록 하는 것이 바람직하다.

유사한 업무를 수행하는 공기업에 대해서는 동일한 경영평가 개선팀을 경영평가 수개월 전에 미리 구성하여 상호 의견을 교환함으로써, 경영평가의 객관성 및 신뢰성을 확보하여 피평가기관의 수용성을 높이도록 해야 한다.

매년 비슷한 평가지표와 동일한 평가 방법으로 경영 전반에 대한 평가를 실시하기보다는 유사한 업무를 수행하는 공기업 그룹별로 그들 스스로 경영상의 문제점을 찾고, 이를 개선할 수 있도록 수시로 현실성 있는 평가지표를 개발해야 한다.

2 평가 결과 순위 고착화 문제

공기업의 경영평가 결과를 보면 공기업·준정부기관 및 지방공기업 등 모든 부문에서 순위가 고착화되는 현상이 나타나고 있다(김종희, 2006). 매년 우수한 성적을 거둔 기관과 부진한 성적을 얻는 기관이 항상 일정하게 정해져 있다는 것이다.

이는 개별 공기업의 역사와 환경 및 규모에 따라서 나타나는 불가피한 현상이다. 그러나 이러한 순위의 고착화 현상이 일반화된다면 경영평가를 통한 공기업의 경영개선에 대한 자극은 약해질 수밖에 없다. 아무리 노력해도 우리 기관은 안 된다는 자포자기 현상이 발생할 수 있기 때문이다. 대체로 하위권에 있는 공기업이 사양산업 공기업인 경우에는 문제가 더욱 심각해질 수 있다(김병섭, 2001).

그렇다고 개별 공기업의 경영 여건을 고려하여 기준을 다르게 평가하는 것도 경영평가의 객관성 확보에 어려움을 주게 된다.

이러한 문제점을 해결하기 위해 순위를 대폭 단순화(일률적인 순위에서 3등급: 우수, 보통, 부진으로 폭을 줄이는 방향으로 변경)하거나, 지표별(경영관리·경영성과·고객만족 등)로 순위를 정하는 방법 등이 제안되기도 한다(박영회 외, 2005; 김종희, 2006).

3 추세치 평가의 기술적 문제

공기업 계량지표 평가에서 주로 사용하는 추세치 평가는 그 속성상 적지 않은 문제점을 내포하고 있다. 추세치 평가는 과거 수개년의 실적에 기초하여 기대되는 표준치를 계산한 다음 표준치를 얼마만큼 달성했는가에 따라서 점수를 계산한다.

이런 경우에 기관은 특정 연도의 성적이 지나치게 좋을 경우 다음 연도에 부담을 주지 않기 위해 실적을 고의로 줄이는 시도를 하게 되고, 반대로 특정 연도의 실적이 지극히 나쁠 경우 다음 연도부터 평가 혜택을 볼 수 있도록 실적을 일부러 더 줄이는 소위 '큰 욕조(big bath) 현상'을 보이게 된다. 이러한 현상은 공기업의 경영실적이 내부의 경영 개선 노력에 의해서 이루어지기보다는 외부 환경에 의해 좌우되는 경우에 일어난다. 이러한 문제를 해결하기 위해서는 외부 환경에 영향을 받는 평가지표를 가능한 한 줄일 필요가 있다. 추세치에 의한 계량평가를 객관적이라는 이유로 너무 맹신하기보다는 이를 보완할 수 있는 적절한 정성적 평가지표를 개발하여 병행 · 활용하여야 한다. 그리고 추세치 비교에서도 전년도 실적 대비 당해 연도 개선율에 너무 집착하지 말고, 직전 수개년 평균 대비 당해 연도 개선율 등을 활용함으로써, 평가에서 나타나는 기술적인 부작용을 해결할 필요가 있다.

4 평가자의 권위성 문제

경영평가에서 피평가기관의 수용성을 높이는 지름길은 평가자의 권위(authority)를 높이는 것이다. 평가자의 권위성을 높이는 핵심은 평가자의 전문성을 높이는 것이다. 피평가기관의 공기업 평가에 대한 가장 큰 불만 중 하나가 해당 공기업을 잘 모르는 사람이 공기업을 평가한다는 점이다. 공기업 경영평가는 공기업에 대해 전문성을 가지고 있는 사람들로 구성되어야 함을 아무리 강조해도 지나치지 않은 이유가 여기에 있다.

공기업 경영평가를 원하는 사람은 공기업 평가와 관련한 연구 및 활동 실적을 제출하고, 이들 중에서 별도의 '선정위원회'를 구성하여 공개적으로 공정하게 평가위원을 선발하도록 하는 방법을 강구할 필요가 있다. 또한 평가 후 평가자에 대한 피평가기관을 중심으로 한 메타평가도 반드시 이루어져야 한다.

이러한 일련의 절차를 거치는 것은 일차적으로 전문성 있는 평가위원을 확보하기 위한 노력이기도 하지만, 이를 지켜보는 피평가기관의 입장에서는 평가 절차의 공정성을 확인하는 계기도 될 것이다.

5 경영평가 결과의 활용성 문제

피평가기관에서는 경영평가를 경영 자문 성격보다는 또 다른 하나의 감사라는 인식을 가지고 있다는 것이다. 또 다른 지적이라는 네거티브적인 인식에서 경영혁신 및 경영개선이라는 포지티브 성격의 경영평가로 전환할 필요가 있다. 경영평가는 단순히 공기업의 순위를 매기는 데 그치기보다는 공기업의 경영혁신을 유도할 수 있는 촉매로서의 역할이 있어야 한다. 경영평가를 단순히 법규에 따른 의무적인 제도로 인식하는 데 그칠 것이 아니라, 정부의 공기업 관리 정책결정자나 공기업 경영진들의 의사결정 자료로 활용될 수 있어야 한다. 나아가 우수 공공기관의 모범 사례나 특수 시책에 대해서는 모든 공공기관에 확산할 수 있는 교류의 장이 마련되어야 한다. 이러한 맥락에서 현재와 같이 각 평가 대상별로 순위만을 제시할 것이 아니라 각 부문별로 우수기관을 선정해야 한다는 앞의 제2항에서 설명한 제안을 심도 있게 검토해 볼 필요가 있다.

6 평가 목표의 단기성 문제

경영평가는 주어진 목표에 대해서 사후적으로 그 달성도를 평가하기 때문에, 장기인 경영 현안 해결에 소극적이기 쉬운 약점을 지니고 있다. 매년 시행하는 경영평가가 당해 연도의 경영실적을 단기적으로 평가하는 속성으로 인하여 이러한 문제점을 더욱 심화하고 있다. 단순한 당기매출액이나 당기순이익 위주의 평가에서 부채 등을 고려한 안정성과 성장성, 그리고 경영혁신을 함께 고려하는 장기적인 평가가 필요하다. 투자 회임기간이 긴 장치산업을 중심으로 구성되어 있는 공기업의 경영성과를 평가하는 데 있어서 반드시 공기업의 장기 비전과 환경을 연계하여 실시되어야 한다.

최근 공공기관 리더십 평가에 도입되고 있는 자율경영계획서 평가가 지나치게 평가년도의 실적 향상에 치중한 나머지 기관의 미래 자원을 기관장 임기 내에 집중적으로 소진하고 있다는 비판이 있는 점을 유념할 필요가 있다.

7 보고 양식의 단순화 문제

사소한 문제로 치부될지 모르겠으나 우리나라 공기업 경영평가에서 반드시 시정되어야 할 것이 보고서의 형식적인 문제이다.

현행 우리나라 공기업 경영평가에서는 통일된 양식에 의한 서면 보고를 우선으로 하고, 현장 실사를 보조적으로 활용하고 있다. 서면 보고를 위해 공기업 경영평가 주관 부서에서 통일된 양식을 제공하고 있지만, 분량이 지나치게 많아 평가자에게 피로감을 주고 피평가기관의 행정 낭비도 심각하다. 보고서 양식뿐만 아니라 분량도 엄격하게 준수하도록 하고, 이를 어길 때에는 반드시 감점하는 제도를 도입해야 한다. 외형상 보고서를 지나치게 화려하게 포장하는 것도 근절되어야 한다.

8 장기적으로 고려해 볼 문제

지금까지 피평가기관에서는 정부의 평가에 대해서 비록 불공정한 점이 있다고 하더라도 소유권을 가진 정부의 권위를 인정하여 소극적으로 대응하였지만, 앞으로는 법적인 대응을 강구하는 등 상당히 적극적으로 불만을 표출할 가능성이 있다. 이제는 단순히 평가단 교체나 평가지표 개선과 같은 미시적 수준이 아니라 거시적인 평가 방안에 대한 검토가 필요한 때이다.

공기업과 같은 모든 공공부문은 '일을 얼마나 잘 하느냐(경영효율성)'도 중요하지만 무엇보다는 '해야 할 일'과 '하지 않아야 할 일'을 잘 구분해서 '할 일은 반드시 하고', '하지 않아야 할 일은 하지 않는 것'이 더 중요하다. 지금까지 공기업의 평가가 공기업의 경영효율성 위주로 평가해 온 점을 감안하면, 공기업 평가에 있어서 획기적인 패러다임(paradigm)의 전환이 필요하다. 앞으로 공기업 경영평가에서는 '공공기관이 해야 할 일', 또는 '민간이 해야 할 일'과 '민간이 더 잘할 수 있는 일'을 하고 있는 것은 아닌지를 먼저 검토함으로써, 시대 변화에 부응하는 공기업 기능조정 또는 통폐합의 기초자료를 제공해야 한다.

새로운 평가 의미의 변화가 필요하다는 전제를 생각하면 무엇보다도 기관의 이해도가 높은 평가자에 의한 평가가 필요하다. 평가의 전문성만을 고려한다면 상설적으로 설치된 평가기관에서 공기업을 평가하거나 이사회에서 평가하는 것을 생각해 볼 수 있다. 해마다 같은 평가기관에서 공기업을 평가하면서 많은 지식과 경험을 쌓을 수 있는 장점이 있기 때문이다. 또한 이사회는 누구보다도 해당 기관의 경영 여건과 상황을 가장 잘 알 수 있는 이점을 가지고 있다. 그러나 전문 평가기관에서 평가를 하는 경우에는 평가에 따른 '또 다른 평가의 권력화 현상'과 '공정성 문제'가 제기될 수 있고, 이사회가 평가할 경우에는 '평가의 관대화 경향'을 염려하지 않을 수 없다. 평가의 '전문성'과 '공정성'을 동시에 추구하기 위해서 평가에 있어서 공공기관운영위원회와 이사회의 역할을 강화하는 모델을 고려해 볼 수 있다.

[그림 5-2]에서 보는 바와 같이 공기업의 소유권을 행사하는 공공기관운영위원회에서 공기업에 대한 기대를 포함하여 평가를 할 때 평가자들이 준수해야 할 가이드라인을 제시하고, 이에 따라 해당 공기업 이사회에서는 자체 평가 항목을 추가하여 평가를 시행한다. 해당 공기업의 경영에 대해서는 누구보다도 이사회가 업무의 이해도가 높기 때문에, 전문성 있는 평가가 가능하리라고 생각된다.

평가 결과에 대해서는 공공기관운영위원회에서 엄격한 메타평가를 통하여 평가의 관대화 경향이나 평가자 및 평가지표의 적정성을 모니터링함으로써, 공정성도 어느 정도 확보할 수 있으리라 기대된다.

그림 5-2 개선 공기업 평가 절차

공공기관운영위원회: 평가지침(owner's expectation)
– 의무적인 평가항목(예산 및 보수 지침) 명시

↓

공기업 이사회: 평가시행
– 자체 평가단 구성(자체 평가 항목 추가)

↓

공공기관운영위원회: 평가 결과 모니터링(owner's monitoring)
– 이사회 평가에 대한 메타평가

자료: 이상철(2015)

9 평가 결과에 대한 이의신청의 활성화

문재인 정부에서 공공기관 평가와 관련하여 주민참여 및 참관단 운영과 더불어 획기적으로 개선된 것이 평가 결과에 대한 이의를 제기하는 공공기관에 대해서 재심의 기회를 부여한 것이다. 공공기관 평가도 아무리 전문가들이 평가한다고 하지만 사람이 하는 이상 실수가 있을 수 있다. 통상 재판 절차에서 삼심을 제도적으로 허용하는 것은 이러한 이유 때문일 것이다. 문재인 정부에서 공공기관운영위원회에 평가소위원회를 두어 공공기관이 제기하는 평가 결과의 이의에 대해서 공공기관운영위원회에서 재심하도록 한 것은 공공기관 제도에서 발전적이라고 볼 수 있다. 그러나 공공기관에서 여전히 이 제도의 실효성에 의문을 가지고 있다. 계량지표의 이의에 대한 재심은 실익이 있으나 비계량지표에 대한 이의는 문구 수정에 그치고, 기관의 성적에는 실질적으로 영향을 미치지 못하고 있기 때문이다.

또한 평가기간이 법적으로 매년 6월 20일까지 대통령에게 보고하도록 되어 있어, 짧은 시간 내에 심도 있는 재심이 충분히 이루어지지 못하고 있는 점도 문제가 있다. 종래의 공공기관 경영평가가 정부와 공공기관 사이에서 소유권을 가진 정부와 이의 지시를 받은 공공기관 간에 소위 수직적 평가 구조였다면, 앞으로의 평가 방향은 정부에서 정책 기조에는 일부 관여할 수 있지만 자율적인 경영에 대해서는 전적으로 공공기관이 책임지도록 하는 수평적 관계로 전환할 필요가 있다. 경영평가에서 이의신청 제도가 평가의 실질적인 실익을 담보할 수 있도록 하고, 나아가 정부와 공공기관 간의 수평적 관계 정립에도 기여할 수 있는 제도적 장치로 발전하여야 할 것이다. 앞으로 공공기관의 노동조합을 중심으로 평가 결과의 인센티브에 대해서 더욱 예민해지고 있는 점을 충분히 감안하여야 한다.

정리문제

1. 공기업 관리 제도의 하나인 공기업 경영평가의 필요성과 기능을 설명하시오.
2. 공기업 경영평가와 유사한 공기업 관리 제도들을 나열하여 설명하고, 공기업 경영평가의 장점과 특징을 논술하시오.
3. 우리나라에서 시행되고 있는 공기업 경영평가 제도를 그룹별로 나누어 각각의 특징을 설명하시오.
4. 공기업 경영평가에서 발견되는 문제점을 적시하고, 이를 해결하기 위한 방안을 제시하시오.
5. 공기업 경영평가에서 피평가기관의 수용성(acceptance)을 제고할 수 있는 방안을 설명하시오.

CHAPTER 06

공기업에 대한 통제

최근에 논의되고 있는 공기업의 행정주체인 정부에서 행사할 수 있는 공기업 관리 감독 방법은 첫째, 정부의 공기업에 대한 소유권에서 기인하는 '공기업 민영화'와, 둘째, 민영화가 어려운 공기업에 대한 관리감독 방법인 '공기업 경영평가'가 주를 이루고 있다. 그러나 공기업은 규모 면에서나 기능 면에서 국가경제에 미치는 영향이 너무나 크기 때문에, 사회 안전망 확보 차원에서 모든 공기업에 대한 정부의 통제는 불가피하다. 이러한 공기업에 대한 통제는 공기업의 책임경영을 위한 전제 조건인 경영의 자율성을 고려하면서 시행되어야 한다.

제 1 절 | 공기업 통제의 이론적 배경

1 공기업의 자율성과 통제

공기업의 자율성 또는 자주성은 국가의 경제적 관리의 분권화를 기초로 하고 있고, 이를 경제적 자치라고 할 수 있다. 즉, 자율성이란 집중화된 경제관리의 분산화를 기초로 하여 형태상으로는 지배와 경영의 분리에 의해 경영의 자율성을 달성하고, 그것에 따라 경영의 민주화와 능률화를 달성하는 것을 의미한다. 아무리 유능한 관리자가 공기업 운영을 담당한다고 하더라도 공기업 경영에서 자율성을 가지지 못할 때에는 효율적인 경영을 기대할 수가 없다. 무엇보다도 경영에 대한 책임을 물을 수 없다.

이런 측면에서 공기업 책임경영의 전제 조건은 공기업의 자율성이라고 할 수 있다.

한편, 공기업에 대한 통제는 그 투자자본의 대부분이 국가에 의해 출자 또는 출연된 것이며, 국민의 공적 소유에 속하기 때문에 실효성 있는 운용을 기하기 위해서도 필요하다. 또한 공기업은 정부의 사회적·경제적 목표를 달성하기 위해 설립되는 경우가 많으므로, 공기업의 활동이 정부의 목표를 달성하도록 해야 한다. 공기업은 기업성뿐만 아니라 공공성도 동시에 달성해야 하므로, 정부의 주무부서를 비롯한 외부기관의 통제를 완전히 벗어나기는 어렵다.

2 공기업의 대리인 문제와 통제

공기업의 소유권을 가진 국민이나 정부는 이에 상응하는 통제를 전제로 공기업을 설립한다. 이에 앞서 이론적인 측면에서도 공기업은 무엇보다도 주인 대리인의 다층적 구조에서 발생하는 대리인 문제가 발생하기 마련이고, 이를 방지하기 위해 공기업에 대한 적절한 통제는 불가피하다. 여기에서는 공기업 관리에서 핵심적인 역할을 하고 있는 대리인 문제와 관련하여 공기업에 대한 통제 문제를 살펴보기로 한다.

공기업의 대리인 문제를 근본적으로 치유할 수 있는 방법은 없을까?

거시적인 측면에서 생각할 수 있는 방법은 공기업을 민영화하는 방법이다. 제4장에서 설명한 바와 같이 공기업의 주인과 대리인 사이에 존재하는 많은 위임인들을 없애고, 시장이 직접 공기업을 평가하고 감독·통제할 수 있도록 하는 방법이 바로 공기업 민영화이다. 주인인 국민, 위임인인 국회나 정부, 그리고 대리인인 공기업 관계에서 발생하는 대리인 문제를 '외부적 대리인 문제'라고 한다. 민영화는 공기업의 거시적인 구조 문제인 외부적 대리인 문제를 어느 정도 완화할 수 있다.

그러나 미시적인 공기업의 대리인 문제, 즉 대규모 조직의 관리에서 불가피하게 발생하는 상관과 부하, 직원과 직원 사이와 같이 공기업 조직 내부 관계에서 발생하는 '내부적 대리인 문제'까지는 근본적으로 해결하지 못한다. 공기업에 대한 통제의 불가피성은 이러한 미시적 측면의 조직 내부적 대리인 문제 때문에 거론되기도 한다.

1) 대리인의 개념

(1) 대리인의 일반적 개념

어느 사회, 어떤 조직이든지 한 사람이 모든 일을 혼자서 수행하는 경우는 많지 않다. 국가구조에서 국민은 궁극적으로 주인이고, 국회나 정부는 대리인이라고 볼 수 있으며, 관료제의 계층구조에서 상급자는 하급자의 주인이며, 하급자는 상급자의 대리인이라고 할 수 있다. 주인-대리인 관계에서 업무를 주인이 대리인에게 위임한다는 측면에서 보면 주인은 위임인이라고 할 수 있다. 이러한 관계구조는 사적인 계약관계에서도 얼마든지 폭넓게 응용할 수 있다.[1] 따라서 용어의 정의나 선택에서도 주인-대리인, 위임자-대리인, 대리인-복대리인, 혹은 주인-머슴, 본인-대리인, 위탁자-대리인, 감독자-대리인 등으로 다양하게 나타나고 있다.

(2) 공기업에서 대리인의 개념

이러한 복잡한 대리인 관계에 대한 개념을 행정학 분야로 한정하여 살펴보면, '주인-대리인', 혹은 '본인-대리인' 관계로 정의하는 것이 보편적 경향이다.[2]

그렇다면, '국민-국회-정부-공기업'의 다단계 구조를 지니고 있는 공기업에서는 대리인 개념을 어떻게 정의해야 할 것인가?

결론부터 말한다면, 공기업 분야에서 대리인 관계는 일반 '국민'은 '주인', 그의 수탁자인 '국회나 정부'는 '위임인(자)', 그리고 '공기업'과 같이 위임된 업무를 최종적으로 수행하는 기관, 혹은 사람을 '대리인'이라 하고, 이러한 관계의 전체적 명칭을 '주인-대리인' 관계라고 부르는 것이 타당할 것이다.

국민의 직접선거에 의해 선출한 국회의원이나 정부조직에서 근무하는 직업공무원들을 흔히 공복(公僕)이라고 부르고 있어, 국민과 국회, 국민과 정부 관계는 '주인-머슴' 관계라고 칭하는 것이 원래의 취지에 부합될 것이나, 머슴이라는 용어가 학문적 용어로 사용되기에는 다소 부적합하여 '주인-대리인' 관계로 부르는 것이 바람직할 것이다. 정부의 위임을 받은 공기업은 주어진 임무[3]에 대해서만 국민과 정부에 대해 책임을 지고 있고, 실제적으로 업무를 수행할 때에는 상당한 재량권을 발휘할 수 있기 때문에, 정부와 공기업 관계를 '위임인-대리인' 관계로 칭하는 것이 적절하다고 판

---

1) 사실상 주인-대리인 이론이 처음으로 거론된 곳은 사적 관계인 보험 이론이다.

2) 대표적으로 윤성식, 권순만 교수가 전자의 입장이고(윤성식, 1994: 546-551; 권순만, 1995: 77-95), 곽채기 교수와 대부분의 실무자들이 후자의 용어를 쓰고 있는 편이다(곽채기, 1994: 54-62; 이상철 외, 1996: 408-413).

3) 공기업의 임무는 대부분 해당 공기업의 「설립법」이나 「정관」에 명확하게 명시되어 있다. 가령, 한국전력공사의 목적과 임무(사업)는 「한국전력공사법」 제1조에 명시되어 있다. 「동법」 제1조 "한국전력공사를 설립하여 전원 개발을 촉진하고 전기사업의 합리적인 운영을 기함으로써, 전력수급의 안정을 도모하고 국민경제 발전에 이바지하게 함을 목적으로 한다."

그림 6-1 주인-대리인 관계의 다단계 구조

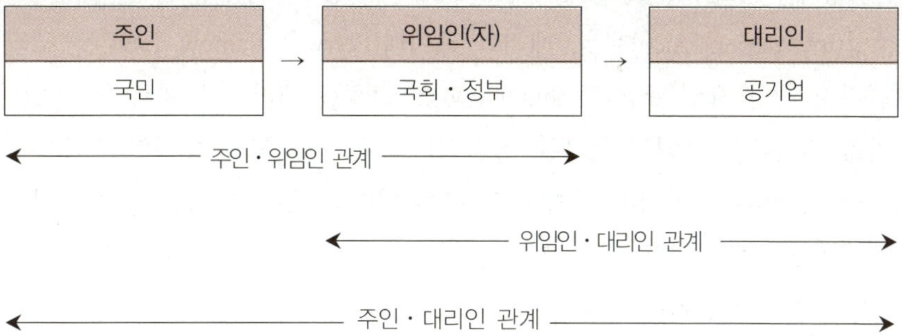

단된다. 이를 도식화하면 [그림 6-1]과 같다.

2) 공기업의 대리인 문제

주인-대리인 이론의 가장 중심이 되는 가정은 네 가지로 요약할 수 있다.

첫째, 주인과 대리인의 이해관계는 상충하는 경우가 많다는 것이고, 둘째, 주인과 대리인은 모두 자신들의 이익, 즉 효용을 극대화하는 존재라는 것이며, 셋째, 주인은 대리인이 알고 있는 정보를 알고 있지 못하거나 대리인의 행동을 관찰할 수 없다는 것이며, 넷째, 주인과 대리인은 불확실한 환경 속에서 서로 업무에 대한 계약을 제결한다는 사실이다(윤성식, 1994: 547-549).

이와 같은 기본 가정(제약 조건) 하에서 주인은 어떻게 하면 대리인으로 하여금 최대한 주인의 이익을 위해 업무를 수행하도록 할 것인가(이른바 인센티브의 조화성 문제, incentive compatibility) 하는 것이 주인-대리인 이론이 갖는 근본적인 물음 중의 하나이다.

지금까지 제기되고 있는 대리인 문제의 유형은 바로 이러한 물음에서 출발하는데, 대부분의 학자들이 정보의 비대칭성을 중심으로 '역선택(adverse selection)', '도덕적 해이(moral hazard)[4]', '사적 목표(internality)'[5]를 들고 있다(Wilson, 1879; 윤성식,

4) 정보의 비대칭은 '역선택'과 '도덕적 해이(解弛)'의 두 가지 유형이 있다. 이 두 개념은 모두 보험분야 이론에서 도입된 것으로서, 전자는 대리인이 위임자가 가지고 있지 않는 정보를 소유하고 있을 때 나타나는 현상으로 위임계약 체결 단계에서 나타나는 정보의 비대칭성(pre-contractual information asymmetry)이고, 후자는 위임계약 체결 후 위임자가 대리인의 행동을 관찰할 수 없을 때 나타나는 정보의 비대칭성이다. '역선택'은 의료보험 계약에서 흔히 나타나는 현상으로 주인인

1994: 547-549; 권순만 외, 1995; 곽채기, 1994; 이상철, 1996: 408-413). 한편, 신제도주의적 입장에서 노트(Knott, 1993)는 조직 내부의 상하 또는 부서 간에 나타나는 '상호 의존성(interdependence)'[6]을, 페리와 레이니(Perry & Rainey, 1988)는 조직 외부적인 '환경적 제약 요인(environmental constraints)'을 대리인 문제로 들고 있다.

공기업 관리에서 대리인 문제는 실질적으로 주인-위임자-대리인 관계를 구성하고 있는 국민, 정부, 공기업이 각기 서로 다른 이익과 효용, 그리고 정보를 가지고 있다는 데에서 발생한다. 정부에서 임명한 공기업 경영자들은 더 많은 산출물(y)을 선호하지만, 공기업 노동자(노동조합)는 더 높은 임금(w)과 고용 수준(l)을 선호한다.[7] 이와 같은 조건 하에서 위임자인 정부가 시장과 기술 조건에 관한 완전한 정보를 소유하고 있을 경우에는 대리인에게 최적 산출물과 노동, 임금을 설정하도록 지시할 수 있을 것이다. 그러나 대리인인 공기업은 사적 정보를 통해 진정한 생산성을 알고 있는 데 비해, 위임자인 정부는 이를 알지 못한다. 따라서 대리인인 공기업은 주인인 국민과 위임자인 국회·정부를 속일 수 있는 대리인 문제를 유발시킬 수 있는 것이다.

3) 공기업 대리인 문제의 유형

앞에서 언급한 바와 같이 노트(Knott, 1993)는 이러한 주인-대리인 관계에서 파생하는 대리인 문제를 조직의 내·외부적 특성에 따라 몇 가지로 분류했다. [그림 6-2]에서 보는 바와 같이 위임인(정부)과 대리인(공기업) 사이에서 일어나는 정보의 비대칭성과 내부성(내부적 목표)을 조직의 내부와 외부에서 동시에 일어나는 '공통의 대리인 문제'라고 하고, 조직 내부에서 일어나는 부서 간, 직원 간의 상호 의존성을 '조

보험회사는 대리인인 피보험자가 건강한 사람이라고 생각하고 계약을 체결하나, 건강하지 못한 사람이 건강한 것처럼 속이고 보험에 가입하는 경우이고, '도덕적 해이'는 자동차보험에서 보험회사는 피보험자가 보험에 가입했더라도 평소와 같이 성실한 안전 운전을 할 것으로 기대하지만, 피보험자는 보험에 가입했으므로 보험에 가입하기 전보다 안전 운전에 소홀히 하는 경우를 예로 들 수 있다.

5) '사적 목표(내부성)'란 흔히 비시장 조직인 공공조직에서 나타나는 현상으로 규제기관인 정부의 목표와 피지배기관인 기업의 목표가 다른 현상을 일컫는 용어로서 순수한 피규제기업 내부의 목표를 말하며 정부실패의 전형적인 한 형태이다(Wolf, Jr., 전상경 역, 1991: 68).

6) '상호 의존성'이란 조직 내부 부서 간의 비용과 보상을 엄격히 구분하지 못하는 현상을 말하는 것으로, 대규모 관료조직에서 흔히 나타나는 문제점으로 토머스(W. Thomas)는 이를 "관료제의 상호 의존성은 손바닥을 쳐서 소리를 낼 때, 어느 손이 더 큰 역할을 했는지 구분 못하는 것과 같다"라고 비유한다(Thomas, 1992).

7) 따라서 공기업 효용함수를 f(x)=u(ywl)로 설정한다(곽채기, 1994).

그림 6-2 공기업 대리인 문제의 유형

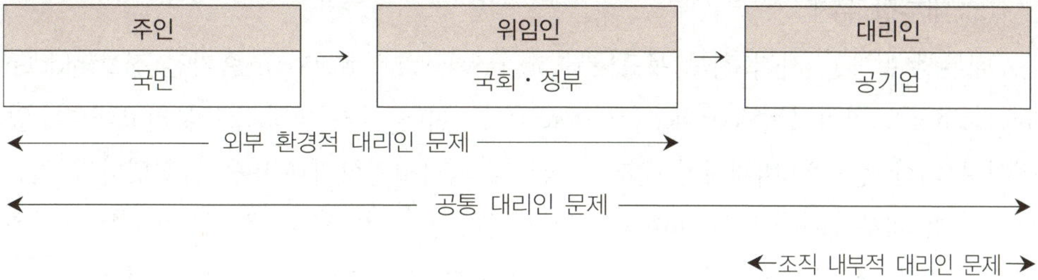

* 공통 대리인 문제: 정보의 비대칭성, 내부성
조직 내부적 대리인 문제: 상호 의존성
외부 환경적 대리인 문제: 정치적 권위성, 독점성, 복합적 외부구조

직 내부적 대리인 문제'라고 하며, 주인(국민)과 대리인(공기업)을 둘러싸고 있는 위임인을 비롯한 환경 구조적인 갈등관계를 '외부 환경적 대리인 문제'라고 한다.

(1) 내 · 외부 공통의 대리인 문제

① 정보의 비대칭성 문제

권순만(1995)은 규제기관(정부)과 피규제기관(공기업) 사이에서 일어나는 위험 분담과 인센티브 제공을 두고 양자 사이에서 발생하는 기대의 불일치 문제를 '규제에서의 인센티브 부조화성(incentive incompatibility in regulation)'이라고 했다. 즉, 위임인인 정부는 대리인인 공기업에게 편재되어 있는 정보의 불균형 속에서, 적정한 공공요금 가격 책정을 통해 대리인의 생산비용을 적절하게 보상해 주어야 할 뿐만 아니라(요금 책정 위험 분담), 해당 공기업이 생산비용을 최소화하도록 하는 임금지급(인센티브 최소화) 노력을 함께해야 한다. 그러나 현실적으로 대리인에게 정보가 편재되어 있는 공공요금 보수율 규제(rate of return regulation) 방식에서[8] 적정한 가격 통제도 어렵고, 적정한 임금체계를 개발하는 것은 더욱 힘든 일이다. 대리인인 공기업 임직원은 항상 적은 위험 부담(높은 공공요금)과 많은 보상(높은 인센티브)을 요구하고 있기 때문이다.

이러한 정보의 비대칭성은 공기업 조직 내부의 경영진-직원 간, 상급자-하급자

8) 우리나라 공기업의 요금 결정 방식의 근간을 이루고 있는 보수율 규제 방식의 대리인 문제는 제2절에서 자세히 다룬다.

직원 사이에도 일어난다.

② 내부성 문제

내부성 문제는 사적 정보 목표(goal in private information), 숨겨진 정보(hidden information), 이익 상충(conflict of interest) 등 여러 가지 명칭으로 불리고 있다. 앞에서 논의한 정보의 비대칭성 문제는 정부의 의사결정상의 어려움을 설명하기 위한 것이라면, 내부성은 정보의 비대칭성 결과 나타나는 것으로서 공기업의 부정적인 행태에 초점을 둔 문제점이라고 하겠다. 정부-공기업 관계에서 위임자인 정부는 공기업의 경영합리화를 목표로 하고 있지만, 공기업에서는 정부가 모르고 있는 내부 정보를 이용하여 직원들의 복지 향상이라는 내부 목표를 설정하고 있다.

흔히, 공기업은 그 재산권과 소유주체가 명료하게 정의되어 있지 않으므로, '주인 없는 대리인'이라고 부른다. 공기업의 소유구조적 특성상 공기업 관리자들은 경영합리화를 통해 공기업 가치를 증식시키고, 이를 적절히 유지·관리하고자 하는 동기나 유인이 결여되어 있다. 이러한 위임인과 대리인 사이의 문제는 조직 목표 설정에서부터 시각의 차이를 드러낸다. 즉, 위임인은 장기적 계획에 역점을 둔 반면, 대리인은 단기적 계획에 따라 조직구성원들의 복지 향상[9]에 더 큰 비중을 두고 있다.

공기업의 대표적인 대리인 문제인 '정보의 비대칭 문제'와 '내부성의 문제'는 공기업의 외부구조인 거시적 측면에서뿐만 아니라 공기업 조직 내부의 미시적인 측면인 임원과 직원 간, 부서 간·직원 간에도 일어나기 때문에, 공통의 비대칭성이라고 한다.

(2) 조직 내부적 상호 의존성의 문제

재화나 서비스를 생산하는 조직에서는 내부적으로 어쩔 수 없이 상호 의존성이 존재한다고 가정한다. 즉, 복잡한 단위로 구성되어 있는 조직은 개개인의 개별 기여도에 따른 보상과 실패에 대한 제재를 가할 수 없기 때문에, 불가피하게 개인 간·부서 간 상호 의존성이 존재한다는 것이다.

상호 의존성의 문제는 대리인 내부의 상급 부서(경영자)와 하급 부서(하부 관리자), 혹은 부서(관리자) 상호 간의 문제라고 할 수 있다. 조직 내에서 상호 의존성이 존재하게 되면, 조직의 정상적인 생산 활동을 저해하는 문제가 발생되었을 경우, 관

9) 앞서 설명한 곽채기(1994)의 공기업 효용함수 f(x)=u(ywl) 중 높은 임금(w)과 고용 수준(l)을 말한다.

리자는 그 문제의 책임이 어느 부서의 누구에게 있는지를 발견할 수 없게 된다. 이러한 상호 의존성 문제는 주로 개인별·부서별로 구분되지 않는 불명확한 비용 산정 때문에 발생하는 경우가 많다. 상호 의존성이 존재하는 공기업에서는 노력에 대한 보상이 성과급(payment based on performance)으로 이루어지지 않고,[10] 일괄급(joint-allocation) 형태로 이루어진다.

최근에 우리나라의 많은 공기업에서는 이러한 공기업 내부의 상호 의존성을 제거하기 위해 임직원의 경영계약 또는 부서 간·개인 간 내부평가를 강화하는 방향으로 나아가고 있다.

(3) 외부 환경적 대리인 문제

공기업의 외부 제약 요인에 대한 변수는 매우 다양하게 제시되고 있는데, 페리와 레이니(Perry & Rainey, 1988)에 따르면, 자금원이나 소유구조 등 조직의 각종 자원을 어디에 의존하느냐에 따라 조직의 특성이 달라진다고 한다. 그러나 주인-대리인 이론에 입각하여 외부 환경 요인을 분석하고 있는 노트(Knott, 1993)는 형식적인 소유형태보다는 외부 환경의 특성에 따라 조직의 특성이 달라진다고 한다. 즉, 공기업의 외부 환경이 첫째, 경제적 교환인지 아니면 정치적 권위인지, 둘째, 경쟁 체제인지 독점인지, 셋째, 외부 환경구조가 단층적인지 철저한 계층제인지에 달려 있다는 것이다.

① 정치적 권위성의 문제

조직의 외부 관계가 경제적 교환에 의해서 이루어지는 조직은 오직 주어진 시장 여건에 따라 생산성이나 효율성에 더 많은 관심을 가지게 된다. 하지만, 조직이 정치적 권위에 직면할 때 조직은 절연, 협상, 타협하며 때로는 동맹을 형성해야 한다. 조직의 목표 달성이나 생존을 위해 조직의 외부 환경은 때로는 조직성과를 높이기도 하고 때로는 낮추기도 하는데, 보즈먼과 스트로스맨(Bozeman & Straussman, 1990)은 이러한 정치적 권위의 역할이 공기업에서 훨씬 더 심하게 나타난다고 하면서 "공기업 관리는 조직 외부 환경 관리"라고까지 설명하고 있다.

② 독점성의 문제

어느 조직이든지 주어진 환경에 경쟁시장이 존재한다면 경영자는 미리 시장에서

10) 미국 근로자의 80% 이상이 그들의 노력과 보상 사이에는 관련성이 없다고 인식하고 있다고 한다(Lawler, 1987).

결정된 가격이나 제품·서비스 수준에 맞게 생산하면 되지만, 독점시장일 경우 경영자는 비용·이익·가격을 모두 독자적으로 관리해야 한다. 이런 이유 때문에 독점적 공기업은 조직생산성과 효율성이 무력해지기 쉬울 뿐만 아니라 각종 규제기관의 통제를 받게 되는 원인이 되기도 한다.

③ 복합적 외부구조의 문제

공기업은 권한과 책임을 동시에 지는 단층적 구조라기보다는 법령이나 정부 지시 등 복잡한 원천으로부터 권한을 부여받고 그만큼 책임도 분산되는 내재된(embedded) 복합적·계층적 외부구조를 가지고 있다.

예를 들어, 한국전력공사의 경우, 실정법상에서는 사장의 자율경영을 규정하고 있지만, 복잡한 임명 절차와 감독·통제구조로 인해 소신 있는 경영이 어렵게 되어 있다.[11] 즉, 경영 목표 설정 및 예산 확정, 예산집행, 경영성과에 이르는 일련의 과정에서 실질적으로 국회·공공기관운영위원회·기획재정부·산업통상자원부·감사원의 통제를 받고 있다. 그리고 전력설비 입지 선정과 관련해서는 환경부 및 지방자치단체 등의 지시와 협조를 받아야 한다. 또한 전력요금 결정이나 환경 문제에 대해서는 정부기관뿐만 아니라 각종 소비자 단체와 환경 단체에 이르기까지 실로 많은 다층적·복합적 외부 제약을 받고 있다.

4) 공기업의 대리인 문제와 통제의 불가피성

이상에서 살펴보았듯이 공기업에는 위임자와 대리인 관계에서 흔히 나타나는 정보의 비대칭성 문제와 이로 인해 대리인이 사적 이익에 몰두하는 내부성 문제가 늘 존재한다. 그리고 조직 내적으로는 내부조직 간의 갈등과 비용·이익의 불명확한 배분으로 인한 상호 의존성이 존재하는 특성을 가지고 있다. 조직 외적으로는 경제적 교환을 기초로 한 합리적 외부 체제라기보다는 정치적 권위에 의존하는 비합리적 체제이다. 재화나 서비스를 판매하는 데 경쟁보다는 독점적 환경구조를 가지고 있고, 소유자가 바로 경영자인 단층적 계층구조라기보다는 이해관계자가 복잡하게 얽혀 있는 복합적·계층적 외부 환경에 직면한 불완전한 조직이라고 할 수 있다.

---

11) 공기업 사장은 「공공기관의 운영에 관한 법률」에 의해 책임경영 체제를 확립하기 위해 공공기관의 자율적 운영을 보장해야 하고(동법 제3조), 사장은 임원추천위원회가 복수로 추천하여 공공기관 운영위원회의 심의·의결을 거친 사람 중에서 주무기관의 장의 제청으로 대통령이 임명한다(동법 제25조).

이러한 정부-공기업의 구조적 문제를 제거하기 위하여, 흔히 공기업 민영화가 거론되고 있다. 즉, 공기업 관리구조를 '정부-공기업' 관계에서 '시장(국민)-공기업' 관계로, 공기업의 거시적 관계구조를 근본적으로 개편하자는 것이 공기업 민영화의 근본 논리이다.[12)]

그러나 민영화가 복잡한 공기업의 외부 대리인 문제를 완전히 해결할 수는 없을 뿐만 아니라 무엇보다도 공기업이 안고 있는 공기업의 내부적 대리인 문제인 상호 의존성까지 해결할 수는 없다.

따라서 공기업의 위임자와 대리인 사이의 정보의 비대칭성, 내부성 문제 등 흔히 거론될 수 있는 대리인 문제들을 해결하기 위해서는 공기업에 대한 정부 등 외부의 통제는 불가피하다.

5) 공기업 tunneling 문제와 관리 방안

지금까지 정부의 공기업에 대한 통제는 주인-대리인(principal-agent) 이론에 바탕을 두고, 대리인인 공기업의 도덕적 해이와 위임인인 정부의 비효율적인 통제가 주된 논의의 대상이 되어 왔다.

(1) 'tunneling'의 의미

최근에는 공기업의 이해관계자(stakeholder) 중 주인과 대리인 어느 쪽에도 속하지 않는 소수 주주들의 이익이 전혀 고려되지 않고 있다는 문제의식이 심각하게 제기되고 있다. 이를 서구에서는 공기업 지배주주의 역할을 하는 정부(또는 이의 위임을 받은 공기업 경영진)에 의한 공기업 소수주주(minority shareholder)의 권익 약탈(expropriation) 현상 또는 tunneling 문제라고 한다.

구체적으로 tunneling(利益輸送)[13)]이란 '대규모 지주회사나 공기업에서 회사 자체 또는 소수주주의 자원을 지배주주(controlling shareholder)에게로 이전하거나 임의로 사용하는 것'을 말한다. 구체적으로 공기업의 자산이나 이익을 이를 운영하는 대주주

12) 공기업의 민영화 이론을 이러한 시각에서 접근한 최근의 논문은 하틀리와 파커(Hartley & Parker, 1991), 딕터와 피터(Dicter & Peter, 1991), 크리스토퍼 외(Christopher et al., 1992), 티롤(Tirole, 1994) 등이 있다.

13) tunneling은 'the diversion of holding company or public corporate resources from the corporation (or its minority shareholders) to the controlling shareholder'를 말하고(Johnson et al., 2000: 3-4), 이 분야를 집중적으로 연구하고 있는 臺灣 청화대학의 蔡昌憲 교수는 이를 '利益輸送'이라고 번역하였다.

인 정부의 관료, 또는 국가지주회사의 관리자들이 그들의 효용에 맞도록 관리하는 것을 말한다. 특히, 민영화 전후 동유럽 공기업에서 이러한 현상이 많이 발생하였는데, 결과적으로 소수주주들의 권익을 무시하거나 약탈하는 문제점이 심각하게 대두되었다(Dickey, 2015).[14)]

(2) tunneling 문제의 이론적 배경과 발전

2000년 HIER(Harvard Institute of Economic Research)에서 정부소유 공기업을 비롯한 대규모 지주회사의 'tunneling'에 대한 일반 토론이 있었다. 이 분야의 대표적인 연구자들인 존슨(Johnson, La Porta, Lopez-de-Silanes, & Shleifer, 2000) 등은 대규모 사기업 또는 공기업에서 나타나는 tunneling 현상은 선진국에서 관찰될 뿐만 아니라 신흥 아시아 국가에서는 더 심각하게 나타날 수 있다고 하였다. 따라서 이들 국가에서 법적으로 이 tunneling 문제를 해결하는 것이 공기업의 건실한 발전의 근간이 될 수 있다고 주장하였다.[15)] 이들은 1997~1998년 재정위기 때 tunneling과 같은 지주회사의 착취(looting of firms)를 막는 법적 시스템을 가진 국가에서 그렇지 않은 국가보다도 위기를 쉽게 해결하였다고 강조한다. 즉, 경험적으로 소수주주에 대한 법적 보호 장치를 충분히 마련한 국가들이 자본의 자유로운 흐름에 도움을 주고, 나아가 공기업의 재정적 안정을 가져오며, 궁극적으로는 국가 재정건전성 유지에 근간이 되었다는 것이다(La Porta et al., 2000: 15-16).

주인-대리인의 문제는 1932년 버얼리와 민즈(Berle & Means)가 서구의 대규모 자본 집적(conglomerate) 형태로 이루어진 주식회사에서 소유권을 가진 주주와 이들의 경영권을 위임받아 회사를 관리하는 전문 경영인 사이에서 일어나는 주인의 소유권(principal's ownership)과 대리인의 경영권(agent's management)의 분리에서 발생하는 문제점을 지적한 것이 시초였다. 이것이 1980년대 신공공관리론(new public management)이 등장하면서, 공공부문에서 오히려 더 많은 대리인 문제가 있는 것이 발견

---

14) 이 용어를 처음 사용한 존슨 외(Johnson et al., 2000)는 국가지주회사(state holding company) 산하에 많은 공기업을 가지고 있는 Czech Republic에서 마피아들이 마치 지하 tunnel을 이용하여 회사의 자산을 자기 개인의 이익을 위하여 빼돌리는 것과 비유하는 데에서 유래하였다.

15) For less developed emerging countries, including those that suffered from the Asian crisis, the failure of the legal system may be very costly precisely because it accommodates vast amounts of tunneling. Using legal reform to reduce tunneling is then a crucial element of promoting privatization and financial and economic development(Johnson, La Porta, Lopez-de-Silanes, & Shleifer, 2000: 3).

됨으로써 이 이론의 적실성이 입증되었다. 주인과 대리인 사이의 정보의 비대칭성, 역선택, 도덕적 해이는 주인인 국민과 이의 소유권을 위임받은 정부, 그리고 경영을 전담하는 공기업 경영진 사이에서 일어나는 구조적인 문제였다.

공기업에서 대리인 문제와 같이, 정부가 지배주주로 있는 대규모 공기업의 지배구조에서 tunneling 문제의 심각성이 발견된다면, 이를 치유할 수 있는 방안들이 근본적으로 새롭게 재창조(re-inventing)되어야 한다. 트리커(Tricker, 2011)는 "주식회사에서 대주주에게 주어진 권한과 책임은 자연적인 권리(natural right)가 아니라, 사회적 합의에 의해서 주어진 사회적 특권(social privilege)에 불과하다"고 주장한다. 그는 역사적으로 주식회사도 일반 회사와 마찬가지로 당초에는 주주들의 무한 권한과 무한 책임으로 출발했지만, 사회적 환경 변화에 따라 유한 책임제로 바뀌었음을 인식할 필요가 있다고 한다. 19세기 영국에서 대주주와 소수주주를 막론하고 주주들의 무한책임에 따른 일괄 파산으로 인하여 금융시장이 공멸 위기에 직면하게 되었고, 이를 해결하기 위하여 주식회사에서는 주주들의 무한책임보다는 소유 비율에 따른 제한된 의무와 책임으로 전환된 것임을 강조하고 있다. 이러한 역사적 사실에 비추어 볼 때, 지금의 주식회사 형태에서 가지고 있는 대주주의 절대적 권한과 책임은 어디까지나 사회적 합의를 바탕으로 의회에서 법제화한 것이기 때문에, 시대적 환경 변화에 따라 대주주의 절대적 권한을 제한하거나 소수주주의 권리를 보장하는 방안을 얼마든지 새롭게 모색할 수 있다는 입장이다.

따라서 tunneling 문제 해결을 위한 새로운 이론을 모색하는 사람들은 주식회사 형태의 대규모 공기업에서 절대적인 1주 1표에 의한 다수 지배주주 통치원칙도 사회적 합의만 있다면 얼마든지 바꾸거나 또는 수정할 수 있다고 보고 있다. 유럽 공기업에서 일어나고 있는 황금주의 권한 제한,[16] 소수주주 집중투표제를 비롯한 소수주주 보호 법안들은 이러한 문제점을 인식하고 새롭게 재창조된 제도들이라고 할 수 있다.

(3) 주인-대리인 이론 및 청지기 이론과의 차이

지금까지 공기업 책임성을 확보하기 위한 관리 이론은 다양한 시각에서 시도되고

---

16) 법제화에 의한 소유권 행사의 전형적인 예는 황금주 제도(golden shareholder)이다. 그러나 전통적으로 공기업의 특권으로 여겨졌던 황금주(golden shares) 제도가 더 이상 모든 나라에서 당연시될 수 없게 되었다. 유럽연합재판소(The EU Court of Justice, 2010)는 최근에 Portugal Telecom(주)의 정부가 소유하고 있는 황금주가 자본의 자유스러운 흐름을 크게 왜곡하고 있다고 판단하고, 이를 불공정 제한(unjustified restriction)이라고 판시하였다(http://www.telecompaper, 2010).

있으나, 크게 두 가지로 논쟁이 되고 있는 것이 주인-대리인 이론(principle-agent theory)과 청지기 이론(stewardship theory)이라고 할 수 있다(Jensen & Meckling, 1976: 305-360; Perrow, 1986: 10-15). 줄곧, 주인-대리인 이론이 공기업의 거버넌스를 연구하는 데 있어 지배적인 위치를 차지하여 왔지만, 이 이론은 공기업의 복잡한 거버넌스 구조를 너무 간단하게 이해하고 있다는 점과 비경제적 요소에 대한 설명이 불충분하다는 점에서 많은 비판을 받고 있다(Doucouliagos, 1994: 877-883).

이러한 주인-대리인 이론의 외부통제 중심적 공기업 책임성 확보방안에 대하여 반론을 제기하는 이론이 바로 청지기 이론이다. 청지기 이론에서는 대리인 이론에서 강조하고 있는 외부통제 중심의 방안들은 계약 통제 자체가 어렵다는 점 때문에, 조직의 근본적인 책임성을 확보하기 위해서는 구성원들의 자기 책임 인식에 바탕을 둔 자발적인 헌신이 없이는 불가능하다고 주장한다(Dwivedi & Jabbra, 1998: 1-16; Romzek & Dubnick, 1994: 263-294; Kettle, 1993: 10-15). 결론적으로, 주인-대리인 이론에서는 주인에 의한 대리인에 대한 엄격한 외부통제 및 평가를,[17] 청지기 이론에서는 주인과 대리인의 공통의 핵심가치 인식에 기초한 내적 책임감(internal accountability)을 강조하고 있다(Block, 1993: 35-37).[18]

이에 비해, tunneling 이론에서는 공기업의 주인인 국민을 대리한 정부관료나 공기업의 경영진은 공익을 전제로 의사결정을 한다고 하지만, 그들 자신의 집단 이익을 지향하는 행동을 할 가능성이 높다고 전제하고 있다. 이 이론에서는 지배주주인 정부와 소수주주인 투자 참여자의 이익이 서로 다를 수 있다는 명제에서 출발한다. 이는 마치 주인-대리인 이론에서 주인인 국민 또는 정부의 효용(또는 이익)과 대리인인 공기업 경영진의 효용이 다르다는 구조적 시각과 같은 맥락이다.

주인-대리인 이론은 표면상으로 공기업의 원래 주인인 국민의 절대적 이익을 옹호하는 이론이라고 한다면, tunneling 이론은 공기업의 내부구성원, 특히 소수주주의 이익 보호에 중점을 둔 이론이라고 할 수 있다. 또한 청지기 이론에서 공기업의 내부구성원의 사기 및 이익에 초점을 둔 이론이라고 한다면, tunneling 이론에서는 소수주

---

17) 외부적 통제방법으로는 법률적 규정, 청문회나 선거와 같은 정치적 감시권, 경영계약·경영평가와 같은 거래적 통제가 있다.

18) 청지기 이론(stewardship theory)은 이러한 문제를 해결하기 위해서는 도덕적인 측면에서 이사회 이사들이 다양한 주주들의 신뢰를 바탕으로, 조직운영의 수탁자로서의 의무(fiduciary duty)를 다할 것을 강조한다. 그러나 이해관계가 상반되는 경우 이사들의 이익조정과 조직에 대한 이사들의 무한 책임을 요구하는 것은 역시 한계가 있다는 비판이 있다(이상철, 2012: 54-56).

표 6-1 주인-대리인 이론 · 청지기 이론 · tunneling 이론

	주인-대리인 이론	청지기 이론	tunneling 이론
인간형 전제	경제적 인간	자아실현적 인간	공익을 가장한 이기적 관료와 공기업 경영진
거버넌스 구조	국민 – 정부 – 공기업(경영진)	정부 – 공기업(경영진) – 직원	정부 – 공기업(경영진) – (소수)주주
핵심 보호 대상	국민 + 정부	공기업 + 직원	직원 + 소수주주 + (동종 사기업)
리스크 관리 방향	단기적 비용통제 중심	장기적 · 자율적 책임 중심	장기적 조직과 사회 발전 중심
조직문화	개인주의	집합주의	집합적 개인주의
관리 지향	개인 중심적 통제	조직 친화적 신뢰	집단 중심적 통제
통제수단	경영계약, 경영평가, signaling, 경력검증, 다중대리인(multiple agents), 지식 pool, 성과 incentive	개인과 조직의 공동 발전 인센티브 제공	관료 및 경영진의 재량권 남용을 위한 법적 장치

자료: Davis, Schoorman, & Donaldson(1997: 37), 이상철(2012: 54-60)에서 재정리.

주와 더불어 더 나아가, 특히 공기업의 이익과 밀접한 관련이 있는 동종 업종의 민간 기업의 보호에 초점을 두고 있는 이론이다. 청지기 이론이 주인-대리인 이론이 가지고 있는 개념적 약점을 보완하는 이론이지만, tunneling 이론도 이에 못지않게 주인-대리인 이론이 가지고 있는 약점을 보완하는 역할을 할 수 있을 것으로 기대되는 이론이다([표 6-1] 참조).

OECD 국가를 중심으로 최근에 공기업에서는 일반국민 못지않게 공기업 주식의 소유권을 가진 실질적 주주(substantial shareholder), 특히 소수주주의 권리도 함께 보장되어야 한다는 논리가 강조되고 있다. 특히, tunneling 이론에서는 "기존의 주인-대리인 이론에서 말하는 일반국민들은 공기업의 주인이기는 하지만 무임승차자인 점을 간과하고 있다"고 비판한다. 즉, 새로운 tunneling 이론에서는 공기업 거버넌스에 있어서 '국민-정부-공기업(경영진)' 관계뿐만 아니라, '정부-공기업(경영진)-(소수)주주'의 관계도 그만큼 중요하다는 시각이다. 1주 1표에 의한 다수결 원칙을 근간으로 하는 주식회사형 공기업 지배구조에서 지배주주인 정부, 또는 이의 위임을 받은 공기업 경영진이 모든 공기업의 의사결정을 독점하게 됨으로써, 절대적 열위에 있는 소수주주의 권한이 전적으로 배제되고 있는 것은 공기업의 실질적 민주성을 확보하는 데 문제가 있다는 입장이다.

10년 만에 개정된 2015년 OECD의 '공기업 지배구조 가이드라인'에서도 정부의 통제를 받고 있는 공기업에서 이처럼 소외되기 쉬운 소수주주의 권리 보장에 대한 개선의지를 밝히고 있다(OECD, 2015).[19]

(4) 우리나라 공기업의 tunneling 문제

우리나라에서 아직까지 공기업의 tunneling 문제는 본격적으로 논의되고 있지는 않다. 그러나 이에 대한 관심을 촉구하는 몇 가지 단초들이 제기되고 있다.

2011년 한전 사장을 대상으로 전기요금이 원가에 못 미치는 수준으로 인상되어 회사가 손해를 입었다고, 2조 8천억 원의 손해를 배상하라는 소액주주들에 의한 소송에 이어, 2012년 국가를 대상으로 7조 2천억 원대의 손해배상 청구소송이 소액주주들에 의해 제기되었다. 물론 법원의 판단은 전기요금은 공공성이 강해 전기요금 인가기준 설정은 산업통상자원부장관의 고유한 정책재량권으로 보는 것이지만, 주식회사형 공기업의 경우 앞으로 이러한 논란에서 자유로울 수 없으며, 지속적인 분쟁거리가 될 가능성이 매우 높다. 더구나, 민영화 대상 공기업의 민간주주 입장을 고려해 보면, 전통적인 주인-대리인 이론만으로는 이러한 갈등을 풀어나가기에 역부족이라 할 수 있다.

사회적 이슈로 등장하였던 철도공사의 파업 사태와 관련하여 일반 국민들은 공기업의 부채 및 방만 경영에 관심이 매몰되어 있었지만(기획재정부, 2014: 1-12), 공기업 관리의 실질적 민주화를 주장하는 시민단체와 전국철도노동조합은 국토교통부 담당실장과 철도공사 사장 등 3명을 횡령 혐의로 검찰에 고발했다(뉴스토마토, 2014). 국토교통부가 철도파업과 관련해 낸 광고비 수억 원을 철도공사 예산에서 집행했다는 것이다. 서구에서는 공기업의 민주적 통제 측면에서 이미 철저히 검토되고 있는 전형적인 대규모 공기업의 tunneling 문제이지만, 우리나라에서는 이에 대한 관심이 없었기 때문에, 이를 사건화한 것 자체를 의아스럽게 보는 측면도 없지 않다.

그 외에도 공기업 소수주주의 이익에 배치되는 '공기업 자산의 일괄 매각' 또는 '물가안정 시책에 희생된 적정하지 못한 공공요금' 등에서 이러한 tunneling 문제가 제기될 가능성이 높다고 할 것이다(파이낸셜 뉴스, 2014; 한국경제, 2012).

---

19) tunneling 문제를 다루고 있는 이 가이드라인은 '소수주주(minority shareholders) 권리'와 '동종 민간기업(level playing field)의 경쟁 중립성(competitive neutrality) 확보'가 핵심이다(OECD, 2015).

6) 공기업 자율적 책임성과 통제방안

지금까지 우리나라 공기업 관리정책은 공기업 내부의 적극적인 인센티브 체계의 마련을 위한 유인보다는 특정한 행위를 금지하고 처벌하는 소극적인 방법으로 대리인들의 윤리적·정서적 측면에 순응을 호소해 왔다고 볼 수 있다(권순만, 1995). 우리나라 공기업 제도는 애당초 국가경제계획의 집행 수단이었고, 정부가 원하는 방향으로 투자재원을 원활히 배분할 수 있도록 한 도구였으며, 공기업은 이에 순응할 수밖에 없는 구조였다. 이는 주인-대리인 이론에서 강조하고 있는 국민의 입장이나 청지기 이론에서 말하고 있는 공기업 임직원들의 헌신, 그리고 tunneling 이론에서 주안점을 두고 있는 소수주주들이 권리를 보호하는 데에는 분명히 한계가 있다.

공기업에 대한 공적 통제는 엄격한 기준에 의해 시행되어야 한다. 왜냐하면, 공기업의 책임경영의 기본 전제는 공기업의 자율적인 경영에 대한 책임이기 때문이다. 공기업의 통제와 자율성의 조화를 추구하기 위해서는 사전에 합의된 관리 기구(예: 공공기관운영위원회)에서 승인한 공기업 관리 리스트에 의해 감독하되 그 범위 내에서 이루어져야 한다. 즉 리스트에 명시된 항목 이외의 감독과 통제는 지양되어야 한다. 공기업의 자율성과 통제는 공기업의 공공성과 기업성의 관계와 같은 맥락에서 실천되어야 한다. 공기업의 자율적 경영과 통제, 공공성과 기업성은 항상 조화를 이루어야 한다. 공기업의 자율성과 통제, 공익성과 기업성의 조화는 공기업의 핵심 이해관계자인 '국민-정부-공기업 임직원-주주-동종 이해관계자'들에 대한 균형 있는 배려에서 이루어진다.

제 2 절 | 공기업 통제의 유형

공기업의 주인인 국민이 공기업에 대한 통제를 직접 할 수 없는 것은 대의제를 채택하고 있는 현대 민주주의의 태생적 한계이다. 제3장에서 살펴본 바와 같이 현대 국가 거버넌스에서 공기업의 행정주체라고 할 수 있는 국가권력인 국회, 정부, 법원 등이 국민을 대신하여 이러한 통제 기능을 수행할 수밖에 없다.

그러나 이러한 기관들은 공기업의 행정주체라고는 하지만 공기업에 대한 전문성이 약하기 때문에, 공기업을 직접 감독・통제하는 데에는 어려움이 있다. 따라서 국민들은 적절하게 공기업 감독기관을 만들어 그들로 하여금 국민을 대리하여 공기업을 통제할 수 있도록 위임하고 있다. 이들 기관에는 공기업 관련 정부부처인 주무 행정부서를 비롯해서 공기업 운영위원회, 산업별 규제위원회, 지주회사 등 여러 가지 형태로 운영된다.

이러한 공기업에 대한 통제를 이상에서 설명한 바와 같은 감독기관별로 분류하는 방법 외에도 공기업에 대한 통제 내용을 중심으로 분류하기도 한다.

공기업에 대한 통제의 유형에 대해서는 많은 학자들이 여러 가지로 분류하고 있다(안용식, 1996: 348-349). 예컨대, 말리아(N. N. Mallya)는 ① 주무장관에 의한 통제, ② 의회통제, ③ 회계통제로 분류하고 있다. 한편, 유훈(1984: 360)은 ① 주무장관에 의한 통제, ② 재정상의 통제, ③ 입법부에 의한 통제로 분류하고 있다. 이러한 분류는 어디까지나 설명의 편의를 위한 것이지 내용 면에서는 큰 차이가 없다.

이 책에서는 제3장에서 설명한 바와 같이 공기업을 국가 거버넌스의 한 구성원으로 보고, 국가 거버넌스에서 공기업과 관련된 입법부, 행정부, 사법부, 그리고 기타 방법에 의한 통제로 나누어 설명하기로 한다. 입법부에 의한 통제는 국회에서, 행정부에 의한 통제는 정부에서, 사법부에 의한 통제는 법원에서 시행하고 있다.[20] 그 밖에도 산업별 규제위원회와 같이 공기업 전문통제기관에 대해서도 알아보기로 한다.

1 국회에 의한 통제

흔히, 입법부에 의한 통제를 정치적 통제라고도 한다.

공기업의 정치상 통제는 여론을 바탕으로 한 의회에 의한 통제라고 할 수 있다. 국민들의 여론이 의회로 수렴되어 해당 기관에 전달되는 민주주의의 기본적인 메커니즘이다.

공기업에 대한 국회의 통제는 설립 단계에서부터 이루어진다. 많은 나라에서 공기업의 설립은 국회의 입법을 통해 이루어진다. 때로는 통칙법을 제정함으로써 공기업 통제에 관여하기도 한다.[21]

---

20) 사법부에 의한 법원의 통제는 공기업에만 해당되는 것이 아니라 모든 국민 및 법인과 단체에 해당되는 일반적인 법제도이기 때문에, 이 책에서는 별도의 항으로 설명하지는 않는다.

21) 일본의 「독립행정법인통칙법」, 우리나라의 「공기업 경영구조 개선 및 민영화에 관한 법률」 등이 있다.

공기업의 경영진 임명에 국회의 동의를 요하는 나라도 있다. 미국의 일부 공기업의 이사는 상원의 동의를 얻어 대통령이 임명한다. 일본의 NHK의 관리위원회, 일본은행의 정책위원회 위원은 양원의 동의를 받아야 한다.

미국의 전액정부투자공사의 예산은 「공사통제법」에 의해 국회의 의결을 받아야 한다. 우리나라 정부기업의 세입·세출예산은 국회의 의결을 얻어야 한다.

영국 의회는 주무부장관과 질의 과정에서 공기업의 주요 정책 문제를 논의하게 된다. 다만, 공기업의 일상적인 사항에 대해서는 질의를 하지 않는 것이 관례이고, 질문을 하더라도 주무부장관은 답변을 거절할 수 있다. 무차별적인 질문은 공기업의 능률을 침해하고 공기업의 창의력을 저하시킨다고 보기 때문이다(박종희, 2005: 231).

대부분의 국가에서 공기업에 대한 회계검사 결과는 국회에 보고하도록 하고 있다.

그 밖에도 의회는 공기업과 관련한 법규의 제·개정, 청문회, 특별위원회의 설치, 국정감사[22] 등의 수단을 통해 공기업을 통제한다. 그러나 우리나라의 의회 통제는 특별한 경우를 제외하고는 가격, 투자, 자금 조달 등에 대한 통제는 거의 없고, 질의와 조사로서 공기업의 경영 전반에 대한 간접적인 통제에 그친다. 국회는 국정감사를 통해 일부 경영 상태나 특별한 비리, 그리고 노출된 사안에 대해 질의하는 데 중점을 두고 있으며, 청문회라든가 특별위원회를 설치하여 공기업 전반에 대한 검토와 연구를 하는 일은 드물다(윤성식, 1994: 233).

최근에 공기업의 책임경영과 더불어 자율성 확대 경향은 공기업의 재량권 남용 또는 공기업의 자의적 경영의 가능성을 높이고 있다. 그러므로 이러한 공기업의 재량권 남용을 방지하고, 국민에 대한 책임경영을 확보하기 위해서는 적정한 국회의 공기업 통제 방법이 강조되고 있다. 공단·공사형이나 주식회사형 공기업은 독자적 경영조직을 갖는 기관으로서 의회의 정치적 간섭을 배제하고, 정치상의 자율성을 확보하게 되지만 의회의 지배권을 전적으로 부정하는 것은 아니다.

국회를 통한 외부통제는 국민들의 민주적 요구 사항에 대한 순응성에 관한 것으로, 국민에 대한 경영의 책임성을 보장하기 위한 민주적 통제란 점이 특징이다(박명수, 1986: 280). 따라서 의회는 정부부서와는 별도로 공기업 경영의 전반적인 사항에 대해 특별위원회나 청문회를 통해 정부부서와는 다른 차원에서 공기업의 경영 전반에 대해 검토할 수 있는 장점이 있다. 특히, 민영화 같은 문제는 정부부서의 감사나

22) 우리나라는 1988년 「국정 감사 및 조사에 관한 법률」을 제정하여 국가기관, 광역자치단체와 함께 공공기관을 국정감사의 대상으로 규정하고 있다(동법 제7조).

경영평가에서는 제기될 수 없는 사항이므로, 의회가 행정부에 대한 견제의 차원에서 제기할 수 있는 의제 중의 하나라고 볼 수 있다(윤성식, 1994: 233).

2 정부에 의한 통제

정부에 의한 공기업 통제 방식은 역사적으로 가장 전통적인 방법이다. 정부에 의한 공기업 통제 방식은 최근 공기업의 자율성 및 독립성이 강조되면서 그 의미가 다소 약화되는 면도 없지는 않으나, 공기업의 자율적인 책임경영을 보완하기 위한 불가피한 제도로서 그 가치는 여전히 크다고 할 것이다.

공기업을 어떤 방식으로 운영하고 통제・감독하든지, 공기업의 관리・감독에 대한 최종적인 책임은 정부가 질 수밖에 없다. 궁극적으로 국민과 국회는 입법을 통해 공기업 관리를 정부에 위임해 두었기 때문이다.

정부에서 공기업을 통제하는 방법은 공기업과 관련한 주무부처별로 통제하는 방법과 통일된 한 부서나 기관에서 일괄적으로 통제하는 방법이 있다. 이를 일원적 감독구조와 이원적 감독구조로 설명하기도 한다(김용우, 2006). 즉, 전자는 수평적・기능적으로 분화된 정부조직을 이용해서 공기업을 통제하는 것을 말하고,[23] 후자는 별도로 공기업 감독기구를 만들어 통제하는 것을 말한다.[24] 실질적으로는 대부분의 나라에서 두 가지 방법을 병행해서 공기업 통제를 하고 있다.

최근에 공기업 민영화와 공기업 경영개혁 문제를 다루면서 공기업에 대한 국가소유권에서 기인하는 종합적인 구조조정의 문제는 통일된 정부의 한 부서나 기관에서 시행하고, 그 외의 산업정책적인 차원에서 시행하는 통제는 주무부서에서 시행하는 방향으로 나아가고 있다.

우리나라에서는 공기업 경영관리 감독(management control)은 경영지침을 중심

---

23) 정부조직은 '생산 부서'와 '기능 부서'로 구성된다. 생산 부서는 생산 활동과 관련되는 부서로서 우리나라의 경우, 농림축산식품부, 산업통상자원부 등이 이에 속하고, 기능 부서는 특정 기능의 수행을 책임지고 있는 부서로서 기획재정부, 고용노동부 등이 이에 속한다. 대체로 생산 부서 행정조직에서 공기업을 일원적인 관리 체제 하에 두고 있다(김용우, 2006: 231).

24) 정부조직의 계열을 떠나 독립적으로 운영하는 이원적 관리 체제에는 산업위원회, 지주회사, 관리위원회, 개발공사 등이 해당된다. 가령, 개발공사의 경우에는 이를 설립해서 모든 관련 공기업을 관리・감독해야 하기 때문에, 때로는 정부부처보다 높은 차원의 기구로 설립될 수도 있다. 이런 유형의 개발공사는 정부부처의 의존성을 줄이고, 업무 능력이 가시적으로 나타낼 수 있는 장점이 있다(김용우, 2006: 231-232).

으로 '공기업에 대해서는 기획재정부'가, '준정부기관에 대해서는 주무부처'가 하는 것을 원칙으로 하고 있다. 「공공기관의 운영에 관한 법률」 제51조에서는 "공기업의 경영지침 이행에 관한 사항은 기획재정부장관이 감독하고, 준정부기관의 경영지침 이행에 관한 사항은 주무기관의 장이 감독한다"고 규정하고 있다.

사업집행 감독(business control)은 주무부처 장관이 하는 것을 원칙으로 한다. "법령에 따라 주무기관의 장이 공기업·준정부기관에 위탁한 사업이나 소관 업무와 직접 관련되는 사업의 적정한 수행에 관한 사항과 그 밖에 관계 법령에서 정하는 사항에 대해서는 주무기관의 장이 감독한다"고 규정하고 있다(공공기관의 운영에 관한 법률 제51조 제3항).

그리고 공기업·준정부기관 전체에 대한 관리감독의 통일성과 효율성을 도모하기 위해 '공공기관운영위원회'를 두고 있다.

이 책에서는 먼저 정부부처에 의한 통제, 공공기관운영위원회에 의한 통제, 독립된 규제위원회 및 감사원에 의한 통제 순으로 정부에 의한 통제를 살펴보기로 한다.

1) 정부부처에 의한 통제

정부부처형 공기업은 주무장관의 직접 지휘·관리 속에 있어 경영 목표 수립에서 집행에 이르기까지 행정상의 통제를 받는다. 이는 불가피하게 공기업의 관료적 경영을 초래함으로써 능률적·신축적인 경영을 저해하는 원인이 되기도 한다.

공단·공사형과 주식회사형 공기업은 각각 독립된 이사회를 가지고 있기 때문에, 주무부처의 일원적 관리가 이루어지는 정부부처형에 비해 독립성이 보장된다.

그러나 공기업·준정부기관의 산업정책적 핵심적인 사항에 대해서는 주무부처에서 정관을 통해 통제하고 있다. 공기업·준정부기관은 정관에 대해 주무기관의 장의 인가를 받아야 하고, 인가받은 정관의 기재 사항을 변경하는 경우에도 또한 같다(공공기관의 운영에 관한 법률 제16조).

(1) 조직 설립의 자율성과 통제

정부에 의한 공기업 통제에서 가장 엄격하게 통제되어야 할 분야가 바로 공기업 설립 분야이다. 그런데 지금까지 우리나라에서는 주무부처의 자율적 판단에 의해 산하 공기업이 무분별하게 설립된 경향이 적지 않았다. 공기업이 신설될 경우에는 목적과 필요성에 대해 객관적인 기준을 통해 심사하는 일출심사(sunrise review)를 하고,

그림 6-3 공공기관 신설 타당성 심사 흐름도

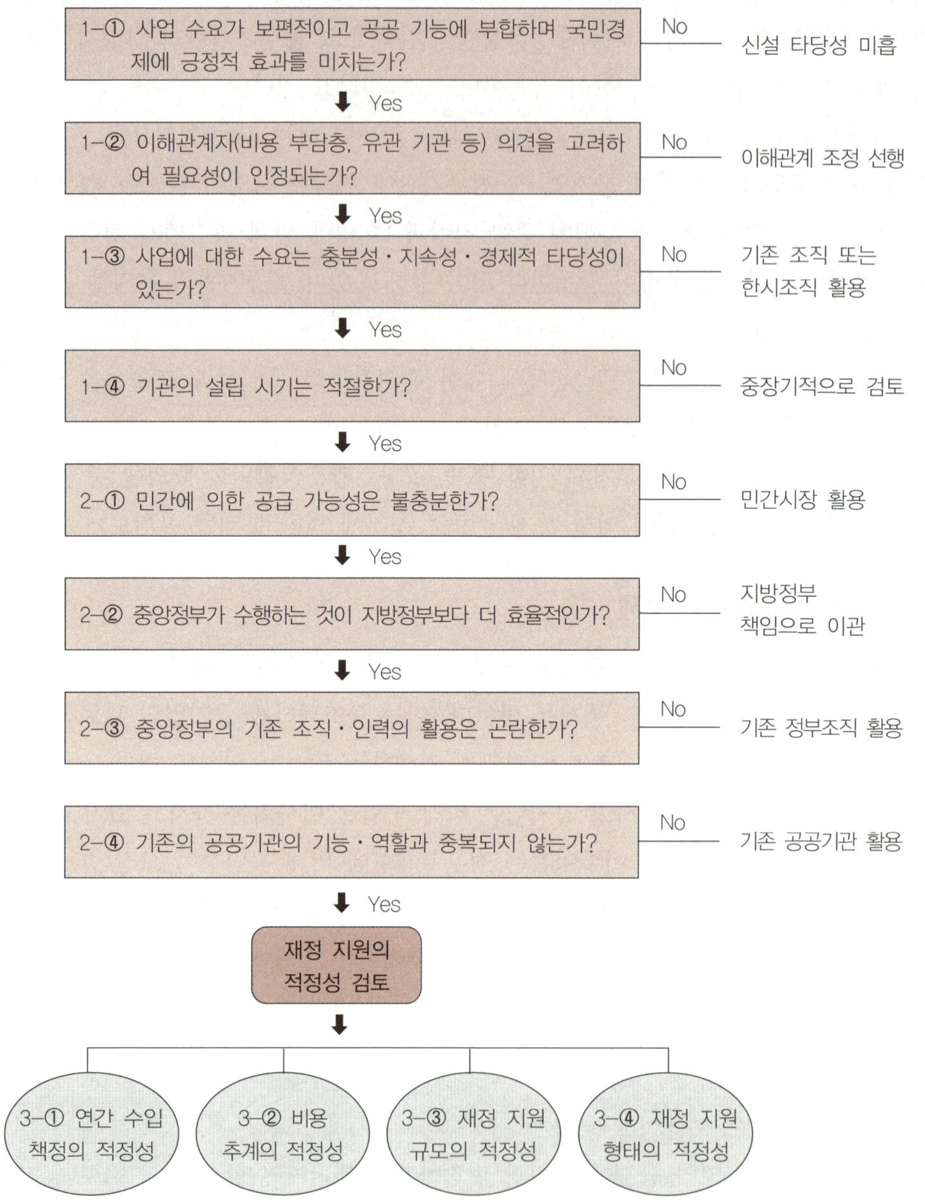

자료: 기획재정부(2011f).

또한 공기업 조직의 환경이 변함에 따라 공기업에 대한 수요의 변화와 그동안의 성과 등을 종합적으로 분석하여 존속의 필요성을 엄격히 평가하는 일몰심사(sunset review)가 필요하다. 특히, 존립의 필요성이 다했음에도 불구하고 정치적 이유에 의해 존속되는 기관에 대한 퇴출조치를 강구해야 한다(한국행정학회, 2002).

「공공기관의 운영에 관한 법률」은 기관 신설에 대해 엄격한 심사를 하도록 하고 있다. 동법 제7조에서 "공공기관을 신설하고자 할 때에는 주무기관의 장은 그 법률안을 입법 예고하기 전에 '기관 신설 계획서'를 작성하여 기획재정부장관에게 그 기관 신설의 타당성에 대하여 심사를 요청하여야 한다"고 규정하고 있다.[25] 그리고 심사를 요청받은 기획재정부장관은 [그림 6-3]과 같은 공공기관 신설 타당성 심사 흐름도에 따라 공공기관운영위원회의 심의·의결을 거쳐 기관 신설 및 재정 지원 등의 필요성과 효과 등을 심사하고, 그 결과를 주무기관의 장에게 통보하도록 규정하고 있다.

(2) 재정상의 자율성과 통제

정부부처형 공기업에서는 국가재정과 정부기업의 재정은 통합되어 있으므로, 정부기업 경영에 필요한 자금은 매년 의회가 승인하는 예산에 따라야 하고, 지출의 합법성에 대해 회계검사기구의 검사가 행해진다. 이로 인해, 정부기업은 일반회계에 비해 탄력적으로 운영되지만, 공사·공단형 및 주식회사형 공기업에 비해 신축성 있는 재무활동이 이루어지지 못하게 된다.

공단·공사형이나 주식회사형 공기업은 재정상 자기 책임의 원칙이 채택되어 채무에 대해 원칙적으로 국가가 책임을 지지 않는다. 필요한 추가자본은 채권 발행에 의해 자기 스스로 조달하여야 한다. 이러한 법인형 공기업은 재정적 독립에 의해 국가 예산에 의존하지 않으므로, 비교적 자주적인 재무 및 회계제도를 확립할 수 있다.

그러나 공기업 자본금의 전부 또는 일부를 국가가 출자하고 있으므로, 실질적으로는 기획재정부장관의 통제를 완전히 벗어날 수 없다.

구체적으로 재정상 통제는 ① 예산에 관한 통제, ② 공공기관 경영실적평가를 통한 통제, ③ 회계검사를 통한 통제, ④ 요금 결정에 의한 통제, ⑤ 자금 관리상 통제, ⑥ 이익금 처분에 관한 통제 등으로 분류할 수 있다.

먼저, 예산에 관한 통제로는 예산편성지침에서부터 예산의 확정·보고에 이르기

---

25) '기관 신설 계획서'에는 신설기관의 사업 범위, 신설기관이 제공하는 서비스·재화, 향후 5년 간의 연간 수입 및 정부지원 예산 소요, 향후 5년 간 조직·인력 운영계획, 기존에 설립된 유관기관 현황, 그 밖에 기획재정부장관이 요청하는 자료를 포함하여야 한다(기획재정부, 2011f).

까지 광범위하다. 「공공기관의 운영에 관한 법률」에서는 기획재정부장관은 공기업 · 준정부기관의 운영에 관한 일상적 사항 및 예산과 자금 운영에 관한 사항을 규정한 '경영지침'을 공공기관운영위원회의 심의 · 의결을 거쳐 정하고, 이를 공기업 · 준정부기관 및 주무기관의 장에게 통보하도록 규정하고 있다(동법 제50조).

경영실적평가를 통한 통제는 앞선 제5장에서 설명했으므로 여기서는 생략하기로 한다.

회계검사를 통한 통제는 회계검사원이 일반적 검사를 실시하는 것으로서, 우리나라의 경우 각 공기업의 설립법에 명문의 규정이 있는 경우도 있지만, 「감사원법」의 규정에 의해 모든 공기업은 감사원의 감사 대상이 되고 있다. 이에 대해 자세한 내용은 제12장에서 다시 논의하기로 한다.

요금 결정에 의한 통제는 공기업이 생산하는 재화나 서비스의 요금은 총괄원가에 적정투자 보수를 합한 금액으로 하되, 주무부장관이 물가관리 부서 장관과 협의하여 결정하는 방식을 택하고 있다. 이에 대해 자세한 내용은 다음 제3항에서 다시 설명하기로 한다.

자금 조달에 관한 통제는 정부부처형 공기업과 공단 · 공사형이나 주식회사형 공기업은 다르게 통제되고 있다. 정부부처형 공기업의 자금 조달에 관해서는 「정부기업예산법」에서 "특별회계는 그 사업에 필요한 시설의 건설 또는 개량이나 그 사업 운영을 위하여 부득이한 경우, 그 지출에 있어서 자금이 일시적으로 부족할 때에는 일시차입을 할 수 있다"고 규정하고 있다(동법 제11조). 그러나 공단 · 공사형 및 주식회사형 공기업인 공기업 · 준정부기관의 경우에는 공공기관의 장기차입금의 차입 및 사채의 발행과 그 상환 계획은 이사회의 의결 사항으로 규정하고 있다(공공기관의 운영에 관한 법률 제17조). 여기에 대해서도 제12장에서 자세하게 다루기로 한다.

이익금 처분에 관한 통제는 정부부처형 공기업과 공단 · 공사형 및 주식회사형 공기업을 구분하여 통제하고 있다.

정부부처형 공기업에서는 "특별회계에서 매 회계연도의 결산 결과 이익이 생겼을 경우에는 이를 적립금 및 잉여금으로 적립하고 결손이 생겼을 경우에는 적립금 및 잉여금 중에서 결손을 정리한다. 다만, 필요하다고 인정할 때에는 국무회의의 심의를 거쳐 대통령의 승인을 받아 결산 결과 생긴 적립금 및 잉여금의 전부 또는 일부를 일반회계에 전입할 수 있다"고 규정하여 이익금의 자율적인 자기처분 권한을 크게 제한하고 있다(정부기업예산법 제21조).

공단 · 공사 및 주식회사형 공기업인 공기업 · 준정부기관의 경우에는 결산상 발생한 이익 및 손실의 처리는 각 공공기관의 설립법 또는 당해 기관의 정관에서 별도로 규정하고 있다. 다만, 「공공기관의 운영에 관한 법률」에서 '공기업은 이익준비금, 사업확장적립금 및 그 밖의 준비금 또는 적립금을 자본금으로 전입하고자 하는 때에는 이사회 · 주주총회 등 관련 절차를 거치기 전에 기획재정부장관과 미리 협의하도록 하고, 그 사실을 주무기관의 장에게 보고하도록 규정하고 있다(동법 제43조의2).

지방공기업의 이익금 처분에 대해서는 「지방공기업법」에 규정하고 있다(「동법」 제37조). 대표적으로 우리나라 시장형 공기업인 한국전력공사와 지방직영기업의 이익금 처분 방식을 비교하여 설명하면 [표 6-2]와 같다.

표 6-2 공기업 이익금 처분 순위

공기업명	1순위	2순위	3순위 이상
한국전력공사	이월손실금 보전	자본금의 1/2에 달할 때까지 이익금의 2/10 이상 이익적립금에 적립	3순위: 주주배당 4순위: 사업확장적립금 적립 5순위: 배당평균적립금 적립 6순위: 이월이익잉여금
지방직영기업	이월결손금 보전	자본금의 1/2에 달할 때까지 이익금의 1/10 이상 이익적립금에 적립	조례가 정하는 바에 의해 감채적립금 또는 건설개량적립금으로 적립하거나 특별회계 납부금으로 지출

자료: 「한국전력공사법」 제14조, 「지방공기업법」 제37조.

(3) 인사상의 자율성과 통제

정부부처형 공기업의 직원은 일반 정부공무원과 동일하므로 「국가공무원법」이 적용을 받는다. 그러나 공단 · 공사형 및 주식회사형 공기업의 직원 및 종업원은 통상 「국가공무원법」의 적용에서 제외되므로, 해당 공기업의 독자적인 인사규정에 의해 관리된다. 공공기관은 국가와는 별도의 독립된 법인이므로 그 직원은 국가공무원이 아니라 공기업 자체의 고용 근로자이다.

그러므로 공공기관은 독자적으로 공기업의 관리에 적합한 직원을 채용하고, 또 승진에 관해서도 독자적인 인사관리 제도를 운영할 수 있는 자율성을 가진다. 다만, 공공기관의 임직원이 직무 외의 영리를 목적으로 하는 업무에 종사하는 경우에는 일정한 통제를 받고 있다. "공기업 · 준정부기관의 상임임원은 그 임명권자나 제청권자의 허가를 받은 경우, 공기업 · 준정부기관의 직원은 기관장의 허가를 받은 경우를 제외하고는 공기업 · 준정부기관의 상임임원과 직원은 그 직무 외의 영리를 목적으로 하는 업무에 종사하지 못한다"(공공기관의 운영에 관한 법률 제37조). 또한 위법행위로 인한 벌칙 적용에 있어서 공무원으로 의제된다. 「공공기관의 운영에 관한 법률」은 "공기업 · 준정부기관의 임직원은 「형법」 제129조(수뢰, 사전수뢰) 내지 제132조(알선수뢰)의 적용에 있어서는 이를 공무원으로 본다"고 규정하고 있다(동법 제53조).

(4) 법률상의 자율성과 통제

이미 설명한 바와 같이 정부부처형 공기업은 「정부조직법」에 의해 설립되지만, 공단 · 공사형 및 주식회사형 공기업은 정부나 의회와는 독립된 법인으로서, 원칙적으로 의회에서 제정한 설립법에 의해 창설된다. 따라서 정부부처형 공기업이 법률적으로 국가에 소속된 하나의 기관으로서 법인격과 당사자 능력이 없는 데 비해, 공단 · 공사형 및 주식회사형 공기업은 국가와는 별도로 독립된 법인이므로 설립법에 의해 독자적인 권리 · 의무를 가진다. 즉, 공단 · 공사 및 주식회사형 공기업은 법인격과 당사자 능력을 가진 법률상의 자율성을 부여받는다. 또한 과세에서도 공단 · 공사나 주식회사형 공기업은 정부부처형 공기업과 달리, 독자적 법인체로서 법인의 권리 · 의무가 부여되므로 조세를 납부할 의무가 있다.

2) 공공기관운영위원회에 의한 통제

(1) 공기업 소유권 행사기관

정부-공기업 관계에서 행정주체로서 정부 역할은 앞에서도 강조한 바와 같이 정부의 공기업에 대한 소유권에서 근원하는 정부의 공기업에 대한 감독 · 통제권을 명확하게 하는 데서 비롯된다. 「공공기관의 운영에 관한 법률」에서는 정부조직 내에서 공기업의 행정주체 역할을 수행하도록 '공공기관운영위원회'를 만들고, 이 기구로 하여금 공기업에 대한 외부 감독의 핵심기구 역할을 하도록 하고 있다. 구체적인 예로, 공기업의 비상임이사, 선임비상임이사 및 감사 등 공기업의 견제 임원진을 임명할 때에는 이 기구에서 심의 · 의결하도록 의무화하고 있다. 그 밖에도 경영실적평가, 이와 연계한 상임이사의 해임 건의 등과 경영공시, 경영지침과 관련한 중요한 사항을 '공공기관운영위원회'에서 심의 · 의결하도록 한 것은 제도적으로 정부가 공기업 행정주체로서의 역할을 강조한 조치라고 할 수 있다. 이는 정부의 공기업에 대한 소유권과 여기서 유래하는 관리 · 감독권을 강화하는 측면에서 볼 때 의미가 있다고 할 것이다.

표 6-3 공기업 소유권 및 관리·감독권 일원화

국가별	주요 내용
프랑스	• 2004년 경제재무성 내에 소유권 전담기관 설치 (APE: Agence des Participation del Etat)
영국	• 2003년 수상실(Cabinet Office)에 전담기관 설치 (Shareholder Executive)
스웨덴	• 2002년 산업노동통신부에 전담기관 설치 (Division for State Enterprises)
뉴질랜드	• Treasury 내 CCMAU와 State Services Commission이 공동관리 *Crown Company Monitoring Advisory Unit
기타	• 네덜란드, 스페인 등도 소유권 전담기관 설치

자료: OECD(2005), 기획예산처(2005).

실질적으로 공기업의 감사를 임명할 때 동 위원회와 기획재정부장관이 얼마나 영향력을 행사하는가 하는 것은 운영상의 문제이고, 제도적인 측면에서 볼 때에는 진일보한 것이라 평가할 수 있다. [표 6-3]에서 보는 바와 같이 1990년대 말 이후 선진 각국은 공기업 관리·감독 체계의 정비 노력을 적극적으로 추진하고 있으며, 통일성 있고 전문성 있는 소유권 정책을 위해 소유권 행사 기능을 한 기관에 집중하고 있다.

(2) 운영위원회의 구성

공공기관운영위원은 국무총리실을 비롯한 관계 행정기관의 차관급으로 구성되는 정부위원과 기획재정부장관의 추천으로 대통령이 위촉하는 임기 3년의 11인 이내의 민간위원으로 구성된다(공공기관의 운영에 관한 법률 제9조).

공공기관운영위원회는 「공공기관의 운영에 관한 법률」과 「동법 시행령」에 따라 위원회 산하에 [표 6-4]와 같은 소위원회를 운영하고 있다. 소위원회는 관련 안건에 대

표 6-4 공공기관운영위원회 소위원회별 심의 사항

구분	내용
인사소위원회	공기업·준정부기관 임원 임면, 조직운영, 정원·인사관리 등에 관한 사항 심의
기능개선 소위원회	공공기관 지정·지정해제, 기관신설, 기능조정, 혁신 지원, 협업활성화 지원 등에 관한 사항 심의
경영평가 소위원회	경영평가, 이의신청, 개선 등에 관한 사항 심의

자료: 기획재정부(2020d).

해 심도 있는 논의를 진행하고, 그 심사 결과를 위원회에 보고하도록 함으로써 위원회 의사결정을 지원하고 있다(기획재정부, 2020d).

(3) 운영위원회의 역할

'공공기관운영위원회'는 공기업의 엄격한 감독자(controller)인 동시에 적극적인 보호자(protector)로서 역할도 함께 수행해야 한다. 공기업 임직원들이 소신껏 업무를 수행하고 사후적으로 그 경영 결과에 대해서만 책임을 지는 환경을 위원회가 조성해 주어야 한다. 정치권이나 주무부처 공무원들이 공기업 임직원들에 대한 임명권 또는 추천권을 활용하여 업무수행 과정에 관여함으로써, 사적 이익을 추구하는 경로로 활용할 가능성이 있다. 또한 공기업에서 영향력이 있는 외부 이해관계자들은 공기업에 유리한 정책을 마련해 준다는 빌미로 자기들의 애로 사항을 해결하기 위해서 공기업 임직원을 사적인 '포획 경로(capture path)'로 활용할 개연성도 있다.

공기업의 실질적 자율경영을 보장하기 위해 '공공기관운영위원회'에서는 주무부처 및 관련 기관으로 하여금 부득이하게 공기업 경영에 관여해야 하는 사항을 명시적으로 엄격하게 규정해 주고, 나머지 사항에 대해서는 전적으로 공기업의 자율에 맡기는 철저한 '네거티브 시스템(negative system)'을 구축해 주어야 한다. 이런 맥락에서 「공공기관의 운영에 관한 법률」 제51조에서는 "기획재정부장관과 주무기관의 장은 공기업·준정부기관의 자율적 운영이 침해되지 아니하도록 이 법이나 다른 법령에서 그 내용과 범위를 구체적으로 명시한 경우에 한하여 감독하고, 기획재정부장관과 주무기관의 장은 공기업·준정부기관에 행하는 감독의 적정성 여부를 점검하고, 공공기관운영위원회의 심의·의결을 거쳐 개선에 필요한 조치를 취하여야 한다"고 규정하고 있다. 즉, 공기업의 자율적 경영의 실효성을 공공기관운영위원회가 지켜 나아가도록 명시하고 있다.

'공공기관운영위원회'는 공기업의 자율적 책임경영뿐만 아니라 공기업의 민영화까지 총괄하는 역할을 수행하고 있다. 정부에서는 현재 공기업에서 수행하고 있는 많은 업무에 대해 점차 규제 완화를 통해 경쟁을 촉진하고, 언젠가는 민간 이양 또는 민영화가 이루어지는 방향으로 나아가도록 방향을 설정하고 있다. 「공공기관의 운영에 관한 법률」 제14조에서는 "기획재정부장관은 주무기관의 장과 협의한 후 운영위원회의 심의·의결을 거쳐 공공기관이 수행하는 기능의 적정성을 점검하고, 기관 통폐합·기능 재조정 및 민영화 등에 관한 계획을 수립하여야 한다"고 규정하여 공공기관의 종합적인 구조조정과 민영화 계획 수립은 공공기관운영위원회에서 주도적으로 수행하도록 명시하고 있다. 다만, 그 실행은 주무부처 장관에게 일임하고 있다. 「동법」 동조 제2항에서는 "주무기관의 장은 수립된 민영화 계획을 집행하고, 그 실적에 관한 보고서를 기획재정부장관에게 제출하여야 한다"고 규정하고 있다. 또한 「동법」 동조 제3항에서는 "기획재정부장관은 민영화 보고서의 내용을 분석하여 집행 실태를 확인·점검한 후 필요한 때에는 운영위원회의 심의·의결을 거쳐 원활한 계획집행을 위하여 필요한 조치를 주무기관의 장에게 요구할 수 있다"고 규정하고 있다.

제4장 공기업의 민영화에서 살펴본 바와 같이 우리나라에서는 당초에 계획되었던 많은 민영화 대상 기관들의 민영화 작업이 원활하게 이루어지지 않고 있다. 이는 국민 정서 및 노조의 반대, 그리고 주식시장 등 많은 정치·경제적 요인이 복합적으로 작용했지만, 민영화의 집행을 주무부처에 맡겨 놓았기 때문에, 그 집행이 계획한 대로 이루어지지 않고 있는 것으로 판단된다. 주무부서에서는 자기의 영향력 하에 있는 공기업을 되도록 많이 남겨 놓으려는 부처 및 관료들의 이기주의 때문에, 민영화하는 작업에 소극적일 수밖에 없다. 이런 점을 감안하여 기획재정부와 공공기관운영위원회는 앞에서 설명한 바와 같이 지지부진하게 진행되고 있는 공공기관의 민영화를 촉진하고, 공공기관의 민영화를 비롯한 기능 조정을 원활하게 수행할 수 있는 토대를 마련하였다. 기획재정부장관은 공공기관운영위원회의 심의·의결을 거쳐 국가 및 공공기관이 보유한 재산의 처분을 한국자산관리공사에 위탁할 것을 주무기관의 장에게 요구할 수 있도록 함으로써 민영화 실천의 제도적 장치를 마련하였다(공공기관의 운영에 관한 법률 시행령 제18조 제3항 신설).

3) 독립된 감독기구에 의한 통제

통상적으로 행정규제 담당부서는 정책 담당부서와 분리되어야 전문성과 독립성을 가지고 일관되고 공정한 업무수행이 가능하다. 이런 취지에서 대부분 국가에서 공익사업에 대한 정책 기능과 규제 기능은 분리하여 운영하고 있다. 규제 기능은 독립성과 전문성을 위해 별도의 감독위원회에서 담당하도록 하고 있다.

공기업과 관련한 독립규제위원회에는 특별히 산업별로 해당 산업에 종사하는 공기업만을 통제하는 '산업별 규제위원회'와, 특별한 산업에 한정하지 않고 일반 행정기관과 같이 모든 분야를 통제하는 '독립규제위원회'로 나누어 볼 수 있다.

(1) 산업별 규제위원회

산업별 규제위원회는 해당 공기업이 참여하고 있는 산업별로 위원회를 설치해 당해 산업에 설치·운영되고 있는 감독기관을 말한다. 이러한 감독기관은 산업별로 필요한 정보를 확보할 수 있으며, 산업에서 차지하는 공기업의 역할을 파악하여 공기업이 산업 발전에 기여할 수 있게 하고 있다(김용우, 2006).

우리나라의 전기위원회가 대표적인 산업별 규제위원회라고 할 수 있다. 전기위원회는 ① 심의 기능(사업 허가, 요금 인가, 시장운영규칙 승인 등), ② 재정 기능(사업자 간, 사업자와 소비자 간 각종 분쟁의 조정), ③ 조사 기능(공익 보호 필요시 또는 금지행위 위반 시 사실조사), ④ 전력산업 구조 개편의 지속적 추진 등의 역할과 기능을 수행한다.[26]

(2) 독립규제위원회

공기업과 관련된 독립된 위원회는 공정거래위원회, 국민권익위원회 등을 들 수 있다.

우리나라의 공정거래위원회는 국무총리 소속의 장관급 중앙행정기관이자 합의제 준사법기관으로서 경쟁정책을 수립·운영하며, 공정거래와 관련한 사건을 심결·처리하는 역할을 담당한다. 공정거래위원회는 독립된 기관으로서 어느 누구의 간섭이나 지시도 받지 않고 독자적으로 업무를 수행할 수 있다.

우리나라 공정거래위원회는 대규모 공기업의 불공정 거래 또는 자회사와의 부당 내부거래 등에 대해 실효적인 통제를 가하고 있다.[27]

국민권익위원회도 국무총리 소속의 장관급 중앙행정기관이다. 국민권익위원회는 「부패방지 및 국민권익위원회의 설치와 운영에 관한 법률」에 법적 근거를 두고, 고충 민원의 처리와 이와 관련된 불합리한 행정제도 개선, 공직사회 부패 예방·부패행위 규제를 통한 청렴한 공직 및 사회풍토 확립, 행정쟁송을 통해 행정청의 위법·부당한 처분으로부터 국민의 권리를 보호하기 위해 설립되었다.

우리나라 국민권익위원회는 공기업의 청렴도와 구조적 부패 문제에 대해 실효적

26) 2001년 설립된 전기위원회는 법적·제도적 장치를 마련하여 전기사업자가 전력시장에서 공정하게 경쟁할 수 있게 만들고, 전력시장이 제대로 돌아가는지 감시하기 위해 필요한 다양한 장치들을 만들어내고 있다. 또한 전기사업자의 불공정한 행위로 전기 소비자가 피해를 입지 않도록 감시하며, 더 나은 서비스를 제공하기 위해 전력산업 구조 개편을 추진하기도 한다.

27) 공정거래위원회는 현재 경쟁 촉진, 소비자 주권 확립, 중소기업의 경쟁 기반 확보 및 경제력 집중 억제 등 크게 네 가지의 업무를 수행하고 있으며, 이를 위해 「독점규제 및 공정 거래에 관한 법률」 등 9개 법률을 운용하고 있다.

인 통제를 가하고 있다.

4) 감사원에 의한 통제

감사원에 의한 공기업에 대한 통제는 일상적인 회계검사와 직무감찰뿐만 아니라 전반적인 공기업의 정책 방향을 검토하는 정책감사까지 포함한다. 이는 모든 공기업이 감사원의 검사를 받도록 되어 있는 「감사원법」에 근거를 두고 있다. 즉, 국가 또는 지방자치단체가 자본금의 1/2 이상을 출자한 법인의 회계는 필요적 검사 사항으로 되어 있고, 국가 또는 지방자치단체가 자본금의 일부를 출자한 자의 회계는 선택적 검사 사항으로 되어 있다.

「공공기관의 운영에 관한 법률」에서도 "감사원은 「감사원법」에 따라 공기업·준정부기관의 업무와 회계에 관하여 감사를 실시할 수 있다"고 규정하고 있다(동법 제52조). 감사원이 실시한 감사에서 지석된 사항과 처분요구 사항 빛 그에 대한 조치계획에 대해서 공기업·준정부기관은 국회 소관 상임위원회에 지체 없이 제출하여야 한다(동법 제52조의2).

감사원의 통제에 대해서는 제12장에서 다시 살펴보기로 한다.

3 공공요금 규제에 의한 통제

정부의 공기업 관리에서 중요한 분야의 하나가 공공요금 가격관리 정책이다. 공공요금은 국민경제 및 국민생활에 미치는 파급 효과가 클 뿐만 아니라 공기업의 재무적 성과 등 경영 결과에도 중요한 영향을 미치기 때문에, 공기업 관리의 중요한 수단이 되고 있다.

공기업이 생산한 재화나 서비스의 가격결정은 독립된 사업주체인 공기업 경영자율성 확보의 필수적 요소로 작용하고 있다.

그러나 국가적 목적을 위해 민간기업의 경우에도 생산한 재화나 서비스 가격 결정에 대한 정부의 통제가 존재하는 것과 마찬가지로, 공기업의 경우에도 가격 결정에는 많은 규제가 따를 수밖에 없다.

1) 공기업 가격 규제의 의미

공기업이 생산하는 재화나 서비스에 대한 가격인 공공요금의 결정 및 관리에 정부가 영향을 미치는 것은 통제라는 용어보다는 규제라는 말이 정확할 것이다. 왜냐하면, 정부의 공기업에 대한 가격통제는 '구체적으로 법령·규칙에 의한 일정한 기준에 의해 관리'되어야 하기 때문이다. 정부의 공기업에 대한 전반적인 감독의 의미인 통제와는 다소 차이가 있다.[28)]

메이어(Meier, 1985)는 "규제란 국민이나 기업 또는 준정부의 행태를 통제하려는 정부의 의도적인 기도"라고 하고, 최병선(1988)은 "규제란 정부가 사회적으로 바람직한 경제사회 질서를 형성, 유지하기 위해 기업이나 개인의 자유로운 경제 의사결정 또는 경제 행위에 대해 소극적으로 제약을 가하거나, 또는 적극적으로 유인을 부여하는 일체의 정부 의사결정이나 행위"라고 하여 규제에서 '정부의 역할'을 강조하고 있다.

정부의 공기업 가격규제를 정부의 공기업 공공요금 관리와 관련하여 정의한다면 "정부에서 사회·경제적으로 바람직한 상태를 유지하기 위해 공기업의 가격 의사결정이나 행동에 의도적으로 제약을 가하는 금지, 육성, 중재 기능"이라고 하겠다.

2) 공공요금 결정기구

공기업이 생산하는 재화나 서비스에 대해서는 흔히 공공요금이라는 용어를 사용하고 있다.[29)] 공기업이 아닌 공익기업에서 생산하는 재화나 서비스도 함께 관리해야 하는 현실적 이유 때문에, 포괄적으로 공공요금이라고 하고 있다.

공공요금 결정 기준 또는 공공요금 결정 원칙은 대부분의 국가가 공기업의 설립법에 규정하거나 특별법으로 명시함으로써, 독점적 성격을 갖는 공기업 요금의 합리성과 타당성을 확보하려고 한다.

일반적으로 공공요금 결정에서는 기본적으로 원가보상주의 원칙이 법제화되어 있는데, 이러한 원가보상주의가 국가의 정책적 요청에 의해 지켜지지 않는 경우가

---

28) '규제(regulation)'와 '통제(control)'는 유사한 용어이나 규제는 일반적 감독의 의미인 통제에 비해 구체적인 법령·규칙에 의한 일정한 통제를 말한다(이승녕 외, 1991). 따라서 정부의 공공요금의 관리는 정부의 공기업에 대한 전반적인 업무를 감독하는 의미인 통제보다는 규제라고 하는 것이 타당할 것이다. 미트닉(Mitnick, 1980)은 "규제란 직접 당사자나 관련자가 아닌 실체(entity)가 대상자의 행동 선택에 의도적으로 제약을 가하는 과정으로 금지, 육성, 중재의 기능"이라고 했다.

29) '가격(price)', '요금(rate)'이라는 용어는 우리말로 모두 '값'이라고 할 수 있다. 가격은 재화나 서비스에 대한 대가가 발생할 때의 개념이고, 요금은 대가를 지불할 때의 개념이다(박영희 외, 2005). 이 책에서는 공기업 요금 결정과 같이 재화나 서비스의 가치 발생 시점을 강조할 경우에는 경제적인 의미인 '가격'을 사용하고, 공공요금 관리와 같이 재화나 서비스의 가치 발생 이후 활용 시점을 강조할 경우에는 사회적 의미인 '요금'이라는 용어를 쓰기로 한다.

많다. 이른바 장애인이나 노약자에게 공공요금을 면제 또는 할인해주는 공적 부담(public service obligation)이 그것이다. 이때 공적 부담으로 생긴 적자 때문에 공기업의 수지 균형을 유지할 수 없는 경우가 발생한다. 이는 원칙적으로 국가 등 외부기관이 그 적자분을 보전해야 하나, 공공 서비스 생산자인 공기업이 부담하는 경우가 많이 있다. 일반적으로 적자분 보전에 대해 누가 부담하는지에 대해 법률로 특별히 규정하여야 하나, 다양한 이해관계자가 관련된 입법 과정의 어려움으로 인해 대부분 공기업 자체에서 부담하게 된다.

이러한 맥락에서 공공요금은 누가 결정하는가(요금 결정기구)가 중요한 이슈이다. 요금 결정 원칙이 원가보상주의를 기본으로 한다고 하더라도 구체적으로는 여러 이해당사자 간의 대립이 생기고, 그 결과는 국민과 국민경제에 미치는 영향이 적지 않기 때문이다. 어느 나라에서나 요금 결정이 민주적이면서도 공정하게 이루어질 수 있도록 그 결정기구는 법제화하는 것이 일반적이다. 공기업 요금의 결정기구로는 다음의 몇 가지 형태로 유형화할 수가 있다(안광일, 1994: 188-192).

첫째, 의회가 공공요금을 결정하는 경우이다. 이는 무엇보다도 요금 결정의 민주성을 확보하기 위한 방법이다. 그러나 실제로는 요금이 정치적 요인에 의해 대자본가 중심으로 결정될 가능성이 많고, 협상 지연으로 기업 경영을 경직시킨다는 것이 단점으로 지적되기도 한다.

둘째, 정부가 결정하는 경우이다. 이는 의회가 결정하는 것에 비해 정치적 영향이 적고 결정의 전문성을 확보할 수 있지만, 물가 등 정부의 공공요금과 관련된 정책 방향에 따라 요금의 합리적 결정이 왜곡될 가능성이 있다.

셋째, 위원회가 결정하는 경우이다. 이는 정치적으로 독립된 위원회에서 공공요금을 결정함으로써, 결정의 합리성과 전문성을 확보할 수 있는 장점이 있다. 반면에, 공정한 위원회 구성의 어려움과 위원 간의 협상 지연으로 적절한 시기를 놓칠 위험이 있다.

넷째, 공기업 자체에서 결정하는 경우이다. 이는 이미 경쟁 관계에 있는 다른 기업이 있어 규제의 필요성이 없는 경우에 고려할 수 있는 제도이다. 그러나 사업 내용이 독점적일 경우, 공기업 자체에서 요금을 결정하는 것은 많은 문제점을 내포하고 있다.

공공요금 결정기구를 몇 가지로 유형화하여 보았지만 반드시 한 기구에서 요금을 전적으로 결정하기보다는 필요에 따라 몇 가지 결정기구가 함께 참여하고 협상하여 결정하거나, 또는 승인하는 절차와 시스템을 가지고 있는 것이 일반적이다.

3) 우리나라 공공요금 관리 체계

어느 나라를 막론하고 공공요금의 결정과 관리 방법은 수시로 변경되기 때문에, 단정적으로 설명하기에는 어려움이 많다. 우리나라의 중앙행정부서에서 관리하고 있는 공공요금은 대부분 주무부처 장관이 물가관리 주무부처인 기획재정부장관과 협의하여 결정하는 방식을 택하고 있다. 다만, 기획재정부장관은 공공요금에 관한 협의를 할 때에 원가 산정의 적절성, 소비자 부담, 국민경제에 미치는 효과 등에 관해 전문가에게 자문을 구할 수 있다.

표 6-5 공공요금 결정 원칙과 주체

결정 원칙	총괄원가 = 적정원가 + 적정투자 보수
결정주체	주무부처 장관(기획재정부장관과 협의)

공공요금은 [표 6-5]에서 보는 바와 같이 공공 서비스의 제공에 소요되는 총괄원가를 보상하는 수준에서 결정해야 한다. 총괄원가는 공공 서비스를 제공하는 자가 성실하고 능률적으로 경영한다는 전제 하에 해당 공공 서비스를 제공하는 데에 드는 적정 원가와 해당 공공 서비스의 제공에 사용되는 자산에 대한 적정 투자 보수를 더한 금액으로 한다. 적정 원가, 적정 투자 보수, 그 밖에 공공요금의 산정에 필요한 세부기준은 기획재정부장관이 정한다. 다만, 주무부장관이 다른 산정 방식에 따르는 것이 합리적이라고 인정하는 경우에는 기획재정부장관과 협의하여 그 산정 방식에 따를 수 있다. 공공요금을 산정하는 대상기간은 1회계연도로 하되, 주무부장관은 공공요금의 안정성, 물가 변동, 그 밖에 경제 상황의 변화 등을 고려하여 신축적으로 조정할 수 있다(물가안정에 관한 법률 제4조 및 동법 시행령 제6조).

[표 6-6]에서 보는 바와 같이 수도사업 · 공업용수도사업 · 하수도사업 등 지방직

표 6-6 지방직영기업 공공요금 결정 원칙과 이념

결정 원칙	총괄원가 = 영업비용 + 자본비용
결정 이념	적정성 + 지역 간 형평성 + 원가 보상성 + 기업 계속성
대상 공공요금	수도사업 · 공업용 수도사업 · 하수도사업

영기업의 급부에 대해 지방자치단체는 조례로 정하는 바에 따라 공공요금을 징수할 수 있다. 지방직영기업의 요금은 중앙부처 공공요금 산정 방식과 마찬가지로 영업비용에 당해 지방직영기업의 자본비용을 가산하여 산정한다. 그 요금은 적정해야 하고, 지역 간 요금 수준의 형평을 도모해야 하며, 급부의 원가를 보상하면서 기업으로서 계속성을 유지할 수 있도록 결정되어야 한다(지방공기업법 제22조, 동법 시행령 제2조의2).

표 6-7 지방공공요금 결정주체

결정주체	결정 과정	결정 대상
위원회 자치단체장	지방물가심의위원회 심의 → 지방자치단체장 결정	도시가스료, 지하철료, 시내버스료, 택시료 등 4종
위원회 의회	지방물가심의위원회 심의 → 지방의회 의결 → 조례 공포	상수도료, 하수도료, 공연예술 관람료, 문화시설 입장료, 정화조 청소료, 쓰레기 봉투료 등 6종

자료: 이상철 · 권영주(2011).

우리나라 지방공공요금의 결정주체는 결정 방식과는 달리 약간의 차이를 보이고 있다. [표 6-7]에서 보는 바와 같이 도시가스료, 지하철료, 시내버스료, 택시료 등 4종에 대해서는 지방물가심의위원회의 심의를 거쳐 지방자치단체장이 결정한다. 상수도료, 하수도료, 공연예술 관람료, 문화시설 입장료, 정화조 청소료, 쓰레기 봉투료 등 6종에 대해서는 지방물가심의위원회 심의를 거쳐 지방의회 의결을 통해 조례로 공포한다.

각 지방자치단체에서는 관계 법령과 「조례」를 통해 지방 공공요금의 결정주체와 방식을 구체적으로 규정하고 있다.

부산도시철도의 경우, 도시철도요금 결정과 관련된 「도시철도법」,[30] 「도시철도법 시행령」, 「부산교통공사설치조례」 등에서 요금 조정 시 운임조정위원회의 의견을 듣도록 되어 있으며, 부산광역시물가대책위원회가 운임조정위원회의 역할을 하도록 규정되어 있다. 부산광역시물가대책위원회는 25인 이내의 위원으로 구성되며, 물가와 관련된 기관 및 단체의 장, 시의회의원, 교수, 언론인, 관계 전문가 및 소속 공무원 중

30) 「도시철도법」 제15조의2(운임의 신고 등) ① 도시철도 운영자는 도시철도의 운임을 정하거나 변경하는 경우에는 시 · 도지사가 정하는 범위에서 운임(運賃)을 정하여 시 · 도지사에게 신고하여야 한다.

에서 시장이 임명 또는 위촉하도록 되어 있다.

4) 공기업의 요금 결정 체계

(1) 공기업 요금의 특징

① 공기업 요금의 일반적 특징

공기업의 요금 문제가 사회의 논쟁거리가 되는 것은 무엇보다도 공기업이 제공하는 서비스가 한 국가의 경제에서 산업 기반적이거나 생활필수적인 것이며, 나아가 독점적 성격을 띠고 있기 때문이다. 즉, 공기업의 서비스는 공공 서비스이므로 그 서비스의 가격이 높은가 낮은가, 혹은 공평한가 불공평한가는 국민경제에 미치는 영향이 실로 크다고 할 것이다. 이로 인해, 공기업 요금 문제는 늘 사회의 주목을 받고 있다.

또한 공기업 요금은 국가정책 수행의 수단으로 이용되는 경우가 많다. 예를 들어, 국가의 저물가정책이라든가 에너지 절약정책의 필요에 따라 공기업 요금이 직접 통제되며, 요금 결정 원칙에 대해서도 입법(지방자치단체의 경우 조례)에 의해 규제되는 것이 보통이다. 이와 같이 공기업 요금에는 민간기업에 대한 규제와는 달리 공공규제가 엄격하게 이루어지고 있는 것이다(안광일, 1994: 173-174; 안용식, 1996: 287-288).

공기업 요금은 원칙적으로 최대 이윤 원칙이 부정되기 때문에, 서비스의 제공에 따른 적정 비용 보상을 목표로 하고 있다. 적정 이윤은 인정되어도 최대 이윤을 목표로 한 요금정책은 허락되지 않는다. 한편, 국가의 정책 목표를 실현하기 위해 적자가 발생하는 경우도 있으며, 이러한 경우에는 독립채산제를 유지하기 위해 국가에 의한 적자 보전이 이루어지게 된다(大島國雄, 1976: 169-170).

한편, 공기업이 판매하는 재화나 서비스에 대한 요금규제는 중요한 공기업의 통제 수단이다. 공공요금 인하는 공기업의 비용 절감을 강요하게 되고, 그 인상은 방만 경영의 요인이 될 수 있다. 공공요금의 인상은 국민의 입장에서 본다면 세금 인상과 같은 효과를 가져온다. 세금이란 정부가 국민들에게 행정 서비스를 제공하고 반대급부로 받는 것이다. 공기업의 요금도 마찬가지로 공기업이 서비스를 제공하고 요금을 징수하는 것이므로, 공기업 요금의 인상은 일종의 세금 인상과 같은 효과를 갖는다(윤성식, 1994: 251).

일반적으로 공기업은 각종 산업 영역에 걸쳐 있어 요금 결정도 그 산업의 특성에 따라 매우 다양하게 이루어지고 있다. 공기업이라 하더라도 개발산업 영역과 사양산업 영역의 요금 결정을 동일하게 책정할 수는 없다. 공기업 요금에서 차별요금제가 불가피한 이유도 이 때문이라 할 것이다.

이와 같이 공기업의 요금은 ① 사회적 영향력이 크다는 점, ② 국가정책이나 공공규제의 압력을 받는다는 점, ③ 영리주의가 부정된다는 점, ④ 공기업의 중요한 통제 수단이라는 점, ⑤ 차별요금이 불가피하다는 점 등에서 사기업의 요금과 다른 특징을 지니고 있다.

② 공기업 요금 결정에서 한계원가 적용의 한계

이상에서 살펴본 바와 같이 공기업의 요금은 민간기업의 요금과는 다른 특성을 가지고 있다. 그러나 한계원가 요금을 주장하는 사람들은 이러한 공기업의 요금 결정도 효율적인 사회적 자원배분 측면에서 일반적 경제 논리에 의한 한계원가에 따른 결정원리를 벗어날 수 없다고 주장한다. 한계원가를 기준으로 요금을 결정함으로써 자원의 효율적 이용을 촉진하고 가격의 신축성을 확보할 수 있다는 것이다. 호텔링(H. Hotelling)은 공익사업의 요금도 비용 플러스나 평균원가에 의하지 않고, 일반 사기업과 같이 한계원가에 따름으로써 효율적 자원배분에 기여하도록 결정되어야 한다고 주장한다.

그러나 공기업에서 생산하는 공익사업의 대부분은 대규모 장치산업이다. 따라서 생산량을 확대해 감에 따라 평균원가가 체감(원가체감산업: decreasing average cost)하는 규모의 이익(규모의 경제: economy of scale)이 발생한다. [그림 6-4]에서 보는 바와 같이 이익을 목표로 하는 사기업은 단기간에 적정생산량(Q_0)보다 많은 생산량(Q_2)을 생산함으로써 P_3P_4DC의 이익을 누릴 수 있으나, 장기 원가체감산업인 공익기업의 경우, 적정생산량(Q_0)보다 적은 생산량(Q_1)을 생산하므로, P_1P_2BA의 손실이 발생하게 된다.

한계원가에 의한 공익사업 요금 결정을 주장하는 학자들은 한계원가에 의한 요금 결정으로 인해 발생하는 평균원가 부족분(손실)은 공공 서비스 산출량이 적정량으로 증대될 때까지 나타나는 사회복지 증진에 기여한 부분이므로, 일반 대중의 납세에 의한 충당금으로 보전되어야 한다고 한다.

그러나 공기업 요금 결정에서 한계원가를 적용하는 데에는 많은 한계에 부딪치고 있다.

첫째, 공익사업의 보편성을 인정한다고 하더라도 공기업의 손실 부분을 납세로

그림 6-4 규모의 경제와 한계원가 요금

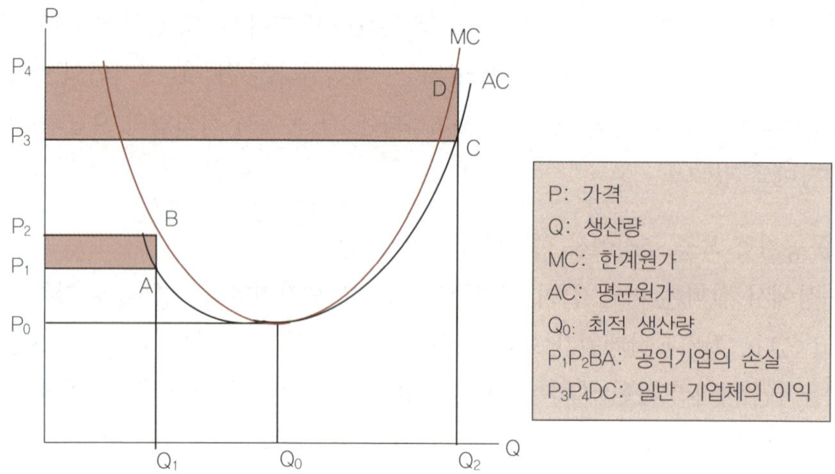

충당한다는 것은 공기업 존립의 정당성이 되고 있는 독립채산 원칙을 벗어나는 논리이다.

둘째, 전기·통신·가스 등과 같이 평균 비용이 지속적으로 하락하는 강력한 자연독점(strong natural monopoly) 산업에서는 여러 개의 소규모 기업에 의한 생산보다 한 개의 대규모 기업에 의한 생산이 더 많은 비용을 줄일 수 있는 하위가산성(subadditivity)이 발생하므로, 공기업 가격 결정 원리를 완전한 가격 경쟁 원리에 의한 한계원가에 의존하는 것은 무리라고 볼 수밖에 없다. 특히, 공기업이 생산하는 재화나 서비스 중에서 수요가 알려지지 않는 '제로 탄력성(zero-elasticity)' 사업에서는 인위적으로 공기업의 요금을 고정시킬 수밖에 없다.[31)]

공기업의 요금 결정에서 한계원가의 적용은 하나의 이상적인 기준일 뿐이다. 따라서 공기업의 요금은 한계원가를 이상적인 기준으로 하여 공기업의 특수성을 인정하면서 공공성과 기업성의 조화, 또는 양자의 모순을 합리적으로 해결하는 수준에서 현실적 여건을 고려하여 인위적으로 결정할 수밖에 없다고 하겠다.

31) '제로 탄력성 요금제'란 우편이나 농업금융 또는 공기업이 생산하는 신제품과 같이 수요가 알려져 있지 않으므로, 평균 또는 한계비용모형을 적용할 수가 없어 요금을 인위적으로 고정시키는 공기업 요금제를 말한다. 수요를 안다고 하더라도 수요가 가격에 어떤 영향을 미치는지 알 수 없는 경우도 있다(김용우, 2006).

③ 공기업 요금의 구성

공기업 요금의 구성 체계는 [그림 6-5]에서 보는 바와 같이 크게 절대적으로 요금의 많고 적음을 뜻하는 요금 수준(rate level)과 주어진 요금 수준 내에서 사용량과 시간대별로 요금을 달리하는 요금구조(rate structure)로 구분할 수 있다. 요금구조는 공공 서비스의 사용량에 관계없이 부과되는 기본요금과 사용량에 따라 차등 부과되는 사용량 요금, 계절별 시간대별로 요금이 상대적으로 차등 부과되도록 하는 부하조정 요금 등으로 구분할 수 있다. 구체적으로 절대적인 요금 수준과 요금구조를 결정하는 방법은 항을 바꾸어 자세하게 설명하기로 한다.

그림 6-5 공기업 요금 체계

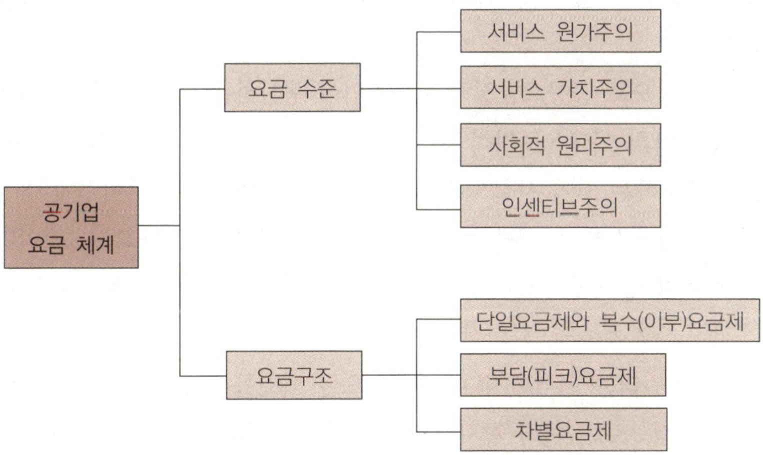

(2) 공기업의 요금 수준 결정 방식

공기업이 인적 자원과 물적 자원의 결합을 통해 조직의 효율성을 높이고자 한다면, 합리적 인사관리와 더불어 적정한 재무관리가 이루어져야 한다. 특히, 공기업 재무관리 중 국민에게 가장 큰 영향을 미치면서 공기업 독립채산의 핵심이 되고 있는 것이 바로 요금정책이다.

그러나 공기업의 요금은 무엇보다도 영리주의가 부정된다는 점에서 일반 사기업의 요금 결정 방식인 한계원가 방식을 적용할 수 없는 한계가 있다. 이러한 특질은 원래 공기업에 내재하는 공공성과 기업성 간의 모순에서 나타나는 당연한 귀결이지

그림 6-6 공공요금 책정 방식의 변화

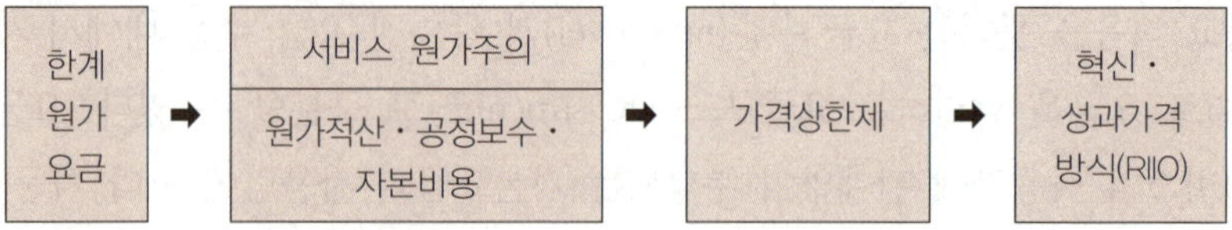

만, 동시에 이들 모순을 합리적으로 해결하는 것이 공기업 요금정책에서 요청되고 있다(강신택 외, 1990: 167-168).

이러한 공기업의 특수성을 고려하여 많은 국가에서 범국가적으로 모든 공기업에 공통적으로 적용될 수 있는 공공요금 가격정책의 일반적 기준을 설정하려는 노력을 기울이고 있다.

그러나 궁극적으로 공공요금정책은 공기업이 생산하는 재화나 서비스의 성격뿐만 아니라, 특정 국가의 이데올로기적 특성에 따라 크게 영향을 받고 있기 때문에, 정형화된 모델을 제시하는 것이 사실상 어렵다. 공기업이 생산하는 서비스에 대한 공공요금정책은 국가 경제정책의 전체 틀 속에서 결정될 수밖에 없다고 할 것이다.

이러한 한계에도 불구하고 공공요금 결정에서 논의되는 일반적 원리로는 서비스 원가주의, 서비스 가치주의, 사회적 원리주의, 인센티브주의 등으로 구분되어 설명되고 있다. 이러한 원리는 어디까지나 공기업 요금 체계를 결정할 때 그 기준의 역할을 할 뿐이고, 실질적으로는 여러 가지 원리가 혼합된 요금 결정 방식이 채택된다. 공공요금의 결정원리는 [그림 6-6]에서 보는 바와 같이 시대적 흐름에 따라 변화되어 왔는데, 오랫동안 한계원가주의, 서비스 원가주의(원가적산 방식, 공정보수 방식, 자본비용 방식) 중심이 되어오다가, 점차 가격상한(price cap)제와 RIIO(Revenue using Incentives to deliver Innovation and Output) 방식이라는 혁신과 성과를 위한 인센티브주의가 고안되어 네트워크산업 부문을 중심으로 활용되기도 한다(이상철 · 권영주, 2011).

① 서비스 원가주의

서비스 원가주의(cost of service)는 공기업이 공급하는 서비스의 생산 공급에 소요되는 원가를 기준으로 가격을 결정하는 것을 말한다. 여기서 원가라 함은 사업 운영에 필요한 모든 비용과 사업 확장에 소요되는 추가비용을 충당할 수 있는 이윤을 포함하는 총괄원가를 의미한다. 서비스 원가주의는 소비자나 생산자 모두에게 합리적 가격결정 기준으로 인식되고 있어 가격 수준 결정뿐만 아니라 가격 체계를 구성할 때도 광범위하게 적용되고 있다.

한편, 서비스 원가주의를 적용하기 위해서는 무엇보다도 비용에 대한 세밀한 분석이 있어야 하는데, 총비용을 산출해낸다 해도 이를 각 개별 서비스의 비용으로 구분하는 일은 쉽지 않다. 이러한 비용분석의 어려움뿐만 아니라 개별 서비스의 비용 자체가 수요의 크기에 따라 변동하기 때문에, 원가주의에 따른 요금 결정 방법은 실질적으로 적용상에는 많은 어려움이 있다.

서비스 원가주의에 의한 가격 결정 방식에는 원가 개념의 차이에 따라 원가적산 방식, 공정보수 방식, 자본비용 방식 등이 있다.

가) 원가적산 방식

원가적산(cost plus) 방식은 공공 서비스의 공급에 소요되는 모든 비용을 합계하여 총요금 수입으로 결정하는 방법이다. 이때 소요되는 비용의 실산액(實算額)을 총괄원가라 하는데, 이는 영업비, 감가상각비, 그리고 제세금 등 기업 운영에 필요한 모든 비용에 사채 이자, 차입금 이자, 주식배당금 예정액 및 사내유보금 등을 포함한다. 총괄원가(full cost)적산 방식은 산출 방법이 비교적 단순하여 이해하기 쉬울 뿐만 아니라 공기업이 적자를 내지 않고 채산을 유지할 수 있는 장점이 있다.

이러한 원가적산 방식에 의한 요금수입의 결정은 총괄원가의 각 항목에 대해 어떤 원가 계산 방법을 적용하는가가 중요하다. 원가를 계산하는 데는 표준원가 개념을 사용하고 있는데, 실제로 표준원가는 정확한 계산이 곤란하므로 과거의 실적원가를 기준으로 하는 것이 보통이다. 그러나 이자나 주식배당금 예정액을 산정할 때 과거 몇 년 간의 평균 금액을 사용할 경우, 결국 원가적산 방법은 공정보수 방식과 별로 다를 바가 없다.

문제는 이 방식이 모든 비용을 총괄원가에 산입하기만 하면 되는 것이므로, 수입 증가 또는 원가 절감을 위해 노력하려는 인센티브를 제공하지 못한다는 단점이 있다. 원가적산주의는 경영개선 자극이 결여되어 있기 때문에, 미국에서는 총괄원가 방식에서 공정보수 방식으로 이행하는 계기가 되었다(백상기 외, 1996: 251-252).

나) 공정보수 방식

공정보수(fair return) 방식은 공기업에 투하된 진실하고 유효한 순자산인 요금기저(料金基底)에 대해 적정한 기회비용인 공정투자 보수를 인정하는 것이다. 이 방식은 주로 미국에서 채택되어 온 공공요금 결정 방식이며, 공공사업의 운영에 필요한 총영업비에 공정보수를 가산한 것으로 요금수입액을 결정한다. 즉, 공정보수 방식에 따르면 총요금수입은 다음과 같다.

총요금수입(R) = 총영업비(E) + [자산가치(V) − 감가상각충당금(D)] × 공정보수율(r)

R은 공기업이 수요자로부터 얻는 총수입(total revenue), E는 감가상각비 및 재세를 포함한 영업비(operating expenses), V는 건설 당초 사업재산의 자산가치(asset value), D는 사업재산 감가액(depreciation), r은 사업재산의 공정한 기저가치에 대한 허용보수율(rate of return)이다. 즉 사업자산의 요금기저(V−D)에 일정률의 보수율(r)을 곱하면 공정보수(fair return)가 되는데, 이것은 요금원가의 중요한 구성 요소가 된다.

그런데 사업자산의 공정한 기저가치에다 공정보수율을 곱하면 결정되는 공정보수액이 전체 요금에서 차지하는 비중이 크므로, '공정보수율'을 어떻게 결정할 것인가가 공정보수 방식에 의한 총괄원가를 계산할 때 핵심 쟁점이 되고 있다.

일반적으로 공정보수율은 표준이자율(통상 정기예금 평균 이자율)을 하한으로 하고, 비슷한 성격의 일반 주요 기업의 자기자본 이익률을 상한으로 하여 물가 상승, 기업 경영의 위험인자(risk) 등 여러 가지 요인을 고려하여 결정하게 된다.

이와 같은 공정보수 방식에 의한 평균비용 가격 결정(average cost pricing)은 모든 자본비용이 가격에 반영됨으로써 과다 투자의 우려가 있다. 나바로(Navarro, 1983)는 공기업에 대한 허용수익률이 시장수익률보다 높을 때 과다 투자 유인이 발생하는데 이를 'A-J효과'라고 하고, 그 반대일 경우에는 적기에 투자가 이루어지지 않아 문제가 발생하는데 이를 '역 A-J효과'라고 한다.

그러나 공정보수 방식은 소비자 계층 및 제품의 형태 등에 따른 가격차별이 용이하고, 공기업의 안정적 이윤을 보장하는 장점이 있어 우리나라 대부분의 공기업 요금수준 결정 기준의 근간이 되고 있다.

'A-J효과'와 '역 A-J효과'

공기업의 과잉 투자에 대한 우려는 허용수익률이 시장수익률보다 높을 때 나타난다. 즉, 더 많은 자본투자를 통해 자산가치를 늘리면 그 자산에 대해 허용수익률 만큼의 이윤율을 보장해 주기 위하여 총수입을 늘려야 할 것이고, 이를 위해 공공요금 상승이 불가피하다. 이와 같은 수익률은 일정하더라도 자본투자의 증가를 통해 이윤이 더욱 늘어날 것이기 때문에, 피규제기업은 과다한 자본을 사용할 유인을 갖게 되는데, 이러한 효과를 'A-J효과(Averch-Johnson effect)'라고 부른다.

반면에, 공공요금이 평균 비용을 하회하는 경우와 적정투자 보수율을 하회하는 수준에서 결정될 때에 역의 효과(결과)가 발생한다. 나바로(D. Navarro)는 1970년대 후반 이래 미국에서의 전력요금 상승이 생산비용 증가보다 늦어져서 허용투자 보수율과 시장수익률의 역전 현상이 나타났는데, 이 시기를 A-J모형을 이용하여 분석했다. 이 같은 역전 현상의 가장 중요한 요인은 유가의 급격한 상승이었다. 그 밖에도 이 기간의 높은 이자율, 소비자 보호단체들의 압력, 규제 절차에서의 요금 인상 지체 등도 그 원인으로 작용했다. 나바로는 이와 같은 투자보수율 역전 현상이 계속되면 시설과 용량의 과소 투자를 의미하는 '역 A-J효과(reverse A-J effect)'를 경험하게 된다고 말하고 있다.

A-J효과가 자본의 과다 투자로 인해 생산비용을 최소화하지 못하는 비효율성을 초래한다면, 역 A-J효과도 역시 생산비용 상승, 생산량 감소, 품질 저하 등 비효율성을 불러일으킨다. 첫째, 노후시설을 제때에 교체하거나 경제적인 설비를 갖추는 비용을 충분하게 조달하지 못하기 때문에 오히려 생산비용이 증가하게 되고, 둘째, 기업의 실질보수율이 계속 낮은 수준에 머물게 됨에 따라 기업의 위험이 증가하여 신용 등급이 낮아지고, 이는 위험 부담(risk premium)을 올려서 결국 자본조달 비용의 증가를 초래한다. 셋째, 가격이 이 재화의 석성한 기회비용을 반영하지 못하기 때문에 수요는 급격히 증가하는 데 비해, 이에 상응할 만큼의 시설 증가와 적절한 유지 보수가 뒤따르지 못해 공급에 차질을 빚을 수 있다(Navarro, 1983: 31-36).

다) 자본비용 방식

자본비용(capital cost) 방식이란 공기업의 요금은 공기업의 유지 · 발전을 담보할 뿐만 아니라, 그것이 국민경제적으로도 타당한 것이어야 한다는 입장이다. 즉, 협의의 경영 원가를 보상하는 것뿐만 아니라, 공기업의 합리적 경영에 필요한 공공적 필요잉여(자본 코스트)를 포함한 광의의 원가를 보상해야 한다는 것이다. 여기서 말하는 공공적 필요 잉여는 자본 출자자에 분배되는 이윤만이 아니라, 공기업이 제공하는 서비스의 개선 및 확충에 대한 사회적 요청에 부응하기 위해, 공기업 내부에 재투자해야 하는 자본 조성을 위한 잉여를 말한다.

이와 같은 자본비용 방식에 의할 경우 공기업 요금의 산정은 다음과 같다.

총수입 = 영업비용 + 자본비용

롭슨(W. A. Robson)은 공기업이 종래의 단기적인 수지균형으로부터 좀 더 장기적인 독립채산제를 취해야 하며, 이를 위해서는 공기업이 서비스 질 개선을 위한 잉여를 창출하는 것을 허용해야 한다고 주장한다(Robson, 1966: 282-283).

원가보상주의가 단지 원가보상에 그쳐 경영의 능률성을 자극하는 유인을 소홀히 했음은 부정할 수 없다. 그러나 공기업은 사기업과 달리 최대 이윤을 추구할 수 없는 특징으로 인하여 공기업 스스로가 수익성을 지키고, 사회 발전과 보조를 맞추어 기업을 발전시켜 나가기 위해서는 그것을 가능하게 하는 공정보수나 자본비용의 보상은 그 명칭 여하에 관계없이 필요하다는 점에서 의미가 있다.

② 서비스 가치주의

서비스 가치(value of service)주의는 서비스 공급 측면의 원가주의와는 달리 서비스 수요 측면의 가치를 기준으로 한 요금 체계이다.

공공요금 결정 원리에 대해 그 누구도 원가주의나 가치주의 중 어느 한 쪽만을 택해야 한다고 주장하지는 않는다. 결론적으로, 공공요금은 원가주의를 하한으로 하고 가치주의를 상한으로 하는 사이에서 결정해야 한다고 주장한다.

서비스 가치주의는 현재 여러 가지 의미로 사용되고 있는데, 비용의 차이에 따른 차별요금이 아니라 수요자의 가격탄력성에 따른 차별요금구조를 정당화하는 의미로 사용되고 있다. 이런 의미의 가치주의는 부당한 차별주의라고 비난되기도 하며, 한편으로는 공공사업의 결손을 보충하기 손쉬운 방법으로 평가되기도 한다. 서비스 가치주의는 소비자의 주관에 따른 소비자 잉여를 가격에 반영함으로써 소비자에게 과다한 부담을 지울 수도 있기 때문에, 실질적으로 일반적인 가격 결정 기준이 되기는 어려운 한계가 있다. 서비스 가치주의를 반영한 예로 미국 철도화물 요금 등을 들 수 있다. 즉, 같은 용량의 화물이더라도 고가품에 대해서는 저가품보다 더 비싼 요금을 책정하고 있다.

③ 사회적 원리주의

사회적 원리주의(social principle of rate making)는 사회적 수요, 또는 사회적 비용의 기준에 따라 공기업이 생산하는 재화나 서비스의 가격을 결정하는 것이며, 그것을 공급하는 데 따른 투입비용이나 또는 소비자가 지불하고자 하는 금액과의 직접적인 관련이 없다. 여기에는 부담 능력 방식과 사회복지 확산 방식이 있다.

가) 부담 능력 방식

부담 능력(ability to pay) 방식은 서비스 수요자의 부담 능력을 기준으로 요금을 결정하는 방식이다. 따라서 동일한 서비스에 대해서도 고소득층의 수요자에게는 높은 요금을 부과하며, 부담 능력이 낮은 소비자에게는 낮은 요금을 부과한다. 이는 전력과 같이 공기업이 생산하는 재화나 서비스는 대부분이 생활필수품이므로, 저소득층에게 공공 서비스의 공급을 배제해서는 안 된다는 것이다.

부담능력주의에 대해서는 사회보장 제도와 같은 원천적인 소득재분배 정책을 시행함으로써, 저소득층의 요금부담 능력을 증대시키는 것이 부담 능력에 따른 차등요금 체계보다 더 효율적이라는 비판이 있다.

부담 능력 방식에 따르면, 현행 우리나라 전력 요금에서 주택용 누진요금제나 농사용 요금의 차등가격에서 보는 바와 같이 동일량의 전력 사용이라고 하더라도 수요탄력성이 낮고 전력요금 부담 능력이 높은 다량의 소비자에게는 더 비싼 전력 요금을 책정하게 된다.

나) 사회복지 확산 방식

사회복지 확산(diffusion of benefits) 방식은 공공 서비스의 완전한 이용이 국민 전체의 복지를 최대한 보장할 수 있다는 가정 하에서 "소비자의 재화 사용에 따른 사회적 편익을 고려하여 가격을 결정해야 한다"는 것을 말한다.

이는 서비스 원가 또는 가치를 무시하고, 사회 전체의 이익을 고려하여 가격을 결정하는 것을 의미한다. 예를 들어, 통신사업 서비스의 가치를 평가할 경우 통신 서비스를 직접적으로 받는 수요자의 가치뿐만 아니라 그 서비스로 인해 발생되는 간접적 가치까지 포함시켜야 한다는 것이다. 통신 서비스의 요금을 낮게 하면 지역 개발에 도움이 되고 교통의 대체 및 보완 효과도 있으며, 또한 인구 분산과 국가 안보에도 도움이 될 것이다. 또한 지하철 요금에서 거리에 관계없이 동일한 요금을 부과하고 있는 것은 도심지 인구를 분산하는 효과를 가져 올 수 있다.

이러한 견해에 대해 사회적 복지나 사회적 비용의 측정이 곤란할 뿐만 아니라 요금 결정 과정에서 각종 압력단체에 의한 임의성이 작용될 여지가 많다는 비판이 있다. 이 방식은 근본적으로 공기업 요금에 대한 경제적 고려가 부족하므로, 일반적인 가격 결정 기준으로는 적용하기 곤란한 점이 있다.

④ 인센티브주의

공공요금의 규제기관인 정부와 피규제기관인 공기업 사이에 발생하는 정보의 비대칭성과 규제비용을 최소화하기 위해 지금까지 설명한 원가에 기초한 요금 결정과 다른 기준이 적용되는 것이 바로 이 인센티브주의이다. 규제기관인 정부와 피규제기관인 공기업 간의 지식과 정보 교환이 잘 이루어지지 않는 정보의 비대칭성에 의해 규제 능력의 한계가 있을 때 규제비용이 발생된다. 이러한 정보의 비대칭성이 존재하는 환경에서 공기업이 원가를 절약하고 공공요금을 저렴하게 할 수 있도록 고안된 것이 인센티브(incentive)주의 공기업 요금 제도이다.

가장 보편적인 인센티브주의의 유형은 원가가 당초보다 상회한 경우, 비용 상승에 따른 리스크를 소비자와 공기업이 공동으로 분담하는 방식이다. 예를 들어, 특정 비용 항목의 변화율을 소비자 물가지수와 연동하여 그 비용 항목의 증가율이 소비자 물가지수와 동일하게 움직이도록 함으로써, 소비자 물가지수 이상의 인상분에 대해서는 소비자와 공기업이 공동으로 그 비용을 부담하게 한다. 그렇게 함으로써, 소비자뿐만 아니라 공기업 스스로 경영합리화를 통해 비용을 절감하도록 유도하는 방식이다.

또한 최근에는 공기업에서 자체 혁신 활동으로 성과를 내는 경우에는 이를 공기업 요금 결정에 반영하여 공기업의 인센티브를 주고자 하는 혁신·성과가격 방식(Revenue using Incentives to deliver Innovation and Output: RIIO) 등이 소개되고 있다.

가) 가격 상한 방식

인센티브 방식의 대표적인 가격상한제(price cap)는 임대료와 같이 가격의 최고 상한선을 설정하는 최고가격 제도(price ceiling)와 최저임금 제도처럼 가격에 최저 하한을 규정하는 최저가격 제도(price floor)를 융합시킨 방식이다. 가격 상한지수(Price Cap Index: PCI)는 인플레이션과 외생적인 요소가격 변동, 그리고 공익사업의 기술혁신에 의한 생산성 향상을 감안하여 규제기관에 의해 적어도 매년 한 번씩 책정된다. 인플레이션과 요소가격 인상은 가격 상한지수를 증가시키고, 요소가격 인하와 생산성 향상은 가격 상한지수를 감소시킨다.

공기업은 서비스 요금을 이 가격 상한지수 내에서 자유로이 조정할 수 있다.

가격상한제는 영국 정부의 BT(British Telecommunication)에 대한 요금규제 결정 방식으로 대표되는데, 영국에서는 1984년 BT의 민영화 이후부터 현재까지 이 방식을 사용하고 있다. 미국의 AT&T의 장거리 전화요금에서도 1989년부터 이 방식을 채택하고 있다. 이 방식은 보수율 방식과는 달리 사업자의 요금 수준에 직접적인 제한을 가하는 방식이라고 하겠다. 가격 상한 방식은 기업의 내부 효율성과 기술혁신 등을 유도할 수 있다는 장점을 갖고 있으며, 일반 물가 수준과 공급 요금을 연계시키는 역할을 하기도 한다.

요금 상한선 = 물가 상승률(RPI: Retail Price Index) – 생산성 증가율(X) [물가 상승률: 소매물가지수(영국), DNP deflater(미국)]

가격상한규제는 공기업의 경영효율성 향상을 유인하기 위해 고안되었으며, 영국에서 공기업을 민영화하던 시기에 가장 많이 채택되었던 대표적인 유인규제라고 할 수 있다. 공익기업에의 가격상한제 도입은 경쟁이 없는 영국 통신회사인 BT사의 사업 부문에 대해 가격상한규제를 적용할 것을 건의한 보고서가 발간된 후부터 고려되기 시작했다. 처음 BT에 적용된 가격 상한은 가격지수가 소매가격지수(Retail Price Index)에서 3%(X항의 값)를 제외한 비율로 증가되도록 설계했다. 여기에서 X는 생산성 변화 조정 요인으로서, 해당 산업의 생산성 향상과 비용의 최소화를 동한 이득을 생산자와 소비자 사이에 배분하기 위해 고안된 것이다. 이 방식이 인센티브 규제 측면에서 가지고 있는 의미는 X만큼의 생산성 향상이나 비용 절감을 성취하지 못하는 경우의 위험은 피규제기업의 부담이지만 X를 초과하는 생산성 향상이나 비용 절감에서 발생하는 초과 수익은 기업의 몫으로 귀속된다는 것이다.

가격상한제는 구체적으로 다음과 같은 이점을 가지고 있다.

첫째, 가격상한제는 공기업의 효율적 생산을 유인하는 효과를 가진다. 왜냐하면, 가격 상한지수 책정 시 반영되지 않았던 추가적인 경영혁신이나 생산성 향상이 일어나 원가가 절감될 경우, 거기에서 나오는 이익은 공기업의 몫이 되기 때문이다. 공기업은 원가 절감을 추가적인 요금 인하에 사용함으로써, 소비자의 후생 증가를 가져올 수 있다.

둘째, 요금 변동 시에 변동폭이 가격 상한지수 내에 있다면 그 요금 신청은 자동적으로 인가되므로, 정부의 공기업에 대한 규제비용이 대폭 감소한다.

셋째, 외생적인 요소가격 변동을 무시한다면, 가격 상한지수가 생산성 향상을 감안했기 때문에, 가격 상한지수는 인플레이션보다 낮은 속도로 증가할 것이고, 따라서 서비스의 실제 요금은 낮아진다.

넷째, 가격상한제 하에서 규제기관의 의무와 권한은 공기업의 요금이 가격상한 내에 있는가를 감시하는 의무만을 수행하는 것으로 한정한다. 따라서 규제기관의 요금에 관한 재량권이 줄어들게 된다. 보수율 방식 하에서는 요금산정 방식 자체에까지 규제기관이 관여하게 됨으로써, 규제기관의 권한과 재량권이 상당히 광범위해지는 단점을 내포하고 있다. 또한 공기업은 상대적으로 규제기관보다 우월한 자체 정보를 가지고 규제기관을 포획할 가능성이 많은 문제점이 있음을 간과해서는 안 된다.

가격상한제는 구체적으로 다음과 같은 문제점도 갖고 있다.

첫째, 시장에서 경쟁이 완전히 이루어지지 않거나 요금 수준이 원가에서 괴리된 정도가 심할 경우, 가격상한제의 도입은 요금이 가격 상한선까지 최대한 인상되는 결과를 초래하고, 따라서 공기업의 이윤만을 증가시키는 결과를 가져오게 된다. 미국이나 영국에서 가격상한제의 도입 시에 과연 시장의 경쟁이 얼마나 확립되어 있는가에 대한 논의가 펼쳐진 것도 이러한 이유에서이다.

둘째, 공공 서비스의 품질에 대한 감시 기능이 불완전할 경우 공기업은 서비스의 품질 저하를 통해 원가를 절감하여 초과 이윤을 취득할 수 있다.

셋째, 공기업이 여러 가지 서비스를 공급하고 있고, 각각의 서비스 시장의 경쟁 정도와 규제환경이 다를 경우, 가격상한제를 모든 공공 서비스들의 가중평균 요금에만 적용시키게 되면, 공기업은 경쟁 정도가 약한 시장에서의 요금을 높게 책정하고, 거기서 남은 초과 이윤을 바탕으로 경쟁적인 시장에서 약탈적 가격을 설정하여 부당한 이득을 얻을 수 있다.

가격상한제는 피규제 공기업에 경영 개선 인센티브가 약한 투자보수율 방식을 개선하기 위해 도입되었다. 가격상한제는 투자보수율 방식에 비해 과거보다는 미래의 요금 정보에 중점을 두고 있을 뿐만 아니라, 수요자보다는 공급자에게 비용 절감 인센티브를 제공하는 데에 초점을 두고 있다. 투자보수율 방식과 가격상한제의 차이점을 정리하면 [표 6-8]과 같다.

표 6-8 투자보수율 방식과 가격상한제 방식

구분	투자보수율 방식	가격상한제 방식
요금설정 정보	과거 시점(최근 평가 연도의 비용과 수요 기준)	미래 시점(예상되는 미래비용과 수요 기준)

요금 재설정 시 고려 요소	비용과 같은 공급자에게 발생되는 내생적 요소 중심	공급자의 관리 범위를 벗어난 물가 등 외생변수 중심
재투자 인센티브	투자회수 보장이 있을 경우 기반시설에 대한 과도한 투자 유발	비용회수 가능성이 불확실한 장기 기반시설에 제한적인 인센티브 제공
비용 효율 인센티브	비용 감소 결과가 다음 비용 결정 시 자동적으로 반영됨에 따라 비용 감소에 제한적인 인센티브 제공	비용 감소는 피규제기관의 이익 증가로 반영되어, 강력한 비용 절감 인센티브 제공
품질개선 인센티브	높은 요금을 받을 수 있는 품질개선 인센티브 제공	비용을 증가시키는 품질개선에는 약한 인센티브 제공
요금 증가 위험 부담	사용자, 즉 소비자에게 더 많은 위험 부담	공급자에게 더 많은 위험 노출(잠재 수익도 공급자에게 제공)

나) 혁신 · 성과가격 방식

혁신 · 성과가격(Revenue using Incentives to deliver Innovation and Output: RIIO) 방식은 기본적으로는 영국에서 20년 간 적용해온 기존의 RPI-X 모델을 개선한 공공요금 결정 방식이다. 가장 큰 변화는 소비자 서비스 개선과 공기업의 근본적인 혁신을 유도할 수 있는 인센티브를 강조하고 있다는 점이다(CEPA, 2010). 즉, 공기업에서 더 많은 신재생 에너지를 수용하는 네트워크를 구축한다든지, 연구 및 혁신에 적극 참여하는 공기업에 더 많은 보상을 해 주도록 설계된 공공요금 결정 방식이다. RIIO는 [표 6-9]에서 보는 바와 같이 RPI-X 방식이 미래 불확실성으로 인해, 기반시설 투자에 약한 문제점을 보완하기 위해 피규제기관인 공기업이 혁신 활동에 적극적으로 참여할 수 있도록 유도하고, 그 성과를 측정하여 인센티브를 제공하는 공기업 요금 제도이다. 이 제도가 정착하기 위해서는 혁신 성과를 측정할 수 있는 도구를 정밀하게 개발해야 하는 과제를 안고 있다.

표 6-9 RPI-X 방식과 RIIO 방식의 차이

구분	• RPI-X ⇨ RIIO
규제 방식	• RPI 물가 연동에 의한 요금규제는 유지 • 피규제기관의 혁신 · 성과에 대한 보상을 위한 정책변수 설정
규제 기간	• 규제 기간은 5년 → 8년으로(중간 점검 포함) 장기화하여 연구개발에 중점을 둠.
적정한 조치	• 피규제기관이 요금규제를 받는 중에 좀 더 투명한 정보 접근이 가능하도록 정밀조사의 수준 다양화 • 조사에 따른 정보를 활용한 요금 조정을 빨리 적용하도록 새로운 옵션 도입
중점 성과	• 비용보다는 핵심 성과 위주 인센티브 부여

필요 수입 평가	• 효율적인 종합원가 도출이 가능하도록 광범위한 평가 도구 개발
인센티브 역할	• 단기간의 절감보다는 장기적인 가치에 중점을 두고, 비용 절감이 가능하도록 접근하는 인센티브
불확실성 메커니즘	• 혁신에 보전성 요금 제공으로 공기업은 일반적인 사업 리스크 관리 가능 • 기존 고객 및 미래 고객이 지불하는 비용에 대해 가치를 제공하도록 하는 불확실성 보상 메커니즘 적용
재무	• 원칙에 기반한 투명한 접근으로 허용 수익 설정 • 소비자가 지불한 비용과 사업자인 공기업이 요구한 적정 비용을 모두 만족시키는 투명한 재무 원칙 마련

자료: Ofgem(2010)에서 발췌 · 정리.

(3) 공기업의 요금구조 결정 방식

지금까지는 주로 공기업의 요금 수준에 중점을 두고 설명했다. 요금 수준 결정 단계에서 책정된 요금 총액은 공공 서비스에 대한 소비자의 소비량 및 소비 특성에 따라 배분함으로써, 각각의 소비자가 부담할 개별 요금의 일차적 수준을 말한다.

요금구조는 일차적으로 전반적인 요금 수준이 결정된 다음, 수요자의 특성에 따라 요금 체계를 달리하는 이차적 요금 결정 단계를 의미한다.

공기업의 독점사업 요금구조에는 '단일요금제(single tariff)'와 '복수요금제 또는 이부요금제(two part tariff)', 그리고 '차별요금제(discriminatory price)' 등이 있다. 일반적인 경쟁시장에서 대부분의 공기업 요금구조는 '단일요금제'를 취하는 것이 보통인데, 그것이 대규모 장치산업의 독점가격적 성격을 띠는 경우에는 '복수요금제'나 '차별요금제'를 취하는 경우도 적지 않다.

① 단일요금제와 복수요금제

'단일요금제'는 전체 판매량에 대해 같은 가격을 설정하는 것을 말한다. '복수요금제'란 이용량에 비례하여 지불되는 사용량 요금이 있고, 또한 사용량에 관계없이 기본요금을 부과함으로써 기초적인 수익을 획득하는 방식이다. 이를 '이부요금제'라고도 한다.

이 방식을 적용하면 전체 요금이 수요량에 비례하여 배분되는 단일요금의 경우와는 달리, 일정 수요를 초과하여 추가 수요가 발생할 때의 요금 단가는 단일요금 단가보다 적어도 된다. 이로 인해, 수요가 촉진되고 공급이 증가하여 잉여설비 능력을 유효하게 활용할 수 있게 된다(山本政一, 1982: 50-51).

'복수(이부)요금제'와 유사한 가격구조 결정 제도로서 '부담(피크)요금제'가 있다.

'부담(피크)요금제'는 유휴시설을 줄여 설비 가동률을 높이기 위해, 비성수기(off-peak time)에는 가변비용만 회수하는 낮은 요금으로 서비스를 공급하고, 성수기(peak time)에는 생산시설의 고정비용까지 포함하는 높은 요금을 부과하는 방식을 말한다. 흔히, '피크요금제'라고 한다(김용우, 2006: 317-318).

이러한 복수(이부)요금제 또는 부담(피크)요금제는 대부분의 공익사업을 수행하고 있는 공기업에서 적용하고 있다. 복수(이부) 및 부담(피크)요금제는 본질적으로 평균원가주의에 한계원가주의를 가미한 것으로, 공기업의 입장에서는 수지균형주의에 초점을 둔 것이라 할 수 있다. 이들 요금제는 자본의 대규모 성과 고정성에 따라 이를 고정비용과 변동비용으로 나누어 고정비용은 기본요금에 대응시키고, 변동비용은 사용량 요금에 연결시키는 요금구조이다. 우리나라 전력요금은 기본요금과 사용량 요금의 복수(이부)요금 체계를 채택하고 있다.

② 차별요금제

차별요금제는 앞에서 설명한 복수(이부)요금제와 유사한 것처럼 보이나 실제로는 그 원리가 전혀 다르다. 복수요금제는 공급자 측의 요인에 의해 복수의 가격을 설정하는 것인데 반해, 차별요금제는 수요자 측의 요인에 의해 요금의 차별을 두는 것이다. 즉, 차별요금제에서 요금의 차별화는 서비스의 가치를 기준으로 이루어진다.

이와 같은 차별요금이 성립하기 위해서는 ① 기업이 독점력을 갖고 독점가격 형성이 가능할 것, ② 시장이 수요의 가격탄력성을 달리하는 두 개 이상의 시장으로 분리될 수 있을 것, ③ 부분 시장 간에 전매 또는 이전이 불가능할 것 등의 전제 조건이 필요하다(北久一, 1961: 170).

예를 들어, 우리나라 전력요금에는 일차적으로 종별(주택용, 산업용 등)로 차별요금을 적용하고 있고, 같은 주택용 전력요금 체계에서도 전기의 사용량이 증가함에 따라 기본요금과 전력량요금이 모두 증가하는 누진적 요금구조를 가지고 있다. 전력요금이 누진적으로 책정된 것은 생산원가를 반영하지 못하기 때문에 경제적 효율성의 관점에서는 바람직하지 않지만, 우리나라에서 중요한 정책목표의 하나인 에너지 절약 측면에서는 바람직한 요금 체계이다. 기본요금이 사용량에 따라 차등적으로 정해진 것은 전력 사용량을 가계의 소득에 대한 지표로 간주하여 저소득층을 보호하는 소득정책과 함께 차별적인 가격구조에 의해 이들의 소비가 박탈당하지 않도록 하는 이른바 생명선(life-line) 가격정책이다. 요금구조는 요금정책의 목표, 즉 소비 촉진 또는 소비 억제정책에 탄력적으로 적용된다. 영국의 석탄·가스·전기요금이 가정용에 비해 산업용이 낮은 것이나, 우리나라 전력요금에서 산업용이나 농사용이 주택용이나 업무용 전력요금보다 현격히 저렴한 차별요금을 채택하고 있는 것이 그 좋은 예이다.

5) 우리나라 공공요금 결정 및 관리 제도에 대한 평가

공기업의 요금 결정에서는 기업성 목표 외에도 공기업에 부과된 사회적 목표와 충돌하는 경우가 흔히 발생한다. 이러한 충돌을 최소화하기 위해서는 합리적인 공기업 요금 결정에 걸림돌이 되고 있는 사회 목표에 대한 면밀한 비용·편익분석을 통해 그 목표를 조정하는 것이 필요하다. 가령, 노인우대 교통요금으로 인해 교통공사에서 적정한 요금을 받지 못해서 적절한 시설 보수나 시설에 대한 재투자를 할 수가 없는 경우에는 해당 공공요금에서 이루어지고 있는 공적 부담 의무(Public Service Obligation)를 조정해야 한다.

지금까지 우리나라의 공기업 요금 결정과 공기업 요금관리에서 이러한 사회·경제적 목적과 관련하여 많은 문제점이 야기되어 왔다.

(1) 공기업 요금정책의 문제점

① 공기업 요금정책과 기업성의 문제점

공기업은 국가 경제정책 수단으로서 사회적 목표를 충족해야 하는 동시에 기업으로서 재정 자립을 도모해야 한다. 장기적으로 대규모 손실을 초래하는 공공요금정책의 채택은 공기업의 사기 저하, 경영의 비효율성을 가져오므로, 가급적 건전한 공기업으로서 균형재정을 통한 자립 성장 기반을 마련하도록 해야 한다. 그러기 위해서는 공기업의 사회적 목표에 따른 부득이한 결손은 적정하게 보전해 주어야 한다. 즉, 사회적 목표에 따라서는 공기업의 적자 운영을 초래하게 될 요금정책의 도입이 불가피할 수가 있는데, 이 경우는 공정한 비용분석을 통해 재정 지원 등의 보전 제도가 마련되어야 한다.

그러나 만약 사회적 목표 완수를 위해 항구적인 적자 운영이 불가피할 경우에, 정부는 공기업의 존속 여부를 신중히 재검토할 필요가 있다. 공기업은 어떠한 요금정책을 채택한다 하더라도 장기적으로는 수지균형이라는 기업성 목표를 포기할 수 없기 때문이다.

② 공기업 요금정책과 물가안정 정책의 문제점

공기업 요금관리를 한 국가의 사회·경제적 정책 수단으로 활용하는 과정에서 공기업의 기업성에 많은 훼손을 초래하는 등 적지 않은 문제점을 드러내고 있다. 우리나라 공공요금은 실제로 매년 경제 여건을 고려하여 소비자 물가 상승률에 대한 목표를 설정하고 그러한 목표를 달성하는 수단으로 관리되어 왔다. 아울러, 공공요금의 개정에는 까다로운 절차가 요구되고 있는데, 이는 공공요금의 변화가 물가지수에 미치는 영향이 크기 때문이다. 「물가안정에 관한 법률」에서는 "공공요금을 산정하는 대상 기간은 1회계연도로 하되, 주무부장관은 공공요금의 안정성, 물가 변동, 그 밖에 경제 상황의 변화 등을 고려하여 신축적으로 조정할 수 있다"고 규정하고 있다(동법 제4조 및 동법 시행령 제6조).

정부는 공공요금이 시장 메커니즘이나 비용구조의 변화에 자연스럽게 적응하도록 하기보다는, 소비자 물가의 목표에 맞추어 조정해 온 것이 사실이다. 전반적인 물가 상승 기간 중에는 소비자 물가지수 상승률을 줄이기 위해 공공요금 인상을 인위적으로 억제해 왔고, 물가가 안정되면 그동안의 누적분까지를 포함하여 공공요금의 인상을 허용해 왔다(조진, 1991: 21). 따라서 공공요금의 인상이 불가피한 경우는 대부분의 규제받고 있지 않은 요금들이 이미 충분히 상승하여 가격구조의 왜곡과 공공 서비스의 질 저하가 이미 한계에 이른 상황에 도달한 때였다. 이렇게 볼 때 일반적인 인식과는 달리 공공요금이 물가 상승을 선도한다기보다는, 연쇄적인 가격 상승 과정에서 공공요금이 마지막 단계에 집중적으로 상승하는 경향을 보여 왔다(김종석, 1991: 31-34).

공공요금 정책과 물가안정 정책은 충돌의 소지가 많다. 공공요금이 평균 생산비용을 하회하거나 적정 투자 보수율보다 낮은 수준에서 정부에 의해 일방적으로 결정될 때 적지 않은 문제점이 발생하고 있다. 이미 설명한 바와 같이 1970년 후반 이래 미국에서 전력요금 인상이 생산비용 증가보다 늦어짐으로써, 허용투자 보수율이 시장 수익률보다 낮은 적이 있었다. 그 결과, 전력설비가 적기에 적정한 증가와 보수가 이루어지지 못함으로써 '역 A-J효과'가 발생한 것은 이미 설명한 바와 같다.

③ 공정보수율에 의한 요금 결정 방식의 문제점

우리나라 정부에서 관리하고 있는 공공요금은 [표 6-10]에서 보는 바와 같이 결정주체에 따라 중앙공공요금(11종)과 지방공공요금(11종)으로 구분할 수 있다.

표 6-10 공공요금의 구분

요금 결정주체		공공요금의 내용
중앙공공요금	산업통상자원부	전기요금, 도시가스요금 도매, 우편요금
	국토교통부	열차료, 시외버스요금, 고속버스요금, 도로통행료, 국제항공요금, 광역상수도 도매
	방송통신위원회	통신요금, 방송수신료
지방공공요금	지방자치단체 직접 운영	지하철료, 상수도료 소매, 하수도료, 쓰레기봉투료
	민간운영 또는 지방자치단체 승인	도시가스료 소매, 시내버스료, 택시료, 정화조 청소료, 문화시설 입장료, 공연예술 관람료, 고교납입금

자료: 기획재정부(2010).

표 6-11 우리나라 총괄원가 방식

총괄원가 = 적정원가 + 적정투자보수
- 적정원가 = 영업비용 + 영업외비용(지급이자 제외) − 영업외수익
- 투자보수 = 요금기저* × 투자보수율

* 재화 및 서비스의 생산 공급에 투입된 자산가치액과 운전자금

이러한 우리나라 공기업의 요금은 [표 6-11]에서 보는 바와 같이 기본적으로 대부분 총괄원가를 보전하도록 규정하고 있고, 총괄원가는 적정원가에 적정한 투자보수(공정보수)를 합한 금액으로 결정된다(물가안정에 관한 법률 제4조 및 동법 시행령 제6조). 다만, 주무부장관이 가격상한제 등 다른 산정 방식에 따르는 것이 합리적이라고 인정하는 경우에는 기획재정부장관과 협의하여 그 산정 방식에 따를 수 있다.

공정보수 방식에서 공정보수율은 공기업 요금의 규제기관인 정부부서에서 임의적으로 통제·관리하는 정책변수이다. 이와 같은 정부의 공정보수율에 기반을 둔 총괄원가 보상 방식으로는 공기업의 자발적인 경영개선이나 혁신을 유인하기에 한계가 있다.

(2) 공기업 요금정책의 개선 방향

궁극적으로 공공요금에 대한 요금정책은 공기업의 성격, 공기업이 생산하는 재화나 서비스의 특징, 다른 산업부문에 미치는 영향 등을 종합적으로 고려하여 결정할 수밖에 없다.

그러나 공기업도 부가가치를 생산하는 생산주체인 만큼 공공요금은 조직의 유

지・발전에 필수적인 공기업의 수입구조, 즉 적정한 투자 보수가 확보되도록 해야 한다. 이를 위해서는 공공요금 결정에 다양한 이해관계자와 더불어 공기업도 참여하여 의견을 개진할 수 있도록 하는 것이 필요하다. 공공요금의 공공성 때문에 공기업 요금에 대한 정부의 규제가 불가피하다고 하더라도, 최소한 공기업 스스로 예측이 가능하도록 하는 제도적 장치가 마련되어야 할 것이다.

또한 우리나라의 공기업 요금 결정에서 관행적으로 시행해 온 총괄원가 방식의 장・단점을 면밀히 분석하여, 공기업의 자발적 생산성 향상 동기를 유발할 수 있는 각종 인센티브 공공요금 제도의 도입을 적극적으로 검토해 볼 필요가 있다. 우리나라의 공공요금 정책에 요구되는 몇 가지 정책적인 문제를 구체적으로 살펴보면 다음과 같다.

① 적정한 투자보수율 허용

총괄원가 방식에서는 사업의 건전한 발전을 위해 최저한의 적정한 보수를 확보하는 것이 필요하다. 불경기에 안정적 보수율을 인정하는 것은 요금 인상을 초래한다는 비판이 있다. 반면에, 공공요금 사업의 안정성을 고려하면 경기 변동에 상관없이 안정적 보수율을 책정해 주어야 한다는 주장도 있다. 일반적으로 공공요금 관련 서비스는 투자 회임 기간이 긴 장치산업이 대부분이기 때문에, 적정한 투자보수율 책정은 필요하다. 지나치지 않고 적정한 투자보수율을 책정하기 위해서는 투자보수율 책정 시 현실 금리인 시중금리나 민간기업 이윤율을 반영하여 합리적으로 보수율을 설정해야 한다. 저금리의 경제 여건 하에서는 이런 필요성이 더욱 커지고 있다고 할 것이다.

② 자동조정 조항의 적용

환율이나 원유가격 등에 의해 좌우되는 원료비・연료비의 변동에 따라 자동적으로 요금을 조정하는 방식을 고려할 필요가 있다. 이러한 요금의 자동조정제는 여건 변동을 신속하게 요금에 반영할 수 있고, 규제비용을 줄일 수 있으며, 공공요금 책정을 객관적인 외부 요인에 연동함으로써 사업의 효율화를 유인한다는 장점이 있다(CEPA, 2009a). 현행 「물가안정에 관한 법률」 및 「동법 시행령」에서는 "주무부장관이 공공요금을 결정할 때에는 적정원가와 적정투자 보수를 근간으로 하는 총괄가격 방식 외에도 다른 산정 방식에 따르는 것이 합리적이라고 인정하는 경우에는 기획재정부장관과 협의하여 그 산정 방식에 따를 수 있다"고 하여(동법 제4조 및 동법 시행령 제6조), 원가연

동제 방식의 적용 가능성을 열어 놓고 있다.

③ 기준 비교 방식의 적용

기준 비교 공공요금 결정 방식은 가장 효율적인 사업자의 비용을 기준으로 요금 수준을 책정하거나, 혹은 여러 사업자의 각종 지표를 비교하여 요금을 책정하는 방식이다. 이는 지역독점적 성격이 강한 사업 혹은 비교 가능한 다른 사업자가 존재하는 경우에 사업자 간의 경쟁을 간접적으로 촉구하는 효과가 있는 방식이다(CEPA, 2009b). 만일 다른 사업자보다 비효율적으로 사업을 행하는 경우, 비용 증대를 요금으로 회수할 수 없으므로 사업자 간 효율화 경쟁이 촉발된다. 일본의 경우, 1996년부터 전기요금과 도시가스요금에 기준 비교 방식을 도입했다.[32] 우리나라의 「지방공기업법」에서는 "지방직영기업의 서비스에 대하여 지역 간 요금 수준의 형평을 도모하여야 한다"고 규정하여(동법 제22조), 기준 비교 방식의 근거를 마련하고 있다.

④ 공적 부담 의무(PSO)에 대한 보상

우리나라 공기업의 공적 부담 의무(Public Service Obligation)의 대부분이 [표 6-12] 도시철도 PSO에서 보는 바와 같이 국가 복지 차원에서 이루어지고 있지만, 비

표 6-12 도시철도 PSO 부과 및 보상

법령	적용 대상	강제 근거
「노인복지법」 제26조, 「동법 시행령」 제19조 제1항 및 별표1	65세 이상 경로자	법
「장애인복지법」 제30조, 「동법 시행령」 제17조 제1항 및 별표2	장애인 및 중증장애인 동행자 1인	법
「국가유공자 등 예우 및 지원에 관한 법률」 제66조, 「동법 시행령」 제85조	국가유공자(전상군경, 공상군경, 4·19 혁명 부상자, 공상공무원, 특별공로상이자 및 상이1급 동행자 1인)	법
「독립유공자 예우에 관한 법률」 제22조, 「동법 시행령」 제14조	독립유공자 및 동행자 1인	시행령
「5·18 민주유공자예우에 관한 법률」 제87조, 「동법 시행령」 제51조	5·18 민주화운동 부상자 및 장해 등급 1급 판정을 받은 자의 동행자 1인	시행령

자료: 이남국(2011)에서 정리.

32) 영국에서는 전기요금, 전기통신요금, 철도요금, 수도요금, 도시가스요금 등에 이 방식을 적용하고 있다(이상철·권영주, 2011).

용의 대부분을 실질적으로 공기업에서 부담하고 있다. 많은 PSO를 부담하고 있는 공기업에서는 수지균형에 대해 미리 포기하는 경향을 보이고 있다. 공기업의 재정건전성을 확보하고 경영개선 의지를 확보하기 위해서라도 PSO를 정부에서 보상하거나, 정부와 공기업이 적정하게 분담하는 방안을 모색할 필요가 있다.

정리문제

1. 공기업의 자율적 경영과 정부 통제의 상관 관계를 설명하시오.
2. 공기업 통제의 불가피성을 주인-대리인 이론의 입장에서 설명하시오.
3. 정부의 공기업 통제 방법을 구체적으로 설명하시오.
4. 국회의 공기업 통제의 의의와 개선 방안을 논술하시오.
5. 공기업 요금 결정 원리를 설명하고, 공기업의 자발적인 생산성 향상을 유도할 수 있는 공기업 요금 결정 방안을 도출하시오.

PART 03

공기업의 경영주체

개관

'공기업의 경영주체'에서는 공기업을 직접 관리하는 공기업 경영진의 구성 방법을 주요 내용으로 한다. 공기업의 지배구조를 내 · 외부 구조로 나눌 때 주로 내부 지배구조를 중심으로 설명한다. 즉, 공기업의 CEO, 이사회, 상임이사 및 비상임이사, 감사와 감사위원회 등의 구성 방법과 효율적인 운영 방법을 논의한다. 운영 방법에 따라 내 · 외부 지배구조의 성격을 동시에 가지고 있는 국가지주회사에 대해 외국의 사례와 더불어 우리나라의 운영 현실을 살펴보았다. 따라서 제3편 '공기업의 경영주체'는 제7장 '공기업의 지배구조', 제8장 '공기업의 내부 지배구조', 제9장 '국가지주회사'로 구성했다.

CHAPTER 07

공기업의 지배구조

공・사기업을 막론하고 기업의 미래 성장과 경영에 대한 책임과 관련하여 핵심적 역할을 하는 것은 바로 기업의 지배구조 문제이다. 기업 지배구조는 한 나라의 정치・경제적 상황을 반영하기 때문에 국가의 발전 방향과 밀접한 관련이 있다.

기업 지배구조는 일단 확립된 후에는 관련 이해관계자들에게 규약으로 작용하면서 그들의 행위에 직접적 영향을 미치기 때문에 일종의 제도라 할 수 있다. 역사적 신제도주의자들에 따르면, 기업 지배구조는 역사적으로 자연스럽게 형성된 제도인 만큼, 이는 각 나라의 고유한 변수, 즉 시장・산업・정책・문화 등의 상황에 맞게 굴절되어 발전하고 있다(하태수, 2002).

제 1 절 기업 지배구조의 일반적 의미

일반적으로 기업 지배구조(corporate governance structure)라 함은 "기업을 지배하는 권력의 배분과 기업을 둘러싼 이해관계 당사자들 간의 관계를 규정하는 방식"을 말한다(최도성・이경묵, 2003). 이를 좀 더 기업 경영자 중심으로 좁혀서 정의한다면 "기업 경영자들이 기업 경영 결과에 대해 소유자 및 이해 관련자들에게 책임을 지는 과정"이라 할 수 있다.

경영자와 주주, 종업원, 소비자, 정부, 지역사회, 심지어는 일반 국민에 이르기까지 기업과 직·간접적인 이해관계를 가지고 있는 집단들이 기업 경영에 대해 어느 정도 권력을 행사하고, 이들 사이에 발생하는 갈등을 어떻게 해결할 것인가를 구체적으로 규정하는 것을 기업 지배구조라고 할 수 있다.[1)]

1 앵글로색슨 및 라인형 기업의 지배구조

국가마다의 역사적 상황을 반영하고 있는 기업 지배구조는 크게 영어권 국가를 중심으로 한 '앵글로색슨 모형(Anglo-Saxon model)'과, 독일 및 일본을 중심으로 한 '라인 모형(Rhine model)'으로 나눌 수 있다(Keasey & Wright, 1997). 따라서 '앵글로색슨 모형'을 '앵글로 아메리칸 모형(Anglo-American model)', '라인 모형'을 '독일·일본 모형(German-Japanese model)'이라고도 한다.

전자는 기업이 외부의 주주에 의해 통제된다고 하여 주주 자본주의 모형(shareholder capitalism model) 또는 외부자 중심 지배 체제(outsider system)라고 하고, 후자는 기업 내부의 이해관계자들에 의해 통제된다고 하여 이해관계자 자본주의 모형(stakeholder capitalism model) 또는 내부자 중심 지배 체제(insider system)라고 한다. 전자는 주주가 기업의 주인이라는 입장에서 주주 이익과 배당의 극대화를 강조하는 입장이고, 후자는 기업을 하나의 관련자들 간의 공동체라는 입장에서 이해관계자들의 장기적·안정적 관계 유지를 강조한 것이라 할 수 있다(Ha, 2002).

2 FBS 기업 지배구조

그 밖에도 일부 아시아 국가의 강한 가족적 유대에 기초한 느슨한 거버넌스(slack governance)를 특징으로 하는 모형이 있다. 칸(Khan, 2003)은 이를 가족기초모형(Family-Based System: FBS)이라고 부르는데, 이는 은행주도모형(Bank Led System: BLS)도 아니고, 주주기초모형(Equity Market-based System: EMS)에도 속하지 않는 독특한 유형이라고 할 수 있다. 이처럼 어느 나라나 한 지역 경제권의 기업 지배구조의 특징을 추출하여 규명해 본다면, 실로 다양한 유형으로 나타날 수 있을 것이다.

---

1) 기업 지배구조는 소유자와 경영자 사이에서 나타나는 주인-대리인(principal-agent) 문제를 해결하는 과정에 초점을 맞춘 개념이다. 따라서 정부(government)를 중심으로 관련 이해관계자들 사이에서 공공의 문제를 협치적으로 해결하는 것을 뜻하는 일반적 의미의 거버넌스(governance)와는 구분되는 개념이다.

표 7-1 앵글로색슨 모형과 라인 모형의 비교

구분	앵글로색슨 모형	라인 모형
해당 국가	• 미국, 영국 등 영·미계 국가	• 독일, 일본 등 독일계 국가
기본 이념	• 주주 주권주의(주주가 기업의 주인)	• 공동체 주의(기업은 하나의 공동체)
경영 목표	• 최소한의 대리인 비용으로 주주 이익 극대화	• 다양한 이해관계자들 간의 장기적인 안정적 관계 형성을 통한 이익 극대화
특징	• 소유와 경영의 분리, 기관투자가 발달 • 주주 이익을 중시하는 법체제 • 소액 주주 보호 장치 강구 • 엄격한 기업정보 공개 요구	• 소유와 경영의 중첩 또는 분리 • 이해관계자들의 공동 이익 추구 • 기업 경영의 안정을 통하여 기업 지배권(M&A)을 제한
금융 여건	• 자본시장 성숙 및 관련 법제 완비 • 기업자금을 주로 자본시장에서 조달 • 은행은 기업 경영에 관여하지 않음 • 기관투자가의 높은 지분율	• 자본시장 미성숙 • 은행을 통한 기업자금 조달 • 은행이 기업 경영에 영향력 행사 • 대주주의 높은 지분율
회계 제도	• 주주 이익(배당)을 극대화하기 위해 시가주의 회계 채택	• 기업 및 채권자의 입장에서 원가 중심의 보수주의 회계 채택
기업 성과 측정 방법	• 기업의 시장가치(주식가격)	• 기업의 시장가치, 고용 관계, 공급자와 구매자 간의 거래 관계 등
규율 수단	• 이사회의 경영 감시 • 시장규율(market discipline) • 투자자의 자유로운 주식 매매 및 기업지배권(M&A) 허용	• 조직에 의한 통제(organizational control) • 거래 은행의 경영 감시 및 통제

자료: 한국은행(1999)에서 재정리.

그러나 이러한 모형은 세계적·보편적 모형이라고 보기 어렵기 때문에, 이 책에서는 두 가지 대표적인 모형에 대해서만 설명하고자 한다. 즉, 앞에서 설명한 '앵글로색슨 모형'과 '라인 모형'이 그것인데, 이 두 모형의 특징을 정리하면 [표 7-1]과 같다.

어느 모형에 의하든 기업 지배구조에서 가장 핵심적인 사항은 "기업을 누가 관리하고, 이들 관리자는 누구에 의해 통제되는가"에 있다고 할 것이다(정갑영 외, 1996).

제 2 절 공기업 지배구조의 종류

[표 7-2]에서 보는 바와 같이 일반적으로 민간기업의 지배구조는 이윤 동기와 시장 감시 기능을 기본 원리로 하는 내·외부 이해관계자 간의 견제·감시구조로 구성

표 7-2	민간기업의 지배구조
내부 지배구조	• 주총, 이사회, CEO 등 경영진, 감사 상호 간의 견제와 균형
외부 지배구조	• 투자자 · 자본시장(정보공시 요구), 채권단(신용평가 · 감시), 다른 기업(M&A) 등의 감시와 견제

자료: 정부혁신지방분권위원회 · 기획예산처(2006).

되어 있다.

이에 비해, 공기업은 설립 목적상 기업성과 함께 공공성도 같이 추구하므로, 공기업 지배구조는 민간기업과는 다른 특수성이 존재한다. 즉, 시장에 의한 감시 · 견제 기능이 내재적으로 제약되어 있다. 사실상 공기업은 설립 근거법이 존재하는 한 법적 독점과 정부의 재정 지원이 보장되어 도산 위험이 없는 경우도 있다. 시장 경쟁도 미약하지만 직접적 이해관계자인 주주 · 채권단, 다른 기업(M&A) 등의 감시 압력도 약한 것이 사실이다.

따라서 공기업의 지배구조는 정부가 민간의 시장 감시 기능을 대체할 수 있도록 인위적으로 효율적인 내 · 외부 감독 시스템을 마련하는 방법밖에 없다.

[표 7-3]에서 보는 바와 같이 OECD의 공기업 지배구조 가이드라인에서는 공기업의 지배구조를 사기업의 지배구조와 같이 내부 지배구조와 외부 지배구조로 나누어 설명하고 있다. OECD(2005)에서는 공기업의 소유권 행사 기능을 정부기관 내 한 곳으로 집중화하는 것을 공기업 내 · 외부 지배구조의 기본 방향으로 제시하고 있다.

1 공기업의 내부 지배구조

공기업의 내부 지배구조를 구성하는 형식적 요건은 사기업의 그것과 크게 다르지 않다. 다만, 소유권을 행사하는 방법이 다르다. 사기업의 주주총회에 갈음하는 정부의 소유권 행사기관은 정부 담당부처, 관리위원회, 지주회사 등 다양한 형태로 운영된다. 우리나라 국가공기업은 별도의 주주총회를 가지고 있는 경우도 있지만, 이에 갈음하는 일차적 감독권은 '공공기관운영위원회'에서 행사하고 있다.

그 밖에 공기업의 내부 지배구조는 사기업의 그것과 같이 이사회, 기관장(경영진), 감사 상호 간의 견제와 균형으로 이루어진다. OECD(2005, 2015)에서는 이사회에서 실질적인 통제 권한을 가질 수 있도록 이사회 의장과 CEO를 분리하도록 권고하고 있다.

공기업의 이사회 · 기관장 · 감사(감사위원회)를 핵심으로 하는 내부 지배구조에 대해서는 다음 장에서 상세하게 살펴보기로 한다.

2 공기업의 외부 지배구조

공기업과 사기업의 지배구조에서 가장 많이 차이가 나는 것은 바로 외부 지배구조이다. 뒤에서 자세히 설명하겠지만 이는 공기업과 관련되어 있는 이해관계자(stakeholder)가 사기업보다 훨씬 다양하기 때문이다.

OECD(2005)에서는 공기업의 외부 지배구조를 설계할 때 [표 7-3]에서 보는 바와 같이 "공기업은 '전략적 목표 설정', '경영평가', '경영공시', '외부 회계감사', '자율성 관련 인프라 구축', '지배구조 정책 기능', '이해관계자 관계'를 중시해야 한다"고 강조하고 있다.

'전략적 목표 설정'과 관련하여 공기업 소유권 행사를 위한 정책과 목표는 일반 국민에 공개하고, 변경 시에는 그들로부터 다양한 의견을 수렴하는 절차가 필요하다.

'경영평가'와 관련하여 공기업은 성과평가를 위한 정기적인 보고 체계를 구축하고, 공기업의 성과를 국내 혹은 해외 민간기업 혹은 공공기관과 비교할 수 있는 지표를 개발해야 한다.

'경영공시'와 관련하여 모든 공기업은 높은 수준의 국제적 기준에 따라 공시할 의무가 있고, 소유권 행사 기관은 모든 공기업이 포함된 통합 연차보고서를 작성 · 공시해야 한다.

'외부 회계감사'와 관련하여 공기업은 국제 기준에 기초하여 매년 독립된 외부 회계감사의 대상이 되어야 한다.

'자율성 관련 인프라 구축'과 관련하여 공기업에게는 주어진 목표를 달성할 수 있도록 경영자율권을 보장해야 하며, 특히 감독 행정기관의 일상적 경영 개입을 배제하는 시스템을 구축해야 한다.

'지배구조 정책 기능'과 관련하여 민간기업과의 공정 경쟁을 보장하는 공기업 법령 체계를 구축하고, 나아가 공기업에 회사법 등 일반 법령을 적용하는 것을 배제하지 않도록 해야 한다. 필요시 자본 구조조정이 가능하도록 탄력적인 법령 체계를 유지해야 한다. 또한 공기업의 소유권 행사 기구는 정부 최고 감사기구와의 협력 체계를 구축하고 지속적 대화 채널을 유지해야 한다.

표 7-3 OECD의 공기업 지배구조 가이드라인

<table>
<tr><th colspan="2">구분</th><th>주요 내용</th></tr>
<tr><td colspan="2">소유권 집중화</td><td>• 국가는 일반 국민의 이익을 위해 공기업에 대한 소유권을 행사하고, 국가 소유권에 대한 전반적인 근거, 역할, 책임 등을 명확히 규정하고, 그 기능을 중심 단일주체에 소유권의 기능이 집중되어야 함
• 공기업 유형별로 소유의 집중화는 달라질 수 있으나, 유형별 명확한 소유 근거를 규정하고, 공공정책 목표에 대한 별도의 책임과 의무는 법과 규제를 토대로 명확히 규정</td></tr>
<tr><td rowspan="2">내부 지배구조</td><td>이사회/기관장</td><td>• 이사회에 실질적 권한 부여(전략적 경영자문 및 경영감시를 수행하는 데 필요한 권한 · 전문성 · 객관성 보유)
• 이사회 의장과 CEO 분리는 좋은 관행
• 이사회는 CEO 임면에 관한 권리 행사(소유권 행사기관의 동의나 협의를 거치는 방안도 가능)
• 이사 임면에 이사회가 관여할 필요
• 이사회의 전반적 성과와 효율성에 대한 조직적인 평가 수행</td></tr>
<tr><td>감사</td><td>• 이사회 내 특별위원회로서 감사위원회 설치
• 효율적인 내부감사 절차 개발을 통한 내부감사 기능의 수립</td></tr>
<tr><td rowspan="7">외부 지배구조</td><td>전략적 목표 설정</td><td>• 명확한 목표 설정, 우선순위 설정(목표 간 상충 관계 해결)
• 소유권 정책과 공기업의 목표는 일반 국민에게 공개하고, 변경 시 다양한 의견수렴 절차 필요</td></tr>
<tr><td>경영평가</td><td>• 성과평가를 위한 정기적인 보고 체계 구축
• 공기업의 성과를 국내, 해외 민간기업 혹은 공공기관과 비교할 수 있는 지표 개발(생산성, 노동 · 자본 · 자산의 효율적 이용 등)</td></tr>
<tr><td>경영공시</td><td>• 모든 공기업은 높은 수준의 투명성 기준(국제적 기준)에 따라 공시할 의무
• 소유권 기관은 엄격한 기업공시 기준에 따라 기업의 재무 및 비(非)재무 정보 보고(예: 총괄 연차보고서 작성 · 공시)</td></tr>
<tr><td>외부 회계감사</td><td>• 공기업은 국제 기준에 기초하여 매년 독립된 외부 회계감사의 대상</td></tr>
<tr><td>자율성 관련 인프라 구축</td><td>• 주어진 목표를 달성할 수 있도록, 공기업에 경영자율권 보장(일상적 경영 개입 배제)</td></tr>
<tr><td>지배구조 정책 기능</td><td>• 민간기업과의 공정경쟁을 보장하는 공기업 법령 체계 구축(회사법 등 일반 법령 적용 배제 금지, 필요시 자본 구조조정이 가능하도록 탄력적인 법령 체계 유지)
• 정부 최고 감사기구와의 협력 체계 구축 및 지속적 대화 채널 유지
• 소유권 행사기관은 법률 · 재무 · 경제 · 경영에 관련된 경험 및 기술 보유 필요</td></tr>
<tr><td>이해관계자 관계</td><td>• 이해관계자에 대한 책무를 인식하고 공기업과 이해관계자와의 관계를 국민에게 보고
• 적극적인 이해관계자 관련 방침을 개발하고 적절히 공개</td></tr>
</table>

자료: OECD(2015).

'이해관계자 관계'와 관련하여 공기업은 이해관계자에 대한 책무를 인식하고, 공기업과 이해관계자와의 관계를 국민에게 보고해야 한다. 또한 적극적인 이해관계자 방침이 기업의 장기적 전략 목표 및 평판에 영향을 미치는 정도를 고려해야 하고, 명확한 이해관계자 방침을 개발하고 적절히 공개해야 한다.

3 OECD의 공기업 지배구조

OECD에 소속된 주요 선진국에서는 공기업 감독 시스템의 정비 등 공기업 지배구조의 혁신을 추진해 왔다. 2005년 OECD는 앞에서 설명한 공기업 지배구조 가이드라인을 마련하여 회원국에 지배구조의 표준 모델을 제시한 바 있고, 많은 국가에서 이를 준수하려는 노력을 기울이고 있다. 2015년 이 가이드라인을 수정하였는데, 수정된 가이드라인의 기본 맥락은 처음 제정한 가이드라인과 맥락을 같이하면서 공기업의 '민간기업과의 경쟁중립성' 및 '소수주주의 보호' 등이 새롭게 강조하고 있다.

OECD에서 권장하고 있는 공기업 지배구조 표준 모델의 핵심은 ① 공기업 관련 정부 기능 중 '소유권 기능'과 '산업정책 · 규제 기능'의 분리, ② 이사회의 독립성 · 권한 강화, ③ 경영 투명성 강화 등이다.

프랑스 · 스웨덴 · 핀란드 등 OECD에 소속된 주요 선진국의 공기업 지배구조 혁신 추진 내용을 공기업 지배구조 표준 모델의 핵심 항목에 따라 정리하면 [표 7-4]와 같다. 특히 뉴질랜드가 OECD가 권고하는 공기업 지배구조를 가장 충실하게 따르고 있어, 흔히 이 나라를 '공기업 개혁의 간판 국가(post country)'라고 부른다.

표 7-4 OECD 주요 국가공기업 지배구조

구분		주요 내용
소유권 기능 집중화		• 공기업에 대한 소유권 행사 기능 집중화가 선진국의 최근 추세(프랑스 APE, 스웨덴 SOD, OECD 권고 사항 등) • 준정부기관에 대한 주무부처의 공적 통제 권한 인정(영국)
내부 지배구조	이사회/기관장	• 공기업은 이사회 중심모델, 이사회 의장과 기관장 분리, 이사회 권한 강화 등이 국제 추세(OECD, 스웨덴 등) • 이사회 규모 축소, 독립성 · 전문성 강조, 이사의 무한책임주의, 이사회 성과평가 및 개인 평가 강화(스웨덴, 뉴질랜드)
	감사	• 이사회 내 독립적인 감사위원회(OECD, 네덜란드) • 내부감사제도 폐지, 감사원 감사 실시(뉴질랜드)

<table>
<tr><td rowspan="5">외부 지배구조</td><td>전략적 목표 설정</td><td>• 책임경영 담보를 위해 기업목표 공시제도 실시, 구체적 목표 · 성과측정 방법 · 기준 작성, 평가에 활용(뉴질랜드)
• 재정 당국 및 주무부처 장관에 경영목표 대비 실제 성과 보고(뉴질랜드, 반기보고 + 연례보고)
• 전략적 경영 목표를 포함한 기본운영계획서, 사업계획 등 작성 공시</td></tr>
<tr><td>경영평가</td><td>• 공기업 5개년 평가 프로그램 개발, 경영실적 및 이사회 평가(네덜란드)
• 주무부처, 의회, 감사원 등에 의한 성과측정 및 평가 · 공개(뉴질랜드)</td></tr>
<tr><td>경영공시</td><td>• 대다수 국가에서 웹사이트를 통한 광범위한 정보 공개</td></tr>
<tr><td>자율성</td><td>• 대다수 국가에서 내부경영 관련 일반지침 시행</td></tr>
<tr><td>지배구조 정책 기능</td><td>• 소유권 집중기관이 체계적 정책 기능 수행</td></tr>
</table>

자료: OECD(2005).

제 3 절 공기업 지배구조의 개념

1 공기업 지배구조의 개념

이상에서 설명한 공기업 지배구조를 일반적인 민간기업 지배구조 개념에 대비하여 그 특징을 중심으로 정의하면, "공기업 경영자들이 공기업 경영 결과에 대해 그 소유권 행사자인 정부 및 기타 이해 관련자들에게 책임을 지는 과정"이라고 할 수 있다.

흔히, 공기업을 '주인이 없는 대리인(an agent without a principal)'이라고 비판한다. 이는 불특정한 국민이 주인인 공기업의 통제 · 감독에 대한 책임이 여러 이해관계자들에게 분산되기 쉬운 속성을 단적으로 설명하는 표현이라고 할 수 있다.

공기업과 같이 이해관계자가 분산되는 조직일수록 이들의 이해관계를 조정하는 역할은 중요하다. 공기업 지배구조의 핵심은 이러한 다양한 공기업 이해관계자들 간의 이해를 조정하는 것이라 할 수 있다.

2 공기업 지배구조의 구성 요소

다양한 이해관계자로 구성되어 있는 공기업의 지배구조는 [그림 7-1]에서 보는

그림 7-1 공기업 지배구조 개념 요소

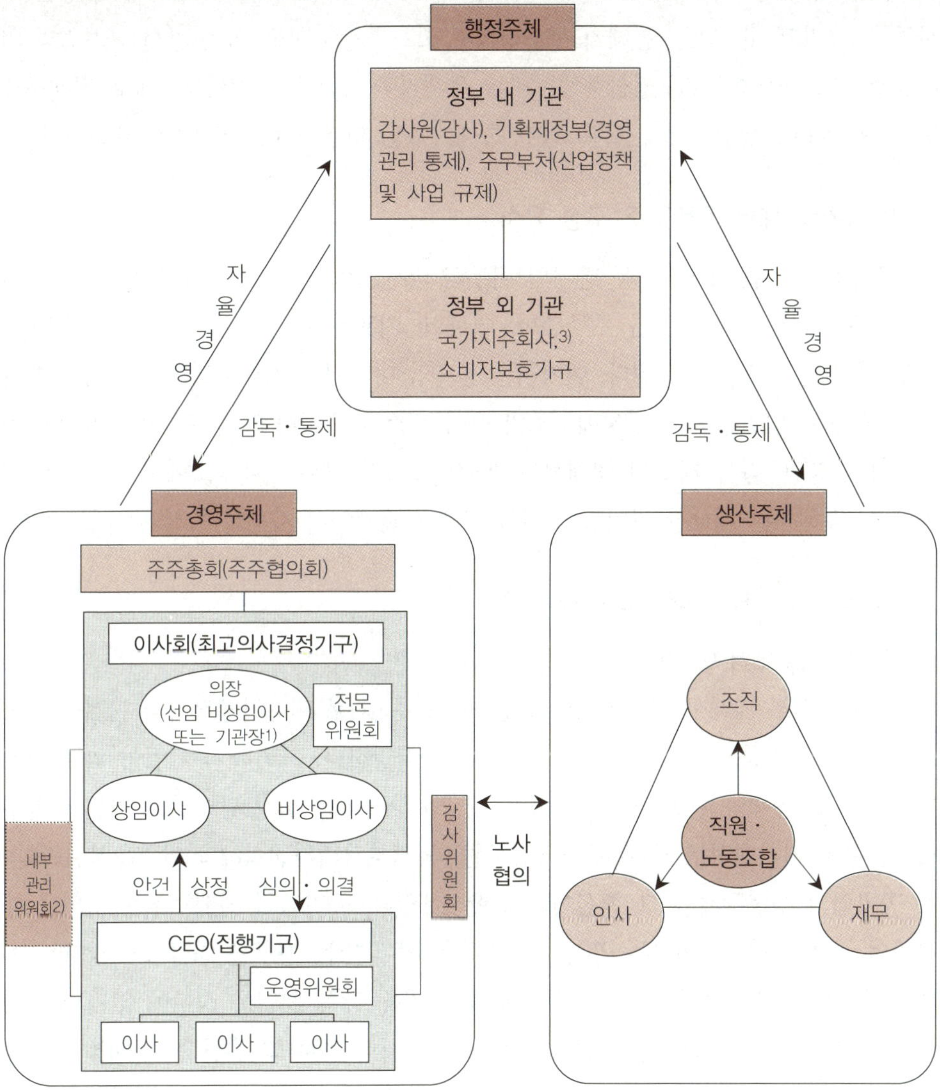

1) 자산 규모가 2조 원 미만인 준시장형 공기업과 준정부기관의 이사회 의장은 기관장이 됨.
2) 현재 우리나라에서는 운영하지 않음.
3) 국가지주회사는 행정주체와 경영주체의 성격을 모두 가지고 있음.

자료: 감사원(2005)을 토대로 수정 · 보완.

바와 같이 행정주체, 생산주체, 경영주체로 구분할 수 있다. 공기업의 의사결정 기구(이사회) 및 집행기구(경영진)으로 구성된 경영주체, 직원과 노동조합으로 구성된 생산주체, 그리고 내·외부 통제기구인 행정주체로 구성되어 있다. 여기서 공기업의 의사결정 기구·집행기구·생산주체·내부 통제기구(감사)는 공기업의 내부 지배구조 구성 요소이고, 행정주체와 같은 외부 통제기구는 외부 지배구조 구성 요소이다.

1) 공기업 내부 지배구조 구성 요소

공기업의 내부 지배구조는 공기업 내부의 의사결정 및 생산을 담당하는 실체로서 좀 더 구체적으로 살펴보면 주주총회, 이사회, 기관장과 경영진, 감사(감사위원회), 노조 및 직원 등으로 구성된다. 여기서는 공기업 내·외부 지배구조의 전체적인 맥락을 이해하는 차원에서 내부 지배구조의 구성 요소만 소개하고, 주주총회, 이사회, 기관장과 경영진, 감사 제도에 대해서는 제8장 공기업 내부 지배구조에서, 노조 및 직원 등에 대해서는 제11장 공기업의 인사 및 노사관계에서 자세하게 살펴보기로 한다.

2) 공기업 외부 지배구조 구성 요소

(1) 정부와 국회 및 국민

공기업 외부 지배구조는 공기업과 관련된 모든 외부 이해관계자와의 관계를 말하므로, 국회나 법원, 그리고 국민에 이르기까지 다양하다. 그러나 공기업의 외부 관계자를 공기업 통제와 관련하여 정의하면 공기업의 감독을 직접 담당하고 있는 행정부의 각 부처(기획재정부+주무부처+감사원)와 정부관리위원회(공공기관운영위원회), 즉 공기업의 행정주체가 그 핵심이라고 할 수 있다. 공기업의 지배구조를 정의할 때 공기업 소유권에서 기인하는 공기업의 감독 책임이 있는 정부를 언급하지 않고는 설명할 수 없다. 왜냐하면, 공기업 경영에 대한 최종 감독 책임은 정부에 있기 때문이다. 공기업의 행정주체는 공기업에 대해 조직, 인사나 보수 및 예산 등에 대해서는 경영지침, 공기업의 경영혁신에 대해서는 혁신지침을 통해 감독한다(공공기관의 운영에 관한 법률 제15조, 제50조).

공기업 외부 지배구조 개념 구성의 초점은 공기업의 행정주체인 정부가 공기업 소유권 기능을 강화하기 위하여 공기업을 효율적으로 통제할 수 있는 감독 시스템을 구축하는 데 있다. 공기업과 정부 관계에 대해서는 이미 제6장 공기업 행정주체의 통제에서 설명했기 때문에 여기서는 생략하기로 한다.

(2) 공기업의 지주회사와 관리위원회

정부는 공기업의 지주회사와 관리위원회를 설립하여 소유권을 간접적으로 행사하기도 한다. 공기업의 지주회사와 관리위원회는 공기업의 내부 지배구조와 외부 지배구조의 속성을 동시에 가지고 있다. 지주회사가 자회사에서 수행하고 있는 사업에 직·간접적으로 참여한 경우에는 공기업 내부 지배구조의 속성이 강하고, 반면에 행정기관과 같이 해당 자회사에 감독이사를 파견하여 통제하는 경우에는 외부 지배구조의 속성이 강하다. 관리위원회가 공기업 외부에 설치된 경우에는 외부 지배구조이지만, 기관 내부에 설치되면 내부 지배구조이다. 기금관리 준정부기관의 경우, 기금운용위원회를 정부 주무부서에 설치할 수도 있고, 기관 내부에 설치할 수도 있다. 이 책에서 공기업 관리위원회에 대해서는 제8장, 국가지주회사에 대해서는 제9장에서 그 성격과 기능을 다시 자세히 살펴보기로 한다.

(3) 공기업의 소비자 보호기구

공기업의 외부 지배구조에는 소비자 보호기구가 있다. 공기업은 설립 및 운영의 공적인 성격 때문에, 소비자들이 경영에 참여하거나 관여하는 경향이 사기업의 경우보다 강하다. 또한 공기업의 통제자인 국회나 정부가 공기업에 포획되기 쉬운 속성이 있기 때문에, 소비자가 직접 단체를 결성하여 공기업에 대한 소비자 권리를 직접 보호해야 한다. 이는 공기업의 독점성과 공익적 기능을 생각할 때 당연한 귀결이라고 할 수 있다. 소비자 보호기구의 공기업 경영 관여 방법은 직접적인 방법과 간접적인 방법이 있다. 직접 참가 방법은 '소비자 관리제'나 '소비자 공동관리제'가 있고, 간접 참가하는 방법에는 '소비자 심의제'와 '소비자 자문위원회'가 있다.[2] 단순히 자문에 그치는 간접적인 방법보다는 소비자 대표가 이사회에 이사로 참여하는 직접적인 방법이 직능대표제의 성격을 가장 효과적으로 달성할 수 있는 제도이다(윤성식, 1994: 109).

'소비자 관리제'는 공기업의 소비자가 선출한 대표로 경영기관을 구성하여 실질적으로 소비자를 보호하려는 형태라 할 수 있다. 대표적인 예로, 영국 항만공사가 이 유형에 속한다(유훈, 1991: 356). 지역적으로 한정된 지역 내의 소비자 이익을 보호할 필요가 있을 때 고려할 수 있는 제도이다. 그러나 분산되어 있는 소비자들 중에서 대표를 선출하는 것은 현실적으로 어렵고, 또한 소비자 대표가 경영에 전문성을 요하는

2) 엄밀히 말하면, 소비자가 공기업 경영에 직접 참가하는 '소비자 관리제'나 '소비자 공동관리제'는 공기업 내부 지배구조의 속성이 강하고, '소비자 자문위원회'는 공기업 외부 지배구조의 속성이 강하다.

공기업을 효과적으로 관리할 수 있을지에 대해서도 의문이다.

'소비자 공동관리제'는 일종의 직능대표제로, 소비자 대표가 근로자의 대표와 함께 공기업을 공동으로 관리하는 것을 말하며, 프랑스의 석탄공사가 대표적인 예이다. 그러나 '소비자 공동관리제'는 각 집단 대표로 구성됨으로써 공기업 관리의 전문성과 경험이 문제될 수 있으며, 각 직능 집단 상호 간의 이해가 상반될 경우 경영 혼란을 가져올 수 있는 단점도 있다.

'소비자 심의제'는 해당 산업계의 지식과 경험이 풍부한 사람들로 구성된 일종의 공기업 자문기구라 할 수 있다. 과거 독일의 국유철도 심의회가 대표적인 예이다. 이러한 소비자 심의회가 기능을 발휘하기 위해서는 공기업으로 하여금 소비자의 이해에 영향을 미치는 문제나 경영·기술의 개선 문제에 대해 반드시 자문에 응하도록 해야 하며, 독자적인 사무국과 전문적인 연구 및 조사 기구를 가질 필요가 있다.

'소비자 자문위원회'는 소비자 대표들로 구성되지만 의결기구가 아니기 때문에, 단순히 공기업 경영에 관련된 자문 기능만 담당한다. 그러나 공기업의 소비자와 관련된 사안에 대해서는 공기업 감시기구로서 상당한 영향력을 발휘한다. 가령, 공기업이 생산한 재화나 서비스의 가격과 품질 등에 대해 소비자 자문위원회가 제안한 의견은 다른 어떤 아이디어보다도 존중된다. 소비자 자문위원회는 정부와 소비자, 그리고 기업의 중간적인 위치에서 특정 문제가 의제화되기 전에 미리 예방하는 차원의 협조를 구하게 된다.

우리나라의 소비자 대표로는 「보조금의 예산 및 관리에 관한 법률」을 적용받는 보조기관인 '소비자보호단체협의회'를 들 수 있다.

우리나라의 소비자 단체는 공기업의 자문위원회나 이사회에 비상임이사로 많이 참여하고 있다. 소비자 보호기구인 소비자 단체가 공기업 감독 역할을 강화하기 위해 소비자 보호기구의 지역 및 하부조직을 늘리는 외형적인 노력뿐만 아니라, 전문성을 갖춘 인재를 많이 확보하는 등 소비자 단체의 내실을 향상시키는 노력이 병행되어야 한다(박영희 외, 2005: 97-98; 안용식, 1984: 172).

소비자 대표가 공기업 경영에 직접 또는 간접적으로 참여하는 데에는 현실적으로 적지 않는 문제점이 제기되고 있다.

첫째, 공기업의 관리위원회나 이사회의 직능대표제에 어떤 종류의 집단 대표를 어떤 비율로 참여시키느냐 하는 것이 문제가 될 뿐만 아니라, 조직체를 가지지 못한 관련자들의 이익을 어떻게 대변하느냐 하는 문제가 발생한다.

둘째, 직능대표제에서는 관리위원회나 이사회의 구성원이 관리자로서의 능력에 따라서 임명되는 것이 아니라, 정부 · 소비자 · 근로자 등을 대표하여 이들 이해집단에 의해 선출되므로, 전문적 지식이나 경험을 가지지 못한 것도 문제점으로 지적된다.

셋째, 직능대표로서 관리위원회 또는 이사회에 참여하는 임원은 공기업의 운영에 관해 정부와 국회에 대해 책임을 져야 하고, 한편으로는 자기가 대표하는 노동조합이나 소비자 단체 등에 대해서도 책임을 져야 한다. 다시 말하면, 소비자를 대표하는 임원은 두 주인을 섬기지 않으면 안 된다. 관리위원회나 이사회 구성원이 어떤 특수 이익집단의 대변자에 지나지 않을 경우 관리위원회나 이사회는 행동의 통일을 기하기가 어려운 점이 있다(강신택, 1990: 129).

(4) 공기업의 경영평가

공기업의 기관장과 기관에 대한 경영평가는 유력한 공기업 외부통제 수단이다. 「공공기관의 운영에 관한 법률」 제48조(경영실적 평가)에 의하면, "기획재정부장관은 기관장 계약의 이행에 관한 보고서, 경영 목표와 경영실적보고서를 기초로 하여 공기업 · 준정부기관의 경영실적을 평가한다. 다만, 「국가재정법」 제82조(기금 운용의 평가)에 따라 기금운용 평가를 받는 기관과 「과학기술기본법」 제32조(정부출연연구기관 등의 육성) 제2항에 따라 평가를 받는 기관에 대해서는 그 평가 결과를 활용한다"고 규정하고 있다. 어떤 근거법에 의하든 우리나라의 공공기관은 객관성을 갖춘 외부 전문가 평가단에 의한 평가를 받아야 한다. 공기업 경영평가에 대해서는 제5장에서 설명했기 때문에 여기서는 생략한다.

(5) 공기업의 경영공시

일반 국민이 공기업을 직접 통제하는 방법 중에 하나가 경영공시 제도이다. 국민들은 이를 통해 공기업의 경영 상황을 직접 감시 · 감독하게 된다. 경영공시는 우리나라 공기업의 시작인 정부투자기관은 1998년, 준정부기관과 기타 공공기관의 전신인 정부산하기관의 경우에는 그 이후인 2000년부터 도입되어 시행되고 있다.

「공공기관의 운영에 관한 법률」에서는 "공공기관은 법령에서 지정하는 사항을 공시하여야 한다"고 규정하여(동법 제11조), 공기업 · 준정부기관뿐만 아니라 기타 공공기관도 이 규정에 따라 경영정보를 공개해야 한다.

공공기관 경영공시는 일반 현황에서부터 대내 · 외 평가에 이르기까지 다양한 항목으로 분류되어 있다. 공공기관은 명시한 사항을 인터넷 홈페이지를 통해 공시하여야 하고, 사무소에 필요한 서류를 비치해야 한다. 공공기관은 공시된 사항에 대한 열람이나 복사를 요구하는 자에 대해 이를 열람하게 하거나 그 사본이나 복제물을 내주어야 한다.

기획재정부장관은 각 공공기관이 공시하는 사항 중 주요 사항을 별도로 표준화하고 이를 통합하여 공시할 수 있다. 또한 기획재정부장관은 공공기관에 통합공시를 위해 필요한 자료의 제출을 요청할 수 있다. 기획재정부장관은 공공기관이 경영공시 의무 및 통합공시 의무를 성실하게 이행하지 않거나, 허위의 사실을 공시한 때에는 당해 기관으로 하여금 해당 사실을 공고하고 허위 사실 등을 시정하도록 명령할 수 있으며, 운영위원회의 심의·의결을 거쳐 주무기관의 장 또는 당해 공공기관의 장에게 관련자에 대한 인사상의 조치 등을 취하도록 요청할 수 있다(공공기관의 운영에 관한 법률 제12조). 공공기관의 경영 현황을 일반국민에게 투명하게 공개하여 국민에 의한 상시 감독 체제를 마련하자는 취지에서 구축된 알리오 시스템(알리오: www.alio.go.kr)은 2005년 12월에 개통되어 지속적으로 발전적인 보완을 거듭해 오면서 공공기관의 투명성 확보에 많은 기여를 하고 있다.

(6) 고객헌장 제도

공공기관의 투명성을 높이기 위한 외부통제 방법 중 하나가 바로 고객헌장 제도이다. 고객헌장 제도는 기관이 제공하는 서비스에 대해 일정한 기준·절차·방법·시정 및 보상 조치 등을 구체적으로 정해 공표하고, 이의 실천을 국민에게 약속하는 제도이다.

영국에서는 1991년 이미 시민헌장(Citizen's Charter)을 도입했고, 미국의 경우에는 1993년 고객서비스 기준(customer service standards)이 제도화되었다. 우리나라 공기업(정부투자기관)의 경우는 1999년(산하기관은 2000년)에 도입되어 시행되고 있으며, 행정기관에서는 행정서비스헌장 제정지침(1998.6.30. 대통령훈령 제70호)[3]에 의해 제도화되었다. 그리고 KT&G와 같이 민영화된 공기업에서도 대부분 이러한 고객헌장 제도를 도입하여 모범적으로 운영하고 있다. 「공공기관의 운영에 관한 법률」에서는

---

3) 행정서비스헌장 제정지침은 행정 서비스 전달 체계의 혁신과 깨끗하고 공정한 정부를 원하는 국민의 기대에 부응하며, 행정 서비스의 질적 향상을 위해 도입된 제도이다. 이는 행정기관에서 제공하는 행정 서비스의 기준 및 내용과 절차, 잘못된 서비스에 대한 시정과 보상조치 등을 구체적으로 정해 행정서비스헌장을 제정 및 공표하고 그 실천을 고객(시민)에게 약속하는 제도이며, 행정 서비스에 대한 고객만족도 제고를 위해 주민의 요구를 끊임없이 수렴하여 헌장에 반영하는 제도적 장치이다.

공공기관 중 국민에게 직접 서비스를 제공하는 공공기관은 다음 각 호에 관한 사항이 포함된 고객헌장을 제정하여 공표하도록 하고 있다(동법 제13조). 고객헌장에 포함될 내용은 ① 기관의 기본 임무, ② 제공하는 서비스의 내용과 바람직한 서비스의 수준, ③ 제공하는 서비스에 대한 불만 처리, 시정 절차 및 배상 등의 책임, ④ 제공하는 서비스의 향상을 위한 노력 및 계획 등이다. 공공기관은 고객헌장을 제정한 때에 국민이 이를 알 수 있도록 인터넷 등을 통해 공표하거나 일정한 장소에 게시해야 한다.

(7) 고객만족도 조사

국민에게 직접 서비스를 제공하는 공기업은 그 기관의 서비스에 대해 최종적으로 국민들을 대상으로 만족도를 조사하여 발표할 수 있다. 자세한 것은 제5장 제5절에서 설명했기 때문에 여기서는 생략한다.

(8) 공기업의 외부감사

공기업에 대한 감사원과 주무부서 등의 감사, 그리고 공인회계사나 회계법인의 결산감사가 공기업의 가장 합법적인 외부 지배구조라 할 수 있다. 여기에 대해서는 제12장에서 자세히 살펴보기로 한다.

제 4 절 | 공기업 지배구조의 특징

1 공 · 사기업 지배구조의 차이점

공기업은 추구하는 목표가 사기업과 다르고, 관련되어 있는 이해관계자가 [그림 7-2]에서 보는 바와 같이 사기업보다 훨씬 다양하다.

따라서 공기업의 지배구조는 다양한 이해관계자들이 공기업의 목표와 비전을 공유하고, 공기업은 그들의 요구를 체계적으로 관리하는 것이 핵심이라고 할 수 있다. 공기업의 경영전략도 공기업의 지배구조를 구성하고 있는 이해관계자들의 기대에 따라 다르다.

공기업의 지배구조는 공기업의 행정주체인 정부가 공기업의 기관장을 비롯한 주요 의사결정자들을 선발하고, 공기업을 통제 · 감독하는 규제자의 역할도 동시에 수

그림 7-2 BPA(부산항만공사)의 이해관계자

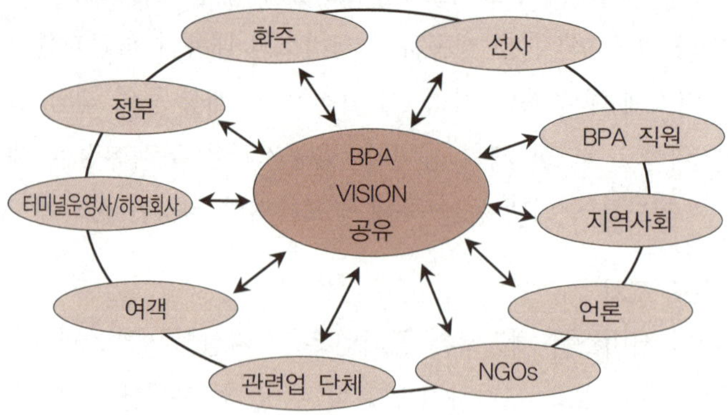

이해관계자	이해관계자의 기대	경영전략
터미널운영사 (하역업체)	• 양질의 터미널 시설/저렴한 임대료 • 부산항 마케팅 활동 • 신속한 시설물 유지 · 보수	• 적정 임대료 부과 • 포트 세일즈 • 신속한 유지 보수
선사	• 저렴한 항만시설 사용료 • 양질의 항만 서비스 • CIQ 업무의 간소화	• 적정 항비 부과 • 신속한 입출항 서비스 • 관련 기관과 제도 개선
화주	• 신속한 화물 반출입 서비스 • 저렴한 항만시설 사용료 • 무료장치 기간의 연장	• 신속한 반출입 서비스 • 적정 항비 부과 • 협력 업체와 제도 개선
여객	• 쾌적한 터미널 시설 • 신속한 입출국 서비스	• 터미널 시설 개선 • 관련 기관과 제도 개선
종업원	• 고용 안정 • 최고의 복지 수준 • 경영 참여 기회의 확대	• 상생적 노사관계 유지 • 직원 복지 수준 향상 • 노사협의체 운영
정부 및 지역사회	• 국가 및 지역경제 견인 • 정보 공개 • 재무구조 건전화	• 사회적 책임 완수 • 투명경영 • 재무건전성 확보

자료: 부산항만공사(2020).

행하고 있기 때문에, 일반 사기업의 그것과는 다른 독특한 특징을 가지고 있다. 즉, 공기업의 이해관계자 중에서 정부가 중심적인 역할을 한다.

주인-대리인 이론에 따르면, 공기업의 주인은 국민이라고 하지만, 그들은 대부분이 무임 승차자에 불과하기 때문에, 공기업은 엄격한 의미에서 주인이 없는 기업이다. 이에 따라 공기업은 소유와 경영, 그리고 통제가 원칙적으로 위임자인 정부에 집중되어 있기 때문에, 소유-경영-통제 기능을 인위적·강제적으로 분리하지 않으면 안 되는 독특한 구조적 특징을 지니고 있다. 즉, 공기업의 지배구조는 시장의 지배를 받는 사기업과 달리 국민으로부터 소유권을 위임받은 정부가 공기업을 경영할 대리인을 구성하고, 또한 공기업의 감독자 입장에서 공기업을 효율적으로 감독·통제할 수 있는 감시기구를 인위적으로 설치해야 한다.

정부와 공기업 사이에서 발생하는 이러한 구조적 어려움을 최소화하기 위해 대부분의 학자들은 정부가 공기업의 경영권을 대리인인 공기업 경영자에게 최대한으로 넘겨주고, 그 대신 정부는 사후적으로 경영 결과에 대해 엄격한 평가를 통해 대리인인 공기업을 통제해야 한다고 주장한다.

2 공·사기업 지배구조의 접근 현상

앞에서 일반기업의 지배구조를 '앵글로색슨 모형'과 '라인 모형'으로 나누어 설명했지만, 이 두 모형은 서로 접근·융합되어 가는 모습을 발견할 수 있다. 즉, 각 나라마다 두 가지 모형을 제도화해 가는 과정에서 양자의 장·단점을 경험하게 되면서, 자연적으로 두 가지 모형의 제도 중에서 장점을 수용하려는 경향이 나타남으로써, 최근에는 이 두 모형이 서로 접근해 가고 있는 것이다(Mitton, 2002).

'앵글로색슨 모형'을 기업 지배구조의 근간으로 채택하고 있는 나라에서는 '라인 모형'의 근간이라고 할 수 있는 이사회 산하의 각종 위원회 제도와 소액주주 활성화 운동을 도입하려고 노력하고 있다. '라인 모형'을 채택하고 있는 나라에서는 전통적인 감독이사회의 기능은 점차 약화되고 있는 반면에, 개인 대주주의 의결권 제한을 완화하는 등의 '앵글로색슨 모형'의 특징을 도입하려는 노력들이 나타나고 있다. 이는 세계적으로 증권화 추세가 발달함에 따라 이들 나라에서 기업의 자금조달 창구로서 은행 의존도는 점차 약화되고 증권시장 의존도는 높아진 결과라고 하겠다(김균·전형준, 1998).

이러한 흐름 속에서 공기업과 사기업의 지배구조도 이제는 서로 많이 접근해 가고 있다. 소유권을 가진 정부가 공기업의 주주권을 행사한다는 것만 제외하면 형식적으로는 공·사기업 양자 간에 큰 차이가 없다고 할 수 있다. 더욱이 기업의 지배구조를 만드는 데 '앵글로색슨 모형'과 '라인 모형'의 장점을 공기업과 사기업 모두가 제도적으로 도입하려고 노력하기 때문에, 공기업과 사기업 지배구조의 구분을 더욱 어렵게 하고 있다. 즉, 양자 모두 '앵글로색슨 모형'과 '라인 모형'의 장점만으로 구성된 혼합된 모형으로 발전하고 있다.

이러한 공·사기업 지배구조의 혼합 접근 논리는 정치·경제학의 후기발전론자들에 의해 잘 설명된다.

흔히, 초기 국가형성 단계에서 국가와 공기업의 역할을 강조한 학자들을 '발전론자'라고 한다면, 1980년대 이후 정부실패를 치유하고 지속적인 국가 발전을 모색하는 학자들을 '후기발전론자'라고 한다. 이들은 새로운 의미에서 국가 또는 정부와 공기업의 역할 재정립을 강조하고 있다.

후기발전이론은 시장근본주의(market fundamentalism)를 반영한 '질서 자유주의'로부터 국가발전론을 새롭게 해석한 '신발전론'으로의 변화를 강조하고 있다. 새로운 국가 발전모형에서는 정부가 시장의 공정한 심판자로서의 역할뿐만 아니라, 기업가적·창의적인 국가 성장의 주체가 되어야 한다고 한다. 과거 발전국가의 수직적·선택적·배타적인 시장 개입과 달리, 수평적·보편적·포용적인 자세로 기업을 선도해야 한다는 것이다(Ebbighaus & Phillip, 2001).

이를 위해서는 국가가 발전적이고 민주적이면서 조합주의적으로 융합되어 성장하는 '융합적·발전적·민주적·조합주의 모형(confused developmental democratic corporatism model)'으로 나아가야 한다고 한다. 여기서 '발전적'이란 앞에서 말한 바와 같이 국가의 생산적 기업가적 역할을 강조하는 것이고, '민주적'이란 국가가 규칙의 제정자로서 시장, 즉 사기업에 적절한 규제와 간섭을 하는 것이 불가피하다는 것이며, '조합주의'란 국가 발전에서 노동의 가치를 새롭게 인정하여 노동이 자본과 같은 위치에서 사회적 합의를 이루어 가도록 국가가 노력해야 함을 말한다. 이처럼 국가 발전이라는 기본 방향에서 본다면 공기업과 사기업의 지배구조는 큰 차이가 없다. 즉, 국가는 공기업이나 사기업을 막론하고 국가 발전의 한 도구로서 민주적이고 사회적인 협약에 의한 결과물(social concentration)에 기초를 두고 통제 또는 조장해야 할 것이다.

공기업과 사기업의 지배구조가 서로 융합(confusion)되고 통합 접근(converence) 현상으로 구체화되어 나타나고 있는 것은 이러한 국가 발전의 융합적 모형의 일환으로 이해할 수 있을 것이다.

더욱이 공기업에서는 재화나 서비스의 일반적 공급 의무(universal service duty)[4]를 수행함과 아울러, 시장에서 요구하는 내부 경영 개선을 실천해야 한다. 따라서 공기업의 지배구조를 설계할 때에는 앞에서 말한 '앵글로색슨 모형'인 '시장 중심'의 '민주화 요소'와 '라인 모형'인 '이해관계자 중심'의 '조합주의 요소'의 통합을 더 적극적으로 수용할 필요가 있다.

이러한 기본 전제에서 지금까지 전개되어 온 우리나라 공기업의 지배구조를 평가하고, 앞으로의 발전 방향을 모색해 보기로 한다.

제 5 절 | 우리나라 공기업 지배구조의 평가

우리나라에서 지금까지 공기업에 공통적으로 적용될 수 있는 지배구조를 규정한 법률은 없었다. 다만, 각 공기업의 관리를 위한 설립 관련법과 정부투자기관 관리를 위한 「정부투자기관 관리기본법」, 민영화 대상 정부출자기관 관리를 위한 「공기업 경영구조 개선 및 민영화에 관한 법률」, 정부산하기관 관리를 위한 「정부산하기관 관리기본법」, 정부출연연구기관의 관리를 위한 「정부출연연구기관 등의 설립·운영 및 육성에 관한 법률」 등에서 관련되는 공기업의 지배구조를 분산적으로 규정해 왔다. 다만, 「정부투자기관 관리기본법」과 「정부산하기관 관리기본법」을 통폐합한 「공공기관의 운영에 관한 법률」을 제정하여 국가공기업과 준정부기관의 지배구조를 체계적으로 정리했다.

먼저, 제1항과 제2항에서 우리나라 공기업의 전반적인 지배구조의 변천 과정과 특징을 살펴보고, 제3항에서 우리나라 공공기관 중에서 핵심적인 역할을 하고 있는 국가공기업과 준정부기관의 지배구조의 특징을 알아보기로 한다.

---

4) 일반적 공급 의무는 수익이 높은 수요자만 선택하고 수익성이 낮은 수요자는 버리는 공기업의 크림 탈취(cream skimming), 체리 채집(cherry picking)을 방지하기 위한 조치이다(Fuller, 2002).

1 우리나라 공기업 지배구조의 변천

우리나라의 공기업 지배구조를 평가하기에 앞서 우리나라에서 공기업의 경영합리화를 위해 공기업 관련 실정법을 제·개정한 것을 기준으로 시대별 특징적 내용을 먼저 살펴보기로 한다.

1) 시대별 공기업 지배구조의 특징

제1기는 1948년부터 1962년까지의 기간으로 공기업에 대한 체계적인 관리 시스템을 가지지 않고, 주로 주무부서에 의해 직접 통제가 이루어진 시기이다. 따라서 주무장관이 공기업에 대한 예산확정권·임원임면권 등 대부분의 권한을 임의로 행사하던 시기라고 할 수 있다. 공기업의 운영 체제인 공기업의 지배구조는 일반적으로 공기업의 개별 「설립법」에 규정되어 있었다.

제2기는 1962년부터 1984년까지의 기간으로 1962년 「정부투자기관 예산회계법」이 제정되어 재정 당국의 공기업 예산통제 제도가 도입된 시기라고 할 수 있다. 예산은 주무부처와 경제기획원이 심의·조정하고 국무회의의 의결을 거쳐 대통령 승인으로 확정되었다(예산 당국 심사→국무회의→대통령 재가로 확정). 1973년에는 「정부투자기관 관리법」이 제정되었으나, 여전히 주무부처가 업무계획을 직접 심사하고 승인함으로써 사전적·직접적인 통제의 틀에서 벗어나지 못했다.

공기업의 사장은 대통령이 임명하고 기관의 임원은 주무장관이 임명했으며, 상임이사로만 구성된 이사회의 의장은 사장이 겸임했다. 이 시기는 고도의 경제 성장 시기로서 정부 주도의 경제개발 체제 하에서 공기업이 에너지 개발, 산업 진흥 등 국가정책 목표 달성에 기여한 측면이 있으나, 시대 여건이 변화하면서 정부가 공기업 업무에 지나치게 관여하여 공기업의 자율성이 제약되는 지배구조였다는 비판이 제기되었다.

제3기는 1984년부터 1998년까지의 시기로 종래의 「정부투자기관 관리법」과 「정부투자기관 예산회계법」을 폐지하고, 「정부투자기관 관리기본법」으로 통합하면서 정부의 사전적 관여를 대폭 축소했다. 종래 주무부처 등 정부에서 직접 심사 또는 승인하던 주요 정책을 이사회에서 의결하도록 하는 등 기관의 자율성을 확대하는 대신에 경영평가, 감사 등 사후 관리를 통해 경영책임을 제고했다. 당연직 정부이사와 민간이사 7명 이내로 구성된 이사회는 경영 목표, 예산, 자금계획 및 운영계획, 예비비의 사용 및 예산의 이월, 결산 및 정관의 변경 등 대부분의 주요 정책 사항을 결정했다. 그럼에도 불구하고 당연직 정부이사 제도를 존치함으로써, 이들이 공기업의 이사회를 사실상 좌지우지하여 경영자율성을 제약하고 있었다.[5] 사장과 이사장을 별도로 분리하여 각각 대통령이 임면하도록 했으며, 여타 대다수 공기업 임원 임면권은 주무장관이 행사하도록 위임했고, 이사회를 상임이사에서 비상임이사 체계로 전환했다. 즉, 이사회는 상임이사 없이 비상임이사(민간위원+정부이사)로만 구성했다.[6]

공기업 관리 방식을 '예산통제 방식'에서 '경영평가 중심 관리 체제'로 전환하고 정부의 예산 승인권을 폐지하여, 공기업의 예산을 자체 이사회 의결로 확정하도록 한 것은 공기업의 독립성과 자율성 확보 측면에서 볼 때 획기적인 지배구조의 진전이라고 평가할 수 있다.

언론기관(KBS)과 금융기관(산업은행, 기업은행, 수출입은행)을 투자기관에서 제외하여 이들 기관은 경영평가를 받지 않게 되었다. 1997년 8월 「공기업 경영구조 개선 및 민영화에 관한 법률」이 제정되어 민영화 관련 공기업인 한국통신공사, 한국담배인삼공사, 한국중공업 등이 투자기관에서 제외되었다.

제4기는 1999년부터 2003년까지의 시기라고 할 수 있는데, 1999년에 「정부투자기관 관리기본법」을 개정하여 그동안 논란이 되어 오던 '정부이사 제도'를 폐지하고, 상임이사와 민간 비상임이사의 병존 체제로 이사회 운영 지배구조를 대폭 개편했다. 견제 담당 임원인 비상임이사의 임면과 감사의 제청권이 주무부처 장관에서 기획예산처장관으로 이관되었다. 공기업의 자율성은 더욱 확대되어 정부 통제는 사업법에 의한 주무부 통제(사업인가권), 감사원 감사, 예산편성지침, 경영평가 등 필요한 최소한만 남기고 대부분 폐지되었다.

비상임이사와 이사회에서 추천하는 민간위원으로 구성되는 사장추천위원회제를 신설하고, 사장경영계약제, 사장평가 제도, 경영공시 제도 등을 신설했다.

제5기는 2004년부터 현재까지의 시기이며, 정부산하기관에 대한 통칙법이 없어 관리에 소홀하다는 비판이 제기되면서 「정부산하기관 관리기본법」이 제정되었다. 정부산하기관에 대한 경영평가, 기관장 공개모집제, 경영공시, 고객만족도 조사 등의 지

5) 그러나 공기업의 최대 주주인 정부가 종래 정부의 직접 승인 · 심사 제도 대신에, 최소한의 정책 의지를 반영할 수 있는 장치가 어느 정도 필요하다고 보아 정부이사의 존재 필요성에 대한 반론도 제기되었다.

6) 그 후 이사장 제도를 폐지(1997.8)하여 사장이 이사회 의장을 겸임하도록 했다.

표 7-5 공기업 지배구조의 변천

구분	제1기 (1948~1962)	제2기 (1962~1984)	제3기 (1984~1998)	제4기 (1999~2003)	제5기 (2004~현재)
지배구조 핵심적 특징	주무부처 중심 운영	주무부처 + 재정 당국 중심 운영	정부 통제 일부 완화	자율 + 책임 경영 체제 확립	자율 + 책임 (정부산하기관 및 기타 공공기관 추가)
관련법	• 각 투자기관의 「설립법」	• 각 투자기관의 「설립법」 • 「정부투자기관 예산회계법」 • 「정부투자기관 관리법」	• 「정부투자기관 관리기본법」 • 각 투자기관의 「설립법」	• 「정부투자기관 관리 기본법」 • 「공기업경영구조 개선 및 민영화에 관한 법률」 • 「정부출연연구기관 등의 설립 · 운영에 관한 법률」 • 각 투자기관의 「설립법」	• 「정부산하기관 관리기본법」 • 「공공기관의 운영에 관한 법률」 • 「공기업경영 구조 개선 및 민영화에 관한 법률」 • 각 투자기관의 「설립법」
의결기관과 집행기관	일원화	일원화	이원화 – 비상임 민간이사 및 정부이사	일원화 – 정부이사(주무부 및 예산 당국) 폐지	좌동
공기업 통제	주무장관에게 일임	주무부 통제 및 중앙 통제를 강화	주무부 통제 및 중앙 통제를 완화	공기업의 자율성 실질적 보장	좌동
예산의 심의 · 확정	주무장관 승인으로 확정	주무부와 경제기획원 심의 + 국무회의와 대통령 승인	이사회의 의결만으로 확정	좌동	좌동
경영평가	제도 자체가 없음	제도는 있었으나 제대로 활용되지 못함	적극적으로 활용	대폭 강화 (사장 해임 건의 등)	경영평가 외 경영공시제 고객만족도조사 경영혁신

배구조 틀을 마련한 것이 이 시기의 특징이다. 다만, 부처 반발 등으로 인한 입법 과정상의 어려움으로 관리 체계가 다소 허술하다는 비판이 제기되기도 했다. 가령, 경영평가의 주체를 통일적으로 지정하지 못하고 주무부처로 규정한 점, 그리고 많은 공기업이 법 적용 대상에서 배제된 점 등이 미흡한 점으로 지적된다.

이에 따라 「정부투자기관 관리기본법」과 「정부산하기관 관리기본법」을 발전적으로 통합하여 2007년 「공공기관의 운영에 관한 법률」을 제정했다. 이 제7장의 기본 내용은 대부분 이 법에 대한 설명으로 구성되어 있다.

공기업 지배구조의 변천 내용을 요약하면 [표 7-5]와 같다.

2) 공기업 지배구조의 변천에 대한 종합적 평가

우리나라의 공기업 지배구조는 제1기와 제2기에는 주무부서와 국가 발전의 선도기관(先導機關)인 경제기획원에서 철저하게 사전 관리하는 지배구조로 운영되다가, 제3기인 1984년 「정부투자기관 관리기본법」이 제정되면서부터 경영평가를 중심으로 한 사후 관리구조로 전환되었다.

그 후 공기업은 자율적 · 민주적 운영이 가능하도록 지배구조를 점진적으로 개선해 왔으며, 제4기인 1999년에 공기업의 이사회에서 당연직인 정부이사 제도가 폐지되면서 공기업은 자율성과 책임성을 갖는 지배구조로 전환되었다.

IMF 권고에 따라 장차 공기업의 민영화를 염두에 두고 공기업에 민간 주주의 가치를 강조하는 '앵글로 색슨 모형'의 제도를 대폭 도입하면서 공기업 지배구조의 질을 한 단계 끌어올렸다고 할 수 있다.[7)] 한마디로 우리나라 공기업의 지배구조는 시간이 흐르면서 자율성, 민주성, 책임성, 조합주의적 성격을 강화하는 방향으로 점진적으로 발전해 왔다.[8)]

우리나라의 공기업 지배구조는 자율성과 책임성을 강화하는 방향으로 점진적으로 제도의 진전이 있어 온 것은 사실이나, 공기업마다 주무부처나 공기업의 이기적인 발상으로 인하여 자기 편의적 지배구조를 가지고 있는 등의 문제점을 내포하고 있다. KBS 등 언론 공기업이 언론의 중립성을 명분으로 「공공기관의 운영에 관한 법률」 적용에서 제외되어 개별 설립법에 의한 지배구조에 의해 운영되고 있는 것이 그 대표적인 예라고 할 것이다.[9)]

---

7) 예를 들면, 투자기관의 사외이사 제도를 도입하면서 비상임이사의 수를 이사 총수의 1/2 이상으로 하도록 하여 이 분야에서 사기업보다 앞서 제도를 정비했다. 사기업의 경우에는 시기적으로 이보다 늦은 개정 「증권거래법」 제191조의16에서 자산 규모 2조 원 이상의 대형 상장법인의 경우 이사회를 구성할 때 2000년에는 3인 이상을, 2001년도부터는 이사 총수의 1/2 이상을 사외이사로 선임하도록 하고 있다. 또한 사외이사를 합리적으로 선임하기 위해 사외이사 추천위원회를 설치하도록 의무화하고 있으며, 동 위원회는 총 위원 수의 과반수를 사외이사로 구성토록 하고 있는데, 이것도 이미 투자기관을 비롯한 공기업의 관련법에서 사기업보다 앞서 도입한 제도들이다.

8) OECD는 일반적 기업 지배구조(OECD, 2003)와 공기업 지배구조(OECD, 2005)를 통상적으로 주주, 이해관계자, 투명성 장치, 이사회의 책임성 등 5개장으로 대분류하여 제시하고 있다.

2 우리나라 공기업 지배구조의 혁신

우리나라에서 정권이 바뀔 때마다 행정개혁의 일환으로 가장 먼저 등장하는 단골 메뉴가 공기업 지배구조의 혁신 문제이다. 앞선 공기업 지배구조의 변천에 대한 종합적 평가에서 설명한 것처럼 역사적으로 우리나라 공기업의 지배구조는 점차 공기업이 자율성을 확보하기 위한 제도적 틀을 마련하기 위해 노력했다. 그러나 이러한 시도가 종합적으로 이루어지지 못하고 산발적으로 이루어져 소기의 목적을 달성하는 데에는 한계가 있었다. 그것은 정부의 각 부처마다 정부투자기관, 정부산하기관, 기타 출자·출연기관, 보조·위탁기관, 자회사·재출연기관 등의 이름으로 공기업들을 분산적으로 관리해 왔기 때문이다. 이런 현실적인 문제점을 직시하여 정부에서는 공기업 지배구조에 대한 일대 혁신 차원의 조치를 강구했다.

1) 우리나라 공기업 지배구조의 혁신

(1) 공기업 지배구조의 혁신 배경

정부혁신지방분권위원회·기획예산처(2006)에 따르면, 우리나라 공기업을 비롯한 공공기관의 지배구조에서 가장 큰 문제점은 첫째, 공기업 설립·감독에 대한 원칙과 기준이 없어 각 행정부처 편의에 따라 공기업을 설립·감독하고 있다는 것이다. 그 결과, 공기업의 범위가 어디까지인지 불분명하여 때로는 정부 감독의 사각지대로 존재해 왔다.

둘째, 공기업에 대한 감독 체계도 일관된 원칙 없이 주무부처별·기관별로 각양각색이었다. 유사 성격의 상업성 기관을 「정부투자기관 관리기본법」(한국전력)·「정부산하기관 관리기본법」(지역난방공사)·「공기업 경영구조 개선 및 민영화에 관한 법률」(가스공사) 등 각기 다른 체계로 감독해 왔고, 진흥형 기관인 KOTRA가 한국전력과 같이 「정부투자기관 관리기본법」 대상이었다.

셋째, 주무부처는 공기업의 방만한 경영을 억제한다는 명분에 따라 유·무형의 개별 규제를 통해 기관 내부 경영에 과다하게 간섭했다. 개별법에 명시된 주무부처의 포괄적 감독 권한에 의거하여 기관장의 경영자율성을 훼손해 왔다.[10] 주무부처가 구

---

9) 다만, 「공공기관의 운영에 관한 법률」 제정에 따라 산업은행, 수출입은행 등 국책은행은 기타 공공기관에 편입되었다. 그러나 KBS와 교육방송 등 언론 공기업은 「공공기관의 운영에 관한 법률」 적용에서 배제되어 기관 자체적으로 평가를 시행하고 있다(동법 제4조 제2항).

10) "주무부처 장관은 당해 공공기관을 지도·감독한다"고만 규정되어 있어 감독권의 발효 요건 및 범

체적 사업계획 승인 이후에도 관행상 집행 단계에서 지속적으로 통제하는 사례도 발생했다. 주요 업무 사항에 대해 주간 · 월간 · 분기별로 주무부처 보고 후 승인을 받는 등 과도한 행정 절차로 업무가 지연된다는 지적도 있었다. 공기업 경영 부실 발생 시 책임을 묻기보다는 오히려 기관의 이해를 대변하는 포획 경향이 발생하기도 했다.

(2) 우리나라 공기업 지배구조의 혁신

① 공기업 지배구조 혁신 기본 방향

정부혁신지방분권위원회 · 기획예산처(2006)에서 제시한 '공공기관 지배구조 혁신 방안'의 기본 방향은 첫째, 공기업 등 공공기관에 대한 국민의 신뢰를 회복하고, 기관 가치를 극대화하기 위한 시스템을 구축하고, 둘째, 방만 경영 · 임원 임용 논란을 제도적으로 차단하기 위한 투명하고 효과적인 내 · 외부 감독 시스템을 구축하며, 셋째, 자율경영에 상응하는 책임을 명확히 묻는 엄정한 평가 보상 시스템을 확립하는 데 있다.

② 공기업 지배구조 혁신 내용

정부혁신지방분권위원회 · 기획예산처(2006)에서 제시한 '공공기관 지배구조 혁신 방안'의 기본 내용은 앞에서 설명한 바와 같이 지금까지 혼란을 겪어 온 광의의 공기업, 즉 공공기관을 시장성 기준에 따라 공기업(시장 · 준시장형)과 준정부기관(위탁집행 · 기금관리형)으로 분류하는 것부터 시작했다.

정부 내 공기업 관련 정책결정 기구를 '공공기관운영위원회'로 일원화했으며, 정부의 사전 규제 남발 관행을 대폭 줄이기 위해 공기업에 대한 포괄적 지도 · 감독을 구체적 열거식 감독으로 전환했다.

'시장실패' 교정 명분으로 정부의 지나친 관여로 인하여 발생하는 '정부실패' 현상을 방지하기 위해, 공기업 경영 관련 모든 공통 적용 사항은 공공기관운영위원회에서 객관성과 타당성을 검증 후 시달하도록 했다.

이사회의 견제 권한 확대, 감사의 전문성 강화 등 내부 감시 장치를 강화하고, 기관 목표 명확화, 달성도 평가 등 성과관리를 강화했다. 민간기업과 비견될 수 있는 엄정한 평가보상 체계를 확립하여 경영책임성을 확보할 수 있는 내 · 외부 감독 시스템을 구축했다.

위가 불명확한 실정이었다.

공공기관의 경영 투명성을 민간 수준으로 높이기 위해 공공기관 경영정보를 인터넷에 통합·공개하여 기관 간 경영성과의 비교·분석이 가능한 시스템을 구축했다. 예산·회계 기준을 선진화하여 공공기관 재정 운영의 투명성과 예측력을 제고하고, 공공기관 경영성과를 국민이 직접 감시하는 시스템을 만들었다.

표 7-6 공기업 지배구조 혁신 내용

구분		종전	개편
Ⅰ. 공공기관 유형 분류	유형 분류 기준	• 지분구조, 재정 지원 형태 등에 따른 분류 – 투자, 산하, 민영화기관	• 시장성 기준에 따른 분류 – 공기업(시장·준시장형) – 준정부기관(위탁집행·기금관리형)
Ⅱ. 외부감독·평가	정부 내 정책 결정기구	• 이원화: 정부투자기관운영위(투자기관), 정부산하기관운영위(산하기관)	• 일원화: 공공기관운영위
	정부감독 체계	• 주무부처: 포괄적 감독 • 기획처: 공기업에 한해 부분적 경영감독	• 공기업: 운영위 경영 감독+주무부처사업 감독 • 준정부기관: 제한적 감독
	기관 신설 심사	• 주무부처	• 타당성 심사 제도 신설(운영위)
	경영공시	• 기관별 개별 공시	• 개별 공시+통합 공시
	경영평가	• 평가 주체: 이원화 *투자기관(기획처) +산하기관(주무부처)	• 평가 주체: 일원화(운영위)
Ⅲ. 내부 견제장치	이사회	• 기관장 중심 체제	• 비상임이사 권한·책임 강화 – 선임 비상임이사, 기관장 해임 건의권, 직무평가제 신설
	감사	• 실질적 감사 기능 미약	• 감사위원회 설치(시장형, 대규모 준시장형), 직무평가제 신설
Ⅳ. 임원 인사	공기업	• 경영진*: 주무장관 • 견제진**: 기획예산처장관	• 경영진*: 주무장관(상임이사: 기관장) • 견제진**: 운영위
	준정부기관	• 경영진: 주무장관 • 견제진: 주무장관	• 경영진*: 주무장관(상임이사: 기관장) • 견제진**: 운영위(기획재정부/주무부)
	임원 임기	• 모든 임원: 3년	• 임기 차등화(기관장 3년, 기타 2년)+1년 단위 연임

주: * 기관장·상임이사, ** 비상임이사·감사

자료: 정부혁신지방분권위원회·기획예산처(2006)에서 수정.

그 밖에도 공기업의 방만 경영과 도덕적 해이 문제를 원천적으로 차단하면서, '분권과 자율' 원리에 부합하는 공기업의 경영자율성을 보장하기 위해 많은 제도 개선을 시행했는데, 그 주요 내용은 [표 7-6]과 같다.

3 공기업 및 준정부기관 지배구조의 특징과 평가

정부의 공기업 지배구조 혁신의 노력은 2007년 1월에 제정되고, 동년 4월에 시행된 「공공기관의 운영에 관한 법률」로 결실을 보게 되었다. 넓은 의미의 공기업에 해당하는 공공기관 중에서 그 핵심을 이루는 것은 과거 「정부투자기관 관리기본법」상의 정부투자기관을 근간으로 한 공기업과, 과거 「정부산하기관 관리기본법」상의 정부산하기관을 근간으로 한 준정부기관이다. 「공공기관의 운영에 관한 법률」에서는 이 두 유형의 기관들 중심으로 지배구조를 새설계했다.

1) 공기업 및 준정부기관 지배구조의 특징

사실상 지금까지 우리나라에서 공기업을 체계적으로 관리하지 못한 이유는 정부와 공기업의 관계를 규명할 수 있는 공기업에 대한 정부의 통제 및 공기업 이사회의 역할을 명확하게 설정하지 못한 데에서 기인하였다고 할 수 있다. 새로이 제정된 「공공기관의 운영에 관한 법률」은 공기업 지배구조의 핵심을 이루고 있는 정부의 공기업에 대한 통제 및 이사회를 중심으로 공공기관을 일정한 기준에 따라 유형별로 표준모형을 제시하고 있다.

(1) 설계 기본 방향

우리나라에서 넓은 의미에서 공기업이라고 불리고 있는 공공기관 중에서 [그림 7-3]에서 보는 바와 같이, 직원 정원 300명 이상, 총수입액 200억 원 이상, 자산규모 30억 원 이상인 공공기관을 상업성의 원리를 적용받는 '공기업'과 공공성의 원리를 적용받는 '준정부기관'으로 구분해 지정했다. 먼저, 총수입액 중 자체수입액이 차지하는 비중이 100분의 50(국가재정법에 따라 기금을 관리하거나 기금의 관리를 위탁받은 공공기관의 경우 100분의 85) 이상인 공공기관을 공기업으로 지정한다. 공기업 및 준정부기관으로 지정되지 않은 공공기관 중에서 기타 공공기관을 지정한다.

협의의 공기업은 다시 '시장형 공기업'과 '준시장형 공기업'으로 구분하여 시장형 공기업은 자산 규모가 2조 원 이상이고, 총수입액 중 자체수입액이 차지하는 비중이

그림 7-3 공공기관 설계 기본 방향

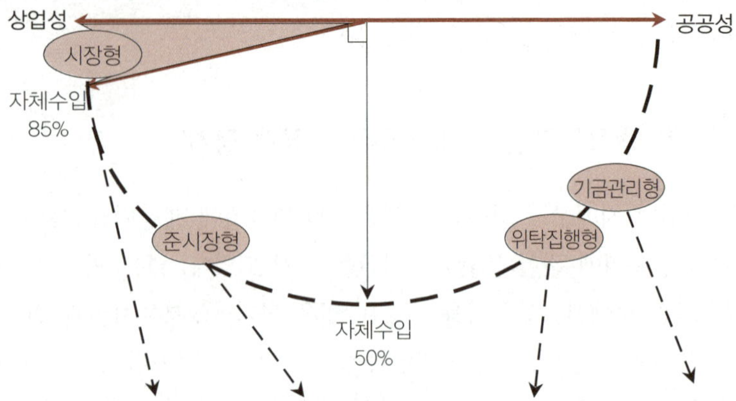

	시장형	준시장형	위탁집행형	기금관리형
대표기관	한국전력공사	수자원공사	한국국토정보공사	근로복지공단
업무 특성	상업성	준상업성	정책 목적 사업수행	정부기금 직접운용
지배구조 설계 방향	강한 기업 원리 (OECD 모형)	기업 원리+ 일부 통제 (준 OECD 모형)	공적 감독	공적 감독
이사회 모형	이사회 중심 모형	이사회 강화 모형	자문형 이사회 모형	기금운용위·이사회 Dual Board 모형
경영감독	운영위 (기획재정부)	운영위 (기획재정부)	주무부처	주무부처

자료: 정부혁신지방분권위원회·기획예산처(2006)에서 수정.

100분의 85 이상인 공기업을 말하고, 준시장형 공기업은 시장형 공기업이 아닌 공기업으로 규정했다.

준정부기관은 기금관리형 준정부기관과 위탁집행형 준정부기관으로 구분하여 기금관리형 준정부기관은 「국가재정법」에 따라 기금을 관리하거나 기금의 관리를 위탁받은 준정부기관을 말하고, 위탁집행형 준정부기관은 기금관리형 준정부기관이 아닌 준정부기관으로 규정했다.

기타 공공기관에는 관련법에 따라 운영되는 국립대학병원, 공공보건의료기관, 공공기관이 출연 또는 출자하여 설립한 교육기관, 법무 · 준사법 업무, 합의 · 조정 업무나 국제규범이 적용되는 업무 등을 수행하는 기관, 연구개발을 주된 목적으로 하는 기관, 정부출연연구기관 및 경제 · 인문사회연구회 등이 있다.

시장형 공기업은 강한 기업 원리가 작용하는 이사회 중심 모형이다. 주로 자체수입에 의존하는 기관으로, 경영자율성을 최대한 보장하기 위해 사전적 목표를 부여하고 사후 결과에 책임을 묻는 유형이다. 정부의 사전 규제를 최소화하여 민간회사 수준의 경영자율성을 보장하기 위해 정부의 가이드라인 제시와 모니터링은 기관의 정원 · 보수에 한정한다. 기관의 경영자율성에 상응하여 이사회가 기관장을 견제 · 감시 기능을 강화할 수 있도록 선임비상임이사가 이사회 의장 역할을 수행하도록 하고 있다.

준시장형 공기업은 기업 원리와 약간의 통제를 가미한 이사회 강화 모형이다. 상업성 외에 일부 공공성을 감안할 필요가 있기 때문에, 기업 원리를 적용하되 공적 통제를 별도로 고려하고 있다. 기관의 경영자율성을 보장하고 경영감독을 최소화하기 위해 기관의 가이드라인 제시와 모니터링은 예산 · 정원 · 보수 · 조직 · 재무 감독 등에 한정한다. 기관장의 중심 역할을 인정하여 기관장이 이사회 의장을 겸직하되(단, 자산 규모가 2조 원 이상인 대규모 준시장형 공기업의 이사회 의장은 선임비상임이사가 됨), 이사회 통제 기능을 강화하기 위해 선임비상임이사 제도를 도입하고 있다.

위탁집행형 준정부기관은 공적 감독이 중심이 된 자문형 이사회 모형이다. 정부의 정책 목적 사업을 위탁받아 집행하는 기관으로, 주무부처의 공적 통제가 필요하기 때문에, 사전 목표 부여와 이에 따른 사후 결과 책임 외에 목표 달성 과정에 대한 통제도 병행한다. 주무부처 감독권을 유지하되 내용 · 범위를 명확히 규정하기 위해 포괄적 감독권을 열거식 제한적 감독권으로 전환한다. 이사회는 경영 지원 기능 위주로 운영하기 위해 기관장 중심 모형을 채택하였고, 이해관계자 및 정부 대표 등도 이사회에 참여가 가능하다.

기금관리형 준정부기관은 공적 감독이 중심이 된 기금운용위원회와 이사회가 이중으로 구성된 이중위원회(dual board) 이사회 모형이다. 국민으로부터 조성된 기금재원을 관리하는 기관으로, 주무부처 · 재정당국 · 관계 부처 등이 참여하는 의사결정

체계를 유지할 필요가 있다.

위탁집행형 및 기금관리형 준정부기관 이사회 내에 비상임이사의 역할을 강화하기 위해 비상임이사 중에서 호선으로 임명되는 선임비상임이사 제도를 두고 있다. 이상의 내용을 비교하여 정리하면 [표 7-7]과 같다.

표 7-7 유형별 지배구조 설계 개념

구분		유형별 업무 특성	지배구조 설계 방향
공기업	시장형	• 자체수입(시장 산출물 판매수입)에 의존하는 기관 ⇨ 기관경영에 기업원리 적용 필요 * 사전적 목표 부여 → 경영자율성 보장 → 사후 결과 책임	• 정부 사전 규제를 최소화하여 민간회사 수준 경영자율성 보장 * 정원 · 보수에 한정, 가이드라인 제시 및 모니터링 • 자율에 상응, 이사회의 기관장 견제 · 감시 기능 강화 * 선임비상임이사가 이사회 의장 역할 수행
	준시장형	• 상업성 외에 일부 공공성도 감안 필요 ⇨ 기업 원리를 적용하되, 공적 통제 별도 고려	• 경영자율성을 보장하고, 경영감독의 최소화 * 예산 · 정원 · 보수 · 조직 · 재무감독 등에 한정, 가이드라인 제시 및 모니터링 • 기관장의 중심 역할을 인정(기관장이 이사회 의장 겸직하되, 이사회 견제 기능은 강화 → 선임비상임이사 제도 도입(자산 규모가 2조 원 이상인 대규모 준시장형 공기업의 이사회 의장은 선임비상임이사가 됨)
준정부기관	위탁집행형	• 정부의 정책 목적 사업을 위탁받아 집행하는 기관 ⇨ 주무부처의 공적 통제 필요 * 사전 목표 부여 → 사후 결과 책임 외에 목표 달성 과정에 대한 통제도 병행	• 주무부처 감독권을 유지하되, 내용 · 범위를 명확히 규정(포괄적 감독권 → 열거식 제한적 감독권으로 전환) • 이사회는 경영 지원 기능 위주(기관장 중심 모형 채택)로 운영 * 이해관계자, 정부대표 등 참여 가능 • 기관장이 이사회 의장 겸직 → 선임비상임이사 제도 도입
	기금관리형	• 국민으로부터 조성된 기금 재원을 관리하는 기관 ⇨ 주무부처 · 재정당국 · 관계 부처 등이 참여하는 의사결정 체계 유지 필요	• 기금운용위원회를 설치, 기금운용 관련 중요 사항 결정 • 이사회는 기관 내부 경영 관련 의사결정 • 기관장이 이사회 의장 겸직 → 선임비상임이사 제도 도입

자료: 정부혁신지방분권위원회 · 기획예산처(2006)에서 수정.

(2) 유형별 지배구조의 구체적인 특징과 정책적 함의

① 시장형 공기업

시장형 공기업은 [표 7-8]에서 보는 바와 같이 경영감독 기능은 기획재정부(공공기관운영위원회)가 전담하도록 했다. 주무부처의 포괄적 감독권을 폐지하고, 산업 정책적 규제와 개별 사업 감독의 적정 추진 여부 등 제한적 감독권만 인정했다.

종전에 비해 이사회의 기관장 견제·감시 기능을 대폭 강화하기 위해 비상임이사 중에서 호선하여 공공기관운영위원회의 심의·의결을 거쳐, 기획재정부장관이 임명한 선임비상임이사가 이사회 의장 역할을 수행하도록 함으로써 이사회 의장과 CEO를 분리했다. 이사회 내 감사위원회 설치가 의무화되었다.

표 7-8 개선된 시장형 공기업의 특징

구성 요소별		종전	개편
경영감독		주무부처·운영위	공운위(기획재정부)
사업감독(주무부처)		포괄적 감독	제한적 감독
외부 감사	감사원	실시	유지
	주무부처	실시	유지
	외부 회계감사	대부분 의무화	전면 의무화
이사회 의장		CEO가 겸직	CEO와 분리
비상임이사		대부분 과반수	과반수
내부감사		감사	감사위원회 설치

자료: 정부혁신지방분권위원회·기획예산처(2006)에서 수정.

② 준시장형 공기업

준시장형 공기업은 [표 7-9]에서 보는 바와 같이 기관 CEO의 경영자율성은 현재보다 확대되었고, 경영감독 기능은 기획재정부(공공기관운영위원회)가 전담한다.

주무부처의 포괄적 감독권은 폐지하고, 산업·정책적 규제와 개별 사업 적정 추진 여부 감독 등만 인정했다. 또한 주무부처의 감사는 유지하되, 외부 회계감사를 의무화했다. 이사회의 기능은 기관장 견제에 중심을 두고 있으며, 이사회 의장은 CEO가 겸직한다. 다만, 자산 규모가 2조 원 이상인 대규모 준시장형 공기업의 이사회 의장은 시장형 공기업과 마찬가지로 선임비상임이사가 되고, 선임비상임이사는 운영위원회의 심의·의결을 거쳐 기획재정부장관이 임명하며, 이들 기관에는 감사위원회를

표 7-9 개선된 준시장형 공기업의 특징

구성 요소별		종전	개편
경영감독		주무부처 · 운영위	운영위(기획재정부)
사업감독(주무부처)		포괄적 감독	제한적 감독
외부 감사	감사원	실시	유지
	주무부처	실시	유지
	외부 회계감사	의무화되지 않음	의무화
이사회 의장		CEO가 겸직	CEO가 겸직(단 대규모 준시장형 공기업은 선임비상임이사가 의장)
비상임이사		대부분 과반수	과반수, 민간 전문가, 선임비상임이사제 도입
내부감사		감사	유지

자료: 정부혁신지방분권위원회 · 기획예산처(2006)에서 수정.

둔다. 민간 전문가로만 구성되는 비상임이사는 과반수로 하고 선임비상임이사제를 도입했다.

③ 위탁집행형 준정부기관

위탁집행형 준정부기관은 [표 7-10]에서 보는 바와 같이 주무부처 위탁사업의 적정 추진 여부에 대한 감독 필요성을 감안하여 주무부처의 감독권한은 유지하되 과잉 경영 간섭은 차단한다.

표 7-10 개선된 위탁집행형 준정부기관의 특징

구성 요소별		종전	개편
경영감독		주무부처	주무부처
사업감독(주무부처)		포괄적 감독	제한적 감독
외부 감사	감사원	실시	유지
	주무부처	실시	유지
	외부 회계감사	의무화되지 않음	의무화
이사회 의장		CEO가 겸직	CEO가 겸직
비상임이사		기관별로 다양 (정부대표 참여)	과반수(정부대표 등 참여), 선임비상임이사제 도입
내부감사		감사	유지

자료: 정부혁신지방분권위원회 · 기획예산처(2006)에서 수정.

주무부처 감독권의 내용·범위는 정원·조직·인사·보수·예산으로 하되, 열거식으로 사전에 명확하게 하도록 했다. 기획재정부(공공기관운영위원회)가 공통지침을 제시한다. 주무부처 감사는 유지하고 외부 회계감사를 의무화했다.

이사회 기능은 경영 지원·자문에 중심을 두고 기관장의 경영권 남용은 견제했다. CEO가 이사회 의장을 겸직하고 선임비상임이사제를 도입했다. 비상임이사는 과반수로 하되, 민간 전문가 외에 정부대표 및 이해관계자의 참여가 보장된다. 공기업 비상임이사에는 공무원이 배제되나 준정부기관의 비상임이사는 공무원에 대한 제한이 없다(공공기관의 운영에 관한 법률 제25조, 제26조).

④ 기금관리형 준정부기관

기관기금관리형 준정부기관은 [표 7-11]에서 보는 바와 같이 위탁집행형의 지배구조를 원용하되, 국민의 부담으로 조성된 기금을 운용하는 기관이므로 공적 감독을 강화하기 위해 이사회와 별도로 기금운용위원회를 구성하여, 기금 운용 관련 중요 사항 결정에 주무부처, 기획재정부, 관계 부처 등 정부부처와 국민대표의 참여를 보장한다. 이사회는 내부 경영 관련 의사결정 및 기관장 자문 역할을 한다. 주무부처의 감사는 유지하고 외부 회계감사를 의무화했다.

표 7-11 개선된 기금관리형 준정부기관의 특징

구성 요소별		종전	개편
기금 운용위	기능	기금운용 기본 방침 수립	기금운용 중요 사항 결정 (기금운용 기본 방침 수립, 서비스 종류, 요율 등)
	구성	6~20인 (기관장, 정부 당연직 위원 민간단체위원 등)	15인 이내 원칙 (기관장, 정부 당연직, 민간 전문가 등)
이사회	기능	집행 사항 의사결정 위주	내부 경영 관련 의사결정
	구성	6~16인 * 정원이 6~7인 기관은 대부분 상임이사로 구성	15인 이내 * 비상임이사 과반수(정부대표 등 참여), 선임비상임이사제 도입
주무부처 감독		포괄적 감독	제한적 감독
외부 감사	감사원	실시	유지
	주무부처	실시	유지
	외부 회계감사	의무화되지 않음	의무화

자료: 정부혁신지방분권위원회·기획예산처(2006)에서 수정.

2) 공기업 및 준정부기관 지배구조의 평가

공기업의 관리 · 감독에 대해 총체적 책임을 지는 공기업의 '행정주체'를 '공공기관운영위원회를 중심으로 한 정부'라고 한다면, 공기업을 실질적으로 경영하고, 그 결과에 대해 내부적으로 책임을 지는 '경영주체'는 '공기업 경영진을 중심으로 한 이사회'이다.

공기업의 민주화된 지배구조는 공기업 경영진이 정부로부터 얼마나 독립적 · 자율적으로 공기업을 경영할 수 있도록 지배구조를 만들어 주느냐에 달려 있다. 공기업의 자율경영을 확보한다는 것은 정부의 공기업 경영에 대한 과정적 간섭을 배제하는 것을 말하고, 책임경영을 확보한다는 것은 사후적으로 경영 결과에 따라 공기업 경영진의 진퇴를 엄격히 하는 것을 말한다. 이런 측면에서 새로이 제정된 「공공기관의 운영에 관한 법률」은 지금까지 논의되어 오던 공공기관의 책임경영에 대해서는 제도적인 측면에서 진일보한 것이라고 평가할 수 있다.

(1) CEO의 책임경영 법적 기초 마련

「공공기관의 운영에 관한 법률」 제25조와 제26조에서 국가 공기업과 준정부기관의 경우, 종전 주무부처 장관이 행사하던 상임이사 임명권을 기관장이 행사하도록 한 것은 발전된 제도라고 평가된다. 지금까지 공기업과 준정부기관의 경우, 주무부처 장관에 의해 임명된 상임이사가 기관장보다는 장관의 눈치를 더 많이 볼 수밖에 없었고, 이는 주무부처 장관이 자기가 임명한 상임이사를 통해 경영간섭을 할 수 있는 통로로 활용되기도 했다.

기업의 경영자율권이란 가격 · 투자결정권, 내부기구 설치권 등의 예산 및 조직운영의 자율권뿐만 아니라, 인사관리의 자율권을 말한다. 공기업과 준정부기관의 기관장이 경영권을 확보하기 위해서는 확실한 인사권을 가져야 한다. 실적이 뛰어난 직원 중에서 기관장이 직접 상임이사로 승진 발굴할 수 있어야 그 사람의 조직에 대한 충성심을 유도할 수 있을 뿐만 아니라, 일반 직원에게도 승진 모티브를 제공할 수 있다. 이런 시스템은 직원들이 승진 및 배치 등의 인사에서 외부 영향력에 의존하는 행태를 줄이고, 조직의 직무에 몰입할 수 있도록 유도한다.

(2) 성과와 연계된 경영진 관리

현행 우리나라 공기업 지배구조에서 도입하고 있는 기관장 경영계약제는 기관장의 성과측정의 기준이 될 뿐만 아니라 책임경영을 확보할 수 있는 중요한 수단이기 때문에, 더욱 발전시켜 나아가야 할 제도라고 할 수 있다. 이 제도는 기관장의 '경영계약 이행실적'을 평가하여 기관장 인사자료로 활용하기 위한 것이지만, 오히려 공기업 및 준정부기관의 경영진을 보호하는 역할도 할 수 있다.

즉, 기관장은 계약된 경영 목표에 따라 업무를 수행하고, 소정의 성과를 달성하면 주어진 임기가 보장되기 때문에, 정치권이나 정부의 정치적 판단에 따른 경영진의 임의적인 진퇴 압력을 막을 수 있는 역할을 할 수 있을 것이다. 그러기 위해 경영계약안에서는 가능한 한 객관화된 목표를 명시하도록 해야 한다.

「공공기관의 운영에 관한 법률」에서 공공기관의 상임이사에게까지 기관장과의 성과계약을 체결하고, 그 이행실적을 평가할 수 있으며, 이행실적을 평가한 결과 그 실적이 저조한 경우 상임이사를 해임하거나 그 임명권자에게 해임을 건의할 수 있도록 한 것은 이런 맥락에서 바람직한 것으로 평가된다(동법 제31조 제6항).

(3) 비상임이사의 책임 강화

공기업의 경영주체론 입장에서 본다면 비상임이사도 엄연히 공기업의 경영주체이다. 그리고 우리나라의 공기업 이사회는 형식적으로 단일기관제이지만 실질적으로는 이중기관제의 기능을 하고 있어 비상임이사들의 역할은 매우 중요하다. 왜냐하면, 공공기관의 이사회는 상임이사와 비상임이사의 병존 체제로 구성되어 있지만, 공기업과 대규모 준정부기관 이사회의 비상임이사의 수가 전체 이사 수의 과반수가 되도록 규정함으로써, 이들 기관의 비상임이사는 해당 공기업과 준정부기관의 중요한 사항을 심의·의결하도록 하였다. 이는 [그림 7-4]에서 보는 바와 같이 미국의 사외이사(independent director)나 라인 계통의 이중 이사회 모델에서 제도화하고 있는 감독이사회(supervisory board) 기능도 함께 수행하도록 하고 있기 때문이다.[11)]

그러나 지금까지 이들에 대한 역할 책임을 담보할 수 있는 장치가 마련되지 않았다. 「공공기관의 운영에 관한 법률」에서 공기업·준정부기관의 비상임이사와 감사나

---

11) 미국의 기업경영 모델은 기업의 이사회 내부에 감사를 설립해 기업의 중대한 결정은 이사회가 확정하고, 감사는 회계감사 등 적은 비중의 업무만 떠맡는다. 독일과 북유럽 5개국의 기업경영 모델에서는 주주 총회에서 '감독이사회'를 선출하고, 감독이사회는 다시 '경영이사회'를 임명한다. 경영이사회는 감독이사회의 결정에 따라야 한다. 감독이사회는 경영이사회 구성원을 임명할 뿐 아니라 회사의 중요한 결정을 좌우할 수 있다. 또 감독이사회는 재무 감독권뿐 아니라 업무 감독권까지 갖고 있다. 독일의 감독이사회는 주주대표와 노동자대표가 공동으로 구성한다. 이는 주주와 노동자가 회사를 공동으로 경영하는 모델로서, 현대 회사법 이론에 나오는 '이해관계자 자본주의'를 구현한 것이다.

감사위원회 감사위원의 직무수행 실적의 평가 결과, 그 실적이 저조한 비상임이사와 감사 또는 감사위원회 감사위원에 대해 운영위원회의 심의·의결을 거쳐 해임하거나, 그 임명권자에게 해임을 건의할 수 있도록 한 것은 이사회의 책임성을 동시에 확보한다는 측면에서 의미가 있는 것으로 판단된다.

최근 공공기관 경영평가에서 상임인 감사위원회의 감사위원에 대해서는 임기 중에 한 번으로 끝나던 성과평가를 매년 시행하는 등 실적을 담보하기 위한 제도 개선이 있었다. 그러나 상임이 아닌 비상임이사들의 성과를 객관적으로 평가한다는 것은 사실상 매우 어려운 일이다. 비상임이사의 성과를 객관화하는 평가지표를 개발하는 것이 어렵고, 수적으로 너무 많은 공공기관의 비상임이사를 평가한다는 것이 행정상 비용이 많이 들기 때문이다. 그렇다고 하더라도 권한만 있고 책임은 없는 공기업 비상임이사 제도는 문제가 있다. 비상임이사에게도 도덕적 해이를 방지할 수 있는 방안들이 다각적으로 검토되어야 한다(Roche, 2003: 269-270).

그림 7-4 미국과 독일의 이사회

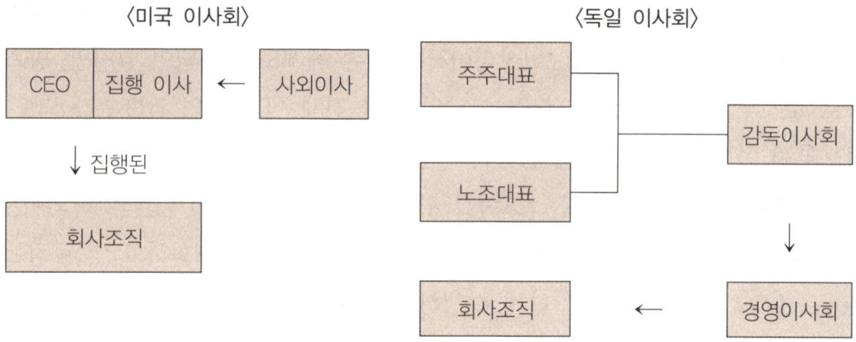

주: 1) 감독이사회에는 노조대표 1/3 이상 1/2까지 참여
2) 감독이사회에서 가부동석일 경우 주주대표인 감독이사회 의장이 결정 투표(casting vote)

정리문제

1. 기업 지배구조의 일반적 개념을 설명하고, 공 · 사기업 지배구조의 차이점을 설명하시오.
2. 공기업의 지배구조를 내부적 지배구조와 외부적 지배구조로 나누어 각각의 구성 요소를 설명하시오.
3. 공 · 사기업 지배구조의 접근 현상을 설명하시오.
4. 우리나라 공기업 지배구조의 전개 과정을 개괄적으로 설명하고, 향후 발전 방안을 논술하시오.
5. 최근 OECD 국가를 중심으로 세계적으로 전개되고 있는 공기업 지배구조의 혁신 방안의 특징을 설명하시오.

CHAPTER 08

공기업의 내부 지배구조

공기업의 지배구조는 앞에서 살펴본 바와 같이 내부 지배구조와 외부 지배구조로 나눌 수 있다. 제8장에서는 공기업의 경영진 구성을 중심으로 한 내부 지배구조에 대해서 중점적으로 살펴보기로 한다.

제 1 절 | 공기업 내부 지배구조의 의의

공기업 내부 지배구조는 "공기업 경영자들의 구성과 이들이 공기업 경영 결과에 대해 이해 관련자들에게 책임을 지는 과정"이라고 할 수 있다. 일반적으로 기업 지배구조를 설명할 때는 주로 내부 지배구조를 중심으로 설명한다.

공기업 내부 지배구조는 공기업 내부의 의사결정 구조로서 구체적으로 주주총회, 이사회, 기관장과 경영진, 감사 제도 등을 총괄하는 것이다. 공기업 내부 지배구조는 복잡한 공기업의 외부 지배구조와는 달리 사기업의 그것과 크게 다르지 않다. 다만, 정부가 전액 출자한 공기업의 경우, 사기업의 주주총회보다는 정부에서 그 역할을 담당하는 것이 다를 뿐이다.

통상적으로 공기업에서 사기업의 주주총회에 갈음할 수 있는 정부의 소유권 행사기관은 정부 담당부처, 관리위원회, 지주회사 등 다양한 형태로 운영되지만, 우리나라에서 공기업 및 준정부기관에 대한 소유 감독권은 '공공기관운영위원회'와 '주무부처'

에서 행사하는 것을 원칙으로 한다.

그 밖의 공기업 내부 지배구조는 사기업의 그것과 같이 이사회, 기관장(CEO), 감사 상호 간의 견제와 균형으로 이루어진다. 공기업 내부 지배구조에서, 특히 '이사회-기관장-감사'의 관계를 '공기업 내부 지배구조의 삼권분립'이라고 한다. 이러한 공기업의 3자 관계는 완전히 서로 분리되는 것이 아니다. 때로는 견제 장치로서 역할도 하지만 서로 보완 역할을 하면서 균형을 이루고 있다(나상윤, 2004).

시대에 따라 3자의 관계가 다르게 해석·운영되고 있는 것이 사실이지만, 최근에는 공기업 내부의 3자 관계가 보완적 역할보다는 견제 및 통제의 역할에 중점을 두고 있다. 앞에서 설명한 바와 같이 OECD에서 이사회와 공기업 경영진을 분리하도록 권고하는 것은 바로 상호 간의 견제에 중점을 두고 있는 시대적 흐름을 반영한 것이다.

1 민영화 대안으로서 공기업 내부 지배구조 개선

종전에 많은 개발도상국들은 취약한 자본과 경제 성장의 주체가 미처 형성되지 못한 환경에서 국가 주도의 경제 성장과 더불어 공기업의 양적 성장을 가져왔다. 우리나라도 정부가 공기업을 이용하여 경제 성장을 선도한 나라 중 하나이다. IMF 경제위기 이후 민간기업, 특히 대재벌의 엄청난 부채가 드러나고 정경 유착 및 부패로 인한 도산 사례가 나타났지만, 일부 공기업은 오히려 민간기업보다 더 우수한 경쟁력을 갖추고 있는 것으로 확인되기도 했다.

그러나 이와 같은 공기업의 적지 않은 성과에도 불구하고 공기업의 규모가 점차 커짐에 따라, 공기업의 방만하고 비효율적인 경영에 대한 정부를 비롯한 외부 지배구조에 의한 통제 시스템은 점차 한계에 부딪치게 되었다.

감독기관에 의한 공기업 통제가 한계에 이르면서 가장 먼저 대안으로 논의된 것이 바로 공기업 민영화이다. 우리나라에서 POSCO, KT, KT&G, KB 등 민영화를 통한 공기업 개혁의 비교적 성공 사례도 있지만, 공기업 민영화 정책이 전면적으로 적용되기에는 많은 정치·경제·사회적 한계가 있었다.

우리나라에서 공기업은 여전히 매력적인 정부의 정책집행 수단이었지만, 정권에 따라 민영화를 보는 시각이 달랐다. 또한 노조를 비롯한 공기업과 관련된 이해관계자들로부터 민영화에 대한 합의를 얻는 것도 쉽지 않았다. 민영화가 국민들에게 분배의 형평성 문제로 연결되면서 '주인 있는 민영화냐', 아니면 '주인 없는 민영화냐'라는 논란으로 어려움을 겪기도 했다. 일부에서는 '주인 있는 민영화'이든, 아니면 '주인 없는 민영화'이든 간에 민영화가 공기업 경영성과 개선에 크게 기여하지 못한다고 주장하기도 했다. 이들을 중심으로 공기업의 민영화 대신 새로운 공기업의 지배구조 혁신을 하나의 공기업 개혁 방법으로 제시했다.[1)]

근본적으로 시장성이 있어 민영화의 성공 가능성이 있는 공기업은 민영화를 지속적으로 추진해야 하겠지만, 시장성보다도 공공성이 더 강한 공기업에 대해서는 또 다른 접근법이 필요하다는 주장이다.

이러한 측면에서 정부의 소유권 자체를 이전시킴으로써, 공기업의 문제를 해결하고자 하는 하드웨어적인 방법보다는 공기업의 내부통제 및 관리 체계를 개선하는 소프트웨어적인 지배구조 개선 방법이 중요한 공기업의 경영효율성 개선 대안으로 등장하게 된 것이다. 공기업 통제관리 방법으로서의 민영화 정책이 한계에 부딪치게 되면서, 공기업 지배구조 개선 방법이 공기업의 책임성과 효율성을 개선할 수 있는 대안으로 논의되었다. 공기업의 이사회, 그 중에서도 공기업 비상임이사들의 역할 등 공기업의 내부통제 시스템에 대한 관심이 증대된 것은 이러한 배경에서 시작되었다고 하겠다.

2 제도적 환경의 지배를 받는 공기업 내부 지배구조

공기업의 내부 지배구조 개선이 공기업 개혁의 한 방법으로 논의되는 이유는 공기업이 그 속성상 시장보다는 정부의 제도적 환경에 더 많은 지배를 받고, 공기업의 사업 자체가 독점성을 가지고 있기 때문이다.

공기업은 중앙정부나 지방정부가 소유하고 있는 생산조직의 한 형태로서, 정부의

1) '주인 있는 민영화'란 주식 지분의 소유가 소수의 지배 주주에게 집중되고, 이들 지배 주주가 직접 경영을 담당하는 소위 재벌식 소유·지배구조를 말한다. 이러한 방식은 소유가 소수의 재벌 총수 일가에게 집중되고, 이들이 직접경영을 담당하거나 이들에 의해 고용된 전문 경영인이 경영하는 형태이다. 이러한 재벌 체제 하에서는 기업 가치의 극대화가 아닌 재벌 총수의 사적 이익 극대화가 기업 경영의 목표가 된다. 이 과정에서 경영의 비효율성과 소액 주주들의 이익이 침해되는 소유자·경영자 측의 도덕적 해이가 발생하게 되었고, 이는 IMF 경제위기의 원인이 되기도 했다. 이에 비해, '주인 없는 민영화'는 공기업의 지분이 다수의 주주들에게 분산 소유되고, 기업의 경영은 전문 경영인에게 맡겨지는 영·미식 소유·지배 구조를 말한다. 그러나 '주인 없는 민영화'도 재벌식 소유·지배 구조 못지않은 경영 부실화를 초래하기도 했다. 책임경영을 담보할 수 없는 것이 '주인 없는 민영화'의 핵심 문제로 거론되기도 한다(신진영, 2004).

공적 지배 또는 통제 속에서 그 생산물을 생산 · 판매하는 경제주체이다. 이러한 공기업의 위치를 공기업의 내부 지배구조와 관련하여, 다음 두 가지 특징에 대해 주목할 필요가 있다.

첫째, 공기업은 시장 가격, 경쟁과 같은 기술적(technical) 환경보다는 정치성과 행정적 관행과 같은 법적 · 제도적(institutional) 환경의 지배를 받기 쉽다. 제도적 환경 내에서 개별 조직들은 존립의 정당성을 보장받기 위해 다양한 '규정'과 '요건'을 정교하게 만들어야 하며, '기술적 효율성'보다는 '합법성' 획득을 위한 '상징'과 '절차' 같은 형식적인 것들이 중요시된다. 따라서 공기업이 따라야 할 중요한 규정과 요건은 정부가 직접 만들거나 정부의 승인에 의해 이루어진다.

둘째, 공기업은 해당 업종에서 경쟁자가 없는 독점적 지위에 있다는 사실이다. 민간기업들이 참여할 수 없는 분야의 독점적인 위치에서 사업을 수행하기 때문에, 공기업은 경영 및 인사관리에서 '개선', '발전', '혁신'보다는 '유지', '정체', '보수적 접근'에 더 많은 비중을 두게 된다.[2]

또한 공기업은 독점적 시장구조를 형성하고 있기 때문에, 사기업과 같이 소비자 욕구를 충족시켜야 한다든지, 아니면 적정 수익을 확보하기 위한 M&A 시장 또는 자본시장 규율의 영향을 적게 받는다. 따라서 공기업에서 흔히 민간기업에서 말하는 외부 지배구조로서 시장 기능에 의한 통제는 기대하기 힘들고,[3] 내부 지배구조를 중심으로 개혁이 이루어진다.

공기업은 시장의 기술적 환경보다는 인위적 · 제도적 환경의 지배를 받는 속성 때문에 외부시장 지배구조보다는 조직 내부의 지배구조에 의해서 경영의 성공 여부가 판가름날 수 있다. 이러한 논리가 공기업에서 내부 지배구조의 설계를 중요하게 다루는 이유이다.

---

2) 공기업은 제도적 환경을 중시하는 데에서 오는 '상징, 의식, 합법성 획득' 등의 이유와 공기업의 독점적 특성에 따른 '정치성' 때문에, 공기업의 경영진 구성은 정부의 정치적 판단에 의해 이루어질 가능성이 높다. 이러한 이유 때문에 우리나라 공기업의 CEO들은 '조직관리 능력'이나 '경험과 경륜'에 비해 전문성이 낮다고 지적받고 있다. 전문성 중에서도 특히, 경영관리 전문성보다는 업무의 전문성이 낮다고 한다(강영걸, 2004).

3) 따라서 공기업은 민간기업의 지배구조 원리인 공정성, 독립성, 경쟁성을 충분히 실현할 수 없는 속성을 가지고 있다.

3 공기업 내부 지배구조와 경영혁신

사실상 우리나라에서는 IMF 외환위기 이후 공기업 경영혁신을 지속적으로 추진하여 적지 않은 성과를 거두기도 했다. 이러한 노력은 앞에서 설명한 것처럼 정권이 바뀔 때마다 공기업 민영화 및 구조조정 등 하드웨어에 중점을 둔 개혁이었지만, 내부 관리 시스템을 개선하는 소프트웨어에서도 적지 않은 개선이 있어온 것은 사실이다. 참여정부에서는 퇴직금 제도와 복리후생 제도를 개선하고 팀제를 도입하는 등 공기업 운영 시스템의 개선을 병행 추진했다. 「정부산하기관 관리기본법」 제정(2003. 12) 이후에 정부투자기관 외 산하기관에도 경영평가 · 혁신평가 · 고객만족도 조사를 추진하기도 했다. 이명박 정부에서는 '공공기관 선진화' 계획을 추진하여 공기업의 구조조정뿐만 아니라 보수 체계 및 노사관계의 합리화를 시도하기도 했다. 박근혜 정부에서는 '공공기관 정상화'의 기치 아래, 부채 감소와 방만 경영 해소를 위해 노력하였으며 연봉제를 강화하기도 했다. 문재인 정부에서는 공공기관의 사회적 가치 확산을 조직 확대 개편 노력도 있었다.

그러나 지속적인 공기업 혁신 노력에도 불구하고, 공기업의 경영 윤리성과 관련한 도덕적 해이 문제, 공공기관 간의 업무 영역의 충돌로 인한 불분명한 기관의 경영 책임성 문제, 설립 목적 외의 사업 진출로 인한 민간과의 경쟁 중립성 문제가 불거지기도 했다. 최근에는 공공기관의 연봉제 시행에 따른 법적인 조직 내부 갈등 문제 및 사회적 가치 제고를 위한 조직 팽창의 부작용에 대한 문제도 지적되었다.

공기업 경영의 실질적 자율성 보장을 위해서는 공기업 경영의 투명성 · 책임성의 제고가 선행되어야 한다. 공기업의 방만한 경영에 대한 억제 명분으로 정부의 경영 간섭이 빈번하여 공기업의 자율성 보장은 형식적이었다. 이는 공기업이 시장의 기술적 환경보다는 정부의 제도적 환경에 더 많은 지배를 받기 때문에, 어쩔 수 없는 결과라 할 수 있다.

공기업의 자율적인 책임경영을 위한 OECD를 비롯한 국제적인 공기업 경영 개선의 논의 전개 방향도 공기업의 내부 지배구조 혁신에 모아지고 있는 이유가 여기에 있다. 앞으로 어느 나라에서나 공기업의 내부 지배구조 개선은 공기업의 민영화 못지않게 중요한 공기업 책임경영의 수단으로 활용될 것으로 기대되고 있다.

공기업의 내부 지배구조의 주요 구성 요소인 '관리위원회', '임원추천위원회', 'CEO', '이사회', '감사' 등에 대해 차례대로 살펴보기로 한다.

제 2 절 | 공기업의 관리위원회

1 관리위원회의 의의와 위상

1) 관리위원회의 의의

공기업 관리위원회는 공기업 경영을 직접 관리하는 감독기관으로서 정부와 공기업 간의 정책과 집행을 연결시키는 역할을 한다. 이러한 감독기관은 공기업의 정책이사회 형태로 설치되는 경우도 있고, 이사회와는 별도 기관(위원회)으로 설치되는 경우도 있다.

일반적으로 공기업 관리위원회는 정부 총괄통제 부서에서 공기업을 관리한다. 우리나라의 경우, '공공기관운영위원회'가 여기에 해당한다.

공기업 관리위원회를 공기업 내부관리위원회로 설치할 경우 공기업 관리위원회는 공기업의 '정책이사회' 또는 '정책위원회'를 지칭한다. 공기업의 운영조직은 일반적으로 주요 정책을 결정하는 '정책이사회 또는 정책위원회'와 공기업 내부 인사, 재무 등 세부적 운영을 집행하는 '집행이사회 또는 기능위원회'로 나눌 수 있다.

공기업의 '정책이사회 또는 정책위원회'는 감독기관의 이해를 내표해서 공기업의 운영과 관련된 정책의 결정에 책임을 지고, '집행이사회 또는 기능위원회'는 '정책이사회 또는 정책위원회'가 결정한 주요 정책의 범위 내에서 직접적으로 업무를 수행할 책임을 진다(심용우, 2006: 229). 이는 공기업이 이사회를 정책이사회와 집행이사회로 분리한 이중기관제에서 볼 수 있는 전형적인 형태이다.

이런 맥락에서 본다면, 정부의 '총괄 공기업 감독기구'와 공기업 '내부 관리감독기구', 그리고 공기업 '이사회'는 업무수행 시에 [그림 8-1]에서 보는 바와 같이 일종의 계층제 형식을 띠고 있다.

그림 8-1 공기업 관리위원회의 계층제

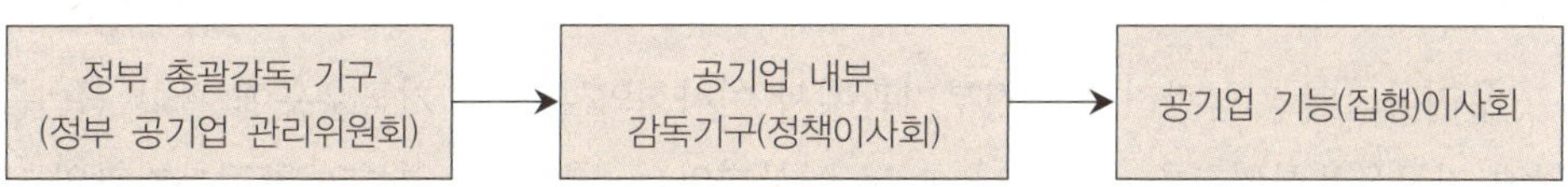

2) 공공기관운영위원회의 위상

제6장에서 설명한 바와 같이 우리나라의 '공공기관운영위원회'는 우리나라 최고의 공기업 행정주체로서 통합적 총괄 공기업 관리기구이다. 이 기구는 공기업의 임원 임명 및 해임뿐만 아니라 공기업의 경영실적 평가 및 경영지침 등의 중요 사항을 심의·의결한다(공공기관의 운영에 관한 법률 제8조).

그리고 우리나라에서는 '공공기관운영위원회'가 통상적으로 공기업 내부 정책위원회나 정책이사회가 수행할 중요 업무를 종합적으로 수행하고 있기 때문에, 굳이 별도로 정책위원회나 정책이사회를 둘 필요가 없는 것으로 판단된다.

또한 우리나라 공기업·준정부기관에서는 비록 정책이사회와 집행이사회를 분리하지 않더라도 비상임이사(非常任理事)제도 및 선임비상임이사(先任非常任理事) 제도를 활용하여 경영진을 견제하도록 설계되어 있다.

「공공기관의 운영에 관한 법률」 제21조에서는 공기업·준정부기관에는 공공기관의 운영과 경영관리에 관하여 학식과 경험이 풍부하고 중립적인 사람으로서, 비상임이사 중에서 호선(互選)에 의한 선임비상임이사 1인을 두도록 하고 있다. 선임비상임이사는 이사회 안건 그 밖에 기관 운영에 관한 사항을 논의하기 위하여 전체 이사회가 아닌 '비상임이사' 회의를 소집·주재할 수 있다.

한편, 「공공기관의 운영에 관한 법률」 제18조 제2항에서는 "시장형 공기업과 자산 규모가 2조 원 이상인 준시장형 공기업의 이사회 의장은 선임비상임이사가 된다"고 규정하고 있다. 즉, 시장형 공기업과 대규모 준시장형 공기업에서는 기관장이 이사회 의장을 맡고 있는 준정부기관이나 자산 규모가 2조 원 미만인 준시장형 공기업과는 달리, 아예 이사회의 의장을 비상임이사가 맡도록 하여 경영진의 업무집행과 이사회의 감독 기능을 실질적으로 분리하고 있다. 이들 기관에서는 이사회 구성에서 비상임이사의 비율이 과반수를 차지하고 있기 때문에, 경영진 감독에 필요한 충분한 실행력을 갖추고 있다. 그 외 선임비상임이사와 이사회 의장에 관해서는 제6절 '공기업의 이사회'에서 자세히 살펴보기로 한다.

2 기금운용위원회의 성격

우리나라의 기금관리형 준정부기관에서 이사회와 분리된 기금운용에 관한 심의를 위해 기금운용심의회를 설치한다. 이는 이사회와는 독립적인 일종의 준정부기관의 내부 관리위원회의 역할을 하고 있다.

기금관리형 준정부기관은 그 준정부기관의 이사회와는 완전히 분리된 기금운용에 관한 심의기구인 기금운용심의회를 설치해야 한다. 다만, 다른 법령에서 준정부기관에서 운용하는 기금에 대한 중요 정책을 심의하기 위한 기구를 주무기관에 설치하도록 되어 있는 경우에는 그 준정부기관에 기금운용심의회를 설치하지 않는다(공공기관의 운영에 관한 법률 제23조 제1항, 제2항).

기금관리형 준정부기관에서 이사회의 역할과 기금운용심의회의 기능이 중복될 경우에는 기금운용심의기구의 심의·의결을 우선적으로 적용한다(동법 제23조 제3항).

기금관리형 준정부기관은 국민 부담으로 조성된 기금재원을 관리하는 기관으로 보다 강한 공공성을 적용할 필요가 있어 기금정책 심의를 위해 이사회와 별도로 기금운용심의위원회 설치를 의무화하여 기금관리의 공정성을 확보하고자 하는 것이다.

3 기관 업무 운영위원회의 성격

한편, 현행 국책금융기관에서 자체적으로 설치하여 운영하고 있는 각종 '운영위원회'는 여기서 말하는 공기업 및 준정부기관의 관리위원회와는 차원이 다르다. 국책금융기관 운영위원회에서도 일부 정부의 정책집행을 대신하는 경우도 있지만, 정부의 소유권에서 기인하는 공기업 지배 문제를 다루는 것은 아니고, 단순히 금융기관 내부의 합리적이고 민주적인 업무 처리를 위한 내부기구이다. 예를 들면, 우리나라 「한국수출입은행법」에서 이사회 외에 운영위원회를 두도록 하고 있지만, 이 기구는 수출입은행의 소유권에서 발생하는 이사회의 권한과는 달리 단순히 은행 업무 처리의 공정성과 민주성을 확보하기 위한 내부기구이다.[4)]

4) 「한국수출입은행법」 제9조의2(이사회) ① 수출입은행에 '이사회'를 둔다. ② 이사회는 은행장·전무이사와 이사로 구성하고, 수출입은행의 업무에 관한 중요 사항을 의결한다. ③ 이사회는 은행장이 소집하고, 그 의장이 된다. ④ 이사회는 구성원 과반수의 출석으로 개의하고, 출석 구성원 3분의 2 이상의 찬성으로 의결한다. ⑤ 감사는 이사회에 출석하여 의견을 진술할 수 있다. 「동법」 제10조(운영위원회) ① 수출입은행에 '운영위원회'를 둔다. ② 위원회는 이 법과 정관에 규정된 범위 내에서 수출입은행 업무의 운영과 관리에 관한 기본 방침을 수립한다. ③ 위원회는 제2항의 직무를 수행하기 위하여 필요한 규정을 정할 수 있다. ④ 위원회의 구성과 그 운영에 관하여 필요한 사항은 대통령령으로 정한다.

제 3 절 | 공기업의 주주총회

1 민간기업 주주총회의 의의와 역할

민간기업에서 주주총회(general meeting)는 "주주가 모여서 회사의 의사를 결정하는 필요적 기관"이다. 주주총회에는 결산기마다 정기적으로 개최하는 정기총회와 필요에 따라 수시로 개최하는 임시총회가 있다(상법 제365조). 주주총회의 결의에는 다수결의 원칙을 취하며 주주는 1주에 대해 1개의 의결권만을 가진다. 발행 주식 총수의 3/100 이상에 해당하는 주식을 가진 주주는 서면 또는 전자문서를 이사회에 제출하여 임시총회의 소집을 청구할 수 있다(상법 제366조 제1항).

2 공기업 주주총회의 의의와 역할

정부가 전액 투자한 공기업에는 원칙적으로 주주총회나 출자자 총회의 역할을 정부에서 한다.

그러나 민영화 추진 과정에서 주식의 일부를 매각한 공기업이나 민영화 대상 정부출자기관인 공기업은 정부와 일부 주주가 함께 주주권을 구성하고 있다.[5] 민영화 대상 공기업의 정부 주주권은 주무부장관이 기획재정부장관과 협의하여 행사한다.[6] 민영화 대상 공기업은 주주총회의 효율적인 운영을 위하여 필요하다고 인정되는 경우에는 주주의 일부로 주주협의회를 구성하여 운영할 수 있다(공기업의 경영구조 개선 및 민영화에 관한 법률 제14조).

---

5) 「공공기관의 운영에 관한 법률」 제27조(사원총회가 있는 공기업·준정부기관의 임원 선임에 관한 특례) 주주총회나 출자자총회 등 사원총회가 있는 공기업·준정부기관의 경우, 다른 법령에서 임원의 선임과 관련하여 사원총회의 의결을 거치도록 한 경우에는 이를 거쳐야 한다.

6) 「공기업의 경영구조 개선 및 민영화에 관한 법률」 제16조(정부의 주주권 행사) ① 정부가 소유하는 대상 기업 주식의 주주권은 주무부장관이 기획재정부장관과 협의하여 행사한다. 「동법 시행령」 제7조(정부의 주주권 행사) 법 제16조의 규정에 의하여 주무부장관은 주주총회의 소집을 통지받은 때에는 지체없이 당해 소집통지서의 사본을 기획재정부장관에게 송부하고, 주주권 행사와 관련하여 기획재정부장관과 협의하여야 한다.

제 4 절 공기업의 임원추천위원회와 임원의 자격

1 임원추천위원회

공·사기업을 막론하고 전문성과 능력 있는 CEO를 비롯한 임원들을 발굴하기 위해 다양한 추천위원회를 운영하고 있다.[7] 특히, 공기업에서는 공기업에 대한 소유권을 가지고 있는 정부의 일방적인 임원 임용에 따른 문제점을 보완하기 위해 민간인들로 구성된 임원추천위원회를 구성하여 운영한다.

우리나라의 국가 공기업과 준정부기관의 모든 임원(기관장·이사·감사)은 임원추천위원회의 추천을 거쳐야 한다.

「공공기관의 운영에 관한 법률」 제29조(임원추천위원회)에서는 "공기업·준정부기관의 임원 후보자를 추천하고, 기관장 후보자와의 계약안에 관한 사항의 협의 등을 수행하기 위하여 공기업·준정부기관에 임원추천위원회를 둔다"고 규정하고 있다. 임원추천위원회 구성에서 이사회가 선임하는 위원의 정수는 임원추천위원회 위원 정수의 2분의 1 미만으로 하며, 임원추천위원회의 위원장은 임원추천위원회의 위원인 공기업 및 준정부기관의 비상임이사 중에서 임원추천위원회 위원의 호선으로 선출하도록 규정하고 있다(동법 제29조 제6항). 외부 위원은 민간위원으로 선임하는 것을 원칙으로 한다. 따라서 공기업·준정부기관의 임직원과 공무원은 임원추천위원회의 위원이 될 수 없다. 다만, 그 공기업·준정부기관의 비상임이사, 「교육공무원법」에 따른 교원과 그 준정부기관의 주무기관 소속 공무원은 그러하지 아니하다. 즉, 공기업 임원추천위원회에는 공무원이 참여할 수 없지만 준정부기관의 임원추천위원회에는 주무부처 소속 공무원의 참여가 가능하다(공공기관의 운영에 관한 법률 제29조).

임원추천위원회의 위원 정수는 5~15명 내외로 하되 이사회에서 정한다. 이사회가 선임하는 위원은 법조계·언론계·학계 및 노동계 등 다양한 분야에서 학식과 경험

---

7) 지방공기업에는 임원추천위원회를 두고 있다. 「동법 시행령」 제56조의3(임원추천위원회의 구성과 운영) ① 법 제58조 제3항 및 제7항에 따른 임원추천위원회는 공사에 두며 다음 각 호의 사람으로 구성한다. 다만, 공사를 설립하는 때에는 그 지방자치단체의 장이 추천하는 사람 4명과 그 의회에서 추천하는 사람 3명으로 구성한다. 1. 그 지방자치단체의 장이 추천하는 사람 2명, 2. 그 의회가 추천하는 사람 3명, 3. 그 공사의 이사회가 추천하는 사람 2명.

표 8-1 임원추천 범위 확대

구분	과거(2007.4 이전)	개정
추천 범위	기관장추천위원회를 통해 기관장 후보자만 추천	임원추천위원회에서 기관장, 비상임이사, 감사 등 임원 후보자를 추천
임원추천위원회 구성	비상임이사+이사회 선임 외부 위원	• 공기업: 과반수 이상의 비상임이사+이사회 선임 외부 위원(공무원 참여 없음) • 준정부기관: 과반수 이상의 비상임이사+이사회 선임 외부 위원(공무원 참여 가능)

자료: 기획재정부(2011f).

이 풍부한 사람으로 선임하도록 했다. 공기업·준정부기관의 임원은 임원추천위원회가 3~5배수로 추천하고, 공공기관운영위원회에서 압축하여 임명권자가 최종 임명하는 절차로 진행된다. 종전에는 기관장만 추천위원회를 거치도록 했다가, 기관장, 비상임이사, 감사 등도 임원추천위원회를 거치도록 했다. 이와 같이 확대된 공기업·준정부기관의 임원추천위원회 역할을 정리하면 [표 8-1]과 같다.

2 임원의 자격 요건

어떤 사람을 공기업의 CEO를 비롯한 임원으로 임명하는가는 공기업 경영의 성공 여부에 결정적인 영향을 미치게 된다. 공기업의 임원을 임명하는 조건에는 임명에 결격 사유를 명시한 소극적 요건, 능력과 자격 조건에 관한 적극적 요건이 있다.

소극적 조건이란 공기업 임원으로 임용하는 데 해당되어서는 안 되는 배제 사유를 말한다. 공기업의 경우, 통상적으로 각부 장관, 의회나 지방의회의 의원, 공기업 업무 거래상 밀접한 이해관계를 가진 자는 임원이 될 수 없다. 공기업의 경영을 모니터링해야 할 기관들이나 공기업과 이해관계가 있는 사람이 공기업의 임원이 될 수 없는 것은 당연한 논리이다. 특히, 의회의 의원이 공기업 임원에 임명될 자격을 갖지 못하는 것은 여러 나라의 공통된 원칙인데, 이는 공기업의 자주적 경영을 위해 의회의 정치적 간섭을 배제하기 위한 조치이다.

우리나라의 경우, 소극적 요건으로서 임원의 자격 조건을 규정할 때, 일정한 사유에 해당하는 자는 공기업·준정부기관의 임원이 될 수 없도록 「공공기관의 운영에 관한 법률」 제34조에서 임원의 결격 사유를 규정하고 있다. 즉, 「국가공무원법」 제33조에서 공무원으로 임용될 수 없는 각 호에 해당하는 자는 공기업 및 준정부기관의 임원이 될 수 없도록 규정하고 있다.[8] 또한 법령 및 정관 위반이나 임원의 직무수행 실적 평가 등의 부진으로 해임된 사람은 해임된 날로부터 3년이 경과되기 전까지는 공기업 및 준정부기관 임원으로 임용되지 못하도록 규정하고 있다(공공기관의 운영에 관한 법률 제34조).

적극적 요건인 능력이나 자격 조건은 정실에 의해 무능한 사람이 임원으로 선임되는 폐단을 방지하기 위한 것으로, 공기업 임원이 갖추어야 할 자격을 적극적으로 명시한 것을 말한다. 주인-대리인 이론에서는 정보의 비대칭성으로 인하여 능력 있는 사람이 배제되고 무능력한 사람이 추천 또는 임명되는 것을 '역선택(adverse selection)'이라고 하여 경계하고 있다. 핸슨(A. H. Hanson)은 정치적 인식, 열정, 책임감, 기업조직 원리에 대한 지식, 공공 관계의 중요성에 대한 인식, 정부와 정치인, 관료와의 협동적 관계를 유지하는 능력 등의 자질을 갖추어야 한다고 했다(Hanson, 1959).

「공공기관의 운영에 관한 법률」 제30조에서는 임원이 지녀야 할 적극적 요건을 규정하고 있다. 공기업 및 준정부기관의 임원추천위원회가 추천하는 임원의 추천 요긴은 "공기업·준정부기관의 임원으로서의 업무수행에 필요한 학식과 경험이 풍부하고, 능력을 갖춘 사람"이라고 규정하고 있다. 이를 위해, 임원추천위원회는 임원후보지를 추천하고자 하는 경우, 대통령령이 정하는 바에 따라 후보자를 공개모집할 수 있도록 규정하고 있다(동법 제30조 제3항).

---

8) 「국가공무원법」 제33조(결격 사유) ① 다음 각 호의 1에 해당하는 자는 공무원에 임용될 수 없다. 1. 금치산자 또는 한정치산자, 2. 파산자로서 복권되지 아니한 자, 3. 금고 이상의 형을 받고 그 집행이 종료되거나 집행을 받지 아니하기로 확정된 후 5년을 경과하지 아니한 자, 4. 금고 이상의 형을 받고 그 집행유예의 기간이 완료된 날로부터 2년을 경과하지 아니한 자, 5. 금고 이상의 형의 선고유예를 받는 경우에 그 선고유예 기간 중에 있는 자, 6. 법원의 판결 또는 다른 법률에 의하여 자격이 상실 또는 정지된 자, 7. 징계에 의하여 파면의 처분을 받은 때로부터 5년을 경과하지 아니한 자, 8. 징계에 의하여 해임의 처분을 받은 때로부터 3년을 경과하지 아니한 자.

제 5 절 | 공기업의 CEO

1 민간기업 CEO의 의의와 역할

민간기업에서는 통상적으로 업무집행 최고책임자를 사장이라고 한다.[9] 주식회사에서는 법률상의 대표권을 가진 대표이사를 가리킨다. 대표이사를 두지 못하는 "집행임원 설치회사"에서는 대표집행임원을 말한다.[10] 상법 제389조(대표이사)에서는 "회사는 이사회의 결의로 회사를 대표할 이사를 선정하여야 한다. 그러나 정관으로 주주총회에서 이를 선정할 것을 정할 수 있다"라고 규정하고 있다.

일반적으로 사장은 업무계획 및 집행결정기관인 이사회의 일원으로서 의사결정에 참여한다. 외부에 대하여는 집행기관의 최고책임자로서 회사를 대표하며, 내부에 대해서는 집행 활동을 전반적으로 계획 · 조직 · 조정 · 통제해 나가는 등 총괄적으로 회사를 관리한다. 이것은 결정과 집행의 연결 기능이라고 요약할 수 있다. 민간기업에서 사장은 이사회에서 결정한 경영 의사를 집행 · 관리하는 권한을 위임받은 자이고, 법 이론상으로는 회사의 대리인이라고 할 수 있다.

민간기업의 경우, 사장은 통상적으로 이사회에서 선임되며, 이사회의 뜻에 따라 업무를 집행한다. 그러나 종래 미국의 경우, 사장은 이사일 것이 요구되었으나, 오늘날에는 일반적으로 그렇지 않다(양동석, 2004).

2 공기업 CEO의 의의와 역할

우리나라 공기업의 기관장은 사장, 이사장, 총재, 회장 등 다양한 이름으로 불리고 있다. 우리나라의 대표적인 공기업인 시장형 · 준시장형 공기업에서는 통상적으로 사장이라고 호칭하고 있다.[11]

---

9) 상법 제395조(표현대표이사의 행위와 회사의 책임) 사장, 부사장, 전무, 상무 기타 회사를 대표할 권한이 있는 것으로 인정될 만한 명칭을 사용한 이사의 행위에 대하여는 그 이사가 회사를 대표할 권한이 없는 경우에도 회사는 선의의 제3자에 대하여 그 책임을 진다.

10) 제408조의5(대표집행임원) ① 2명 이상의 집행임원이 선임된 경우에는 이사회 결의로 집행임원 설치회사를 대표할 대표집행임원을 선임하여야 한다. ② 대표집행임원에 관하여는 이 법에 다른 규정이 없으면 주식회사의 대표이사에 관한 규정을 준용한다.

사장이라고 불리는 공기업의 기관장은 우리나라 「상법」상 대표이사로서, 미국법상 최고 집행 임원(Chief Executive Officer: CEO)을 말한다. 공기업 CEO의 역할은 민간기업의 그것과 대동소이하다.

최근 OECD에서는 이사회 의장과 CEO의 분리를 권고하고 있다. 우리나라의 시장형 공기업과 자산 규모가 2조 원 이상인 준시장형 공기업의 이사회 의장은 비상임이사 중에서 호선한 선임비상임이사[12]가 맡도록 하여 이사회 의장과 CEO를 분리하고 있다(공공기관의 운영에 관한 법률 제18조)는 점은 이미 설명한 바와 같다. 선임비상임이사에 대해서는 다음 이사회 구성에서 다시 설명하기로 한다.

3 공기업 · 준정부기관 CEO

1) 공기업 · 준정부기관 CEO의 자격과 보수

「공공기관의 운영에 관한 법률」에서는 우리나라 공기업 · 준정부기관의 기관장 자격과 보수에 관해 규정하고 있다(동법 제24조, 제25조, 제26조, 제28조, 제29조, 제30조, 제33조).

먼저, 공기업 · 준정부기관의 자격과 관련하여 「동법」에서는 "임원추천위원회는 기업 경영과 그 공기업 · 준정부기관의 업무에 관한 학식과 경험이 풍부하고, 최고경영자의 능력을 갖춘 사람을 기관장 후보자로 추천하여야 한다"고 규정하고 있다.

공기업 · 준정부기관의 기관장 임기는 3년으로 하고, 경영실적 평가 결과를 고려하여 1년을 단위로 연임할 수 있다. 공기업 · 준정부기관의 기관장이 연임되는 경우에는 계약을 다시 체결해야 하지만, 이 경우 임원추천위원회와의 협의를 거치지 아니한다. 임기가 만료된 임원은 후임자가 임명될 때까지 직무를 수행한다. 특히, 공기업 · 준정부기관의 장은 법령 · 정관 위반 등 동법이 정한 이유로, 그 임명권자가 해임하거나 정관으로 정한 사유가 있는 경우를 제외하고는 임기 중 해임되지 않도록 하여 기관장 임기를 법적으로 보장하고 있다.

---

11) 우리나라의 「공기업의 경영구조 개선 및 민영화에 관한 법률」, 「지방공기업법」 및 개별 공기업 「설립법」에서 사장이라는 용어를 쓰고 있다. 예를 들면, 「한국전력공사법」 제9조(사장의 대표권 제한)는 "공사의 이익과 사장의 이익이 상반되는 사항에 대하여는 사장이 공사를 대표하지 못하며, 감사가 공사를 대표한다"고 규정하고 있다.

12) 공기업 · 준정부기관에는 비상임이사 중에서 호선(互選)한 선임비상임이사 1인을 둔다(공공기관의 운영에 관한 법률 제21조).

공기업·준정부기관의 기관장의 보수 기준은 기획재정부장관이 공공기관운영위원회의 심의·의결을 거쳐 정하는 보수지침에 따라 이사회에서 정한다. 이때 경영성과 및 계약의 내용과 이행 수준을 고려해야 한다.

통상적으로 공공기관 기관장의 연봉은 차관 연봉의 100%(금융형은 150%)로 책정되고, 성과급은 공기업 기관장은 120%, 준정부기관 기관장은 60%에서 경영성과에 따라 차등 지급되고 있다(공공기관운영위원회, 2015).

2) 공기업·준정부기관 CEO의 선임 절차

「공공기관의 운영에 관한 법률」에서는 [그림 8-2]에서 보는 바와 같이 우리나라 공기업·준정부기관의 기관장 선임 절차에 관해 규정하고 있다(동법 제24조~제33조). 다만, 주주총회나 출자자총회 등 사원총회가 있는 공기업·준정부기관의 경우, 다른 법령에서 임원의 선임과 관련하여 사원총회의 의결을 거치도록 한 경우에는 이를 거쳐야 한다.13)

공기업·준정부기관의 기관장 임명과 관련하여 이사회는 기관장이 임기 중 달성해야 할 구체적 경영 목표와 성과급 등에 관한 사항이 포함된 계약안을 작성하여 임원추천위원회에 통보해야 한다. 임원추천위원회는 이사회로부터 통보받은 계약안에 대해 기관장 후보자로 추천하고자 하는 자와 계약 내용과 조건 등을 협의하고, 그 결과를 주무기관의 장에게 통보해야 한다. 이 경우, 임원추천위원회는 기관장 후보자와의 협의를 위해 필요한 때에는 계약안의 내용이나 조건을 일부 변경할 수 있다.

공기업의 장은 임원추천위원회가 복수로 추천하여 운영위원회의 심의·의결을 거친 사람 중에서 주무기관의 장의 제청으로 대통령이 임명한다. 다만, 기관 규모가 대통령령이 정하는 기준 이하인 공기업의 장은 임원추천위원회가 복수로 추천하여 운영위원회의 심의·의결을 거친 사람 중에서 주무기관의 장이 임명한다. 공기업의 장을 임명할 때 주무기관의 장은 협의된 계약안에 따라 기관장으로 임명되는 사람과 계약을 체결하되, 미리 기획재정부장관과 협의해야 한다. 이 경우, 주무기관의 장은 기관장으로 임명되는 사람과 협의를 거쳐 계약의 내용이나 조건을 계약안과 달리 정

13) 주주총회를 거쳐 임원을 임명하는 공기업은 한국전력공사, 한국가스공사, 인천국제공항공사, 한국공항공사, 한국도로공사, 한국지역난방공사, 한국감정원, 주택도시보증공사, 한국남동발전(주), 한국동서발전(주), 한국서부발전(주), 한국남부발전(주), 한국중부발전(주), 한국수력원자력(주), 한국방송광고진흥공사가 있으며, 준정부기관은 한국자산관리공사, 한국예탁결제원 등이 있다.

그림 8-2 공기업 · 준정부기관의 기관장 선임 절차

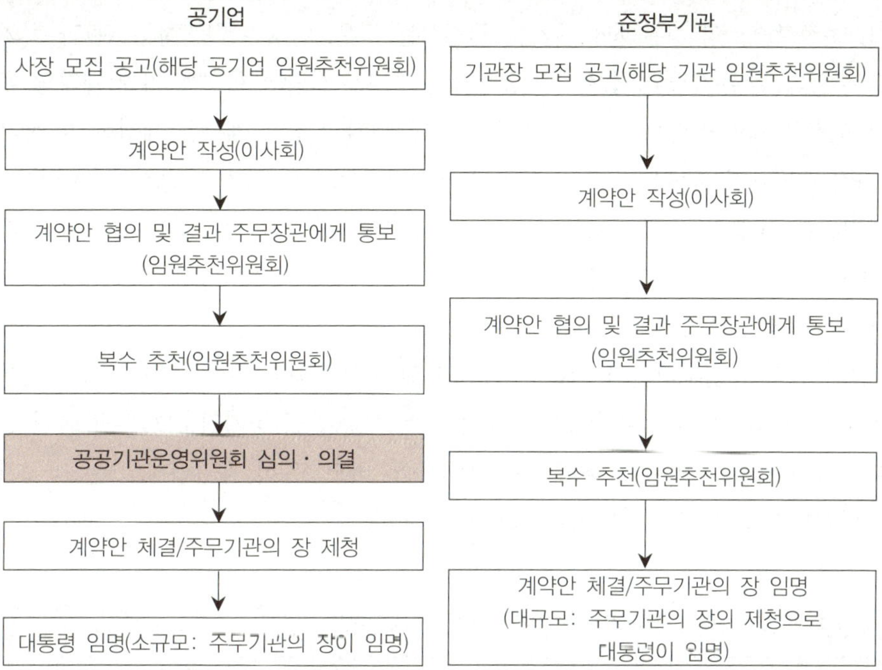

할 수 있다. 계약을 체결한 후 불가피한 사정이 발생할 때에는 서로 협의하여 계약의 내용이나 조건을 변경할 수 있고, 주무기관의 장은 계약안 작성 때와 같은 절차를 거쳐야 한다.

준정부기관의 장은 임원추천위원회가 복수로 추천한 사람 중에서 주무기관의 장이 임명한다. 다만, 기관 규모가 대통령령이 정하는 기준 이상이거나,[14] 업무 내용의 특수성을 감안하여 대통령령이 정하는 준정부기관[15]의 장은 임원추천위원회가 복수

14) '대통령령으로 정하는 기준'이란 다음 각 호의 기준을 말한다. 1. 위탁집행형 준정부기관: 제2조에 따른 총수입액이 1천억 원 이상이고, 직원 정원이 500명 이상일 것, 2. 기금관리형 준정부기관: 자산 규모(위탁관리하는 기금자산을 포함한다)가 1조 원 이상이고, 직원 정원이 500명 이상일 것(동법 시행령 제22조).

15) '업무 내용의 특수성을 감안하여 대통령령이 정하는 준정부기관'이란 다음과 같다. 1. 「독립기념관법」에 따른 독립기념관, 2. 「산업재해보상보험법」에 따른 근로복지공단, 3. 「소비자기본법」에 따른 한국소비자원, 4. 「한국주택금융공사법」에 따른 한국주택금융공사, 5. 「한국연구재단법」에 따른 한국연구재단, 6. 「한국장학재단 설립 등에 관한 법률」에 따른 한국장학재단(동법 시행령 제22조).

로 추천한 사람 중에서 주무기관의 장의 제청으로 대통령이 임명한다.

주무기관의 장은 협의된 계약안에 따라 기관장으로 임명되는 사람과 계약을 체결한다. 준정부기관의 기관장과 계약을 체결하는 경우, 미리 기획재정부장관과 협의할 필요는 없다. 주무기관의 장은 기관장으로 임명되는 사람과 협의를 거쳐 계약의 내용이나 조건을 계약안과 달리 정할 수 있다. 주무기관의 장은 계약을 체결한 후 불가피한 사정이 발생할 때에는 서로 협의하여 계약의 내용이나 조건을 변경할 수 있다. 준정부기관은 경영적 통제(management control)보다 사업적 통제(business control)가 더 필요하기 때문에, 기획재정부나 공공기관운영위원회의 통제보다 주무부장관의 감독을 더 강조한 조치라고 볼 수 있다.

공기업 및 준정부기관의 기관장 선임과 관련하여 종전 정부투자기관이나 정부산하기관의 그것과 다른 점은 [표 8-2]에서 보는 바와 같이 공기업 CEO뿐만 아니라 준정부기관 기관장도 임원추천위원회를 거치도록 하고, 특히 공기업 CEO는 공공기관운영위원회의 심의·의결을 거치도록 한 것이다.

표 8-2 공기업 및 준정부기관의 기관장 선임 절차 변경

구분	종전	개편
공기업	사장추천위원회 추천 → 주무장관 제청 → 대통령 임면	임원추천위 추천 → 운영위 심의·의결 → 주무기관의 장 제청 → 대통령(소규모: 주무기관의 장) 임명
준정부기관	사장추천위원회 추천 → 주무장관 임면	임원추천위 추천 → 주무기관의 장 임명(대규모: 주무기관의 장 제청 → 대통령 임명)

자료: 정부혁신지방분권위원회·기획예산처(2006)에서 수정.

4 우리나라 공기업 CEO 임면의 문제점

우리나라 공기업을 비롯한 공공기관의 기관장 임면과 관련하여 가장 문제가 되는 것은 '정치적 임용', 이른바 '낙하산 임용'의 문제이다.

때로는 "공기업의 CEO를 대통령이나 장관이 임명하는 경우, 위에서 정치적으로 임명한다고 하더라도 유능하고 전문성을 갖춘 인사라면 무조건 낙하산이라고 해서는 안 된다"는 주장이 있다. 그러나 이명석(2004)은 사장 임용자의 능력을 떠나서 실질적으로 투명하고 공정한 과정을 거쳐 임용되지 않았다면 낙하산 인사라고 해야 한다

고 주장한다. 이는 공기업 CEO 임명의 기본 요소가 '결과'가 아니라 민주적인 '절차'에 기반을 두기 때문이다.

지금까지 살펴본 바와 같이 정부는 공기업의 기관장 임면과 관련하여 이 문제를 해결하기 위해 무수히 많은 제도 개선을 시도해 왔다. 그러나 아무리 법·제도를 바꾼다고 하더라도 기관장의 임용 시에 임명권자의 의식과 행태가 바뀌지 않으면 소기의 목적을 달성하기 어렵다. 공기업 CEO의 정치적 임용 문제는 제도의 개선보다 임면권자가 이 제도를 취지에 맞게 역량이 있는 사람을 임명하려는 실천적 의지에 달려 있다고 하겠다.

제 6 절 | 공기업의 이사회

1 민간기업 이사회의 의의와 역할

1) 이사회의 의의

민간기업의 이사회(board of directors)는 "이사에 의해 구성되어 회사의 업무 집행에 관한 사항을 결정하는 기관"을 말한다.

법령 및 정관으로써 주주총회의 권한으로 되어 있는 것을 제외한 업무집행에 관한 사항은 모두 이사회의 결의에 의하여 행하여진다(상법 제393조).

「상법」상 이사회의 결의 사항으로서는 주주총회의 소집(상법 제362조), 지배인의 선임·해임, 지점의 설치·이전 또는 폐지, 이사의 직무 집행의 감독(상법 제393조), 대표이사의 선임과 공동대표의 결정(상법 제389조), 이사의 자기 거래의 승인(상법 제398조), 신주 발행 사항의 결정(상법 제416조), 사채의 모집(상법 제469조) 등이며, 이 밖에도 상법상 회사가 결정해야 할 것으로 된 사항은 성질상 이사회의 결의 사항으로 보아야 한다.

이사회의 소집은 회일(會日)을 정하고 1주일 전에 각 이사 및 감사에 대해 통지를 발송하여야 하나, 그 기간은 정관으로 단축할 수 있다. 또 이사 및 감사 전원의 동의가 있을 때에는 소집 절차를 생략할 수도 있다(상법 제390조).

이사회의 결의는 이사 과반수의 출석과 출석 이사의 과반수로써 결정하되 정관으로 그 비율을 높게 정할 수 있다(상법 제391조 제1항). 결의에 특별한 이해관계가 있는 이사는 의결권을 행사하지 못하며(상법 제391조 제2항), 서면 결의도 불가하다. 이사회의 의사(議事)에 관하여는 의사록을 작성하여야 하며, 이 의사록에는 의사의 경과 요령과 그 결과를 기재하고, 의장과 출석이사 및 감사가 기명 날인하여야 한다(상법 제391조 제3항). 이사회의 결의는 대표이사를 구속하지만, 그 내용 · 소집 절차 · 결의 방법이 법령이나 정관에 위반되면 무효이다.

회사에서 이사회는 그 지배구조에서 실질적으로 핵심적인 역할을 하고 있다.

2 공기업 이사회의 의의와 역할

1) 공기업 이사회의 의의

공기업의 이사회도 민간기업의 이사회와 같이 '이사에 의해 구성되어 공기업의 업무 집행에 관한 사항을 결정하는 기관'으로서, 공기업의 내 · 외 지배구조에서 핵심적인 역할을 하는 점은 같다. 다만, 민간기업에 비해 공기업에 대한 소유권을 정부가 가지고 있기 때문에, 이사회 구성 등에 있어서 정부의 영향력이 크다는 점이 다를 뿐이다.

통상적으로 일반 기업에서 지배구조에 영향을 미치는 구성 요소로는 기관투자가, 소액 주주, 은행, 종업원 및 규제 권한을 갖는 정부 등이 있다.

이 가운데서도 공기업 지배구조에서는, 특히 공기업의 주주인 정부와 공기업 경영자 간에 대리인 문제를 통제하는 이사회의 구성 및 운영 방식이 핵심 요소라고 인식되고 있다(양동석, 2004). 모든 공기업 경영에 관한 실질적인 중요 심의 · 의결기구는 이사회인데, 그 이유는 경영 결과에 대한 책임도 경영진과 함께 이사회가 져야 하기 때문이다.

미국의 뉴욕과 뉴저지의 항만공사(Port Authority of New York and New Jersey: PANYNJ)[16]의 경우, 주지사가 임명하는 6명을 포함한 12명의 이사들로 구성된 이사회에 의해 운영되는데, 이사들은 특별한 수당 없이 6년 간 업무를 수행하면서 기관의

16) 1921년 뉴저지 주 북부와 뉴욕 시 지역의 교역 및 운송시설을 개발 · 운영할 목적으로 뉴욕 주와 뉴저지 주 사이의 협정에 의해 설립된 자영법인체(自營法人體)이다. 허드슨 강 밑을 뚫는 링컨 터널과 홀랜드 터널 및 두 주를 잇는 다리들을 유지 · 관리하는 일이 이 기관의 소관 사항이다. 그 밖에 케네디 · 뉴어크 · 라가디아 · 티터버러 공항, 그리고 3개의 버스 트럭 터미널과 7개의 여객용 부두, 1개의 헬리콥터 발착장 등도 관할한다.

업무에 대한 전반적인 책임을 진다(Eger Ⅲ, 2005).17)

2) OECD의 공기업 이사회에 대한 가이드라인

OECD에서 제시하고 있는 공기업 이사회 설계의 가이드라인은 "① 공기업 이사회는 전략적 경영자문 및 경영감시를 수행하는 데 필요한 권한·전문성·객관성을 보유함으로써 경영진에 대한 실질적 권한이 있어야 하고, ② 공기업 이사회 의장과 CEO는 분리하도록 하며, ③ 공기업 이사회는 CEO 임면에 관한 권리를 행사해야 하는데, 이를 위해 공기업 소유권 행사기관이 CEO를 임면할 때 이사회의 동의나 협의를 거치는 방안도 가능하고, ④ 공기업 이사 임면에 이사회가 관여할 필요가 있으며, ⑤ 이사회의 전반적 성과에 대한 평가가 요구된다"고 명시하고 있다.

3) 공기업 이사회의 통제 기능

일반적으로 정부기업형 공기업은 주무장관의 직접 지휘·관리 하에 있어 공기업의 경영 목표 수립에서 실질적 집행에 이르기까지 주무부서의 행정상 통제를 받지 않으면 안 된다. 이는 불가피하게 공기업의 관료적 관리를 초래함으로써, 능률적·신축적인 경영을 저해하는 원인이 되기도 한다.

그러나 공단·공사형 및 주식회사형 공기업은 '자율성의 인격적 표현체'라고 불리는 독립된 이사회를 가지며, 이들 공기업은 이사회를 단위로 한 개별적 통제가 가능하다.

앨런과 게일(Allen & Gale, 2000)은 소유와 경영이 분리된 주식회사형 공기업 지배구조 하에서 경영진의 도덕적 해이를 해소하기 위한 방안으로서 ① 이사진에 의한 감독과 견제, ② 기업 인수 시장의 활성화, ③ 금융기관의 지분 소유로 경영진에 대한 견제와 감시, ④ 높은 부채 비율을 통한 경영진 견제를 제시하고 있다.

민간기업의 외부통제 수단으로 가장 대표적인 것은 바로 기업 인수 활성화이다. 그러나 공기업의 경우, 존립 목적의 공공성 때문에, 이 방법을 적용하기가 현실적으로 어렵다.

금융기관의 지분 소유에 의한 통제는 우리나라의 경우, 정부가 은행, 특히 공기업과 관련성이 많은 국책은행에 실질적으로 영향을 미치고 있기 때문에 한계가 있다.

---

17) PANYNJ는 수수료 또는 요금 수입을 가지고 자율적으로 운영되지만, TVA는 수수료 또는 요금 수입뿐만 아니라 조세 부과권(levy tax)을 가지고 있어 재정 운영 권한이 더 크다고 할 수 있다.

높은 부채 비율에 의한 공기업 통제 방법은 공기업이 보유하고 있는 여유 자금을 경영진이 공기업 내부의 사익을 위해 사용하는 것을 막을 수 있는 장점이 있다. 공기업에 높은 부채를 유지하는 것은 공기업 경영진이 공기업 사익을 추구하거나 수익성이 낮은 사업에 투자하려는 성향이 있는 잉여 현금 흐름 문제(free cash flow problem)[18]를 어느 정도 해소할 수 있으며, 채권단에 의한 강력한 경영진 견제・감시가 가능하다. 그러나 우리나라 공기업의 경우, 현실적으로 많은 공기업 부채에 대해 국민들의 거부감이 큰 점을 고려하면 이 방식도 한계가 있다.

스톡 옵션(stock option), 보너스 등 경영진에 대한 적절한 보상 체계 확립을 통해 경영진의 도덕적 해이를 방지하는 것도 실질적으로 공기업 CEO의 보상(incentive) 경직성으로 인하여 단시일 내에 정착하기 어렵다.

따라서 공기업 경영진에 대한 감독은 경영진으로부터 독립적이며, 책임 있는 이사회를 구성하여 통제하는 것이 가장 현실적인 방법이다.

4) 공기업 이사회의 구성 원리

현대 공기업 지배구조를 작동하는 구성 원리는 민간기업과 마찬가지로 투명성, 독립성, 경쟁성, 책임성이라고 할 수 있다.

이를 위해, 일반적으로 공기업의 이사회는 통제(control), 조언(advice), 외부 자원 획득(resource dependence)이라는 세 가지 기본 역할을 수행해야 한다(Johnson, Hoskinson, & Hitt, 1996).

공기업의 세 가지 기본 기능 중에서도 공・사기업을 막론하고, 현재와 같이 자율적 책임경영을 중시하는 경영환경에서는 공기업의 투명성, 독립성, 경쟁성, 책임성을 확보하기 위한 적절한 내부통제가 가장 필수적이고 중요한 요소라고 할 수 있다(선우석호, 2000).

미국에서의 회계 부정 사건과 동남아에서의 IMF 이후 공기업 이사회의 경영진 통제 기능은 더욱 강화되고 있다. 우리나라에서도 IMF 이후에 기업의 CEO 전횡을 막기 위해 '사외이사제', '전문위원회제', '감사위원회제' 등을 도입하고 있다.

한편, 공기업의 정부로부터의 독립성을 강조하는 입장에서, 공기업의 이사회는 정부의 부당한 요구로부터 개별 공기업을 방어해 주는 역할을 해야 한다는 주장도 있다

---

18) 젠센(Jensen, 1983)은 기업의 지나친 여유자금은 경영진이 기업 내부의 사익을 위해서 사용하거나 기업 경영진이 수익성이 낮은 사업에 투자하려는 성향이 있음을 지적한다(신진영, 2004).

(김준기, 2004).

공기업 이사회의 통제 기능 강화 경향과 관련하여, 노동계에서는 정부에 의한 공기업 통제보다는 공기업의 다양한 내부 관계자의 참여를 통해 공기업을 통제해야 한다고 주장한다. 즉, 공기업의 이사회에 공기업 관련 이해관계자가 공평하게 참여하여 공기업의 통제 역할을 수행해야 한다는 것이다.

노동계에서는 공기업 내부 의사결정의 핵심 기구인 이사회 구성에 프랑스나 영국의 공공이사회 모형이라든가, 독일의 공동결정 모형을 적극적으로 검토할 것을 요구하고 있다. 내부구성원의 견제와 외부의 견제가 동시에 이루어질 수 있다는 점에서 민주적인 노동조합과 소비자의 참여가 전제되어야 한다는 것이다. 프랑스의 철도공사(SNCF)는 국영기업에서 공사로 바뀌었는데, 여기에는 노동자대표 6인을 포함한 정부, 철도전문가, 전문경영자 등 18명으로 구성된 공공이사회가 설치되어 있다. 영국 철도의 경우, 주주총회와 동일한 권한을 갖는 공공철도 총회에는 승객, 시민, 노조대표 등이 참여하는 공익 회원 60명과 철도산업 관련 업계 회원 40명 등이 참여해 100명으로 구성되어 있다. 독일은 1952년 「사업장구조법」에 따른 공동결정 제도를 시행하면서 감독이사회에 노동자대표는 1/3 이상, 최대 1/2까지의 참여를 보장하고 있으며,[19] 1976년 「공동결정법」을 시행하면서 노동자대표가 노무이사로 참여하는 감독이사회를 설치하고 있다.[20] 노동계에서는 또한 주식회사 형태의 공기업의 경우, 우리사주에 의한 종업원지주제와 황금주(golden share) 활용 등의 보완이 이루어져야 한다고 주장한다(나상윤, 2004).

앞에서 누차 설명하는 바와 같이 선진국에서 활용하고 있는 아무리 제도가 우수하더라도, 그 제도가 성공하기 위해서는 그 제도가 그 사회에 흡수되어 정착될 수 있는 풍토가 조성되어 있는지 먼저 살펴보아야 한다. 그리고 시대적 상황이 그 제도를 받아들일 수 있는지를 충분히 검토해 보아야 한다. 노동계에서 주장하는 제도들이 공기업 이사회에 다양한 공기업 이해관계자들이 참여함으로써, 경영진을 통제하는 데

19) 직원이 500명 이상 2,000명 이하인 상장기업에서는 근로자 대표가 1/3 이상, 1/2 이하로 참여하며, 2,000명 이상인 상장기업에서는 주주대표와 근로자 대표가 동수로 참여하고, 가부 동수일 경우에는 주주대표인 감독이사회 의장이 결정투표권(casting vote)을 가진다.

20) 미국 기업의 이사회 내부에 감사를 설립해 기업의 모든 중대한 결정은 이사회가 맡고, 감사는 회계감사 등 적은 비중의 업무만 떠맡는다. 독일 기업에서는 주주 총회에서 '감독이사회'를 선출하고, 감독이사회는 다시 '경영이사회'를 임명하며 감독이사회는 재무 감독권뿐 아니라 업무 감독권까지 갖고 있다. 자세한 것은 제7장 참조.

일정 부분 기여할 것으로 기대된다. 그러나 1990년대 이후 독일의 경제 상황이 나빠지고 있는 이유가 노조 공화국이라고 할 만큼 강력했던 노조의 영향 때문이라는 비판도 만만치 않다(이세정, 2006).

우리나라의 공기업 노조는 노조 내부의 도덕적 해이를 해소하고 투명성을 확보하여, 공기업의 주인인 국민들로부터 신뢰를 쌓아가는 것이 선결 과제이다. 노조에서 주장하는 다양한 참여를 강조하는 유럽형 제반 제도들의 도입을 위한 노력은 공기업 이해관계자, 특히 국민들의 신뢰에 바탕을 두어야 성공할 수 있다.

3 공기업 및 준정부기관 이사회의 구성과 운영

여기서는 우리나라 공공기관에서 실질적으로 핵심 역할을 하고 있는 공기업 및 준정부기관의 이사회를 중심으로 그 구성과 운영 및 특징을 살펴보기로 한다. 기타 공공기관의 경우에는 설립법에 따라 이사회의 구성과 운영 형태가 다르기 때문에, 통일된 특징을 설명하기가 사실상 불가능하다.

1) 이사회의 기능

일반적으로 공기업 및 준정부기관의 이사회에서는 해당 공기업의 주요 사항에 대한 의사결정을 한다. 우리나라 공기업 · 준정부기관의 이사회는 다음 각 호의 사항을 심의 · 의결한다(공공기관의 운영에 관한 법률 제17조 제1항).

1. 경영 목표와 예산, 운영계획 및 중장기 재무관리계획
2. 예비비의 사용과 예산의 이월
3. 결산
4. 기본재산의 취득과 처분
5. 장기차입금의 차입 및 사채의 발행과 그 상환 계획
6. 생산 제품과 서비스의 판매가격
7. 잉여금의 처분
8. 다른 기업체 등에 대한 출자 · 출연
9. 다른 기업체 등에 대한 채무보증. 다만, 다른 법률에 따라 보증 업무를 수행하는 공기업 · 준정부기관의 경우, 그 사업수행을 위한 채무보증은 제외한다.
10. 정관의 변경
11. 내규의 제정과 변경

12. 임원의 보수
13. 공기업 · 준정부기관의 장이 필요하다고 인정하여 이사회의 심의·의결을 요청하는 사항
14. 그 밖에 이사회가 특히 필요하다고 인정하는 사항

공기업 · 준정부기관의 기관장은 다음 각 호의 사항을 이사회에 보고하여야 한다(공공기관의 운영에 관한 법률 제17조 제2항).

1. 국정감사, 외부 공인회계사나 회계법인의 회계감사와 감사원이 실시한 업무 및 회계감사에서 지적된 사항과 그에 대한 조치 계획 및 실적
2. 공기업 · 준정부기관의 단체협약 결과와 그에 따른 예산 소요 추계(단체협약을 체결한 경우에 한한다)
3. 그 밖에 이사회가 기관장에게 보고하도록 요구하는 사항

공기업 · 준정부기관의 설치 · 운영 등에 관하여 다른 법률에서 그 공기업 · 준정부기관에 이사회를 두지 아니하고, 이사회의 기능을 수행하는 다른 기구를 둔 경우에는 그 다른 기구를 명칭과 관계 없이 이 법에 따른 이사회로 보고, 그 구성원은 이 법에 따른 이사로 보아 이 법을 적용한다(공공기관의 운영에 관한 법률 제17조 제3항). 우리나라 항만공사의 항만위원회가 이 조항의 적용 대상이다.

2) 이사회의 구성

우리나라의 공기업과 준정부기관의 이사회는 기관장을 포함한 15인 이내의 이사로 구성한다. 이사는 상임과 비상임으로 구분한다.

국가 공기업 상임이사와 대통령이 기관장을 임명하는 대규모 및 특수 업무를 수행하는 준정부기관 상임이사의 정수는 기관장을 포함한 이사 정수의 2분의 1 미만으로 한다. 그 외 소규모 준정부기관 상임이사의 정수는 기관장을 포함한 이사 정수의 3분의 2 미만으로 한다. 이는 앞에서 설명한 바와 같이 정부의 위탁업무를 수행하는 소규모 준정부기관은 이사회의 기관장에 대한 견제 기능보다는 보완 기능을 강조한 조치라고 할 것이다. 소규모 준정부기관에 비상임이사는 이사 정수의 과반수가 아니라 3분의 1 이상이면 된다.

공기업의 이사회는 그 공기업의 정관에 따라 이사회에 위원회를 설치할 수 있다. 이 경우, 위원회의 구성과 권한 등에 관한 사항은 「상법」의 규정을 준용한다. 우리나라 공기업의 대표적인 위원회는 시장형 공기업과 자산 규모가 2조 원 이상인 준시장형 공기업에 설치하는 감사위원회이다(공공기관의 운영에 관한 법률 제20조). 이에 대해서는 제7절에서 자세히 논의하기로 한다.

3) 이사회의 선임비상임이사와 이사회 의장

종전 이사회 내 비상임이사의 실질적인 역할 수행을 보장하는 장치가 미흡하여 상임이사 중심으로 이사회가 운영되는 등 비상임이사 제도가 형식적으로 운영됨으로써, 경영진에 대한 견제가 미흡하다는 비판이 제기되었다. 이에 따라 비상임이사의 역할과 기능을 강화하기 위해 선임비상임이사 제도를 도입했다. 선임비상임이사는 공공기관의 운영과 경영관리에 관해 학식과 경험이 풍부하고 중립적인 사람으로서, 공공기관운영위원회의 민간위원 자격 기준에 준하는 자로 선출하도록 규정하고 있다.

선임비상임이사는 이사회의 안건 및 기관 운영에 관한 사항을 논의하기 위해 비상임이사로만 구성된 비상임이사회의를 소집·주재하여 이사회 안건 등에 대한 비상임이사의 의견을 집약하는 역할을 수행한다.

기관장은 선임비상임이사가 이사회 안건 그 밖에 기관 운영에 관한 사항을 논의하기 위한 업무를 수행할 수 있도록 필요한 지원을 해야 한다. 선임비상임이사는 비상임이사의 일반적인 책임과 권한을 동시에 가지고 있다. 이는 OECD 공기업 지배구조 가이드라인에 따라 공기업 이사회의 독립성을 강화하기 위해 도입한 제도이다(기획재정부, 2011f).

앞에서 설명한 바와 같이 공기업·준정부기관에는 비상임이사 중에서 호선(互選)한 선임비상임이사 1인을 둔다. 특히, 시장형 공기업과 자산 규모가 2조 원 이상인 준시장형 공기업의 선임비상임이사는 비상임이사 중에서 기획재정부장관이 공공기관운영위원회의 심의·의결을 거쳐 임명한다(공공기관의 운영에 관한 법률 제21조).

시장형 공기업과 자산 규모가 2조 원 이상인 준시장형 공기업의 이사회 의장은 선임비상임이사가 된다. 이사회 의장이 부득이한 사유로 그 직무를 수행할 수 없을 때에는 정관으로 정하는 바에 따라 비상임이사 중 1명이 그 직무를 대행한다. 한편, 「공공기관의 운영에 관한 법률」 제18조 제4항에서는 "자산 규모가 2조 원 미만인 준시장형 공기업과 준정부기관의 이사회 의장은 기관장이 된다"고 명시하여, 소규모 준시장형 공기업 및 준정부기관에 대해서는 기관장에 대한 견제보다는 기관장의 효율적이고 생산적인 업무수행에 더 큰 비중을 두고 있다. 다만, 이들 기관에서도 선임비상임이사는 이사회 안건, 그 밖에 기관 운영에 관한 사항을 논의하기 위하여 비상임이사회의를 소집 · 주재할 수 있다(공공기관의 운영에 관한 법률 제19조 제2항).

4) 이사의 임면 절차

오랫동안 우리나라 공기업 및 준정부기관의 이사회 이사는 주무부처 중심으로 임명권을 행사하여 왔다. 공기업 상임이사의 경우에는 기관장의 제청으로 주무부장관이 임명했고, 준정부기관의 기관장 · 감사 · 상임이사 · 비상임이사 등 대부분의 임원을 주무부장관이 임명해 왔다.

「공공기관의 운영에 관한 법률」에서는 상임이사와 비상임이사의 책임경영과 경영통제를 확보하기 위해 이들의 임면권을 기획재정부 및 공공기관운영위원회, 주무부처, 공기업 및 준정부기관의 기관장 등으로 재배분했다.

공기업의 상임이사는 공기업의 장이 임명한다. 공기업의 상임이사는 공기업의 기관장과 진퇴를 같이함으로써 책임경영 체제를 확립하기 위해 종전의 임원추천위원회의 추천과 같은 절차를 없애고 바로 기관장이 임명하도록 했다(동법 제25조 제2항).

준정부기관의 상임이사도 공기업과 같이 준정부기관의 장이 임명하도록 했다(동법 제26조 제2항). 준정부기관의 책임경영에 기여하고자 종전의 임원추천위원회의 추천과 준정부기관의 장의 제청으로, 주무기관의 장이 임명하던 방식에서 준정부기관의 장이 상임이사를 직접 임명할 수 있도록 했다. 실무적인 측면에서 준정부기관의 상임이사 임명까지 이런 복잡한 질차를 거치는 것이 행정 비용과 시간이 너무 많이 소요되는 것을 감안하여 개정했다. 다만, 다른 법령에서 상임이사에 대한 별도의 추천위원회를 두도록 규정하는 경우에는 상임이사의 추천에 관해서는 그 법령에 따르도록 하고 있다(동법 제26조 제2항 단서).

공기업의 견제 기능을 수행해야 할 비상임이사는 임원추천위원회가 복수로 추천하는 "공무원이 아닌 경영에 관한 학식과 경험이 풍부한 민간인(국 · 공립학교의 교원은 가능)" 중에서 운영위원회의 심의 · 의결을 거쳐 기획재정부장관이 임명하도록 하고 있다(동법 제25조 제3항). 종전에 기획재정부와 주무부처에서 파견하던 정부 이사를 배제하고 민간인 중심으로 비상임이사를 구성함으로써, 경영 과정에 정부의 간섭을 제도적으로 차단하려는 조치로 평가된다.

준정부기관의 비상임이사는 공기업과 달리 주무기관의 장이 임명하고, 반드시 민간인이어야 할 필요도 없다. 정부의 위탁 업무를 수행하거나 이미 기금운용위원회를 가지고 있으면서 기금을 관리하고 있는 준정부기관에서의 비상임이사의 역할은 기획재정부나 공공기관운영위원회의 입장에서 기인하는 경영적 통제(management control)보다는, 주무기관 입장에서 기인하는 사업적 조언 또는 자문(business advice or consulting)이 더 필요하다는 취지이다. 그리고 실무적인 차원에서 준정부기관에서 비상임이사를 공기업의 비상임이사 임명 절차와 같이하기에는 많은 비용과 시간이 소요되는 것을 방지하기 위한 조치이다. 그러나 규모가 대통령령으로 정하는 기준 이상이거나 업무 내용의 특수성을 감안하여 대통령령으로 정하는 준정부기관의 비상임이사는 임원추천위원회가 복수로 추천한 사람 중에서 주무부처의 장이 임명하도록 하였다. 또한 다른 법령에서 해당 준정부기관의 비상임이사에 대해 별도의 추천 절차를 정하고 있는 경우에 비상임이사의 추천에 관해서는 그 법령에 따르도록 규정하고 있

표 8-3 임원 제도의 변천과 특징

구분	1984년~1999년 2월 「정부투자기관 관리기본법」	1999년 2월 이후 「정부투자기관 관리기본법」	2007년 「공공기관의 운영에 관한 법률」
이사 수	10인 이내 (비상임)	15인 이내(상임과 비상임, 비상임이 과반수 이상)	15인 이내(상임과 비상임, 비상임이 과반수 이상)
임면	사장 제청 → 주무부장관 임면	상임: 사장 제청 → 주무부장관 임면 비상임: 기획예산처 장관 임면	공기업 상임: 공기업 사장 준정부기관 상임: 준정부기관 기관장 공기업 비상임: 임원추천위 → 공운위의 심의 · 의결 → 기획재정부장관 준정부기관 비상임: 주무부장관(단, 대규모 준정부기관: 임원추천위 → 주무부장관)
정부 이사	2인	없음	없음
의장	사장	사장	시장형 공기업과 자산 규모가 2조 원 이상인 준시장형 공기업: 선임비상임이사 소규모 준시장형 공기업 · 준정부기관: 기관장
사장(임원) 추천위원회	없음	사장추천위원회: 비상임이사(과반수 이상)와 이사회 추천 민간위원으로 구성	임원추천위원회: 비상임이사(과반수 이상)와 이사회의 선임위원으로 구성

자료: 기획예산처(2006e)에서 수정 · 정리.

다(동법 제26조 제3항).

이상에서 설명한 우리나라 공기업 및 준정부기관의 임원추천위원회 상임·비상임이사의 시대별 제도적 특징을 요약하면 [표 8-3]과 같다.

5) 이사의 임기와 보수

임원의 임기를 몇 년으로 하느냐는 공기업의 자율성 및 경영책임 확보와 밀접한 관련이 있다. 왜냐하면, 임원의 임기를 너무 짧게 정하면 그만큼 경영의 자율성이 제약받게 되고 장기적인 계획을 책임 의식을 가지고 강력하게 실천할 수 없게 되기 때문이다. 반면에, 그 임기를 너무 길게 하면 정부의 임명권 행사를 통한 통제가 약화되고, 경영자가 독선적으로 운영할 위험성이 있다. 따라서 그 임기를 적절히 조절하여 기관의 임원이 담당한 사업 경영에 익숙하게 함으로써, 능력을 발휘할 수 있도록 하는 것이 중요하다(강신택, 1990: 144-145).

[표 8-4]에서 보는 바와 같이 새로이 제정된 「공공기관의 운영에 관한 법률」에서는 공기업 및 준정부기관의 임원(상임이사·비상임이사·감사)의 임기를 2년으로 통일하되, 1년 단위로 연임이 가능하도록 했다(동법 제28조).

상임이사는 성과계약 이행실적의 결과와 그 밖의 직무수행 실적, 비상임이사는 기획재정부장관이 정하는 직무수행 실적 평가 결과(동법 제36조)와 그 밖의 직무수행 실적에 따라 연임 여부를 결정하도록 했다. 이는 종전에 대부분 기관의 모는 임원(기관장·상임이사·비상임이사·감사)에 대하여 일률적으로 3년 임기를 보장하여 경영성과를 토대로 한 해임·연임 등 인사 인센티브가 미흡했다는 비판에 따른 것이다. 종전에는 기관 임원들에 대한 연임·해임 규정이 없이 3년 임기가 기득권화되어 경영혁신 노력을 소홀히 했을 뿐만 아니라, 사실상의 해임 제한으로 경영성과가 우수한 임원에 대한 연임도 사실상 곤란했다는 판단에 따른 것이다.

표 8-4 임원의 임기

<table>
<tr><th>구분</th><th>과거</th><th>개편</th></tr>
<tr><td>기관장</td><td rowspan="2">3년(임기) 보장
* 연임 근거 부재 및 3년 임기가 기득권화</td><td>3년(임기) + 1년 단위(연임)
* 연임 시 경영실적 평가 결과 고려</td></tr>
<tr><td>이사·감사</td><td>2년(임기) + 1년 단위(연임)
* 연임 시 직무수행 실적 평가 결과 고려</td></tr>
</table>

자료: 정부혁신지방분권위원회·기획예산처(2006).

우리나라의 경우, 공공기관의 기관장을 비롯한 임원의 임기가 법적으로 정해져 있음에도 불구하고, 정권이 바뀔 때마다 그들의 진퇴를 둘러싸고 잡음이 끊이지 않고 있다. 공기업의 임원에게 일정한 임기를 부여하고 있는 것은 공기업의 책임경영을 위한 필수불가결한 조치이기 때문에, 임기 중에는 중대한 과실 또는 무능력의 사실이 없는 한 정부에 의해 일방적인 해임은 없어야 한다. 「공공기관의 운영에 관한 법률」 제28조 제2항에서 규정하고 있는 연임 규정에서 기관장 및 상임이사의 계약이행 실적을 기준으로 결정하도록 한 것도 이러한 취지에서 비롯된 것이다. 임기가 만료된 임원은 후임자가 임명될 때까지 직무를 수행하도록 규정하고 있다(동법 제28조 제5항).

공기업・준정부기관의 이사회에서 상임이사의 보수기준을 정할 때도 공기업・준정부기관의 임원의 보수기준은 기관장과의 성과계약 이행실적 평가 결과를 고려하여, 기획재정부장관이 운영위원회의 심의・의결을 거쳐 정하는 보수지침에 따라 이사회에서 정하도록 하고 있다(공공기관의 운영에 관한 법률 제33조).

그 밖에도 공기업・준정부기관의 상임 임원과 직원은 그 직무 외의 영리를 목적으로 하는 업무에 종사하지 못하는 것을 원칙으로 하고 있다. 다만, 공기업・준정부기관의 상임 임원은 그 임명권자나 제청권자의 허가를 받은 경우, 직원은 공기업・준정부기관의 기관장 허가를 받은 경우 비영리 목적의 업무를 겸할 수 있다(공공기관의 운영에 관한 법률 제37조).

6) 이사회의 회의

우리나라의 공기업과 준정부기관의 이사회는 이사회 의장이나 재적 이사 3분의 1 이상의 요구로 소집하고, 이사회 의장이 그 회의를 주재한다. 이사회는 재적이사 과반수의 찬성으로 의결한다. 이사회의 안건과 특별한 이해관계가 있는 기관장이나 이사는 그 안건의 의결에 참여할 수 없다. 이 경우, 의결에 참여하지 못하는 이사 등은 이사회 의결 정족수 재적 이사 수에 포함되지 아니한다. 감사는 이사회에 출석하여 의견을 진술할 수 있다(공공기관의 운영에 관한 법률 제19조).

7) 이사회의 경영진 통제

우리나라의 공기업과 준정부기관의 이사회는 기관장이 법령이나 정관을 위반하는 행위를 하거나, 그 직무를 게을리하는 등 기관장으로서의 직무 수행에 현저한 지장이 있다고 판단되는 경우, 이사회의 의결을 거쳐 주무기관의 장에게 그 기관장을 해임하거나 해임을 건의하도록 요청할 수 있다.

비상임이사는 필요하다고 인정하는 경우에는 비상임이사 2인 이상의 연서로 공기업·준정부기관의 운영과 관련하여 감사나 감사위원회에 특정 사안에 대한 감사를 요청할 수 있다. 이 경우, 감사나 감사위원회는 특별한 사정이 없는 한 이에 응해야 한다.

비상임이사는 기관장에게 이사로서의 업무수행에 필요한 자료를 요구할 수 있다. 이 경우, 기관장은 특별한 사정이 없는 한 이에 응해야 한다(공공기관의 운영에 관한 법률 제22조).

4 공기업 및 준정부기관 이사회의 문제점과 개선 방향

현행 공기업 및 준정부기관의 이사회 제도는 기관의 업무집행에 대한 정부의 과잉 간섭을 배제하고, 기관장 중심의 자율적 경영 체제를 구축하는 데 목적을 두고 있다. 또한 이사회의 의결 기능과 집행 기능을 분리하고, 비상임이사 제도를 통해 외부의 역량을 활용하여 경영진을 감시하고자 하는 것이 이사회 설치의 주된 목적이다. 그 밖에도 집행 업무를 담당하는 상임이사를 이사회 구성에 참여하게 함으로써, 정책 결정의 합리화와 경영의 책임성을 확보하는 데 그 의의가 있다.

「공공기관의 운영에 관한 법률」의 제정으로 이사회 제도는 많이 개선되었으나, 여전히 이사회의 구성과 운영에 따른 많은 문제점이 제기되고 있다.

1) 내부 견제 기능의 미흡

우리나라 공기업 및 준정부기관은 내부 지배구조에 이사회·감사 등 내부 견제·균형 장치는 구비되어 있으나, 여전히 실질적인 운영은 형식화되어 있다는 비판을 받고 있다.

첫째, 기관장과 상임이사는 책임경영보다는 노조 등에서 주장하는 기관 이익을 우선시할 유인이 강하다. 업무감독을 책임지는 비상임이사는 내부 업무 견제보다는 외부 정치권의 압력에 기관의 보호막 역할을 수행할 가능성이 있다.

둘째, 기관장과 상임이사 등 공기업 및 준정부기관의 경영진은 자기 업무를 스스로 감시하는 구조로 되어 있다. 우리나라의 공기업 및 준정부기관의 업무를 집행하는 상임이사를 이사회의 구성원이 되게 함으로써, 의결 과정에서부터 집행 결과에 이르기까지 경영책임성을 확보하고자 했다. 그러나 기관장 및 업무 담당이사가 모두 이사회의 구성원이기 때문에, 자기 업무를 자기가 감시·감독해야 한다는 논리적 모순이 생긴다. 이러한 모순을 근본적으로 해결하기 위해 OECD에서는 경영진과 감독 기능을 가진 이사회를 완전하게 분리할 것을 권고하고 있다.

이런 맥락에서 우리나라 공기업 및 준정부기관에서는 2011년「상법」개정을 통해 집행임원 제도를 도입한 점을 벤치마킹할 필요가 있다. 집행임원은 이사회로부터 업무에 관한 의사결정과 업무집행을 위임받아 회사를 경영하게 된다. 이사회는 집행임원의 이 같은 의사결정 및 업무집행을 감독하고, 지금까지 이사회에 집중되었던 업무집행권 및 업무집행감독권을 제도적으로 분리할 수 있게 된다. 집행임원을 둔 회사는 그 이사회가 집행임원의 선임·해임, 집행임원의 업무집행감독 등의 권한을 갖는다. 집행임원을 선임하면 대표이사를 따로 둘 수 없게 된다. 이사회가 선임한 집행임원은 회사의 업무집행권과 정관이나 이사회 결의에 의해 위임받은 업무집행에 관한 의사결정 권한을 가지고 회사를 경영하게 된다. 집행임원과 회사와의 관계는「민법」상 '위임에 관한 규정'을 적용받는다. 따라서 집행임원은 이사와 마찬가지로 직무집행에 관해 선관주의의무를 부담하고, 법령이나 정관을 벗어난 행위를 하거나 임무를 게을리할 경우 손해를 입은 회사와 제3자에게 손해를 배상할 책임도 주어진다.

집행임원 제도가 도입 취지에 따라 운영된다면 경영과 감독이 분리되어 회사의 업무 집행에 관한 의사결정이 신속하게 이뤄질 수 있을 것이다. 또 기업 실무상 정착한 집행임원의「상법」상의 제도를 수용하여, 집행임원의 법적 지위를 보장하는 한편, 책임 소재도 분명히 할 수 있을 것으로 예상된다. 시장성이 강한 민영화 대상 공기업에 대해서는 집행임원 제도의 도입을 검토해 볼 필요가 있다.

2) 경영진의 정치적 임명

공공기관 CEO 임명에서 지적한 바와 같이, 우리나라 공기업 및 준정부기관의 이사회 운영상의 문제점 중에서 두드러지는 부분이 이사회 구성원의 정치적 임명과 관련된 것이라고 할 수 있다.

이명석(2001)은 공기업 임원의 정치적 임용과 그에 따른 경영실적을 비교하면서, 공기업의 근본적인 부실 원인이 정치적 임용 또는 낙하산 인사 때문임을 실증적으로 분석하고 있다.

선우석호(2001)는 공기업 내의 비상임이사들이 친정부 또는 친경영진에 가까운 성향을 보이고 있어, 이들이 정부의 의견에 맞서 반대 의견을 의결하기가 어려운 구조임을 지적한다.

공기업 임직원들의 정치적 임용을 방지하기 위해서는 제도의 개선 못지않게 임명권자의 의지가 중요함을 앞서 누차 설명한 바 있다.

3) 비상임이사의 전문성 확보와 민주적 선발

비상임이사는 공기업 및 준정부기관에서 국민을 대신한 실질적인 대표 주주 역할을 해야 한다. 국민과 정부의 입장을 반영하여 경영진의 독단적인 의사결정을 견제하고 통제하는 역할을 수행하는 것이 주된 임무이다. 이러한 역할을 하기 위해 가장 요구되는 것은 비상임이사의 전문성이다. 업무의 전문성은 비상임이사가 이사회에서 활동하면서 얻을 수도 있지만, 비상임이사의 선임 단계에서부터 충분히 사전 전문성을 갖춘 인사가 선임되도록 해야 한다.

현행법 체제 하에서 비상임이사를 민주적이고 독립적으로 구성하기란 결코 쉬운 일이 아니다. 그 이유는 비상임이사 임용 절차의 순환 고리를 살펴보면 알 수 있다. 개정된 공기업 및 대규모 준정부기관 비상임이사의 임명은 임원추천위원회가 추천하여 기획재정부장관 또는 주무부처 장관이 임명한다. 임원추천위원회는 해당 공기업·준정부기관의 비상임이사와 이사회가 선임한 위원으로 구성된다. 그렇다면, 결국 '이사회'-'임원추천위원회'-'기획재정부장관', 또는 '주무부장관'이라는 임원 임용 절차는 모두 '공기업·준정부기관'-'정부'라는 하나의 인적 네트워크에서 일어나게 된다.

이러한 현행의 법 체계 하에서 이를 개선할 수 있는 묘안을 찾기란 결코 쉽지 않지만 최근 논의되고 있는 개선 방안을 정리하면 다음과 같다.

첫째, 한 기관의 비상임이사의 비율을 직능별·지역별로 사전에 비례 안분하는 방법이다. 먼저, 직능별로 소비자 단체, 학계, 전문가집단, 노동단체 등으로 안배하고, 이를 다시 수도권과 지방으로 균형 배분함으로써 최소한의 비상임이사 임명의 민주성은 확보할 수 있을 것이다.

둘째, 비상임이사의 자격 기준을 강화하고, 이를 미리 공지하는 방법이다. 해당 비상임이사에게 요구되는 최소한의 전문 분야 종사 기간, 전문 자격 요건 등의 적극적인 요건뿐만 아니라 응모할 수 없는 조건인 소극적 요건도 같이 명확하게 명시해야 한다.

셋째, 비상임이사의 임용과 관련하여 관련 기관 이해관계자들에게 절차를 투명하게 공개할 필요가 있다. 비상임이사 후보자는 주요 이해관계자들이 참석하는 회의체에서 앞으로 해당 기관에 대한 본인의 기여 방안을 설명하고, 이해관계자들로부터 질의 응답하는 시간을 가짐으로써 기관에 대한 업무 이해와 자질을 검증할 수 있을 것이다.[21] 그런 절차를 거침으로써 비상임이사 임명 예정자는 해당 기관의 이해관계자로부터 자연스럽게 전문성과 대표성을 인정받게 되고, 스스로도 해당 기관의 경영진임을 스스로 새롭게 인식하는 계기가 될 것이다.

넷째, 비상임이사는 형식적이 아닌 실질적인 공모 절차를 거쳐야 한다. 공기업 경영진에 대한 확실한 견제기구는 이사회이고, 이사회 내에서 확실한 감독집단은 비상임이사이다. 앞에서 설명한 바와 같이 비상임이사 임용 절차의 순환고리를 이용하여 비상임이사가 절대로 밀실에서 선발되어서는 안 되는 이유가 바로 여기에 있다. 이를 위해, 비상임이사 임면과 관리의 주무부처인 기획재정부에서는 공기업과 준정부기관 비상임이사의 공모 기간, 공모 방법 등에 관한 일반 사항을 시행령 또는 지침으로 표준화하여 법규 또는 규정으로 만들 필요가 있다.

4) 전문위원회제의 활성화

사외이사가 발달한 미국의 사례를 통하여 그 효과성이 부각되고 있는 전문위원회는 이사회 내에 특정 기능과 역할을 담당하기 위한 각종 위원회 또는 소위원회를 설치하여 운영하는 제도이다. '운영위원회', '인사위원회', '보수위원회', '감사위원회', '재무위원회', '위험관리위원회' 등이 있다.

특정 분야에 전문가인 비상임이사는 경영진에 대한 견제뿐만 아니라, 내실 있는 외부 조언과 다양한 자원 획득 방법을 통해 공기업 및 준정부기관의 기관 이익에 기여할 수 있어야 한다. 이사회에 상정될 안건에 대해 전문적이고 깊이 있는 조사와 토론을 위해 전문위원회를 구성하고 있는 미국의 기업을 벤치마킹할 필요가 있다.

그 밖에도 상임이사 및 비상임이사의 적극적인 참여와 더불어 경영책임성 확보를 위한 보수 체계[22]와 평가 방법에 대한 재검토가 있어야 할 것으로 판단된다.

---

21) 「공직자윤리법」에서는 "퇴직 공직자와 공직 유관 단체의 상근 임원이 퇴직 후 2년 간 유관 사기업에 취업하지 못한다"고 규정하고 있다.

22) 비상임이사의 적극적인 참여를 이끌어내기 위해서는 적정한 보상 체계의 수립이 필요하다. 현행 출석 수당 및 경영정보 수집에 필요한 수준인 월 200만 원에서 300만 원으로는 책임을 회피하기 위해 소극적으로 움직이는 비상임이사들의 헌신적인 참여(commitment)를 기대하기 어렵다고 주장하는 사람이 있는가 하면(조동성 · 김주태, 2001), 크게 하는 일도 없는 비상임이사들에게 현재

제 7 절 | 공기업의 감사

1 민간기업 감사의 의의와 역할

1) 민간기업 감사의 의의

일반적으로 감사(監事)란 "법인의 내부에서 법인의 재산 상태나 이사의 업무집행을 감사하는 기관"을 말한다. 일반적으로 감사(監査)란 "공식적인 권한을 가진 독립적인 제3자가 감사 대상기관과 그 소속 직원들이 수행하는 제반 활동의 잘잘못을 검사하여 적절한 조치를 요구하는 행위"라고 할 수 있다.

감사는 상임감사와 비상임감사로 구분할 수 있으며, 상임감사는 기관에 상시 출근하여 직무를 수행하는 감사를 의미하며, 비상임감사는 비정기적으로 출근하여 감사활동을 하는 자를 말한다. 상임감사와 비상임감사는 출근 형태에 차이가 있을 뿐 그 권한, 의무 및 책임 등에서 동일하다.

현행 「상법」상 주식회사의 감사는 하나의 필요기관으로서,[23] 최근 사업연도 말 현재 자산 총액이 1천억 원 이상인 상장회사에 대해 반드시 상근감사를 두도록 규정하고 있다(상법 제409조~제415조). 감사는 주주총회에서 선임되며, 임기는 취임 후 3년 내의 최종 결산기에 관한 정기총회의 종결까지이다.

회계감사의 독립성을 유지하기 위하여 감사는 이사·지배인 또는 기타 사용인의 직무를 겸임할 수 없으며, 언제든지 이사에게 영업에 관한 보고를 요구할 수가 있고, 회계장부 및 서류를 조사할 권한이 있으며, 주주총회에서 회계에 관한 보고를 할 의무가 있다. 또 감사가 악의 또는 중대한 과실로 인해 그 임무를 게을리한 때에는 회사 또는 제3자에 대하여 연대하여 손해를 배상할 책임이 있다.

2) 민간기업 감사의 역할

민간기업은 내부감사기관인 감사에게 업무 감독권과 회계 감독권을 부여하고 있

너무 많은 수당을 지급하고 있다고 비판하는 사람도 많다.

23) 공익법인에서는 이사처럼 필수기관이 아니라, 정관이나 총회의 결의 등에 의하여 둘 수 있는 임의기관이다(민법 제66조).

다(상법 제412조).

회사는 정관이 정한 바에 따라 감사에 갈음하여 감사위원회를 설치할 수 있다. 감사위원회를 설치한 경우에는 감사를 둘 수 없다. 감사위원회는 3명 이상의 이사로 구성한다. 다만, 사외이사가 위원의 3분의 2 이상이어야 한다. 감사위원회 위원의 해임에 관한 이사회의 결의는 이사 총수의 3분의 2 이상의 결의로 하여야 한다(상법 제415조의2).

2 공기업 감사의 의의와 역할

1) 공기업 감사의 의의

공기업에서 감사란 "공기업의 내부에서 공기업의 재산 상태나 CEO 및 이사의 업무 집행을 감사하는 기관"을 말한다.

공기업 감사에 의한 감독·감사 시스템은 이사회의 의사결정 체계 및 경영진의 집행 체계와 함께 공기업의 3대 핵심 관리 기구 중의 하나이다. 이들 세 실체는 서로 연계하면서도 서로를 견제함으로써 기업의 건전한 발전을 도모한다.

2) 공기업 감사의 역할

일반적으로 공기업에 대한 감독과 감사를 실시하는 주체는 정부 및 감사원과 대통령 또는 기획재정부장관이 임명하여 공기업에 파견한 감사(또는 상임 감사위원)이다. 이 중에서 정부 및 감사원 감사와 공인회계사 감사를 외부감사라고 하고, 공기업 감사에 의한 감사를 내부감사라고 한다.

공기업 감사의 역할은 본질적으로 민간기업의 감사와 유사하나 임명 절차 등 기본적인 틀을 달리하고 있다. 왜냐하면, 공기업의 감사는 공기업에 대한 소유권을 가지고 있는 정부에서 공기업에 대한 통제 감독권 행사의 중요한 수단으로 활용되고 있기 때문이다. 따라서 공기업의 감사는 정부에서 임명할 뿐만 아니라 감사기준도 정부에서 정한다. 「공공기관의 운영에 관한 법률」 제32조에서는 "감사는 기획재정부장관이 정하는 감사기준에 따라 공기업·준정부기관의 업무와 회계를 감사하고, 그 의견을 이사회에 제출한다"고 규정하여 이 점을 명백히 하고 있다. 그러나 「동법」에서는 민간기업과는 달리 상임감사(또는 비상임감사)의 설치 기준에 대해서는 별도의 기준을 두지 않고, 다른 법률 또는 정관에 정하는 바에 따르도록 하고 있다.

공기업의 감사는 이사회의 구성원이 아니므로 의결에 참여할 수 없으나, 이사회에 출석하여 의견을 진술할 수 있다. 공기업의 감사는 때로는 기관장을 대신하여 기관을 대표하기도 한다. 특히, 기관장은 그 공기업·준정부기관의 이익과 자신의 이익이 상반되는 사항에 대하여는 공기업·준정부기관을 대표하지 못한다. 이 경우, 감사(또는 감사위원회)가 공기업·준정부기관을 대표한다(공공기관의 운영에 관한 법률 제32조 제2항).

3 공기업·준정부기관 감사의 선임

1) 공기업 감사의 임면

우리나라 국가 공기업 감사의 임면 절차는 임원추천위원회가 복수로 추천하여 운영위원회의 심의·의결을 거친 사람 중에서 기획재정부장관의 제청으로 대통령이 임명한다. 다만, 기관 규모가 대통령령이 정하는 기준 이하인 공기업의 감사는 임원추천위원회가 복수로 추천하여 운영위원회의 심의·의결을 거친 사람 중에서 기획재정부장관이 임명한다(공공기관의 운영에 관한 법률 제25조 제4항).

2) 준정부기관 감사의 임면

우리나라 준정부기관 감사의 임면 절차는 임원추천위원회가 복수로 추천하여 운영위원회의 심의·의결을 거친 사람 중에서 기획재정부장관이 임명한다. 다만, 기관 규모가 대통령령이 정하는 기준 이상의 대규모 기관이거나 업무 내용의 특수성으로 인하여 대통령이 기관장을 임명하는 준정부기관의 감사는 대통령이 임명한다(공공기관의 운영에 관한 법률 제26조 제4항).

[표 8-5]에서 보는 바와 같이 종전에 공기업 감사는 기획재정부장관의 제청으로 대통령이 임명하고, 준정부기관의 감사는 종전에 주무부장관이 임명하던 것을 새로이 제정된 「공공기관의 운영에 관한 법률」에서는 기획재정부장관과 공공기관운영위원회 중심으로 감사 임명 절차를 통일하였다. 다만, 준정부기관의 상임감사 임명 절차에 있어서 그 규모나 업무의 특수성에 따라 기획재정부장관이 임명하느냐 대통령이 임명하느냐의 차이가 있을 뿐이다. 즉, 준정부기관의 감사도 경영진의 견제 기능이 강하기 때문에, 공기업의 감사의 임명 절차와 같이 주무기관의 장보다는 기획재정부장관이나 대통령이 임명하도록 하고 있다. 이는 공기업에 대한 정부의 소유권 행사 방

표 8-5	변경된 감사 임면 절차	
구분	종전	개편
공기업	투자기관운영위 의결 → 기획재정부 장관의 제청 → 대통령 임명	임원추천위 추천 → 운영위 심의·의결 → 기획재정부장관 제청 → 대통령 임명
준정부기관	주무장관 임명(승인)	임원추천위 추천 → 운영위 심의·의결 → 기획재정부장관 임명(단, 대규모 준정부기관은 기획재정부장관 제청 → 대통령 임명)

자료: 정부혁신지방분권위원회·기획예산처(2006)에서 수정.

법이 일원화되고 있는 추세를 반영한 한 예라고 할 것이다.

4 공기업·준정부기관 감사의 권한과 의무

1) 공기업·준정부기관 감사의 임기와 보수

공기업·준정부기관 감사의 임기는 [표 8-4]에서 살펴본 바와 같이 2년으로 하고 1년을 단위로 연임할 수 있다. 이 경우, 임원의 임명권자는 기획재정부장관이 실시하는 감사의 직무수행 실적 평가 결과와 그 밖의 직무수행 실적을 고려하여 임원의 연임 여부를 결정한다(공공기관의 운영에 관한 법률 제28조 제1항, 제2항).

공기업·준정부기관의 임원의 보수 기준은 성과계약 이행실적 평가 결과를 고려하여 기획재정부장관이 운영위원회의 심의·의결을 거쳐 정하는 보수지침에 따라 이사회에서 정한다(공공기관의 운영에 관한 법률 제33조 제1항). 통상적으로, 공공기관 감사의 연봉은 기관장 연봉의 80%로 책정되고, 성과급은 공기업 감사는 기본 연봉의 100%, 준정부기관 감사는 기본 연봉의 60%에서 직무수행 실적 평가 결과에 따라 차등 지급되고 있다(공공기관운영위원회, 2015).

2) 공기업·준정부기관 감사의 의무와 책임

공기업·준정부기관 감사는 「상법」상의 책임 규정을 준용하여 일반적인 기업 감사의 의무와 책임 및 직무를 수행하지 않거나 나태한 경우에는 손해배상을 해야 하는 외에도 「공공기관의 운영에 관한 법률」상의 직무실적 평가, 영리행위 금지 조항을 준수할 의무가 있다.

「공공기관의 운영에 관한 법률」 제35조 제1항은 "「상법」 제414조(감사의 책임)

및 제415조(준용규정)의 규정 중 회사에 대한 책임의 면제에 관한 사항은 공기업·준정부기관의 감사(감사위원회의 감사위원을 포함)에 관하여 이를 준용한다"고 규정하고 있다.

또한 「동법」 제35조 제2항은 "기획재정부장관은 감사(상임감사위원을 포함)가 제1항에 따른 의무와 책임 및 제32조에 따른 직무를 이행하지 아니하거나 게을리한 경우 운영위원회의 심의·의결을 거쳐 감사를 해임하거나 그 임명권자에게 해임을 건의할 수 있고, 그 공기업·준정부기관으로 하여금 손해배상을 청구하도록 요구할 수 있다"고 규정하고 있다.

기획재정부장관은 필요하다고 인정하는 경우에는 공기업·준정부기관의 감사나 감사위원회 감사위원의 직무수행 실적을 평가할 수 있다. 기획재정부장관은 직무수행 실적 평가 결과 그 실적이 저조한 감사 또는 감사위원회 감사위원에 대하여 운영위원회의 심의·의결을 거쳐 해임하거나, 그 임명권자에게 해임을 건의할 수 있다(공공기관의 운영에 관한 법률 제35조 제1항, 제2항).

공기업·준정부기관의 상임감사는 그 직무 외의 영리를 목적으로 하는 업무에 종사하지 못한다. 공기업·준정부기관의 상임감사는 그 임명권자나 제청권자의 허가를 받은 경우 비영리 목적의 업무를 겸할 수 있다(공공기관의 운영에 관한 법률 제37조 제1항, 제2항).

5 공기업·준정부기관 감사위원회

1) 공기업·준정부기관의 감사위원회 도입 배경

미국의 경우, 뉴욕증권거래소 상장 요건으로 감사위원회 설치를 의무화하고 있다. 아울러, 「사베인스-옥슬리(Sarbanes-Oxley)법」과 미국 「증권거래위원회(SEC)의 규정」에 따라 거래소 상장 외국 기업에 대해 감사위원회 설치를 의무화했다.

우리나라 민간기업의 경우, 「상법」과 「증권거래법」 등에 따라 자산 규모가 2조원 이상인 상장 법인과 코스닥 등록법인 등은 감사위원회 설치를 의무화하고 있다.

공기업의 사장 등 경영진이 관계 법령 및 정부 지침을 위배하여 인건비를 과다하게 인상하는 등 공기업을 방만하게 운영할 때에는 누구보다도 먼저 공기업의 감사가 공기업의 경영진에게 이를 시정하도록 요구하여야 한다. 정부에서는 경영평가 등을 통하여 자체감사 기구가 역할을 충실히 수행하고 있는지 여부를 점검하여, 역할 수행이 미진한 기관의 감사에게는 그에 상응하는 책임을 묻는 것도 바로 이런 이유에서이다(공공기관의 운영에 관한 법률 제36조).

그러나 대부분의 공기업에서 상임감사는 외부의 통제나 감독으로부터 자기 직원을 보호하는 바람막이 역할을 하는 경우도 있었다. 또한 상임감사가 국민에게 봉사하기보다는 노조 등 기관 이익을 우선시할 유인이 있다고 비판을 받았다. 업무·회계감사를 책임지는 상임감사가 실제로는 감사원 감사·국정감사에 대비한 대외 역할 수행에 치중한 점도 없지 않았다. 감사원에서는 기획재정부장관에게 공기업 경영평가 시 자체감사 기구의 실적을 평가하여 자체감사 기구의 역할을 활성화하고, 감사위원회 제도 설치 근거를 마련하여 공기업에 감사위원회 제도를 확대 시행하도록 요청한 바 있다(감사원, 2005). 감사원의 입장에서는 감사기구에 대한 철저한 평가와 감사위원회가 공기업 감사의 역할을 제고할 수 있다고 판단한 것이다.

정부에서도 감사위원회 제도가 독임제 상임감사 제도의 병폐를 어느 정도 해소할 수 있을 것이라는 기대에서 공기업·준정부기관에도 감사위원회제를 도입하고자 노력했다. 한 사람보다는 다수의 사람이 위원으로 구성된 감사위원회가 경영진에 대한 권위를 향상시킬 수 있을 뿐만 아니라, 감사의 공정성도 기할 수 있을 것이라는 기대 때문이다. 일반적으로 감사와 회계 등 다양한 분야의 전문가로 구성되는 감사위원회 제도는 1인 감사보다는 경영진에 대한 견제 기능이 강화되고, 안건 검토의 신중성 및 전문성 확보가 가능하다고 평가되고 있다. 감사위원회제는 최근 합법성 감사에서 효율성·효과성 감사로 변화되고 있는 감사기구의 기능 변화 추세에 적합한 점도 있다. 따라서 감사 기능을 강화하고 변화하는 감사기구의 역할에 부응하기 위해서는 공기업·준정부기관에도 감사위원회 제도가 활성화될 필요가 있다.

그 밖에도 이사회 내에 보수위원회 등 전문위원회도 감사위원회와 함께 상호 보완하여 경영진에 대한 견제의 시너지 효과를 낼 수 있는 요소들이기 때문에, 이들 위원회가 제대로 역할을 하기 위해서라도 감사위원회의 도입이 선행되어야 한다.

특별히 감독이사회를 두고 있지 않은 우리나라에서는[24] 사외이사제와 더불어 감사위원회를 통해 이를 보완하도록 하는 것도 감사위원회제가 필요한 이유이다.

---

24) 중국, 인도네시아, 대만에서는 상장 회사에 이사회(Board of Directors: BoD)와 감독이사회(supervisory board)를 두고 있다. 아시아의 미래 기업 지배구조는 회사 내부거래를 이용하는 그림자 이사(shadow director)들의 태만을 감시하기 위해 감독이사회의 기능을 강화하게 될 것이라고 한다. 충분한 숫자로 구성된 감독이사회는 집행이사들을 선발하고 평가하며 통제하는 업무를 수행하게 될 것이다(Roche, 2003: 269-270).

감사위원은 이사 중에서 선임되므로 감사의 지위와 동시에 이사로서의 지위를 가진다. 감사위원은 감사와 달리 이사회에 참여하여 의결권을 가짐으로써 위법행위 등의 사전적 예방 기능이 확보되며, 몇 명의 위원이 합의하는 합의체이므로 전문성과 더불어 민주성이 강화되는 장점이 있다. 공기업 · 준정부기관의 감사위원회는 총위원 2/3 이상을 비상임이사로 구성하고, 위원 중 1인은 회계 또는 재무전문가로 구성하며, 위원장은 반드시 비상임이사 중에서 선임해야 한다.

감사와 감사위원회 제도의 가장 많은 차이점을 적시하면 [표 8-6]과 같다.

표 8-6 감사와 감사위원회의 비교

구분	독임(獨任) 감사	감사위원회
신분	• 단일 신분(감사, 2년)	• 이중 신분(이사 + 감사위원 2년)
임명 절차	• 임원추천위 → 운영위 심의 → 대통령(또는 기획재정부장관) 임명	• 이사회에서 이사 중에 선임 * 다만, 상임감사위원은 독임감사와 임명 절차 · 임명권자 동일
감사권 행사	• 기획재정부장관이 정하는 감사 기준에 따라 업무와 회계에 대한 감사	• 업무 범위와 권한은 독임제 감사와 동일
이사회 권한	• 의견 진술권	• 의결권
이사회와의 관계	• 이사회와 분리 → 이사회에 대한 중립적 비판 가능	• 이사회의 하위기구 → 이사회 의사결정에 적극적 개입
업무수행의 특징	• 상근 감사에 의한 상시 업무수행 → 안정적으로 내부 견제 기능 수행	• 상근 감사 업무 및 전문성을 갖춘 비상임감사의 업무수행 → 전문성 보장에 유리
의사결정 형태	• 독임제 → 업무수행 책임 소재 명확	• 합의제 → 다수에 의한 합리적 결정

자료: 기획재정부(2011f).

2) 공기업 · 준정부기관의 감사위원회의 역사와 현황

우리나라 공기업에서도 「공공기관의 운영에 관한 법률」 제정 전에 「공기업 경영구조 개선 및 민영화에 관한 법률」의 적용기관인 '인천국제공항공사'와 「정부산하관리기본법」의 적용기관인 '한국감정원'과 '한국주택보증(주)' 등에서 기관 설립관계법이나 정관에 근거를 두고, 이미 감사위원회(일반적으로 비상임이사 2, 상근 감사위원 1)를 도입하여 운영하고 있었다.

그러나 공공기관에 감사위원회 제도가 시장형 공기업과 자산 규모가 2조 원 이상인 준시장형 공기업에 의무적으로 설치하도록 한 것은 최근의 일이다. 「공공기관의 운영에 관한 법률」에서는 "시장형 공기업과 자산 규모가 2조 원 이상인 준시장형 공기업에는 감사를 갈음하여 이사회에 감사위원회를 설치하여야 한다"고 규정하고, "자산 규모가 2조 원 미만인 준시장형 공기업과 준정부기관이더라도 다른 법률의 규정에 따라 감사위원회를 설치할 수 있다"고 하여 공기업에서 감사위원회의 확대 설치를 주문하고 있다. 2020년 현재 한국전력공사, 한국수력원자력(주), 한국가스공사, 한국동서발전(주), 한국남동발전(주), 한국서부발전(주), 한국남부발전(주), 한국중부발전(주), 한국지역난방공사, 한국석유공사, (주)강원랜드, 한국광물자원공사, 인천국제공항공사, 한국공항공사, 한국도로공사, 주택도시보증공사, 한국철도공사, 한국토지주택공사, 한국수자원공사, 한국마사회, 부산항만공사, 인천항만공사가 있으며, 개별법령에 의해 설치한 기관은 여수광양항만공사로 총 23개 기관이 있다(기획재정부, 2020f)

그러나 감사위원회에 대해서 지나친 기대를 하는 것도 금물이다. 감사위원회가 경영진과 독립해서 감사 기능을 잘 수행할 수 있을지 사실상 의문스러운 점도 없지 않다. 상임감사 제도가 경영진과 지배 주주로부터 독립적으로 운영되지 못해 형식화된 것처럼 감사위원회가 이런 전철을 밟지 않으리라는 보장이 없기 때문이다.

감사위원회가 소기의 목적을 달성하기 위해서는 감사위원회의 독립성 보장이 무엇보다도 중요하다. 그러나 감사위원회도 이사회 소속의 위원회이기 때문에 업무와 회계에 대한 감사를 실시하고, 그 결과를 이사회에 보고하여야 하는 등 이사회의 직접적인 영향을 받게 되어 있다(공공기관의 운영에 관한 법률 제20조 제5항). 결국은 감사위원회의 기능도 근본적으로 이사회가 얼마나 경영진의 역할을 감시·감독할 수 있도록 독립적으로 운영되고 있느냐에 달려 있다고 할 것이다.

감사위원회가 도입되었다고 하더라도 감사위원에 대한 평가는 여전히 필요하다. 「공공기관의 운영에 관한 법률」에서는 "기획재정부장관은 필요하다고 인정하는 경우에는 공기업·준정부기관의 상임감사와 마찬가지로 감사위원회 감사위원의 직무수행 실적을 평가할 수 있다. 기획재정부장관은 감사 및 감사위원의 직무수행 실적 평가 결과, 그 실적이 저조한 감사위원에 대하여 운영위원회의 심의·의결을 거쳐 해임하거나 그 임명권자에게 해임을 건의할 수 있다. 감사 및 감사위원의 직무수행 실적의 평가 기준과 방법은 운영위원회의 심의·의결을 거쳐 기획재정부장관이 정한다"고 규정하고 있다(동법 제36조).

6 공기업 · 준정부기관 감사 제도의 문제점과 개선 방안

우리나라 공기업 · 준정부기관의 감사 제도에 대해 최근 논의되고 있는 문제점들을 정리하면 다음과 같다.

첫째, 경영진으로부터 감사부서의 독립성을 보장할 수 있는 방안이 강구되어야 한다. 그러기 위해서는 무엇보다도 공기업 감사의 업무를 보조하는 감사부서의 구성 및 직원에 대한 인사권을 감사 또는 감사위원이 가져야 한다. 현행과 같이 감사실의 구성 및 직원에 대한 인사권을 공기업 · 준정부기관의 기관장이 행사하고 있는 체제에서는 근본적으로 감사 또는 감사위원이 감독기관으로서의 역할을 수행하는 데에 한계가 있다. 공기업 기관장의 인사와 예산의 지원을 받으면서 감사 또는 감사위원이 독립적으로 감사 업무를 수행할 수 있을지 의문이다.

둘째, 감사 또는 감사위원의 전문성 확보 문제이다. 감사의 정치직 임용과 관련한 문제로 공기업 · 준정부기관의 다른 임원 임명과 관련되어 많이 논의된 사항이기 때문에 여기서는 생략하기로 한다. 다만, 감사 또는 감사위원의 독립성을 위협하는 제약 요인들을 제거하기 위해서는 전문성과 임명의 절차적 민주성 및 감사 또는 감사위원에 대한 평가, 그리고 실적에 상응하는 보상 제도를 구비할 필요가 있다. 이에 대해서는 앞에서 설명한 '비상임이사 운영의 개선 방안'을 참고하기 바란다.

셋째, 공기업 · 준정부기관의 감사를 수행하는 직원의 전문성과 공정성을 확보하기 위한 획기적인 조치도 마련해야 한다. 이와 관련하여 「공기업 · 준정부기관의 감사기준」에서는 공기업 · 준정부기관의 감사부서 직원의 자격 기준을 "공인회계사 · 변호사 · 국제공인 내부감사사 등 관련 자격증 소지자 또는 예산 · 회계에 관하여 전문지식을 가진 자 등 감사 업무에 대한 전문지식과 도덕성을 갖춘 직원"이라고 명시하고 있다(동 규정 제15조 제1항). 이런 맥락에서 공기업 · 준정부기관의 유형별 또는 규모별로 감사부서에 충원해야 할 자격증 소지 직원의 수나 비율을 규정으로 명시하는 것도 검토해 볼 필요가 있다.

넷째, 감사 또는 감사위원에 대한 임명권을 가진 정부의 감독 기능을 강화할 필요가 있다. 기획재정부와 공공기관운영위원회에서는 공기업 · 준정부기관의 감사 또는 감사위원의 선임과 해임에 관여하고 직무수행에 대한 평가를 할 수 있도록 하여, 이들에 대한 감독 기능을 발휘하고 있다. 그러나 감사 또는 감사위원이 공기업 · 준정부기관의 소유권을 가진 정부에서 각 기관에 파견한 감독관이라는 점을 감안한다면, 정부부서와 이들 간에 좀 더 긴밀한 업무협조 체계를 마련할 필요가 있다. 최근 「공기업·준정부기관의 감사 기준」에서는 감사·감사위원회는 감사 결과 연간 감사보고서, 특정 감사보고서, 기관의 위법·부당한 업무 처리 사항, 기관의 경영지침 위반 사항 및 조치계획을 이사회뿐만 아니라 주무부처의 장과 기획재정부장관에게 보고하도록 규정하고 있다(동 규정 제26조 제4항, 제5항, 제30조). 이 밖에도 기획재정부에서는 공기업·준정부기관의 경영지침을 수립할 때 공기업·준정부기관의 감사 또는 감사위원들의 의견을 최대한 반영하여, 공기업·준정부기관 현장에서 실질적으로 일어날 수 있는 경영상의 문제들을 치유할 수 있는 적실성이 높은 지침을 만들도록 해야 할 것이다.

7 공기업·준정부기관 감사 자격과 우수 인재 영입 가능성

[표 8-7]에서 보는 바와 같이 우리나라에서 2020년 현재 공기업·준정부기관 감사(120명)는 정당 출신 32명, 공무원 출신 24명, 변호사 22명 순으로 이루어져 있다. 따라서 국회를 중심으로 공공기관 감사 직위는 전문성이 낮은 인사에 대한 정치권의 보은 수단으로 활용된다는 점과, 특정 직군인 변호사·회계사 비중(28.3%)이 큰 것이 문제점으로 지적되고 있다. 특히, 상대적으로 역할이 크고 처우가 좋은 상임직은 정당 출신이 가장 큰 비중을 차지하고 있다는 것이다.25)

표 8-7 공기업·준정부기관 감사 출신 현황

(2020년 3월 기준)		계	정당	공무원	변호사	회계사	언론	시민단체	공공기관	교수	민간기업
합계(명)		120	32	24	22	12	2	10	8	5	5
공기업	상임	29	16	6	–	–	1	6	–	–	–
	비상임	2	–	–	1	–	–	–	1	–	–
준정부기관	상임	29	12	8	1	–	1	–	5	–	2
	비상임	60	4	10	20	12	–	4	2	5	3

주: 1) 감사원(8), 기재부(3), 주무부처(6), 기타(7).
자료: 공공기관 경영정보공개시스템(www.alio.go.kr, 2020)에서 정리.

25) 공공기관에 "관련 경력도 없이 충분한 검증이 이루어지지 않은 많은 정치권 인사, 보은성 인사 등이 공공기관 고위직으로 무차별 투하"되고 있다(바른미래당, 2019).

표 8-8 감사 자격 요건 관련 공운법 개정 내용(동법 제30조 제2항)

① 공인회계사 또는 변호사의 자격을 가진 사람으로서 그 자격과 관련된 업무에 3년 이상 종사한 경력이 있는 사람
② 「고등교육법」 제2조 제1호부터 제5호까지의 규정에 따른 학교에서 감사・수사・법무, 예산・회계, 조사・기획・평가 등의 업무(이하 "감사 관련 업무"라 한다)와 직접 관련이 있는 분야에서 조교수 이상으로 3년 이상 재직한 경력이 있는 사람
③ 공공기관, 「자본시장과 금융투자법에 관한 법률」 제9조 제10항 제3호에 따른 주권상장법인 또는 연구기관에서 감사 관련 업무를 3년 이상 담당한 사람으로서, 대통령령으로 정하는 경력이 있는 사람
④ 국가 또는 지방자치단체에서 감사 관련 업무를 3년 이상 담당한 사람으로서, 대통령령으로 정하는 직급의 공무원으로 근무한 경력이 있는 사람
⑤ 그 밖에 해당 기관의 관장 사무에 따라 전문성을 갖춘 사람으로서, 대통령령으로 정하는 자격을 가진 사람

자료: 국회 의안정보시스템(likms.assembly.go.kr, 2020).

이에 국회에서는 [표 8-8]에서 보는 바와 같이 감사 자격 요건을 강화하는 「공공기관의 운영에 관한 법률」을 개정하여 2021년부터 시행하도록 하였다.

이와 같이 정치권을 중심으로 국회에서 감사의 자격 요건을 관련법에 신설한 것은 능력 있는 인사를 감사로 선임하기 위한 제도적 기반을 상당 부분 갖춘 것으로 평가된다. 더욱이 앞에서 공기업의 임원 임명과 관련하여 제시한 문제점에 대해서도 상당히 개선될 가능성을 보여 주고 있는 점에서 고무적이다. 다만, 일부 비상임직 임원의 경우, 처우 수준이 낮아 우수인재 영입에 장애로 작용하는 점은 개선되어야 한다.[26] 더불어, 개혁의지와 전문성을 가지고 있는 우수한 경영진과 감사를 초빙하기 위해서는 역할에 상당하는 보상책도 함께 마련되어야 한다. 관련 자격을 갖춘 인력 pool을 적절하게 관리하면서 우수한 사람들이 공공기관의 경영과 견제 직위에 많이 참여할 수 있도록 적극적인 인력 운용 노력이 뒤따라야 할 것이다.

26) 현 기획재정부 지침상 비상임 감사의 보수는 연 3천만 원 내에서 자율적으로 지급 가능하나, 실제 연간 5~6회 참석에 수당(20~30만 원/회)을 지급하고 있다.

정리문제

1. 공기업 내부 지배구조의 의의와 중요성을 설명하시오.
2. 공기업 내부 지배구조의 구성 요소인 CEO · 이사회 · 감사의 역할과 상호 견제 · 균형 관계를 설명하시오.
3. 공기업 이사회의 비상임이사의 기능을 설명하고, 비상임이사의 역할을 강화할 수 있는 방안을 논술하시오.
4. 공기업 감사위원회의 기능과 필요성을 설명하시오.
5. 우리나라 공기업의 임원 임면 절차에서 논의되고 있는 문제점을 적시하고, 이를 해결할 수 있는 방안을 제시하시오.

CHAPTER 09

국가지주회사

제9장에서는 공기업 행정주체적 기능과 경영주체적 기능을 동시에 수행하고 있는 국가지주회사의 성격 및 개념을 중점적으로 살펴보고자 한다.

세계적으로 전형적인 국가지주회사(state holding company)라고 할 수 있는 IRI와 ENI, GIHOC, 그리고 최근 그 역할이 확대되고 있는 싱가포르 테마섹의 운영 실태를 점검한다.

제 1 절 | 국가지주회사의 성격

국가지주회사는 행정주체로서의 역할과 경영주체로서의 기능을 동시에 가지고 있다. 국가지주회사의 성격을 자회사의 관리에 중점을 둔다면 공기업의 행정주체라고 할 수 있고, 국가지주회사 자체의 부가가치 생산에 중점을 둔 기업으로 본다면 공기업의 생산주체 또는 경영주체로서의 성격이 강하다고 할 수 있다.

1 공기업 행정주체로서 국가지주회사

국가지주회사의 공기업 행정주체로서의 역할은 국가지주회사가 재투자·출자한 공기업의 통제에 중점을 두고 있다.

[표 9-1]에서 예시하는 바와 같이 우리나라의 지주회사 공기업에 소속되어 있는

재투자 및 재출자 공기업은 많이 있다.

정부부처에 의한 공기업 통제 방법이 직접 관리 방식이라면, 국가지주회사에 의한 공기업의 통제는 간접 관리 방식이라고 할 수 있다.

표 9-1 지주회사 공기업과 재투자기관 및 재출자기관 예시(2020년)

주무부처	출자 공기업	기관명	지분 구성	현재 지정 유형
산업통상자원부	한전 등	한국남동발전(주)	공공기관지분율 100.0%	시장형 공기업
		한국남부발전(주)	공공기관지분율 100.0%	시장형 공기업
		한국동서발전(주)	공공기관지분율 100.0%	시장형 공기업
		한국서부발전(주)	공공기관지분율 100.0%	시장형 공기업
		한국수력원자력(주)	공공기관지분율 100.0%	시장형 공기업
		한국중부발전(주)	공공기관지분율 100.0%	시장형 공기업
		한국전력기술(주)	공공기관지분율 68.4%	준시장형 공기업
		한전원자력연료(주)	공공기관지분율 100.0%	기타 공공기관
		한전KDN(주)	공공기관지분율 100.0%	준시장형 공기업
		한전KPS(주)	공공기관지분율 58.3%	준시장형 공기업
	광해관리공단 등	(주)강원랜드	공공기관지분율 36.0% (사실상 지배력 보유)	시장형 공기업
	가스공사	(주)한국가스기술공사	공공기관지분율 100.0%	준시장형 공기업
금융위원회	한국거래소 등	한국예탁결제원	공공기관지분율 75.0%	기타 공공기관
국토교통부	도로공사	(주)한국건설관리공사	공공기관지분율 100.0%	기타 공공기관
	LH공사	주택관리공단	공공기관지분율 100.0%	기타 공공기관
	철도공사 등	코레일관광개발(주)	공공기관지분율 60.8%	기타 공공기관
		코레일네트웍스(주)	공공기관지분율 99.0%	기타 공공기관
		코레일로지스(주)	공공기관지분율 97.3%	기타 공공기관
		코레일유통(주)	공공기관지분율 100.0%	기타 공공기관
		코레일테크(주)	공공기관지분율 97.3%	기타 공공기관
문화체육관광부	관광공사	그랜드코리아레저(주)	공공기관지분율 70.0%	준시장형 공기업
	문화예술위원회	한국문화진흥(주)	공공기관지분율 100.0%	기타 공공기관
	국민체육진흥공단	한국체육산업개발(주)	공공기관지분율 100.0%	기타 공공기관
중소벤처기업부	중소기업진흥공단	중소기업유통센터	공공기관지분율 100.0%	기타 공공기관
		한국벤처투자	공공기관지분율 100.0%	기타 공공기관

※ 현행법상 '재투자기관' 또는 '재출자기관'의 명칭으로 지정 · 관리되는 기관은 없지만, 「공공기관의 운영에 관한 법률」 제4조 제1항 제5호에 따라 공공기관이 50% 이상 지분을 가지고 있거나, 30% 이상의 지분을 가지고 사실상 지배력을 확보하고 있는 기관을 '공공기관' 범위에 포함하여 관리하고 있음.

자료: 기획재정부(2020e)에서 수정 · 정리.

국가지주회사에 의한 통제와 같이 간접적인 공기업 관리 방식은 동종 산업에 참여하고 있는 기업 간의 산업구조 합리화를 기할 수 있는 장점이 있다. 동일 관리 감독 하에 있는 공기업 간의 협력을 통하여 공동 교육훈련 및 R&D 등 경영효율을 기할 수 있다. 무엇보다도 정부부처와 공기업 사이에 국가지주회사가 설립됨으로써, 정치적 압력으로부터 공기업 경영을 분리시킬 수 있는 이점이 있다(김용우, 2006: 231). 그러나 같은 국가지주회사 산하에 있는 공기업끼리 담합을 강화하여 독점력을 증대시키고, 서로 간의 교차 지원을 가능하게 하여 경영의 비효율을 은폐시키는 단점도 적지 않다.

국가지주회사-자회사 사이에는 더 근본적인 문제가 있다. [그림 9-1]에서 보는 바와 같이, 정부와 재투자 · 출자 공기업 사이에 지주회사가 또다시 존재하는 '국민-정부-국가지주회사-재투자 · 출자공기업'이라는 한층 복잡한 '소유-위임-지배-경영' 구조를 가짐으로써, 정보의 비대칭성과 내부성의 문제를 점차 심화시키는 결과를 조래할 수 있다. 흔히, 이를 공기업의 대리인 문제를 넘어 자회사 또는 재투자 · 출자기관의 복대리인 문제라고 하고 있다(이상철, 2002).

그림 9-1 재투자 · 출자기관의 복대리인 문제

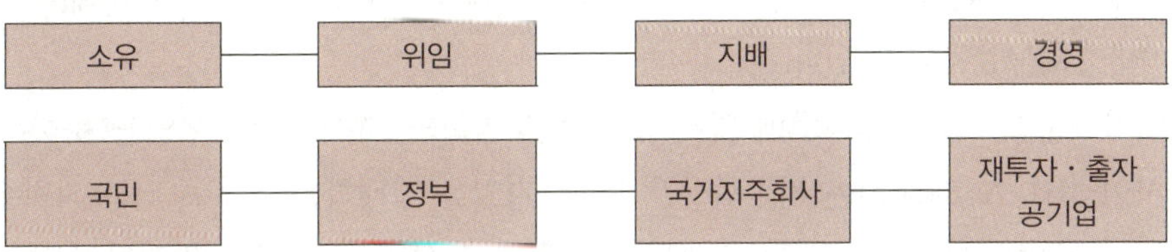

2 공기업 경영주체로서 국가지주회사

우리나라의 대표적인 지주회사는 앞에서 설명한 한국전력공사, 한국철도공사 등 국가공기업들이다. 이들은 단일 혹은 다양한 산업 분야에 자회사를 가지고 있을 뿐만 아니라 자체적으로 부가가치를 생산하는 생산주체의 역할을 하고 있다.

전액 정부출자기관으로서 우리나라에서 가장 많은 출자형 자회사를 가지고 있는 한국산업은행은 다양한 분야에 출자기업을 가지고 있다.[1)]

그러나 산업은행을 제외하고 우리나라의 지주회사형 공기업은 대부분 출자를 통해 자회사의 경영에 일부 관여하고 있기는 하지만, 자회사에 대한 경영통제가 주목적인 순수지주회사(pure holding company)는 아니다. 따라서 우리나라의 국가지주회사는 자회사의 행정주체로서의 자회사 통제 기능보다는 경영주체로서의 생산적 성격이 더 강하다. 즉, 한국전력공사와 그 자회사에서 보는 바와 같이 순수지주회사의 성격보다는 사업지주회사(operating holding company)의 역할을 하고 있다.

국가지주회사의 행정주체로서의 기능과 경영주체로서의 성격은 시대적 여건과 나라마다의 상황에 따라 다르다. 국가지주회사의 적정한 기능과 성격은 각국의 고유한 정치·경제적 여건과 시대적 상황에 따라 달라질 수밖에 없다.

제 2 절 | 국가지주회사의 개념

근대 자본주의 발전 과정에서 필연적으로 나타나는 시장실패를 치유할 목적으로, 또는 정부 주도의 압축적인 경제 성장을 추진하기 위하여 여러 가지 형태의 기업 집중 현상이 나타났는데, 그 중 공기업과 관련하여 크게 주목받고 있는 것이 국가지주회사 제도이다. 이 국가지주회사 개념은 각국의 정치·경제적 환경이나 시대적 상황에 따라 조금씩 차이가 있다.

국가지주회사를 설명하기에 앞서 일반적인 의미의 지주회사는 무엇을 뜻하는가?

사이먼(H. A. Simon)은 지주회사를 "다른 기업을 지배하는 데 요구되는 과반수의 투표권과 권력을 얻을 수 있는 충분한 주식을 보유하면서, 하나의 강력한 연결고리를 형성하고 있는 회사"라고 정의하고 있다. 또한 본브라이트와 민스(Bonbright & Means, 1969)에 의하면, 지주회사를 "하나 또는 몇 개 회사의 주식을 일부 보유함으로써, 그 회사를 실질적으로 지배·통제하는 회사"라고 정의하고 있다.

지주회사를 정의할 때 실제로 다른 회사를 지배한다는 요건은 매우 중요하다. 어떤 사업에 직접 참가하면서 다른 회사에 출자하여 그 지배권을 행사하는 사업지주회

1) 대한민국 정부에서 100% 지분을 보유하는 국영은행이다. 기업에 대한 직·간접적 투자가 많아 일종의 투자은행 역할을 하기도 한다. IMF 구제금융 사태 이후에는 파산한 대기업들의 자회사들을 인수해서 되팔기도 했다. 2012년 민영화의 일환으로 공공기관 지정이 해제되었다가, 2014년 다시 공공기관으로 지정되었다.

사는 물론, 다른 회사의 주식 보유와 그 관리를 주요 목적으로 하는 순수지주회사의 존재도 모두 설명할 수 있어야 한다.

우리나라 「독점규제 및 공정거래에 관한 법률」에서는 "지주회사라 함은 주식(지분 포함)의 소유를 통하여 국내 회사의 사업 내용을 지배하는 것을 주된 사업으로 하는 회사"라고 규정하고 있다.[2)]

이런 관점에서 지주회사란 "다른 회사의 지배를 목적으로 그 회사를 지배하기에 충분한 주식을 소유함으로써, 실질적으로 그 회사를 지배하고 있는 회사"라고 정의할 수 있다. 그리고 국가지주회사란 "이러한 성격을 갖는 지주회사 중에서 국가 또는 공공의 소유와 지배를 받는 회사"라고 할 수 있다.

국가지주회사는 다른 회사의 주식을 소유하여 지배하는 것이기 때문에 자회사는 더 하위에 있는 손자회사의 주식을 소유하고, 손자회사는 다시 그 하위에 있는 피지배 회사의 주식을 소유할 수 있다. 지배의 정점에 있는 지주회사를 모회사라고 하며, 그 지배 하에 있는 회사를 자회사라 하는데, 지주회사 제도에 의한 경영 지배는 그 산하의 자회사에 대한 직접 지배만이 아니고, 몇 단계에 이르는 간접 지배도 가능하다.

우리나라 「독점규제 및 공정거래에 관한 법률」에서는 "자회사라 함은 지주회사에 의하여 그 사업 내용을 지배받는 국내 회사를 말하고(동법 제2조 제8호)", "사업 관련 손자회사라 함은 자회사에 의하여 사업 내용을 지배받는 국내 회사로서, 그 사업 내용이 당해 자회사와 밀접한 관련이 있는 회사를 말한다"고 규정하고 있다(동법 제2조 제9호).

제 3 절 | 국가지주회사의 기능

이상에서 설명한 바와 같이 국가지주회사의 성격과 기능은 일반지주회사의 그것과 큰 차이가 없다. 다만, 지주회사 중에서 정부가 지배권을 가지고 있는 회사를 국가

2) 우리나라 「독점규제 및 공정거래에 관한 법률」 제2조 제7호에서는 "지주회사라 함은 주식(지분을 포함한다)의 소유를 통하여 국내 회사의 사업 내용을 지배하는 것을 주된 사업으로 하는 회사로서, 자회사의 주식(지분을 포함한다) 가액의 합계액이 당해 회사 자산 총액의 100분의 50 이상인 것으로 한다"고 규정하고 있다.

지주회사라고 하며 그 주요 기능을 살펴보면 다음과 같다.

1 중앙집권적 통제 기능

국가지주회사라는 모회사를 정점으로 대규모 조직의 자회사를 일원화된 중앙집권적 통제 하에 운영함으로써, 공기업 분야를 하나의 통제 하에 두어 비능률을 배제하고, 합리적인 운영을 기할 수 있는 기능을 지주회사의 중앙집권적 통제 기능이라고 한다.

예를 들어, 이탈리아의 ENI(Ente Nazionale Idrocarburi; National Hydrocarbons Corporation)의 경우처럼 동일 지역에 동종 기업끼리 경쟁을 줄이거나, IRI(Instituto per la Raconstruzione Industriali, Institution for Reconstruction Industry)와 같이 유사 업종이나 다른 업종이라고 하더라도, 모기업의 일원적 지배 하에서 중앙집권적으로 기업을 운영함으로써 규모의 이익을 얻을 수 있다.

2 자본 집약적 팽창 기능

국가지주회사의 자본집약적 팽창기능이란 소자본으로 다른 회사의 주식을 소유하여 주주권을 행사함으로써, 국가지주회사인 모기업이 자체의 이익뿐만 아니라 그룹 전체, 나아가서는 국가의 이익 제고를 목표로 나아가게 하는 기능을 말한다. 구체적으로 국가지주회사는 자기 주식을 일반에게 발행하여 자회사의 자본 수요에 충당한다. 이 방법은 국가지주회사인 대규모 모회사가 가지는 높은 신용을 이용하여 신용이 낮은 자회사의 자본 증자 등 자본 수요의 충족을 좀 더 쉽게 하는 것을 말한다.

대표적으로 활용되는 방법이 '증권대위'이다. 국가지주회사의 증권대위란 국가지주회사가 자기회사의 주식이나 채권을 발행하여 얻은 돈으로 다른 자회사의 주식이나 채권을 사는 행위를 말한다. 여기에서 자기가 발행하는 증권을 대위증권(代位證券), 그로써 모은 자금으로 취득하는 타 자회사의 증권을 원증권(原證券)이라고 한다. 이와 같이 증권을 바꿔치기하는 목적은 투자자에게 잘 알려진 국가지주회사가 자기 증권을 팔아서 그렇지 못한 자회사에 자금을 지원하기 위함이다.

자회사가 신규 자본을 조달하고자 할 때 그 주식을 자회사 자신이 일반에게 매각하지 않고 국가지주회사에 매각함으로써, 자회사 자신이 일반에 매각할 때보다 더 쉽게 자본의 집약적 팽창 효과를 기대할 수 있다.

3 피라미드식 지배 기능

피라미드식 지배 기능이란 최소한의 투자로써 많은 종속회사의 지배를 가능케 하는 기능을 말한다. 앞에서 설명한 집약적 자본팽창 기능은 모회사의 자회사에 대한 피라미드 지배를 통해서 가능하다.

예를 들면, A 지주회사는 B_1, B_2의 양 회사의 주식을 각각 50% 이상 소유함으로써, 그 자회사를 직접 지배할 수 있다. 다시 이 양 자회사는 각각 C_1, C_2, C_3, C_4의 네 개 회사의 주식을 또한 50% 이상 소유함으로써, 이것을 완전히 지배하게 되면 A 지주회사는 B_1, B_2의 양 회사의 지배를 통하여 자신의 자본을 사용하지 않고 C_1, C_2, C_3, C_4의 회사를 간접 지배할 수 있다.

이 간접 지배의 회사를 주식회사에서 보면 손자회사가 된다. 이와 같은 지배 방법은 손자회사로서 그치는 것이 아니고, D 회사 이하의 몇 단계에 영향을 미치는 것이 이론적으로 가능하다. 지금 이 관계를 도식화한 [그림 9-2]에서 지주회사는 다수 회사의 지배의 정점에 있기 때문에 피라미드형이 된다. 따라서 이와 같은 지배 방법을 피라미드형 지배라고 한다(정수영, 1992: 156-157).

이러한 지배 방식에 의하면, 국가지주회사는 소수 주식을 보유하면서도 다수의 자회사, 또는 손자회사를 지배함으로써 재정적 부담을 줄일 수 있다.

그림 9-2 지주회사에 의한 지배

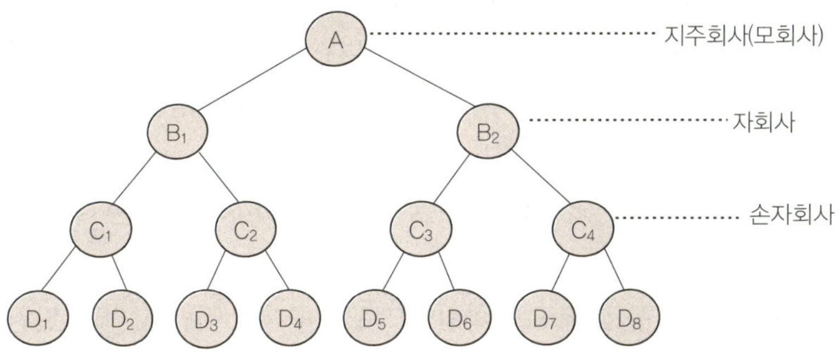

제 4 절 | 국가지주회사의 장 · 단점

지주회사나 국가지주회사의 이론적 성격과 기능은 유사하나, 그 장 · 단점을 일률적으로 설명하기보다는 구분해서 정리하는 것이 바람직하다고 본다.

먼저, 본브라이트와 민스(Bonbright & Means, 1969)가 말하는 일반 지주회사의 장 · 단점에 대해 알아보고, 그 다음 일반적으로 논의되고 있는 국가지주회사가 지니는 장 · 단점에 대해 살펴보기로 한다.

본브라이트와 민스는 지주회사의 장점으로서 ① 결합의 용이성(easiness of organizing the combination), ② 피라미드 주식을 통한 통제의 용이성(easiness of retaining control through stock pyramiding), ③ 법적 면에서의 장점(legal advantages of holding company), ④ 비밀성의 유지(keeping secret), ⑤ 정부로부터 자율성의 유지(freedom from government regulation), ⑥ 경영의 분화(decentralized administration), ⑦ 유한책임성(insulation of liabilities to creditors), ⑧ 분리의 용이성(easiness of divorcing the properties) 등을 들고 있다.

지주회사의 단점으로는 ① 이중적 재정구조의 문제(double financing structure), ② 분리된 조직의 설립과 유지상의 문제(expense of creating and maintaining separate organization), ③ 경영상의 곤란성(administrative difficulties), ④ 해체의 위험성(danger of dissolution) 등을 들고 있다.

앞서 말한 본브라이트와 민스의 견해를 중심으로 한 지주회사의 장 · 단점을 국가지주회사의 장 · 단점으로 그대로 적용하는 데는 문제가 없지 않다. 즉, 결합 및 해체의 용이성이나 경영 분화, 적은 비용으로 더 광범위한 기업집중이 가능한 점은 국가지주회사가 가지는 장점이나 민간 지주회사가 가지는 유한책임성을 국가지주회사에는 적용하기 어렵다.

따라서 일반 지주회사의 장점을 바탕으로 국가지주회사의 장점은 다음과 같이 정리할 수 있다.

첫째, 중앙집권적인 통제 제도를 확립함으로써 공기업 전반에 걸쳐 일원화된 통제를 통하여 국가 정책적 목적 달성이 용이하다. 한 산업에서 적정 규모를 유지함으로써 생산비의 절감을 통해 국가적으로 경제적 운영을 도모할 수 있을 뿐만 아니라,

국가가 원하는 특정 산업 분야를 집중적으로 육성할 수 있다. 수직적 수평적 결합이 용이하여 국가가 필요로 하는 동종 또는 이종 산업을 통합하여 운용함으로써, 대규모 자본의 위험 분산이 가능한 장점이 있다.

둘째, 피라미드식 지배 방식에 의하여 소자본으로 더 많은 자회사를 지배할 수 있으므로, 정부의 재정적 부담을 감소시킨다. 정부의 공신력에 힘입어 민간기업보다 적은 자본비용으로 자금조달이 가능한 장점이 있다.

한편, 국가지주회사의 단점을 살펴보면 다음과 같다.

첫째, 국가지주회사의 규모가 팽창되면 운영의 신축성이 결여되고, 관료주의적 역기능이 나타나기 쉽다. 정부의 권력으로부터 멀어진 국가지주회사를 설립하지만, 의도한 것보다는 정부의 권력이 여전히 영향을 미치게 되어 조직의 자율성이 파괴될 우려가 있다.

둘째, 국가지주회사의 지나친 편중 정책은 일반 사기업에게 경쟁에서 불리한 영향을 줄 수 있다는 단점을 지니고 있다. 국가지주회사가 시장에서 가지는 눈에 보이지 않는 우월적 지위로 인하여 공기업과 사기업 사이에서 발생하는 흔히 말하는 '경쟁 중립성(competitive neutrality)' 문제가 발생할 가능성이 높다.

제 5 절 | 국가지주회사의 형태

국가지주회사는 일정한 자본으로 많은 기업을 지배하려는 목적으로 설립되는데, 기능상 순수지주회사(pure holding company)와 사업지주회사(operating holding company), 투자신탁회사(invest trust company)로 구분하여 설명하는 것이 용이하다.

순수지주회사는 자기 회사 소유 자본의 대부분을 자회사에 투자하는 형태이다. 즉, 주식이나 사채를 발행하여 자본을 조달하고, 이를 다른 종속 회사의 주식에 재투자함으로써 그들을 지배하려는 지주회사를 말한다. 이는 다른 기업의 지배권을 장악할 뿐 스스로 사업을 영위하지는 않는다.

사업지주회사란 어떤 지주회사가 다른 자회사의 주식을 보유하는 동시에, 자기 회사가 직접 또는 간접적으로 생산 및 판매 활동을 하는 지주회사를 말한다. 즉, 사업지주회사는 자기가 조달한 자본의 일부분을 설비 구입 등 자기 사업을 직접 운영하기 위해 사용하고, 또 자본의 일부분은 타회사를 지배하기 위해 자회사에 주식 투자를 하는 형태를 말한다.

투자신탁회사란 순수지주회사의 한 형태이나 투자신탁회사는 유리한 투자를 통해 수익 획득을 주목적으로 하고 있는 데 반해, 순수지주회사는 경영 지배를 중요시한다는 점에서 차이점이 있다.

현실적으로 세 가지 유형의 국가지주회사는 앞에서 설명한 바와 같이 선명하게 구분되어 존재하지는 않는다. 대부분의 국가지주회사가 세 가지 특징을 조금씩 다 가지고 있는데, 다만 어느 유형의 성격이 강하다고 할 수 있을 뿐이다.

제 6 절 국가지주회사의 운영 실태

본브라이트와 민스(Bonbright & Means, 1969)에 따르면, 지주회사는 1832년 볼티모어 철도회사(Baltimore Rail Company)가 메릴랜드 주에 의해 워싱 브랜치 로드(Washing Branch Road)의 주식을 소유하면서 시작되었다(박영희 외, 2005). 그러나 세계적으로 국가지주회사의 전형은 이탈리아의 산업부흥공사인 IRI와 전국탄화수소공사인 ENI로 알려져 있다.

이탈리아에서는 1880년대에 최초의 공기업이 설립된 이래 공기업은 공익성 분야에 국한되었으나, 1929년 대공황에 직면하면서부터 국가지주회사를 중심으로 사적 영역에 이르기까지 급격하게 발전하기 시작했다. 즉, 이탈리아의 공기업 제도는 기초산업뿐만 아니라 광범위하게 제조업이나 서비스업에서도 공기업을 설립하여 그 분야의 발전에 기여하게 되었다. 따라서 현재의 이탈리아 국가지주회사는 특정 분야를 독점하기보다는 여러 사기업과 같이 경쟁하고 있다.

역사적으로 제2차 세계대전 이후 이탈리아 기적의 원동력이 무엇이었느냐에 대해서 여러 가지 주장이 있을 수 있으나, 국민경제에서 큰 비중을 차지하고 있는 공기업 부문이 이탈리아의 국가 발전에 크게 기여했음을 부인할 수 없다. 그 배경에는 이탈리아의 IRI와 ENI가 있었다(안광일, 1994: 57-59).

1 IRI의 설립 동기와 운영 실태

이탈리아의 산업부흥공사인 IRI는 1929년 세계 대공황으로 인해 혼란해진 산업 간의 신용과 은행을 국가자금으로 구제하기 위해, 1933년 부흥금융회사형으로 설립되었다. 이는 산업의 개편과 부흥, 그리고 청산이 끝나면 해산할 예정인 잠정적 기관이었다.

그러나 제2차 세계대전 이후 IRI의 활동은 광의의 기계공업 육성, 남부 이탈리아 공업화의 촉진, 새로운 기업의 흡수 등의 세 방면으로 오히려 활성화되는 방향으로 전개되었다. 1937년에 이르러 IRI는 자신이 지니고 있던 자산의 계속적 관리뿐만 아니라, 군수품 생산, 경제 개발을 위한 새로운 기업체에 대한 투자 등 항구적 성격을 지닌 기관으로 전환되었다. IRI는 경영 목표를 "자본 참가와 그 자신의 기본자산 관리를 행한다"라고 규정하고 있다. IRI의 경영 목표에서 보는 바와 같이 산업 연관성과 상관없이 다양한 부문에 투자를 하였다. IRI는 근본적으로 설립 동기가 경영 여건이 어려운 사기업의 구제에 있었기 때문이다.

산하기업으로는 ITALSTAT(인프라 및 건설), FIMECCA-NICA Group(우주항공 · 방위산업 · 에너지 · 자동차, 1994년에는 민간방위산업체인 AGUSTA 배입), FINMARE(해운), STAT(통신 · 전자), SEM(식품 · 유통), RAI(방송), CREDITO ITALIANO, BANCO ROMA, BANCA COMMERCIALE ITALIANA(은행) 등이 있다.

2 ENI의 설립 동기와 운영 실태

ENI는 1946~1949년에 걸쳐 이탈리아 남부 포 계곡(Po Valley)에서 풍부한 3개의 가스전이 발견되면서 에너지 개발에 대한 국가의 일원적 개발 관리정책으로 1953년에 설립되었다. IRI에 비해, ENI는 석유 · 천연가스 등의 관련성 있는 사업에 TVA형으로 설립되었다.[3]

ENI의 산하기업으로는 AGIP SPA(석유 · 천연가스 시추 개발), AGIP Petroli(정유 · 석유제품 유통), AGIP Nuclear(핵연료), AGIP CARBONE(석유화학), ENNOXY(미

3) 테네시계곡개발청(TVA)은 가장 널리 알려진 미국 공기업으로, 세계 대공황을 계기로 하여 테네시강 유역의 7개 주에 걸친 홍수통제, 농사 방법의 개량, 동력의 개발 등 여러 가지 목적을 지닌 공사로 발전했는데, 세계 여러 나라에서도 이와 유사한 공기업을 설립하여 운영하고 있다(안광일, 1994: 58).

국 탄광 소유), SAVINO(섬유기계), NUVOA SAMIN(광산 · 금속제련) 등이 있다. 주로 석유제품의 수송 · 정제 · 기계 · 섬유 · 화학 등에도 관여하고 있다.

ENI는 경영 목표를 "탄화수소와 천연가스 분야에서 국가적 이익을 계획 · 관리한다"고 규정하고 있다.

IRI와 ENI의 역할을 정리해 보면 첫째, 국민경제 성장에 장 · 단기적으로 이바지하고, 둘째, 낙후된 남부 이탈리아의 지역 개발의 수단이 되었으며, 셋째, 효율적인 기획의 도구로서 국민들의 기본적인 서비스 충족에 크게 기여하고, 넷째, 다국적 기업에 대한 대책의 방편이 되었으며, 다섯째, 독과점 규제의 용이한 수단이 되었다(유훈, 1995: 377-380).

다국적기업이 중요 부문의 특정 기업을 인수하려는 경우에 IRI가 선점하거나, 인수 능력이 부족한 경우에는 민간기업인 대기업과 제휴하는 방식을 취했다. 즉, IRI가 적극적으로 특정 기업의 인수에 개입하거나, 다국적기업과 공동 경영에 참여하기도 했다. IRI는 사기업과 동등한 입장에서 경쟁하고 있지만 시장에서 선도적 위치를 점하고 있기 때문에, 가격 결정에 우위의 입장에 서게 된다. 정부의 입장에서 볼 때 공기업인 IRI가 가격 결정이나 불공정 행위 및 경쟁 제한행위에 대해 민간 사기업보다는 통제가 쉽다는 장점이 있었다.

전통적으로 IRI와 ENI는 국가적 차원에서 관리 및 통제 방법을 강구해 왔다. 즉, 이들 공사에 대한 감독은 1956년에 신설된 국가지주성에서 담당했다. 그러나 1990년대 이후 공기업 민영화 과정에서 국가지주성은 폐지되고, 관리 업무는 재무부로 이관되었다. 이런 맥락에서 IRI와 ENI는 다 같이 1990년대까지는 공법인이었으나, 그 후 상법에 의한 주식회사 형태로 전환했다.

3 GIHOC의 설립 동기와 운영 실태

이 밖에도 각국에서는 다양한 형태의 국가지주회사를 설립하여 국가 발전과 시장실패 치유의 수단으로 활용하고 있다.

가나 산업지주회사인 GIHOC(Ghana Industrial Holding Corporation)가 개발도상국의 사례로 자주 인용된다. 가나 산업개발공사는 경제적 사업의 육성을 목적으로 설립되었지만, 가나의 관련 공기업 전체에 대한 총괄적인 관리 · 감독 기관으로서 역할도 동시에 수행하고 있다.

일반적으로 개발공사는 일상 업무를 수행해야 하는 행정부서에 비해 계획적인 새로운 육성사업을 체계적으로 수행하는 데 편리한 점이 있기 때문이다.

산업 육성 기능의 수행과 관련해서 개발공사는 ① 새로운 사업이나 기업 설립의 사전 투자조사, ② 지원 또는 보조금 제도를 통한 경제적 사업 육성, ③ 경제 발전에 필요한 기반 제공 등의 임무를 수행한다(김용우, 2006: 233-236).

4 테마섹의 설립 동기와 운영 실태

세계 경제의 침체, 인플레이션 우려 등으로 전 세계 금융시장이 흔들리고 있을 때, 세계 유수의 투자은행들이 최근 아시아의 국부펀드를 운영하는 국가지주회사로부터 자금을 수혈하여 다소 안정을 찾아가면서, 이들 국가지주회사의 위상이 지속적으로 확대되고 있다. 이들 국가지주회사가 자국뿐만 아니라 세계 금융시장의 안전판 역할을 할 것이라는 기대감이 확산되고 있는 것도 사실이다. 국부 투자지주회사에는 싱가포르 테마섹(Temasek Holdings)이 큰 역할을 하고 있다.

테마섹은 싱가포르 정부가 1974년 공공지분의 보유, 관리 및 투자를 위해 설립한 싱가포르 국영 투자회사이며, 싱가포르 정부의 재정부가 지분의 100%를 소유하고 있다. 싱가포르의 주요 국책 투자사업을 독점적으로 수행하고, 싱가포르 최대 기업들의 지주회사 역할을 담당한다. 테마섹의 투자 포트폴리오는 금융, 통신·미디어, 운송 등으로 구성되어 있으며, 금융산업에 대한 선호가 상당히 높은 비중을 차지하고 있다. 테마섹은 여러 국가의 기간산업인 SOC에 진출하고 있을 뿐만 아니라, 기관의 수익구조를 다변화하는 데에도 많은 노력을 기울이고 있다. 테마섹이 투자하고 있는 주요 기업과 지분율은 [표 9-2]와 같다.

표 9-2 테마섹의 주요 투자기업 지분율(%)

구분	기업	지분율	기업	지분율
금융	PT Bank Danamon Indonesia	59	ICICI Bank	7
	PT Bank Intemasional Indonesia	34	China Construction Bank	6
	DBS Group Holdings	28	E. Sun Financial Holding Compank	6
	Standard Chartered	13	Bank of China	5
	Hana Financial Group	10		
통신/미디어	MediaCorp	100	Singapore Telecommunications	56
	Singapore Technologies Telemedia	100	Shin Corporation	42

운송/제어	PSA International Neptune Orient Lines	100 66	Singapore Airlines SMRT Corporation	55 55
부동산	Mapletree Investments	100	CapitaLand	40
인프라/ 산업재/건설	Singapore Techologies Engineering SembCorp Industries	53 49	Keppel Corporation	21
에너지/자원	PowerSeraya Senoko Power	100 100	Singapore Power Tuas Power	100 100
IT	Chartered Semiconductor	60	STATS ChipPAC	83
소비재	Wildlife Reserves Singapore Singapore Food Industries	88 70	Fraser and Neave	15

자료: 다음카페 아이리스(2019).

테마섹은 싱가포르 투자 비중이 약 38%, 아시아 지역 비중이 약 40% 이상인 것으로 알려져 있으며, 선진국인 OECD 국가에도 투자 비중은 약 20%에 달한다. 테마섹의 투자에는 철저히 자율성이 보장되고, 직원들은 여러 국가 출신으로 구성된 다양성을 특징으로 하고 있다.

정리문제

1. 국가지주회사의 성격을 공기업의 행정주체적 입장과 경영주체적 입장에서 정의하시오.
2. 일반적인 지주회사의 개념을 설명하고, 이의 특별한 형태인 국가지주회사의 개념과 기능을 추론하시오.
3. 국가지주회사가 가지는 장·단점을 설명하시오.
4. 국가지주회사의 실질적인 운영 형태를 설명하시오.
5. IRI와 ENI를 중심으로 각 국가에서 성공적으로 운영하고 있는 국가지주회사의 특징을 설명하시오.

PART 04

공기업의 생산주체

개관

'공기업의 생산주체'에서는 공기업이 재화나 서비스를 생산·판매하는 하나의 기업조직으로서 조직 체제와 인력 및 재무관리 시스템을 어떻게 갖추어야 하는지를 점검해 보았다.

특히, 후기발전론자들이 주장하는 바와 같이 향후 국가 발전에서 자본 못지 않게 노동의 중요성이 강조됨에 따라 노조를 비롯한 공기업 인력관리의 발전 방향을 모색해 보았다.

따라서 제4편 '공기업의 생산주체'에서는 제10장 '공기업의 조직관리', 제11장 '공기업의 인사 및 노사관계', 제12장 '공기업의 재무관리'를 주제로 하여 살펴보았다.

CHAPTER 10

공기업의 조직관리

제10장에서는 행정기관이나 사기업과는 다른 공기업의 조직관리상의 특징을 중점적으로 살펴보고자 한다.

공기업 관리에서 활용하고 있는 프로젝트 조직이나 사업부제 조직, 그리고 매트릭스 조직 등의 운영 실태도 점검한다.

제 1 절 공기업 조직관리의 특징

공기업의 조직은 급변하는 환경에 적응할 수 있는 권한 부여(empowerment)가 필요하고, 스스로 성장 발전하기 위해서는 항상 자기 동기(self-motivation) 요인이 발현될 수 있도록 설계되어야 한다. 즉, 자기 완결적 책임경영 체제가 확립되어야 한다.

한편, 공기업 각각의 개별 기능과 권한은 정부의 승인 범위 내에서 이루어져야 한다. 공기업 조직은 항상 공적 통제 속에서 자율경영이 이루어져야 하는 태생적인 한계를 안고 있다.

정부부처형 공기업인 정부기업을 제외한 대부분의 공기업[1]은 독립적인 법인격을 가지고 있으며, 공기업의 핵심 의사결정 기구인 이사회가 설치되어 있어 경영상의 자

1) 이 장에서는 「공공기관의 운영에 관한 법률」에서 지칭하고 있는 공기업 및 준정부기관을 중심으로 설명하고자 한다.

주성이 보장되지만, 다른 한편으로는 공적 소유권에서 기인하는 공공의 지배를 받는다. 즉, 공기업의 조직 체제는 의회의 감독과 정부의 통제에서 벗어나 경영자율성을 인정받는 대신, 동시에 경영에 대한 엄격한 책임을 지도록 설계되어야 한다.

일반적으로 공기업은 제2차 세계대전 이후 사기업의 국유화(nationalized publication), 행정기관 및 정부기업의 법인화(hybridization, corporatization), 특수 목적 수행을 위한 기관의 신규 설립 등 다양한 배경을 가지고 탄생했다. 그러나 공기업이 탄생한 경로와 관계없이 이들 기관은 의회 및 행정부로부터의 경영 간섭을 배제하면서 독립적으로 운영될 수 있도록 법인격을 가지게 되었다.

공기업은 행정기관과 달리 이사회를 중심으로 독립채산제 원칙에 따라 자율적으로 운영되도록 디자인되어 있다. 그러나 책임경영을 확보할 수 있도록 소유권을 가진 국민이나 정부로부터 끊임없이 변화의 요구를 받고 있다. 따라서 공기업의 CEO와 이사회는 그들에게 주어진 책임경영의 의무를 다하기 위해 효과적이고 생산적인 하부 경영조직의 개편을 지속적으로 모색하게 된다.

"조직구조는 전략을 따른다(structure follows strategy)"라고 하는 챈들러(A. Chandler)의 말처럼 공기업은 조직의 발전과 생존전략을 수립하기 위해서 조직과 인력 구조가 어떻게 변해야 할 것인지 수시로 진단하고, 지속적으로 개편해 나가야 한다(이진형, 2005). 공기업은 지속적인 경영 합리화를 추구할 수 있도록 조직 체제를 수정・개선해 나감으로써, 조직 존립의 정당성을 지속적으로 부여받을 수 있는 것이다.

제 2 절 | 공기업 조직의 의사결정 형태에 따른 분류

통상적으로 공기업의 내부 관리조직 체제는 공기업 경영진 및 직원 사이에 권한 위임과 역할 분담이 어떻게 이루어지는가에 따라 다양한 형태로 나타난다.

1 기능형과 정책형 의사결정 기구

관리위원회나 이사회의 구성원이 공기업 조직의 일선 업무 부서장을 겸하고 있느냐, 또는 아니냐에 따라서 기능형과 정책형으로 나눌 수 있다.

기능형은 관리위원회나 이사회의 구성원이 상임으로서 전원이 공기업 일선 업무부서의 장을 겸하고 있는 경우를 말한다. 초창기 영국의 석탄공사는 석탄산업이라는 지극히 복잡하고 기술적인 산업에 관한 전문지식을 가진 사람을 이사로서 임명하는 것과 이들에게 특정 부서의 책임을 맡기는 것을 동일시했는데, 이것이 바로 기능형의 전형적인 예라고 하겠다.

정책형은 관리위원회나 이사회의 구성원 중 각각의 위원이나 이사가 본부장이나 부장과 같은 특정 부서의 장을 겸하지 않는 것을 말한다. 정책형에서 위원이나 이사는 개인적으로 특정 분야의 업무수행에 대한 책임을 지지 않는다.

「공공기관의 운영에 관한 법률」에 따르면, 우리나라 공기업과 준정부기관의 이사회는 기능형과 정책형을 겸하고 있다. 그 이유는 다음과 같다.

첫째, 조직 내에서 자신의 고유 업무를 수행하도록 되어 있는 이사회 과반수 미만의 기관장을 포함한 상임이사들의 역할과 성격을 고려한다면 기능형이라고 해야 할 것이다. 둘째, 집행 업무에는 관여하지 않으면서 오직 조직의 의사결정에만 참여하는 비상임이사를 고려한다면 정책형이라고 해야 할 것이다.

2 집권제와 분권제 조직구조

공기업의 조직 내에서 의사결정 권한이 비교적 중앙에 집중되어 있는 것을 집권제, 지방 또는 하급기관에 위임되어 있는 것을 분권제라고 하는데, 이는 어디까지나 상대적인 개념으로 명확하게 구분하기는 어렵다.

집권제는 소규모 조직, 신설된 조직, 위험이 존재하여 강력하고 획일적인 리더십이 요구되는 조직일 때 유리한 모형이다. 최근 업무의 전문화가 이루어지고 교통통신이 발달됨에 따라 집권화의 정도는 점차 커지고 있다(서태원, 1990: 101-102). 집권제는 경영계획 수립 및 경영관리의 전문화가 촉진되고, 신속한 업무의 처리가 가능하여 기능의 중복을 피할 수 있다는 장점이 있다. 그러나 조직운영 시에 관료적 권위주의와 형식주의의 성격을 띠게 되어 조직의 창의성이 저해되고 획일주의에 빠짐으로써, 업무별 특성이나 지역적 실정에 맞고 적시에 효과를 발휘해야 하는 업무에는 부적합한 단점이 있다. 또한 중앙의 감독이 약화되어 업무의 중복을 초래하고, 전문적인 기술의 사용이 곤란해지는 문제점도 있다.

분권제는 관리자가 세부적 · 일상적인 업무에서 해방되어 장기계획이나 정책적 문제에 대해 더 많은 시간과 정력을 쏟고자 할 때 유리한 조직 형태이다. 또 지방의 특수성을 고려한다거나 시기에 맞는 경영을 하고자 할 때에 분권적 관리가 일어난다. 분권제는 책임경영을 강화하고 부문관리자를 양성할 필요가 있을 때에도 유용한 관리 제도이다. 이러한 분권제는 우리나라 일부 공기업에서 활용하고 있는 사업부제 조직에 적용된다.

제 3 절 | 공기업 조직의 집행구조 형태에 따른 분류

전통적으로 공·사기업을 막론하고 대부분의 기업은 조직을 기능(function) 중심으로 분류하여 업무를 수행해 왔다. 즉, 업무의 성격과 종류에 따라 횡적으로는 기능별로 큰 부문(department)과 작은 부분(section)을 나누고, 종적으로 이를 적절히 계층적으로 구조화하여 업무를 수행했다. 이를 '직능별 또는 기능별 조직'이라고 한다. 그러나 기업의 규모가 커지고 기업의 전략이 다각화됨에 따라 종래의 직능별 조직에서 사업부제 조직, 프로젝트 조직 또는 팀제 조직으로 이행하게 되었다. 이는 기업조직이 환경에 적응하는 과정에서 불가피하게 선택된 것이다. 급변하는 환경에 조직이 그만큼 탄력적으로 움직이고 있음을 보여 주는 것이다. 이러한 종래의 직능 중심 조직에서 사업부제, 프로젝트 조직 또는 팀제 조직구조로의 변화에는 다음과 같은 몇 가지 중요한 이유가 있다.

첫째, 소비자의 다양한 욕구에 의한 생산 재화나 서비스의 품질 다양화 현상이다. 이는 기술혁신과 소비자 기호의 변화, 소득 수준의 향상 등에 따라 소비자가 요구하는 품질의 다양화 현상이 두드러지게 나타나는 것을 의미한다. 종래 사용하던 직능별 조직으로는 소비자의 다양한 품질 요구에 부응할 수가 없다. 따라서 다양한 품질의 생산과 기술의 특색을 살리기 위해 사업부제, 또는 이를 뒷받침하는 팀제 조직을 선택하게 된다. 우리나라 철도공사에서는 레저를 즐기려고 하는 부유층 고객을 상대로 전국 투어 관광 열차를 운영하기 위해 별도의 팀을 설치하여 질 높은 프로그램을 개발하고자 노력하고 있다.

둘째, 마케팅 기능의 강화이다. 공기업이 제품의 다양화 정책을 추구할 경우 경영의 다각화 정책을 강구해야 하며, 경영정책의 초점을 마케팅 중심으로 집중하게 된다. 다양한 제품에 대해 획일적인 마케팅 전략을 세운다면 경쟁에서 이길 수 없다. 따라서 제품별 사업부제, 또는 이를 보완하기 위한 팀제를 도입함으로써 판매 경쟁에 대처해 나가게 된다.

셋째, 생산·판매·관리의 직결이다. 직능별 조직 하에서 직능별 책임경영을 추구하게 되면, 생산과 판매 활동이 분리되어 경영의 낭비가 발생하고 효율성이 감소되는 경우가 많다. 마케팅의 기본 이념이 판매자 시장에서 구매자 시장으로 변경된 상황에서, 생산 판매 및 관리 노력을 한 곳으로 모을 수 있는 조직 시스템을 필요로 하게 되었다.

넷째, 부문별 성과의 중시이다. 직능별 조직 하에서 이익 채산성은 전사적인 입장에서만 측정됨으로써, 각 직능 부문별 능률이나 경제성을 판단할 수 없다. 이에 이익센터(profit center) 중심으로 운영되는 사업부제나 팀제를 도입함으로써, 각 사업부의 경영성과를 높이고, 이것이 기업 전체의 경영성과를 제고할 수 있게 한다.

다섯째, 관리의 분권화이다. 사업부제와 팀제의 전제는 분권화에 있는데, 사업부제 조직을 도입해도 분권화가 이루어지지 않으면, 그 사업부제 조직은 독립적인 이익중심점으로서의 역할을 수행할 수 없게 된다. 각 사업부를 설치할 경우, 각 사업부의 장에게는 광범위한 권한이 위양되어야 한다. 다만, 전사적인 목적이나 방침 및 회사의 조직기구에 관한 사항이라든가, 또는 각 사업부에 대한 예산의 승인이나 성과 평가 등 기본적인 사항에 대한 권한은 공기업 본사가 가진다.

여섯째, 경영자의 육성이다. 일반적으로 직능별 경영조직에서 각 직능 부문의 장은 자기 고유의 직능에 대해서는 전문가(specialist)가 될 수 있지만, 경영 전체적인 관점에서 회사 전체 목적에 맞는 종합적인 업무를 처리할 수 있는 일반관리자(generalist)로서는 적합하지 않을 수 있다. 그러나 사업부제나 팀제를 도입해서 각 사업부나 팀의 장에게 경영자의 권한을 위양해 줄 경우, 각 사업부의 장은 경영의 모든 직능을 일괄적으로 담당하게 되므로, 미래 경영자로서 훈련 기회를 갖게 된다.

일곱째, 동기유발의 촉진이다. 경영의 분권화가 실행될 경우 부하 직원의 사기는 자발적으로 진작된다. 권한 위양이 실현되어 부하들이 스스로 의사결정을 할 수 있게 되어, 그들의 경영에 대한 참여 의식이나 조직 몰입이 이루어질 수 있다.

다음에서는 전통적인 직능 중심 조직과 새로운 조직 환경에 적응하는 과정에서 나타나게 된 독립사업부제·프로젝트 조직·매트릭스 조직·팀제 조직 등을 차례대로 살펴보기로 한다.

1 직능조직

1) 직능조직의 개념 및 특성

공기업의 직능조직(unit organization, functional organization)은 기능 부서 중심의 전통적인 조직구조이다. [그림 10-1]에서 보는 바와 같이, 직능조직은 전체 조직을 직능별 분류에 따라서 설계하는 것으로서, 모든 조직구조 형태의 기본이 된다. 즉, 총무, 인사, 재무, 구매 등 전문 업무 영역에 따라 조직을 나누고, 기능 부문별로 계층구조를 유지하며, 기능 부서별로 책임자가 있다.

조직을 직능별 분류에 따라 설계한다는 것은 조직 내에서 수행해야 할 일을 그 성질에 따라 분류하여 조직 단위를 형성하는 것으로, 보통 경영의 여러 활동 가운데서 동종의 관련 업무를 하나로 집약하여 처리하는 방식을 취한다. 이러한 직능조직은 기능 부서별로 기술 지원 및 인력 개발을 지속적으로 수행하고, 부서 내 의사소통 경로가 간단하다. 업무 범위가 명확하여 안정적 환경 하의 기업조직에서는 가장 능률적인 조직구조일 뿐만 아니라, 업무수행에 필요한 전문 지식과 기술을 충분히 활용할 수 있는 장점이 있다.

그림 10-1 직능조직

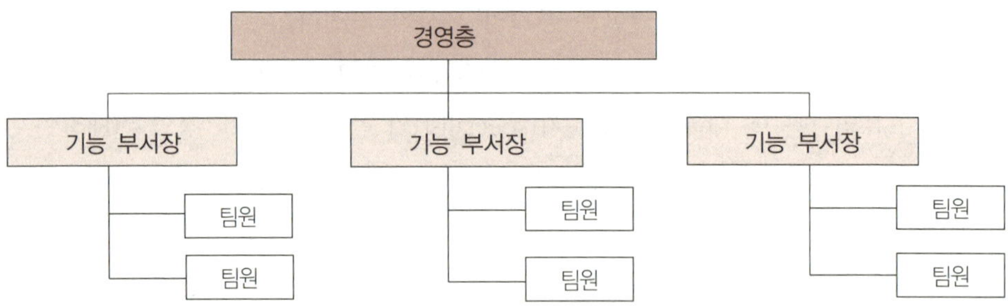

반면에, 수평적인 분화에 따른 부문의 고립화 현상과 부서 간의 책임 분산으로 갈등이 유발될 수 있다. 부서 중심으로 할거주의(sectionalism)가 일어날 가능성이 높고, 고객 대응이 부적절하여 조직 전체의 목표 달성을 어렵게 할 수 있다. 환경 변화에 따른 조직의 순발력이 약하다는 단점도 있다(강신택, 1990: 129-130).

직능조직처럼 기능 중심의 조직에서 어떤 프로젝트를 수행할 경우 기능 부서장의

그림 10-2 한국조폐공사 조직도

자료: 한국조폐공사(2023).

권한이 프로젝트 관리자의 권한보다 강하다. 기능조직구조를 활용하여 프로젝트를 수행해야 하므로, 프로젝트 관리자의 역할은 직능 책임을 지고 있는 상위 관리자를 지원하는 역할을 수행하게 된다. 따라서 기능 중심 조직에서는 프로젝트 관리자가 스스로 결정할 수 있는 일은 매우 적으며, 상위 관리자에게 조언의 업무를 수행하는 데 그치게 된다.

2) 공기업 직능조직의 사례

우리나라 공기업의 조직은 급변하는 환경에 적응하는 과정에서 많은 변화를 겪고 있지만, 근본적으로는 직능조직을 근간으로 하고 있다. 그러나 순수한 직능조직을 택하고 있는 공기업 조직은 없다고 해야 할 것이다. 대부분이 직능조직을 기본으로 하여 프로젝트나 매트릭스 혹은 팀제를 적절하게 가미하여 운영하고 있다. 준시장형 공기업인 한국조폐공사의 경우, [그림 10-2]에서와 같이 본부조직은 사장을 정점으로 하여, 기능별로 기획이사, 사업이사, ICT이사, 부사장 겸 관리·기술이사로 구분하여 산하에 직능별 실무 조직 단위를 형성하고 있으며, 현장조직은 기능별로 화폐본부, 제지본부, ID본부, 기술연구원으로 구성되어 있다. 한국조폐공사의 본부조직이나 현장조직 자체만을 두고 보면 전형적인 직능조직이지만, 본부조직과 현장조직을 함께 본다면 다음에서 설명하는 '직능별·프로세스별 사업부제 조직'의 특성을 가미한 것이라고 할 수 있다.

2 사업부제 조직

1) 사업부제 조직의 개념

사업부제 조직(business center organization)은 직능조직의 수평적인 직능별 분화와 더불어 경영활동을 목적별로, 즉 제품별·고객별·지역별로 분화하여 기업 내에 자주성을 갖는 여러 개의 경영 단위를 사업부로 설치하는 분권적 조직 형태를 말한다. 즉, 독자적 시장을 갖고 독자적인 이익 책임을 갖는 사업부로 조직을 분할하여, 각 사업부에 시장경제의 메커니즘을 적용한 것이다.

이러한 사업부제 조직이 성공적으로 운영되기 위해서는 첫째, 최고 의사결정권자의 권한 위임에 대한 확고한 의지, 둘째, 사업부 관리책임자들의 우수한 운영 능력, 셋째, 시장의 다양성과 수요 공급의 안정성, 넷째, 목표관리 제도와 업적평가에 따른 보상 제도, 다섯째, 적절한 교육 프로그램이 준비되어 있어야 한다(김현주, 2005: 105-106).

2) 사업부제 조직의 발전 과정

사업부제는 원래 미국의 듀퐁(DUPONT)사, 제너럴 일렉트릭(GE)사 등의 대기업이 1920년대에 도입하여 성공을 거둔 이후, 1950년대 다국적 기업의 발전과 함께 많은 기업에서 채택하게 되었다. 우리나라에서는 기업의 국제화·대형화가 촉진된 1960년대 말부터 일부 대기업에서 계열 기업을 효율적으로 운영하기 위해 채택하기 시작하여, 1970년대 및 1980년대의 고도 성장기에 전성기를 이루었다. 1990년대 IMF 체제를 거치면서 침체된 기업의 성장·발전과 생존을 위한 수단으로 사업부제가 적극적으로 채택되었다. 우리나라의 경우, 대표적인 시장형 공기업인 한국전력공사에서 2006년 송배전 사업소를 중심으로 민영화 대신 지역 사업부제를 도입하여 내부 경쟁 체제를 운영하고 있다.

3) 사업부제 조직의 종류

분권적 이익관리 단위로서 사업부 제도는 그 특성과 적용 방법에 따라 여러 가지로 구분할 수 있다. 여기에서는 일반적으로 기업에 적용되고 있는 제품별 사업부제, 거래처별 사업부제, 공정(프로세스)별 사업부제, 지역별 사업부제, 자회사 형태의 사업부제에 대해 살펴보고자 한다.

(1) 제품별 사업부제

제품별 사업부제는 제품별 또는 제품 그룹별로 사업부를 분할하는 형태이다. 이는 제품책임 단위(product center)별로 조직되므로, 독자적인 정확한 시장과 독자적인 이익을 가지는 통일적인 경영 단위가 될 수 있다. 이 제품별 사업부제는 이론적으로는 사업부제에 의한 분권화의 효과를 가장 잘 발휘할 수 있는 형태라고 할 수 있다.

제품별 사업부제에서는 ① 독자적인 이익 책임, ② 독자적인 시장 책임이라는 사업부제의 기본 요건을 가장 잘 충족하고 있다.

(2) 거래처별 사업부제

기업이 생산·판매하고 있는 제품의 거래처나 배급 경로의 차이에 따라 마케팅 전략을 달리하는 회사에서 채택할 수 있는 분권화 조직이 거래처별 사업부제이다. 이는 독자적인 거래처 시장에서 생산, 판매, 제품 개발의 전략에 적응하기 위해 거래처 시장별 전략 단위로서 사업부를 두는 것으로서, 자동차 · 철강 등 해외 수출산업에 적용 가능한 사업부제라고 할 수 있다.

(3) 공정별 사업부제

특정 기업의 경영전략으로서 다각화 전략을 추구하지 않고 분권적 이익관리에 의해 기업의 경영관리 체제를 혁신하려는 목적으로 사업부제를 취할 경우, 제품별 사업부제가 아닌 공정별 사업부제가 취해지는 경우가 많다.

공정별 사업부제는 기업의 영업활동을 구성하고 있는 자재, 생산, 홍보 등 각 업무 기능별로 분권적 이익관리를 수행하는 것이다. 이는 독자적인 이익계획에 의한 자립적인 의사결정 권한과 책임을 가지는 관리 단위인 제품별 사업부제에 비해, 경영의 자립성이 불완전하고 다른 직능 부문 간에 원활한 협상이 이루어지기 어려운 한계가 있다.

(4) 지역별 사업부제

분권적 이익관리 단위로서 사업부제 조직 형태의 중요한 점은 기업의 마케팅 환경이나 생산 · 판매환경의 성격에 능동적으로 적응하고 기업의 이익을 도모할 수 있는 방향으로 운영되어야 한다는 것이다.

예컨대, 우유를 생산 · 판매하는 유업의 경우, 생우유 집하는 각지에 산재한 낙농업자로부터, 각 지방 단위로 행해진다. 생우유의 장거리 수송에는 운임 발생과 신선도가 떨어지는 문제가 있다. 따라서 이러한 사업 분야는 해당 지역의 시장에 적응하기 위해 지역별 사업부제를 도입하여 생산 · 판매를 독자적으로 운영하게 된다.

(5) 자회사 형태의 사업부제

자회사 형태는 독립된 회사법인 형태의 사업부제이다. 자회사 형태를 취하는 경우의 장점은 우선 이익 책임이 명확하고, 경영자에게는 경영의 자립성과 신축성이 주어지며, 진정한 기업가적 책임을 질 수 있다는 것이다. 자회사 형태의 사업부제는 기업 내의 각 부문별 사업부를 분권화하여, 별개의 독립 법인으로 발전된 형태이다. 이는 대기업에서 분사를 위한 사전 단계로서 채택하는 사업부제이다.

4) 사업부제 조직의 구조

사업부제를 도입한 회사의 조직구조는 [그림 10-3]에서 보는 바와 같이 ① 최고경영자 조직, ② 본사의 참모(staff) 조직, ③ 사업부 조직과 같은 세 가지 부문으로 구성된다.

회사의 조직구조상에서 각 사업부는 라인 조직이며, 사업의 업적 책임 단위이다. 이에 대해, 본사의 참모는 최고경영자와 각 사업부에 대한 참모로서 조언과 서비스를 제공하는 서비스 중심점(service center)으로서의 직능을 담당하게 된다.

그림 10-3 사업부제 조직

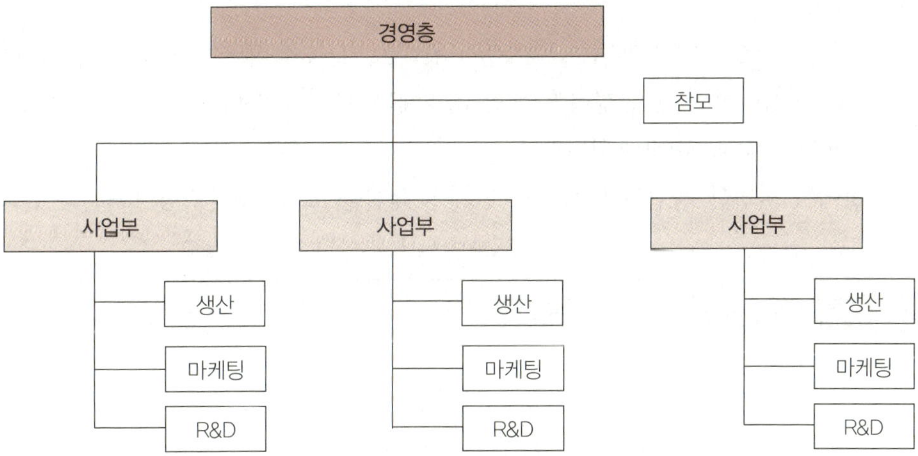

(1) 최고경영자 조직

최고경영자는 일상적인 경영 문제에 대해서는 사업부의 장 이하의 경영 간부에게 권한을 위양하고, 장래에 있을 경영적 · 사회적 · 기술적인 환경의 변화에 조직 전체를 발전시켜 나갈 장기계획에 대해 책임을 진다. 즉, 최고경영자는 조직의 전체적인 장기계획의 결정, 경영 목표와 경영 방침 설정, 직원 육성계획 및 업적평가 시스템의 확립 등 포괄적이고 장기적인 기업의 비전을 제시하는 데 역량을 집중해야 한다.

(2) 본사의 참모 조직

본사의 참모 조직은 직능별로 전문화되어 있어서, 기업적 업적평가를 하기에는 곤란한 점이 있다. 이 조직은 기업적 업적 책임을 지는 것이 아니고, 각 사업부에 대해 담당 직능에 따라 조언과 서비스를 제공하고, 지원적 책임을 지는 서비스 중심점으로서의 참모 조직이다. 본사 참모의 경비는 일반적으로 각 사업에 대해 공통비로 할당되기 때문에, 본사 참모 활동의 효율적 운영이 문제될 수 있다. 본사 참모의 비능률이나 인원 과잉은 사업부의 이익을 저하시키게 된다.

(3) 사업부 조직

사업부는 독자적인 기업적 책임을 지는 경영 단위를 형성한다. 따라서 사업부는 독자의 이익 책임을 갖는다는 의미에서 이익 중심점(profit center)이라고 한다. 사업부가 갖는 이익은 단순한 계산상의 이익이 아니고, 시장의 객관적인 평가를 받는 것이라야 한다.

사업부는 사업의 업적 책임을 달성하기 위해 이익 목표, 매출액 목표, 자본회전율 목표 등을 책정하여 이를 달성하기 위한 경영계획, 예산을 수립하여 관리할 수 있는 권한과 책임을 갖고 있어야 한다.

이상에서 설명한 사업부제의 조직 단계별 역할을 요약하면 [그림 10-4]와 같다.

그림 10-4 사업부제 조직의 단계별 역할

5) 공기업 사업부제의 사례

전국적인 전력 네트워크를 가지고 있는 한국전력공사에서는 송배전 사업을 지역별로 묶어 지역별 사업부제를 실시하고 있다.

(1) 한전 독립사업부제의 도입 배경

전력산업구조 개편 계획에 따라 2001년 발전 부문을 6개로 분할하고,[2] 송배전 부문은 독립사업부제를 목표로 하여, 지역별 시장을 근간으로 분리 · 추진하게 되었다. 경쟁 규모가 확보된 9개 지사(남서울, 서울, 인천, 경기, 충남, 전남, 대구, 경남, 부산)는 우선 사업부로 전환하고, 나머지 7개 지사(경기북, 강원, 강릉, 충북, 전북, 경북, 제주)는 종래의 지사 체제를 유지하고 있다. 즉, 독자적 경쟁 규모를 갖춘 대규모 9개

그림 10-5 한전의 지역별 독립사업부제

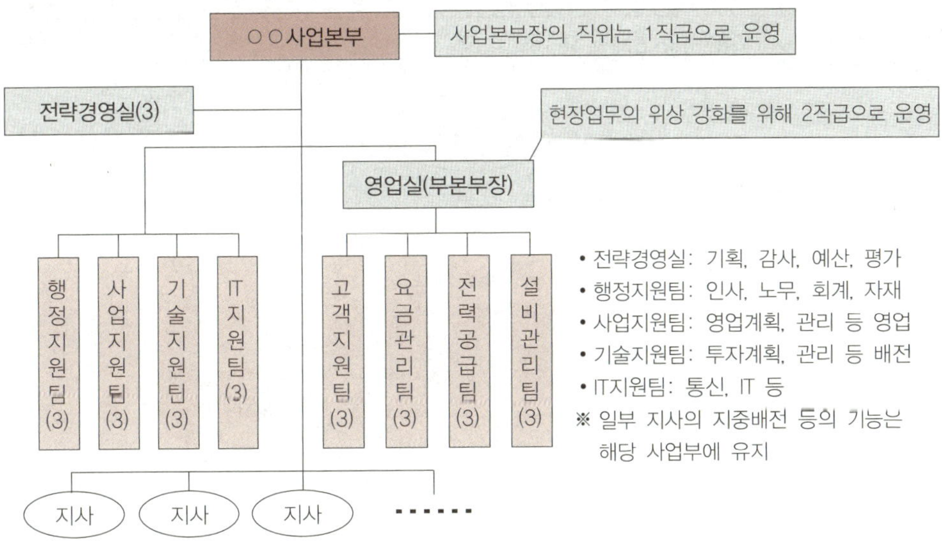

자료: 한국전력공사(2006).

2) 그 주요 내용은 산업자원부(현 산업통상자원부)에 전기위원회를 설치하여 전력산업 관련 규제 업무를 담당하고, 발전회사를 한전이 100% 지분을 소유한 자회사 5개 화력(남동, 중부, 서부, 남부, 동서)과 1개 수력원자력회사로 분리(2001.4)하였으며, 한전 50%, 발전회사 50% 출자법인인 전력거래소를 설립(2001.4)하여 전력시장 및 전력 계통을 운영하고 있고, 전력 판매, 송전, 배전 부문 운영은 한전이 담당하도록 하고 있다. 구역전기사업자(Independent Power Producers: IPPs)들이 판매부문에 진입 중이다.

지사는 CEO 산하의 독립사업부로 전환하는데, 그 기준은 100만 호 이상인 9개 지사이다.

[그림 10-5]에서 보는 바와 같이 사업본부별 표준 조직은 1본부장, 2실, 8팀 체제로 구성하고, 사업부의 명칭은 (지역명)+사업본부로 운영하도록 했다.

(2) 한전 독립사업부제 도입 목적

한전은 사업부제가 가지고 있는 분권화 및 경쟁 원리 도입을 통해, 한전의 경직되고 관료화된 조직 결함을 극복하고, 기업 경영을 민주적·효율적으로 혁신하고자 하였다. 이는 자율경영과 구성원의 동기를 유발하는 성과 연동 보상 체계를 통하여 경영효율의 향상과 혁신 유인을 제고하기 위한 조직 변화 전략이다.

이를 위해, 한전 사업부는 [그림 10-6]에서 보는 바와 같이 책임 회계와 업적평가 및 책임 조직 구축을 기본 구도로 하고 있다.

그림 10-6 한전 사업부제의 구성과 효과

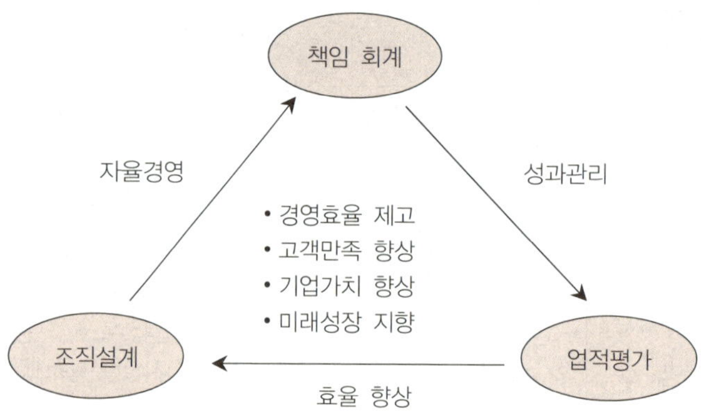

자료: 이진형(2005).

(3) 한전의 독립사업부제와 관련한 제도

사업부제에서는 각 사업부가 의사결정권을 얼마나 가지느냐에 따라 경영성과에 대한 책임 범위가 달라진다. 책임경영 실현을 위해서는 권한의 위양과 더불어 관련 책임에 대한 명확한 지침이 있어야 한다.

한국전력공사에서 독립사업부제를 정착하기 위해 제시하고 있는 기본적 구도는 [그림 10-7]에서 보는 바와 같이 '책임회계 제도'를 기초로 하여, '업적평가' 및 '책임

그림 10-7 한국전력공사의 독립회계 시스템 기본 방향

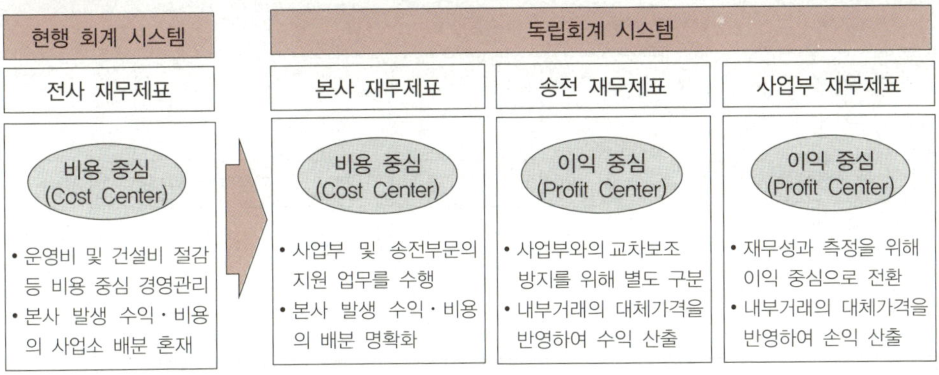

자료: 한국전력공사(2006).

조직 설계'를 도입하고 있다.

3 프로젝트 조직

독립사업부제 이외에도 조직의 환경 변화에 신속히 대응하고, 기능 중심 조직의 단점을 극복하면서 조직의 효율성을 최대한 확보하기 위한 새로운 조직 형태로서, 프로젝트 조직(project organization), 팀제(team)와 매트릭스 조직(matrix organization) 등이 있다.

그러나 사업부제나 프로젝트 조직 또는 팀제나 매트릭스 조직이 이론적으로 명확히 구분되어 있지 않고, 실질적으로도 여러 가지 유형의 조직 형태들이 혼합되어 사용된다.

1) 프로젝트 조직의 개념 및 특성

[그림 10-8]에서 보는 바와 같이 프로젝트 조직은 특정 업무 목적인 해당 사업(project)을 달성하기 위해 한시적으로 조직 내의 인적·물적 자원을 결합한 조직이다. 조직이 한시적으로 운영되는 점에서 사업부제 조직과 구분된다. 프로젝트 조직은 주로 기존의 계선조직의 경직성을 보완하기 위해 운영된다. 이러한 조직이 성공하기 위해서는 무엇보다도 유능한 프로젝트 관리자를 확보하고, 이 조직에 대한 최고관리

그림 10-8 프로젝트 조직

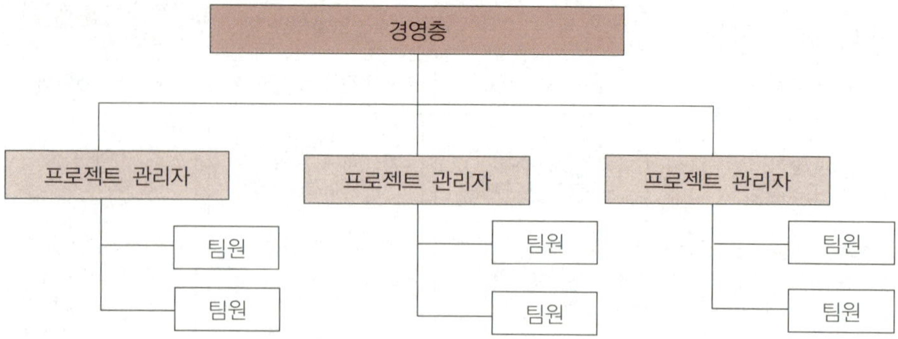

층의 확고한 지원이 있어야 한다.

프로젝트 조직은 프로젝트 수행을 위한 모든 자원을 가진 독립된 조직으로 운영되며, 프로젝트 관리자는 프로젝트에 대한 직접적인 책임을 지게 된다. 따라서 프로젝트 관리자(Project Manager: PM)의 권한이 기능 부서장의 권한보다 강하며, 통상적으로 프로젝트 인력들이 한 장소에 모여 업무를 수행한다. 프로젝트 조직은 프로젝트 관리자의 독립성과 권한이 보장되고, 팀원과 프로젝트 관리자 사이의 의사소통이 원활하여 팀의 헌신적인 몰입과 동기부여가 가능하다. 또한 신속한 의사결정 및 집행이 가능한 과업 지향적인 조직이라는 장점을 가지고 있다.

그러나 자원의 중복과 낭비, 자원 확보와 예산의 수급 문제, 단일 프로젝트에 과도한 집착 현상이 발생할 수 있다. 그리고 인력 미충원 시 외주에 의존할 경우, 노하우의 축적이 어렵다는 단점 등이 있다.

이러한 프로젝트 조직은 주로 건설 등의 단위 프로젝트를 수행하는 곳에서 다양한 형태로 적용되어 운영되고 있다.

2) 프로젝트 조직의 사례

(1) 한국전력기술(주)

우리나라에서 사업관리(project)를 최초로 적용한 것이 지금의 한국전력공사에서 미국의 벡텔(Bechtel)과 함께 원자력 건설을 할 때였으며, 이를 기반으로 설립되고 발전한 회사가 한국전력기술(주)이다. 한국전력기술(주)의 조직은 철저한 성과주의 모형인 전형적인 프로젝트 조직(Project Organization: PO)으로 조직 자체가 사업 단위

그림 10-9 한국전력기술(주)의 조직

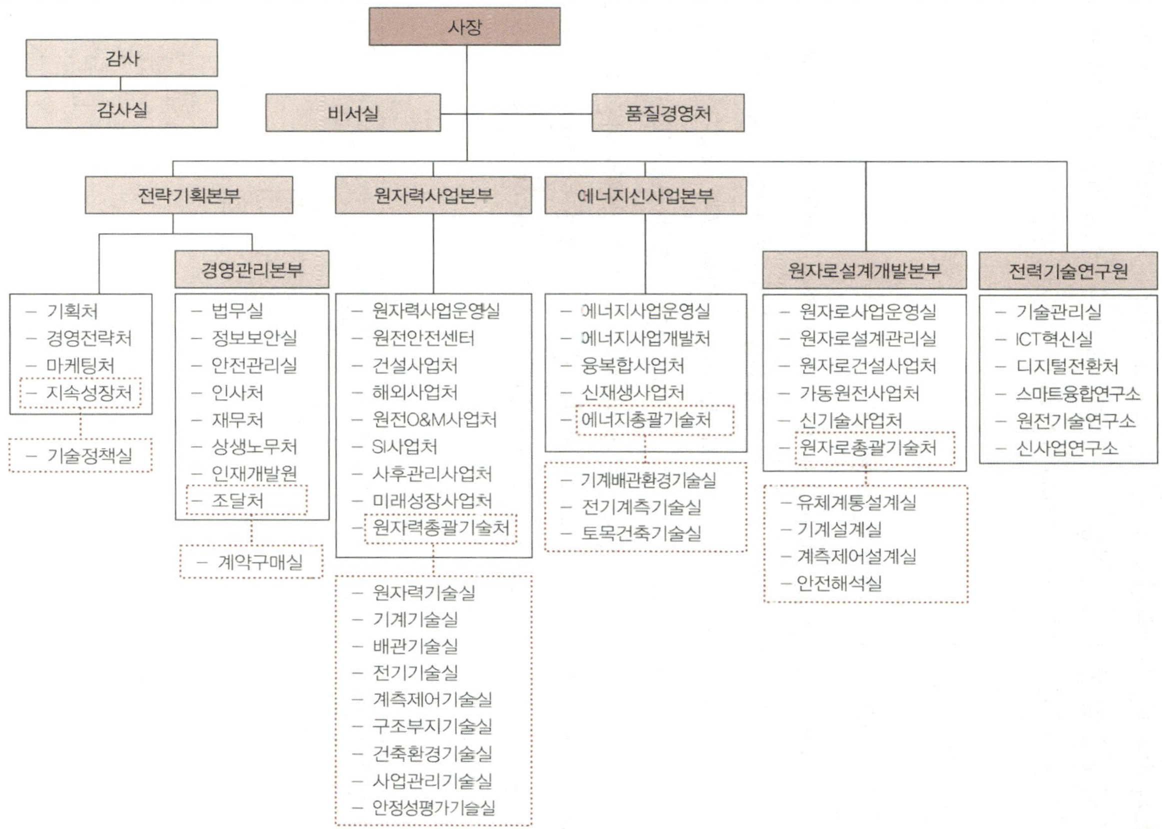

자료: (주)한국전력기술(2023).

별로 구성되어 있다.

[그림 10-9]에서 보는 바와 같이 한국전력기술(주)의 각 사업본부 및 사업단은 각각의 사업관리 그룹을 중심으로, 개별 사업 본부와 사업단 전체의 사업 운영 및 관리를 모니터링하는 독립적인 운영 체계를 갖추고 있다. 전략기획본부를 제외한 각 본부는 사업계획 및 사업 개발 기능을 수행하며, 개별 사업별로 책임자인 PM들의 종합관리는 사업관리처, 하위 단위 실행사업은 해당 실별로 시행되고 있다.

4 매트릭스 조직

1) 매트릭스 조직의 개념 및 특성

[그림 10-10]에서 보는 바와 같이 매트릭스 조직은 조직의 인사 및 예산 등을 운용할 때, 기능적 조직과 프로젝트 조직의 장점을 결합시키는 데 그 목적이 있다. 이러한 이유 때문에 이 조직 형태는 종축과 횡축의 두 지휘 명령 계통을 설치하여, 이원적으로 관리하는 이중 구조적 성격을 지니고 있어 행렬식 조직이라고도 한다.

1960년 초 미국의 NASA에서 시행된 바 있는 이 조직 형태는 이중의 상사와 이중의 명령 체계가 존재하는 조직구조를 가지고 있다. 매트릭스 조직은 자유형 조직(free form organization)으로 나아가는 중간 단계의 역할을 하고 있다(강신택, 1990: 134-135; 서태윤, 1990: 94-99).

그림 10-10 매트릭스 조직

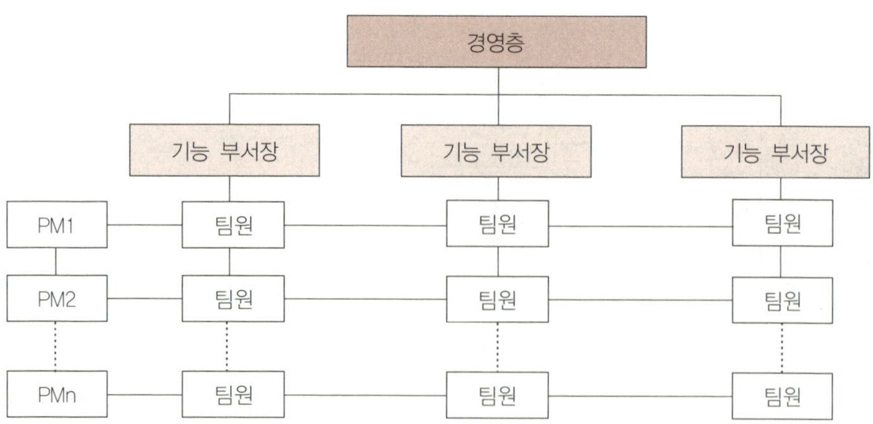

매트릭스 조직에서 기능 부서장은 고유의 업무를 수행하면서 프로젝트를 수행할 인력 및 수행 방법, 일정 등을 결정하는 역할을 담당한다. 그리고 프로젝트 관리자(PM)는 기능 부서로부터 인력을 공급받아 프로젝트를 진행하며, 각 인력은 기능 부서의 일과 프로젝트의 일을 병행하여 수행할 수 있다. 프로젝트가 종료되면 인력들은 원래 있던 소속으로 돌아간다.

매트릭스 조직도 프로젝트 관리자의 역할, 권한, 책임 등에 따라 약형 매트릭스 조직(weak matrix), 중형 매트릭스 조직(balanced matrix), 강형 매트릭스 조직(strong matrix)으로 구분한다. 약형 매트릭스 조직은 주로 단위 프로젝트를 프로젝트 관리자가 이끌지만, 권한은 기능 부서장에게 있는 조직구조이고, 중형 매트릭스 조직은 양자의 권한이 비슷한 경우이며, 강형 매트릭스 조직은 프로젝트 관리자의 권한이 기능 부서장보다 큰 경우이다.

매트릭스 조직의 장점은 다음과 같다.

① 자원 활용을 극대화할 수 있고, ② 수직·수평적 정보 공유가 가능하며, ③ 기능 부서의 관점과 프로젝트의 관점이 조화되어 있고, ④ 유연한 조직으로 환경 변화에 신속하게 대응할 수 있으며, ⑤ 프로젝트 종료 후 재배치에 대한 불안감이 없다.

반면에, 다음과 같은 단점을 가지고 있다.

① 조직 체계가 복잡해서 조직구성원의 이해가 어렵다는 점, ② 이중 책임으로 권한 불균형 시 갈등이 유발될 수 있다는 점, ③ 다수의 프로젝트를 수행할 경우 균형을 이루기가 어렵다는 점, ④ 관련 부서와의 협의 과정에서 의사결정 기간이 길어질 수 있다는 점, ⑤ 기능조직에서 우수한 인력을 투입하기를 꺼린다는 점, ⑥ 일의 우선순위에 대한 부서 간 갈등이 발생할 소지가 있다는 점 등이다.

2) 매트릭스 조직 사례

(1) 해외 매트릭스 조직

외국 선진 기업들의 조직 유형은 대부분 매트릭스 조직 유형을 띠고 있다. [표 10-1]에서 보는 바와 같이 매트릭스 조직에서는 프로젝트와 자원관리를 이분화하여 운영하고 있다. 조직운영의 기본적인 원리로 전문성 확보 차원에서 프로젝트 관리자, 자원 관리자로 구분하여 운영하고 있다.

프로젝트 관리자(Project Manager: PM)는 엔지니어로서 7년 이상의 경력자 중 연구자보다는 연구 관리자로 성장할 수 있는 역량을 갖춘 사람을 대상으로, 기술 전문성과 매니저로서의 관리 능력을 평가하여 선발한다. 이렇게 하여 선발된 프로젝트 관리자는 프로젝트의 기획부터 일정관리, 완료 단계까지 프로젝트 자체에 대한 모든 책임을 지고 있다.

자원 관리자(Resource Manager: RM)는 엔지니어로서 해당 분야의 기술에 정통한 사람 중에서 관리자 역할을 수행할 수 있는 사람으로 선발된다. 이들은 기술 분야의 리더로서 해당 영역의 기술 방향을 통해 전문성을 축적하고, 축적된 역량을 발휘할 수 있도록 관리하는 역할을 한다.

외국의 선진 기업들은 프로젝트와 자원(기술 인력)이라는 두 가지 속성을 구분함으로써, 분야별 전문성을 확보할 수 있는 틀과 프로젝트의 성공적인 수행이라는 두 가지 목표를 동시에 수행한다.

표 10-1 외국 기업의 조직구조 비교

<table>
<tr><th colspan="2">구분</th><th>노키아(Nokia)</th><th>에릭슨(Erison)</th><th>필립스(Phillips)</th></tr>
<tr><td colspan="2">조직구조</td><td colspan="3">조직운영의 기본 원리로 매트릭스 방식 채택 · 운영</td></tr>
<tr><td colspan="2">프로젝트/자원관리</td><td colspan="3">인적 자원 Pool과 PM Pool로 분리 운영</td></tr>
<tr><td colspan="2">팀단위 조직총괄</td><td>프로그램 관리자</td><td>프로그램 관리자</td><td>부서장</td></tr>
<tr><td rowspan="3">자원</td><td>총괄</td><td>부서장</td><td>엔지니어 관리자</td><td>Sector 리더</td></tr>
<tr><td rowspan="2">관리</td><td rowspan="2">–</td><td>부서장</td><td rowspan="2">Cluster 리더</td></tr>
<tr><td>테크니컬 리더</td></tr>
<tr><td rowspan="2">프로젝트</td><td>총괄</td><td>–</td><td>프로젝트 관리자</td><td>프로그램 리더</td></tr>
<tr><td>관리</td><td>프로젝트 관리자</td><td>프로젝트 리더</td><td>프로젝트 리더</td></tr>
</table>

(2) 국내 민간기업 매트릭스 조직

삼성엔지니어링과 같은 국내 민간 매트릭스 조직은 상시 기능별 조직으로 운영하고 있다가, 프로젝트 발생 시 별도의 팀을 구성하여 프로젝트를 진행하는 혼합형 조직(fused matrix organization) 형태를 띠고 있다. PM은 주로 사업팀에서 선정되고, 사장이 최종 결정한다. PM의 자격은 해당 분야 10년 이상의 경험을 가진 부 · 차장에서 선발하며, 주요 역할은 EPC(기술: Engineering, 조달: Procurement, 건설: Construction)를 총괄 관리한다. 프로젝트 멤버는 기술본부, 조달팀, 공사팀에서 선정하되 팀 전체의 협의를 통해 선정하며, 프로젝트에 참가하지 않은 직원은 부서 업무, 6시그마, ERP 업무 등을 수행한다.

(3) 한국철도시설공단 매트릭스 조직

우리나라 공기업에서 매트릭스 조직을 활용하고 있는 기관은 국가철도공단(舊, 한국철도시설공단)이다.

우리나라의 도로, 항만과 같은 SOC 산업의 경우에는 정부에서 건설을 담당하고, 운영은 민간에서 담당하는 체제로 되어 있었으나, 철도의 경우 오랫동안 철도 건설과 운영을 철도청에서만 수행하여 만성 적자와 효율적인 운영에 걸림돌로 작용하고 있었다. 이를 해결하기 위해 「철도산업발전기본법」(2003년)과 「한국철도시설공단법」에 기반을 두고 철도 건설과 운영을 분리하여 한국철도시설공단이 2004년 출범했다.

공무원 조직인 철도청 직원과 민간인 신분인 KTX 시설공단의 이질적인 양 조직의 통합으로 이루어진 한국철도시설공단은 자발적인 화학적 융합이 아니라 단순한 조직 결합체에 불과했다. 따라서 신설 철도시설공단에는 서로 다른 조직문화가 한 조직 내에 존재하게 되었고, 상이한 업무 프로세스가 뒤섞여 있어 설립 초기부터 공단의 설립 목적을 달성하기에는 여러 가지 현실적 제약 요인이 많이 있었다.

한국철도시설공단은 이러한 문제점을 해결하고, 엔지니어링 전문기업으로 성장하기 위하여 성과에 의한 정확한 보상으로 업무의 효율성을 높이기 위한 방법으로 프로젝트 중심 조직을 도입하였다.

한국철도시설공단은 공기업이라는 특수성도 고려하고, 엔지니어링 전문기업으로서의 역량도 확보하는 프로젝트 중심 조직으로 변환하기 위해 2005년 2월부터 조직을 진단하고, 임직원의 공감대를 확보하는 활동을 통해 2005년 12월 직능 중심 조직구조에서 PM 체제를 접목한 프로젝트 중심의 매트릭스 조직으로 체계를 구축했다. 프로젝트 중심의 조직 개편으로 PM 전문 인력의 지속적인 양성, 종합사업관리 시스템, 그리고 매트릭스 조직을 갖추게 되어, 철도시설 관리 전문기관으로 성장할 수 있는 여건이 구축되었다. 한국철도시설공단이 프로젝트 중심의 매트릭스 조직 형태로 개편을 시도한 구체적인 방법은 다음과 같다.

조직 개편은 기존의 토목, 궤도, 전기, 통신 등 분야별 기능 중심으로 편제된 조직구조를 선진 기업에서 시행하고 있는 사업관리(PM) 중심의 매트릭스 조직으로 바꾸어, 각 프로젝트별로 책임을 명확히 부여하는 책임경영 체제로 전면 개편했다.

사업관리 중심 조직은 철도사업별로 사업책임자(PM)를 지정, 사업의 설계부터 감리·시공 등에 이르는 전체 건설 프로세스에서 분야별 전문 기술과 자원을 효과적으로 관리하는 조직구조를 갖추었다. 이를 간단히 표현하면, [그림 10-11]과 같다.

그림 10-11 한국철도시설공단의 조직

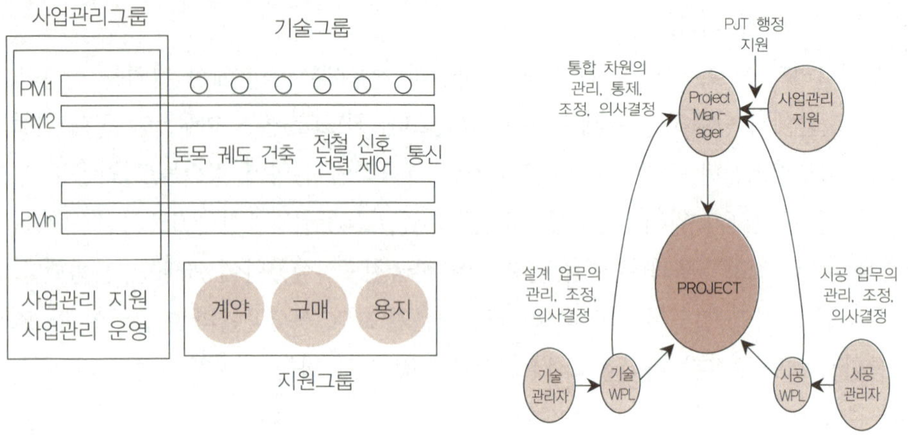

이와 더불어 공단은 프로젝트의 성공적인 수행을 위해 역량과 성과 중심의 인사 시스템을 동시에 구축하여 기존의 직렬·직급에 따른 보직 부여 방식에서 탈피하고, 프로젝트 중심의 경력개발 제도(Career Development Plan: CDP)를 도입했다.

전기직·기계직 등 직능 중심 조직에서 필요했던 직렬과 관계없이 적성과 능력에 따라 자유로운 보직 이동이 가능하게 했고, 근무 평가 시에 기존의 경력 점수를 없애고 성과(조직, 개인)와 역량평가(기본, 직책, 직무) 결과, 청렴도 평가 등의 성과 중심으로 개편하여, 프로젝트 중심의 조직 체계가 안정화될 수 있는 여건을 조성했다. 프로젝트 성과에 의한 연봉 지급을 위해 기존의 연봉제를 전면적으로 개편하여, 업적평가를 통해 성과연봉을 차등화하는 실질적인 연봉제를 도입함으로써, 직급과 근무연수에 따른 호봉제를 없애고 성과 중심의 임금구조로 개편했다.

공단 조직 개편의 주요 특징으로는 조직 개편을 시행하기 전에 조직 개편으로 인한 후유증을 최소화하기 위해 전문 인력의 양성과 시스템을 먼저 구축한 다음, PM에 대한 공감대를 형성하고 조직 개편을 추진했으며, 프로젝트 중심 조직의 빠른 정착을 위해 인사와 보수 체계를 동시에 개편하여, 성과와 책임을 전 직원이 공유할 수 있는 여건을 마련했다. 한국철도시설공단의 매트릭스 조직은 공기업이라는 특수한 환경에서도 성과와 책임경영을 경영진뿐만 아니라, 프로젝트별 담당자도 함께 지는 조직 형태임을 보여 주는 사례라고 할 것이다.

5 팀제 조직

공기업을 포함한 공공부문에서 가장 많이 도입하고 있는 것이 팀제 조직이다. 팀제 조직은 급변하는 환경에 신속히 적응하고, 조직의 유연성을 제고하는 데 많은 도움이 된다. 이는 상호 보완적인 기능을 가진 소수의 인원이 공동 목표의 달성을 위하여 상호 책임을 공유하고, 문제 해결을 위하여 공동의 접근 방식을 활용하는 조직 단위를 말한다. 적어도 하나의 팀이 되기 위해서는 상호 보완적 기능과 능력, 공동 목적과 업무수행 능력, 공통 접근방법, 공동 책임감 등의 요건을 충족하여야 한다.

이런 측면에서 본다면 앞에서 설명한 사업부제 조직과 매트릭스 조직도 넓은 의미에서 팀제 조직이라고 할 수 있다.

이러한 팀제 조직이 갖는 특성은 다음과 같다.

첫째, 직위와 관계없이 공동 목표 달성에 요구되는 전문지식과 업무 경험이 많은 사람이 팀이 되어 공동 책임 하에 직무를 수행한다. 이는 한 사람인 부서장 책임의 장기(將棋)조직에서 모든 구성원이 책임을 지는 바둑조직으로의 전환을 의미한다.

둘째, 팀장 외 나머지 사람들은 수평적 관계를 유지하면서, 공동의 목표를 달성하기 위해 상호 간 기능 보완적 역할을 수행한다.

셋째, 팀장은 관리자가 아니라 리더로서 참여적 리더십이 필요하며, 지시·통제가 아니라 코치나 조정자의 역할을 수행하여야 한다. 팀장에게는 일상적인 업무에 관한 미시적인 관점뿐만 아니라, 전체 사업이 진행되고 있는 방식을 바라보는 거시적인 관점을 가질 것이 요구된다.

공기업의 조직 형태나 기능도 일반 조직이론에서 논의되고 있는 쟁점들에서 원칙적으로 벗어날 수는 없다. 즉, 전통적 조직이론으로는 급변하는 환경 속에서 공기업이 안고 있는 문제점들을 해결할 수 없게 되자, 신축성과 탄력성을 갖춘 새로운 조직 형태로 나아가려는 각종 시도가 이루어지고 있다. 최근에 공기업 조직에서 환경 변화에 즉각적으로 대응하기 위해 도입하고 있는 독립사업부제, 프로젝트 조직이나 매트릭스 조직, 그리고 팀제 등은 이러한 흐름을 잘 대변해 주고 있다.

공공 서비스나 제품에까지 소비자들의 다양한 요구가 커지고 있는 점을 감안하여, 공기업 내에 신설하고 있는 새로운 조직 형태의 흐름은 앞에서 언급한 각종 공기업 조직 형태의 이분법적 구분이 단지 이론적 설명을 위한 수단에 지나지 않음을 알 수 있다. 즉, 앞에서 언급한 많은 조직 형태에는 각 조직 형태가 가지고 있는 특징을 서로 공유하고 있어 명확하게 구분하는 것을 어렵게 하고 있지만, 공기업의 환경이 급변함에 따라 이에 적응하는 과정에서 시대적으로 장점이 있는 조직 체계를 우선적으로 도입하려는 노력의 일환으로 이해해야 할 것이다.

정리문제

1. 공기업의 조직 유형을 의사결정 형태에 따라 분류하여 설명하시오.
2. 공기업의 직능조직과 프로젝트 조직의 차이점을 설명하시오.
3. 공기업의 자율적 경영과 관련하여 팀제 조직이 가지는 강점을 설명하시오.
4. 사업부제 조직의 특징을 설명하고, 공기업에서 사업부제 조직을 도입할 수 있는 분야를 적시하여 논술하시오.
5. 최근 공기업 운영의 책임성 · 생산성 향상을 위해 도입되고 있는 매트릭스 조직의 특징과 장 · 단점을 설명하시오.

CHAPTER 11

공기업의 인사 및 노사관계

세계화에 따른 시장 개방의 파고(波高) 속에서 급변하는 경제 환경 변화에 적응해야 하는 것은 오늘날 모든 조직이 안고 있는 공통의 운명이다. 이러한 경쟁 환경은 사기업체뿐만 아니라 우리나라 경제의 에너지와 사회간접자본(SOC)을 담당하고 있는 공기업의 경우에도 예외 없이 적용된다.

최근 공기업은 이러한 추세 속에서 사기업체의 독립채산제 등 변화된 기업회계 예산 제도를 도입하고 있을 뿐만 아니라, 조직구성원의 인사관리에서도 사기업체의 경쟁 체제를 적극적으로 도입하고 있다.

여기서는 우리나라 공기업 생산주체의 근간을 이루고 있는 직원의 관리 문제와 노동조합을 포함한 노무관리라는 두 가지 측면에서 살펴보고자 한다.

제 1 절 | 공기업의 직원관리

공기업의 생산주체의 핵심은 직원이다. 공기업 직원들은 자기의 전문적인 지식과 경험을 바탕으로 공기업의 하부구조인 생산을 담당하고 있다. 현대 공기업 인사관리의 핵심은 사실상 노조를 어떻게 하면 상생 발전의 길로 나아가도록 하느냐에 달려 있다. 따라서 제1절에서는 공기업 직원인사 관리에 대해서 중요한 사항을 먼저 살펴보고, 제2절에서 공기업 노사관계의 특징을 중심으로 몇 가지 정책 과제를 점검해 보기로 한다.

공기업이 지닌 공공적 성격과 기업적인 성격 때문에 공기업 직원의 신분이 공무원인가, 또는 일반 민간기업체의 사원과 같은 신분에 속하는가는 중요한 문제로 부각된다. 앞서 공기업의 분류에서 본 바와 같은 정부부처 형태를 지닌 공기업의 직원이 공무원인 점에 대해서는 이론의 여지가 없다. 그러나 공단 및 공사의 형태를 지닌 공기업의 직원이 어떤 신분을 가지느냐는 국가에 따라 다르다.

미국의 경우를 본다면, 1938년 이전까지는 모든 공기업이 연방인사위원회의 관할 밖에 있었으므로 그 직원은 공무원이 아니었으나, 1938년에 이르러 법률에 의해 특별히 면제된 사람을 제외한 모든 공기업은 인사위원회의 관할 하에 들어가게 됨으로써, 그 직원은 공무원의 신분을 가지게 되었다. 1940년에 「램스펙트법(Ramspect Act)」에 의해 TVA와 실업대책사업청(works projects administration)을 제외한 모든 공기업이 연방인사위원회의 관할 하에 들어가게 되었으며, 따라서 그 직원은 공무원의 신분을 지니게 되었다(White, 1985).

우리나라의 경우, 정부부처의 형태를 지닌 정부기업의 직원은 공무원의 신분인데 반해, 공단 및 공사 또는 주식회사 형태를 지닌 공기업의 직원은 공무원이 아니다. 따라서 정부부처형 공기업에 근무하는 직원들은 「국가공무원법」, 지방직영기업에 근무하는 직원들은 「지방공무원법」의 적용을 받지만, 그 외 법인 형태의 공기업에 근무하는 직원은 이사회 또는 주무부처의 승인을 받은 기관 자체의 「인사규정」 또는 「취업규정(규칙)」의 적용을 받고 있다. 공기업의 임원은 「공공기관의 운영에 관한 법률」에서 자격 · 임기 · 임명 절차 등이 규정되어 있지만, 직원들의 인사에 대해서는 기관에 위임되어 있다.

따라서 공기업의 직원은 공무원이나 임원에 비해 신축적이고 독립적인 인사관리를 시행할 수 있다는 유리한 측면도 있다(윤성식, 1998: 117).

표 11-1 공기업 임 · 직원의 특징

구분	임원	직원
임기제	임기제	비임기제
정년제	비적용	적용
신분 보장	비적용	정년 보장
상근 · 비상근	상근(단, 비상임이사 제외)	상근
외부 기용	가능함	가능함

공기업의 직원 인사관리를 임원과 비교해 보면 그 특징을 잘 이해할 수 있다. 공기업 임직원 인사의 차이를 요약하면 [표 11-1]과 같다.

OECD(2003)에서는 직원의 권리로 회사정보권(information on the company), 단체교섭권(collective bargaining), 이사회 참여권(participation in the board of directors), 주식 소유 및 옵션(share ownership and option) 등 이익참여권(participation in the company's profits), 연금관리권(management of employee pension funds), 임금우선권(priority of employee wages and benefit in the event of insolvency), 내부 보상권(internal redress mechanism/mediation, arbitration in case of violation of their right) 등을 들고 있다.

우리나라 공기업 직원들에게는 OECD에서 예시한 직원들의 권리 중에서 회사정보권, 단체교섭권, 임금우선권, 내부 보상권 등은 보장되나, 이사회 참여권은 2019년 지방공기업에서 먼저 시행하였고,[1] 국가공기업에서는 2022년 도입되었다.[2] 공동결정법을 가지고 있는 독일을 비롯한 유럽 국가공기업에서는 노조의 이사회 참여를 보장하고 있으나, 아시아 국가의 공기업에서는 노조의 이사회 참여를 법적으로 보장하고 있는 나라는 아직 드물다(White Paper on Corporate Governance in Asia, 2005).[3] 공기업 직원들의 연금은 국민연금에서 일괄 관리하고 있다. 주식 소유 및 선택권은 공기업 민영화 시 우리 사주제를 통해 일정 지분 또는 할인된 가격으로 직원들에게 주식을 제공하고 있다.

최근 우리나라의 공기업은 해외 진출, 신성장 동력 발굴, R&D 기능 강화 등 신규 부가가치 창출을 위해 노력하고 있다. 공기업이 새롭게 맞이하고 있는 환경을 슬기롭

---

1) 부산광역시 공공기관 노동자이사제 운영에 관한 조례[시행 2019.8.7.] [조례 제5965호, 2019.8.7., 제정]에 따르면, "지방공공기관에 두는 노동자이사의 수는 정관 또는 내부규정에 따른 노동자 정원을 기준으로 다음 각 호의 범위에서 해당 기관의 정관으로 정한다. 이 경우, 노동자이사의 정수는 비상임이사 정수의 3분의 1을 초과할 수 없다. 1. 노동자 수가 100명 이상 300명 미만인 공공기관: 노동자이사 1명, 2. 노동자 수가 300명 이상인 공공기관: 노동자이사 2명(동 조례 제8조). 부산시설공단에서는 직원의 투표에 의해 다수의 득표를 한 사람을 부산시장이 비상임이사로 임명한 바 있다(2020, 부산시설공단). 이는 뒤에서 설명하는 일종의 비상임이사 후보자명부제(panel system)이다.

2) 「공공기관의 운영에 관한 법률」 제25조 ③ 공기업의 비상임이사는 임원추천위원회가 복수로 추천하는 사람 중에서 운영위원회의 심의 · 의결을 거쳐 기획재정부장관이 임명한다. 이 경우 3년 이상 재직한 해당 기관 소속 근로자 중에서 근로자 대표(근로자의 과반수로 조직된 노동조합이 있는 경우 그 노동조합의 대표자를 말한다)의 추천이나 근로자 과반수의 동의를 받은 사람 1명을 포함하여야 한다. 〈2022.2.3〉

3) 특이하게 대만의 경우에는 이사회 구성원의 1/5 이상을 직원 대표로 충원하도록 하고 있다(蔡昌憲, 2020).

게 극복하기 위해서는 능력 있는 신규 인력을 채용하고, 내부 인력을 능력에 따라 재배치하여 생산성을 높여야 한다. 종전의 공기업 인사관리가 지나치게 합법성에 치중한 나머지 능력 있는 외부 전문가의 기용이 불가능했고, 내부적으로는 지나치게 연공서열에 의한 인사관리가 이루어졌다. 이를 해결하기 위해서는 공기업에서도 민간기업에서 활용하고 있는 유연근무제, 성과에 따른 보수 체계, 외부 전문가 영입 등을 적극적으로 도입하고 활성화할 필요가 있다.

제 2 절 | 공기업의 노무관리

공기업의 생산주체인 직원 인사관리의 주축은 노동조합을 중심으로 한 노무관리라고 할 수 있다. 일반적으로 노사관계는 입법 조치, 행정 규제, 사법적 판결 등과 같은 법률적·정치적 통제의 테두리 안에서 운영되는 공공정책의 중요한 영역 중의 하나이다. 노사관계에 관한 공공정책은 국가마다 다르다. 극단적으로, 노동조합이 정부규제로부터 벗어나 사적 기관으로 존재하는 경우와, 노동조합이 정부기관처럼 정부와 밀접한 관계를 맺고 있어, 노사관계에 관한 사항이 정부의 통제와 감시 속에서 이루어지는 곳도 있다.

그러나 대부분의 국가에서 노사관계에 관한 정책은 이 두 경우의 중간적 입장을 취하고 있으며, 역사적으로 볼 때 완전한 행동의 자유나 정부의 직접적인 통제가 존재하지 않는 상태에서 점차 노조의 활동을 세부적으로 규제하는 방향으로 나아가고 있다(Reynolds, Masters, & Moser, 1986).

1 노사관계에 관한 일반이론

일반적으로 노사관계는 크게 대립적 시각과 협력적 시각으로 구분하여 살펴볼 수 있다.

흔히, 노사관계를 논의할 때 대립적 시각에서 노동자와 사용자가 갈등하는 관계에 있는 것으로 보는 전통적 시각이 지배적이지만, 오늘날에 와서는 이러한 전통적 시각에서 탈피하여 노동자와 사용자와의 관계를 협력적 시각에서 정립하려는 경향이 강하다.

밀스와 맥코믹(Mills & McCormick, 1985)은 일반적으로 노사관계가 주종 관계에서 사용자 지배 단계로, 다시 노사 대등 관계를 거쳐 노사 쌍방의 생산 협약을 통한 경쟁 지향 단계로 이행해 가는 것으로 설명한다. 다시 말하면, 노사관계는 대립 단계에서 대등 관계를 거쳐 협력 단계로 전환된다는 것이다(김수용, 2005).

이러한 입장에서 [표 11-2]와 같이 노사관계를 바라보는 기본 틀을 제시할 수 있다.

표 11-2 노사관계를 바라보는 시각

<table>
<tr><th>시각</th><th colspan="2">주요 제도</th><th>비고</th></tr>
<tr><td>대립적 시각</td><td colspan="2">노동조합 제도</td><td>노동 3권과 제약</td></tr>
<tr><td rowspan="8">협력적 시각</td><td rowspan="2">자본 참가</td><td>종업원 지주 제도</td><td>우리 사주</td></tr>
<tr><td>노동주 제도</td><td>노동주의 개념 인정</td></tr>
<tr><td>이익 참가</td><td>스캔론 플랜(Scanlon Plan)</td><td>제안 + 보너스
(suggestion + bonus)</td></tr>
<tr><td rowspan="4">경영 참가</td><td>노동자 대표제</td><td>패널 제도(panel system)</td></tr>
<tr><td>공동관리제</td><td>이익대표직 구성</td></tr>
<tr><td>노동자 관리제</td><td>경영자 = 노동자</td></tr>
<tr><td>노사협의제</td><td>노사 공동의 협의 · 의결</td></tr>
</table>

자료: 안용식 · 원구환(2001: 227)에서 발췌.

1) 대립적 시각에서의 노사관계

대립적 노사관계는 노동 3권과 관련하여 살펴볼 수 있다. 노동 3권은 노동자의 단결권, 단체교섭권, 단체행동권으로 구성되며, 자연법이 요구하는 권리로서 세계 각국이 다 같이 보장하고 있는 추세이다. 단결권이란 노동자가 작업환경의 유지 · 개선을 실현시키기 위해 자주적으로 단체를 조직할 수 있는 권리를 의미하며, 단체교섭권이란 노동자가 작업환경의 유지 · 개선을 위해 노동자단체의 이름으로, 사용자 또는 사용자 단체와 자주적으로 교섭할 수 있는 권리를 의미한다. 단체행동권이란 노동자가 작업환경의 유지 · 개선을 관철시키기 위해 집단적으로 시위행동을 함으로써, 업무의 정상적인 운영을 저해할 수 있는 권리를 말한다(허영, 1990: 484-488).

우리나라 「헌법」 제33조[4]에서는 노동 3권을 보장하고 있으나, 이는 법률이 정하

는 범위 내에서 보장된다고 규정하고 있다.[5)]

여기서 문제가 되는 것은 「헌법」 제37조 제2항에 의해 노동자의 노동 3권이 제한하는 경우에도 노동 3권의 본질적 내용은 침해할 수 없다고 본다. 과잉 금지의 원칙을 어긴 지나친 제한은 이들 권리의 본질적 내용을 침해할 가능성이 크기 때문이다. 예컨대, 노동조합의 조직을 금지하거나 노동조합의 내부 인사 문제에 대해 국가가 간섭하는 행위, 단체교섭 과정에 국가 권력이 부당하게 간섭하여 단체교섭의 자율성을 침해하는 행위, 쟁의행위를 심히 제한하는 법률을 제정하는 행위 등이 그 예라 할 수 있다(허영, 1990: 491).

2) 협력적 시각에서의 노사관계

일반적으로 단체교섭에 의해 노동자의 경제적 지위를 향상시키는 데는 한계가 있고, 또 그것에 의해 노동자의 인격적 자유가 전적으로 보장되지는 않는다. 여기서 노동자의 경영 참가라는 문제가 제기되는데, 기업 경제 활동에서 노동자의 인격적 자유와 경제적 지위의 향상을 목적으로 노동자의 경영 참가가 이루어지고 있다. 특히, 노동자는 오랫동안의 노동생활을 통해 스스로 경영자적인 훈련을 쌓게 되고 민주화 의식이 높아지면서, 노동자의 경영 참가는 자연스럽게 요청되고 있다. 즉, 노동자의 경영 참가는 노동자가 경영의 집행권에 직접 또는 적극적으로 참여함으로써, 노동자가 경영권의 내부에 참여하는 것을 말한다.

그러나 노동자의 경영참가 제도는 단체교섭 제도와 구별된다. 경영참가 제도는 이해 공동 관계에 있는 사항을 좀 더 효율적으로 해결하려는 참가적 기능을 지니는 반면에, 단체교섭 제도는 이해대립 관계에 있는 사항을 노사가 좀 더 유리한 조건으로 타결하려는 교섭 기능을 말한다(안용식 · 원구환, 2001: 232-233).

이러한 협력적 시각을 바탕으로 한 노사관계 제도는 다양한 형태로 구분할 수 있으나 [표 11-2]에서처럼 자본 참가, 이익 참가, 경영 참가의 세 가지로 크게 나누어 설명할 수 있다.

---

4) 「헌법」 제33조 제1항에서 "근로자는 근로조건의 향상을 위하여 자주적인 단결권, 단체교섭권 및 단체행동권을 가진다"라고 하여 근로자의 노동 3권을 보장하고 있다.

5) 「헌법」 제37조 제2항에서는 "근로자의 노동 3권도 국가 안전 보장, 질서 유지, 공공복리를 위하여 필요한 때에는 법률로써 제한할 수 있다"고 규정하고 있다.

(1) 자본 참가

자본 참가는 종업원들로 하여금 자본의 출자자로서 기업 경영에 참여시키고자 하는 제도로서, 종업원 지주 제도와 노동주 제도가 있다.

종업원 지주 제도는 제1차 세계대전 이후 산업민주화의 흐름 속에서 생긴 제도로서, 종업원 주식 매입 제도 · 우리사주제라고도 한다. 특별한 조건 · 방법으로는 저가격 · 배당우선 · 공로주 · 의결권 제한 · 양도 제한 등이 있다.

종업원이 증권시장을 통해 임의로 자사 주식을 취득하는 것은 종업원지주제라고 하지 않는다. 자본 조달의 원천 개발은 부차적인 목적이고, 주목적은 소유 참여나 성과 참여로써 종업원들의 근로 의욕을 높이고, 노사관계의 안정을 꾀하는 데 있다. 즉, 기업이 자사 종업원에게 특별한 조건과 방법으로 자사 주식을 분양 · 소유하게 함으로써, 노사 공동의 이익을 도모하고자 하는 제도이다.

노동주 제도는 금전 출자나 현물 출자에 대해 부여하는 주식인 자본주(資本株)에 대응하는 말이며, 한국 「상법」에서는 인정하지 않는다. 자본과 노동을 협조하게 하려는 목적에서 비롯되었으며, 노동자도 자본주와 같이 기업의 경영이나 이익 배당에 참가할 수 있는 권리를 가진다. 종류로는 종업원 모두에게 주식을 주는 방식과 종업원이 조직하는 단체에 주식을 주는 방식이 있다. 1917년 프랑스에서 활용한 노동자 참가 주식회사가 일부 있었다. 노동자가 제공하는 노무를 출자(出資)로 간주하고, 노동자에게 주식을 부여하는 제도이지만 현재는 실행되지 않고 있다.

(2) 이익 참가

이익 참가는 경영의 능률 증진에 대해 노동자가 적극적으로 참가하고 협력한 대가로서, 기업이 임금, 원료비, 이자, 감가상각 등을 계산한 뒤 이윤의 일부를 임금 이외의 형태로 노동자에게 분배하는 방식으로, 스캔론 플랜(Scanlon Plan)이 대표적인 방식이다.

스캔론 플랜은 생산성 향상에 따른 성과 배분 방식 또는 안정상여금 방식이다. 러커 플랜(Rucker Plan)[6)]이 부가가치의 일정 비율을 임금 총액으로 산출하는 데 비해,

---

6) 러커 플랜은 러커 생산 분배의 원리(Rucker share of production principle) 또는 부가가치 분배 원리라고도 한다. 미국의 경영학자 러커(A. W. Rucker)가 제창한 개념이다. 부가가치에 대한 임금 총액의 비율, 즉 분배율을 미리 정해 놓고 매출액의 증가나 인건비의 절약 등 부가가치 생산성의 증감에 따라 자동적으로 임금 총액을 계산하는 방식으로서, 노사 협조에 의한 부가가치 생산성의 향상을 지향하는 것이다. 즉, 생산성 향상에 의한 성과 배분 방식이라 할 수 있다.

스캔론 플랜은 부가가치 대신으로 생산 금액 또는 판매 금액을 사용한다. 즉, 판매 금액에 대한 인건비의 비율을 일정하게 정해 놓고, 생산성 향상 등으로 판매 금액이 예상보다 증가 또는 인건비가 절약된 경우, 기준 인건비와 실제 인건비의 차액을 생산 장려금 또는 상여금 형태로 지불한다. 그 산정 방정식은 다음과 같다.

월간 판매액×표준 노무 비율=임금 충당액
상여 총액=임금 충당액－월간 지불 임금 총액

이 방식은 종업원 개개인의 능률을 자극하는 것이 아니라, 집단적 능률을 자극하는 집단 능률급 방식으로서 주목받고 있으며, 미국에서는 중소기업을 중심으로 널리 보급되어 있다.

(3) 경영 참가

경영 참가는 노동자가 의사결정 과정에 참여할 수 있는 방식으로, 그 참여의 정도에 따라 노동자대표제, 공동관리제, 노동자관리제, 노사협의회제 등이 있다.

노동자대표제(labor representation)는 노동조합이 공기업 경영자에 임명되어야 할 사람을 지명하고, 정부가 그 지명자 중에서 경영자를 임명하는 방법이다. 노동자대표제에서는 정부가 경영자를 임명할 때 후보자명부제(panel system)[7]를 사용하는데, 이는 영국 노동당의 국유기업에서 유래되었다. 이 제도에 의하면, 경영자는 정부에 의해 임명되므로 경영자는 정부 및 의회에 대해 책임을 지게 된다. 공기업에 대한 정부 및 의회의 지배우월성을 유지하면서 공기업에 노동자대표를 참여시킬 수 있는 이점이 있다.

공동관리제(joint control)는 제1차 세계대전 직후 여러 사회론자들이 주장했고, 제2차 세계대전 이후에는 프랑스의 모흐(L. J. Moch)가 제창한 제도로, 기업 경영에 이해관계를 가진 노동자, 소비자, 경영자 및 정부 대표가 기업을 공동으로 관리하는 제도이다.

---

7) 즉, 정부가 이사회의 이사를 임명할 때 국유기업의 경영자연맹, 노동조합, 소비자 단체, 지방자치단체, 기타 단체 등과 협의하며, 이들 단체는 이사에 임명되어야 할 후보자명부를 작성하고, 이를 정부에 제출한다. 정부는 이 후보자명부 중에서 적당한 이사를 임명하는 방식이다(안용식 · 원구환, 2001).

노동자관리제(worker's control)는 기업의 경영자가 모두 노동조합에 의해 임명되고, 경영자는 노동조합에 대해 책임을 지며, 노동조합은 언제라도 경영자를 파면할 수 있는 제도로, 고전적 참여민주주의 이론가들의 이상에 부합하는 제도이다. 하지만, 이 제도는 경영자가 노동자의 임의적인 결정에 의해 임명 및 파면됨으로써 경영의 비능률을 초래했고, 노동자의 참여에 따른 대표성과 전문성의 결여로 생산성이 저하되는 등의 문제들로 인해 실패하고 말았다.

노사협의회제(joint labor management conference system)는 기업의 성장·발전과 노동자의 근로 생활 질 향상이라는 두 가지 목적을 달성하기 위해, 노사 당사자들이 대화의 장에 모여 토론과 협의를 하고, 공동 의사결정에 이를 수 있는 노사문제 해결 프로그램이다.

2 공기업의 노사관계 특징

1) 공기업 노사관계의 특수성

일반적인 노사관계는 근로자가 사용자와 대등한 입장에서 구체적인 근로 조건을 집단적으로 교섭하고 결정할 수 있는 노사자치에 바탕을 두고 있다. 이러한 노사자치는 노사당사자 간에 힘의 세력 균형을 기반으로, 근로 조건이나 노사관계의 제반 준칙 등 양 당사자가 처분할 수 있는 사항을 국가나 제3자의 개입이나 간섭 없이 자유의사와 자기 책임 아래 상호 합의를 통해 결정하는 것이다.

그러나 [그림 11-1]에서 보는 바와 같이 공기업의 경우, 민간기업과는 달리 다층적인 주인-대리인 구조로 인해, 노사자치주의를 기본 원칙으로 인정하면서도 이에 대한 일정 수준의 제한이 있다.[8] 즉, 공기업 노사관계에는 단순히 사용자-노동자의 관계로만 파악할 수 없는 공익적 특수성을 가지고 있다. 노사 협상의 주체인 공기업 경영진은 엄밀한 의미에서 협상 당사자가 아니라 대리인일 수밖에 없으며, 이러한 관계 때문에 단체교섭을 통해 협약을 체결하더라도 위임인인 정부에 의해 거부될 수 있다. 주인인 국민의 위임인인 정부는 공기업에 대해 국민의 이익 대변자 및 감시자로서 역할과 사용자로서 역할을 동시에 가지고 있기 때문이다. 이것이 공기업의 경영

8) 「노동조합 및 노동관계조정법」에는 공익사업 특례 조항이 존재하여 공공기관 노조의 노동 3권에 대한 제한을 가하고 있다. 즉, 국민생활에 필수적인 재화와 서비스 공급주체로서 공익적 관점에서 일정 요건 아래 쟁의권이 제한되고 있다.

및 관리에 대해 정부가 때로는 과도하게 개입하거나 통제하는 결과를 야기하게 되고, 이는 노사자치주의의 기본 원칙을 위배하는 결과를 초래하기도 한다.

한편, 공기업 노조가 상급 노조에 가입함으로써 외부인인 상급 노조의 정책 방향에 따라 노사 간 협상이 결렬되거나 단체협약 내용이 변경되기도 한다. 결국, 정부와 상급 노조 간에 정책노선 충돌이 발생할 경우 공기업 경영진과 근로자 간의 단체협약 체결을 위한 노력은 의미가 없게 되며, 이는 노사자치주의 원칙이 훼손되는 것이다.9)

공기업 노사관계에서 또 하나의 특징 중 하나는 공기업의 경영진과 노동조합은 자기들만이 획득할 수 있는 정보의 비대칭성을 이용하여, 그들 모두에게 유리한 협약을 만들어낼 수 있는 가능성이 존재한다는 점이다. 이들 대리인들의 담합에 의해 공공기관의 공익성과 성과보다는 조직의 안정과 조직구성원의 이익을 우선하는 단체협약을 만들 가능성이 높아진다.10)

그림 11-1 공기업 노사관계의 다층적 대리인 관계구조

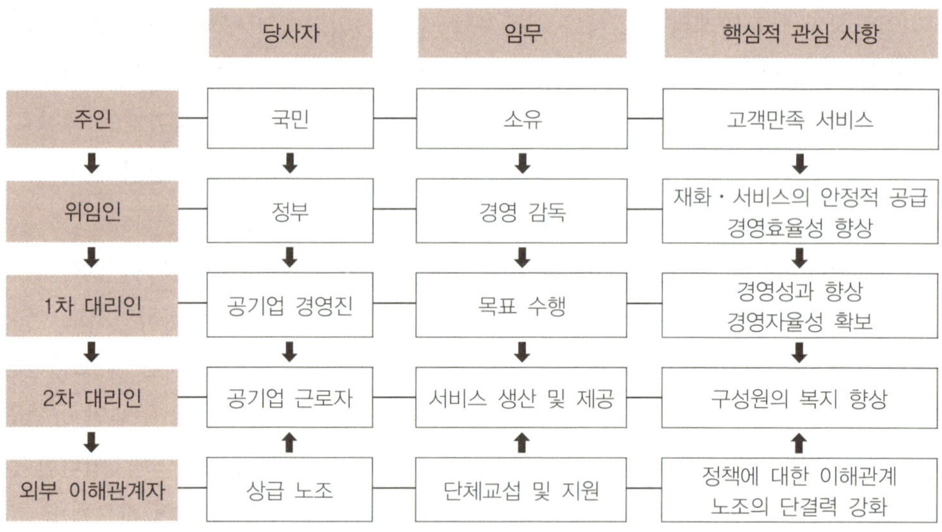

자료: 이상철 · 권영주(2011).

9) 공공기관에서 단체협약안을 준비하고 있던 담당자들은 정부의 지침과 상급 노조의 지침이 상반되는 상황에서 단체협약안을 만들어봐야 어차피 소용없게 될 것이라며, 자신들이 왜 이렇게 시간 낭비하고 있는지 모르겠다고 토로하고 있다.

10) 특히, 문제 해결에만 급급하고 임기응변적으로 대응을 해온 공공기관 경영진과 노동조합의 담합구

[그림 11-1]에서 보는 바와 같이 주인인 국민이나 위임인인 정부를 제외한 1차 대리인인 공기업 경영진과 외부 이해관계자인 상급 노조는 모두 공기업 구성원들의 복지 향상에만 몰두할 가능성이 있다.

공기업의 노사관계는 복잡한 주인-대리인 관계로 인해 책임경영 문제, 정치적 논리의 개입, 노사 담합, 경영진의 도덕적 해이 등의 문제점들을 드러내고 있다.

더구나, 최근에는 노동운동의 중심축이 민간에서 공공부문으로 이동함에 따라 공기업 노사관계의 양상이 민간부문을 선도하고 있으며, 높은 공공성을 띠는 재화와 서비스의 안정적 공급을 위해 공공기관 노사관계의 안정이 중요한 사회적 이슈가 되고 있다. 또한 공기업의 경우, 전국 단위의 대규모 조직을 가지고 있고, 공기업 노조 간에 공통의 이해관계를 많이 가지고 있다. 특히, 우리나라의 공공기관은 민간기업보다 훨씬 높은 노조 가입률로 인해 노동쟁의가 발생하면 전국적 형태로 진행될 가능성이 있다. [표 11-3]에서 보는 바와 같이 2023년 현재 공공기관 노조 조직률(조합원 수/총 근로자 수)은 약 70%로 우리나라 전체 노조 조직률 14.2%에 비해 현저하게 높다. 공기업 노조는 노조재정의 건실성 등을 배경으로 일반 민간 노동운동에 대한 영향력이 확대되고 있는 실정이다.

이러한 공기업 노사관계의 특징을 정리하면 다음과 같다.

첫째, 공기업은 주인인 국민의 생활에 필수적인 재화와 서비스를 공급하는 주체이기 때문에, 위임인인 정부가 공익적 관점에서 일정 요건 아래 쟁의권 등을 제한하고 있다.[11] 대립적 시각은 주로 노동 3권과 관련하여 공기업에도 민간 노동조합과 동일한 활동을 인정할 것인가 하는 문제로 귀결되는데, 일반적으로는 사기업과 같은 노동 3권을 보장받을 수는 없는 것으로 이해하고 있다. 즉, 공기업은 소유의 공적 성격과 제공하는 서비스의 공공적 성격 때문에, 노동 문제에 관해서는 사기업과 다른 특수성을 지니고 있다고 보는 것이다. 공기업 노사관계에 대한 대립적 시각의 바탕에는 공기업이 제공하는 서비스가 일반국민의 공공복리를 위한 것이라는 전제가 깔려 있

조는 공공기관 경영혁신 노력을 저해하고, 조직 및 인력 과다 등 공공기관 방만 경영의 부분적인 원인이 되기도 하였다. 실제로, 2009년 감사원이 실시한 감사 결과를 보면, 공공기관에서는 보수 등의 편법 인상, 사내근로복지기금의 과다 출연 및 기금 사용, 경영평가자료 부실 작성으로 성과상여금 부실 산정, 과도한 복리후생 지원 이외에도 인사경영권을 지나치게 제한하는 단체협약 체결 등 많은 문제점을 안고 있는 것으로 나타났다.

11) 「노동조합 및 노동관계조정법」에는 공익사업 특례 조항을 두어 공기업 노조의 노동 3권에 대한 제한을 가하고 있다.

다(김철수, 1981; 권영성, 1981).

둘째, 공기업 노사관계는 실질적인 소유권을 가지고 있는 정부와의 교섭 비중이 높아짐으로 인하여, 노조가 민간 노조에 비해 높은 정치지향성을 보이게 된다. 공기업 노조 간에는 공통의 이해관계가 많아서 연대 활동이 활발하게 일어나고 있어 개별 기업별 자율교섭에는 한계를 보이고 있다.[12] 이러한 공기업 노조의 특수성은 결과적으로 공기업의 외부 이해관계자인 상급 노조의 영향력이 점차 커지게 만드는 요인이 되었다. 그러나 공기업 노조의 정치지향성이나 상급 노조의 영향력은 뒤에서 설명하는 기업 단위 복수노조 제도를 도입하면서 약화될 것으로 기대하고 있다.

셋째, 공기업 노사관계를 협력적 시각에서 보는 입장은 공기업 노조는 민간 노조의 생존권 투쟁과는 달리 종업원의 복지 문제에 치중할 수 있으므로, 공기업 근로자를 공기업 경영에 적극 참여시킴으로써, 조직 내 민주성을 발전시키고 경영의 능률화를 기할 수 있는 특징이 있다는 것이다(안용식 · 원구환, 2001). 공기업의 협력적 노사관계를 주장하는 사람들의 기본 시각은 공기업은 공공적 성격이 강하므로, 주인인 국민의 입장에서 경영하는 것이 바람직하지만, 조직의 구성원이자 국민에 대한 서비스 전달자인 공기업 근로자를 근본적으로 경영의 협력적 관계로 보아야 한다는 것이다. 공기업에서 노사협의회제가 활성화되어야 한다는 주장은 이런 측면을 반영하고 있다고 할 것이다.

이러한 공기업 노사관계가 가지고 있는 특수성에 기초를 두고, 우리나라 공기업 노사관계에 대한 대립적 시각과 협력적 시각에서 현실적인 문제와 정책 방향을 살펴보기로 한다.

2) 대립적 시각에서 공기업 노사관계

(1) 대립적 노사관계의 현황

우리나라 공기업의 노동운동은 조직원 간의 동질감, 민간부문에 비해 높은 노조 조직률, 우리나라 전체 노동운동에서 차지하는 적지 않은 비중 등에도 불구하고, 민간부문에 비해 주목받지 못하면서 상대적으로 노사관계가 안정적인 것으로 인식되어

12) 실제로, 참여정부의 핵심 정책인 공공기관 지방 이전의 경우, 한국전력공사 등 10개 대형 공기업(한국전력공사, 한국토지공사, 한국도로공사, 한국석유공사, 농수산물유통공사, 한국가스공사, 한국관광공사, 대한주택공사, 농업기반공사, 대한광업진흥공사) 노조에서 공동으로 지방 이전을 반대했으며, 공기업 민영화 문제에도 공기업 노조에서 연합하여 반대하였다.

왔다(김정우, 2005a). 그러나 외환위기를 계기로 하여 공공부문이 강도 높은 구조조정의 대상이 되면서 공기업에도 노사 갈등이 심화되고, 조직원들 간의 유대감이 강화되었다. 이런 와중에서 공기업 노동운동도 여러 세력 간에 연대나 협의회가 결성되는 등의 방향으로 변화가 일어나고 있다(김정우, 2005b).

공기업의 구조조정을 둘러싼 노사 갈등은 2002년 발전노조의 파업으로 최고조에 달했고, 그 이후 정부의 구조조정이 대부분 마무리되면서 구조조정을 둘러싼 갈등이 지속적으로 일어나고 있다. 공기업의 구조조정과 관련된 노사 갈등의 경험을 통해 형성된 공기업 노동자들 간의 유대감, 노조 조직 간의 연대감 등은 민간부문의 노조에 많은 영향을 미치고 있다.

[표 11-3]에서 보는 바와 같이 2023년 1분기 현재 공공기관 306개 중 노동조합이 결성된 기관은 305개이고, 총노조 수는 403개이다.[13] 공공기관의 노조 조직률은 우리

표 11-3 공공기관 노동조합 설립 및 가입 현황(2023년 현재)

(단위: 개, 명, %)

구분	전체 기관 수	유(有)노조 기관							노조 조직률			
		기관 수	노조 수	상급 단체		조합원 수			전체	정규직	무기 계약직	비정규직
						정규직	무기 계약직	비 정규직				
공기업	31	31	48	소계	48	105,044	10,209	458	72.9	72.4	96.3	15.1
				한노총	18	31,856	8,419	88				
				민노총	19	39,806	1,148	83				
				미가입	11	33,382	642	287				
준정부기관	56	56	78	소계	78	76,926	13,413	3,109	70.1	68.5	77.8	84.8
				한노총	30	30,875	5,663	608				
				민노총	29	39,243	5,686	2,465				
				미가입	19	6,808	2,064	36				
기타공공기관	219	218	277	소계	277	78,281	19,339	2,849	49.4	49.4	67.1	17.9
				한노총	72	25,003	8,310	1,055				
				민노총	119	38,370	7,449	1,036				
				미가입	86	14,908	3,580	758				
총계	306	305	403		403	260,251	42,961	6,416	62.5	62.6	75.8	28.3

자료: 공공기관경영정보공개시스템(알리오) 2023년 1분기 공시기준.

13) 2023년 현재 공공기관으로 지정된 기관은 총 347개이다. 그러나 알리오에 2023년 1분기 노조 관련

나라 전체 노조 조직률에 비해 현저히 높은 비율을 보이고 있다.

공공기관 유형별 노조 조직률을 살펴보면 공기업은 100.0%(31개/31개), 준정부기관 100.0%(56개/56개), 기타 공공기관 99.5%(218개/219개)로, 노조 조직률이 크게 높은 것을 알 수 있다.

정부 예산보다 훨씬 많은 예산을 집행하고 있는 공공기관은 국민경제 자체에 큰 영향력을 미치고 있을 뿐만 아니라, 민간부문에 비해 높은 노조조직률을 바탕으로 사회 전반의 노사관계에도 큰 영향을 미치고 있다.

(2) 대립적 노사관계의 관련 규정

우리나라 공기업에서 대립적 노사관계인 노동 3권과 관련된 법 규정을 살펴보면, 크게 단체교섭과 노동쟁의에 관련된 내용들로 구분할 수 있다.

단체교섭 사항이 되기 위해서는 사용자가 처리 또는 처분할 수 있어야 하고, 집단적 성격을 가져야 하며, 근로 조건과 관련이 있어야 한다. 즉, 노조조직 승인 조항, 조직 보호 조항, 조합비 공제 조항, 단체교섭 절차 및 방법 등 채무적 효력을 가진 사항과 근로 조건에 관한 임금, 수당, 퇴직금, 근로시간, 휴게, 휴일, 휴가 등의 규범적 효력을 가진 사항 등이 단체교섭 사항이다. 다만, 인사·경영권을 침해하는 사항에 대해 사용자가 교섭을 거부하더라도 부당노동행위가 성립되지 않는다.[14] 단체협약 내용 중 "근로 조건, 기타 근로자의 대우에 관한 사항"은 「노동조합 및 노동관계조정법」상 규범적 효력을 부여한다. 그렇지만, 예산편성지침 등과 같은 감독 관청의 승인을 얻도록 규정된 사항에 대해 승인을 얻지 못한 단체협약 규정은 효력이 부정된다.[15]

공기업 노동쟁의의 대상과 범위는 크게 제약받고 있음을 알 수 있다. 또한 노동쟁의의 대상이라 하더라도 「노동조합 및 노동관계조정법」에 의해 공익사업으로서 많은 규제를 받고 있다. 「동법」 제51조는 '공익사업 등의 우선적 취급' 규정을 두어 "국

정보를 공시한 기관만을 대상으로 노조현황을 분석한 자료이므로, 전체 공기업의 수와는 차이가 있다.

14) 회사 이전 시 이전에 관한 판단은 경영권의 고유한 사항이나 이전으로 인한 근로자의 이사 비용 또는 정착 비용 등의 지불을 요구하거나, 인사 원칙 또는 배치 전환의 기준 등과 같이 전체 근로자의 근로 조건과 관련된 '인사 기준'의 설정을 요구하는 것, 징계·해고 시에 그 최종 결정권은 회사가 보유하되 노동조합의 의견을 듣거나 사전 협의를 거치도록 요구하는 것은 인사·경영권 중 단체협약이 가능한 사례이다.

15) 농지개량조합 사례(대법원, 2002.12.10)의 경우가 대표적인데, 대법원은 임직원 보수를 인상하기로 한 단체협약 규정이 농림부장관의 승인을 받지 못해 무효라고 판시하였다(김수용, 2005).

가 · 지방자치단체 · 국공영기업체 · 방위산업체 및 공익사업에 있어서의 노동쟁의의 조정은 우선적으로 취급하고 신속히 처리하여야 한다"고 명시하고 있다.

「동법」 제71조 제1항은 이 법에서 '공익사업'이라 함은 "공중의 일상생활과 밀접한 관련이 있거나 국민경제에 미치는 영향이 큰 사업으로서 1. 정기노선 여객운수사업 및 항공운수사업, 2. 수도사업, 전기사업, 가스사업, 석유정제사업 및 석유공급사업, 3. 공중위생사업, 의료사업 및 혈액공급사업, 4. 은행 및 조폐사업, 5. 방송 및 통신사업"이라고 규정하고 있다.

「동법」 제71조 제2항은 이 법에서 '필수공익사업'이라 함은 제1항의 공익사업으로서, 그 업무의 정지 또는 폐지가 공중의 일상생활을 현저히 위태롭게 하거나 국민경제를 현저히 저해하고, 그 업무의 대체가 용이하지 아니한 사업으로서, 1. 철도사업, 도시철도사업 및 항공운수사업,[16] 2. 수도사업, 전기사업, 가스사업, 석유정제사업 및 석유공급사업, 3. 병원사업 및 혈액공급사업, 4. 한국은행사업, 5. 통신사업으로 명시하고 있다.

「동법」은 필수유지 업무에 대한 쟁의행위를 제한하고 있다. 필수유지 업무의 정당한 유지 · 운영을 정지 · 폐지 또는 방해하는 행위는 쟁의행위로서, 이를 행할 수 없도록 규정하고 있다(동법 제42조의2).

「동법」은 노동관계 당사자가 쟁의행위 기간 동안 필수유지 업무의 최소한의 유지 · 운영 수준, 대상 직무 및 필요 인원 등을 정한 협정, 즉 '필수유지 업무협정'을 서면으로 체결하도록 하고 있다(동법 제42조의3).[17] 노동관계 당사자 쌍방 또는 일방은 필수유지 업무협정이 체결되지 아니하는 때에는 노동위원회에 필수유지 업무의 필요 최소한의 유지 · 운영 수준, 대상 직무 및 필요 인원 등의 결정을 신청하여야 하고, 이에 따른 신청을 받은 노동위원회는 사업 또는 사업장별 필수유지 업무의 특성 및 내용 등을 고려하여, 필수유지 업무의 필요 최소한의 유지 · 운영 수준, 대상 직무 및 필요 인원 등을 결정할 수 있다고 규정하고 있다. 노동위원회의 결정은 특별조정위원회

16) 2006년 12월 22일 개정된 「노동조합 및 노동관계조정법」에서 항공운수업이 필수공익사업으로 새롭게 지정됨에 따라 매년 되풀이되는 항공사의 파업으로 인한 피해가 줄어들 전망이다.

17) 「동법」 제42조의6(필수유지 업무 근무 근로자의 지명) "노동조합은 필수유지 업무협정이 체결되거나 노동위원회의 결정이 있는 경우, 사용자에게 필수유지 업무에 근무하는 조합원 중 쟁의행위 기간 동안 근무하여야 할 조합원을 통보하여야 하며, 사용자는 이에 따라 근로자를 지명하고 이를 노동조합과 그 근로자에게 통보하여야 한다. 다만, 노동조합이 쟁의행위 개시 전까지 이를 통보하지 아니한 경우에는 사용자가 필수유지 업무에 근무하여야 할 근로자를 지명하고, 이를 노동조합과 그 근로자에게 통보하여야 한다."

가 담당하는데, 노동위원회의 결정에 대한 해석 또는 이행 방법에 관하여 관계 당사자 간에 의견이 일치하지 아니하는 경우에는 특별조정위원회의 해석에 따른다. 이 경우, 특별조정위원회의 해석은 노동위원회의 결정과 동일한 효력이 있다(동법 제42조의4).

3) 협력적 시각에서 공기업 노사관계

협력적 시각에서의 노동자 경영 참가 유형은 다양하지만 우리나라의 경우, 노사협의회제를 채택하고 있다.

일반적으로 노사협의회제는 노동자들이 경영에 참여함으로써 근로 조건에 관해서뿐만 아니라, 경영 전반에 관해 사용자와 협의하는 것을 그 내용으로 한다.

이러한 노사협의회제가 요청되는 이유는 노사관계의 근대화라는 사회구조 개혁의 측면과 경영합리화에 의한 생산성 향상 측면을 동시에 고려했기 때문이다. 전자의 사회구조적 측면은 민주성을, 후자의 생산성 향상은 합리주의 사상을 기초로 하고 있다.

그러므로 노사협의회제의 의의는 그 본질상 사용자의 배타적 경영권에 대해 생산활동에서 노동자들의 기업 경영에의 참여를 인정하는 데 있다(김형배, 1990: 562).

여기에서 말하는 노사협의회제는 경영에의 직접적 참가와는 달리 간접경영 참가를 의도한 것이다. 즉, 의사결정에 대한 참가보다는 노동 조건, 능률 개선 등에 대해 노사 쌍방이 협의함으로써, 경영의 민주성과 능률성을 향상시키는 데 그 목적이 있다고 할 것이다(안용식 · 원구환, 2001).

따라서 노사협의회는 노동자와 사용자가 일정한 사항에 관해 협의 · 의결하며, 이해와 협조를 바탕으로 노사의 협력적 관계를 수립한다는 점에서 갈등적인 대립관계를 전제하는 노사활동과는 근본적으로 그 성격이 다르다 할 것이다. 생존을 전제로 하는 민간기업 노동조합에 비해서 복지에 중점을 두고 있는 공기업 노사관계에서 노사협의제가 더 큰 유용성을 보일 것이다.

(1) 노사협의회제의 구성 및 운영

노사협의회란 노동자와 사용자가 참여와 협력을 통해 노동자의 복지 증진과 기업의 건전한 발전을 도모함을 목적으로 구성하는 협의기구이다. 특히, 노동조합과 관련된 규정은 노사협의회와 아무런 관련이 없기 때문에, 노사협의회와 노동조합의 활동은 별개의 노사관계 제도라 할 수 있다(근로자 참여 및 협력 증진에 관한 법률 제3조,

제5조). 노사협의회는 근로 조건의 결정권이 있는 사업 또는 사업장 단위로 설치되어야 하며, 상시 30인 미만의 노동자를 사용하는 사업 또는 사업장은 설치하지 않아도 된다.

이러한 노사협의회는 노사 동수로 3~10인의 위원으로 구성되며, 의장은 위원 중에서 호선한다. 이 경우, 근로자 위원과 사용자 위원 중 각 1인을 공동 의장으로 할 수 있다. 위원의 임기는 3년이며 연임이 가능하다. 회의 소집은 의장이 하며, 의사 정족수는 근로자 위원과 사용자 위원의 각 과반수의 출석으로 개최하고, 의결 정족수는 출석 위원 3분의 2 이상의 찬성으로 의결하도록 규정하고 있다.

(2) 노사협의회제의 권한

노사협의회제의 권한은 크게 협의, 의결, 보고 사항으로 구분된다.

협의 사항은 1. 생산성 향상과 성과 배분, 2. 근로자의 채용·배치 및 교육훈련, 3. 근로자의 고충처리, 4. 안전, 보건, 그 밖의 작업환경 개선과 근로자의 건강 증진, 5. 인사·노무관리의 제도 개선, 6. 경영상 또는 기술상의 사정으로 인한 인력의 배치전환·재훈련·해고 등 고용 조정의 일반 원칙, 7. 작업과 휴게 시간의 운용, 8. 임금의 지불 방법·체계·구조 등의 제도 개선, 9. 신기계·기술의 도입 또는 작업 공정의 개선, 10. 작업 수칙의 제정 또는 개정, 11. 종업원지주제와 그 밖에 근로자의 재산형성에 관한 지원, 12. 직무 발명 등과 관련하여 해당 근로자에 대한 부상에 관한 사항, 13. 근로자의 복지 증진, 14. 사업장 내 근로자 감시 설비의 설치, 15. 여성 근로자의 모성 보호 및 일과 가정생활의 양립을 지원하기 위한 사항, 16. 직장 내 성희롱 예방에 관한 사항, 17. 그 밖의 노사 협조에 관한 사항 등이다(근로자 참여 및 협력 증진에 관한 법률 제20조 제1항).

의결 사항은 1. 근로자의 교육훈련 및 능력 개발 기본계획의 수립, 2. 복지시설의 설치와 관리, 3. 사내근로복지기금의 설치, 4. 고충처리위원회에서 의결되지 아니한 사항, 5. 각종 노사공동위원회의 설치 등이다(근로자 참여 및 협력 증진에 관한 법률 제21조).

보고 사항은 1. 경영계획 전반 및 실적에 관한 사항, 2. 분기별 생산계획과 실적에 관한 사항, 3. 인력계획에 관한 사항, 4. 기업의 경제적·재정적 상황 등이다(근로자 참여 및 협력 증진에 관한 법률 제22조).

3 공기업 노사관계의 정책 방향

1) 최근 노사관계의 제도적 변화

2010년 우리나라에서는 노조 전임자 근로시간 면제 제도(일명 타임오프 제도)의 획기적인 개선과 기업 단위 복수노조의 설립 허용으로, 공기업 노사관계는 새로운 국면을 맞이하고 있다. 현재 단체협약을 체결하고 있는 모든 기관에서 타임오프제를 도입하고 있다. 지금까지 불합리한 노조 활동 관행의 하나였던 '과도한 전임자 수' 개선을 위해 노력한 결과, 조합원 100명당 전임자 수는 2010년 이전 1.20명에서 현재에는 1.0명 이하로 감소했다.

기업 단위 복수노조의 설립은 단순히 노동조합 설립의 자유 인정이라는 법·제도적 변화 이상의 의미를 가지고 있다. 기업단위 복수노조 설립 허용은 노조 설립 및 조합원 수의 변화, 노사관계 성격 변화, 노동쟁의 발생가능성 및 노사 간의 역학관계 전반에 상당히 많은 변화를 가져오고 있다. 더구나, 복수노조의 허용은 근로시간 면제 제도의 혜택을 누가 가질 것인가의 문제와 관련하여, 공기업 노사관계를 크게 변화시킨 요인 중 하나가 되었다.

복수노조 제도가 정착되면서 교섭단위는 기업 단위를 원칙으로 움직이게 되며, 유급 근로시간 면제 제도에 근거한 유급 전임자의 노조 활동은 기업 단위에서만 인정될 수 있기 때문에, 기업 단위를 벗어나는 노조 활동은 제약을 받을 수밖에 없다. 상급 단체 파견 전임자와 상급 단체 연대 활동에 대한 유급 노조 활동 인정 범위가 줄어들면서, 기업 단위 노조들 간의 연대 활동이나 노조 간부들의 외부 활동이 자연적으로 감소하게 되며, 노조 활동은 기업 내부 문제에 집중되고 있다. 결국, 구성원의 선택을 받기 위한 노조 내의 노선 경쟁, 기업 간 연대 약화로 인한 외부 활동 감소 등은 노조가 정치적 연대보다는 기업 내부에 관심을 집중시킴으로써, 실리 중심 노선을 견지하는 방향으로 움직이게 만들고 있다.

우리나라 공공기관에는 [표 11-3]에서 보는 바와 같이 2023년 현재 노조가 있는 공공기관당 1.5개의 복수노조를 가지고 있다. 복수노조 기관은 단체협약 만료 3개월 전에 단일화 절차를 진행하여, 대표노조·공동교섭단·개별교섭 등을 정해야 한다.

2) 공기업 노사관계의 정책 과제

(1) 최근 공기업 노사관계의 평가

최근 공기업 노조 활동은 그간의 강경 투쟁 기조에서 실리 위주의 활동으로 변화되면서, 노사분규 건수나 불법분규 건수, 그리고 근로손실 일수가 크게 감소하고 있다. 반면에, 노사상생 협력선언은 지속적으로 증가했다. 이는 공기업 노사관계의 정책 변화, 경영평가와 경영공시에서 공기업 노조 활동을 철저하게 모니터링한 결과로 평가된다.

그러나 공기업 노사관계의 환경이 급속하게 바뀔 수 있을 뿐만 아니라, 노사관계의 속성상 언제 대립적인 갈등이 나타날지 모를 일이다. 최근 변화되고 있는 공기업 노사관계의 환경 변화를 중심으로 몇 가지 정책적 과제를 살펴보고자 한다.

(2) 타임오프제와 기업 복수노조의 정착 문제

2010년 1월 1일 국회를 통과한 새로운 노사관계 법안을 요약하면, 앞에서 설명한 바와 같이 사업장 단위에서 복수노조를 허용하고, 전임자에 대한 급여를 금지하는 것이다.

그동안 우리나라는 복수노조를 허용하지 않음으로써, 단결권을 제약한다는 국제사회의 비판을 받아왔을 뿐만 아니라, 여러 사업장에서 노조 전임자가 너무 많아서 사용자에게 경제적인 부담을 주고, 불필요한 갈등을 일으키고 있다는 비판이 제기되어 왔다. 여러 국가와 FTA를 체결하고 있는 우리나라의 입장에서 국제 기준에 걸맞은 노동 관련 제도를 구비해야 한다는 필요성을 감안할 때, 노사관계의 합리화가 진척될 계기를 맞이했다는 점에서 법 개정은 의미가 있다. 제도적인 측면에서 우리나라는 공기업 노조가 민간노조를 선도해 나가고 있는 입장임을 고려한다면, 공기업에서 먼저 복수노조 허용에 따른 민주적이고 능률적인 교섭 창구 단일화와 타임오프 제도가 정착되도록 노력하여야 할 것이다.

(3) 공기업 노사관계 특수성에 따른 정책 과제

우리나라에서 높은 노조 가입률을 바탕으로 공기업 노조가 전체 민간 노조에 미치는 영향력을 고려할 때, 공기업 노사관계의 정책 과제는 결코 간단하게 다루어질 수 없는 문제이다.

첫째, 공기업 경영진들이 노동조합을 대정부 협상의 카드로 활용하는 것을 경계해야 한다. 공기업의 CEO를 비롯한 경영진은 공기업의 특수한 주인-대리인 계층구조로 인해 완전한 사용자의 입장이 될 수 없고, 오히려 대리인의 입장에 있다고 할 수 있다. 그렇기 때문에 공기업의 경영진들은 오히려 조직의 안정성과 자율성을 확보하기 위해 단결력이 강한 노동조합을 우회적으로 활용하는 측면도 있다. 따라서 노사자치주의에 바탕을 둔 공기업 노사의 원만한 관계 설정을 위해, 정부에서는 공기업 경영진에게 노사관계에 있어서 공기업 경영의 자율성의 범위를 명확하게 설정해 주어야 한다. 이는 정부에서 일방적으로 정할 것이 아니라 공기업과 정부, 그리고 많은 이해관계자의 합의가 요구되는 부분이다. 또한 공기업 경영진을 대상으로 노사관계 제도 변화의 목적과 취지를 철저하게 주지시킴으로써, 경영진들이 노사관계 제도의 변화 흐름을 올바르게 인식할 수 있도록 해야 한다. 공기업 노사관계의 정책은 정부가 중심이 되어 이해관계자의 합의에 바탕을 두어 정하고, 공기업 경영진은 이를 정착할 수 있도록 노력하여야 한다. 공기업 기관장 및 경영진의 경영계약서에 이를 명확하게 명시하고, 공기업 경영평가에서 이를 철저하게 모니터링할 필요가 있다.

둘째, 정부도 공기업 내부에서의 노사자치주의 정착에 방해가 되지 않도록, 과도한 정부 간섭을 배제하는 제도적 기반을 마련해야 할 것이다. 정부는 공기업에 대해 국민 이익의 대변자 및 감시자로서의 역할과 사용자로서의 역할을 가지고 있다. 국민 이익의 대변자 및 감시자로서의 역할은 민간부문의 주주 역할이라 할 수 있다. 공기업은 민간기업과는 달리 시장의 경쟁 압력에서 벗어나 있으므로, 주주로서의 정부 역할이 민간부문과 다를 수밖에 없으며, 이것이 공기업의 경영 및 관리에 대해 정부가 때로는 과도하게 개입하거나 통제하는 결과로 나타나게 된다. 정부가 공기업에 형식적으로는 자율성을 주고 있지만, 실질적으로는 상당 부분 정부가 공기업 경영에 관여하는 시스템 속에서, 공기업 노사, 그리고 노사정 간에 비합리적이고 불필요한 갈등관계가 발생하는 것은 당연하다고 할 것이다(박영범, 2004).

자율적이고 협력적인 노사관계가 공기업에 정착되기 위해서는 공기업에 대한 정부 규제의 전반적인 기조가 변화되어야 한다. 우선, 정부 규제의 투명성과 일관성을 확보하는 것이 무엇보다 중요하다. 정부는 공기업의 자율적이고 협력적인 노사관계 형성을 위해 인사 및 경영권에 침해되지 않는 노사 간의 핵심 쟁점 사항에 대해서는 가능한 한 공기업의 자율적 협상권을 보장해야 할 것이다. 정부는 공기업 관리의 원칙인 경영진의 자율적 책임경영과 그에 대한 사후 평가라는 기본 방향에 충실하여야 한다. 정부의 지나친 관여는 노사 협력에 의한 문제 해결보다는 공기업 노조의 정치적 성향을 더욱 촉진할 뿐이다.

셋째, 선진국의 경험을 통해 사회보장의 확충이라는 정책 방향을 벤치마킹할 필요가 있다. 역사적으로 노동자들의 가장 큰 불안은 고용의 지속성 여부였다. 공기업 민영화를 반대하고 있는 공기업 노조의 가장 큰 요구 사항이 고용 승계 문제이다. 민영화로 기관 변경 후 노동을 할 수 없는 상황에 대한 불안, 노령으로 더 이상 고용되지 못할 때 생활 수단에 대한 불안 등이 노동자들을 흔들리게 만들고, 이들이 사용자와의 협의 과정에서 노동자들을 더욱 투쟁적으로 만든다. 퇴직연금이나 실업, 건강보험 제도가 잘되어 있는 상황에서는 노동자들의 과도한 임금 인상이나 성과배분 요구는 자제되고, 사용자에 대한 강경 반응도 크게 완화될 것이다. 이들 사회보장 제도들은 이른바 사회임금(social wage)의 일부로 노동자들의 생활수준 향상과 복지 향상에 매우 중요하게 기여하는 것이므로 점차 확대되어야 한다. 노동자들도 당연히 비용의 일부를 분담해야 한다. 여기에서도 일부 선진국에서 문제가 되고 있는 지나친 사회보장이 노동의 인센티브를 약화시키는 현상에 대해서는 유념할 필요가 있다(김수용, 2005).

넷째, 공기업 구조조정 시 인력 조정을 최대한 자제하고, 임금 피크제,[18] 고용 안정 지원사업, 직업 능력 개발, 고용 안정 서비스 등 고용 안정을 위한 다양한 지원 방안을 강구하여야 한다. 또한 인력의 배치전환이나 일감 나누기(job sharing) 등의 해고 회피 노력을 기울임으로써, 노사 갈등 증폭을 예방해야 한다. 구조조정의 실시 여부는 고도의 경영상 결단에 속하는 사항으로 단체교섭 및 쟁의행위 대상이 될 수 없지만(대법원, 2003.3.28), 노사 간 대화와 협력을 강화하기 위해 노사협의회 운영 활성화, 노사 합동 고충처리기구 운영, 작업장 혁신, 노사 갈등 예방·해소를 위한 컨설팅, 합동 연수, 세미나 개최 등의 노사관계 발전 프로그램 사업을 지속적으로 연구·시행해야 한다.

다섯째, 공기업의 혁신을 통한 노동생산성을 향상해야 한다. 어느 조직이든 지속성장의 바탕은 생산성 향상이다. 급속하게 변하고 있는 공기업의 경영환경에서 생산

---

18) 임금피크제란 근로자가 정년에 이르기 2~3년 전에 일선 업무에서 벗어나는 대신에 급여를 정년 때까지 일정 비율로 줄여 나가는 제도를 말한다. 가령, 60세에 정년을 하는 경우 57세에 정상 임금의 10%, 58세에 20%, 59세에 30%와 같이 점차적으로 임금을 삭감하게 된다. 우리나라 전체 공공기관에서 임금피크제를 도입하는 것은 공공기관이 노동개혁과 청년일자리 창출을 위해 긍정적 역할을 한 것으로 평가되나(기획재정부, 2015), 이 제도 시행에 따른 부작용도 적지 않다. 무엇보다도 임금피크 대상자들에게 적절한 사내 일자리를 제공하지 못하고 있거나, 임금삭감의 정당성 확보나 명확한 판단기준 확보가 무엇보다 요구되고 있다.

성이 낮은 공기업은 국민의 신뢰를 잃게 되고, 생산성이 높은 공기업이 국민의 신뢰를 받을 수 있다. 혁신과 생산성 향상은 직원들의 안정된 일자리를 보장하는 근원이 된다.

정리문제

1. 공기업 임원의 종류와 각각의 역할을 설명하시오.
2. 공기업 임원과 직원의 인사관리상의 차이점을 설명하시오.
3. 공기업 노사관리에서 대립적 시각과 협력적 시각에서 고려할 수 있는 각각의 제도를 설명하시오.
4. 공기업 노사협의제의 역할과 기능을 설명하시오.
5. 우리나라 공기업 노사관계를 대립적 · 협력적 시각에서 조명하여, 그 문제점을 적시하고 해결 방안을 논술하시오.

CHAPTER 12

공기업의 재무관리

공기업의 재무관리는 크게 예산 · 회계 · 결산 · 회계검사 및 투자 활동으로 나눌 수 있다.

윌로비(W. F. Willoughby)는 공기업도 제품이나 서비스를 생산하는 조직이고 기업이기 때문에, 공기업의 재무관리인 예산 · 회계 · 결산 및 투자 활동은 기본적으로 사기업의 그것과 같아야 한다고 주장한다.

그러나 공기업 예산은 공기업의 공익성에 비추어볼 때 예산의 편성 및 집행, 회계 및 결산, 투자 활동에서 국가 또는 지방자치단체의 관여가 불가피하다. 공기업이 가지는 공공성과 기업성이라는 기본 속성으로 인해, 공기업 재무관리에는 사기업과 다른 공익성, 자율성, 신축성이 요구된다.

이러한 이질적인 요소를 어떻게 조화시키느냐 하는 것이 공기업 재무관리의 중요한 과제라고 하겠다.

제 1 절 공기업 재무관리의 특징

정부 · 공기업 · 사기업의 조직 특성은 공공성 혹은 기업성이라는 규범적 측면에서 살펴보면 일정한 연속선(continuum)상에 존재함을 알 수 있다.

이러한 조직의 특성에 따르면, 정부의 예산 · 회계 · 결산 및 투자는 공기업이나 사기업에 비해 공익성이 강조되고, 사기업의 그것은 정부와 공기업에 비해 기업성이나 자율성이 요구된다.

그러면 이들 정부와 사기업 사이에 존재하는 공기업의 예산 · 회계 · 결산 및 투자제도는 이들과 어떤 차이점이 있는가?

1 공기업 재무관리의 특성

에거 3세(Eger Ⅲ, 2005)에 의하면, 공공 목적을 수행하기 위한 특수목적기관(special purpose entity)으로서의 공기업은 정부로부터 확보한 재무적 자율성 정도에 따라 다음과 같은 유형으로 발전되어 왔다.

첫 번째는 '정부기업(government enterprise)'으로, 정부조직 내에 관리 운영의 자율성을 가진 사업조직을 말한다. 윌로비(William Franklin Willoughby)에 따르면, 정부기업은 규제와 전통적인 서비스 절차로부터의 자율성과 전문성을 증대시키고, 정치성을 제거할 수 있다고 강조한다. 그러나 재무적 자율성은 일반 정부 업무에 비해 향상되었지만 정부의 재무회계감사로 인해, 다른 형태의 공기업에 비해 상대적으로 부족한 특징을 가지고 있다.

두 번째는 '법인형 공공기관(public authorities or corporation)' 형태이다. 귤릭(L. Gulick)에 따르면, 법인형 공공기관은 전통적인 정부조직구조에서 벗어난 조직으로서, 사업의 능률성과 융통성 있는 경영관리를 강조하는 형태의 기관을 말한다. 그리고 정부지출금이나 예산에 의해 통제받지 않고, 개별적인 규칙과 봉급 체계, 회계 및 감사 시스템, 서비스 비용 체제를 가지고 있는 독립된 경영체라 할 수 있다. 그러나 이러한 기관은 정부의 통제로부터 멀어져 공공적 통제가 어렵다는 단점을 안고 있다.

우리나라의 공기업을 에거 3세가 분류한 재무관리의 자율성 측면에서 보면, '정부기업(government enterprise)'은 우리나라의 '정부부처형 공기업'과 지방자치단체 '직영기업'을 말하고, '법인형 공공기관(public authorities or corporation)'은 '시장형과 준시장형 공기업'과 '준정부기관' 및 '기타 공공기관', 지방자치단체의 '지방공사 · 공단' 및 '지방출자 · 출연기관'이 여기에 해당된다고 할 것이다.

에거 3세는 이러한 특수목적기관을 거버넌스 자율성(governance autonomy)과 재정자율성(financial autonomy) 기준에 기초하여, 제한적(limited), 중간적(moderate), 고도(high)의 3단계로 구분하여 [표 12-1]과 같이 공기업의 유형을 재분류하기도 했다.

표 12-1 공기업 유형 분류

		거버넌스 자율성(governance autonomy)		
		제한적(limited)	중간적(moderate)	고도(high)
재정자율성 (financial autonomy)	제한적 (limited)	통제기관 (controlled authority)	관리기관 (governing authority)	책임기관 (directly accountable authority)
	중간적 (moderate)	통제특별구 (controlled district)	관리특별구 (governing district)	책임특별구 (directly accountable district)
	고도 (high)	통제위원회 (controlled commission)	관리위원회 (governing commission)	책임위원회 (directly accountable commission)

자료: Eger Ⅲ(2005).

대표적인 통제기관(controlled authority)인 뉴욕뉴저지항만공사(PANYNJ)는 뉴욕과 뉴저지의 주지사가 임명한 이사들에 의해 운영되기 때문에, 제한적 통제기관(controlled authority)이며, 테네시 강 유역개발공사(TVA)는 대통령이 임명하는 3인의 대표에 의해 자체적으로 운영되기 때문에, 중간적인 자체적 관리기관(governing authority)의 대표적인 사례에 해당된다.

재정자율성에서 제한적(limited) 형태는 수수료 또는 요금 수입과 차입(issue debt)에 의해 운영되는 기관이고, 중간적(moderate) 형태는 조세 부과권(levy taxes)을 가진 기관이며, 고도(high)의 형태는 수수료 또는 요금 수입, 차입과 조세 부과권(issue debt, levy taxes)을 모두 가진 기관을 의미한다.

2 정부와 공기업 재무관리의 차이

우리나라의 정부기업과 준정부기관뿐만 아니라 시장형·준시장형 공기업까지 염두에 두고, 정부와 공기업 재무관리의 차이를 살펴보면 다음과 같다.

첫째, 정부의 예산·회계·결산 및 투자 제도와 사기업의 그것은 그 목적을 분명히 달리하지만, 공기업은 정부와 사기업의 중간적 입장을 취하고 있다. 즉, 공기업에서는 최대의 이익을 의도하는 것이 아니고, 공공성을 충족시키면서 일정 범위 내에서 수익적 경영을 하는 형태이다. 따라서 정부의 재무관리에서는 원가의 개념이 불분명하여 원가 통제를 소홀히 취급하고 있는 반면, 공기업에서는 사기업과 유사하게 원가에 대한 인식을 강화하고 있다.

둘째, 정부의 예산 · 회계 · 결산 및 투자 제도에서는 탄력성이 부족하지만, 공기업에서는 사기업의 경우와 같이 회계적 독립성에서 기인하는 재무관리의 탄력성을 부여하고 있다.

셋째, 정부의 예산 · 회계 · 결산 및 투자 제도에서는 각 부처의 협조와 타협이 강조되는 반면, 공기업에서는 정치성보다는 시장을 중심으로 한 경제성이 강조된다.

공기업에서는 공적인 예산을 중심으로 한 정부에 비해, 사기업을 중심으로 한 자체 수익과 발생주의 회계의 이론과 기술을 더 많이 활용하고 있다.

3 공기업과 사기업 재무관리의 차이

같은 맥락에서 공기업과 사기업의 재무관리 차이를 살펴보면 다음과 같다.

첫째, 공기업의 예산 · 회계 · 결산 및 투자 제도는 사기업과 비교해 보면, 요금 결정에서 현격한 차이를 보이고 있다. 공기업은 원가보상주의를 요금 결정의 원칙으로 하고 있지만, 사기업에서는 원가 보상 외에도 가격의 수요 탄력성, 최대 수익 가능성 등 원가 기초 이외의 많은 시장적 요소의 기초 위에서 요금을 결정한다.

둘째, 공기업에서는 예산, 재무회계, 회계검사에서 정부의 많은 규제를 받고 있지만, 사기업에서는 정부의 기관규제보다도 증권시장 등의 외적 시장 요구에 부응해야 할 요소들을 더 많이 가지고 있다.

셋째, 최근 기업 회계원칙의 적용에서 공 · 사기업은 많은 접근을 보이고 있지만, 아직도 적지 않은 차이가 있다. 공기업의 회계 원칙은 기본적으로 사기업의 그것과 같다고 할 수 있지만, 세부적으로는 자본과 이익, 수익과 비용, 자산과 부채의 인식에서 민간기업보다는 보수적인 입장을 견지한다.

제 2 절 | 공기업 재무통제의 유형

공기업의 예산은 회계연도의 세입과 세출의 예정적 계산으로서 일련의 정치적 과정을 통해 이루어진다(심재곤, 2004: 125). 이를 예산 과정(budgetary process)이라고 한다. 즉, 예산의 편성 → 예산의 심의 · 의결 → 예산의 집행 → 예산의 결산 및 회계 검사 과정이 바로 그것이다.

공기업의 예산은 공기업 자체가 지니는 특성과 관계가 있다. 공공성 측면에서 예산의 편성과 집행은 국가에 의한 승인이나 입법부의 심의가 요구되며, 기업성 측면에서는 자율성과 신축성이 요구된다.

이와 같이 공기업 재무관리의 특징은 관련 기관의 통제 유형을 살펴봄으로써 명확하게 이해할 수 있다.

각국의 공기업 예산 · 회계 · 결산 및 투자 유형은 여러 가지 관점에서 분류할 수 있으나, 국회와 정부가 공기업의 예산 · 회계 · 결산 및 투자 과정에 얼마나 주도적으로 참여하느냐에 따라 ① 입법부 심의형, ② 행정부 심의형, ③ 공기업 자율형의 세 가지 유형으로 나누어 분류할 수 있다(유훈, 2002: 418-419).

1 입법부 심의형

입법부 심의형은 정부의 예산 · 회계 · 결산 및 투자 과정과 같이 공기업의 예산 · 결산 과정에서 입법부의 심의를 거쳐야 비로소 효력을 발휘하는 경우를 말한다. 미국의 전액정부투자공사(wholly-owned corporation)와 같이 공기업의 예산 · 회계 · 결산 및 투자가 입법부의 심의까지 거쳐야 확정되는 경우를 말한다. 미국에서는 1945년 제정된 「공사통제법(Corporation Control Act)」에 의해 전액정부투자공사는 기업 회계식 예산(business type budget)을 관리예산처의 사정을 거쳐 대통령의 승인을 얻은 다음 의회에 제출하여 그 의결을 거쳐야 한다(유훈, 2002: 418).

일본에서도 정부 관계 기관의 예산은 의회의 심의를 받아야 한다. 각 정부투자기관의 설립법과 「공고의 예산 및 결산에 관한 법률」에 의해 정부 관계 기관의 예산은 의회의 심의를 받도록 하고 있다(박영희 외, 2005: 174).

2 행정부 심의형

우리나라의 경우, 과거 1962년 8월에 제정되어 1984년 2월 말까지 그 효력을 지녔던 「정부투자기관 예산회계법」에 따른 공기업 예산 · 결산 과정은 정부의 통제가 매우 엄격했다(유훈, 2002: 419). 구(舊)경제기획원(현 기획재정부)은 전년도 6월 30

일까지 예산편성지침을 작성하여, 국무회의 심의와 대통령의 승인을 얻어 각 투자기관에 시달했다. 각 투자기관의 장은 예산지침에 따라 예산을 편성하여 8월 31일까지 주무부장관에게 제출해 심사를 거친 후 경제기획원장관에게 제출하고, 예산실에서 심의를 한 후 국무회의의 의결을 거쳐 대통령의 승인을 받음으로써, 정부투자기관의 예산이 확정되었다.[1] 예산이 결정된 후에도 경제기획원장관이 주무부장관을 통해 투자기관의 사장에게 예산 결정을 통지하고, 각 투자기관의 사장은 예외 없이 분기별 사업시행 계획서를 작성해 주무부장관과 경제기획원장관, 재무부장관에게 제출했다(심재곤, 2004: 126-127).

구(舊)「정부산하기관 관리기본법」상의 정부산하기관은 '완화된 행정부 심의형' 재무관리 형태라고 할 수 있다. 「동법」 제9조(경영 목표 및 사업계획 등)는 "① 기관장은 매년 정부산하기관의 경영 목표와 사업계획을 수립하고, 예산을 편성하여 당해 회계연도 개시 전까지 주무기관의 장에게 제출하여야 한다. ② 주무기관의 장은 기관장과 협의하여 제1항의 규정에 따라 제출된 경영목표 및 사업계획 등을 조정할 수 있다"고 규정하고 있다.

3 공기업 자율형

구(舊)「정부투자기관 관리기본법」상의 정부투자기관과 「공공기관의 운영에 관한 법률」상의 공기업의 예산편성이 '공기업 자율형'에 해당한다. 이들 기관은 해당 기관의 이사회 의결로 예산이 확정된다.[2]

다만, 「공공기관의 운영에 관한 법률」상의 준정부기관은 단정적으로 자율적 확정형이라고 말하기 어렵다. 기본적으로 이사회의 의결로써 예산이 확정되는 것은 공기업의 예산편성 절차와 유사하다. 그러나 준정부기관의 예산에 관하여 주무기관의 장의 승인을 거쳐 확정하도록 한 경우에는 이사회 의결을 거친 후 주무기관의 장의 승인을 얻어야 한다(공공기관의 운영에 관한 법률 제40조 제3항). 이러한 준정부기관의 주무기관 승인 절차를 고려한다면 '완화된 행정부 심의형'이라고 하여야 할 것이다.

어쨌든, 정부투자기관과 공기업·준정부기관의 예산편성은 종래에 비해 기관의

1) 구(舊)「정부투자기관 예산회계법」 제9조 및 제10조.
2) 「정부투자기관 관리기본법」 제22조(예산의 편성) ③ 투자기관의 사장이 편성한 예산은 이사회의 의결로 확정된다. 「공공기관의 운영에 관한 법률」 제40조(예산의 편성) ③ 편성·제출한 예산안은 이사회의 의결로 확정된다.

자율성이 많이 확대된 것이라고 평가할 수 있다. 종래 주무부서의 심사와 경제기획원의 조정을 거쳐 국무회의의 심의 및 대통령의 승인으로 확정되던 때보다는 상당히 자율성이 확보되었다고 할 수 있다(심재곤, 2004: 126-127).

정부는 정부투자기관의 자율적 책임경영제를 실질적으로 정착시키기 위해 1999년 관계 법령 조항을 개정하면서, 그에 따라 경영 목표의 설정, 예산편성지침, 예산의 편성과 확정 절차 등과 같은 공기업의 예산 과정과 관련된 조항을 대폭 개편함으로써, 적어도 제도적으로는 예산 과정의 자율성을 확보했으며, 그 절차도 많이 간소화했다고 할 수 있다(박영희 외, 2005: 174; 심재곤, 2004: 126-127).

예산편성 과정뿐만 아니라 예산집행 과정에서도 공기업의 자율성은 많이 개선되었다.

구(舊)「정부투자기관 예산회계법」 하에서 우리나라 공기업의 예산집행 과정은 정부의 통제가 엄격했다. 즉, 예산이 결정된 후 경제기획원장관이 주무부장관을 통해 투자기관의 장에게 예산결정을 통지하면, 투자기관의 장은 지체 없이 분기별 사업시행계획서를 작성하여 주무장관 · 경제기획원장관 · 재무부장관에게 제출했다. 또한 매 4분기마다 사업 실적과 수지 상황을 명백히 한 조서를 작성하여 역시 관련 정부부처의 장에게 제출했다. 그리고 예산의 전용 및 예비비의 사용에 관해서도 통제가 있었다.

그러나 「정부투자기관 관리기본법」상의 투자기관과 「공공기관의 운영에 관한 법률」상의 공기업 · 준정부기관의 경우, 예비비의 사용과 예산의 이월 등을 이사회의 심의 · 의결에 의해 자율적으로 집행할 수 있도록 했다[구(舊)정부투자기관 관리기본법 제9조, 공공기관의 운영에 관한 법률 제17조 제1항]. 즉, 과거와 같이 주무부처의 장에게 승인을 구할 필요도 없이, 단지 이사회의 의결만으로 예비비의 사용 및 예산의 이월 등이 가능해진 것이다. 공기업이 예산집행 과정에서 자율성을 확보한 하나의 사례라고 할 수 있다.

제 3 절 | 공기업의 예산 · 회계 제도

공기업의 예산 · 회계 제도에서는 우리나라의 '정부부처형 정부기업'과 '공기업 · 준정부기관'을 중심으로 하여 그 특징을 알아보고자 한다. 지방자치단체의 직영기업은 정부부처형 정부기업을, 국가 및 지방자치단체의 공사·공단 및 재단·사단 등 법인형 공공기관은 '공기업·준정부기관'을 준용할 수 있다.

1 정부기업의 예산·회계 제도

정부기업은 정부부처형 공기업을 「정부기업예산법」에서 지칭하는 용어로서, 정부기업특별회계의 예산은 매년 국회의 의결을 얻어야 한다(동법 제1조).

우리나라에서 정부기업 형태로 운영되는 우편사업특별회계·우체국예금특별회계·양곡관리사업특별회계·조달특별회계는 원칙적으로 해당 사업에서 얻는 수익으로 그 지출을 충당하고 있다. 또한 「책임운영기관의 설치·운영에 관한 법률」에 따라 기관 운영에 필요한 재정수입의 전부 또는 일부를 자체적으로 확보할 수 있는 사무에 대해서는 '책임운영기관특별회계'를 두어 정부기업의 예산 및 회계제도를 준용하도록 하고 있다.

정부기업 예산회계 제도의 주요한 특징을 몇 가지로 요약하면 다음과 같다.

첫째, 특별회계는 「정부기업예산법」 제4조를 근거로 하여 관계 중앙관서의 장이 관리하도록 되어 있으나, 사업의 경영성과 및 재정 상태를 명백히 하기 위해 재산의 증감 및 변동을 그 발생의 사실에 따라 계리하는 발생주의 원칙을 택하고 있다. 발생주의 회계(accrual accounting)는 기존의 현금주의 회계(cash accounting)와 달리, 자산의 유지 보수 및 교체, 연금, 부채, 임대계약 등 미래에 지불해야 하는 자금에 대한 정보도 함께 제공해 준다.

둘째, 특별회계는 대차대조표 계정인 자산, 자본 및 부채 계정과 손익계산서 계정인 수익 및 비용 계정을 설정하여 계리한다(정부기업예산법 제7조). 또한 각 특별회계는 사업 능률의 증진, 경영관리 및 요금 결정의 기초를 제공하기 위하여 원가계산을 하여야 한다(정부기업예산법 제8조).

셋째, 필요한 경우 고정자산 가액의 개정을 허용할 뿐만 아니라 감가상각을 하도록 권고하고 있다. 고정자산의 가액이 물가의 변동으로 인하여 현저하게 부적당하다고 인정될 때에는 이를 적정한 가격으로 개정할 수 있으며, 고정자산 중 감가상각을 필요로 하는 자산에 대하여는 매 회계연도마다 감가상각을 하도록 하고 있다(정부기업예산법 제14조, 제15조).

넷째, 특별예산회계의 신축적 운영을 보장하기 위해 수입금 마련 지출 제도가 도입되었다(정부기업예산법 제24조). 중앙관서의 장이 이유 및 금액을 명시한 조서를 기획재정부장관에게 제출하면, 기획재정부장관의 심사를 거쳐 국무회의의 심의와 대통령의 승인으로 초과 수입금의 사용 여부를 결정한다.

그 밖에도 정부기업을 운영하는 각 중앙관서의 장은 「국가재정법」의 규정에도 불구하고 예산집행상 특히 필요한 경우에는 예산을 전용할 수 있고(정부기업예산법 제25조), 각 특별회계는 연도 내에 지출원인행위를 마친 것으로서 부득이한 사유로 인해, 당해 연도 내에 지출하지 못한 경비와 지출원인행위를 하지 아니한 그 부대경비의 금액은 다음 연도에 이월하여 사용할 수 있도록(정부기업예산법 제26조) 하여, 일반회계보다는 많은 예산 운영의 탄력성을 제도적으로 보장하고 있다. 이에 대한 자세한 내용은 제1장과 제3장에서 설명한 '정부기업'과 「정부기업예산법」을 참고하기 바란다.

2 공기업 · 준정부기관의 예산 · 회계 제도

정부기관에 근무하는 공무원의 인건비 및 복리후생비는 통일된 명확한 기준에 의해 집행된다. 그러나 법적으로 자율적인 경영관리 권한을 가진 공기업 및 준정부기관에서는 최소한의 지침을 만들어 기준을 제시하고 있다. 공공기관의 자율적 경영을 빌미로 공기업 · 준정부기관이 방만하게 운영되는 것을 예방하기 위한 조치이다.

1) 경영지침

「공공기관의 운영에 관한 법률」 제50조(경영지침) 제1항에서는 "기획재정부장관은 공기업 · 준정부기관의 운영에 관한 일상적 사항과 관련하여 운영위원회의 심의 · 의결을 거쳐 다음 사항에 관한 지침(경영지침)을 정하고, 이를 공기업 · 준정부기관 및 주무기관의 장에게 통보하여야 한다. 1. 조직운영과 정원 · 인사 관리에 관한 사항, 2. 예산과 자금 운영에 관한 사항, 3. 그 밖에 공기업 · 준정부기관의 재무건전성 확보를 위하여 기획재정부장관이 필요하다고 인정하는 사항"이라고 규정하고 있다.

경영지침 중에서도 정부보다 많은 예산을 집행하고 있는 공기업 · 준정부기관의 예산편성지침 및 집행지침과 일상 재무관리의 기준이 되는 회계사무 규칙이 중요한 역할을 하고 있다.

표 12-2 공공기관 예산

(단위: 조 원, %)

구분	합계	공기업			준정부			기타
		소계	시장형	준시장형	소계	기금관리	위탁집행	
• 총예산	791.9	308.7	203.3	105.4	333.9	174.0	159.9	149.3
• GDP 대비	40.2	15.7	10.3	5.4	17.0	8.8	8.1	7.6

주: 1) 공공기관 경영정보시스템 자료를 바탕으로 재작성.
2) GDP는 2022년 기준 실질 GDP를 바탕으로 하였음.

2) 예산의 편성지침 및 집행지침

[표 12-2]에서 보는 바와 같이 2022년 기준으로 공공기관 예산은 791.9조 원으로, 공기업이 308.7조 원으로 전체의 39.0%, 준정부기관이 333.9조 원으로 42.2%, 기타 공공기관이 149.3조 원으로 18.9%를 차지하고 있다. 시장형 공기업은 203.3조 원으로 전체 공기업의 65.9%, 준시장형 공기업은 105.4조 원으로 34.1%, 기금관리형은 174.0조 원으로 전체 준정부기관의 52.1%, 위탁집행형은 159.9조 원으로 47.9%를 차지하고 있다.

기획재정부는 '공기업 · 준정부기관 예산편성지침'과 '공기업 · 준정부기관 예산집행지침'을 마련하여 각 공공기관에 통보하고 있다. 이 지침은 공공기관운영위원회의 심의 · 의결을 거쳐 확정되며, 공기업 · 준정부기관은 이를 의무적으로 준수하여야 하고, 기타 공공기관은 준용할 수 있도록 하고 있다(공공기관의 운영에 관한 법률 제50조). 이 지침에서는 공기업 · 준정부기관 예산의 주요 항목인 사업비, 인건비, 경상운영비 및 예비비 등의 편성과 집행에 관한 가이드라인을 제시하고 있다.

공기업 · 준정부기관의 예산편성 절차는 다음과 같다.

공기업 · 준정부기관의 기관장은 경영 목표와 예산지침에 따라 다음 회계연도의 예산안을 예산총칙 · 추정손익계산서 · 추정대차대조표와 자금계획서로 구분하여 편성하고, 다음 회계연도 개시 전까지 해당 공기업 · 준정부기관의 이사회에 제출하여야 한다. 편성 · 제출한 예산안은 이사회의 의결로 확정된다. 다만, 다른 법률에서 공기업 · 준정부기관의 예산에 관하여 주주총회나 출자자총회 등 사원총회의 의결이나, 기금운용심의회의 의결 등 별도의 절차를 거치도록 한 경우에는 이사회 의결 후 이를 거쳐 확정하고, 준정부기관의 예산에 관하여 주무기관의 장의 승인을 거쳐 확정하도록 한 경우에는 이사회 의결을 거친 후 주무기관의 장의 승인을 얻어야 한다. 기관장은 공기업・준정부기관의 예산이 확정된 후 그 공기업・준정부기관의 경영 목표가 변경되거나, 그 밖의 불가피한 사유로 인하여 예산을 변경하고자 하는 경우에는 변경된 예산안을 작성하여 이사회에 제출하여야 한다. 공기업・준정부기관은 예산이 확정되거나 변경된 경우, 지체 없이 기획재정부장관, 주무기관의 장 및 감사원장에게 그 내용을 보고하여야 한다(공공기관의 운영에 관한 법률 제40조).

각 공공기관의 예산 내역은 공공기관 경영정보 공개 시스템인 알리오에 공개되며, 예산편성지침 준수 여부는 정부의 공공기관 경영실적 평가 시 점검하여 평가에 반영한다. 특히, 인건비 및 예산지침을 위반한 기관에 대해서는 공공기관운영위원회의 심의・의결을 거쳐 인사상 또는 예산상 조치를 요구할 수 있다.

3) 회계사무 규칙

공기업・준정부기관의 회계는 기관의 수익비용인 경영성과와 자산 부채의 증감 및 재산의 변동 상태를 명백히 표시하기 위해, 그 발생 사실에 따라 처리하는 발생주의에 기초하고 있다. 기획재정부령인 세부 회계 기준은 '공기업・준정부기관 회계사무규칙'을 따르도록 하고 있다.

제 4 절 공기업의 결산・회계검사

1 공기업 회계검사의 유형

공기업은 합리적인 경영을 위해 회계 원칙을 정비하고, 이것을 기초로 하여 적정한 회계 처리를 이행함으로써, 스스로의 회계 책임을 분명히 해야 한다. 그러나 공기업 스스로 행하는 내부검사는 그 자체로서 대외적인 책무를 완수할 수 있는 것은 아니므로, 대외적인 검사, 즉 외부검사가 병행되는 것이 보통이다. 이와 같이 내부검사와 외부검사 또는 내・외부검사의 병행 여부에 따라 국가별로 회계검사의 유형을 몇 가지로 요약할 수 있다(大島國雄, 1976: 213-214).

[그림 12-1]에서 보는 바와 같이 공기업의 회계검사는 회계검사기관의 회계검사원에 의한 일반적 검사형, 회계검사기관의 회계검사원에 의한 상업식 검사형이 있다.

그림 12-1 공기업 회계검사 유형

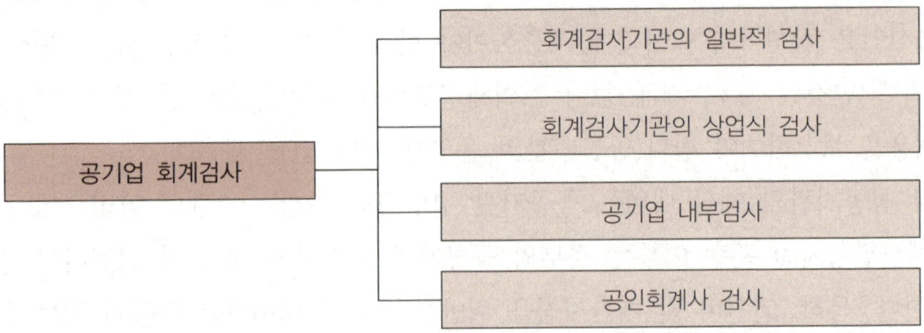

또한 회계검사권은 회계검사기관이 가지되, 기업회계적 검사의 실시 주체에 따라 공기업 내부의 검사기관에 위임하는 내부검사형, 외부 공인회계사 검사형 등이 있다.

첫째, '회계검사원에 의한 일반적 검사형'은 정부회계의 검사와 동일하게 적법성을 중심으로, 예산·결산 합치의 원칙에 의해 회계검사기관이 수행하는 유형이다. 이 유형은 종래 일본이나 우리나라에서 행해지던 방식으로, 공기업의 기업적 성격을 고려하지 못하는 단점이 있다.[3)]

둘째, '회계검사원에 의한 상업식 검사형'은 회계검사기관이 기업 회계적 검사를 행하는 유형이다. 이러한 유형은 TVA를 비롯한 미국의 공기업에서 「공사통제법」에 근거를 두고 시행하고 있다. 이 경우, 미국에서는 회계검사원이 민간 공인회계사를 임명하여 공사 감사부를 설치하여 수행하는 점이 특색이다(안용식, 1984: 340).[4)]

셋째, '내부검사기관 위임형'은 회계검사권을 회계검사기관이 가지되, 기업 회계적 검사의 실시에 대해서는 공기업 내부의 제3자에 준하는 지위에 있는 검사기관에 위임하는 경우이다. 이러한 유형의 예는 과거 서독의 국유기업에서 볼 수 있는 유형이

3) 일본의 공기업은 회계검사원의 검사를 받는다. 정부 관계 기관뿐 아니라 주식회사형 공기업 중 정부 소유 지분이 50% 이상을 차지하는 기업은 반드시 회계검사원의 검사를 받아야 한다. 국가가 자본금의 일부를 출자하고 있는 자의 회계는 임의적 검사 사항이므로, 회계검사원이 필요하다고 인정할 때 또는 내각의 청구가 있을 때에 한해 회계검사를 실시할 수 있다. 일본의 의회는 공기업에 대한 국정감사권을 갖는다(심재권, 2004: 126-137).

4) 미국의 경우, 예산에 대해서는 전액정부투자공사만이 관리예산처(OMB)의 사정과 의회의 심의를 받지만, 회계검사에서는 회계검사원이 모든 공기업에 대해 상업식 회계검사를 실시한다. 회계검사원은 검사 결과를 당해 공기업에 조언하고 또 의회에 보고한다. 회계검사는 경비 지출의 합법성보다는 공기업정책이 의회가 정한 방향으로 설정되었는가의 효율성을 중심으로 이루어진다(유훈, 2005: 466).

다. 이와 같은 검사 방식의 근거는 공기업별로 수행하는 업무가 다양하기 때문에, 공기업의 검사는 전문성이 있는 내부검사원에 의해 수행되는 것이 타당하다는 논리이다. 그리고 검사기관의 검사가 공기업 경영의 세부적인 부문에 걸쳐 행해지게 되면, 공기업의 경영에 대한 간섭이 되기 쉽다는 판단이다.

넷째, '공인회계사 검사형'은 민간의 공인회계사에 의해 기업회계적 검사를 실시하는 경우이다. 영국의 국영기업에서 볼 수 있는 유형으로, 공기업에 대한 검사 업무는 주무부장관이 임명한 공인회계사에 의해 기업적 검사가 행해진다.5)

우리나라 공기업의 회계검사는 회계검사원인 감사원에 의한 일반적 검사형에 속한다고 할 수 있다. 회계검사원에 의한 일반검사의 근거는 각 공기업의 「설립법」에 명문의 규정이 있는 경우도 있지만, 「감사원법」의 규정에 의해 모든 공기업이 감사원의 검사 대상이 되고 있다. 즉, 국가 또는 지방자치단체가 자본금의 2분의 1 이상을 출자한 법인의 회계는 필요적 검사 사항으로 되어 있고(감사원법 제22조), 국가 또는 지방자치단체가 직접 또는 간접으로 보조금·장려금·조성금 및 출연금 등을 교부(交付)하거나, 대부금 등 재정 원조를 제공한 자의 회계, 국가 또는 지방자치단체가 자본금의 일부를 출자한 자의 회계 및 이들 기관이 다시 출자한 자의 회계는 선택적 검사 사항으로 되어 있다(감사원법 제23조).

2 공기업·준정부기관의 결산

공기업·준정부기관은 회계연도가 종료된 때에는 지체없이 그 회계연도의 결산서를 작성하고, 「감사원규칙」이 정하는 바에 따라 「공인회계사법」에 따른 회계법인이나 「주식회사의 외부감사에 관한 법률」에 따른 감사반 중에서 선임한 회계감사인의 회계감사를 받아야 한다. 공기업은 기획재정부장관에게, 준정부기관은 주무기관의 장에게 다음 연도 2월 말일까지 재무제표 등의 결산서를 각각 제출하고, 3월 말일까지 승인을 받아 결산을 확정하여야 한다. 다만, 주주총회나 출자자총회 등 사원총회가 있는 공기업·준정부기관의 경우에는 사원총회에서 결산을 의결·확정한다. 기획재정부장관과 주무기관의 장은 매년 5월 10일까지 확정된 공기업·준정부기관의 결

5) 영국의 국유기업은 회계검사원이 아니라 주무부장관이 임명하는 공인회계사가 회계검사를 한다. 그리고 정부가 국유기업에 대해 거액의 자본 지출을 해야 할 때에는 회계검사원이 의회를 대신해서 이에 개입할 수 있다. 공인회계사의 보고서는 국유기업의 주무부장관에게 제출하는 연례보고서에 첨부하며, 그것은 의회에 제출한다(심재권, 2004: 126).

산서와 그 밖에 필요한 서류를 감사원에 제출하여야 한다. 결산서 등을 제출받은 감사원은 공기업·준정부기관의 결산서 등을 검사하고, 그 결과를 7월 31일까지 기획재정부장관에게 제출하여야 한다. 기획재정부장관은 결산서 등에 감사원의 검사 결과를 첨부하여 국무회의에 보고하고, 8월 20일까지 국회에 제출하여야 한다(공공기관의 운영에 관한 법률 제43조).

3 공기업·준정부기관의 감사

일반적으로 공기업의 감사는 내부감사와 외부감사로 구분된다. [그림 12-2]에서 보는 바와 같이 내부감사는 공기업의 자체감사가 실시하고, 외부감사는 감사원을 비롯한 소관 정부부처 중심으로 실시한다.

내부감사는 공기업의 회계뿐만 아니라 공기업의 일반 업무에 이르기까지 범위가 넓다. 감사는 일반적으로 '일반감사(종합감사)', '특별감사(특정감사)', '일상감사', '회계증빙서 감사(재무감사)', '성과감사', '기강감사' 등으로 구분된다.

'일반감사'는 연도별 감사계획에 의해 정기적으로 실시하는 감사로서, 공기업의 업무 전반에 대해 실시하며, '특별감사'는 감사가 필요하다고 인정하는 사항에 전문적 감사를 실시하는 것이다. '일상감사'는 사전 예방, 지도적 감사를 말하는데, 기업의 회계 및 이와 관련되는 업무 중 감사가 정한 일정 범위의 업무에 관한 서류에 대해 최종 결재권자의 결재에 앞서 내용을 검토하고 의견을 첨부하는 형식의 감사이며, '회계증빙서 감사'는 기업의 회계증빙 서류를 검토함으로써, 지출행위의 적법성과 합리성을 검증하기 위해 실시하는 감사이다.

공기업의 경우에는 외부감사보다도 내부감사가 효율적인 것으로 평가되고 있다.

그림 12-2 공기업의 감사

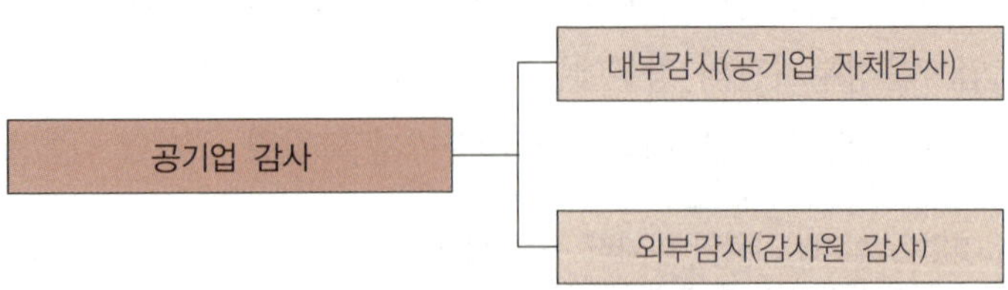

왜냐하면, 공기업은 전문성을 필요로 하는 고유의 업무를 수행하는 기관이기 때문에, 전문성이 없는 외부감사인보다는 업무에 정통한 내부감사인이 더 효과적인 감사를 수행할 수 있기 때문이다. 또한 공기업에서는 사전 예방적인 일상감사가 사후적인 정기감사나 특별감사보다 더 효과적이라는 주장도 있다.

감사원은 「감사원법」에 따라 공기업·준정부기관의 업무와 회계에 관하여 감사를 실시할 수 있다. 감사원은 감사를 관계 행정기관의 장 등에게 위탁하거나 대행하게 할 수 있다. 공기업·준정부기관에 대한 감사원 감사를 위탁하거나 대행하게 할 수 있는 관계 행정기관의 장 등의 범위와 감사 결과의 보고와 처리 등에 관하여 필요한 사항은 「감사원규칙」으로 정한다. 공기업·준정부기관은 '감사나 감사위원회가 실시한 감사 결과를 종합한 감사보고서', 그리고 '감사원이 실시한 감사에서 지적된 사항과 처분 요구 사항 및 그에 대한 조치 계획'을 국회 소관 상임위원회에 지체없이 제출하여야 한다. 기획재정부장관은 감사나 감사위원회 감사위원의 직무수행 실적 평가 결과를 국회에 지체없이 제출하여야 한다(공공기관의 운영에 관한 법률 제52조, 제52조의2).

제 5 절 | 공기업의 투자

공기업은 정치·경제적 입장에서 국가의 정책 이행 수단으로 활용되는 경우가 많으므로, 공기업의 투자 의사결정은 이익 추구 이외에 공공성 목표를 어떻게 달성하느냐가 중요한 이슈로 부각된다. 또한 사회·경제적 입장에서 국가의 지원을 공기업 부문과 사기업 부문에 어떻게 최적으로 배분하느냐 하는 문제도 공기업 투자의 중요한 고려 요소 중의 하나이다.

공기업 투자 의사결정은 필연적으로 재원 조달의 문제를 수반한다. 투자 대안의 선택이라는 문제도 근본적으로 재원이 한정되어 있기 때문이다. 여기서는 이러한 공기업 투자의 특징과 적절한 투자재원의 선택 문제를 중심으로 살펴보기로 한다.

1 공기업 투자의 특징

공기업의 투자는 공기업 설립의 역사적 배경과 국가 경제정책 목적에 따라 나라마다 각기 다르게 운영된다. 또한 정부 재정의 특징과 복잡하게 얽혀 있기 때문에, 사기업의 투자와 다른 여러 가지 특색을 가지고 있다.

공기업 부문의 투자는 사기업에 비하여 경제 성장 촉진 기능과 공공 수요 충족 기능 측면에서 그 차이점이 두드러지게 나타나고 있다. 공기업이 경제 성장을 촉진하고, 공공 수요를 충족하기 위해서는 많은 투자가 불가피하다. 다만, 투자를 하는 경우에 외부 자금에 지나치게 의존하면, 다른 부분에 투자할 수 있는 국내 자본을 선취한다는 비판을 받게 된다. 공기업의 투자는 결국 공기업의 관점만을 고려할 수 없고, 사회 전체의 관점에서 의사결정을 수행해야 한다. 공기업은 국가의 정책 이행 수단이므로, 공기업의 투자 의사결정은 사회편익(social benefit)과 사회비용(social cost)을 반드시 고려해야 한다. 바람직한 공기업 투자 대안은 결국 사회편익과 비용이라는 공공적 성격을 반드시 고려해야 하는 특질을 가지고 있다(윤성식, 1998: 126). 이를 국민경제의 파레토 최적의 달성이라고 한다(안광일, 1994: 193).

2 공기업의 투자재원 조달

일반적으로 공기업 자금 조달 방법에는 사업의 재무활동 순서에 따라서 '설립자금의 조달'과 '확장 과정에서의 자금 조달'로 나누어 볼 수 있다. 나아가서 확장 과정에서의 자금 조달은 설비투자를 위한 자금 조달과 기타 경우로 나뉘는데, 일반적으로 자금 조달이란 설비투자를 위한 자금 조달을 지칭한다(강신택 외, 1990: 183-184).

자금 조달의 수단으로는 크게 자기 자금과 외부 자금의 두 가지로 대별할 수 있다. 자기 자금의 조달 방법에는 ① 정부출자, ② 주식 발행, ③ 내부 자금(유보이익금과 감가상각 충당금) 등의 방법이 있고, 외부 자금의 조달 방법으로는 ① 재정투융자, ② 공채 혹은 사채의 발행, ③ 은행 차입, ④ 외국 차관 등의 방법이 있다.

자금 조달에서는 무엇보다도 안정성의 견지에서 고려하는 것이 필요하지만, 이보다 앞서 자기 자금과 외부 자금 중 어느 자금원이 가장 경제적인가를 판단해야 한다.

그 판단 기준으로서 ① 자본비용, ② 조달 가능한 자금량, ③ 설비투자 대상 등을 들 수 있다. 새로운 투자에 대한 이익률이 안정적일 때에는 사채나 차입금 등의 외부 자금에 의해서도 가능하지만, 그 이익이 불안정할 때에는 자기 자금에 의존해야 할 것이다(윤성식, 1998: 184).

자기 자금 조달과 외부 자금 조달의 구체적인 방법은 다음과 같다.

1) 자기 자금의 조달

공기업의 자기 자금 조달 방법에는 ① 정부 출자, ② 주식 발행, ③ 내부 자금 등이 있음은 이미 설명한 바와 같다.

일반적으로 초창기 공기업 설립 자금 조달의 주원천은 정부의 재정자금으로 충당되나, 정상적 공기업 운용 단계에서는 자체 자금 조달 방법을 원칙으로 하되, 필요한 경우 정책적 지원을 받고 있다. 특히, 경제정책적인 측면에서 공기업 활동 과정의 자금 조달은 거의 정부 출자에 의존하고 있다. 일반적으로 정부 출자라 할지라도 일반회계에서 출자되는 것, 특별회계에서 출자되는 것, 재정투융자에서 출자되는 것의 세 가지로 대별해 볼 수 있다. 우리나라에서의 정부부처형 공기업에 대한 출자는 원칙적으로 특별회계의 세입으로 이루어지고 있고(정부기업예산법 제3조), 재정투융자는 뒤에서 보는 바와 같이 외부 자금 조달 방법으로 취급되기도 한다.

공사형 공기업에 대해서는 납입자본 혹은 불입자본이라는 주식 인수를 통해 공기업에 자금을 공급한다. 이때 정부가 전액 주식을 소유하는 경우 공사형 공기업이 되고, 민간의 참여를 위해서 공사를 주식회사로 전환하여 일부 주식을 민간이 인수할 경우 주식회사형 공기업이 된다.

공기업의 자기자본이란 공기업 운영 과정에서 축적된 이익 잉여금을 말하는데, 이는 부채에 변화를 가져오지 않기 때문에, 바람직한 재원 조달의 형태라 볼 수 있다. 내부 자금의 구체적인 형태는 감가상각과 유보이익이다. 기타 유동자산의 처분, 고정자산 등의 매각도 생각할 수 있으나 일시적인 자금 조달 방법이므로 한계가 있다.

2) 외부 자금의 조달

공기업의 외부 자금 조달 방법에는 ① 재정투융자, ② 공사채의 발행, ③ 은행 차입, ④ 외국 차관 등이 있음도 이미 설명한 바와 같다.

재정투융자란 재정자금에서 투자적 항목에 지출되는 재정투자와 융자의 항목에 지출되는 재정융자를 합친 것이다.

'재정과 금융의 접점'으로서의 재정투융자는 재정기구를 통해 조성된 자금이나 정부의 영향력 아래 주어진 자금을 일정한 계획에 따라서 투자·출자하거나, 또는 융자하는 정부의 재정·금융적 활동을 가리킨다. 이것은 자본주의 여러 국가의 혼합경제에서 재정의 중요한 역할 중 하나로 되어 있다. 재정투융자는 정부 자본 축적은 물론이고, 민간 자본 축적의 보완적 기능을 발휘하여 경기를 조절하고, 나아가 경제 성장과 발전을 계획적으로 달성하려는 재정정책의 한 방안이다.

우리나라에서 재정투융자는 예산의 일부로서 국회의 의결을 얻어야 한다. 공기업의 자금 조달 방법에는 재정투융자 이외에 자기 자금을 확보하기 위해 공채나 사채를 발행하는 방법이 있다. 여기서 공채란 국가 및 공공단체의 채무를 말한다. 사기업과 마찬가지로 공기업도 자본시장에서 사채를 발행하여 재원을 조달할 수 있다. 자본시장을 통해 사채를 발행할 때에는 일반투자자들이 사채를 매입하고, 공기업은 사채 구입자에게 이자를 지불하고 만기가 되면 원금을 상환하게 된다.

공기업도 금융기관으로부터 자금을 차입하기도 한다. 다만, 공기업의 경우에는 정부에서 직접 채권의 원리금 상환에 대해 정부가 보증하기도 하고, 손실분에 대해 정부가 보전하기도 한다. 이럴 경우, 지나친 정부의 보증이나 보전을 막기 위해 기관 설립법 등 관련법에서 엄격한 법적 근거를 가지고 이를 시행하도록 하고 있다. 가령, 자산관리공사의 경우에는 「자산관리공사의 설립에 관한 법률」에서 "정부는 공사가 발행하는 사채의 원리금 상환을 보증할 수 있다"고 규정하고 있다(동법 제33조 제3항). 손실금이 발생할 경우 정부가 보전하는 방법도 마찬가지이다. 주택금융공사의 설립법인 「주택금융공사법」에서는 "공사 결산에서 손실금이 생긴 경우에는 법에서 정한 순서에 따라 적립한 금액으로 보전하고, 적립금이 부족할 경우에는 정부가 보전한다"고 규정하고 있다(동법 제51조).

공기업은 국가 기간산업을 운영하고 있는 공신력으로 인해, 정부가 부채에 대한 보증을 서지 않아도 암묵적으로 보증을 서는 것이나 다름없는 효과를 기대할 수 있다. 그러므로 금융기관은 공기업에 대해 동일한 상황의 사기업보다 유리한 조건으로 자금을 빌려 주려고 한다. 원칙적으로 공기업의 외부 자금 조달은 시중은행 차입에 의존할 수밖에 없으나, 공기업이 시급한 상황에 처한 때 또는 정부의 경제정책에 의해 불가피한 경우에는 중앙은행으로부터 직접적으로, 또는 다른 금융기관을 통해 간접적으로 저금리의 자금이 공기업에 유입되는 경우가 있다.

이렇듯 사기업에 비해 공기업은 자금 조달의 용이성을 가지고 있다. 그 결과 최근 우리나라 공공기관은 많은 부채로 적지 않은 문제점을 드러내고 있다.

공기업의 재무구조를 개선하기 위해서는 사업 선정과 재무관리에 이르기까지 철저한 관리가 필요하다. 2010년 「공공기관의 운영에 관한 법률」을 개정하여 자산 2조 원 이상인 중요 공기업 및 준정부기관에 대해서는 5년 단위의 '중장기 재무관리계획'을 매년 작성하여 정부 및 국회에 제출하도록 한 것도 급속하게 증가하고 있는 부채 부담을 줄이고자 하는 배경에서 만들어진 규정이다(동법 제39조의2).

3) 공기업 부채증가의 실체와 관리 방안

오랫동안 안정적으로 관리되어 오던 공공기관의 부채가 최근 크게 상승하여 새로운 문제점을 야기하고 있다. 전반적으로 공공기관의 주거복지 로드맵, 한국판 뉴딜로 인한 일자리 창출, 국가 성장 동력 확충, 안전관리 강화에 대한 적극적인 투자 등이 그 원인으로 판단된다. 무엇보다도 물가 상승 압력으로 작용할 수 있는 전력 및 가스 등 에너지 공공요금을 제때에 반영하지 못한 것이 핵심 문제가 되고 있다.

우리나라 공공기관 전체의 부채규모는 [표 12-3]에서 보는 바와 같이 2021년 기준으로 582.9조 원이고, 그 중 공기업의 부채가 434.1조 원으로, 전체 공공기관의 74.5%를 차지하고 있다. 공기업 중에서도 토지주택공사, 도로공사, 철도공사, 수자원공사, 한전(한수원 등 6개 발전 그룹사 포함), 가스공사 등 6개 공기업의 부채가 공기업 전체의 91.0%를 차지하고 있다. 이들 공기업들은 공공요금을 재원으로 운영되는 특징을 가지고 있다.

특히, 한국전력공사와 6개 발전 공기업 및 가스공사의 부채는 원가에 미달하는 요금 수준에서 비롯된 것으로 분석되고, 가스공사의 부채증가는 정부의 무분별한 해외

표 12-3 공공기관 부채 추이(2010~2021)

(단위: 조 원)

구분	2010	2011	2012	2013	2014	2015	2016	2017	2018	2019	2020	2021
공기업	292.0	328.7	353.2	373.7	377.1	365.3	363.0	364.4	371.5	388.5	398.2	434.1
준정부기관	96.5	120.5	131.1	135.3	130.2	125.4	123.4	117.7	117.8	121.9	125.4	128.2
기타 공공기관	10.4	11.3	11.9	12.0	13.2	13.9	14.0	11.1	11.7	14.3	17.6	20.6
합계	398.8	460.5	496.2	521.0	520.5	504.7	500.4	493.2	501.0	524.7	541.2	582.9

자료: 기획재정부(2020f). 알리오(2023).

표 12-4 공기업 원가회수율

구분	전기	가스	도로	철도	수도	평균
회수율	95.1%	87.2%	81.9%	88.7%	87.4%	88.0%

자료: 이상철(2022).

자원개발사업 투자확대로 인한 외부 차입의 증가가 주된 원인이다.

대부분 공기업 부채증가의 주된 원인은 정부의 국책사업을 대행하여 추진하는 데 소요되는 자금을 외부에서 차입함으로써 발생한 것이고, 근본적으로는 적정원가에 미달하는 요금정책에 따른 영업 손실 누적에 그 원인이 있다고 할 수 있다. [표 12-4]에서 보는 바와 같이, 우리나라 핵심 공기업의 평균요금 원가회수율은 88% 수준에 머물고 있다. 공공요금이 현실화되지 못하고 있는 지금은 원가회수율이 점차 더 악화되고 있다.

정부에서는 공기업 부채발생의 일차적 원인을 공기업 자체의 방만한 경영에서 기인한다고 보고 있다. 그러나 공공요금과 관련된 서비스 공기업에서 방만 경영의 주된 요인으로 지목되는 경상경비 등 원가절감 가능 비용은 총비용에서 차지하는 비중이 사실상 미미하다.[6] 그렇다면, 공기업의 부채 문제가 과연 공기업 방만 경영만 해소된다면 해결될 수 있는 문제인지는 의문이다.

이런 맥락에서 볼 때 공기업 부채를 근본적으로 해결할 수 있는 방안은 공기업이 제공하는 서비스에 대한 적정 요금 보장을 언급하지 않을 수 없다. 공공요금으로 운영되고 있는 핵심 공기업의 요금 수준을 정상화시키지 않고서는 공기업의 부채 문제를 원천적으로 해결할 수 없는 구조이다.

제6장에서 설명한 바와 같이 우리나라의 공공요금산정 방식은 공정보수주의(rate of return)에 입각하고 있기 때문에, 원칙적으로 서비스 공급에 투입된 총괄원가를 합리적으로 결정해야 한다. 하지만, 해당 공기업들은 공공요금이 가지고 있는 복잡한 원가구조로 인한 정보의 비대칭성(asymmetric information)을 이용하여 적정보수율을 높게 산정하려고 하고, 해당 공공요금을 책임지고 있는 주무부처에서는 모호한 공공요금 산정기준으로 인하여, 주무부처의 정무적 입장을 고려한 요금을 결정하려고 한다. 한편, 물가정책을 책임지고 있는 기획재정부에서는 공공요금을 합리적으로 결정하기보다는 물가 통제 수단으로 활용하려고 하고 있다.

6) 한전의 경우에는 관리 가능한 경상경비는 전체 비용 중 3% 수준에 불과하다(이상철, 2015).

이를 해결하기 위해서는 명확한 공공요금 원가산정이 선행되어야 한다. 근본적으로는 공기업의 원가절감에 대한 동기유인이 부족하고, 과도한 규제비용이 소요되는 현행의 공정보수주의에 입각한 총괄원가 보상방식을 장기적으로는 가격 상한제(price cap)와 같은 인센티브 제도를 도입하여, 외부적인 인위적 감독보다는 공기업이 스스로 서비스 공급비용을 낮추는 제도로 개선하여야 한다. 한전을 비롯한 에너지 공기업의 경우에는 요금을 연료비에 연동하는 방안을 적극적으로 시행하여야 한다.

공기업 부채증가의 핵심 원인으로 지목되는 국가 정책사업에 대해서는 사업내용별 구분회계 제도를 도입하여 사업별 책임한계를 명확히 함으로써, 정부와 공기업의 자기 책임 범위를 명확히 해 주어야 한다.

이러한 제도적 조치에 앞서 공기업 자체의 예산 절감과 생산성 향상을 위한 노력이 선행되어야 하고, 정부는 경영평가를 통해서 이를 철저하게 점검하여야 한다. 공기업의 부채를 적정하게 유지하기 위한 정부의 정책은 공기업의 자기 경영혁신 노력의 바탕 위에서 이루어져야 한다. 공기업의 궁극적인 주인은 국민이고, 공기업에 대한 정책은 국민의 공기업에 대한 근본적인 신뢰 없이는 결코 성공할 수 없기 때문이다.

정리문제

1. 공기업 재무관리의 특징을 정부 및 사기업의 재무관리와의 차이점을 중심으로 설명하시오.
2. 공기업 재무통제의 유형을 설명하시오.
3. 정부기업과 주식회사형 공기업의 예·결산상의 차이점을 설명하시오.
4. 공기업 회계 및 결산의 특징을 설명하고, 개선 방안을 논술하시오.
5. 공기업 투자재원 조달 방안을 자기 자금 및 외부 자금 조달 방안으로 나누어 설명하시오.

참고문헌

국내 문헌

감사원(1998). 『감사 결과 처분요구서: 정부출연금 예산편성 · 집행 및 정부출연연구기관 운영실태 감사 결과』.

______(2005). 『공기업 경영혁신 추진실태 감사 결과』.

______(2014). 『공공기관 감사보고서』.

강성철 · 윤태범 · 김상구(1999). 지방공기업 인사관리의 개선 방안. 『지방과 행정연구』, 11(1).

강신규(2002). 『경영학원론』. 서울: 형설출판사.

강신일(1988). 『공기업 민영화 방안에 관한 연구』. 서울: 한국개발연구원.

강신택 외(1990). 『공기업론』. 서울: 한국방송통신대학.

강영걸(2004). 공기업 지배구조에 대한 평가와 개선 방안: 사장(CEO) 임면과 평가를 중심으로. 『정책 & 지식』. 서울대학교 행정대학원.

강인재 외(1995). 『지방재정론』. 서울: 대영문화사.

강철승(2006). 공기업경영평가 제대로 되고 있나? 『한국행정학회 하계학술대회 발표논문집』.

갤럽앤컴퍼니(2000). 『정부산하기관 경영혁신 제도화 프로젝트』. 서울: 기획예산처.

경상남도(1998). 『경상남도 21세기 개발계획』.

경상북도(2002). 『2002년도 목표관리제 운영에 따른 개인별 목표 설정 및 목표성격평가』.

경제기획원(1987). 『외국의 공기업 민영화 관련 자료집 Ⅰ』. 서울: 경제기획원.

______(1994). 『공기업백서』. 서울: 경제기획원.

공공기관운영위원회(2011). 『공공기관 기관장 및 감사 보수체계 개편안』.

공기업민영화추진위원회(1989). 『공기업민영화 추진 실적 및 향후 계획』.

곽성준 · 전영섭(1995). 『환경의 경제적 가치』. 서울: 학현사.

곽채기(1994). 『정부-기업 관계의 새로운 제도형성 과정으로서의 공기업 민영화에 관한 연구』. 서울대학교 대학원 박사학위 논문.

______(2000). 공기업 경영혁신과 정부: 기업 관계의 재구조 방안. 『한국사회와 행정연구』, 10(1): 319-337.

______(2002). 정부산하기관 관리 및 평가체계 개선 방안. 『한국공기업학회 추계학술발표대회』.

______(2003a). 『공기업 강의 교재』.
______(2003b). 정부투자기관의 비효율성 통제를 위한 경영평가제도의 역할 및 운영 성과. 『공기업논총』, 15(1).
국민일보(2019). 『일자리 확충과 공공기관의 역할』.
국방부(2010). 2011년 운영을 위한 군책임운영기관 신규 지정(안). 『제4차 군책임운영기관 운영위원회』.
______(2015). 『군책임운영기관 현황』.
______(2020). 『군책임운영기관 현황』.
국회예산정책처(2014). 『공공기관 부채현황』.
권순만 · 김난도(1995). 행정의 조직경제학적 접근: 대리인 이론의 행정학적 함의를 중심으로. 『한국행정학보』, 29(1): 77-96.
권영선(2004). 공공요금 산정 기준 개선에 관한 연구. 『재정경제부용역보고서』.
권영성(1981). 『신고헌법학원론』. 서울: 박영사.
권오상(1999). 『환경경제학』. 서울: 박영사.
기획예산위원회(1998a). 『제1차 공기업혁신과 민영화 방안』.
______(1998b). 『공기업민영화추진위원 설치 · 운영』.
______(1998c). 『공기업민영화추진위원회 제5차 회의 개최』.
기획예산처(2001). 『정부산하기관 현황』.
______(2002). 『국민의 정부 공공개혁 백서』.
______(2004). 『고객인 국민과 함께 하는 정부산하기관으로 거듭나겠습니다』.
______(2005a). 『2005년 정부투자기관 경영평가편람』.
______(2005b). 『보도자료』. 12.29.
______(2006a). 『2006년도 정부투자기관 경영평가 편람』.
______(2006b). 「2006년도 사장 경영계약 이행실적 평가편람』.
______(2006c). 『2006년도 산하기관 경영평가 편람』.
______(2006d). 『2005년도 정부산하기관 경영실적 평가결과보고서』.
______(2006e). 『공공기관 지배구조 선진화』.
______(2006f). 『공공기관 현황』.
기획예산처 · 공공기관경영평가제도개선반(2006). 『공공기관 경영평가제도 개선 자료집』.
기획예산처 보도자료(2006). 5.30, 6.26, 12.22.
기획재정부(2005). 『공공요금 산정 기준』.
______(2010). 『2011년 공기업 · 준정부기관 경영실적 평가편람』.
______(2011a). 『공기업 부채 현황』.
______(2011b). 『공공기관예산 현황(내부자료)』.
______(2011c). 2011년 예산 국회 확정 주요 내용. 『보도자료』.
______(2011d). 『ALIO: 공공기관 경영정보 시스템』.

______(2011e). 정부, 위탁매각 출자사 지분 및 유휴자산 선정. 『보도자료』.
______(2011f). 『공공기관 선진화 백서』.
______(2011g). 『2012년 공기업 · 준정부기관 경영실적 평가편람』.
______(2011h). 『공공기관 민영화 현황 내부자료』.
______(2011i). 『글로벌 평가지표 도입기관 및 우선도입 검토 대상기관의 글로벌 지표 현황』.
______(2011k). 공공기관 노사관계 선진화정책, 상당한 성과 달성. 『보도자료』.
______(2011j). 『공공기관 재투자기관 현황 내부자료』.
______(2012). 『공공기관 노조현황』. 1-3.
______(2013a). 『공공기관 정상화 대책』.
______(2013b). 『공공요금 구분 내부자료』.
______(2013c). 『공공요금 산정기준』.
______(2014a). 『공공기관 정상화 대책』. 1-12.
______(2014b). 『보도자료(2014.2.2)』.
______(2014c). 『보도자료(2014.4.29)』.
______(2014d). 『보도자료(2014.6.15)』.
______(2015a). 『공공기관 현황』.
______(2015b). 『공공기관 경영평가편람』.
______(2015c). 『공공기관 개방직 권고안』.
______(2020a). 『대한민국재정현황』.
______(2020b). 『공공기관 경영평가편람』.
______(2020c). 『공공기관운영위원회 회의자료』.
______(2020d). 『공공기관운영위원회 소위원회 현황』.
______(2020e). 『공공기관 예산 현황』.
______(2020f). 『공공기관 부채 현황』.
______(2022). 『공공기관 경영평가편람』.
______(2023). 『공공기관 현황』.
기획재정부 · 조세연구원(2011). 『The 6th Meeting of the Asia Network on Corporate Governance of State-Owned Enterprises Proceeding Book』.
김건위 · 최호진(2005). DEA기법 적용상의 유의점에 관한 연구: 지방행정 분야를 중심으로. 『지방행정연구』, 19(3): 213-244.
김경준(1998). 『경영통제와 공기업 경영평가 제도에 관한 연구』. 고려대학교 석사학위 논문.
김규덕(1999). 『지방정부 공공서비스 성과평가에 관한 연구: 쓰레기 수거서비스를 중심으로』. 영남대학교 대학원 박사학위 논문.
김균 · 전형준(1998). 담배인삼공사의 바람직한 소유 · 지배구조. 『한국경제학회 정책 심포지엄』.

김근세 · 이경호(2005). 책임운영기관의 조직문화와 효과성에 관한 연구: 운전면허시험관리단을 중심으로. 『한국행정학보』, 39(3): 179-203.

김기홍(1996). 『행정학원론』. 서울: 학문사.

김남진(1998). 『행정법 I 』. 서울: 법문사.

김동수(1999). 공기업 민영화에 대한 효율성 분석: 가격효율성 및 기술효율성을 중심으로. 『산업조직연구』, 7(2): 97-118.

김동희(1997). 『행정법 I 』. 서울: 박영사.

김두옥(2000). 지방공기업 경영평가 제도의 개선 과제. 『도시문제』, 35(375): 106-117.

김렬 · 이상철 · 권영주(2003). 지방자치단체의 목표관리 평가지표와 검증 방법에 관한 실증적 연구. 『지방정부연구』, 9(1): 20-40.

김명식(2001). 『행정 주체로서의 특수법인에 관한 연구』. 건국대학교 대학원 박사학위 논문.

______(2005). 『특수법인론』. 서울: 한국학술정보.

김문환(1998). 『문화경제론』. 서울: 서울대학교출판부.

김병섭(2000). 『정부출연 · 위탁기관 개혁평가』. 서울: 기획예산처.

______(2001). 『조선일보』, 6.6: 23.

______(2002). 정부출연연구기관 관리체계 개선 방안. 『한국공기업학회 추계학술대회발표집』.

김병섭 · 박광국(1999). 행정조직의 조직발전(OD)에 관한 사례연구: MBO를 중심으로. 『행정논총』, 37(1): 225-253.

김병섭 외(1994). 『현대조직의 이해』. 대구: 영남대학교출판부.

김성수(1999). 『행정법 I 』. 서울: 법문사.

김성종(2000). 지방공공서비스 공급의 생산효율성 구조 분석. 『한국지방자치학회보』, 12(2): 47-65.

김성환(2011). 집행이사제도. 『파이낸셜 뉴스』.

김수영 외(1995). 『발전행정론』. 서울: 제일법규.

김수용(2005). 경제 성장과 노사관계: 한국의 대립적 노사관계에 대한 이해. 『서강경제논집』, 34(2): 65-94.

김순규(1996). 21세기 문화정책의 방향과 과제. 『한국문화정책학회 춘계학술대회 발표논문집』.

김순양 · 고수정(2004). 지방 공공서비스의 민간위탁(contracting-out) 과정 비교 · 분석. 『한국사회와 행정연구』, 15(1): 95-124.

김영기(1997). 『지방자치행정론』. 서울: 대영문화사.

김영욱(2004). 한국인의 집단주의 성향과 귀인 성향, 그리고 위기 커뮤니케이션 수용 간의 관련성: 국가위기로서의 IMF 상황을 중심으로. 『한국언론학보』, 48(4): 271-299.

김완희(2004). 정부투자기관에 대한 공인회계사 외부감사의 역할과 한계. 『정책 & 지식』. 서울대학교 행정대학원.

김용렬(1999). 『기업지배구조 규범 제정 논의의 평가와 시사점』. 산업연구원.

김용민(2004). 자료포락분석(DEA)에 의한 지역복지관의 상대적 효율성 측정. 『한국지방자치학회보』, 16(3): 133-153.

김용승(2000). 지방공기업의 요금 체계에 관한 경제적 분석. 『사회과학연구』, 16(1).

김용우(2006). 『공기업원론』. 서울: 형설출판사.

김원수(1971). 『체계경영학사전』. 서울: 법문사.

김유심(1997). 『문화예술 행사의 집행사례 분석: 광주 비엔날레 행사를 중심으로』. 서울대학교 행정대학원 석사학위 논문.

김의섭(1999). 한국 공기업 민영화 정책의 성과와 개선 방안. 『재정정책논집』, 1(1).

김인(2002). 한국 지방정부의 개혁: 진단과 처방. 『지방정부학회 지방정부 행정개혁 국제심포지엄』.

김인철(2000). 우리나라 공기업 민영화 정책의 변화: 4대 기준에 의한 비교평가. 『사회과학논집』, 18(1).

김재홍·이승철(1994). 『민영화와 규제 완화』. 서울: 한국경제연구원.

김재훈(1995). 『정부투자기관 관리체계 개선 방안』. 서울: 한국행정연구원.

김정우(2005a). 노동조합 조직률의 현황과 추세. 『노동리뷰』, 2: 50-59.

______(2005b). 2005년 상반기 노사분규의 통계적 특징. 『노동리뷰』, 9: 3-9.

김정우·곽난희(2005). IMD 세계경쟁력보고서와 한국의 노동시장. 『노동리뷰』, 8: 50-60.

김제준(1999). 『우리나라 제조업의 X-비효율성 분석』. 숭실대학교 대학원 박사학위 논문.

김종구(2009). 지역산업 연관모형에 의한 공공요금 인상의 지역물가 파급효과 분석. 『산업경제연구』, 22(2): 939-958.

김종석(1991). 물가와 공공요금관리. 『KDI 분기별 경제 전망』. 한국개발연구원.

김종희(1996). 『지방재정론』. 서울: 법문사.

______(2001). 『공기업의 민영화: 행정학전자사전』. 한국행정학회.

______(2006). 지방공기업 경영평가의 서열화와 비계량지표에 관한 고찰. 『한국지방공기업학회보』, 2(1): 1-34.

김주원(2002). 지방자치단체의 목표관리제(MBO) 도입 문제와 활성화 방안: 운영 과정을 중심으로. 『지방행정연구』, 16(2): 63-86.

김준기(1999). 지방공기업의 변화와 해외사례. 『지방행정』, 48: 30.

______(2001). 한국에서의 '제3자적 정부'에 대한 논의. 『행정논총』, 39(2): 19-47.

______(2002). 정부산하기관의 유형과 기관 선택. 『한국공기업학회 추계학술발표대회』.

______(2004). 공기업 지배구조에 대한 평가와 개선 방안: 정부투자기관 이사회의 구성과 평가를 중심으로. 『정책 & 지식』. 서울대학교 행정대학원.

김준현(2005). 유럽 기업 '국적 포기 는다.' 노조 간섭·세금 피해 범유럽회사 전환. 『중앙일보』, 5.10: 14.

김중규(2004). 『4차원 행정학』. 서울: 도서출판 성지각.

김중식(1995). 『현대 원가회계』. 동성사.

김중양 외(1996). 『주해 국가공무원법』. 서울: 언약.
김창수 · 양기용(2007). 절차적 합리성의 성과와 함정: 환경 갈등 사례의 비교분석. 『한국사회와 행정연구』, 18(3): 61-92.
김철수(1981). 『신헌법학개론』. 서울: 박영사.
김철용(2001). 『행정법Ⅰ』. 서울: 박영사.
김태현(2006). 노조의 경영 참여. 『중앙일보 논쟁과 대안』, 4.6: 3.
김판석(2003). 정부산하기관의 실태와 관리효율화 방안 연구. 『한국사회와 행정연구』, 13(4): 43-70.
김판석 · 권경득(2000). 한국 정부의 목표관리제(MBO) 도입: 이론 조명과 현실적 문제점. 『한국행정논집』, 12(3): 429-453.
김현구(2003). 정부업무 기관평가의 이론적 소고. 『한국행정학보』, 37(4): 57-58.
김형배(1990). 『노동법』. 서울: 박영사.
김호정(2002). 한국 행정문화 연구와 경쟁가치모형. 『한국정책학회보』, 11(3): 219-238.
김홍수 · 이희연(2005). 자료포락분석을 활용한 지자체 도시개발공사의 효율성 분석. 『국토연구』, 47: 77-88.
나상윤(2004). 공기업 지배구조에 대한 평가와 개선 방안: 사장 임면과 평가를 중심으로. 『정책 & 지식』. 서울대학교 행정대학원.
나중식(1992). 『재무행정론』. 서울: 형설출판사.
남일총(1999). 공기업 민영화의 현주소와 향후 전개 방향. 『한국공기업학회 추계학술대회 발표논문집』.
노동부(2006). 『공기업 노사관계 교육자료』.
노승용 · 이정주(2006). 미국 지방공기업의 현황과 과제. 『2006년 한국지방공기업학회 정기학술회의 발표논문집』.
노화준(1994). 『정책학원론』. 서울: 박영사.
뉴스토마토(2014). '철도노조, '광고비 대납' 최연혜 코레일 사장 등 고발'. 2014.1.24.
다음카페 아이리스(2011). 『싱가포르 테마섹과 중국 CIC 사례와 시사점: 한국』.
대통령 인수위원회(2013). 『10대 국민행복 대선 공약』.
류영아(2005). 기초자치단체 복지행정의 상대적 효율성 평가. 『2005년도 춘계학술대회 발표논문집』, 499-516.
류춘호(2011). 재정분권과 지방정부의 재정건전성 제고 방안. 『부산시의회 기획재경위원회 정책토론회 발표 논문』.
문신용 · 윤기찬(2004). 사회복지서비스 생산성에 관한 통합적 분석: 자료포락분석(DEA)과 SERVQUAL 기법을 중심으로. 『한국행정학보』, 38(6): 201-224.
문영세(2000). 공공요금 책정 방식이 공익기업의 경영합리화에 미치는 영향: 서울시 상수도 요금을 중심으로. 『한국지방자치학회보』, 12(1): 91-107.
문인수(1993). 정부투자기관의 민영화. 『경일대논문집』, 9: 41-61.

______(1995). 지방공기업의 실태와 발전 방안. 『경일대논문집』, 12: 503-520.

______(1996). 지방자치단체 예산편성. 『지방자치』. 현대사회연구소, 12: 10-14.

______(1997). 지방재정의 불균형 개선방안. 『지방자치』. 현대사회연구소, 4: 31-36.

______(1998). 지자체 파산, 어떻게 막아야 하나. 『지방자치』. 현대사회연구소, 12: 44-49.

______(2000). 지방공기업의 결산 분석. 『산경연구』, 6(2).

문춘걸(1998). 『자료포락분석법 및 그 변형 기법을 통한 공공부문의 생산성 측정: 한국 중소도시의 생산성 분석』. 서울: 한국조세연구원.

문화관광부(1999). 『새문화관광정책』. 서울: 문화관광부.

______(2004). 『전국문화기반시설 총람』.

문화관광부 · 한국문화관광정책연구원(2003). 『문화기반시설 관리운영평가 연구』.

민진(1998). 한국과 영국의 행정개혁의 비교. 『한국행정학회보』, 32(4): 37-52.

박개성(2006). 민영화법 통과되도 유야무야. 『중앙일보』, 6.9: 6.

박동서 외(1989). 『발전행정론』. 서울: 법문사.

박두호 · 김상문(2007). 상수도 요금의 경제적 당위성. 대한상수도학회 · 한국물환경학회 공동 추계학술발표회 논문집.

박명수(1986). 『한국행정론』. 서울: 대왕사.

박민정 · 최성락(2009). 주민참여 예산제도의 절차적 합리성 분석. 『한국정책과학학회보』, 13(1): 123-143.

박상필(1999). 비영리단체의 개념과 분류에 관한 탐색적 고찰. 『경제와 사회』, 44.

박석희(2003). 정부투자기관 경영평가제도 20년의 조망과 변천과정 분석. 『공기업논총』, 15(1): 11-47.

박순애(2013). 공공기관의 부채문제, 묘책은 없다. 『전문가의 눈』. 서울: 한국조세연구원.

박승록(2002). 『공기업과 민간기업의 생산성 분석』. 서울: 한국경제연구원.

박영강(2000). 지방정부의 목표관리제 평가: 부산광역시를 중심으로. 『지방정부연구』, 4(2): 51-70.

박영범(2004). 공공부문 노사관계와 정부규제. 『산업관계연구』, 14(2): 97-115.

______(2011). 공공기관 노사관계의 문제점. 『공공기관 포럼 발표 자료』.

박영주(2001). 뉴거버넌스와 사회계약: 시민, 정부, 시장 간 역할과 책임의 모색. 『한국행정학회보』, 34(4): 19-39.

박영희 외(2005). 『공기업론』. 서울: 다산출판사.

박익수(1999). 『구조조정 후 정부출연기관 운영에 관한 소견』. STEPI.

박인중(1993). 『공공서비스의 민영화에 관한 연구』. 연세대학교 대학원 석사학위 논문.

박재완(2000). 정부개혁의 논리와 전략: 신공공관리의 가교. 『국민의 정부 정부개혁 중반기 평가 학술회의 발표논문집』, 27.

박정수(2008). 서울시 도시철도 운영비용 함수모형 개발. 『서울도시연구』, 9(2): 83-94.

______(2007). 학교조직의 교육행정정보시스템(NEIS) 수용 요인에 관한 구조적 분석. 고려

대학교 교육학과 박사학위 논문.
______(2012a). 공기업 부채, 무엇이 문제이고 어떻게 해결할 것인가?『공공기관과 국가정책』. 서울: 한국조세연구원.
______(2012b). 공기업 부채에 대한 소고.『한국행정포럼』, 138호.
박종수(2001). 인도의 불균형 산업 발전과 지역 격차.『국제지역연구』, 5(2): 30.
박종우(1991).『공기업의 민영화 추진 방안에 관한 연구』. 충남대학교 대학원 석사학위 논문.
박종호(2001). '허약한' 지역문화원 그대로 두시렵니까.『문화도시 문화복지』, 116.
박주철(2004). 공기업 회계감사 개선 방안.『정책 & 지식』. 서울대학교 행정대학원.
박중훈(1999). 결과 중심의 성과측정 및 성과관리에 관한 연구.『한국행정연구원 보고서』.
박진 외(2012). 공공기관 부채의 잠재적 위험성 분석과 대응방안. 한국조세연구원.
박창제(1996). 자료포락분석을 이용한 효율성 측정: 지방공사 의료원을 중심으로.『보건행정학회지』, 6(2): 91-114.
박혜자(1998). 지역문화정책에 있어 중앙정부와 지방정부 간의 관계모형에 관한 연구.『도시행정학보』, 11: 207-234.
______(2000). 지역문화산업의 활성화를 위한 논리와 전략.『도시행정학보』, 13(1): 27-48.
배용수(1998). 도시공기업의 통제와 규제 완화.『도시문제』, 33.
______(2004). KT 민영화의 성공 요인과 정책과제.『서울대학교 행정대학원 정책지식센터 공기업 포럼』.
배임규(2006).『핵심공기업』. 서울: 대명출판사.
백상기(1988).『감사제도론』. 서울: 교보문고.
______(1990).『한국행정과 정치연구』. 서울: 형설출판사.
백상기 · 이상철(1996).『공기업과 정부규제정책』. 서울: 형설출판사.
백평선(2001).『공기업 민영화: 이론과 실제』. 서울: 연세대학교출판부.
부산광역시(2011).『시출자 · 출연기관 현황 내부자료』.
부산교통공사(2011).『업무통계편람』.
______(2020).『예산현황』.
부산시(2020).『출자출연기관 현황』.
부산시설공단(2020).『부산시설공단이사회현황』.
부산항만공사(2006).『2005년도 경영평가 보고서』.
______(2020).『부산항만공사 이해관계자 현황』.
산은금융지주(2011).『산은금융지주 소개』.
삼성경제연구소(1997).『민영화와 한국경제』.
서순복(2000). 민간경영 기법의 공공부문 적용에 관한 연구: 지방자치단체(광양시) 목표관리제 적용 사례를 중심으로.『한국사회와 행정연구』, 11(1): 117-136.
______(2001). 지방자치단체 목표관리제와 근무성적평정 간 연계에 관한 연구.『한국사회와 행정연구』, 12(1): 57-77.

서울경제신문(2011a). 『공기업 부채관리 대폭 강화를』. 2011.9.19.
______(2011b). 『LH에 낙하산 감사 안 된다』. 2011.8.3.
서울신문(2013). 『보도자료』. 2013.10.25.
서울특별시(1999). 『99 목표관리제 시행 기본계획』.
______(2000). 『2000년도 목표관리제 추진계획』.
______(2002). 『서울특별시 공무원 목표』.
서태윤(1990). 『한국정부조직론』. 서울: 박영사.
석종현(1996). 공(公)과 사(私)의 융화 현상에 관한 소고. 『이명구 교수 회갑논문집Ⅱ』.
선우석호(2000). 정부투자기관 관리기본법 개정 이후의 공기업 지배구조 상의 문제점과 개선 방안. 『공기업논총』, 12(1).
______(2001). 이사회 운용 형태와 이사회 활동 성과지표. 『공기업논총』, 13(1).
성도경 · 이상철 · 하상군 · 장철영(2003). 변형(hybrid) 공기업에 대한 국제간 비교연구: 한국과 인도를 중심으로. 『대한정치학회보』, 11(2): 137-160.
송광태(2004). 지방자치단체 공공서비스의 운영성과 분석: C시의 체육 및 문화시설을 중심으로. 『한국지방자치학회보』, 16(1): 49-72.
______(2005). 공공서비스 민간위탁의 경쟁성 관리에 대한 실태분석. 『한국지방자치학회보』, 17(2): 45-69.
송대희(1994). 『우리나라 공기업 부문의 경영관리 개선과 민영화정책 방향』. 한국개발연구원.
______(2003). 『우리나라 공기업 경영평가제도의 회고와 발전 방향』. 한국조세연구원.
송대희 · 송명희(1992). 『국민주 방식 공기업 민영화의 경제적 효과분석』. 한국개발연구원.
송지준(2010). 『논문 작성에 필요한 SPSS/AMOS 통계분석 방법』. 21세기사.
송하중 외(2001). 『정부출연연구기관 운영 현황 조사 및 개선 방안 연구』.
송희준(2002). 정부산하기관의 현황분석 및 개선 방안. 『정책분석평가학회보』, 12(2): 267-287.
신기원(1996). 『공무원의 행정윤리에 관한 실증적 연구』. 충남대학교 대학원 박사학위 논문.
신무섭(1997). 『재무행정학』. 서울: 대영문화사.
신영진(2005). 광역자치단체의 전자지방정부 구현 과정의 효율성 평가: 자료포락분석과 SWOT분석을 중심으로. 『한국행정논집』, 17(3): 811-834.
신진영(2004). 공기업 지배구조: 이사회를 중심으로. 『정책 & 지식』. 서울대학교 행정대학원.
신철호(2003). 『정부 및 공기업 평가 체계 구축 방안』. 산업정책연구원.
심재권(2004). 『공기업론』. 서울: 백산서당.
안광일(1994). 『공기업원론』. 서울: 대명출판사.
안용식(1993). 정부투자기관 임원의 사회적 배경에 관한 비교 연구. 『사회과학논집』, 24.
______(1996). 『현대공기업론』. 서울: 박영사.
안용식 · 원구환(1994). 『지방공기업론』. 서울: 대영문화사.
______(2001). 『지방공기업론』. 서울: 대영문화사.
안택식(2004). 공기업 지배구조에 대한 평가와 개선 방안: 이사회의 구성과 평가를 중심으로. 『정책 & 지식』. 서울대학교 행정대학원.
알리오(2015). 『공공기관 현황』.
______(2020e). 『공공기관 항목별 공시』.
______(2023a). 『토지주택공사 자본금공공기관 현황』.
______(2023b). 『한국환경공단현황』.
양경수(1998). 『한국전기통신공사의 민영화 방안에 관한 연구』. 동국대학교 대학원 석사학위 논문.
양동석(2004). 공기업 지배구조에 대한 평가와 개선 방안: 사장 임면과 평가를 중심으로. 『정책 & 지식』. 서울대학교 행정대학원.
양재진(2005). 발전 이후 발전주의론: 한국 발전국가의 성장, 위기, 그리고 미래. 『한국행정학보』, 39(1): 1-18.
여영현 · 류숙원(2006). 한국 지방공기업의 현황과 발전 과제. 『한국지방공기업학회 정기학술대회 발표집』.
여성성 · 최현자(2001). 공공요금 관련 소비자문제와 공공요금 결정 과정에서의 소비자복지 증진 방안. 『한국가정관리학회지』, 19(6): 19-33.
염명배(1993). 『공공요금 규제의 경제적 효과분석』. 통신개발연구원.
오석홍(2001). 『행정학』. 서울: 나눔출판.
오석홍 외(1993). 『정책학의 주요 이론』. 서울: 경세원.
오연천(1998). 공기업 구조조정과 경영평가제도의 개선 방향. 『정부경영평가제도 워크숍』. 예산청.
오희환(1996). 『지방공기업의 제도 개선 방안』. 서울: 한국지방행정연구원.
______(1997). 지방자치단체의 민간위탁 현황 및 평가. 『지방행정정보』, 10: 10-17.
원구환(2000). 지방공기업의 효율적 행정통제 방안에 관한 연구. 『한국지방자치학회보』, 12(4).
______(2001). 지방공기업의 활동성 분석. 『지방행정연구』, 15(1).
______(2011). 도시철도기관의 무임손실 현황과 개선방안. 『부산광역시 창조도시 교통위원회 주최 정책토론회 발표 논문』.
원구환 · 윤경준(1996). 지방재정 직영기업의 상대적 효율성 평가: 도시 상수도 사업에 대한 Data Envelopment Analysis. 『한국행정연구』, 5(4): 119-139.
원희석(1997). 지방자치단체의 문화축제 현황과 개선 방향. 『지방자치』, 12: 93-96.
유금록(2002). 외환 위기 이후 지방 상수도사업의 생산성 변화분석. 『한국행정학보』, 36(4): 281-301.
______(2003). 보건소의 생산성 측정: 전라북도를 중심으로. 『한국행정학보』, 37(4): 261-280.
유병홍(2008). 이중몰입의 새로운 연구 방향 모색: 공공부문, 민간부문 비교연구를 중심으로. 『산업관계연구』, 18(2): 1-35.
유승민(1997). 4개 공기업 이사회의 역할, 문제점과 향후 과제. 『공기업논총』, 8(1).

유영옥(1996). 『행정학신론』. 서울: 박문사.
유훈(1991). 『정부-기업관계론』. 서울: 법문사.
_____(1998). 『공기업론』. 서울: 법문사.
_____(1995, 1997, 2002). 『공기업론』. 서울: 법문사.
윤경준(1995). 『지방정부 서비스의 상대적 효율성 측정에 관한 연구』. 연세대학교 대학원 박사학위 논문.
_____(1998). 공공부문 성과측정을 위한 DEA와 확률전선모형의 비교분석: 일선 경찰서의 기술효율성 측정을 중심으로. 『한국행정학보』, 32(4): 257-273.
윤경준 · 최신융 · 강정석(2005). DEA를 통한 공공조직 벤치마킹 정보의 단계적 도출. 『한국행정학보』, 39(2): 233-263.
윤계섭(1992). 『전력사업의 재무전략 연구』. 에너지경제연구원.
윤성식(1994, 1998, 2003). 『공기업론』. 서울: 박영사.
윤종석(2004). 『환경규제 정책대상집단 불응 요인에 관한 연구: 팔당상수원 수질개선정책을 중심으로』. 숭실대학교 대학원 박사학위 논문.
윤태범(1998). 지역경쟁력 강화와 지역문화사업의 활성화. 『지방자치』, 3: 98-105.
_____(2000). 지방자치단체에서의 목표관리제(MBO)의 전략적 추진과 활용: 결과에서 과정으로. 『한국사회와 행정연구』, 11(1): 137-163.
윤홍우(1997). 화이트칼라 노동조합원의 이중몰입에 관한 연구. 『경영학연구』, 10: 155-190.
이경호(1988). 『불확실성 하에서의 최대 부하 가격 결정에 관한 연구』. 영남대학교 대학원 박사학위 논문.
_____(1993). 최대 부하 가격 결정의 확률적 모형에 관한 연구. 『한국자원경제학회』.
이경호 외(1995). 『전력경제론』. 서울: 성진사.
이난영(1999). 『신고박물관입문』. 서울: 삼화인쇄주식회사.
이남국(2001). 『영국의 중앙정부조직』. 서울: 한구행정연구원.
이동호(1995). 『경제연구총서(264): 공기업 민영화와 정부 · 민간부문의 역할 재조정』. 서울: 대한상공회의소 한국경제연구센터.
이두한(1999). 공기업 민영화 정책의 과제와 방향. 『한독사회과학논총』, 9(1).
이명석(2001). 정부투자기관 임원의 정치적 임용과 경영실적. 『한국행정학보』, 35(4): 139-156.
_____(2004). 공기업 지배구조에 대한 평가와 개선 방안: 사장임면과 평가를 중심으로. 『정책 & 지식』. 서울대학교 행정대학원.
이병민(2005). 문화산업을 통한 지역경제의 발전전략과 정책과제. 『지리학연구』, 39(3): 399-420.
이상섭 · 김규덕(1998). 자료포락분석(DEA)에 의한 지방정부 공공서비스의 상대적 효율성 측정: 쓰레기 수거서비스를 중심으로. 『한국지방자치학회보』, 23: 169-187.
이상철(1996a). 『공기업과 정부규제 정책』. 서울: 형설출판사.
_____(1996b). 전력사업 민영화 정책 추진 모델에 대한 게임론적 분석. 『한국행정논집』,

8(2): 305-324.
______(1997). 공기업의 대리인 문제와 민영화 방안의 타당성 검토: 한국전력공사 사례를 중심으로. 『한국행정학보』, 31(1): 181-196.
______(1998). 『공기업 강의』. 서울: 대영문화사.
______(2000). 『공기업의 이해』. 서울: 대영문화사.
______(2001). 정부투자기관 이사회의 구조적 특징과 목표 지향적 구조로의 발전 방안: 뉴거버넌스 관점에서. 『한국행정학보』, 35(2): 139-154.
______(2002). 기초자치단체 문예회관의 효율적 관리 방안: 바람직한 행정관리 주체 탐색. 『한국정책학회보』, 11(3): 193-297.
______(2003a). '통칙법 비적용 공기업'의 효율적 행정·관리 주체에 관한 연구: 뉴거버넌스 관점에서. 『한국정책학회보』, 12(3): 91-118.
______(2003b). A Perspective on the Governance System Reform of Public Enterprises in S. Korea to Date. 『한국사회와 행정연구』, 14(3): 429-449.
______(2004). 『공기업 지배구조 개선 방안』. 서울대학교 행정대학원 정책지식센터.
______(2007). 『한국 공기업의 이해』. 서울: 대영문화사.
______(2010). 상업화된 지방행정조직의 패러독스에 관한 연구. 『한국행정논집』, 22(4): 1109-1131.
______(2011). 지방공기업 성과관리를 위한 제도 변화의 정책효과에 관한 연구: 지하철공사의 경영성과 변화를 중심으로. 『정책분석평가학회보』, 21(1): 27-50.
______(2012). 『가치창조 조직론』. 서울: 대영문화사.
______(2013). 『공기업 부채와 공공요금 결정의 합리성』. 서울대학교 행정대학원 정책지식센터.
______(2015a). 공기업 부채와 공공요금 결정의 합리성. 『공기업 개혁』. 감준기 · 박순애(편). 박영사.
______(2015b).『공기업 부채원인과 공공요금 정상화 방안』. 서울대학교 행정대학원 정책지식센터.
이상철 · 고수정 · 장철영(2006). 조직 운영 주체별 상대적 효율성 분석: 문화예술회관을 중심으로. 『행정논총』, 44(3).
이상철 · 권영주(2008). 경영성과 제고를 위한 공공기관 조직 유형분석: 공익형 공공기관과 기업형 공공기관의 비교를 중심으로. 『한국행정학보』, 42(3): 143-164.
______(2011). 공공기관의 조직 및 개인 특성이 노사관계제도 변화의 수용성에 미치는 영향에 관한 연구: 기업 단위 복수노조제도 허용을 중심으로. 『한국행정논집』, 23(3): 671-692.
______(2012). 지방공공교통요금 결정구조의 합리성 연구. 『한국지방자치학회보』, 38(5): 1-22.
이상철 · 문인수 · 성도경(2001). 『공기업의 이해』. 서울: 대영문화사.

이상철 · 성도경(1998). 지방공기업법의 문제점과 개정 방향. 『영남정치학회보』, 8: 303-321.
______(2002). 지방공기업의 책임경영을 위한 성공 요건 분석: 뉴거버넌스 관점에서. 『한국행정학보』, 36(4): 303-320.
이상철 · 성도경 · 장철영 · 허만용 · 하상군(2006b). 행정조직의 변형경로에 관한 기초연구: '지방정부 shadow 조직의 paradox' 규명. 『한국행정학보』, 40(3).
이상호 · 송광태 · 이혁주 · 주동일 · 김현아(1996). 정책논단: 지방공기업에 대한 경영통제와 관리정책 개선 방안. 『한국행정학보』, 30(2).
이석원(2005). 조정 성과지표를 사용한 공공기관의 성과측정. 『한국행정학보』, 39(4): 81-104.
이성희(2011). 복수노조 시대의 노사관계 전망. 『월간노동리뷰』, 2011년 1월호: 68-72.
이세정(2006). 『경제 활력을 떨어뜨리는 집단들』. 9.23.
이수철(1995). 『정부산하단체의 관리 · 운영에 관한 실태분석』. 서울: 한국행정연구원.
______(2003). 정부산하단체 인사개혁 방안. 『제16대 대통령인수위원회 정무분과위원회 국민토론회 자료집』.
이숭녕 외(1991). 『국어대사전』. 서울: 삼성문화사.
이승배(1995). 『공기업의 민영화에 관한 연구: 한국전력공사를 중심으로』. 충북대학교 대학원 석사학위 논문.
이승우(2008). 『CEO특성에 따른 공기업경영평가의 타당성 연구: 지방자치 정부투자공기업을 중심으로』. 호남대학교 대학원 박사학위 논문.
이양수(1992). 『지방공기업의 사업평가에 따른 개선 방안』. 영남대학교 대학원 석사학위 논문.
이영균 · 이균범(1998). 자체감사의 효율성 제고에 관한 연구: 공기업 자체감사 요원에 대한 설문조사분석을 토대로. 『한국지방자치학회보』, 10(1): 144.
이용근(1993). 『한국 공기업 민영화의 추진 방향에 관한 연구』. 한양대학교 대학원 박사학위 논문.
이우광(1997). 특수회사, 도입과 쟁점. 『CEO Information』, 103: 2.
이웅근 외(1964). 『공기업경영론』. 서울: 신아사.
이은국 외(2003). 『지방정부 생산성 측정의 이론과 실제』. 서울: 집문당.
이재희 · 이병량(2003). 공기업 민영화에 대한 태도의 특성과 형성 요인에 관한 연구: 한국전력 민영화에 대한 여론조사를 중심으로. 『행정논총』, 41(1).
이정규 외(1995). 『경영학원론』. 서울: 무역경영사.
이종열 · 이재호(2000). 한국 환경정책의 전개 과정과 특성 분석. 『지방정부연구』, 4(1): 235-255.
이종엽(2003). 의약분업정책의 정책수용성 평가: 정책수용성 확보전략을 중심으로. 『2003년도 한국행정학회 하계학술대회 발표논문집』.
이종훈(2000). 공기업의 민영화와 소유 · 지배구조. 『경제논총』, 19(1).

이주선(1998). 공직사회의 경향, 인센티브제 도입: 인센티브 제고 수단으로서의 성과배분제 도 도입: 민간기업의 경험을 중심으로. 『대한지방행정공제회』, 47(539).

이준구(1995). 공기업 경영평가제도의 문제점과 개선 방안. 『박자청 colloquium』. 서울시정개발연구원, 135-148.

이진형(2005). 『한전에 있어서 독립사업부제 도입과 효율적 운영 방안에 대한 고찰』. 서울대학교 경영대학원 최고경영자과정 논문.

이철순(2001). 문화회관 민영화의 현실과 애로. 『민족예술』, 8.

이태종(1999). 관광정책의 이념과 목표체계 정립. 지방정부 2000: 비젼과 정책과제. 『1999년도 대구 · 경북 동계학술발표 논문집』.

이학수(1996). 『지방행정학』. 서울: 법문사.

이호용(2009). 공공요금의 규제와 한계에 관한 법정책적 연구. 『법학연구』, 50(2): 173-202.

이홍규(1999). 『한국형 기업 지배구조』. 산업연구원.

이홍재(2001). 도시문화정책의 방향. 『국토』, 5.

임동진 · 김상호(2000). DEA를 통한 지방정부의 생산성 측정: 인력 재정과 공공서비스 관계를 중심으로. 『한국행정학보』, 34(4): 217-234.

임종성(2006). 산하기관 자율성 대폭 확대. 『기획예산처 보도자료집』. 5.2.

임학순(1993). 『준정부조직의 성장과 기능에 관한 연구』. 서울대학교 행정대학원 박사학위 논문.

______(1996). 지방문화행정의 발전 방안. 『지방행정연구』, 11(3): 19-37.

______(2000). 정보화 · 지방화시대 문화시설의 새 의미와 가치 창출. 『문화도시 문화복지』, 72.

장기석(1999). 공기업의 민영화에 관한 연구. 『법정논총』, 34(1).

장미진(2001). 바람직한 문화회관 민영화 방안. 『민족예술』, 8.

재정경제부(2004). 『정부투자 · 출자기관 현황』.

재정경제부 국고국(2006). 『공기업 정부 지분 현황』.

재정경제부 생활경제과(2005). 『공공요금 산정 기준 개정 보도자료집』.

전삼현(2004). 공기업 지배구조에 대한 평가와 개선 방안: 현행 공기업 감사제도 무엇이 문제인가. 『정책 & 지식』. 서울대학교 행정대학원.

전상경(1991). 『시장과 정부: 불완전한 선택대안』. 서울: 교문사.

전신욱 · 윤전학(1999). 한국 공기업 제도에 관한 연구: 중국 국유기업 제도의 개선을 위하여. 『서경대학교 통일문제연구소』, 4(1): 2-6.

전철환(2000). 『한국 은행산업의 진로』. 서울: 지식산업사.

정갑영 · 임웅기 · 정구현 · 엄구호(1996). 『민영화와 기업구조』. 서울: 나남출판.

정군오 · 임응순(2009). 공공요금의 물가 파급효과 분석. 『재정정책논집』, 11(3): 235-252.

정기승(2001). 헌법을 생각하는 변호사 모임 성명서. 『조선일보』. 4.1.

정부혁신지방분권위원회 · 기획예산처(2005). 『자율책임 경영을 뒷받침하기 위한 공공기관 지배구조 혁신 방안』.

______(2006). 『공공기관 혁신 촉진을 위한 종합대책』.

정수영(1992). 『경영학원론』. 서울: 박영사.

정승건(2003). 『한국의 행정개혁: 정치권력과 관료제의 관계』. 부산대학교출판부.

정연앙 · 손일상 · 최재환(2003). 임금만족이 조직몰입에 미치는 영향에 관한 연구: 노조 가입 여부를 중심으로. 『인사관리연구』, 3: 87-106.

정오근(1988). 『공기업의 공공성과 기업성의 조화를 위한 제도적 장치에 관한 연구』. 고려대학교 대학원 박사학위 논문.

정장현(1996). 『지방자치단체의 재정 현황과 과제』. 서울: 푸른숲.

정재진(2010). 지방공기업 경영평가정보 수용의 영향 요인 분석: 경기도 지방공기업 경영평가를 중심으로. 『한국행정학보』, 44(1): 203-230.

정정길(2001, 2005). 『정책학원론』. 서울: 대명출판사.

조신(1991). 『공공요금관리정책의 문제점과 개선 방안』. 통신개발연구원.

조돈문(2006). 기업투명성: 노조의 감시 받아야. 『중앙일보 논쟁과 대안』. 6.3.

조동성(1998). 『21세기를 위한 전략경영』. 서울경제경영.

조동성 · 김주태(2001). 한국 사외이사의 사례와 실제, 『전략경영연구』, 3(2).

조성봉(2013). 베토벤의 꿈은 아직도 유효한가. 『전문가의 눈』. 서울: 한국조세연구원.

조성재(2010). 복수노조 · 전임자 관련법 개정 후 노사관계. 『월간노동리뷰』, 2010년 1~2월호: 80-94.

조세재정연구원(2015). 『공기업 현황』.

조영석(2005). DEA를 활용한 산업단지 관리서비스의 효율성 측정. 『국토연구』, 46: 51.

조택(2006). 공공요금 결정 과정과 시민참여: 한국과 미국의 비교사례분석. 『한국정책학회보』, 15(4): 167-187.

주경태 · 윤성식(2006). 공기업 민영화정책의 효과성에 관한 연구. 『행정논총』, 44(3): 69.

주동일(1998). 『자료포락분석에 의한 지방공기업의 효율성 평가에 관한 연구: 상수도 사업을 중심으로』. 서울시립대학교 박사학위 논문.

주인기(1995). 공기업 경영평가제도의 문제점과 개선 방안. 『박자청 colloquium』, 119-132. 서울: 서울시정개발연구원.

중앙일보(2006). 6.9, 9.5, 9.7, 9.8, 9.12, 10.4, 12.24.

채창헌(2020). 『대만이사회 현황』.

총무처 직무분석단(1997). 『신정부혁신론』. 서울: 동명사.

최근열(1996). 지방자치시대에 있어서 제3섹터의 활성화 방안 모색. 『한국행정논집』, 8(3): 607-635.

최도성 · 이경묵(2003). 『공기업 자율경영 체제 구축 방안』. 서울대학교 경영연구소 · 행정연구소 공동 심포지엄.

최병대(2002). 지방자치단체 환경기초시설 민간위탁의 성과 평가: 서울시 탄천하수처리장을 중심으로. 『한국지방자치학회보』, 14(1): 159-179.
최병선(1992). 『정부규제론: 규제와 규제 완화의 정치경제』. 서울: 법문사.
______(1993). 준공공부문조직 연구의 방향 모색. 『행정논총』, 31(1): 208-231.
______(2001). 정부 주도의 경제사회 운영과 행정윤리. 『행정논총』, 24: 217-240.
최승두(2004). 『KT의 민영화는 사회후생과 경제 발전을 위해 바람직한가?』. 서울대학교 행정대학원 정책지식센터 공기업포럼.
최영철(2001). 공무원 및 공기업 임·직원의 정치적 정실 임용에 대한 이스라엘 감사원의 감사 경향의 연구. 『한국행정학보』.
최종원(1995). 합리성과 정책연구. 『한국정책학회보』, 4(2): 131-160.
최준호(2001). 바람직한 문예회관 민영화 방안. 『민족예술』, 8.
최현돌(2004). 공기업 감사제도의 문제점과 개선 방안. 『정책 & 지식』. 서울대학교 행정대학원.
클린아이(2020). 『지방공기업현황』.
파이낸셜 뉴스(2014). '공기업 자산 헐값 매각 시비 초래'. 2014.1.6.
하태수(2002). 한국과 영국의 기업지배구조 개혁의 비교: 역사적 신제도주의 시각을 중심으로. 『한국행정논집』, 14(2): 239-258.
한국경제(2012). '전기요금 관련 한전 소수주주 소송 제기'. 2012.1.3.
한국공기업학회(2003). 『우리 나라 공기업관리제도의 평가』.
한국문화경제학회(2001). 『문화경제학 만나기』. 서울: 김영사.
한국문화정책개발연구원(1999). 『창원 문예회관 장기발전운영계획서』. 서울: 한국문화정책개발연구원.
한국은행(1999). 『최근의 기업지배구조에 관한 논의와 개선 방향』.
한국자산관리공사(2015). 『공공기관 선진화대상 위탁자산 매각현황』.
한국전력공사(1994). 『전력원가 10년』. 한국전력공사 기획관리처.
______(1996). 『제16차 2010대화 논문집』. 서울: 성진사.
______(2006). 『독립사업부제 시행계획』. 한국전력공사 기획관리처.
한국전력기술(2023). 『한국전력기술조직도』.
한국정책금융공사(2011). 『공사 소개』.
한국조폐공사(2023). 『공사 소개』.
______(2023). 『한국조폐공사조직도』.
한국지방행정연구원(1996). 『지방공기업의 제도 개선 방안』.
한국행정학회(2002). 『공공개혁의 중장기 비전과 과제』.
한봉기(2004). 『정부산하기관관리기본법 시행에 따른 산하기관 평가제도 운용 방향, 정부의 성과관리제도와 산하기관평가제도 발전 방안』. 한국정책분석평가학회 학술 세미나.
한상일(2003). 한국의 정부산하단체 개혁을 위한 시론: 국제적 관심과 그 시사점. 『한국행정학회 하계학술대회 발표집』.
한승수(1998). 『조직특성 요인이 사업부 성과지표의 상대적 중요도에 미치는 영향 연구』.
한인섭(2006). 성과측정 체제의 도입 실태와 성과정보 활용의 영향 요인. 『한국행정학보』, 40(3): 245-266.
한전(2023). 『자본금현황』.
행정안전부(2010a). 『지방공기업 현황』.
______(2010b). 『지방공기업 결산 및 경영분석』.
______(2011a). 『지방공기업 현황』.
______(2011b). 『2012년 지방공기업 경영평가편람』.
______(2011c). 『책임운영기관 현황』.
______(2011d). 지방공공요금 가이드 라인. 『행정안전부 보도자료』.
______(2020a). 『대한민국 공무원』.
______(2020b). 『지방공기업 경영평가편람』.
______(2022). 『새정부 지방공공기관 혁신가이드라인공공기관 현황』.
______(2023). 『지방출자출연기관현황』.
행정자치부(1999). 『목표관리제 운영보완지침』.
______(2001). 『목표관리제 운영 성과측정 모델』.
______(2003). 『2002년 지방공기업 현황』. 서울: 행정자치부.
______(2004). 『2003년 재정자립도 현황』. 서울: 행정자치부.
______(2006a). 『2006년 지방공기업 경영혁신 추진계획』.
______(2006b). 『2006년도 책임운영기관 설치 기준』.
______(2006c). 『지역경제 · 공기업 현황』.
______(2015a). 『지방공기업 경영평가편람』.
______(2015b). 『지방공기업 현황』.
______(2015c). 『책임운영기관 현황』.
______(2015d). 『지방공기업 시장성 테스트』.
______(2016). 지방공공기관 혁신자문단 제1차 회의자료(출자 · 출연기관).
행정자치부 · 한국자치경영평가원(2005a). 『2004년도 지방직영기업 경영평가편람』.
______(2005b). 『2004년도 지방공사 · 공단 경영평가편람』.
허영(1990). 『한국헌법론』. 서울: 박영사.
허만용(1999) 조직몰입의 개념, 선행결과 변수: 연구 경향과 방향. 『한국행정논집』, 11(2): 303-324.
허용훈 · 이희태(2000). 지방공기업의 자율성 실태와 정책과제. 『한국행정논집』, 12(4): 715-737.
현근 · 안형기(2001). 공기업의 민영화에 관한 소고. 『사회과학연구』, 14(1).
홍기원(2004). 자료포락 분석을 이용한 문화예술 서비스 공급의 효율성 측정. 『한국정책학회보』, 13(3): 197-233.
홍영식(2005). 지방공기업 경영평가제도 발전 방안. 『한국지방공기업학회 제3회 학술대회 발표논문집』.
______(2006). 지방공기업 경영평가제도 발전 방안. 『한국지방공기업학회보』, 2(1): 35-54.
황동욱(1999). 『기업통치와 이사의 책임』. 서울: 동현출판사.
황수경(2005). 2005년 임금교섭 방향과 전망: 생산성 임금제에 근거한 적정 임금인상률 5.6%. 『월간 경영계』, 317: 8-11.
황영호 · 문영세(2000). 공익기업의 효율화 및 국민경제 발전을 도모하기 위한 공공요금에 관한 정책적 연구. 『한국사회와 행정연구』, 11(1): 293-309.
황종규(2005). 지방정부 복지효율성 격차에 관한 비교연구: 경상북도 23개 시군을 중심으로. 『한국사회와 행정연구』, 16(2): 299-320.
황혜신(2005). 공공의료서비스 민간위탁의 성과에 관한 연구. 『한국행정학보』, 39(1): 65-88.

국외 문헌

加藤賓 編(1966). 『公企業の經濟學』. 東京: 日本經濟新聞社.
大島國雄(1985). 『公企業の經營學』(第2新改版 現代經營學全集 25). 東京: 白桃書房.
______(1984). 『公企業改革の時代』. 東京: 國文館出版株式會社.
______(1976). 『公企業の經營學』. 東京: 白桃書房.
北久一(1961). 『公益企業論』. 東京: 東洋經濟新報社.
山谷修作(1980). 社會資本整備にねけろす公企業の役割. 『公營論評』.
山本政一(1982). 『現代公企業體論』. 東京: 千食書房.
細野日出男(1981). 財政再建公企業. 『公營評論』.
儀我壯一郎(1982). 『公企業國際比較』. 東京: 青水書房.
占部都美(1969). 『公共企業體論』. 東京: 森山書房.
______(1968). 『經營學入門』. 東京: 日本經營出版會. 林山書店.
竹中龍中(1990). 『公企業環境論』. 東京: 白桃書房.
和田八束(1980). 『福祉型:財政の條件』. 東京: 學陽書房.
丸山康人(1995). 日本の地方自治體と第三セクター. 『제5차 팔공포럼 국제학술심포지엄 논문집』.

Albert, M.(1993). *Capitalism against Capitalism*. London: Whurr.
Alves, J.(2004). A cross-cultural perspective of self-leadership. *Journal of Managerial Psychology*, 21(4): 338-359.
Ansoff, H. I.(1996). *Corporate Strategy*. New Delhi: Oxford University Press.
Arian, E.(1989). *The Unfulfilled Promise: Public Subsidy of the Arts in America*. Phila-

delphia: Temple Press.

Bahk, J. W.(2001). Korea's Public Sector Reform After Currency Crisis: Motivations, Visions and Strategies. *The Korean Journal of Policy Studies*, 16(1): 23-36.

Bailey, R. W.(1987). Uses and Misuses of Privatization. *The Academy of Political Science*, 36.

Baldwin, R. & Cave, M.(1999). *Understanding Regulation*. Oxford: Oxford University Press.

Banker, R. D., Charnes, A., & Cooper, W.(1984). Some Models for Estimating Technical and Scale Inefficiency in Data Envelopment Analysis. *Management Science*, 30: 1078-1092.

Basu, P. K.(1994). Demystifying Privatization in Developing Counties. *The International Journal of Public Sector Management*, 7(3): 44-55.

Baumol, W. J. & Sidak, G.(1996). *Toward Competition in Local Telephone*. The MIT Press and American Enterprise Institute for Public Policy Research.

Beasley, J.(1990). Comparing University Department. *OMEGA International Journal of Management Science*, 18(2): 171-183.

Bennett, J. T. & Johnson, M. H.(1981). *Better Government as Half the Price: Private Production of Public Services*. Ottawa Ill: Caroline House.

Benson, B. C.(1990). *The Enterprise of Law: Justice without the State*, California: Pacific Research Institute for Public Policy.

Berger, P. L. & Luckman, T. H.(1966). *The social Construction of Reality*. New York: Penguin.

Block, P.(1993). *Stewardship: Choosing Service over Self-interest*. San Francisco: Berrett-Koehler, 35-37.

Boait, P.(2009). *Energy Services Companies-their benefits and implications for regulation and the consumer.*

Bonbright, J. C. & Means, G.(1969). *The Holding Company*. New York: August M. Kelly.

______(1988). *Principles of Public Utility Rate*. Public Utilities Report Inc. Arlington, Virginia. March.

Bos, D. & Wolfgang, P.(1991). A Principal-Agent Approach on Manager Effort and Control in Privatized and Public Firms, in Attiat, F. O. & Keith, H.(ed.). *Privatization and Economic Efficiency*, Edward Elgar.

Boubakri, N. & Cosset, J. C.(1998). The Financial and Operating Performance of Newly Privatized Firms: Evidence from Developing Countries. *Journal of Finance*, LIII(3): 1081-1110.

Boyle, R.(1996). *Managing Public Sector Performance: A Comparative Study of Performance Monitoring System in the Public and Private Sectors*. Dublin Institute of Public Administration.

Bozeman, B. & Straussman, J. D.(1984, 1990). *Public Management Strategies*. S.F: Jossy-Bass.

Brookes, B.(1996). *Accounts and Accountability: UK Parliamentary Funding and Scrutiny of the World Bank and IMF*. Christian Aid: London.

Buchanan, J. M.(1995). Economic Science and Cultural Diversity. *Kyklos*, 48: 93-200.

Bugler, D. T. & Bretschneider, S.(1993). Technology Push or Program Pull: Interest in New Information Technologies within Public Organizations. In Barry Bozeman(ed.). *Public Management: The State of Art*, 275-293. C.A: Jossey-Bass.

Cabinet Office(1997). *Next Steps Briefing Note*. London: HMSO.

Callan, S. J. & Thomas, J. M.(1996). Environmental Economics and Management Theory. *Policy and Application*. Chicago. Irwin.

Carey, N. S., Jones, Atankar, S. M., & Boohhoo, M. J.(1994). *Politics, Public Enterprise and the Industrial Development Agency*. London: Croon Helm.

Cargo, R. A.(1995). Cultural Policy in the Era of Shrinking Government. *Policy Studies Review*, 14: 215-225.

Carter, N., Klein, R., & Day, P.(1995). *How Organization Measure Success: The Use of Performance Indicators in Government*. London & New York: Routledge.

Cassese, S.(1981). Public Control and Corporate Efficiency. In Raymond Vernon & Yair Aharoni(ed.). *State-Owned Enterprise in the Western Economics*.

CEPA(2009a). *The use of RPI-X by other network industry regulators*.

______(2009b). *New Zealand Gas Industry Regulation-lessons for energy*.

______(2010). *Providing financeability in a future regulatory framework*.

Charnes, A., Cooper, W., & Rhodes, E.(1978). Measuring the Efficiency of Decision Making Unit. *European Journal of Operational Research*, 2(6).

______(1981). Evaluating Program and Managerial Efficiency: An Application of Data Envelopment Analysis to Program Follow Through. *Management Science*, 27: 668-697.

Chen, M.(2000). *The Institutional Transition of China's Township and Village Enterprises: Market Liberalization, Contractual Form, Innovation and Privatization*. Aldershot: Gower.

ChosunIlbo(2004). *Cultural Planning Capacity is Best Level in the World*, 1.4. A14.

Christopher, A. et al.(1992). *Adjusting Privatization: Case Studies from Developing Countries*. London: James Currency.

Chung, C. K.(1996). *President's Policy-Making Styles in Korea. Public Policy-making and Budgetary Issues*. Taegu: Kyungpook National University Press.

Clair, W.(1971). *Public Policies Toward Business*(4th ed.). Home Wood: Richard D. Irwin,

Inc.

Clemens, E. W.(1950). *Economics and Public Utilites*. New York: Appleton Century Crofts, Inc.

Coelli, T. J.(1996). *A Guide to DEAP Version 2.1: A Data Envelopment Analysis(Computer) Program*. CEPA(Centre for Efficiency and Productivity Analysis Working Paper).

Cohen, S.(2001). A Strategic Framework for Developing Responsibility and Functions from Government to Private Sector. *Public Administration Review*, 61(4): 307-326.

Coombes, D.(1971). *Stated Enterprise: Business or Politics*. London: George Allen and Unwin.

Cown, I. G.(1990). *Privatization in Developing World*. New York: Praeger.

Daft, R. L.(2004). *Organization Theory and Design*(8th ed.). South-Western: Thomson.

Daim, D.(1985). *Comparison of Privately and Publicly Owned Sport Arenas and Stadiums*. Chicago: Heartland Institute.

Davis, J. H., Schoorman, F. D., & Donaldson, L.(1997). Toward a Stewardship Theory of Management. *Academy of Management Review*, 22(1): 20-47.

Deacon, D. & Monk, W.(2001). New Managerialism in News: Media Coverage of Quangos in Britain. *Journal of Public Affairs*, 1(2): 153-166.

DeHoog, R. H.(1984). *Contracting out for Human Services: Economics, Political, and Organizational Perspectives*. Albany: State Univ. of New York Press.

DeLeon, L. & Denhardt, R. B.(2000). The Political Theory of Reinvention. *Public Administration Review*, 60(2).

Deng, G.(2000). *New Environment for Development of NGOs in China*. UNCRD Report.

Dickey, R. J.(2015). Tunneling in SOEs, 『부산대 공기업 관리자 과정 세미나 발표집』.

Dieter, B.(1991). *Privatization and Economic*. Edward Elgar.

DiMaggio, P. J. & Powell, W. W.(1991). Politics and Programs: Organizational Factors in Public Television Decision Making. *Nonprofit Enterprise in the Arts*, 245-269.

______(1991). The Iron Cage Revisited. Institutional Isomorphism and Collective Rationality in Organizational Fields in W. W. Powell, P. J. Dimaggio & J. Paul(eds.). *The New Institutionalism in Organizational Analysis*. Chicago, IL: The University of Chicago Press.

Diter, B. & Peters, W.(1991). A Principal-Agent Approach on Manager Effort and Control in Privatized and Public Firms. *Privatization and Economic Efficiency*. Edward Elgar.

Donahue, J. D.(1989). *The Privatization Decision: Public Ends, Private Means*. New York: Basic Books.

Doucouliagos, C.(1994). A Note on the Volution of Homo Economicus. *Journal of Economics Issues*, 3: 877-883.

Dunleavy, P.(1986). *Understanding the Modern Public Sector*. New York: Praeger.

Dwivedi, O. P. & Jabbra, J. G.(1998). Public Service Responsibility and Accountability, in J. G. Jabbra & O. P. Dwivedi(ed.). *Public Service Accountability*. West Hartford, CT: Kumarian.

Ebbighaus, P. & Phillip, M.(2001). *Comparing Welfare Capitalism*. London: Routlege.

Eckel, C., Eckel, D., & Singal, V.(1997). Privatization and Efficiency: Industry Effects of the Sale of British Airways. *Journal of Financial Economics*, 43: 275-298.

Edward, S. M.(1958). *Economic Planning in Underdeveloped Area: Government and Business*. New York: Fordham University Press.

Eger Ⅲ, R. J.(2005). Casting Light on Shadow Government: A Typological Approach. *Journal of Public Administration Research and Theory*, 16: 125-137.

Emmert, H. & Crow, M.(1988). Public, Private and Hybrid Organizations. *Administration and Society*, 20(2): 216-244.

Evancs, P.(1995). *Embedded Autonomy: State and Industrial Transformation*. Princeton University Press.

Ezra, V.(1989). *One Step Ahead in China: Guangdong under Reform*. Cambridge, M.A: Harvard University Press.

Farrell, M. J.(1957). The Measurement of Productive Efficiency. *Journal of Royal Statistical Society*. Series A General, 120: 253-281.

Feigenbaum, H., Henig, J., & Hamnett, C.(1998). *Shrinking the State: The Political Underpinnings of Privatization*. Cambridge: Cambridge University Press.

______(1994). The Political Underpinning of Privatization. *World Politics*, 46(2).

Field, B. C.(1997). *Environmental Economics: An Introduction*(2nd ed.). New York. McGraw-Hill.

Flancis, C. B.(2001). Quasi-Public, Quasi-Private Trends in Emerging Market Economies. *Comparative Politics*, April: 275-294.

Flinders, M. V. & Smith, M. J.(eds.)(1999). *Quangos, Accountability and Reform: The Politics of Quasi-Government*. London: Macmillan.

Floyd, R. H., Gray, C. S., & Short, R. P.(1884). *Public Enterprise in Mixed Economies*. International Monetary Fund. Washington, D.C.

Fraser, R. & Wilson, M.(1988). *Privatization: The UK Experience and International Trends*. Harlow: Longman.

Friedmann, M.(1962). *Capitalism and Freedom*. University of Chicago Press.

Friedman, W. & Garner, J. F.(1970). *Government Enterprise*. New York: Columbia University Press.

______(1994). *Public and Private Enterprise in Mixed Economy*. New York: Columbia University Press.

Fuller, S.(2002). *Protecting the Crowns: The Role and Value of Public Enterprises in BC.* Canadian Centre for Policy Alternatives BC Office.

General Office Accounting(GAO)(2001). *Performance Budgeting: Past Initiatives Offer Insights for GPRA Implementation.*

Government of India(2002). *Public Enterprises Survey, Ministry of Industry, Bureau of Public Enterprises.* New Delhi.

Greenwood, J. & Wilson, D.(1989). *Public Administration in Britain Today.* London: Ulwin Hyman Inc.

Greer, P.(1994). *Transforming Central Government: the Next Step Initiative.* Burkingham: Open Press.

Greve, C., Flinders, M., & Van Thiel, S.(1999). Quangos-What's in a Name? Defining Quangos from a Comparative Perspective. *International Journal of Policy and Administration,* 12(2): 124-146.

Grosskopf, S., Hayes, K., Lori, L., & William, L.(1997). *Allocative Inefficiency and School Competition.* Research Department Working Paper.

Hall, P. A.(1986). *Governing the Economy: The Politics of State Intervention in Britain and France.* Oxford: Oxford Univ. Press.

Hanson, A. H.(ed.)(1959). *Public Enterprise and Economic Development.* London: Routledge and Paul.

Haque, M. S.(1999). The Diminishing Publicness of Public Service under the Current Mode of Governance. *Public Administration Review,* 61(1): 65-82.

Harry, H.(1987). *China's Second Revolution, Reform after Mao.* Washington, D.C.: Brookings.

Ha, T. S.(2002). A Study of Institutional Change: Corporate Governance Reform. *The Korea Journal of Policy Studies,* 16(1): 33-47.

Heinrich, C.(1999). Do Government Bureaucrats Make Effective Use of Performance Management Information? *Journal of Public Administration Research and Theory,* 9(3): 363-393.

Heracleous, L.(1999). Privatization Global Trends and Implications of the Singapore Experience. *The International Journal of Public Sector Management,* 12(5): 432-444.

Hirsh, R. F. & Serchuk, A. H.(1996). Momentum Shifts in the American Electric Utility System: Catastrophic Change of No Change at All? *Technology and Culture,* 37(2): 280-311.

Hirsh, W. Z.(1995). Contracting out by Urban Governments: A Review. *Urban Affairs Review,* 30(3): 458-472.

Hogwood, B. W.(1995). The Growth of Quangos: Evidence and Explanations, in Ridley, F.

& Wilson, D. *The Quangos Debate*. Oxford: Oxford University Press.

Hoods, C.(1991). The Hidden Public Sector: The Quangocratization of the World, in Kaufman, F.(eds.). *The Public Sector: Challenges for Coordination and Learning*. New York: Walterde Gruyter & Co.

Hughes, O. E.(1998). *Public Management and Administration*. St. Martin's Press.

Hu, W.(2000). Reform and Bureaucracy. *Asian Affairs on China*. New York: Praeger.

Hwang, D. U.(1999). *Corporate Governance and Responsibility of Directors of Board*. Seoul: Dong-Hyun Publishing Co.

Jacobs, J.(1994). *Systems of Survival. A Dialogue on the Moral Foundations of Commerce and Politics*. New York: Random House.

Jensen, M. A. & Meckling, W.(1976). A theory of the firm: Managerial behavior, agency costs, and ownership structure. *Journal of Financial Economics*, 3(4): 305-360.

Johnson, J. M. & Romzek, B. S.(1999). Contracting and Accountability in State Medicaid Reform: Rhetoric, Theories and Reality. *Public Administration Review*, 59(5): 383-399.

Johnson, L. L.(1983). *Price Caps in Telecommunications Regulatory Reform*. Rand Note.

Johnson, R., Hoskinson, R., & Hitt, M.(1996). Board of Directors: A Review and Research Agenda. *Journal of Management*, 22(3).

Johnson, S., La Porta, Lopez-de-Silanes, R., & Shleifer, A.(2000). Tunnelling. *Harvard Institute of Economic Research Discussion Paper*, 1-22.

Jones, L. P.(1975). *Public Enterprise and Economic Development: The Korean Case*. Seoul: Korea Development Institute.

Jung, K. Y., Im, U. K., Jumg, G. H., & Lim, G. H.(1996). *Privatization and Structure of Enterprise*. Seoul: Na-nam.

Kang, D. C.(2002). *Corruption and Development in South Korea and the Philippines*. Cambridge: Cambridge University Press.

Kate, A.(1987). *The Politics of Privatization: Contracting Out Public Services*. Palgrave Macmillan.

Kay, J. & Silberston, A.(1995). Corporate Governance. *National Institute Economic Review*, 153: 84-97.

Keasey, K. & Wright, M.(eds.)(1997). *Corporate Governance: Responsibility, Risks and Remuneration*. Chester: John Wiley and Sons.

Kettl, D. F.(1993). *Sharing Power: Public Governance and Private Markets*. Washington, D.C.: The Brookings Institution.

Khan, H. A.(2003). *Corporate Governance: the Limits of the Principal Agent Approach in Light of the Family-Based Corporate Governance System in Asia*. University of Denver/CIJR. July.

Kikeri, S., Nellis, J., & Shirley, M.(1992). *Privatization: The Lessons of Experience.* Washington, D.C.: The World Bank.

Kim, J. W. & Rowley, C.(2001). Managerial Problems in Korea: Evidence from the Nationalized Industries. *The International Journal of Public Sector Management,* 14(2): 129-148.

Kim, P. S.(2003). Management Innovation of Quasi-Governmental Agencies the Umbrella of the Korean Government: In Search of Facts and Efficiency. *Korean Society and Public Administration,* 13(4): 43-70.

Kluwer, C. P.(1993). *Regulating Power: The Economics of Electricity in the Information Age.* Academic Publishers.

Knott, J. H.(1993). Comparing Public and Private Management: Cooperative Effect and Principal-Agent Relationships. *Journal of Public Administration Research and Theory,* Jan: 93-119.

Knup, E.(1997). *Environmental NGOs in China: An Overview.* China Environment Series. Washington, D.C.: Woodrow Wilson Center.

Koenig, H. O.(1993). The Role of the President in Antitrust Enforcement, in Bary Bozeman(eds.). *Public Management: The State of Art.* S.F.: Jossy-Bass Publishers.

Kolderie, T.(1986). The Two Different Concept of Privatization, *Public Administration Review,* Jul/Aug.

Koppell, J. G. S.(2001). Hybrid Organization and the Alignment of Interest: The Case of Fannie Mae and Freddie Mac. *Public Administration Review,* 61(4): 468.

______(2003). *The Politics of Quasi-government: Hybrid Organization and the Dynamics of Bureaucratic Control.* Cambridge, U.K.: Cambridge University Press.

Kuruvilla, S., Gallagher, D. G., & Wetzel, K.(1993). He Development of Members' Attitudes Toward their Unions: Sweden and Canada. *Industrial and Labor Relations Review,* 46(3): 499-514.

Kwon, O. S. & Yun, W. C.(1999). *Estimation of the Marginal Abatement Costs of Airborne Pollutants in Korea's Power Generation Sector.* Energy Economics in Press.

Kwon, S. M. & Kim, R. D.(1995). The Economics of Organization and Public Administration: A Perspective of the Principal Agent Theory. *Korean Public Administration Review,* 29(1): 77-95.

La Porta, R. & Lopez-De-Silanes, F.(1999). The Benefits of Privatization: Evidence From Mexico. *The Quarterly Journal of Economics,* 14(4): 1193-1242.

Laurin, N. B. C. & Vining, A.(2006). Choice of Organization Form Makes a Real Difference: the Impact of Corporatization on Government Agencies in Canada. *Journal of Public Administration Research and Theory,* 17: 119-147.

Lee, C. H. & Yamazawa(ed.)(1990). *The Economic Development of Japan and Korea.* New York: Prager.

Lee, S. C.(2006). Hybridization and Privatization in Public Organizations: Examining Korea's KT&G. Proceeding of the 13 International Conference of Advanced Management in Lisbon.

Lee, S. C. & Wang, C.(2005). A Study on the Establishment and Transformations of Chinese Type Quangos. *International Review of Public Administration,* 10(1).

Lee, S. H.(2003). Balance Score Card(BSC) in the Public Sector. *Korean Society and Public Administration,* 14(2): 273-297.

Leibenstein, H.(1960). *Economic Theory and Organizational Analysis.* New York: Harper & Row.

Lewis, A. W.(1955). *The Theory of Economic Growth.* Homeland: Irwin.

Littlechild, S.(2009a). *Consumer involvement, ex post regulation and customer appeal mechanisms, response to consultant and contribution documents.*

______(2009b). *Australian airport regulation, response to LECG paper on the case for ex post regulation of energy networks.*

Low, C. K.(2003). *A Road Map Corporate Governance in East Asia.* Chinese University of Hong Kong.

Luke, B.(2010). Examining Accountability Dimesion in State-Owned Enterprises. *Financial Accountability & Management,* 26(2), May 2010: 134-163.

MaGill, M. & Wooton, L.(1995). Management in the Third Sector. *Public Administration Review,* 35(5): 444-447.

Mallya, N. N.(1971). *Public Enterprise in India.* Delhi: Natanal Publishing House.

March, J. G. & Olsen, J. P.(1989). *Rediscovering Institutions: The Organizational Bases of Politics.* New York: Free Press.

Marshall, M.(1996). *Development and Use of Outcome Information in Government,* Prince William County, Virginia. Washington, D.C.: ASPA, Center for Accountability and Performance.

Marteen, J.(2002). *Organizational Culture: Mapping the Terrain.* London: Sage.

Martin, J.(1992). *Cultures in Organizations: Three Perspectives.* Oxford: Oxford University Press.

______(1992). Dual Allegiance in Public Sector Unionism: A Case Study, *International Review of Applied Psychology,* 30: 245-259.

Massey, A.(1997). *Globalization and Marketization of Public Services.* Basingstoke: Macmillan.

Megginson, W. L., Nash, R. C., & Van Randenborgh, M.(1994). The Financial and Operating

Performance of Newly Privatized Firms: an International Empirical Analysis. *Journal of Finance*, XLIX(2): 403-452.

Meier, K. J.(1985). *Regulation: Politics, Bureaucracy and Economics*. New York: St. Martin's Press.

Miceli, M. P. & Milvey, P. W.(2000). Consequences of Satisfaction with Pay System: Two Field Studies. *Industrial Relations*, 39: 62-87.

Michael, T.(1999). The New Public Service Ethos: An Ethical Environment for Governance. *Public Administration*, 77(3): 455.

Mills, D. C. & McCormick, J.(1985). *Industrial Relations in Tramsition*: Cases and Text. John Wiley & Sons.

Milward, H. B.(1996). Introduction in Symposium on the Hollow State: Capacity, Control and Performance in Inter-organizational Settings. *Journal of Public Administration Theory and Research*, 6(2).

Mitnick, B. M.(1980). *The Political Economy of Regulation*. New York: Colombia University Press.

Moe, R. C.(1987). Exploring the Limits of Privatization. Public *Administration Review*, 47, Nov/Dec.

______(2001). The Emerging Federal Quasi-Government: Issues of Management and Accountability. *Public Administration Review*, 61(3): 290-312.

Morris, J., Hassard, J., & Sheehan, J.(2002). Privatization, Chinese-style: Economic Reform and the State-owned Enterprises. *Public Administration*, 80.

Morris, S.(2002). *Shadow Organization in Public Sector*. New Delhi: Oxford University Press.

Morris, S., Raghuram, R. J., Sinha, S., & Pangotra, P.(1999). *Infrastructure Development and Financing: Towards a Public-Private Partnership*. Palgrave Macmillan.

Moynihan, D. P.(2005). Goal-Based Learning and the Future of Performance Management. *Public Administration Review*, 65(2): 203-216.

Mulcahy, K. V. & Wyszommirsky, M. J.(1995). *America's Commitment to Culture: Government and Art*. Bouldner: Westview Press.

Navarro, D.(1983). Save Now, Freeze Later: The Real Cost of Cheap Electricity. *Regulation*, September/October: 31-36.

Nayyar, D.(1978). Industrial Development in India: Some Reflection on Growth and Stagnation. *Economic and Political Weekly*, 13: 31-33.

OECD(1995). *Governance in Transition*. PUMA(Public Management Committee).

______(1997). *Contracting Out Government Service*. PUMA(Public Management Committee).

______(1998). *Corporate Governance, State-owned Enterprises and Privatization*. OECD Proceedings.

______(2003). OECD White Paper on Corporate Governance in Asia. Paris: OECD.

______(2005). OECD *Guideline on Corporate Governance of State Owned Enterprises*. Paris: OECD.

______(2013). *Supervision and Enforcement in Corporate Governance*, 90-116.

Ofgem(2010). *Handbook for implementing the RIIO model.*

Pack, J. R.(1987). Privatization of Public-sector Services in Theory and Practice. *Journal of Policy Analysis and Management*, 6(4).

Palokangas, T.(1997). Inflation and Growth in an Open Economy. *Economica*, 64.

Parker, D.(1993). Privatization Ten Years On. in Nigel, M. Healey(ed.). *Britain's Economic Miracle*. London: Routledge.

______(1995). Privatization and the Internal Environment: Developing Our Knowledge of the Adjustment Process. The *International Journal of Public Sector Management*, 8(2): 44-62.

Parker, R. & Bradley, L.(2000). Organizational Culture in the Public Sector: evidence from six organizations. *International Journal of Public Sector Management*, 13(2): 125-141.

Park, H. B.(2000). A Study on the Viable Systems Model as an Alternative of Bureaucratic Organization. *The Local Government Studies*, 4(2): 413-433.

Pendleton, A. & Winterton, J.(eds.)(1993). *Public Enterprise in Transition: Industrial Relations in State and Privatized Corporations*. London: Routledge.

Perrow, C.(1986). *Complex Organizations: A Critical Essay*. New York: McGraw-Hill.

Perry, J. L. & Rainey, H. G.(1988). The Public Private Distinction in Organization Theory: A Critique and Research Strategy. *Academy of Management Review*, 13: 181-201.

Peters, B. G.(1999). *Institutional Theory in Political Science: The New Institutionalism*. London: Pinter.

Pirie, M.(1988). *Privatization*. Wildwood House.

Poister, T. H. & Streib, G.(1995). MBO in Municipal Government: Variations on a Traditional Management Tool. *Public Administration Review*, 55(1): 48-56.

Pollitt, C., Talbot, C., Caulfield, J., & Smullen, A.(2004). *Agencies: How Governments Do Things Through Semi-autonomous Organizations*. London: Macmillan.

Pollitt, M.(2009). *Does Electricity (and Heat) Network Regulation have anything to learn from Fixed Line Telecoms Regulation?*

Poole, Jr. R. W. & Fixler, P. E.(1987). Privatization of Public Sector Services in Practice: Experience and Potential. *Journal of Policy Analysis and Management*, 6(4).

Popper, K. R.(1971). *The Open Society and Its Enemies*, Ⅱ. Princeton University Press.

Prizzia, R.(2001). Privatization and Social Responsibility: A Critical Evaluation of Economic Performance. *The International Journal of Public Sector Management*, 14(6): 450-464.

Ramandham, V. V.(1993). *The Economics of Public Enterprise*. London: Routlege.

Ray, R.(1988). Inefficiency, Public Enterprise and Privatization. *European Economic Review*, 32.

Renarto, M.(1979). *Government Controlled Enterprises*. New York: Wiley.

Reynolds, L. G., Stanley, H. M., & Moser, C. H.(1986). *Labor Economics and Labor Relations*(9th ed.). Englewood Vliffs. N.J.: Prentice-Hall, Inc.

Rhodes, R. A. W.(1997). *Understanding Government*. Burkingham: Open Press.

Rhodes, S. R. & Steers, R. M.(1981). Conventional vs. Worker Owned Organizations. *Human Relations*, 34: 1013-1035.

Robson, W. A.(1966). *National Industry*. London: George Allen & Unwin.

Roche, J.(2005). *Corporate Governance in Asia*. London: Routlege.

Rodgers, R. & Hunter, J. E.(1992). A Foundation of Good Management Practice in Government: Management by Objectives. *Public Administration Review*, 52(1): 27-39.

Romzek, B. S. & Dubnick, M. J.(1994). Issues of Accountability in Flexible Personnel Systems, in P. W. Ingraham & B. S. Romzek(eds.). *New Paradigms for Government*. San Francisco: Jossey-Bass.

Roudinelli, D. A.(1998). Privatization, Governance and Public Management: The Challengers Ahead. *Business and the Contemporary World*, 10(2): 149-170.

Sagong, I.(1993). Korea in World Economy. *Institution for International Economics*. Washington, D.C.

Salamon, L. M.(1995). *Partners in Public Service: Government-Nonprofit Relations in the Modern Welfare State*. Baltimore: Johns Hopkins University Press.

Sappington, D. E. M.(1993). Incentives in Principal-Agent Relationships. *Journal of Economical Perspectives*, 5(2).

Savas, E. S.(1982). *Privatizing the Public Sector: How to Shrink Government*. Chatham, N.J: Chatham House Pub.

______(1987). *Privatization: The Key to Better Government*. Chatham, N.J.: Chatham House Pub.

Shin, J. S. & Chang, H. J.(2003). *Restructuring Korea*. London: Routlege.

Smith, S. R.(1996). Transforming Public Services: Contracting for Social and Health Services in the U. S. *Public Administration*, 74(1).

Sokolowska, J. & Tyszka. T.(1995). Perception and Acceptance of Technological and Environmental Risk: Why Poor Countries Less Concerned?. *Risk Analysis*, 15(6): 733-743.

Spiller, P. T & Vogelsang, I.(1997). *Notes on Public Utility Regulation in the UK: 1850-*

1950. Berkeley, University of California Press.

Stanbury, W. T. & Thomson, F.(1992). *Managing Public Enterprises*. Praeger.

Starr, P.(1987). The Limits of Privatization. In S. H. Hanke, *Prospects for Privatization*. New York: The Academy of Political Science.

______(1988). The Meaning of Privatization. *Yale Law and Policy Review*, 6: 6-41.

Tankersley, W. B.(2000). The Impact of External Control Arrangement on Organizational Performance. *Administration and Society*, 32(3).

Taylor, D. W. & Warrack, A. A.(1998) Privatization of State Enterprise: Policy Drivers and Lessons Learned. *The International Journal of Public Sector Management*, 11(7): 524-535.

Tirole, J.(1994). The Internal Organization of Government. *Oxford Economic Papers*, 46: 1-29.

Tricker, B.(2011). Re-inventing the Limited Liability Company. *Corporate Governance: An International Review*, 19(4): 384-393.

Tsai, R. Chang-hsien(2011). An application of the OECD Guidelines to Non OECD. *Comparative Corporate Governance Paper*. Taiwn: 23-54.

Veenswwilk, M. B. & Hakvoort, L. M.(2002). Public-Private Transformations. Institutional Shifts, Cultural Changes and Altering Identities: Two Case Studies. *Public Administration*, 80(3): 543-555.

Vickers, J. & Wright, V.(1988). The Politics of Industrial Privatization in Western Europe. *West European Politics*, 11. 4.

Vickers, J. & Yarrow, G.(1989). *Privatization: An Economic Analysis*. Cambridge: MIT Press.

Waaijers, L.(1999). The New Library-a Hybrid Organization: The Delft Situation. *New Library World*, 100: 122-123.

Wang, Y.(1993). *The Middle Stratum of the Society Reform and Association China*. Beijing, China Development Press.

Warner, M.(2001). The New Chinese Workers and the Challenge of Globalization: an Overview. *International Journal of Human Resource Management*, 12: 134-141.

Weir, S.(2001). The Quangos just Grow and Grow. *New Statesman*, 14: 23-30.

Wheeler, H. N. & McCledon, J. A.(1991). The Individual Decision to Unionize, In Strauss, G., Gallagher, D. G., & Fiorito, J.(eds.). *The State of the Unions*, Cornell University Press. 47-83.

White, L. D.(1985). *Introduction to the Study of Public Administration*(4th ed.). New York: Macmillan.

Wildavsky, A. & Dake. K.(1990). *Theories of Risk Perception: Who Fears What and Why?* DAEDALUS. Cambridge: the American Academy of Arts and Science.

Wistrich, E.(1999). Quangos in New Zealand, In Matthew V. Flinders & Martin J. Smith (ed.). *Quangos, Accountability and Reform.* New York: ST. Martin's Press, Inc.

Yarrow, G.(1986). Privatization in Theory and Practice. *Economic Policy,* 2: 324-377.

Yeung, A., Brockbank, J., & Ulrich, D.(1991). Organizational Culture and Human Resource Practices: An Empirical Assessment. *Research in Organizational Change and Development,* 5: 59-81.

Zank, N. S.(1991). Privatization and Economic Efficiency: Perspectives in LDCs. *Encouraging Economic Growth an Efficiency.* Edward Elgar.

EU 재판소(2011). http://www.telecompaper.com/news/article.aspx?cid=744508

찾아보기

ㄱ

ㅊ

ㅋ

ㅌ

ㅍ

ㅎ

이상철(李相哲, Sang-Cheoul Lee)

- 부산대학교 경제통상대학 공공정책학부 명예교수
- 지방공공기관설립심사위원장, 지방공기업정책위원(행정안전부)
- 부산시설공단 비상임이사

[주요 경력]

- 부산대학교 평생교육원장, 공공정책연구소장
- 한국연구재단 파견 교환교수(미국 일리노이대학교)
- 한국지방정부학회장, 한국행정학회 · 한국정책학회 · 서울행정학회 · 한국공기업학회 부회장, 한국정책학회 감사
- 정부부처평가위원(국무총리실)
- 공공기관상임감사평가단장, 공공기관운영위원, 경영평가위원, 혁신평가위원, 국가보조금평가위원, 복권기금평가위원(기획재정부)
- 기업자산매각심사대상선정위원회위원장, 금융규제개선위원(금융위원회)
- 군책임운영기관 운영위원(국방부)
- 지방공기업평가단장, 지방공공기관혁신위원장, 지방공기업시장테스트위원장, 지방재정리스크관리위원(행정안전부)
- 공직자적격성평가(PSAT) 출제위원(중앙인사위원회)
- 산자부 기타공공기관평가단장, 공공기관평가운영위원, 기관장평가위원(산업통상자원부)
- 철도산업위원, 공공기관선진화자문위원(전 국토해양부)
- 부산시 갈등관리위원장, 지방공기업(이)사장평가단장, 물가대책위원회부위원장, 시의회지방공기업특위위원, 출자 · 출연기관 운영위원, 국민통합지역위원(부산시)
- 부산교통공사비상임이사, 부산도시공사비상임이사(부산교통공사, 부산도시공사)
- 경상북도출자출연기관평가위원장(경상북도)
- 지방출자출연기관 경영평가위원장(경상남도)
- 각종 고시출제위원(경찰간부시험, 경상북도, 전라북도 등)
- 철도공사 2급승진고시 출제위원장(철도공사)
- 한국전력공사 그룹사평가위원장(한국전력공사)

[학력]

- 영남대학교 대학원 행정학과(행정학 박사)
- 서울대학교 행정대학원(행정학 석사)
- 영남대학교 상경대학 경영학과(경영학 학사)

[주요 저서 및 논문]

- 『가치창조 조직론』(개정판)(대영문화사, 2019)
- 『공기업과 정부규제정책』(형설출판사, 공저, 1996)
- 「A Study on the Establishment and Transformation of Chinese Type Quangos」(*International Review of Public Administration*, 2005) 외 다수

개정5판

한국 공기업의 이해

펴낸날 제1판 제1쇄 2007년 2월 28일
제2판 제1쇄 2012년 1월 30일
제3판 제1쇄 2016년 7월 11일
개정4판 제1쇄 2021년 1월 12일
개정5판 제1쇄 2024년 2월 13일

지은이 이상철

펴낸이 임춘환

펴낸곳 도서출판 **대영문화사**

주소 (본사) 사무실: 경기도 고양시 일산서구 주화로 70
우신프라자 307호 (우 10387)
(본사) 물류센터: 경기도 고양시 일산서구 덕산로
107번길 68-50 (우 10205)

등록 1975년 12월 26일 제3-16호

전화 (031) 913-3062, (031) 914-3884~5

팩스 (031) 913-3839

홈페이지 http://www.dymbook.co.kr

ISBN 978-89-7644-924-5

값 33,000원